농민 권순덕의 삶과 기록

『아포일기』 2

개인기록
연구총서
6

농민 권순덕의 삶과 기록

『아포일기』 2

이정덕 · 소순열 · 남춘호 · 문만용 · 안승택 · 이성호 · 김희숙 · 김민영 **편**

전북대학교 출판문화원

이 책은 2011년도 정부재원(교육과학기술부 사회과학연구지원사업비)으로 한국연구재단의 지원을 받아 연구되었음(NRF-2011-330-B00157)

서 문

전북대학교 「SSK 개인기록의 사회과학」 연구팀이 경북 김천의 권순덕 옹을 만나게 된 것은 2013년 6월 경상북도의 한 신문에 실린 기사 덕이었다. 인터넷 신문기사를 검색하다가 우연히 읽게 된 기사에는 "시골농부가 기록한 농촌 근대사"라는 제목으로 '김천시 아포읍의 권순덕 씨가 40년 넘게 일기를 써왔으며, 그 일기에는 우리 농업・농촌사에서부터 세세한 가족사까지 생생히 기록되어 있어서, 우리 농업과 농촌의 근대사를 담은'(「김천일보」, 2013. 6. 20. 10면) 기록이라고 쓰여 있었다.

그때 우리 연구팀은 약 2년여의 작업을 통해 전라북도 임실군의 『창평일기』를 입력・해제, 출판하는 작업을 막 마무리한 참이었다. 그리고 앞서 출판된 경기도 평택의 『평택 대곡일기』와 비교하는 작업을 준비하면서, 충청남도 서산, 경상북도 고령 등지에 산재한 일기를 제공받고 있었다.

1960~1980년대의 근대화시기를 개인기록을 통해 지역적으로 비교하기 위한 작업을 연구의 주제로 삼고 있는 우리 연구팀의 눈에 띈 한 신문기사는 우리로 하여금 곧장 김천 아포읍 권순덕 씨의 소재를 찾는 일에 착수하게 만들었다. 우리는 그가 2009년 김천 시승격 60주년 기념행사 프로그램이었던 '김천 기네스'에서 일기를 가장 오래 쓴 사람으로 인증을 받았다는 사실을 확인하고, 그 행사를 기획하고 주관한 김천시립도서관에 연락을 하여 우리 연구의 취지를 설명한 뒤 그의 주소와 전화번호를 알아낼 수 있었다.

우리 연구팀의 전화를 받은 권순덕 옹은 우리의 자택 방문을 기꺼이 허락하였다. 김천시 아포읍 대신리, 그가 살고 있는 마을 입구의 과수원에서 자두가 한참 익어가던 초여름에 우리 연구팀은 그의 집을 방문하였다. 첫 만남에서 그는 40년 이상 일기를 계속해서 쓰는 이유와 그 일기가 자신에게 어떠한 의미를 지니고 있는지에 대해서 상세히 설명해 주었다. 그리고 우리는 개인기록에 대한 우리의 관심과 일기 연구의 계획에 대해서 설명하였다.

그로부터 약 2주일 후에 두 번째 방문에서 그는 자신이 20대 시절부터 40년 이상 기록해 온, 그리고 지금도 매일매일 기록하고 있는 『일기』 자료 전체를 건네주었다. 우리는 그의 자택 작은방 한쪽에 가지런히 정리되어 있던 그의 일생을 온전히 넘겨받은 셈이다

우리는 일기가 한 개인과 그가 속한 사회 사이의 다양한 관계 맺기를 가장 생생하게 보여주는 기록이라는 생각을 가지고 있는 연구 집단이다. 우리 연구팀은 일기가 매일매일 자신의 생활과 생각을 기록한 것이라는 특성으로 인해서, 그것을 쓰는 개인의 삶을 통해 한 시대의 역사를 복원해준다는 믿음을 지니고 있다.

이러한 관점에서 볼 때, 그의 일기는 군에서 막 제대한 한 젊은이가 1960년대 이후 지금

까지 묵묵히 그리고 때로는 격정적으로 살아온 삶의 내력이 고스란히 담겨있는 자료의 창고였다. 그의 일기는 한 개인의 삶이 밟아온 생애의 궤적을 보여주는 다큐멘터리인 동시에 격변하는 한국의 근대화가 농촌사회에 그리고 농민의 삶에 새겨놓은 무늬와 흔적을 담고 있는 화석이었다.

그래서 우리는 그의 일기를 『농민 권순덕의 삶과 기록: 아포일기』라고 이름 붙여 출판하기로 하였다. 이것은 압축적으로 전개되는 근대화 과정에서 스스로의 노력에 의존하지 않고는 결코 미래를 보장받을 수 없다는 사실을 잘 알고 있었던, 그래서 언제나 자신과 가족이 가진 힘과 능력보다 더 많은 노동과 의지를 발휘해야만 했던 우리사회의 농민과, 그중 한 사람인 권순덕, 그리고 그가 그렇게 힘들여 살았던 삶의 현장을 하나의 제목에 모두 담고 싶었기 때문이다.

그의 일기를 읽고 입력하면서, 그 속에 담긴 내용과 의미들을 해독하는 작업에 우리 연구팀은 꼬박 1년의 기간을 매달려 있었다. 그리고 그 결과로 우선 제1부(1969~1985)의 작업을 출판하기로 하였다. 인류학, 경제학, 사회학, 과학사 등을 전공하는 여섯 명의 연구자들이 일 년 동안 한 편의 일기에 매달려 작업을 하면서 얻은 성과는 적지 않다고 자위할 수 있다. 그러나 작업과정에서 우리가 직면해야 했던 어려움도 만만치 않았다. 우선 익숙하지 않은 경상도 방언들을 소리 나는 대로 적어 놓은 일기 원문을 제대로 독해하는 것부터 우리에게는 벽이었다. 그는 20대부터 소작 농민이었을 뿐 아니라 인근의 경부고속도로 건설공사장과 구미시 건설현장에 나가는 노동자였다. 그리고 자전거 수리점을 하고, 동네를 돌아다니면서 수도공사를 맡아하던 자영업자이기도 했다. 그의 부인도 농민이면서 온갖 부업을 마다하지 않고 해온 일꾼이었다. 권순덕 부부가 일생동안 해왔던 일들은 직업의 종류로 따져도 수십 개를 훨씬 넘는다. 그 하나하나의 작업에 대한 기록에 등장하는 현장용어들은 우리 연구팀을 종종 곤경에 빠트렸다. 더욱이 그가 일을 위해서, 또는 어머니의 병 치료 등 가족 문제를 해결하기 위해서 돌아다닌 (지도에도 표기되어 있지 않은) 무수한 지명들은 그 지역에 대해서 무지한 우리들로서는 감조차 잡을 수 없는 것이었다. 몇 차례 연구팀이 김천을 방문하여 아포읍 일대를 돌아보았지만, 그것으로 그 지역의 내력이 담긴 지명과 그 지역의 특성들을 알아낸다는 것은 불가능한 일이었다.

이러한 문제를 해결하는데 결정적인 도움을 준 사람은 김천문화원의 송기동 사무국장이었다. 우리 연구팀은 김천을 첫 번째 방문했을 때, 김천문화원을 찾아가서 송 국장께 도움을 청하였다. 송 국장께서는 그 자리에서 흔쾌하게 우리의 요청을 받아들였다. 실제로 그는 일기를 입력하면서 우리가 도저히 풀 수 없는 경상도 방언들의 뜻을 매번 해석해 주었다. 그리고 일기의 해제작업에 직접 참여하여, 일기에 나오는 인근의 장소들을 직접 찾아가서 사진을 찍고, 지명의 뜻을 풀이해 주었다. 이 자리를 빌어서 송기동 국장께 우리 연구팀 모두의 뜻을 모아 감사 인사를 드린다.

권순덕 옹이 우리에게 자신의 삶이 고스란히 담긴 일기를 넘겨주는 이유는 단 한가지였다. 그것은 자신의 후세들에게, 자라나는 학생들에게 일기를 쓰는 일의 의미를 가르쳐주고 싶다는 것이었다. 자신의 삶을 계획하고, 그것을 매일매일 되새기고 점검하는 생활을 통해 스스로 삶의 소중함을 깨우치게 된다는 것이 얼마나 중요한 일인지를 꼭 알리고 싶다고 했다. 그의 이러한 뜻이 실제로 후세들에게 얼마나 전달될 수 있을지는 사실 잘 모르겠다. 그러나 우리 연구팀은 그의 그러한 생각이 자신의 삶의 경험에서 우러난 것이란 점은 잘 알고 있다. 그래서 우리는 책으로 만들어진 『농민 권순덕의 삶과 기록: 아포일기』를 김천시의 모든 중・고등학교와 시립도서관에 보내기로 약속했다. 우리는 앞으로 더 많은 분들이 자신의 삶과 기록을 공개하고, 그 경험을 사회와 공유하게 되기를 희망한다. 이를 통해 한국사회에 대한 학술적 이해뿐 아니라 개인의 삶에 대한 이해의 폭도 크게 향상될 수 있을 것이라고 믿는다.

삶이 언제나 밝고 즐거울 수만은 없는 것이다. 이것은 누구나 알고 있는 일이다. 더구나 가난과 싸우고, 때로는 개인의 삶을 흔들어 놓기도 하는 근대화의 위력에 맞서서 가족을 지키고 농촌을 지켜온 농민의 고단한 삶에 있어서는 두말할 나위도 없다. 생활의 구석구석에 박혀있을 삶의 어둡고, 힘든 측면들조차 우리 연구팀에 고스란히 내준 권순덕 옹께 우리는 무한한 감사의 마음을 가지고 있다. 우리 연구팀은 그의 일기가 이러저러한 이유와 목적으로 오용되거나 오독되지 않도록 끝까지 조심하겠다는 약속을 드린다.

우리는 한 연구 집단이 불과 일 년 만에 17년 치 분량의 일기를 독해・입력・해제・출판하는 것은 사실상 무리라고 생각하고 있다. 이것은 우리가 지난 일 년 동안 많은 일을 했다고 생색내는 것이 아니라, 오히려 우리가 작업을 너무 서둘렀다는 반성에서 하는 이야기이다. 한편으로 일기의 저자에게 책으로 묶은 그의 일기를 빨리 보여드릴 수 있게 되었다는 즐거움도 있지만, 이 작업을 차근차근 근본부터 다져갈 수 있는 시간을 허락하지 않는 우리의 연구 환경이 이 작업을 채근하였다는 점도 부인할 수 없다. 그래서 우리 「개인기록의 사회과학」 연구팀은 『농민 권순덕의 삶과 기록: 아포일기』를 통해서 우리사회의 근대화 과정을 꼼꼼하게 살펴보고, 재구성하는 작업을 이제부터 시작할 계획이다. 모쪼록 개인기록이 사회의 구조와 역사를 연구하는데 매우 중요한 자료라는 점에 뜻을 같이하는 분들의 관심과 참여를 부탁드린다.

이번 해제작업에는 우리 연구팀 외부에서 두 분이 같이 참여해주셨다. 앞에서 언급했듯이 김천문화원 송기동 사무국장께서 아포읍 일대의 지역 특성과 지명에 대해서 사진을 곁들여 자세한 해제를 작성해주셨다. 그리고 전북대학교 고고문화인류학과 BK21+의 진명숙 박사께서는 일기에 나타나는 농촌여성의 삶을 주제로 원고를 써주셨다. 두 분은 『농민 권순덕의 삶과 기록: 아포일기』의 첫 번째 독자가 된 셈이다. 두 분께 진심으로 감사드린다. 아울러 어려운 상황에서도 선뜻 일기의 출판을 맡아주신 전북대학교 출판문화원에도 감사 인사를 드린다.

2014년 6월 30일

연구팀을 대표하여 **이성호** 씀

농민 권순덕의 **삶과 기록**

아포일기

아포일기 2 **목차**

서문 ··· 5

제1부 아포일기❷ (1975년~1985년)

- 1975년 ··· 17
- 1976년 ··· 66
- 1977년 ··· 88
- 1978년 ··· 90
- 1979년 ··· 94
- 1980년 ··· 106
- 1981년 ··· 134
- 1982년 ··· 155
- 1983년 ··· 184
- 1984년 ··· 240
- 1985년 ··· 323

농민 권순덕의 **삶과 기록**

아포일기

아포일기 1 **목차**

서문 ···· 5
畵報 ···· 9

제1부 해제

제1장 농민 권순덕, 그리고 그의 『일기』 | 이성호·안승택 ―― 27
1. 권순덕의 삶과 일기쓰기 ···· 27
2. 20대 시절의 일기 ···· 29
   1) 성공 ···· 29
   2) 가족 ···· 30
   3) 결혼, 출산, 부가 ···· 31
3. 30대 시절의 일기 ···· 33
   1) 노동 ···· 33
   2) 자녀교육 ···· 35
   3) 권순덕의 세상을 보는 눈 ···· 36

제2장 지역특성과 생활환경, 지명 | 송기동 ―― 38
1. 동신마을의 지역적 특성 ···· 38
   1) 마을의 역사 ···· 38
   2) 마을의 입지여건과 교통 ···· 39
2. 생활환경 ···· 44
   1) 성씨분포 ···· 44
   2) 자연환경 ···· 44
   3) 농업환경 ···· 45
   4) 관혼상제 ···· 46
   5) 민속놀이와 마을신앙 ···· 47
3. 일기에 등장하는 지명 ···· 48
   1) 마을내 지명 ···· 49
   2) 인근마을 지명 ···· 64
4. 맺음말 ···· 67

제3장 압축근대화 과정의 농민층 분해와 계층상승 모색 | 남춘호 ——— 68
1. 압축적 산업화와 한국농업의 구조적 위치 ······ 68
2. 소농의 아들로 태어나 ······ 69
3. 도시로 나가서 사람답게 살고파 ······ 69
4. 자영업자의 길 ······ 71
5. 빈농에서 중농으로 ······ 73

제4장 농가경제와 농촌사회의 변화 | 소순열 ——— 79
1. 농가경제의 수입 ······ 80
2. 농가경제의 지출 ······ 85
3. 농가경제와 농촌사회의 변화 ······ 89

제5장 농가사업과 생활환경 | 문만용 ——— 91
1. 농업 ······ 92
2. 축산업 ······ 96
3. 상업 및 기타 농가사업 ······ 98
4. 생활환경 ······ 100
5. 보건의료 ······ 102

제6장 권순덕의 결혼과 가족 | 진양명숙 · 이정덕 ——— 106
1. 아내 이윤심과의 만남과 결혼 ······ 106
2. 분가 ······ 107
3. 임신과 출산, 그리고 아들 선호 ······ 108
4. 자녀 보육 ······ 110
5. 자녀 학교 교육 및 훈육 ······ 111

제7장 농촌여성의 일과 삶 | 진양명숙 ——— 114
1. 아내 이윤심의 농사 노동, 그리고 농촌 여성 ······ 114
2. 농사 외 부업 ······ 117
3. 이윤심의 친정 나들이 ······ 118
4. 여행 ······ 119
5. 권순덕의 눈에 비친 아내 이윤심 ······ 120

제2부 아포일기❶ (1969년~1974년)

- 1969년 ······ 123
- 1970년 ······ 214
- 1971년 ······ 316
- 1972년 ······ 390
- 1973년 ······ 448
- 1974년 ······ 506

〈일러두기〉

1) 원문의 한글 표기는 교정하지 않는 것을 원칙으로 하였다.
2) 뜻풀이가 필요한 경우에는 [ ], 빠진 글자는 { } 표시를 하여 뜻풀이를 하거나 글자를 채워 넣되, 첫 출현지점에서 1회만 교정하였다.
3) 설명이 필요한 용어나 문장에는 각주를 달아 설명하였다.
4) 해독이 불가능한 글자는 □ 표시를 하였다.
5) 일기를 쓴 날짜와 날씨는 모두 〈 〉 안에 입력하되, 원문에 음력 날짜가 기입되어 있는 경우에는 〈 〉 밖에 입력하였다.
6) 날짜 표기에 쓰이지 않은 문장 안의 〈 〉 표시가 나타나는 경우는 저자가 기입한 것으로, 이는 따로 바꾸지 않은 채 그대로 두었다.
7) 원문 안의 ( )는 저자가 기입한 것이다.
8) 일부 일기 안의 인명은 인권 보호를 위하여 가명으로 처리하였다.
9) 자료에 거명된 사람에 관련된 정보는 학술적 목적 이외의 용도로 사용할 수 없다.

제2부 아포일기❷

(1975~1984년)

농민 권순덕의 **삶과 기록**

아포일기

1975년

〈내지 1〉
1月
금릉군 아포면 대신동 三구
권순덕 用

〈1975년 1월 1일 수요일 낡씨 눈〉
"자신으로서는 저축하는 해가 대어야 하며 꼭 저축을 해야만 살 수가 있쓰며 앞푸론 저축 업시는 살 수가 업따고 생각을 한다."
"오늘부터는 저축의 거름이다."
지출에 … 혜진 과자 10원

〈1975년 1월 2일 목요일 날씨 맑음〉
"정부에서도 신년 가세[과세]하라고 말을 하지 안는 것을 보며 정부에서도 골치을 만이 알련 모양인가바. 그러치 안으며 생야단일 탠대 조용한 것 보며 홀란한가바."
"음염이[엄연히] 맡아들이 이쓰며 맡{아}들이 할 일을 처자의 몸으로 비단돈으로 여동생 학비로 다 쓰며 돈이 적으서 오빠에깨 돈을 좀 달라고 하며 돈도 주지 안치 적은 비단돈으로 학비는 부족하다고 말을 하면서 저 오빠 몰래 벼 가마을 훔쳐서 나에깨 가지고 와서 곡상에깨 내날라고 이야기을 하며 욕을 하시 말라고 이야기을 낮낮치 하는데 동정이 가며 적으나 자신이 돈이 있따면 보태주어쓰며 하는 생각까지 들더라."
지출에 … 〈엄마 개[계]하는 데〉 술값 200원

〈1975년 1월 3일 금요일 날씨 맑음〉
상점 문을 계속 열어두어야 대는데 춥다고 열지 않코 재미 업다고 널지 안어니 그만침 상업에 손에가 대어따고 생각을 하면서도 계속 열지 못하는 것을 볼 때에 자신이 상업에 무관심하다 할까 돈이 급파지 않키 때문에 일까 알 수가 업꾸나.
수입에 … 물건값 2,050원
지출에 … 연장값 500원 혜진 사과 100원
計 600원

〈1975년 1월 4일 토요일 낡씨 눈〉
일기가 변득서러어 어린 아들에깨 감기가 떨어절 날이 업개 만들고 있쓰서 어서 빨리 봄이 왔쓰마 하는 생삭밖에 업나.
수입에 … 200원
지출에 … 사다리 파이프 40자에 2,400원
합승비 160원 멸치 100원 우물
부속 2160원
計 4,760원

〈1975년 1월 5일 일요일 날씨 맑음〉
"돈도 벌지 못하면서 어쩐지 바파서 무었을 할 줄을 몰갯꾸나."
수입에 … 배달 신부 150원 (자전차값)
5,200원
지출에 … 합승비와 물건 실은 값 160원
計 5,350원

〈1975년 1월 6일 월요일 날씨 맑음〉
"우불 하차[1] 품실이 나빠서 자신의 임심나갯는데. 왜나하면 우뭄 하치을 세 그로 갈라주면 양엽패 뜸이 생기서 물이 흙으로

[흐르려] 하니 자신이 못해서 그러타고 인식을 하까바 극정이 대며 앞푸론 그리쳐을 온기서 다른 해사 하차을 가지고 와서 갈라바야갯꾸나."
수입 … 물건값 510원

〈1975년 1월 7일 화요일 날씨 맑음〉
"상업을 하는 사람이 친구들과 술자석에 만이 얼리고 있쓰며 자신이 술자석에 안 어울릴라고 무진장 예을 쓰는데도 자꾸만 을리개 대며 시간낭비을 만이 하고 있는데 앞푸론 억재 좀 해야 대갯다."
수입에 … 170원
지출에 … 집세값 1,500

〈1975년 1월 8일 수요일 날씨 흐림〉
"경희내 초가집을 집을 위주지 못해서 미안점이 말할 수 업던니 오늘로서 연개[2]을 엮끄서 집을 위게 대어서며 매일 극정이 대더니 이재 마음이 한결 가벼어저는구나."

〈1975년 1월 9일 목요일 날씨 맑음〉
〈춘효 동장〉
(둘째딸) 출생신고 함 權 惠 榮 권혜영
은혜 혜 영화 영
빛날 영
"밭태 인분을 일부 주고 땔감이 업쓰서 할려고 산에 올라가 보니 벌서 풀나무는 다했쓰며 풀나무 한 짐 하는데 힘이 만이 들어쓰며 무었시든지 남 안 알 때 해야 만이 하고 수라지 이재야 땔감 해길을 할려니 여관 예로가 만을 껏 같다."

수입에 … 350원

〈1975년 1월 10일 금요일 날씨 맑음〉
"일기변득으로 하로 일과는 휴식으로 보내찌만 마음의 휴식은 하지 못했다."
지출에 … 혜진 과자 20원

〈1974년 1월 11일 토요일 날씨 맑음〉
땔감 준비에 아무 일도 못했다. 땔감 준비가 작년보다 좀 너저며 작년보다 땔감 준비가 아주 힘이 더는구나.
지출에 … 국수 콩값 40원 혜진 과자 10원
計 50원

〈1975년 1월 12일 일요일 날씨 눈〉
땔감 준비에 하로 일과가 바빠다.
"사람이란 언재나 돈 돈 하다 일생이 끝이나지. 사람이 돈 보고 산다고 볼까."
지출에 … 친구와 술값 160원

〈1975년 1월 13일 월요일 날씨 맑음〉
상점에는 매일 문을 닷고 있쓰며 돈 한 푼 벌지 않꼬 지출만 내고 있쓰니 보통 예료안 대는구나.
수입에 … 300원
지출에 … 쌀띠밤[쌀튀밥] 240원

〈1975년 1월 14일 화요일 날씨 맑음〉
金日[今日]은 同내[洞內]에 새마을공사장에 돈 벌로 나같니 정말 힘이 들더라.
사람이 육체적인 노동으로는 돈을 번다고

1) 물을 품어 올리는 데 사용하던 수동식 펌프의 부품이다.
2) 초가지붕의 지붕이나 담을 이기 위해 짚이나 새 따위로 엮는 '이엉'의 방언이다. '마름' 은 연개를 세는 단위이며, 마름을 길게 엮은 것을 용마름이라고 한다. 일기에 나오는 '마람', '용마람'은 각각 마름과 용마름의 방언형이다.

하지萬 실지 따지고 보며 돈 버는 것이 아니라고 생각을 할 때는 더 지루한 감이 들더라.
(새마을공사장에 종일 함)

〈1975년 1월 15일 수요일 날씨 맑음〉
“상점에서 하로 일과을 만족한 감으로 보냇다.”
수입 …… 물건값 2,080원
지출에 … 살림조합비 360원
비누값 250원
計 710원

〈1975년 1월 16일 목요일 날씨 맑음〉
나 자新[自身]은 가萬이 보며 휴식을 절기는 편이다.
사람이 돈을 벌라고 들며 독화단은[독하다는] 별명을 부터야 돈을 수라게 벌지 그러지 않코 남들이 그 사람 좋다 하면 돈 벌기가 수라지 않다고 보고 있다.
수입 …… 貳百七十拾[貳百七拾] 원
지출에 … 물건값 壹千[壹仟] 원

〈1975년 1월 17일 금요일 날씨 맑음〉
요사이는 날씨가 변득서으러 아무 일도 못하고 휴식을 만이 하게다.
수입에 … 七十拾[七拾] 원
지출에 … 610원

〈1975년 1월 18일 토요일 날씨 맑음〉
“땔감 준비에 하로 日과을 보내고 마랐다. 그리고 자전차점이 너무나 한가해서 어떠개 할 주망을 몰갯쓰며 너무나 공상이 만아서 육체적인 해가 댈까바 극정이 이루어 말할 수가 업구나.”
지출에 … 친구와 술값 100원

〈1975년 1월 19일 일요일 낡씨 맑음〉
“사람이 재산이 만으나 적으나 극정은 차이점이 업다고 보나 재산이 업는 사람은 힘이 업쓰며 풀이 업쓰 보이니 돈 심보다 더 쓰는 힘은 업다고 본다.”
수입이 … 물바가지 일절 250원
지출에 … 빤스 300원

〈1975년 1월 20일 월요일 날씨 맑음〉
“보리밭태 두엄을 지개로 내쓰며 올해는 보리농사을 잘 지어볼 결심이다.”

〈1975년 1월 21일 화요일 낡씨 흐림〉
친구 숙모 별세해서 심부름 해주는 것으로 하로 일과을 보내고 마랐다.
도박하는 자석을 가만이 보니 정말 한심스렵더라. 왜냐하면 인생은 속고 속이고 살라가는 것이 인생이라든니 정말 잘 속이더라. 도박승에는[도박상에는] 속임수 업는 사람은 밑키 업는 두뭉에 물 붓는 식이더라.

〈1975년 1월 22일 수요일 날씨 눈〉
친구 숙모 안장에 사람들이 놀지 않코 다들 자라며[잘하며] 우리 마을 사람들도 그전 모양 안 알라고만 쳐든 해는 다 지내갈는가 이재는 다들 스{스}로 할려고 늘더라.
수입 … 물건값 440원

〈1975년 1월 23일 목요일 날씨 맑음〉
금일은 분주한 하로 일과을 보냇다. 사람이 돈을 벌라면 매일 분주하게 일과을 보내야 대는데 사신원 아직 분주하게 매일 보낼라면 먼 시일이 글리야지 대지 시푸구나.

수입에 … 물건값 1,330원
지출에 … 혜진 갑기약 230원
가용예 100원
計 330원

〈1975년 1월 24일 금요일 날씨 비〉
상업이 적으나 댄다 하면 육채적인 노동은 상당이 고대다고 너켜다. 상업 하면 평소 사람 과치 신경을 쓴다면 그 상업은 올치 안타고 생각을 하며 평소 사람보다 배을 쓰야 그 상업이 유지할 수 있따고 생각을 한다.
수입에 … 물건값 4,250원

〈1975년 1월 25일 토요일 날씨 맑음〉
오늘은 봄기분이 나는구나.
날씨가 해동날씨가 대는가 몸이 곤한 맡이 들며 보리밭 바서는 안전이 봄맡이 들고 있다.
수입에 … 물건값 500원
지출에 … 카바이트 700원

〈1975년 1월 26일 일요일 날씨 맑음〉
"자신위 신경을 만이 쓰서 그른지 몰라도 노동도 별료 하지도 안는데 육채적인 피로가 일적 오며 몸의 피로 때문에 노동을 할려고 마음을 단단이 먹으도 육체가 하기 실어서 못하고 있다."
지출에 … 물건값 900원 멸치값 200원
計 1,100원

〈1975년 1월 27일 월요일 날씨 맑음〉
보리밭태 두엄 까는 것으로 하로 일과을 보내쓰며 보리 이랑에 두엄을 깔라 노니 보리들이 잘 땔 꼈만 같더라.
수입에 … 물건값 390원

〈1975년 1월 28일 화요일 날씨 눈〉
보리밭태 두엄 칼기도 여관 힘이 아니구나. 앞푸로 두엄 칼기 반춤 더 남어는데 설 아래 다 할련지 알 수가 업꾸나.
지출에 … 면허세 400원

〈1975년 1월 29일 수요일 날씨 맑음〉
금일은 알찬 일과을 보내쓰며 알찬 일과가 대니까 자신의 기분이 상캐하게 말할 수 업는데 이 상캐한 기분이 매일 대어쓰며 하는 생각밖에 업다.
수입에 … 물건값 500원

〈1975년 1월 30일 목요일 날씨 맑음〉
땔감 준비에 하로 일과가 바빠따. 이 땔감이 언재나 해결이 댈련다. 극정이다.

〈1975년 1월 31일 금요일 날씨 맑음〉
일과 갑이깨 보내서 한결 마음이 가볍다.
수입에 … 3,900원
지출에 … 옻 1,500원 혜진 과자 10원
計 1,510원

(1月)

"월말 수입총금액"
計 22,680원

"월말 총지출금액"
計 13,860원

〈1975년 2월 1일 토요일 날씨 맑음〉
벌서 이월이란 달을 마지하는구나.
새해 달력을 바든 지가 어째 같든데 한 달이란 시간이 흙려쓰니 자신의 일더리 조급해지는구나. 왜냐. 한 달이란 시간은 흙르는데 갑어치 있는 일 못하고 새 달을 맏지하니 가슴이 답답한 너킴이 더는 것 같꾸나.
수입에 … 물건값 1,600원
지출에 … 물건값 1,250원 물바가지용 550원 쳐 신 300원 치약 190원 둘째딸 옻 1,400원 참기름 짜는데 200원 합승비 값 120원 고무줄 20원
計 3,930원

〈1975년 2월 2일 일요일 날씨 맑음〉
이재는 봄바람이 부러오는 느킴이 들며 들판에 싸이든 눈이 녹아서 논마다 물이 교요[고여] 있쓰니 어이 봄 니김이 업께는가.
수입에 … 물건값 310원

〈1975년 2월 3일 월요일 날씨 맑음〉
버들가지에는 새파란 물이 들어가고 있쓰며 수일 내로 개구리때 잠에서 깨어날 껏 같은 너킴이 들며 안전 봄 너킴이구나.
"보리에 발태 두엄을 지개로 저내는 일과로 하로을 보냇다."
수입 …… 물건값 400원
지출에 … 가용 300원 집세값 1,500원
計 1,800원

〈1975년 2월 4일 화요일 날씨 비〉
일기불순으로 아무 것도 못하고 하로 일과을 무이미히게 보내고 마랐다.
이재 봄은 봄이다. 바람이 모질게 부러도 촙지을 인는 깃을 보니 정말 봄이구나.
지출에 … 혜진 과자 10원 띠밥값 70원
計 80원

〈1975년 2월 5일 수요일 날씨 맑음〉
"비 온 뒤라서 골목들이 질어서 영 다니기가 아주 안 대든니 동민들이 나와서 모래을 한 별식 골목마다 까니 길도 좋아절 뿐 아니라 골목도 깨껏하며 왜관으로 보기에도 아주 좋은 길이라고 생각이 대는구나."
지출에 … 혜영이 모자값 400원
비누 200원
計 600원

〈1975년 2월 6일 목요일 날씨 비〉
"밥을 먹고 사는 사람이라면 나 하나는 살개찌 하는 희망이 있캐찌만 나 자신도 아직은 초라하게 살고 있찌만 머지안아서는 나도 살 수가 있깨지 하는 희망이 앞쓸 때는 악착 같치 살라보자는 이 몸도 누그러지는 시간이 만아저고 있꾸나."
수입에 … 물건값 810원

〈1975년 2월 7일 금요일 날씨 맑음〉
"추이가 업쓸 껏 같든니 바람이 불며 추어저는구나. 이 날씨가 계속 추어저다 봄 날씨가 대며 안전 해동하며 사람의 건강도 별료 상하지을 안을 땐대 요줌 계속 봄날 행세을 하든니 갑짝이 추어저니까 우리 혜진이 포가 나며 혜진 감기 바서는 빨리 봄이 왔쓰며 하는 생각밖에 업꾸나."
수입에 … 물건값 450원
지출에 … 비계 호충값 200원

〈1975년 2월 8일 토요일 날씨 맑음〉
"우리 재롱이 이재는 머슨 물채을 보며 손이 가는 것을 보며 신기한 맡이 들며 저것이 잘라서 어른이 댈 껏을 생각하니 그저 우슴이 나는구나."
수입 … 50원

〈1975년 2월 9일 일요일 날씨 맑음〉

금일은 땔감 준비하는 데 하로 일과을 보냇다.

사람이 한 가지 일에만 열중해야 대는데 모든 것이 부족하니 마음의 고통은 말할 수 업쓰며 상업도 큰 손에가 대고 있꾸나.

수입에 … 물건값 2,000원

〈1975년 2월 10일 월요일 날씨 맑음〉

내일이 음력설. 이재는 농가에서는 새해의 첯발이 대며 설마 시고 나면 갱이 삽 들고 들료 산으로 갈 껏을 생각을 하니 한결 마음이 가벼어저는 너킴이 더는구나.

수입에 … 물건값 950원

지출에 … 연장값 500원 경찰예깨 500원
연말이라고 조카에 100원
計 1,100원

〈1975년 2월 11일 화요일 날씨 흐림〉

자신이 비록 이래 살지만 이번 설에는 다먼 돼지고기라도 몟 근 큰집에 사줄 작정은 했는데 자신이 돈 쓸 개산을 하니까 한 픈도 업쓸 뿐 아니라 이번에 처과에 다니오며 장사 및천도 업개 대며 정말 금년에 돈을 아쉽개 슬 형편이며 금년만 지낸다며 별료 아쉽게 대지는 않깨는{데} 이번 명절에 큰집 배 대왜 성이 표쉬을 못한 대 돼에서 미안점 말할 수 업꾸나.

그리고 길그리에 나가 바도 별료 설치리을 좋게 한 아이들이 업쓰며 그저 깨껏한 옻만 입어쓸 뿐이다. 잇것을 보며 벌로 살라가는 사람이 업따고 인식이 더는구나.

〈1975년 2월 12일 수요일 날씨 맑음〉

이재는 쳐과 가기가 상당이 힘이 더는구나. 외냐하면 아이들 때문에 큰 힘이 들 뿐 아니라 앤만에서는 못 가개더라.

그리고 처가에 가도 별료 좋은 너킴을 못 너키개쓰며 그전보다 처가의 기분을 차지 못해서 그만 자신은 아이들만 같따주고 온 샘이 댄다.

그리고 자신이 아직 오락을 절기서는 안 대는데 하로 하로 지나는 시간을 간추리 보면 오락시간이 만아저고 있는데 앞푸론 오락시간을 주리야 대개따는 너킴을 하고 있다.

수입에 … 물건값 250원

지출에 … 처가 가는 데 고기값 1,000원 술 200원 과자 200원 차비 140원
〈치구[친구]와 노는 데〉 230원
計 1,770원

〈1975년 2월 13일 목요일 날씨 맑음〉

"구정을 마지한 뒤라도 별료 사람들이 한가하게 놀지 않는 것 같더며 마을에 절먼 사람들이 술래 채해서 다니는 사람이 업쓰며 그전 구정가 현 구정을 비안다면 낭비는 전연 업따고 해도 가연이 아니다."

수입에 … 물건값 540원

지출에 … 이발비 50원

〈1975년 2월 14일 금요일 날씨 맑음〉

형님 계에 형님이 업쓰서 자신이 초곡까지 가서 계 참석을 했는데 계는 친목계이지만 자신이 볼 때에 업는 사람은 큰 낭비라고 생각을 한다. 왜 낭비야. 자신 꼭 볼 때는 업는 사람일수록 음식에 힘을 더리서 하는 것이 인간의 습성인가. 꼭 있는 사람보다 업는 사람들이 음식에 신경을 쓰스 작만하니까 따뜻한 음식이지만 업는 사람은 그 상처가 오래 가니까 계원들도 좀 생각을 해볼

점이 있따고 생각을 해보왔다.
수입에 … 물건값 200원
지출에 … 장모 차 멀미약값 50원

〈1975년 2월 15일 토요일 날씨 맑음〉
장모가 오시도 특별한 음식 못해 주고 마음만 슬라고 드니 여관 힘이 아니며 처 어머님 보기에 미안점이 만아서 어머님 돈 만이 벌그던 좋은 반찬 조원 음식 만이 해더리게 씀이다 하고 한참 웃고 마라지만 어머님 도라가시기 전에 돈을 버리서 따뜻하게 대해야 대는대 그 책임이 무급꾸나.
수입에 … 물건값 2,000원
지출에 … 물건값 570원

〈1975년 2월 16일 일요일 날씨 맑음〉
집사람 처음 계에 들어가서 계 한다고 혜진 보는 데 하로 일과가 넘어갚쓰며 하로 일과가 무이미한 하로가 대어다.
지출에 … 장모 가는 데 과자 300원
차비값 200원 계하는 데
1,780원 머리하는 데 1,600원
計 3,880원

〈1975년 2월 17일 월요일 날씨 맑음〉
본 청년 전기총회을 오늘로 하여쓰며 자신이 회장을 보면서 아무 발전을 못 시킨 대대에서 미안안 감을 가지며 회장직을 물러쓰게 대어 마음이 한결 가벼운 마음 말할 수 업쓰며 이 회장직은 미혼로 있쓸 때에 해야 도엄이 대리라고 녀켜 본 적이 있다.
수입 … 100원

〈1975년 2월 18일 화요일 날씨 눈〉
"상점 일과가 너무나 한가해서 극정이 이루어 말할 수 업꾸나. 이 상점을 육성시킬라면 자본만 만타면 다소나 낯캐는데 자본이 업쓰서 더한 샘이 대고 있다."

〈1975년 2월 19일 수요일 날씨 눈〉
이재 봄인대 때 아닌 눈이 자꾸만 내리서 봄 일에 너저만 가고 있다.
금년에 별료 추위가 업쓰서 보리 얼동에 말라죽은 것이 업쓰서 보리농사는 잘 대리라고 생각을 한다.
수입에 … 250원

〈1975년 2월 20일 목요일 날씨 눈〉
"상점에서 얼마 돼지 안는 돈이기 때문에 가용도 부족한 현편이며 에로가 말할 수가 업다. 상점에서 적으나 번다면 가용 논은 충분이 매까 나갈 수가 있쓸 땐대 그러치 안아 난쳐할 때가 한두 번이 아니구나."
수입 … 60원
지출 … 전기세값 610원

〈1975년 2월 21일 금요일 날씨 맑음〉
집사람 피임약을 보건소에서 샤스 용법을 무르니까 어린니을 가진 사람은 젖시 줄어든다고 해서 약을 복용시키가 실어며 왜당초 용법에 대에 알라쓰며 약을 샤지을 안아쓸 껀대 약을 멧지[맥지, 괜히] 쌰따는 결과 대는구나.
지출에 … 처 피임약 3개월분에 90원

〈1975년 2월 22일 토요일 날씨 맑음〉
"보리밭태 두엄 까는 것으로 하로 일과을 보내쓰며 앞푸로 두엄이 조금만 더 있따면 온 밭태 한 벌식 깔 수가 있쓸 땐대 두엄이 적으서 마음이 깨온하두록 못하게꾸나."

수입 …… 100원
지출에 … 술빵치기 100원

〈1975년 2월 23일 일요일 날씨 맑음〉

정부에서는 새마을사업으로 공사을 벌리라고 돈 百만 원을 동사모소 짓을라고 매호당 五阡 원식을 푸르서 부역으로 부치는 것은 아주 잘못이며 경비을 푸는데 생활이 좋은 사람과 업는 사람과 과치 금액을 푼다는 것은 말도 안 대는 말이다.
금일은 세마을사읍에 하로 일과가 대고 마랐다.

〈1975년 2월 24일 월요일 날씨 맑음〉

새마을공사에 하로 일과가 대고 마랐쓰며 업는 사람으로는 부담이 크고 있다.
수입에 … 물건값 250원

〈1975년 2월 25일 화요일 날씨 맑음〉
음력 1. 15日 보름. 아주 맑음.

"우리 어릴 때는 아낙내들이 보름달을 보며 아들 둔다고 절먼 사람 늙언 사람 할 껏 업시 죽 나선 때가 어깨 같든데 그 풍속이 업쓰저고 이재는 한 사람도 업쓰니 인간의 변하가 크다는 것을 보름으로서 입증하는 너킴이 더는구나."
골을마다 풍속변화처름 사회발전도 변왜왔따며 아무도 삶매 극정은 안 알 껏으로 보고 있다.

〈1975년 2월 26일 수요일 날씨 맑음〉

땔감 준비에 하로 일과가 대고 마랐다.
수입에 … 150원
지출에 … 비누값 100원 처 노는 데 200원
혜진 과자 20원
計 320원

〈1975년 2월 27일 목요일 날씨 맑음〉

"새마을공사에 하로 일과을 보냇찌만 별료 농띠 처는 사람도 업고 재일처름 잘하며 종일 일한 것을 보며 엄청나개 하고 있다."

〈1975년 2월 28일 금요일 날씨 눈빨〉

새마을공사에 하로 일과가 대고 마라쓰며 금일은 공사장에 감독이 업쓰니 일하는 데 영 형편 업쓰며 마음먹고 일하는 사람이 한 사람도 업다고 본다.
수입 …… 물건값 700원
지출에 … 청년회 돌부리값 400원

(2月)

월말 수입금액
計 11,170원

월말 지출금액
計 16,410원

〈1975년 3월 1일 토요일 날씨 맑음〉

상점에서 하로 일과을 보냇다. 금일도 상점 문을 놀미서 늙기가[놀면서 열기가] 실터니 일끄리 하나 보고 열려떠니 종일 일할 껏이 노오더라.
수입에 … 700원
지출에 … 사과 100원

〈1975년 3월 2일 일요일 날씨 맑음〉

벌서 혜진이 돈을 주며 과자상점까지 가서 과자을 사들고 오니 이그 야단 낳다. 왜냐. 매일 푼돈이 들어가개쓰며 어스 빨리 돈을 버러야 대갯꾸나 하는 너킴빡에 업쓰며 한편으로는 저것이 지 발로 과자을 싸스 아장 아장 먹어며 들어오는 모섭 보며 기쁨 마음 검할 길 업쓰며 자꾸만 돈을 주고 싶픈 마음도 더는구나.
지출에 … 물건값 4,840원 합승비가 180원 혜진 과자 20원
計 5,040원

〈1975년 3월 3일 월요일 날씨 맑음〉
"힘도 업는데 더 큰 상업을 해볼까 하는 욕심 때문에 잠 못 이루게쓰며 다가지 안는 것을 생각을 안 알라고 해도 자꾸만 생각이 더니 건강에만 해롭게 대고 있꾸나."
수입에 … 물건값 310원
지출에 … (집사람 계 국수값) 420원 혜진 과자 10원
計 430원

〈1975년 3월 4일 화요일 날씨 맑음〉
"이재 안전이 봄 너킴을 가질 수가 있꾸나. 왜냐하며 요기서 김천만 가면서 들판을 보며 보리밭 김매는 사람이 밭마다 하야게 안전서 매고 있는 것을 보며 이재 봄이라는 것을 알 수 있쓸 정도다."
수입에 … 100원
지출에 … 물건값 3,080원 빵기 300원 합승비 120원 단지 1,000원
計 4,600원

〈1975년 3월 5일 수요일 날씨 눈, 비〉
"때 아닌 눈이 내리도 엄청나게 오며 이 눈이 비가 안 아따면 금년 쳐고 채고 눈이 대어쓸 껀대 비가 와키 때문에 눈 온 표가 별료 업꾸나."

〈1975년 3월 6일 목요일 날씨 흐림〉
사람 살기가 정말 힘이 들며 재각기 따지고 보며 넉넉한 사람이 별료 업찌만 돈을 버라야지 하는 욕심을 가지니 마음 고통 말할 수 업다.
수입에 … 물건값 3,760원
지출에 … 전기약 150원

〈1975년 3월 7일 금요일 낡씨 맑음〉
"보리에 비료거름 할 때가 꼭 대어는데 날씨가 변덕서어려 비료 효과 적어까바 비료질 하기가 그북서렵꾸나."
수입에 … 물건값 2,670원

〈1975년 3월 8일 토요일 날씨 맑음〉
(밭태 비료질 함.) 량 20kg.
밭태 처음 비료질을 하니 량이 적은지 만은지 알 수가 업쓰며 그리고 보리씨는 좀 다라야지 보리 성장하는 데 좋으리라고 생각을 한다. 왜냐. 보리씨 더문 데는 보리들이 우선 아주 신찬을 거슬 볼 때에 보리씨는 좀 만이 쓰야 대겟따는 인식이 더는구나.
수입이 … 450원
지출이 … 비료값 1,608원 혜진 과자 40원
計 1,648원

〈1975년 3월 9일 일요일 날씨 비〉
보리에 거름 소남은 아수 살 나개찌만 비가 자주 와시 보리에 습페을 가저올 줄 골개쓰며 이 비가 더 온다면 논보리에는 큰 손애을 가저올 껏 같다.
지출에 … 집세값 1,500원

〈1975년 3월 10일 월요일 날씨 흐림〉
무이미한 하로 일과가 대고 마랐다. 이 무

이미한 일과가 저건아 갑진 일과가 댄다면 을마나 조으리만은 그러치 안으니 에로가 말할 수 업꾸나.
수입에 … 물건값 2,010원

〈1975년 3월 11일 화요일 날씨 맑음〉
물건 해가[해가지고] 오면서 남에 일 도와주다 손에을 보았다. 왜냐. 남왜 물건 실어주다 내 물건을 나두고 합승에 몸만 실어 왔쓰니 좋은 일하고 유복 마전 격이 대는구나.
수입에 … 50
지출에 … 물건값 2,700 비누 100워[원] 산소 1,800원 카비트 700원 합승비값 60원 운님 400원 計 5,760원

〈1975년 3월 12일 수요일 날씨 흐림〉
새마을사업에 하로 부역하는 것스로 하로 일과을 보내고 마랐다.

〈1975년 3월 13일 목요일 날씨 맑음〉
오늘 같더며 상업에 재미을 너킬 수가 있다고 생각을 한다. 금일 같더며 어너 누구을 불버할 사람이 업따고 생각을 하며 자신이 상업을 시작하고는 처음 돈을 버런 샘이 댄다.
수입에 … 물건값 6,250원
지출에 … 혜진 과자 10원

〈1975년 3월 14일 금요일 날씨 맑음〉
상점에서 돈 버는 것보다 만이 벌라고 사방사업 하는 데 원골로 돈 벌로 같든니 처음 가는 사람은 잘 모른다면서 힘이 더는 일만 시키서 종일 힘 더는 일로 하로 일과을 보내고 마랐다.
그리고 그전 사방보다 일하는 것도 아주 뜰리며 십장이 현장에서 일 시키는 것이 백팔십도로 방식이나 모든 것이 계조댐 샘이다.
지출에 … 혜진 과자 10원

〈1975년 3월 15일 토요일 날씨 흐림, 비〉
금일은 우리 마을에도 돈 버는 일이라서 원골까지 가니 여기서 벌자 하는 욕심으로 마을에서 우마차로 돈을 벌고 마랐다.
수입 … 100원

〈1975년 3월 16일 일요일 날씨 비〉
우선 현금치기로 돈을 만이 번다고 우마차로 농로사업에 나와서 벌지만 결과로 상점에서는 손에가 대지 않나 하고 염려도 댄다. 왜냐하며 자신한태 온 손님이 다른 곳로 가기 대며 결과는 손에가 대지 안을까 하는 생각으로 하로 일과가 대고 마랐다.
수입에 … 물건값 1,500원
지출에 … 라듸오 수리에 300원 비누 200원 반찬값 300 혜진 과자 10원 計 820원[3)]

〈1975년 3월 17일 월요일 날씨 맑음〉
통일벼을 만이 해서 저건아 농사을 짓는 사람은 돈이 남아돌라갈 꼈이라고 생각을 하는데 전부가 돈이 업따고 말들을 하는 것을 볼 때에 엇짠 영문인지 알 수가 업꾸나.
"만약에 자신이 돈이 남아돌라간다면 돈을 쓰지 않코 있따가 전부가 돈 때문에 아우성을 철 때에 빌리을[빌려] 쓸라고 해도 전부

---

3) 바른 계산은 810원이다.

가 업쓸 때에 돈을 쓰게 대면 돈 해전이 잘 땔 껏이며 만약에 자신이 돈이 있따면 요 시기에 돈을 놀라고 들개쓰며 매년 요 시기에 돈을 했전시키며 아주 돈 벌기가 수라지 하는 생각도 드는구나."
수입 … 2,970원

〈1975년 3월 18일 화요일 날씨 맑음〉
장사을 오래 하니까 별사람이 다 있더라. 장물인가 몰라도 아주 싼 갑이라서 자신이 못 싸서 마음이 현장에서는 안 댓떤니 금일 잠자리에서 감안이 생각을 하니 잘 안 싸따고 생각을 (하)며 만약에 작물이라면 밑천을 조금 가지고 하는 것을 다 날릴 껏이 아닌가 하고 순관 모면을 했따고 생각을 한다.
수입에 … 1,432원
지출에 … 합승비값 160원 물건값 1,800원 피이프 40자 2,400원 물바가지 480원 전기세값 510원 뿌라이 500원 멸치 100원
計 5,950원

〈1975년 3월 19일 수요일 날씨 비〉
"봄비가 너무나 자주 아서 보리에 큰 피해을 줄 껏 갈더며 논보리는 습패서 지섬 때문에도 안 댈 껏 같다."
수입에 … 530원
지출에 … (결혼계에) 2,000원
혜진 과자 20원
計 2,020원

〈1975년 3월 20일 목요일 날씨 맑음〉
보리밭 골을 쓰서 북주기을 하여야 하는데 상점 일 때문에 못했든니 영 너저 가는데도 못하니 마음이 조급하며 이재는 할려고 해도 비 온 뒤라서 멫칠 너저만 가야갯다.
지출에 … 물건값 4,470원 합승비값 60원
計 4,530원

〈1975년 3월 21일 금요일 낡씨 맑음〉
"돈도 별료 벌지도 뫃하면서도 무을 할 줄 몰갯다. 요줌은 몸을 여러 쪽 내야 하로 일과을 미결 업시 잘 보냇갯다."
수입에 물건값 4,750원
지출에 … 혜진 과자 10원
비료값 1,510원
計 1,520원

〈1975년 3월 22일 토요일 날씨 맑음〉
보리밭태 골을 쓰서 보리에 안전 북을 주어 쓰며 보리밭태 재거름을 했는 요량하며 보리들이 조은 편이 아닌대 앞푸로 을마나 조와절란지 알 수가 입꾸나.
그리고 설 아래에 보리 골량[고랑]에 인분 주는 것은 보리에 피해을 줄라고 작정하는 사람이라고 생각을 하며 일기 관개로 손해을 볼라고 들며 안전 전멸이 대고 만다는 것을 실지 해보고 알라다.
수입 …… 물건값 1,250원
지출에 … 혜진 과자 10원

〈1975년 3월 23일 일요일 날씨 흐림〉
순규 결혼식을 김천문화샌타서 하는데 이재는 아주 간수하게 하며 간단히게 해시 아주 좋더라.
"이재는 징밀 어성의 시대라고 해도 말이 뜰린 말이 아니다. 우선 직기사[직지사] 절에을 가도 여사가 만이 분비며 어너 구석을 가도 여자 소리밖에 업쓰니 남성들의 소리는 죽은 수박에 업찌만 지신은 이버새 생삭을 한다. 남자의 성을 같는 이상 여자들이

너머나 계복대어따고[개벽되었다고] 생각을 한다."
수입에 … 100원
지출에 … 낵타이 700원 열차비 60원
혜진 과자 70원
計 830원

〈1975년 3월 24일 월요일 날씨 맑음〉
집사람이 밤 열시가 대어도 자신이 들어오지 안으며 저녁밥을 먹지 않코 있쓸 때에는 미안점이 들며 자신은 일적 들어올라고 무진장 예을 쓰도 주위의 한경이 그래 대니까 할 수 업는 입장이 대지만 집사람은 아들에깨 시달리면서 식사을 지 때 못하고 있는 것을 볼 때마다 앞푸론 때을 꼭 안 어기야지 하는 생각을 가지면서도 집사람을 보며 더 방갑더라.
수입에 … 400원

〈1975년 3월 25일 화요일 날씨 맑음〉
순규 시냉한다고 일도 못하고 하로 일과을 보내고 마라찌만 앞푸로 할 일을 생각을 하니 정신적인 고통이 대고 있꾸나.
수입에 … 380원
지출 …… 혜진 과자 10원

〈1975년 3월 26일 수요일 날씨 흐림〉
선둘 동서가 김천 동서 집배서 장모님 회갑 때문에 이야기 좀 하자고 김천 동서 집배서 만나자고 약속을 해서 일하는 일손을 멋추고 김천을 갈든{니} 한 사람도 나오지 않코 자신만 참석하게 대어쓰며 아무도 나오지 않코 있쓰니 한편 서운한 감이 들며 앞푸론 머선 약속을 하더래{도} 불참을 할 자정이며 미들 사람이 업따고 생각을 가지며 내리오고 마랐다.
수입에 … 120원
지출에 … 빵기 200원 물건값 540원 니부나사 100원 동서 집배 가는 데 술값 200원 과자 100원 배아링 1,000 댐푸라 기름 220원
計 2,320원

〈1975년 3월 27일 목요일 날씨 맑음〉
남들은 감자을 갈라따고 하니 자신은 아직 감자밭도 갈지 않코 있쓰서 마음이 조급하며 돈도 빌료[별로] 벌지 못하고 마음만 조급하게 하고 있다.
수입에 … 300원
지출에 … 합승비값 90원 혜진 20원 명숙 20원
計 130원

〈1975년 3월 28일 금요일 날씨 맑음〉
이달 30日날 삼촌 회갑이이라 금일부터 집안 식구 전부가 삼촌 희갑 준비한다고 분산하게 하로 일과을 보내고 마랐다.
수입에 … 450원
지출에 … 혜진 과자 20원
비료값 480원
計 500원

〈1975년 3월 29일 토요일 날씨 비〉
삼촌 회갑준비에 하로 일과가 분주한 해가 대어쓰며 돼지을 수종을 잘못 해서 죽은 돼지라서 그른지 살먼 고기가 벌거깨 대어 있쓰서 음식에 깨끄란 사람은 먹지 안을 정도로 구성시럽더라. 음식은 만이 하면서도 고기 질이 나빠 뽄치가 업쓰저고 말랐다.
지출에 … 〈위우지 노인 생신에〉
담배 100원

〈1975년 3월 30일 일요일 날씨 흐림〉

"삼촌 회갑 한다고 사람들이 법석대는 것을 볼 때에 아버지 어마님이 안 개시니 어딘가 모러개 허전한 감이 들며 아버지 개실 때에 만은 음식을 작만해서 회갑을 못한 것이 원이 대는구나."

지출에 혜진 과자 10원
부이값 2,000원 計 2,010원

〈1975년 3월 31일 월요일 날씨 맑음〉

〈벼씨 침종일〉

금일은 침종을 해서 소득까지 안전이 하여 쓰며 작년 비에서 벼씨 침종이 넘어나 일적에서 피해나 댈까바 극정까지 대는구나.

수입에 … 560원

지출에 … 쟁기 부속품 1,500원 자전차 물건값 1,470원 요구찌 500원 합승비 120원 혜진 과자 20원 혜진 신 100원
計 4,710원

③

월말 수입금액
計 31,122원

월말 지출금액
計 43,308원

〈현미 한 것이〉〈5말 반〉

〈1975년 4월 1일 화요일 날씨 맑음〉

상점에서 바쁜 일과가 대고 마랐다.

수입에 … 2,450원

지출에 … 혜진 과자 10원

〈1975년 4월 2일 수요일 날씨 맑음〉

감자와 울콩을 파종하는 것으로 하로 일과을 보내고 마랐다.

수입에 … 60원

〈1975년 4월 3일 목요일 날씨 맑음〉

이성보[4] 하는데 상점일 때문에 아주 너깨 가서 여러 사람 보기에 말할 수 업씨 미안하더라.

그리고 주위의 고물상 하는 사람들이 자신 보고 너무나 흙개 한다고 말을 만이 하는 모양인데 명량하게 대어 있다.

수입에 … 2,100원

지출에 … 자전차값 5,500원

〈1975년 4월 4일 금요일 날씨 맑음〉

아포면 고물상회에서 자신이 너무나 흙깨 밭는다고 말을 만이 한다면서 차저왔더라. 이 문제에 생각을 했볼 때에 값을 싸개 해도 멧 푼 못 버는데 남과 갈치 한다면 더 못 버는 것이 아닐까 하고 생각을 하니 정말 왜료가 만다.

수입 …… 980원

지출에 … 혜진 과자 10원

〈1975년 4월 5일 토요일 날씨 비〉

우리 마음에서 아주 입는 사람인대 운상힐려고 디니 널씨나서 비가 오고 있쓰니 사람들이 적은 것 같더며 온 사람 쳐고는 마음먹고 일을 해주며 나 자신 쳐고도 비가 줄줄 쏘다질 떼는 시급픈 마음이 늘더니 막상

4) 감천냇가로부터 역들 평야를 막는 둑 이름으로, 원래 이름은 '외송보'이다.

일을 할라고 더니 별마음 업쓰저며 비 온다고 하로 더 는기개[넘기게] 대며 경비만 나기 때문에 해야 댄다는 너킴이 들더라.

〈1975년 4월 6일 일요일 날씨 맑음〉

〈모판만 안전[완전] 하여 두어쓰며.〉

금일은 한식일이라고 어머님 산소에 띠가 재대로 살지을 안에서 형과 둘리서 냇까 방천에까지 가서 우마차로 한 구루마 실고 왔서 안전하게 하여 두어쓰며 이재는 산소일은 안 에도[안 해도] 댈 껏 같은 너킴이 들고 있다.

그리고 우{리} 마을 공동모판에 일을 하여쓰며 씨갑씨만 쳐서 비누류만 쳐면 안전무결하게 하게 댄다.

수입 …… 1,000원

지출에 … 혜진 과자 10원

지출에 물건값 2,200원

計 2,210원

〈1975년 4월 7일 월요일 날씨 맑음〉

무이미한 하로 일과을 보내고 마랐다.

수입 …… 1,660원

지출에 … 1,100원 혜진 과자 10원

計 1,110원

〈1975년 4월 8일 화요일 날씨 맑음〉

"모판 골주 만더는 것으로 하로 일과을 보내고 마랐다. 모판 골주도 농환기에 서스이 만들어 노어며 수란대 그것이 만대로 안 대는구나."

금일은 장모님 회갑 문제로 쳐형들이 자신의 집에 와서 회갑 문제을 두고 이야기을 하여쓰며 모두가 돈은 잘 안 도라가고 마음만은 있쓰서 극정이 이루어 말할 수가 업꾸나.

수입에 … 360원

지출에 … 처형들 대집에 470원

혜진 과자 10원

計 480원

〈1975년 4월 9일 수요일 날씨 맑음〉

"큰집에 모판에 비누류 씨는 것으로 하로 일과을 보내고 마랐다. 비누루을 씨우는데 형과 형수 셋시가 오후 1시 반까지 하니까 일곱 마지기 하게더라."

수입에 … 2,440원

지출에 … 혜영이 감기약 500원

비누 300원

計 800원

〈1975년 4월 10일 목요일 날씨 맑음〉

(모판에 비누류 표장함)

복판 논에 통일벼 할려고 모판에 안전이 비누류을 쉬어 두어쓰며 남들은 벼씨을 싹을 띠아서 모판에 비누류을 쒸우는데 자신은 그냥 해서 모씨가 재도로 쓸란지 알 수가 업꾸나.

수입 …… 150원

지출에 … 혜진 감기약 350원

혜진 과자 10원

計 360원

〈1975년 4월 11일 금요일 날씨 맑음〉

"요줌은 상점 일들이 바빠저고 있다."

수입에 … 150원

지출에 … 혜진 과자 10원

〈1975년 4월 12일 토요일 날씨 맑음〉

아들 감기 때문에 신경이 날까러저는 것 같더며 밥이 삶로 가지 안는 것 같더며 아들에깨 감기만 글리지 안너며 재일 좋깨더라.
수입에 … 9,360원
지출에 … 혜진 과자 20원 집세값 1,500원
計 1,520원

〈1975년 4월 13일 일요일 날씨 맑음〉

금년 들어 처음 국수을 빼는데 힘은 만이 들어찌만 날씨가 참 조아서 끝매점을 잘 하여다.
수입 …… 150원 국수값 1,090원 4,000원
計 5,290원
지출에 … 혜진 과자 70원

〈1975년 4월 14일 월요일 날씨 맑음〉

국수을 빼니까 무진장으로 바푸며 자신의 일과가 작년보다 더 바픈 너킴이 들며 저건 돈이지만 하로을 하며 그 대까가 들어오니 육채의 고통은 대지만 하로 일과들이 갑진 일과라고 생각을 하고 있다.
수입에 … 국수값 1,010원 2,450원
計 3,460원
지출에 … 명태값 200원 혜진 과자 20원
計 220원

〈1975년 4월 15일 화요일 날씨 맑음〉

국수 패는 일과로 하로 해을 보내고 마라쓰며 국수 돈을 작년보다 kg로당 3원을 더 바더니까 돈이 아주 잘 부려나는 너킴이 더는구나.
수입에 … 국수값 440원 물건값 860원
計 1,300원
지출에 … 하더값 100원 혜진 10원
計 110원

〈1975년 4월 16일 수요일 날씨 맑음〉

무이미한 하로 일과을 보내고 마랐다.
수입에 … 260원

〈1975년 4월 17일 목요일 날씨 맑음〉

우선 바서는 밭태 고랑이 비잡두록 보리들이 우묵하게 좋은데 앞푸로만 날씨만 잘 한다면 자신한태는 큰 수입이 대리라고 생각을 하는데 날씨가 변득서러까바 극정이 말할 수 업꾸나.
수입에 … 자전차값 4,000원
지출에 … 하더값 60원

〈1975년 4월 18일 금요일 날씨 맑음〉

처과에 삼촌 회갑이라 참석을 희 보니 생각보다 살 하더라.
그리고 삼촌 집에시 바람을 쑈일라고 나오니까 50세 대어 보이는 사람 눌이라가 소주 사달라고 부진부진 하면서 따라다니면서 사달라고 해서 남 보기에 쨍피해서 돈 200원을 사먹으라고 하면서 주고 마랐다.
수입에 … 560원
지출에 … 물건값 6,620원 부이값
1,500원 합승비값 110원 술값
200원 픈무기 고무 500원
이발값 100원
計 8,730원

〈1975년 4월 19일 토요일 날씨 맑음〉

우리 보리기 벌시 가물이 좀 들고 있는데 극정이 이루어 말할 수가 업꾸나. 금년 보리농사는 잘 지어야 데는데 밭보리들은 가물이 들고 있쓰니 극정이 대고 있다.
수입에 … 680원
지출에 … 물건값 370원 쟁기날이 4개
880원 혜진 약 500원 혜진 옻이

1,400원 혜진 양발이 150원 좀약이 80원 합승비 120 형 경주 구경 가는 데 500원
計 4,000원

〈1975년 4월 20일 일요일 날씨 비〉

처 어머님 내일 회갑인데 비가 쉬지 않코 비가 계속 내리고 있쓰니 음식 장만하기가 불편할 뿐 아니라 어머님은 풀이 죽고 회갑도 그만 마라쓰며 하는 생각이 들 정도로 비가 그치지 않코 내리고 있쓰니 내일까지 그치지 않코 내리고 있쓰가 극정이 재일 대고 있다.

수입에 … 물건값 1,260원

지출에 … 처과 합승비값 40원 과자 220원
計 260원

〈1975년 4월 21일 월요일 날씨 비〉

금일이 처 어{머}님 회갑인대 비가 그치지 안코 아침까지 비가 오길래 오늘 회갑은 못하지 하는 니킴이 들더니 아침을 지니니 날씨가 개이기 시작하더니 오후에는 안전 빛치나는데 더어서 마당에서는 음식을 못 먹을 정도로 대어서 큰 다형으로 생각을 한다. 그리고 날씨 간개로 손님이 업쓸 꼈으로 생각을 했는데 손님이 생각 위에 만더라.

지출에 … 합승비 40원

〈1975년 4월 22일 화요일 날씨 맑음〉

회갑 일을 안전이 마치고 손님도 다 가고 문경 처재가 조금 쉬어다 갈라고 하는데 동서가 대리고 갈라고 하니까 처재가 울면서 따라가는데 나 자신 보기에 안 대쓰며 자신이 가는 뒤모섭을 보니 눈물이 으리는데 부모님 마음은 을마나 가슴이 아푸깨는가. 문경 처재을 못 가두록 하여야 하는데 갈려고 더는데 말리지 못하고 가고 마라찌만 이번 일로 바서는 동세가 잘못이라고 생각을 한다.

수입에 … 700원

지출에 … 부이값 13,000원 청년회 노는 데 1,000원 합승비 80원 큰집 배 빌린 돈 1,500원
計 14,680원

〈1975년 4월 23일 수요일 날씨 흐리, 비〉

청년회에서 돼지을 잡아서 큰골에 가서 처음에는 시들라고[시들하고] 돈이 아깝더니 나중에야 잘 노라쓰며 잘 놀고 보니 돈 1,000원이 아깝찌을 안더라.

수입에 … 3,100원

〈1975년 4월 24일 목요일 날씨 맑음〉

"보리농사 숭년 말들까바[만들까봐] 재일 극정이다."

수입에 … 국수값 340원

지출 …… 물건값 1,070원 합승차 안에서 분실 200원 스레파 400원 쟁기값 1,600원 보도[볼트]값 120원 길리 420원
計 3,410원

〈1975년 4월 25일 금요일 날씨 맑음〉

"순기가 금일 저 처남 밭뚜로 시관[5]을 나면서 물건을 쨍기면서 자기 물건을 한 개도 업시 쨍기는데 우리 성질보다 백팔{십}도 떨린다고 당장 생각이 들며 순기가 저래 하면 형

5) 여기에서의 '시관을 나가다'는 살림을 차려 분가해 나가는 것을 의미하는 '세간나다'의 방언형으로 보인다.

한태 아주 잘못한다고 생각이 들더라."
수입에 … 국수값 600원 쟁기값 500원
計 1,100원
지출원 … 띠밥 70원 혜진 과자 40원 싸까링 20원 돌부리값 480원
計 610원

〈1975년 4월 26일 토요일 날씨 비〉

밭보리가 너무나 잘 대어서 넘치까바 극정이 대고 있는데 주일에 한 번식은 비가 오고 있쓰니 보리들이 너무나 좋아서 씨리리하게 누어가오고[누워가고] 있쓰니 앞푸로 보리들의 절시가 잘 땔까 염려서럽꾸나.

〈1975년 4월 27일 일요일 날씨 비〉

오늘 날짜로 모판에 비누류에 한기구멍을 열려 낮쓰며 우선 바서는 못씨가 잘 쓰서며 모도 좋은 편이다.
수입에 … 물건값 380원

〈1975년 4월 28일 월요일 날씨 비〉

날씨가 너무나 변득서러어며 비가 자주 내리서 보리에 피해 주까바 왜로가 재일 대고 있꾸나.
수입에 … 200원 국수값 300원 물건값 550원
計 1,050원
지출에 … 합승비 120원 쟁기 부속 1,600원 물건값 2,120원 비누값 3장 270원
計 4,110원

〈1975년 4월 29일 화요일 날씨 맑음〉

친구 모친 운명해서 계령 방면으로 부구 돌리는 것으로 하로 일과을 보내고 마랐다. 사람은 인심이 동민에깨 을마나 어꼬 있는가는 흉사을 당홰바야 알 수가 있따고 생각을 한다. 돈도 있꼬 해서 사람이 만을 껏 같다도 그러치도 안코 한산한 것을 보며 생각 좀 했바야 들 껏 같더라.
수입 …… 500원
지출에 … 형 담배 140원 빵 170원
計 310원

〈1975년 4월 30일 수요일 날씨 맑음〉

처과집배 큰집 아지매 회갑이라 회갑에 참석을 해서 음식을 보니 소문보다 적으며 음식은 깻끝에 손님에깨 산캐한 기분이 들개끔 깻끝에서 손님에깨 찡찬을 바들 수가 있쓰따고 생각을 한다.
수입에 … 3,080원
지출에 … 부주 1,500원 합승비값 100원
計 1,600원

④
월말 총수입금액
計 47,670원

월말 총지출금액
計 50,170원

〈1975년 5월 1일 목요일 날씨 맑음〉

낚들은 무판에 비누류을 벗기는데 자신은 좀 있따가 벗킬 작정이다.
수입에 … 2,840원
지출에 … 라면값 50원

〈1975년 5월 2일 금요일 날씨 비〉

비가 너무 자주 와서 보리에 큰 피해을 술 껏 같더며 보리피해만 업따면 금년에는 저

축이 댈 껏 같다.
수입에 … 300원

〈1975년 5월 3일 토요일 날씨 비〉

금일은 해장부터 보슬비가 내리서 맑은 날씨에 비누로 벗키는 것보다 날 껏 같더서 금일 비누류을 안전이 벗키고 마랐다.
곡상에깨 벼 달린 것 알속 146斤
수입에 … 나락값 12,680원 1,350원
計 14,030원

〈1975년 5월 4일 일요일 날씨 맑음〉

"밭보리가 좀 씨려저 이그더만 안 씨려전다면 보리농사에 풍작을 할 수가 있쓸 건데 앞푸로 더 씨려전다면 금년 보리농사는 피롱[폐농]했다고 본다."
"금년 처음 모판에 피사리을 하는데 정말 만더라."
수입에 … 320원

〈1975년 5월 5일 월요일 날씨 맑음〉

금일 보리밭을 보니까 힘이 한 게도 업더라. 금년 보리농사을 잘 짓어따고 생각을 하는데 오늘이야 다 씨려젓쓰니 보리농사을 안전 피롱했쓸 뿐 아니라 더려간 자본이 압깝키 짝이 업꾸나.
수입에 … 3,260원
지출에 … 혜진 과자 20원

〈1975년 5월 6일 화요일 날씨 맑음〉

모판에 요소 한 단지에 1돼을 하니까 나중가는 모판에는 거름이 아주 적개 가더라.
수입에 … 국수 490 → 600원[6)]
지출에 … 쟁기 부속 1,600원 나사 80원
물건값 2,200원
計 3,880원

〈1975년 5월 7일 수요일 날씨 맑{음}〉

정말 사람 성질 여려 질이더라. 나 자신 성격이 너무나 갈갈레서[괄괄해서] 조심은 대지만 남들 비아며 별료 문제가 안 댄다고 생각까지 들 때가 있다.
수입 …… 1,530원
지출에 … 물건값 빠이쁘 렌치 3,500원
집세 1,500원
計 5,000원

〈1975년 5월 8일 목요일 날씨 비〉

중관 우물에 수도을 넛는데 생각보다 수라더라. 그리고 두 집에 다라내는 데는 인찌니부[7)]을 사용해야지 마음대로 할 수가 있깨따고 보고 있다.
수입 … 400원

〈1975년 5월 9일 금요일 날씨 맑음〉

초기에는 보리농사을 잘 짓어는데 이재 와서 보리가 땅에 딱 누어있는 것을 보며 마음만 개렵개 대고 있다.
그리고 공동우물에 일하는데 웃마을에만 일만 하게 대어서 남들은 하는데 자신은 상점 문을 닷고 일을 할려고 하니 여관 힘이 아니며 남왜 눈만 아니며 나가지 않을 마음도 들고 있는데 그렬 수도 업고 해서 하로 일을 하였는데 보통일이 아니다.

---

6) 원문에서는 먼저 적은 액수 600원을 수정하기 위해 금액 윗부분에 화살표를 그려 바른 액수를 적고 있다. 원문상에서 처음 적은 액수를 지우지 않고 그대로 둔 상태이므로 이와 같이 입력하였다.

7) 일본어의 인치니부(いんちにぶ), 즉 1과 1/4인치 나사를 의미하는 것으로 보인다.

지출에 … 술값 110원

〈1975년 5월 10일 토요일 날씨 맑음〉

공동일은 우리 먹고 볼라고 더니 급이 나는 구나. 왜냐. 나중에 계산을 한다면 전부가 내 돈인대 먹고 볼라고 더니 어찌 급이 안 나개는가.

수입에 … 국수값 700원 3,490원
計 4,190원

지출에 … 강아지값 2,200원
조카 소풍 가는 데 460원
計 680원

〈1975년 5월 11일 일요일 날씨 맑음〉

새마을사읍으로 동내 하수구 하는데 안 갈 수도 업고 갈라니 상점 문을 닷고 새마을사읍에 가야 하니 왜료가 말할 수가 업다

수입에 … 2,000원

〈1975년 5월 12일 월요일 날씨 맑음〉

"작년보다 국수 패는 학률이 만은 것 같더며 대신서도 국수 패로 오니까 작년보다 만이 벌 껏 같다."

수입에 … 국수값 600원 400원
計 1,000원

지출에 … 물건값 2,140원 혜진 과자 10원
計 2,150원

〈1975년 5월 13일 화요일 날씨 비〉

보리농사는 점섬 태산이구나. 왜냐하면 이재는 더 쓰려저지 안캐지 하고 이쓰며 또 쓰러저고 있쓰니 보리농사는 안전이 피롱했따고 생각을 하고 있다.

이재는 보리 거름은 아주 적개 할 끄시며 비료기름은 생각을 난이 해서 해야 대께따는 생각을 절시리 너켜진다.

수입에 … 국수값 500원 600원
개값 4,500원
計 5,600원

지출에 … 새마을공사 부당금[부담금] 500원

〈1975년 5월 14일 수요일 날씨 맑음〉

금일은 반은 새마을사읍에 일을 하고 반은 자신이 개개인의 수도 넣는 데 일을 했서 새마을사읍 하는 사람 보기에 미안안 감이 대는 하로 해가 대고 마랐다.

수입에 … 50원

지출에 … 혜진 과자 10원

〈1975년 5월 15일 목요일 날씨 맑음〉

수입에 … 300원 국수값 600원
計 900원

지출 ……전기세 440원

〈1975년 5월 16일 목요일 낡씨 흐림〉

요줌은 몸 하나을 열 쪽 내야 하로 일가을 안전무결하게 해 갈 수 있다고 생각을 한다.

수입에 … 300원 국수값 1410원
計 1,750원

〈1975년 5월 17일 금요일 날씨 맑음〉

보리들이 우선 바서는 별료 피해가 업쓸 껏으로 생각을 하는데 어른들의 말씀을 너러 보며 보리 씨려전 것은 아무 것도 업디고 이야기을 할 때에 사신의 생각은 것짓말이지 하는 생각밖에 업다.

수입에 … 70원 국수값 1,230원
計 1,300원

지출에 … 혜영이 보는 데 20원
혜진 과자 10원

計 30원

〈1975년 5월 18일 토요일 날씨 비〉

금일이 사월초파일인대 아침부터 잔득 찌프린 날씨에 금새라도 소낙비가 쏘다질 뜻 한는데 구경꾼은 도로에 비잡두록 가는 것을 볼 때에 이상할 정도로 생각을 할 수밖에 업따고 생각을 하며 이 사람들이 구경을 할려고 더는 사람들인가 의심서{러}운 일이구나.

수입에 … 950원
지출에 … 6,000원 새마을 출물[8] 500원
計 6,500원

〈1975년 5월 19일 월요일 날씨 비〉

통일모판에 두불 거름을 한 단지에 두 돼반을 하였는데 거름량이 어떠개 대는지을 알 수가 업꾸나.

수입에 … 1,510원
지출에 … 6,180원

〈1975년 5월 20일 화요일 날씨 맑음〉

수입 …… 2,000
지출에 … 혜진 과자 50원 물건값 400원
집사람 관광기념비 740원
計 1,140원

〈1975년 5월 21일 수요일 날씨 맑음〉

요줌음 눈코 뜰 세도 업쓸 정도로 바뿐 일과가 대고 있다.

수입에 … 1,450원 국수값 960원
計 2,410원
지출에 … 부식비값 450원 혜진 20원
計 470원

〈1975년 5월 22일 목요일 날씨 맑음〉

상업을 할려고 들며 집을 교차하여야만 자신이 바뿐 일을 들 할 땐대 집은 여기고 상점은 도로변이고 보며 다니는 시간이 더 만은 것 같다.

그리고 국수만 빼지 않으며 여관 바빠도 밀리지는 안을 껀대 한쪽 일을 하게 대며 한쪽은 문을 닫깨 대니 더 바뿐 일이 생기개 댄다.

수입에 … 5,750원 국수값 1,500원
計 7,250원

〈1975년 5월 23일 금요일 날씨 맑음〉

금일은 통일벼 모판에 피살이을 두 번재 하니 정말 피가 만을 뿐 아니라 반동사이가 만아서 한 단지에 꼭 하로 뽑는다고 해도 다 못다 할 형편이다.

그리고 통일벼가 냉해을 입버서 그른지는 몰라도 모가 적으서 심지 못할 껏 같든데 일부 하고 있는 것을 보며 모는 적으도 성장하는 데는 지장이 업는지을 몰개꾸나.

수입에 … 2,150원

〈1975년 5월 24일 토요일 날씨 맑음〉

"사람은 한 번 대리고 일을 시키보며 그 사람은 쓸 수 있나 업나 단번에 알 수가 있다."

사람의 심리을 알려며 상업을 하며 알 수가 있다.

---

8) 무슨 일에 필요한 돈이나 물건을 내는 일(出物)을 가리키는 말로, 여기에서는 새마을사업을 위해 주민들이 자부담 조로 추렴한 돈을 의미하는 것으로 보인다. 앞서 5월 13일 자 일기의 지출내역에 보이는 '새마을공사 부당금[부담금] 500원'과 같은 성질의 것이지 않나 생각된다.

수입에 … 270원 국수값 2,030원
計 2,300원
지출에 … 혜진 과자 40원

〈1975년 5월 25일 일요일 낡씨 맑음〉

통일벼 모판에 두 번째 약을 살표했쓰며 모판에도 적으도 4번 이상 약 살표을 했야 대갯따고 생각을 한다. 왜냐하면 모판에 몰기을 보니까 살도로 쳐야 대갯따고 생각을 한다.

수입 …… 330원 국수값 520원
計 850원
지출에 … 혜진 과자 20원 물건값 820원
計 840원

〈1975년 5월 26일 월요일 날씨 맑음〉

장사을 할려면 그리처을 질 징왜서 상업을 해야 대갯따는 것을 알랐다. 왜냐하면 오늘날까지 그리한 것을 보며 값을 배나 주고 싸왔따. 사람이 처음 장사을 하면 계속 한 군대만 그리하지 말고 여러 번 온기 보면 자신이 정할 곳이 생기개 댄다.

수입에 … 500원 국수값 320원
計 820원
지출에 … 물건값 3,050원 임금 3,000원
합승비 120원 혜영이 노리계
1,700원 수도 물건값 1,050원
푼무기 고무 100원 옷 1,200원
쳐 따라지 400원
計 10,620원

〈1975년 5월 27일 화요일 날씨 맑음〉

"모내기 할려고 복판 논에 훌기는 것으로 하로 해가 대고 마랐다."

"이 날씨가 아무래도 가물지 하는 예감이 더는구나."

수입 … 910원

〈1975년 5월 28일 수요일 날씨 맑음〉

모네기 할려고 피살리 하는 것으로 하로 일과가 대고 마랐다.

수입 …… 1,200원
지출에 … 혜진 과자 20원

〈1975년 5월 29일 목요일 날씨 흐림〉

복판에 오늘 모내기을 하는데 온방이 아니고 떱빵[9]이라 모내기하는 것도 온방 모양 차건차건 내지 않코 지류한 모내기가 대어서 보가 재대로 살란지 의심서럽꾸나.

앞푸론 참모는 안 알 껏이며 떱빵은 돈도 만이 들 뿐 아니라 마음도 말할 수 업씨 뛰서 못하게더라.

지출에 … 빵값 400원 술값 600원 현[형]
담배값 140원
計 1,140원

〈1975년 5월 30일 금요일 낡씨 비〉

"금일은 일반 예비군 훌련을 선산고아대대서 교육을 밭는{데} 별료 교육 같지도 않코 요세 힌침 비푼 사람을 대리고 와서 반이 놀린다는 생각밖에 업다."

예비군 교육은 훌련을 할 필요도 업고 동원만 대나 안 대나 하는 연습밖에 업따고 생각을 한다.

9) 온방-덧방, 온방은 반듯한 온전한 모양의 논을, 그리고 덧방은 모양이 틀어진 짜투리논을 의미하는 것으로 추정된다.

지출에 … 친구 술값 200원 열차비 30원
우동값 100원
計 330원

〈1975년 5월 31일 토요일 낡씨 비〉
금일은 예비군 교육이 아니라 예비군 희초[회치][10]라고 해도 가연이 아니다. 왜냐하면 술집마다 상 뚜뒤는[두드리는] 소리가 도료로 흙으나오며 그저 좋아서 흥을거리고 조아 하니 어찌 희초라고 안 알 수가 있깨는가.

(5月)
월말 수입금액
計 62,420원

월말 지출금액
計 39,200원

〈1975년 6월 1일 일요일 낡씨 맑음〉
삼촌 집에 모내기하는 데 일 그들어 주는 것으로 하로 일과을 보내고 마랐다.
"사람이 앞을 보고 삶지만 앞을 보고 삶라 간다는 것이 여관 힘이 아니다."
지출에 … 농약값 850원

〈1975년 6월 2일 월요일 날시 맑음〉
"새 집배 모내기 할려고 농[논] 장만해 주는 것으로 하로 일과을 보내고 마랐다."
남왜 일을 어떠개 하는지을 알 수가 업꾸나. 왜냐하면 자신이 일을 해보니 정말 몸이 뒤더라.
수입에 … 국수값 170원 350원
計 520원
지출에 … 하더값 30원

〈1975년 6월 3일 화요일 낡씨 맑음〉
복판논에 탁크 재초재을 쳐쓰며 재초제는 마세트가 더 좋다든데 준비을 못해서 탁크을 쳐서 지섬이 어떠개 댈련지 알 수가 업꾸나.
수입에 … 20원

〈1975년 6월 4일 수요일 날씨 비〉
어재 재초재을 천 것이 허사가 안 댈련지 몰갯꾸나. 왜냐하면 비가 너무나 만이 와서 논물이 너무 만아서 한 벌식 넘어버린는데 재초재 소암[효험]이 날란지 알 수가 업꾸나.
수입 …… 1,600원
지출에 … 부역 무는 데 1,680원

〈1975년 6월 5일 목요일 낡씨 흐림〉
"금일은 고추 모종을 안전이 했는데 모종고추가 잘 살란지 궁금하며 모종고추가 잘 산다고 했도 고추농사가 잘 댈까 의심서러어며 금년 고추농사는 피롱했다고 있도 가연이 아니다."
수입에 … 2,930원
지출에 … 장인어른 지사라고 고기값
1,000원 물건값 4,100원 쟁기날 200원 혜진 신 100원 모자값 150원 비누값 120원 카바이트 600원합승비값 120원
計 6,390원

〈1975년 6월 6일 금요일 날씨 흐림〉

---
10) 음식을 차려놓고 모여 나누어 먹는 것을 가리키는 말이다.

모내기한 논에 가보니 모 패기 수가 아주 적은 것 같더며 처음 모내기할 때는 패기 수을 적키 하는 줄 몰갯더니 이재 부니 너무나 적으서 마음이 캐알하지을 안더라.
수입에 … 2,850원
지출에 … 과자 50원 합승비값 40원
計 90원

〈1975년 6월 7일 토요일 날씨 맑음〉
"남들은 자신집배 돈이 만이 있따고 보는데 자신은 어쩐지 돈이 들어오기 바푸개 돈이 쓰저고 있쓰니 의위댄 영문인지 알 수가 업꾸나."
그리고 보리 쓰려전 것은 안꾸도[아무것도] 업따고 하길예 보리농사 헛짓어따고 극정이 밀할 수 업디니 이재 보니 보리들이 충실하게 대어쓰며 오희려 쓰려저지 안코 있는 것보다 더 만이 먹지 안나 내다{보}고 있다.
수입에 … 1,150원
지출에 … 2,250원

〈1975년 6월 8일 일요일 날씨 비〉
"금일은 큰집배 보리을 비는데 놉을 해서 비는데 자신이 안 갈 수도 업고 해서 금일은 보리 비는 데 하로 일과을 보내고 마랐다."
수입에 … 대문값 7,000원
지출에 … 혜진 과자 10원 집세값 1,500원
計 1,510원

〈1975년 6월 9일 월요일 날씨 맑음〉
복핀 논 통일버가 저호병인가 벌개게 주지안자서 딴 모로 머더리면서 생각을 해도 보통일이 아니며 금년부터는 저축 좀 해볼까 하고 욕심을 부리고 있는데 모가 정상으로 자라지 않코 저 모양이 대니 안 댈 사람은 안 대는가 이련 너킴마저 들고 있다.
수입에 … 150원
지출에 … 혜진 과자 10원

〈1975년 6월 10일 화요일 날씨 비〉
금일은 큰집배 모내기하고 나서 어재 머드리고 남은 곳에 머더리는데 점점 더한 너킴이 들며 논자리에 가기가 실려저는구나.
수입에 … 880원

〈1975년 6월 11일 수요일 날씨 맑음〉
모가 건부현상이 이려나서 모 전채가 주저안자서 시간이 시급할 정도라 어쩔 수 업쓰서 해장에 김천을 가서 엽면 살표을 할려고 약을 사와서 살표는 했나와찌만 효과가 있쓸란지 알 수가 업꾸나.
정말 논자리 가기가 실려저는구나.
수입 …… 50원
지출에 … 혜진 과자 10원

〈1975년 6월 12일 목요일 날씨 맑음〉
주저안전 모을 머더리는데 약 50춤이 머더리쓰며 말마 50춤이지 실지 머더려 보지 않코는 이 심정을 알 수가 업꾸나.
수입에 … 860원

〈1975년 6월 13일 금요일 날씨 흐림〉
(살충재 살표함) 4말. 말당 30cc.
모 전체가 주저안떤 모가 금일 보니 좀 나저는 너킴이 들며 자신의 기분이 말할 수 업시 좋으며 이때껏 모자란 모을 어째 키와도 따라 키우야지 하는 힘이 생기개 땐다.
요즘은 큰집에 일 때문에 상점 문을 민이 닷깨 대고 있다.

수입에 … 400원 국수값 380원
計 780원

〈1975년 6월 14일 토요일 날씨 맑음〉
큰집배 논보리 타작하느라고 아무 일도 못 하고 하로 일과을 보내고 마랐다.
나 자신이 살고 바야 대는데 우선 바서는 자신에 일은 무선 일이든지 재쳐놓고 큰집배 일이라면 하고 있는 것이 자신에 앞을 멀개 하는 것이 아닐까 염려도 대는구나.

〈1975년 6월 15일 일요일 날씨 맑음〉
큰집에 보리타작을 하다가 전기가 정전대는 바람에 시간여유도 있깨고 해서 병 하는 자신에 논에을 가고 십펴서 가보니 생각보다 적개 깨치고 있찌만 먼저 보고 금일 보니 아주 좋은 편은 돼나 자신에 눈에는 반도 안 차고 있는데 생각을 할수록 가슴이 아플 정도가 돼고 있다.

〈1975년 6월 16일 월요일 날씨 맑음〉
오늘로서 보리타작을 안전이 하였는데 보리가 아주 많이 낮더라. 큰집에도 처음부터 쓰려젔는데 보리 수학량을 보니 캄짝 놀라갯더라. 왜냐하면 딴 곡석 아무것도 않코 보리만 갈라도 잘 먹으야 닷섯 가마 정도밖에 안 대는데 금년에는 고추 갈고 사과나무가 신기서 보리 면적은 얼마 안 대는데 보리 수학대는 것을 보니 깜짝 놀라갯더라.
수입에 … 300원
지출에 … 자신에 담약 300원

〈1975년 6월 17일 화요일 날씨 맑음〉
금년 농사는 잘 지어서 저축하는 해라고 단단이 마음먹어는데 거것도 마음먹은 대로 대지 안는구나. 왜냐하면 건부현상[11]이 이려나서 벼가 주저안저서 저축이 불가능으로 내다보고 있쓰니 이내 마음 쓰리기만 하는구나.
수입에 … 200원
지출에 … 물건값 2,980원
쟁기값 1,190원
計 4170원

〈1975년 6월 18일 수요일 날씨 맑음〉
작년에는 보리농사을 논보리을 좀 갈다가 금년에는 세집 밭태 밭보리농사을 짓어니까 수학량은 어떠깨 대든 마음이 뿌건하며 노력만 부지련하게 한다면 자신도 살 수가 있따는 마음가짐이 들고 있다.
(오늘로서 안전이 밭태 씨갑씨을 안전이 는 샘이 댄다.)
수입 …… 150원
지출에 … 형 담배값 140원 하더값 60원
計 200원

〈1975년 6월 22일 일요일 날씨 맑음〉
(요소 5돼 배합비료) 1포
금일은 통일벼 병 때문에 웃거름을 재대로 못해서 금{일}은 웃거름 지 양을 다 줄라고 요소 5돼와 배합비료 한 포을 포함해서 다 헌치고 마랐는데 야물지 못한 벼포기라서 병을 더하지나 안을까 염려가 대는구나.
수입에 … 1,200원
지출에 … 혜진 과자 10원

11) 건부병. 뿌리가 갈색으로 썩으며 말라 오그라지는 병이다.

〈1975년 6월 23일 월요일 날씨 비〉

"이번 비가 삼일만 너깨 와쓰며 밀 타작을 안전이 할 껀대 밀 타작을 못해서 비가 이래 오니 밀예는 변질 업씨 밀 타작을 할 수 이쓸란지 극정이다."

"자신의 생각을 가만이 생각해 보며 내일을 재처노코라도 큰집에 일 못했주까 황상 극정이 대며 큰집에 일 때문에 상점 문을 절반도 더 닷고 있쓰니 자신으로 바서는 손왜가 만다."

수입 …… 100원

지출에 … 물건값 1245 비누값 270원 는닝구 250원 화차 500 고무 75원 지뜰값 150 합승비값 120원
計 2,605원

〈1975년 6월 24일 화요일 날씨 맑음〉

큰집배 봉답 두룸 하는 것으로 하로 일과을 보내고 마랐다.

그리고 그전에는 큰골 못물이 못 행세을 못하더니 못 수리하고는 아주 덕을 보며 봉답도 봉답 갇지을 안더라.

수입에 … 2,100원

〈1975년 6월 25일 수요일 날씨 맑음〉

오늘로서 봉답 모내기을 다 했쓰며 금년 모내기은 안전이 맏친 셈이 대다.

수입에 … 450원

지출에 … 멸치 100원

〈1975년 6월 26일 목요일 날씨 비〉

"중앙강신대에서 장마라고 하더니 정말 허니게 대어 있쓰며서도 비가 내리고 있는 것을 보며 장마선에 들어쓰기는 쓴는 모양인대 밀 타작을 못해서 극정이 이류어 말할 수 업꾸나."

수입에 … 1,370원

지출에 … 혜진 과자 10원 킬라 90원
計 100원

〈1975년 6월 27일 금요일 날씨 흐림〉

복판 통일벼가 상당이 깨치고 있찌만 갈 때마다 한숨이 나온다. 왜냐하며 왜 이 나락이 무력무력 자라지 안을까 하고 욕심밖의 업꾸나.

수입에 … 2,020원

지출에 … 방장 1,400원 혜진 과자 10원
計 1,410원

〈1975년 6월 28일 토요일 날씨 흐림 비〉

"날씨는 흐리지 하고 밀 타작을 못해서 극정이 대더니 금일은 흐린 날씨도 불구하고 경운기로 타작을 하고 마랐다. 정말 경운기 힘이 좋더라. 그 밀단 추진 것을 그대로 너어도 잘 대어 나오는 것을 보며 농촌 일도 기개화 대기는 대어야 대갯데라."

지출에 … 1280원

〈1975년 6월 29일 일요일 날씨 맑음〉

금일은 감자을 수학했는데 감자씨가 낮빠서 그런지는 몰라도 수학량이 적더라.

그리고 통{일}벼가 상당이 깨치고 있찌만 마음에 들두록은 깨치지 안아쓰며 벼 수량에 자신의 저축이 늙고 줄고 달린는데 벼농사을 잘 지어야 대는데 극정이 만이 대고 있다.

수입 … 1,000원

〈1975년 6월 30일 월요일 날씨 맑음〉

"복판 논에 피살이와 올미[12] 줏는 것으로

하로 일과가을 보내고 마랐다."
내 일 때문에 큰집배 일은 다소 못 해주지 만 마음은 큰집배 일해 주는 것보다 드뒤고 있꾸나.
수입에 … 200원

⑥
월말 수입금액
計 27,110원

월말 지출금액
計 22,995원

정미소에 (한 가{마}니량)
〈보리쌀〉 정미한 것이 參 말

〈1975년 7월 1일 화요일 날씨 맑음〉

통일벼 병 하는 바람에 아주 빠저는 곳만 유안 3돼을 가지고 한 벌 헌치고 마랐다. 그리고 남들은 그대로 키우야 좋다는 사람 그름을 만이 해서 빼구(기)[13][포기] 수을 만이 하여야 좋다는 사람 어떠한 사람의 말을 들어야 좋을찌을 몰갯쓰며 내 주장대로 하다 농사을 배리고 나니 한 가지 한 가지 하기가 급이 난다.
수입에 … 2,500원
지출에 … 치솔 70원 혜진 과자 10원
計 80원

〈1975년 7월 2일 수요일 날씨 흐림〉

남들은 자신이 돈을 만이 번다고 말들을 하지만 실지 버는 돈은 술 먹는 사람 같더며 술갑 정도밖에 안 대고 있다.
수입 …… 740원 국수값 680원
計 1,420원
지출에 … 전구담아 60촉에 80원
라디오 약 280원
計 360원

〈1975년 7월 3일 목요일 날씨 맑음〉

"한 가지 일을 하게 대면 하로 일과가 여관 분주해도 육체적인 고통이 들 대지만 자신은 두 가지 일을 할려니 마음이 바뿔 뿐 아니라 일도 제돼로 안 대고 육체적인 고통만 가지오고 마너구나."
수입 …… 800원
지출에 … 40원

〈1975년 7월 4일 금요일 날씨 흐림〉

복판 논에 비료거름 요소 15kg 함
복판에 통일벼 병 하는 바람 비료거름이 상당이 만이 들어가는구나.
한 번 병 하는 바람에 비료거름 배 더려가지 약 만이 들어가지 골고로 손에을 보게 대는구나.
수입에 … 2,000 국수값 530원
計 2,530원

〈1975년 7월 5일 토요일 날씨 비〉

"요줌은 봉답 바서는 마은 비가 필요한대 비 오는 것을 보며 봉답 논에 해갈을 면화두록 올까 의심수룹다."
수입에 … 3,330원
지출 …… 물건값 5,660원 수도 화차 2

---

12) 무논이나 연못 가장자리에서 자라는 여러해살이풀이다.
13) '빼기'(저자의 이전 표현형으로는 '패기')를 적으려다 잘못 적은 것을 깨닫고 오기한 글자 위에 이와 같이 덧말로 표기해 두었다.

500원 집세값 150원 약값
930원 혜진 과자 10원 혜영이
보는 데 50원
計 8,650원

〈1975년 7월 6일 일요일 날씨 비〉

이번 비로 천봉답 논에도 모내기가 해결대두록 내리쓰며 이 비가 좀금만 너깨 왔쓰서도 봉답 논은 수학량을 만이 접을 껀대 다형이 비가 내리서 수학량에는 지장이 업시 댈 껏으로 내다보고 있다.
"그리고 집사람과 그 비을 다 마저가면서 참깨 씨을 대강 한 벌은 쏙는 것으로 하로 일과가을 보내고 마랐다."

〈1975년 7월 7일 월요일 날씨 흐린〉

"밭태 김매기을 다 못하고 다른 일을 할려니 손에 걸리지을 안너며 머리가 어순순해서 밭태 손질을 안전이 하고 다른 일을 해야 대갯다."
지출에 … 혜진 과자 20원

〈1975년 7월 8일 화요일 날씨 맑음〉

굼통에서 해년 흑닐을 해서 그련지는 몰라도 우리 논까지 물빠점이 아즉 들 조어며 물이 안전이 빠절라면 내일 가야 물이 안전이 빠저갯쓰니 또 해가 댈까바 제일 극정이 대는구니.
수입 … 750원
지출 … 까바이트 2관에 1,000원 산소 한 병에 1,000원 물건값 1,760원 시기링 100원 고무줄 20원 미원 270원 본드 150원 철사 700원 합승비 160원 운님에 300원 소겟트 300원
計 5,760원

〈1975년 7월 9일 수요일 날씨 흐림〉

참깨밭 김매기 하는데 왜 그러깨 더뒨지 몰개꾸나. 집사람과 두리서 멫칠 매는 줄도 몰개꾸나.
김매기 하는데 남왜 놉을 할려고 해도 남들이 해나[행여나] 욕하까바 놉도 못하게꼬 집사람과 두리서만 할려니 일은 마음먹은 대로 대지는 안꼬 마음만 바푸구나.
수입 … 180원
지출에 돼지고기 돌부리값 500원 혜진 과자 60원 計 560원

〈1975년 7월 10일 목요일 날씨 비〉

금일은 상갑집배[상갓집에] 운상하기 위에서 가바든니 돈갑계[동갑계]에서 총 들고 일을 하는데 잘 하더라. 그 계가 돈갑계가 아니고 친구의 계라면 그러깨까지 일을 바줄까 의심서려어며 돈갑계 정도는 모월 마아다고[모을 만하다고] 너켜다.
수입에 … 1,000원
지출에 … 물건값 700원

〈1975년 7월 11일 금요일 날씨 비〉

비가 고만 아야 하는데 자꾸만 비가 내리서 복판 논에 한 번 더 물 치까바 극정이 대는구나.
그리고 복판 논을 안전하게 농사을 시어 먹을라고 들며 한 벌식 흑으로 도다야 물 극정 업시 잘 짓어 먹을 땐데 극정이 이류어 말할 수 업꾸나.
수입에 … 2,410원

〈1975년 7월 12일 토요일 날씨 비〉

모처름 참깨농사을 만이 할려고 만이 갈러더니 참깨 재대로 자라다 자불면서 참깨가 쓰려저고 하니 김매기 하는 데도 자미가 들하는구나.
수입에 … 400원
지출에 … 혜진 과자 10원

〈1975년 7월 13일 일요일 날씨 맑음〉
남들은 우리 나락을 보고는 딴 나락 대어따고 말들을 하지만 자신의 생각으로는 반마음도 차지 않코 있다.
수입에 … 1,150원
지출에 … 종수이 시험 보로 가는 데 500원 혜진 과자 20원
計 520원

〈1975년 7월 14일 월요일 날씨 흐림〉
하로 일과을 가만이 생각을 해보며 일들은 별료 한 일도 업는데 일을 무었을 해야 잘하는지 분관을 못하게쓰며 너무나 할 일이 만은 일과을 보내고 있다.
수입 …… 280원
지출에 … 혜진 과자 10원

〈1975년 7월 15일 화요일 날씨 맑음〉
금일은 복판 논을 가보니 마음에 들더라. 멧칠 전에 가보니 논들이 고로잔터니 금일은 보니 그진 다 고로 쓰셔며 이 나락이 어뒤서 다 생기는가 하고 마음이 허쭉하더라[흡족하더라].
수입에 … 680원 국수 돈 280원
철건값 2600원
計 3,550원

〈1975년 7월 16일 수요일 날씨 비〉
참깨농사도 만대로 안 대는구나. 날씨가 장마라서 그른지 참깨가 삼분지 일은 누려깨 물더려가고 있쓰니 극정이 제일 대는구나.
수입 …… 1,700원
지출에 … 전기세값 620원 비료값 1,700원
혜영이 피시피 접종에 130원
計 2,450원

〈1975년 7월 17일 목요일 날씨 맑음〉
참깨가 자부는 것이 만아서 집사람과 둘리서 물 參 말로 안전이 살표했쓰며 물 한 말래 약 27씨시로 살표했는데 참깨에 약해가 대지나 안을까 염려가 대는구나.
수입 … 1,600원
지출 … 혜영이 보는 데 100원 혜진 20원

〈1975년 7월 18일 금요일 날씨 맑음〉
복판 논에 약 살포하는 것으로 하로 일과을 보내고 말랐다.
수입 … 5600원

〈1975년 7월 19일 토요일 날씨 맑음〉[14)]

〈1975년 7월 20일 일요일 날씨 흐림〉
수입에 … 200원 국수값 230원
計 490원

〈1975년 7월 21일 월요일 날씨 비〉
수입에 … 800원 국수값 1,200원
計 2,000원

〈1975년 7월 22일 화요일 날씨 맑음〉

14) 이 날의 일기에는 날짜와 날씨만 적혀 있고 내용은 없다.

벼논에도 문고병 약을 한 번 살표해 주야 대는데 너무나 바빠서 약도 살표 못하고 적은 돈 벌다 만원 돈을 버리는 것이 아니가 하고 항상 염려뿐이다.

수입 …… 1,220원 국수 돈 700원
計 1,920원

지출에 … 물건값 4,020원 비누 450원
計 4,470원

〈1975년 7월 23일 수요일 날씨 맑음〉

남들은 돈 만이 번다고 보는 사람마다 말을 하지만 실찌 돈은 벌지 못하고 있는데 앞푸로 가면 만이 벌지는 못해도 돈 벌 수가 있따고 생각을 한다.

수입 …… 720원 국수 돈 1,270원
計 1,990원

지출에 … 혜진 감기약 350원 혜진 과자 40원 단지값 2,200원
計 2,590원

〈1975년 7월 24일 목요일 날씨 비〉

이번 비가 벼한태는 아주 잘 았는 비다.
이 비가 시간을 끌면서 왔쓰며 곡석에깨 지장이 대지만 밧뜻 소낙이로 내리고 맑은 날씨을 했키 때문에 곡석에깨 아주 잘 았따고 생각을 한다.

수입 …… 1,520원 국수값 1,390원
計 2,910원

지출에 … 혜진 과자 20원

〈1975년 7월 25일 금요일 날씨 비〉

요즘 비가 너무나 자주 올라고 더는구나.
이번 비가 참께에 큰 피해을 주어쓰며 참깨가 좋은 것은 다 쓰려저서 못 쓰게 댄 것이 아주 만다.

수입에 … 300원

지출에 … 수박값 100원 콘로[곤로]값 5,500원 콩기름, 구리스[grease]값 300원 혜진 옷 300원 옷 750원 혜영이 보는 데 150원 낸비 350 석유통 1,000원 멸치 200원
計 8,650원

〈1975년 7월 26일 토요일 날씨 비〉

복판 논에 이삭거름 할려고 했뜬 것이 계속 비 오는 바람에 못하고 있스니까 마음만 땁답다.

수입에 … 600원

〈1975년 7월 27일 일요일 날씨 비〉

일기 변득서러어 이삭거름 못해서 재일 극정이다.
이 날씨가 장마철 다 지나갈다는데 장마철보다 비가 만이 오니 어찌 땐 영문인 알 수가 업꾸나.

수입에 … 2,050원

지출에 … 혜진, 혜영이 50원
까바이트 2관에 1,000원
計 1,050원

〈1975년 7월 28일 월요일 날씨 비〉

우리 마을에도 이번 비에는 손예가 난을 썻으로 내다보고 있다.
통일벼가 한참 알이 배서 볼록볼록한{데}다 물이 가득 들려 있쓰서 큰 피해가 대리라고 생각을 한다.

수입에 … 350원

지출에 … 혜진 과사 10원

〈1975년 7월 29일 화요일 날씨 개임〉
들판에 나가 보니 엄청나게 와쓰며 이 비가 조금만 더 왔따면 도량으로 생긴 곳은 전부가 다 떠절 뿐에쓰며[터질 뻔했으며] 물날리가 날 뿐에다. 그리고 이번 비가 수학량을 만이 접을 꺼으로 내다보고 있다.
수입에 … 1,530원
지출에 … 2,200원

〈1975년 7월 30일 수요일 날씨 맑음〉
비료거름을 못해서 재일 극정이다.
이번 비가 참깨농사을 타작을 다 했따고 해도 가연이 아니다.
수입에 … 1,350원
지출에 … 산소 1,000원 카바이트 1,000원 물건값 560원 하차비 740원 혜진 과자 20원
計 3,320원

〈1975년 7월 31일 목요일 날씨 비〉
일기 변득서러어 이삭거름 못해서 재일 극정이 대며 금년에는 굼통에는 큰 지장이 업나 내다보고 있다.
수입에 … 3,220원
지출에 … 스레트 융자금 6,960원

(7月)
월말 수입금액
計 47,960원

월말 지출금액
計 45,560원

〈내지 2〉[15]
경북 금릉군 아포면 대신동 三구
권순덕 用

〈1975년 8월 1일 금요일 날씨 맑음〉
도시에 부여유한 아들의 노리개라뜬지 일그일동이 농촌 아들과 비안다면 하늘에 천사라고 해도 가연이 아니며 행동 하나하나가 호아스렵고 내 자식은 저려깨 한경을 못 만들어 줄까 하고 욕심도 생기지만 어쩐지 자식에 대한 미안점이 생기는구나.
수입 …… 2,560원 국수값 500원 630원
計 3,060원
지출에 … 물건값 3,500원 합승비값 100원
計 3,600원

〈1975년 8월 2일 토요일 날씨 맑음〉
참깨에 비료거름을 약관 했쓰며 이 비바람이 참께에 지장을 만이 주어쓰며 참깨가 단 곳은 피해가 업찌만 씨가 더문 곳은 다 쓰려저서 큰 피해을 주고 마랐다.
수입에 … 1,050원 국수값 780원 450원
計 1,830원

〈1975년 8월 3일 일요일 날씨 맑음〉
금년에는 삼촌이 밭도지로 안꾸도[아무것도] 안 바들라고 해서 내일이 삼촌 생신이라고 해서 그저 있쓸 수가 업쓰서 소고기 두 근과 담배로 자신의 인사을 하고 마랐다.
수입에 … 270원 국수값 650원
計 920원
지출에 … 함석값 4장 2,960원 멸치 200원 혜진 신 200원 콩기름 230원 신

15) 교체된 새 일기장의 첫 내지에 적힌 내용이다.

주봉[놋쇠봉] 200원 철사 100원 노트 300원 고기값 2근에 1700원 담배 1,000원 합승비값 210원 혜진 과자 10원
計 7,110원

〈1975년 8월 4일 월요일 날씨 맑음〉
사람이 얼굴 모양이 훌륭하게 생긴 사람이 마음도 훌륭하게 쓴다는 것을 알라쓰며 얼굴 보고 마음의 약식을 알 수 있는 것이 팔십푸로을 알 수 있따고 생각을 내다보고 있다.
수입에 … 국수값 1,070원 計 1,320원
250
1,320

〈1975년 8월 5일 화요일 날씨 맑음〉
김종필 씨가 새마을사업에 시찰 나온다고 동민들이 부역한다고 야단들인대 자신의 일을 할려고 하니 미안한 점이 들어서 자신도 나와서 하로 일가을 그들고 마랐다.
아직 우리나래서는 머려따고 생각을 한다. 왜냐. 높픈 사람 한 번 운직이며 낭비는 개산도 못할 껏이며 그 밑태 따라 움직이는 사람 기동 다 따지면 어마어마한 지출이 나며 예고을 하며 현 실정을 모러고 정치을 하게 대는 것이 아주 잘못이 생긴다고 생각을 한다.
수입에 … 400원 국수값 290원
計 690원
지출에 … 혜진 과{자} 10원

〈1975년 8월 6일 수요일 날씨 비〉
국무총리 온다고 도라다니면서 공갈치는 것을 보니 더 보기가 실꾸나.
사람이 어갑을 주는 것보{다} 흉허물 업씨 양심적으로 일을 하두록 해야 대지 응니로 할려고 들며 시작부터 들 좋은 결과가 대고 만다.
수입에 … 410원 600
지출에 … 혜진 감기약 500원

〈1975년 8월 7일 목요일 날씨 비〉
국무총리 오신다고 항경[환경] 준비한다고 하로 일과을 보내고 마랐다. 정말 한 사람 운직이는 데 말 탄 사람은 예료가 한두 가지가 아니구나.
수입에 … 1,000원 600원
지출에 … 혜진 과자 90원

〈1975년 8월 8일 금요일 날씨 맑음〉
우리 마을에 자신 알기론 마을 생기고 처음 도지사가 왔따고 생각을 하며 우리 마을에 도지사가 온 것만 에도 영광이라고 생각을 한다.
그리고 큰집 대문을 보고 추아니까 지사님 말씀이 적은 돈이지만 쓰달라고 이야기을 하면서 주인을 찾는데 아무도 업쓰서 자신이 바다찌만 한편으로는 감사한 마음이 들지만 우리가 이려깨 초라하게 사는가 생각을 할 때 부끄러운 마음 검할 수 업쓰며 어떠튼 감사하다고 생각을 한다.
수입에 … 2,000원 국수값 530원
計 2,530원

〈1975년 8월 9일 토요일 날씨 맑음〉
도지사가 대문 하라고 돈 주는 바람에 급파기 대문 하너라고 한참 분주하게 보내쓰며 앞푸론 남왜깨 돈 밭는 일은 안 왜야지 보는 사람마다 내 돈은 한 푼도 더리지 안코 하는 양으로 생각을 하는 것 같다. 기분상

아주 들 좋은 너킴으로 하로 일과을 보내고 마랐다.
수입에 … 12,400원
지출에 … 혜영이 보는 데 100원

〈1975년 8월 10일 일요일 날씨 맑음〉
큰지배 대문을 오늘로서 안전이 했쓰며 대문을 자신이 했찌만 잘 대어서 보기가 아주 좋더라.
수입에 … 500원 국수값 640원
計 1,040원
지출은 … 보도값 250원 혜진 과자 20원
計 270원

〈1975년 8월 11일 월요일 날씨 맑음〉
국무총리 오는 날이 학정이 업꼬 군 직원 모족건 일만 시킬라고 더니 동민들이 예료가 말할 수 업씨 크구나.
그리고 일기 변득서려어 제일 극정이다. 왜냐하며 한참 통일벼 이삭이 함참 올로오고 있는데 갑짝이 일기 변득셔려 이삭이 만이 죽어까 재일 극정이다.
수입 …… 1,350원 750
지출에 … 혜진 10원

〈1975년 8월 12일 화요일 날씨 맑음〉
수입 … 400원

〈1975년 8월 13일 수요일 날씨 비〉
수입에 … 2,000원
지출에 … 돼지고기값 700원

〈1975년 8월 14일 목요일 날씨 맑음〉
수입에 … 400원
지출에 … 처 어머님 가시는 데 300원

〈1975년 8월 15일 금요일 날씨 흐림〉
수입 …… 500원
지출에 … 카바이트 600원

〈1975년 8월 16일 토요일 날씨 맑음〉
국무총리 오신다고 사람을 못살계 굴더니 국무총리가 집적 오시니까 상상 외 수라며 집적 도라보실 때 바서는 집안청소만 깨꼇이 했쓰도 댈 뿐왜다.
수입 … 200원

〈1975년 8월 17일 일요일 날씨 비〉
큰집배 들까지 고압 푼무기로 약 살표하는데 나락들이 별료 좋은지을 몰갰더라. 그리고 고압 푼무기도 별료 신통한 맡이 업쓰며 아주 신통한 물건이 업쓸까 하고 생각도 들더라.
수입에 … 200원

〈1975년 8월 18일 월요일 날씨 흐림〉
복판 논에 살충제와 혼합해서 살표을 했쓰며 마음이 깨온하게 댈 땐대 살충제가 업쓰서 문고병 약만 살표을 해서 마음이 아주 깨알하지는 안꾸나.
수입에 … 250원 국수값 650원
計 900원
지출에 … 혜진 과자 30원 운님에 300원
計 330원

〈1975년 8월 19일 화요일 날씨 맑음〉
참말로 나무 돈 벌라고 들며 등골짝이에 땀방울이 흙이야 돈을 버는가.
자신은 별료 육체적인 노동은 별료 안 대지만 집사람은 정말 중노동이다. 집사람을 바서는 자전차 일만 하여야 대는데 아직 돈을 벌라고 들며 아직 교통이 대더래도 참고 해야 대갯다.
수입에 … 국수값 880원
지출에 … 혜진 과자 10원
쌀 정미량 1.5돼[1말 5돼]

〈1975년 8월 20일 수요일 날씨 흐림〉
수입에 … 1,000원
지출에 … 돌부리값 400원
보리쌀 정미량 2말 5돼

〈1975년 8월 21일 목요일 날씨 맑음〉
수입에 … 국수값 460원 730원
計 1,190원
지출에 … 하더값 300원 혜진 과자 20
計 320원

〈1975년 8월 22일 금요일 날씨 비〉
수입에 … 4,160원 국수값 430원
計 4,590원
지출에 … 혜진 과자 40원

〈1975년 8월 23일 토요일 날씨 맑음〉
요줌은 정말 바푸며 무얻을 어떠게 해야 잘 할까 분관을 못할 정도다.
수입에 … 300원 국수값 1,180원
計 1,480원
지출에 … 혜진 과지 20원

〈1975년 8월 24일 일요일 날씨 맑음〉
무우 배추가 씨가 안 쓰서 제일 극정이다.
수입에 … 500원 국수값 400원
計 900원
지출에 … 이화명충 약값 물건값 計 4,020원
혜진 과자 60원
計 4,080원

〈1975년 8월 25일 월요일 날씨 맑음〉
무우 배추가 너무나 안 나서 집사람과 둘리서 물을 한 벌식 주고 배추을 한 벌 갈라는데 날씨가 너무 따뜻해서 배추을 갈라도 마음이 깨운하지을 안코 배추가 나갯나 하는 의심이 대는구나.
수입 …… 1,060원
지출에 … 물건값 2,440원 혜영이 보는 데 100원
計 2,540원

〈1975년 8월 26일 화요일 날씨 맑음〉
돈을 악착 갈치 벌라고 한 시도 멀리하지는 안는 놈이 상업에 너무나 임심을 만이 쓰서 극정이 대는구나.
수입에 … 2,430원
지출에 … 혜진 10원

〈1975년 8월 27일 수요일 날씨 맑음〉
수입에 … 1,740원 국수값 330원
計 2,070원
지출에 … 혜영이 보려 50 혜진 과자 10원
計 60원

〈1975년 8월 28일 목요일 날씨 맑음〉
날씨가 너무나 가물어서 밭곡석은 살 내가지고 비가 안 아서 배배 돌라가고 있쓰서 비가 시급한데 수일 내로 비가 안 온다면 밭곡석 안전 숭년이 댄다고 했도 가연이 아니다.
수입에 … 630원
지출에 … 혜진 과사 10원

〈1975년 8월 29일 금요일 날씨 비〉

이번 비가 아주 잘 았쓰며 이번 비가 밭곡석을 살린다고 해도 가연이 아니다.
이 비가 푹 온다면 채소농사도 그른 대로 잘 짓을 것으로 내다보고 있다.
수입에 … 1,320원
지출에 … 고기값 100원 혜진 10원
計 110원

〈1975년 8월 30일 토요일 날씨 비〉

이 비가 처음 시작할 때는 만이 올 뜻하더니 실지 비는 오지도 안코 가랑비만 내리고 마니 올개 실절은 별료 좋지는 안을 꺼으로 내다보고 있다.
수입에 … 600원
지출에 … 혜진 과자 40원

〈1975년 8월 31일 일요일 날씨 비〉

이번 비는 채소에에는 아주 좋은 비가 대어쓰며 채소는 안전 해갈을 면할 꺼으로 내다보고 있다.
수입에 … 1,960원 국수값 330원
計 2,290원

(8月)
월말 총수입금액
計 50,600원

월말 지출금액
計 21,280원

정미량 · 쌀 2말 5돼
〃 보리쌀 2말 5돼

〈1975년 9월 1일 월요일 날씨 비〉

비가 한 번 오니 너무 만이 오는구나. 이재는 그만 아도 모든 작물이 해갈을 면할 정도로 왔는데 자꾸만 오니 일반벼가 쓰려저고 있쓰서 더 온다면 큰 피해가 대리라고 생각을 한다.

〈이식이 엄마〉
〈{()장래로) 돈 만 원 줌〉

수입 …… 460원 국수 돈 390원
計 850원
지출에 … 물건값 1,740원 후라이판 500원 혜진 과자 40원
計 2,280원

〈1975년 9월 2일 화요일 날씨 비〉

아버지 재사 준비에 하로 일과가 분주한 일과가 대고 마랐다.
수입에 … 150원 국수값 370원
計 520원
지출에 … 아버지 재사에 1,500원 쌀 빠우는 데 150원 아들 과자 50원
計 1,700원

〈1975년 9월 3일 수요일 날씨 흐림〉

채소밭태 김매기에 하로 일과가 대고 마랐다.
수입에 … 120원

〈1975년 9월 4일 목요일 날씨 비〉

정말 비 진저리나게 오고 있다.
비가 올라면 한 번에 푹 쏬다저든지 그리치안코 매일 내리는데 조금식 오고 있스니 사람만 딱 차는구나.
수입에 … 610원

〈1975년 9월 5일 금요일 날씨 흐림〉
수입 …… 1,000원
지출에 … 집세값 1,500원 가바이트 600원
計 2,100원

〈1975년 9월 6일 토요일 날씨 비〉
비가 자주 오는 바람에 피해가 아주 만꾸나. 이 비가 들 았더라{면} 참께도 쓰려저지 안아쓸 끄며 피해라고 업쓸 껀데 일기 변득쓰려 손해가 만아다.
수입에 … 2,330원
지출에 … 혜진 과자 30원

〈1975년 9월 7일 일요일 날씨 비〉
웃마을 새마을사업 하수도 한다고 아무 일노 못하고 하로 일괴로 보내고 마랐다.

〈1975년 9월 8일 월요일 날씨 맑음〉
상업을 안코 농사만 짓어며 요줌 들 바푸지만 장사을 하고 있쓰며 장사는 전패하고 하수도 일을 하고 있쓰니 일예 자미도 업고 시간만 보내자 하는 생각밖에 업다.
지출에 … 혜진 과자 10원

〈1975년 9월 9일 화요일 날씨 맑음〉
일기 간개로 밀린 국수을 못 빼주고 있쓰니 마음이 답답터니 금일로 밀린 국수을 안전이 패주니 마유이 한결 가벼어저는구나.
수입에 … 460원 국수값 1,190원
計 1,650원
지출에 … 혜진 과사 30원

〈1975년 9월 10일 수요일 날씨 맑음〉
수입에 … 440원 국수값 280원
計 720원
지출에 … 성낭 60원 물건값 3,580원
計 3,640원

〈1975년 9월 11일 목요일 날씨 맑음〉[16)]
수입 … 국수값 590원

〈1975년 9월 12일 금요일 날씨 맑음〉
수입 … 국수값 200원

〈1975년 9월 13일 토요일 날씨 맑음〉
수입에 … 470원
지출에 … 물건값 4,190원 비누 450원 수도 화차 540원 물바가지 220원 합승비 170원
計 5,570원

〈1975년 9월 14일 일요일 날씨 비〉
장년만 에도 가마니 한 장을 잘 사며 150원 정도을 주며 가마니을 살 수가 있는데 금년에는 230원을 주도 잘 살 수가 업쓰니 가마니는 말할 수 업씨 올라쓰며 가마니 간개로 수매할 량도 적지 안을까 하고 내다보고 있다.
수입에 … 2,800원

〈1975년 9월 15일 월요일 날씨 비〉
언잿가 팔월 한가위 날 큰 수해가 나디니 금년에도 수해을 입필라고 매일 비가 오는지 알 수가 업쓰며 불필요한 비가 너무 만이 와서 극정이 대는구나.
금년에 마늘농사 만이 한 사람은 한 살림식

16) 이 날의 일기는 날짜 등이 표기되어 있지 않은 채 수입 내역만 적혀 있다.

버려따고 해도 가연이 아니다. 초봄에 (이백 원) 하든 마늘이 천백 은식 한다고 하니 마늘농사 한 사람은 한 살림식 한다고 했도고 해도 가연이 아니다.
수입에 … 50원
지출에 … 전기라뒤오 할려고 600원 마늘 900원 콩기름 140원
計 1,040원

〈1975년 9월 16일 화요일 날씨 비〉[17)]

〈1975년 9월 17일 수요일 날씨 비〉
수입에 … 1,020원

〈1975년 9월 18일 목요일 날씨 맑음〉
수입에 … 1,000원

〈1975년 9월 19일 금요일 날씨 맑음〉
수입에 … 4,000원 국수값 540원
計 4,540원
지출에 … 이발비 150원 큰집배 재사 하는데 1,000원 세집에 담배값 1,500원
計 2,650원

〈1975년 9월 20일 토요일 날씨 비〉
금일이 팔월 한가위 날인데 때 아닌 비가 와서 사람들의 얼굴을 찟푸리게 했쓰며 금년 농사 바서는 봉답 논이 만원 사람들은 큰 숭년을 보지 완나 하고 내다보고 있다.
수입에 … 1,000원

〈1975년 9월 21일 일요일 날씨 맑음〉
한가위 날은 비가 와서 성묘예 못 가치만 절래 바서는 금일은 성묘을 다니고 있는데 성묘에 가는 사람이 업다.
우리 형제키리 부모님 사소에 성묘을 하면서 바도 성묘하는 사람이 업는 것을 볼 때에 얼마 안 가서 성묘 길은 끈칠 꺼이 아닌가 내다보고 있다.

〈1975년 9월 22일 월요일 날씨 맑음〉
(예비군 비상훈련 함)
수입에 … 450원

〈1975년 9월 23일 화요일 날씨 흐림〉
수입에 … 470원
지출에 … 전구담아 70원

〈1975년 9월 24일 수요일 날씨 맑음〉
수입에 … 740원
지출에 … 합승비값 125원 산소 1,000원 카비이트 1,200원 물건값 4,490원 운님에 400원 바이프값 2,000원 혜진 과자 50원 합승비 100원
計 9,365원

〈1975년 9월 25일 목요일 날씨 맑음〉
해장 와서 수도 바달라고 해도 가기가 실어며 어쩐지 가기가 실어서 욯에 바줄라고 하니까 장 간다고 자꾸만 바달라고 해서 바주로 간다고 자전차로 가는데 집배도 가지 못하고 호구가 내리안저서 큰 상쳐을 입고 마랐다. 사고가 일어날 때는 머리가 아질해저며 정말 큰일이고나 너킴이 쓰쳐가면서는

17) 이 날의 일기에는 내용이 적혀 있지 않다.

아무것도 모려고 마랐다.
사고을 내고 나니까 요만 하기을 큰 다영이라고 생각을 한다. 자신은 조금만 뜸이 있쓰며 아이들을 실고 다니는데 아이들을 실지 않코 사고을 냇 것이 큰 행운이라고 생각을 한다.
지출에 … 병원에서 (세을) 5셋 바늘 짓매는데 합승비 130원 병원에 5,300원 접수비 200원 마이신약 300원
計 5,930원

〈1975년 9월 26일 금요일 날씨 흐림〉
답답한 하로 일과을 보내고 마랐다.
지출에 … 혜진 과자 40원 마이신약 120원
計 160원

〈1975년 9월 27일 토요일 날씨 맑음〉
사고을 생각을 할수록 더 마음이 아찔해저고 소름이 기치기만 하는구나.
수입에 … 국수값 500원
지출에 … 합승비값 130원 잉크 100건 병원약 2,000 을가미 300원
計 2,530원

〈1975년 9월 28일 일요일 날씨 맑음〉
지출에 … 방위세값 850원 혜진 과자 20원
計 870원

〈1975년 9월 29일 월요일 날씨 맑음〉
우리 참깨가 아주 만이 살린 편인데 수학량이 아수 석은 것을 보며 우리 참깨가 형편업씨 내어는가비.
수입에 … 1,940원
지출에 … 명태값 200원

〈1975년 9월 30일 화요일 날씨 맑음〉
"큰집배 들까지 벼을 비는데 작년보다 들데어 보이며 금년 통일벼가 좀 신찬다 하면아주 형편업시 수학량이 뜰어절 꺿수로 보인다."
수입에 … 940원
지출에 … 명태값 100원

(9月)
월말 총수입금액
計 24,360원

월말 지출금액
計 38,270원

〈1975년 10월 1일 수요일 날씨 맑음〉
큰집배 들까지 보리논 벼을 비는데 오신기빌 때보다 영 나푸며 보리 좀 먹는 것보다 손예가 더 크다는 것을 너켜다.

〈1975년 10월 2일 목요일 날씨 비〉
처음에 병 할 때 바서는 수학할 껏이나 있깨나 하는 것이 금일 형제가 비는데 벼알이 충실하게 들어 있스서 마음의 한 구석에는 캐알하게 하여찌만 섬 수가 적으서 마음에 차지을 안으며 조금만 더 대어쓰며 하는 생각이 아쉬어저는 하로 일과가 대고 마랐다.
곡상에깨 보리 달린 것이 1가마니에 …155斤 (보리 斤당예) 50원 計 7,500원
수입에 … 7,500원
지출에 … 담배값 140원 고기값 400원 벼단 묵는 집갑 700원 (아들) 60원 두부값 100원
計 1,400원

〈1975년 10월 3일 금요일 날씨 비〉
금일로 통일벼을 안전이 다 비쓰며 금년에는 몰기 때문인지 통일벼가 일적 고실어저는 감이 든다.
그리고 남이 보며 우설련지는 몰라도 봉답 논에 동생들과 살충재 약을 살표한 것으로 하로 일과을 보내고 마랐다.
수입에 … 250원
지출에 … 혜진 과자 10원

〈1975년 10월 4일 토요일 날씨 비〉
일기가 변득서려어 야단낮다.
왜냐하면 요줌 매일 비가 오고 있쓰니 통일벼가 일부 싹이 도다나고 있쓰니 보통일이 아니다. 이 일기가 기운이 내리가면 몰라도 그려치 않코 개속 이런 일기가 댄다면 통일벼는 싹이 다 나고 말 꺼으로 내다보고 있다.
지출에 … 멸치값 150원

〈1975년 10월 5일 일요일 날씨 맑음〉
(발가리[18] 메다 수로 본다면) (190매다가 대는 쌤)
동생들과 복판 논에 발가리을 새우는데 자신 생각보다 아주 발가리가 만으며 사람 욕심 한정도 업다. 왜냐하면 복판 논에 병 할 때 바서는 양식이라도 나와쓰며 하는 생각 간절하더니 이재 와서 좀 더 대어쓰며 하는 생각이 드는 것을 볼 때에 사람의 욕심 한정도 업따는 것을 절쉬리 너켜다.
지출에 … 비료값 2,485원
세[새참] 빵값 120원
計 2,605원

〈1975년 10월 6일 월요일 날씨 맑음〉
그전에 농사짓얼 때는 몰기[19] 피해라고 말한 적은 업는데 금년에는 몰기 피해 때문에 벼들이 일적 고실며 일반벼가 일적한데 몰기 피해 때문에 안 대갯따면서 모두들 봉답 벼도 다 내고 있다.
그리고 앞푸론 농사도 새심한 주위을 가지고 농사을 지어야 풍년을 주지 그려치 않코는 숭년이 자주 올 꺼이 아닌가 염려가 앞쓰는구나.
수입 …… 1,200원
지출에 … 비누 120원

〈1975년 10월 7일 화요일 날씨 비〉
불필료한 비가 너무나 자주 와서 벼알이 싹이 만이 나쓰며 계속 이래 댄다면 매상도 못 댈 꺼이며 벼가 다 썩고 말 껏 같다.
수입에 … 450원
지출에 … 물건값 2,130원 부속값 3,480원 합승비값 120원
計 5,730원

〈1975년 10월 8일 수요일 날씨 맑음〉
수입이 … 600원

〈1975년 10월 9일 목요일 날씨 맑음〉
세집배 일반벼 비주루로[베어 주러] 갈쓰며 생각보다 셋시가 만이 한 셈이 대며 벼 비는데도 여덜식 해서 비는데 일도 안 대는 것 갈더라. 왜냐. 우리는 셋시 한 단지을 다 비고 판 곳으로 가도 여덜이 두 단지을 못다 비는 것을 보니 놉을 만이 해서 만이 한

18) 낟가리의 방언이다.
19) 모래의 방언이다.

다는 계산은 잘못이라고 생각을 한다.
수입 … 490원

〈1975년 10월 10일 금요일 날씨 맑음〉
참깨가 만이 갈린 편 쳐며 수학량이 만이 적키 났스며 수학은 적든 말든 처음 깨을 해서 참깨가 (두 말 4되) 정도가 대니 곡석에 사랑한 맡이 들며 내년에는 더 만이 갈라야 대갯다.
수입에 … 1,600원
지출에 … 고기값 150원

〈1975년 10월 11일 토요일 날씨 비〉
가을 날씨가 너무나 비가 만이 와서 큰 극정이다. 일부 사람들은 벼을 한 바라식이라도 탈곡하는 것이 잘한다면서 이번 옷날만 들며 시작을 할 사람도 더료 할 꺼으로 보고 이다.
수입에 … 750원

〈1975년 10월 12일 일요일 날씨 맑음〉
발가리 새우지 못했는 논에는 벼단이 몰래 저저 있는 것을 보니 탈곡하기가 보통일이 아니개쓰며 금년 같던 해는 업다고 보고 있다.
수입에 … 10.550원
지출에 … 안고류 8kg 1,040원 아미 4자 1,400원 부레 10인치 1,100원 빨래줄 400원 물건값 4,390원 쟁기 빛 2{개} 450원 합승비 115 배아링 1,000원 구리스 150원 혜진 과자 20원 우물 박째기[바가지] 200 집세값 1,500원 기리 500
計 11,265원

〈1975년 10월 13일 월요일 날씨 맑음〉
작년에는 가을철이 상업이 경장이 한산했는데 금년에는 어띤가 모려개 반푼 일과가 대고 있꾸나.
수입에 … 1,950원
지출에 … 고기값 250원

〈1975년 10월 14일 화요일 날씨 맑음〉
주막일 때문에 밭작물을 못 치아서 보리 씨갑씨 갈기가 너저갈까 염려가 대고 있다.
수입에 … 210원
지출에 … 철판 1,000원

〈1975년 10월 15일 수요일 날씨 맑음〉
수입에 … 600원
지출에 … 전기세값 690원

〈1975년 10월 16일 목요일 날씨 맑음〉
수입에 … 1,760원
지출에 … 자전차값 1,500원

〈1975년 10월 17일 금요일 날씨 맑음〉
금일로 밭태 작물을 안전이 수학하고 이량을 짓을 수 있두록 만들어 노았스며 남들은 가을 씨갑씨을 너코 있는데 자신은 언재 씨갑씨을 뿌림을 할까 하고 극정이 대고 있다.
수입에 … 60원
지출 …… 혜진 과자 10원

〈1975년 10월 18일 토요일 날씨 맑음〉
수입에 … 650원
지출에 … 카바트 안고류 2460원 톱 180원 차비 130 콩나물 동우[동이] 400원 아니 1,400원 징석불 150
計 4,660원

〈1975년 10월 19일 일요일 날씨 맑음〉
수입 …… 1,740원
지출에 … 혜진 과자 10원

〈1975년 10월 20일 월요일 날씨 맑음〉[20)]

〈1975년 10월 21일 화요일 날씨 맑음〉
수입 …… 600원
지출에 … 고기값 200원

〈1975년 10월 23일 수요일 날씨 비〉[21)]

〈1975년 10월 24일 목요일〉[22)]
수입 … 질겅콩 3돼 1,050원
쌀 두 대 700원
計 1,750원

〈1975년 10월 25일 금요일 날씨 흐림〉
벼 탈곡을 어재부터 시작을 했쓰며 자신은 내 일이 바빠서 큰집배 일을 갈치 못하고 있스니 마음이 너무 뒤서 어쩔 주망을 몰갯꾸나.
수입에 … 800원
지출에 … 고기 200원 푸대 500원
計 700원

〈1975년 10월 26일 일요일 날씨 흐림〉
오늘로서 큰집배 가을 씨갑씨을 안전이 너어쓰며 큰집배 일 때문에 자신에 일이 안 대는구나.
지출에 … 안약 200원

〈1975년 10월 27일 월요일 날씨 맑음〉
수입에 … 400원
지출에 … 석유 5돼 700원

〈1975년 10월 28일 화요일 날씨 비〉
오늘로서 큰집배 통일벼 탈곡은 안전이 하여쓰며 이재 봉답만 탈곡만 하계 대며 금년 탈곡은 안전이 하게 댄다.
남들은 통일벼가 작년보다 수학이 적따고 하는데 큰집에는 통일벼 탈곡한 것이 작년보다 만떠라.
수입에 탈곡기 아미 9,000원 / 2,800원 計 11,800원
지출에 … 혜진 과자 30원
1,000g 설탕값 보리쌀 2돼

〈1975년 10월 29일 수요일 날씨 비 개임〉
"이번 가을비가 너무나 만이 와서 탈곡을 오래 못할 껏 같더며 벼 탈곡을 다 했는 사람들은 좋치만 아직 들 했는 사람은 언재 할 주망을 몰개꾸나."
수입에 … 1,950원

〈1975년 10월 30일 목요일 날씨 맑음〉
혜진 키울 때는 순화고 별료 힘더는 줄 모려고 키우왔는데 혜영이는 정말 못 키우겟더라. 왜냐하면 잠쉬도 가만이 있찌을 않코 손으로 헌뜰라고 드니 그거뿐 아니라 꼭 남자들 모양 만대로 할려고 더 쌩왜을 먹깨더라.

〈1975년 10월 31일 금요일 날씨 흐림〉

---

20) 내용은 적혀 있지 않다.
21) 22일 자 일기장의 지면이 공백으로 남겨져 있으며, 23일 자 일기에는 내용이 적혀 있지 않다.
22) 이 날의 일기에는 일자와 요일, 날씨 등이 표시되어 있지 않은 채 수입 내역만 적혀 있다.

오늘로서 우리 벼 타작을 다 했쓰며 초장에 병 할 때 바서는 아무 것도 업깨따 시프더니 오늘 탈곡을 안전이 하고 누른 벼알을 보니 이거시 어뒤에서 나왔는가 시프며 자신한태는 큰 다형이라고 생각을 한다.
수입에 … 500원
지출에 … 담배 280원 고기가 250원
혜진 혜숙이 30원
計 560원

(10月)

(월말 총수입금액)
計 48,160원

월말 지출금액
計 30,631원

〈1975년 11월 1일 토요일 날씨 맑음〉
금일로 벼 탈곡을 안전이 하였다.
벼 탈곡한 것이 작년보다 별료 적지 안는 것 같꾸나. 처음 병 할 때는 양식만이라도 나와 주어쓰며 하는 생각밖에 업떠니 생각 위예로 수학이 작년만침 대어쓰니 큰 다형으로 생각을 한다.
지출에 … 혜진 감기약 350원
혜진 과자 30원
計 380원

〈1975년 11월 2일 일요일 날씨 흐림〉
세집배 배[벼] 탈곡해 주로 가서 일을 해보니 기계로 하는 모든 일들이 손십더라.

〈1975년 11월 3일 월요일 날씨 흐림〉
금일은 북띠미 타작을 하는데 생각보다 만이 나더라. 타작한 알곡이 3가마니 큰집배는 열 가마는 대갯더라.
큰집배는 대농가보다 만이 낮더라.

〈1975년 11월 4일 화요일 날씨 흐림〉
세집배 벼 탈곡하여쓰며 농사을 만이 짓는 사람은 어뒤가 모려계 일하는 각도가 뜰리며 일도 안 죽을 만침 일을 하고 있더라.
"우리는 언재 농사을 짓어보겠나. 나 자신은 저려깨 농사도 못 짓어보겠찌 희망마저 일을 정도가 대는구나."
지출에 … 집사람 머리 하는 데 800원 임신 댄 것 내류는[내리는] 약 600원
計 1,400원

〈1975년 11월 5일 수요일 날씨 맑음〉
가을보리 파종한 것이 깜복이 약 쳐리 한 것은 씨가 재대로 서지 않코 약 쳐리 안 난 것은 씨가 잘 쓰는데 약 쳐리을 잘못해서 그련지는 몰라도 약 쳐리 해서 피해을 본다면 안 아고 깜복이 좀 있스도 거것이 낮찌 안을까 생각마저 더는구나.
(올 농사에 처음)
〈쌀 정미소에 정미한 것이 (6말)〈〉〉
수입 … 900원

〈1975년 11월 6일 목요일 날씨 비〉
벼 탈곡은 안전이 못했는 사람은 동내 쳐고 멧 집 안 대지만 가을 씨갑씨 바서는 이번 비가 잘 았다.
수입 …… 990원
지출에 … 콩기름이 290원

〈1975년 11월 7일 금요일 날씨 흐림〉
벼단 좀 마류고로 바람 좀 부려쓰며 하는 마음 간절하구나. 왜냐. 집 때문에 땔캄 모

자라까바 극정이 대는구나.
수입에 … 4,410원

〈1975년 11월 8일 토요일 날씨 맑음〉

주민등록 겡신하는데 지문을 열 손가락을 다 하고 있쓰며 주민등록 겡신은 한 번식 하여야 대지만 전국적으로 보면 낭비가 말할 수 업계쓰며 행정적으로 본다면 시간을 단축을 했쓰며 하는 생각이 던다. 왜냐. 주민등록을 하는 데 멧 시간식 기다리야 하니 마는 사람의 시간을 본다면 한정도 업는 시간을 낭비로 본다면 행정속도는 말할 것도 업따고 보고 있다.

수입에 … 1,530원
지출에 … 혜진 감기약 1,000원 물건값 490원 안고류 30자에 1,570원 카바이트 600원 합승비값 130원 못 100원
計 3,890원

〈1975년 11월 9일 일요일 날씨 맑음〉

이재 겨울맡이 나는구나. 참바람이 사늘하게 불며 나무잎파(리)더리 한 잎 두 잎 떨려저서 일거리을 어질개 하는 것을 보니 안전 겨울의 문뜩인가바.

수입에 … 2,360원
지출에 … 2,130원

〈1975년 11월 10일 월요일 날씨 흐림〉

본동에서 매상을 받는데 등위 생각보다 아주 잘 나더라. 금일 매상을 댄 사람들은 큰 수입을 바쓰며 대지 못한 사람은 손예을 만이 바따고 해도 가연이 아니다.

사람들의 평을 더려 보며 언재라도 첯 공판이 등이 아주 잘 란다고 이야기을 하고 있꾸나.

수입 …… 920원
지출에 … 혜진 10원

〈1975년 11월 11일 화요일 날씨 흐림〉

전업으로 사업으로 할 사업이 업나 하고 곰곰이 생각을 해바도 생각해저지을 않코 있다. 사람이 한 번 나면 돈을 한 번 벌고 사라저야 인간의 삶이 표가 있쓸 땐다 안만 생각을 해도 극정이 대는구나.

수입 … 70원

〈1975년 11월 12일 수요일 날씨 흐림〉

지붕개량을 하여야 대는데 연개을 역끄서 집을 일라고 더니 힘이 만이 들 뿐 아니라 처음 연개을 엮끄 보니 힘이 업쓰서 엮또 못하게더라.

수입에 … 400원
지출에 … 사과값 200원

〈1975년 11월 13일 목요일 날씨 비〉

이 비가 여름비 모양 줄줄 쏴다저고 있쓰니 봄의 해동비쳐름 너켜저는구나.

〈1975년 11월 14일 금요일 날씨 비〉

이번 비가 전국으로 본다면 산사태가 만이 나따고 하니 가연 비가 을마나 왔따는 것을 생각을 할 수가 있다.

〈1975년 11월 15일 토요일 날씨 비〉

초겨울비가 밤세두록 소낙비로 내리고 있는 것을 보니 급이 나더라.

지출에 … 삼촌 단풍노리 가시는 데 2,000원 형 설악산 단풍노리 가는 데 1,000원

計 3,000원

〈1975년 11월 16일 일요일 날씨 맑음〉

금일은 점두록 연개을 엮는데 월마 엮도 못 하게쓰며 정말 칯째로 지붕개량을 하고 다른 방법을 세우{야}대겟따는 생각이 들고 있꾸나.

수입 … 콩값 1말 2,700원 물건값 270원
計 2,970원

지출에 혜진 과자 30원
집세값 1,500원 計 1,530원

〈1975년 11월 17일 월요일 날씨 맑음〉

상점에 고물이 갈구치서 좀 처분하는데 고물값 정말 형편 업더라. 저건아 고물 모둘 장소민 있띠면 몟 년이고 모다 두어따 상점을 안 알 때에 처분해쓰며 하는 생각이 있는데 장소가 업는 바람에 처분하고 마랐다.

수입 …… 고물값 1,600원 100원
計 1,700원

지출에 … 비누값 240원 혜진 과자 10원
計 250원

〈1975년 11월 18일 화요일 날씨 흐림〉

지붕 일 극정 때문에 일더리 재대로 대지을 안는구나.

수입에 … 300원

지출에 … 배 한 상자 600원 오댕 100원
혜진 과지 30원 멸치 150원
計 880원

〈1975년 11월 19일 수요일 날씨 맑음〉

때 아닌 국수을 빼니 국수가 잘 안 대며 국수도 지 철 내에 빼야 대개따는 인식이 들며 국수가 말리지을 안아서 더 못 빼갯더라.

수입 …… 국수값 820원
지출에 … 혜진 과자 20원

〈1975년 11월 20일 목요일 날씨 맑음〉

연개 엮는 일과로 하로을 보냄.

수입 …… 1,250원
지출에 … 혜진 과자 20원

〈1975년 11월 21일 금요일 날씨 맑음〉

금일은 무우 수학을 하는데 무우는 남들보다 아주 좋은 편인데 배추는 아주 형편 업쓰며 배추는 사먹을 정도가 대니 배추농사는 안 짓어따고 해도 가연이 아니다.

수입 …… 국수 돈 590원
지출에 … 과자 10원

〈1975년 11월 22일 토요일 날씨 맑음〉

무우을 갈무리을 안전이 하여쓰며 무우가 갈무리만 잘 댄다면 봄예 가서 시장 출라을 하면 비싸게 팔 수가 있쓸 껏으로 내다보고 있다.

〈1975년 11월 23일 일요일 날씨 맑음〉

큰집배 매상 준비에 하로 일과을 보내고 마라다.

〈1975년 11월 24일 월요일 날씨 맑음〉

(큰집배 26가마니에 2등 24가마 3등 2가마)
큰집배 매상을 형님이 자형 내학병{원}예 진찰하로 가는데 가자고 하는 바람에 자신이 매상을 대는데 일적 안 같따 나서 힘이 말할 수 업씨 들더라. 매상가만이을 문 앞패 나와뜬 사람들은 일적 하고 나면 남왜끄 미다 줄 생각노 안코 다들 가니끼 나숭 사람만 남아서 정리을 하니까 힘이 더니 앞푸론 세복에 갈따두는 한이 있더라도 남보다 일적 두어서 남들도 양심에 생각 좀 하두록 해야 대갯따는 것을 절시리 너켜다.
수입에 … 600원

〈1975년 11월 25일 화요일 날씨 맑음〉
금일은 장 보는 것으로 하로 일과과 대고 마랐다.
금년에는 돈 벌어는 사람은 마늘농사 만이 짓어는 사람밖에 업따고 생각을 하고 있다.
오늘 장에는 장꾼이 점부가 마늘 살 사람이라고 해도 가연이 아니다.
지출에 … 마늘 2접에 5,000원 고추 5斤에 3,250원 장갑 300원 혜진 내복 300원 장값 180원 집사람 신 1,200원 혜진 신 400원 신 1,700원 바갯스 500원 자급복 2,700원 해충약 180원 합승비 165원 우등값 600원
計 16,475원

〈1975년 11월 26일 수요일 날씨 맑음〉[23)]

〈1975년 11월 27일 목요일 날씨 맑음〉
문경 동서와 쳐제와 기완[귀한] 손님이 오는 바람에 아무 일도 못하고 하로 일을 절급게 보내고 마랐다.
지출에 … 두부 150원 콜라 280원
돼지고기값 1,050원
計 1,480원

〈1975년 11월 28일 금요일 날씨 맑음〉
지붕 일 극정 때문에 무선 일을 할려고 해도 손에 글리지을 않는구나. 왜냐하면 무선 일을 할려고 생각을 해도 지붕을 안전이 있고 하자 하는 생각이 있키 때문에 일이 재대로 안 대고 있다.

〈1975년 11월 29일 토요일 날씨 맑음〉
금일로 안전 집을 있게 대어쓰며 집을 안전이 있고 나니 마음이 쉬원하더라. 집 일 극정이 매일 앞쓰더니 이재는 무선 일이던지 지냉할 껏을 생각을 하니 마음이 더 가벼어 지는구나.
우리 집 연개 수가 31마람(한 마람 집단 수가 27단)
{()총 연계 집단 수가 837단}
총 용마람[용마름] 집단 수까지 천다면 950단은 더려야겟다.
지출에 … 형 담배 240원 두부 200원
計 440원

〈1975년 11월 30일 일요일 날씨 맑음〉
수입 …… 6,050원
지출에 … 택씨비값 300원 물명태값 400원 물건값 340원 수도 바가지 5개 550원 장 뜌껭[뚜껑] 200원 철건 3,700원
計 5,490원

(11月)
월말 총수입금액
計 25,860원

월말 지출금액
計 37,845원

23) 내용은 적혀 있지 않다.

금년 처음 정미소에 정미한 것이
計 6말

〈1975년 12월 1일 월요일 날씨 맑음〉
금년 마지막 달을 맡지하니 마음이 이상한 기분이 더는구나. 그래도 금년에 알찬 해로 보낼라고 결심을 하였는데 마음에 반도 안 찬 해을 보내계 댄 것을 아쉬어저는구나.
수입 … 320원

〈1975년 12월 2일 화요일 날씨 맑음〉[24)]
정부에서 각 개인마다 무었을 해서 돈을 벌 수 있깨나 하고 무려보는 것은 아주 잘하는 일이라고 백 번 말하고 십다. 돈 벌개따는 희망을 무려서 자본을 투자했 준다면 업는 자식들의 삶길이라고 생각을 한다.
수입에 … 2,660원
지출에 … 100원 술갑

〈1975년 12월 3일 수요일 날씨 맑음〉
상업을 오래 한 사람과 초보자와는 하늘과 땅이라고 해도 가연이 아니다. 왜냐. 상술은 뛰전쳐고 구입, 수송에 차이점이 크다는 것을 너켜다.
수입 …… 630원
지출에 … 산소 1,000원 카비이트 2관 1,000원 물건값 3,130원 보도 360원 곰탈 300원 미원 500g 530원 안야 500원 합승비값 330원
計 7,150원

〈1975년 12월 4일 목요일 날씨 비〉
겨울비가 여름 신기비쳐름[모심을 무렵 내리는 비처럼] 쇼다저고 있꾸나. 금년 보리 논은 섭패 만아서 피해가 만을 꺼으로 내다 보고 있다.
수입 … 1,050원

〈1975년 12월 5일 금요일 날씨 맑음〉
집사람 임신한 것이 신통치 안아서 내라보내고 마라쓰며 하는 생각밖에 업는데 알약으로는 덧지도 안으니까 업쌜라고 더려도 잘 안 대고 있다.
한국에도 과학이 발달댓니 무니 해도 아직 머려다. 고보며 산아재안을 하니 무었을 하니 해도 농촌사정으로 바서 조금만한 알약으로 해산을 할 수 있고 만대로 해야 가족 개핵이 차질 업쓸 꺼으로 내다{보}고 있다.
수입에 … 200원

〈1975년 12월 6일 토요일 날씨 비〉
통일벼단은 비가 안 아도 집단이 다 썩고 있는데 비가 여름 모양 살도로 오고 있쓰니 집단은 아무것도 땔감용으로는 불가능으로 보고 있다.
금일은 일기가 변득서려으 휴식을 하고 마랐다.
지출 … 혜진 과자 20원

〈1975년 12월 7일 일요일 날씨 흐림〉
남들은 땅 산다고 하는데 사신은 내다볼 수가 업쓰니 마음만 이상하여저는구나.
통일벼 나고 적으나 농사을 짓는다면 땅은 사기가 십따고 본다.
사람이 적으나 뒤을 볼 수가 있따면 벌서

24) 원문에서는 2일과 3일의 요일이 각각 월요일과 화요일로 잘못 기재되어 있다.

부자가 대어쓸 낀대 뒤을 몰라서 부자가 못 대고 있다. (參 年 전만 에도 한 단지) 200,000만[20만] 원만 주면 살 수가 있는데 요줌은 상답 2백5십만 원 하니 을마 치올라는가. 부자는 땅 만원 사람이 부자다.
수입에 … 計 1,730원
지출에 … 배추씨값 450원

〈1975년 12월 8일 월요일 날씨 흐림〉
경희내 형님 사오[사위] 보는데 일 그더려 주는 것으로 하로 일과을 보내고 마라다. 사람이 시대을 따라야 대는대 아직 농촌에는 마지는 잔치을 쳐야 댄다는 풍속이 남아서 마지는 백푸로 잔치을 쳐는데 이그 다 낭비라고 생각을 한다.
수입 …… 460원
지출에 … 혜진 과자 10원

〈1975년 12월 9일 화요일 날씨 맑음〉
경희내 잔치을 쳐는데 일 두서가 업더라. 왜냐하면 일 하나하나에 전적 채임이 업씨 일을 해서 두서가 안전이 업쓰저고 마라쓰며 시대 따라 해야 대겟따는 것을 절시리 너켜쓰며 나무 음식으로 지지마끔 인사을 할라더니 음식이 부지나지을 안더라.
"앞푸론 구식이 업쓰저게찌만 하로 빨리 업쓰저야 대겟다."

〈1975년 12월 10일 수요일 날씨 맑음〉
상점 문을 일끄리가 업쓰도 상점 문을 계속 열려나야 대는데 그러치 안코 문을 닫다 놀 때가 만으니까 상업에 지장이 크다는 것을 알면서도 실천을 못하는 것을 보며 나 자신이 열성이 업따는 것을 알 수가 있다.
농촌에도 상점을 보게 대며 부업 정도는 대리라고 생각을 하는데 부업 정도도 안 대고 있쓰니 생각을 해볼 점이 만꾸나.
지출에 …경희 결혼 부이 1,000원 / 집세값 1,500원 計 2,500원

〈1975년 12월 11일 목요일 날씨 맑음〉
추월 때도 대어찌만 금년 들어 처음 추어니까 사람이 월신도 못하게쓰며 마음 놓고 움직일 수가 업꾸나.
"일기가 변득서려어서 아들이 재일 급이 나는구나. 우리 아들은 다른 아들보다 감기을 더 잘 하는 것 같다. 날씨만 서늘하면 아들 감심 때문에 마음 놓고 일을 할 수가 업쓰니 예료가 말할 수 업씨 크다."
수입 …… 340원
지출에 … 혜진 과자 30원

〈1975년 12월 12일 금요일 날씨 맑음〉
그리쳐에 그리을 해보면 동전 멧 푼 가지고 꼭 바들라고 더는 것을 보며 우리는 동전 멧 푼 이문을 보는데도 멧 십 원은 보통으로 생각을 하고 계산을 하는데 대상을 하는 사람은 일 원을 두고 계산을 하는 것을 보며 우리가 생각을 할 때는 너무나 손님에깨 딱딱한 감이 더는 너킴이 들지만 가만이 생각을 해볼 때는 저려깨 해야 돈을 번다는 너킴이 더는구나.
지출에 … 물건값 2,200원 빵키 400원 혜진 양발 300원 함석 3장 2,490원 까바이트 2관 1,100원 파이프 90자 5,500원 합승비값 215원 計 12,105원

〈1975년 12월 13일 토요일 날씨 맑음〉
어재 물건 한 것이 집배 와서 계산을 해보

니 거리처에서 물건을 잘못 내준 것으로 계산이 대어서 자신 혼자 여려 분 계산을 해도 역시 계산이 잘못 대어서 계산을 바려게 할려고 거리처에 가서 계산을 하니까 계산이 맡더라. 자신도 실수 안을라고 계산을 여러 분 한 것이 다 실수가 대고 마라쓰며 거리처에 점원 보기 미안더라. 앞푸론 요련 문제가 있쓰며 두 사람이 계산을 해서 실수가 업깨껌 해야지 하는 너킴이 들더라.

수입 …… 5,530원

지출에 … 합승비 130원 철사 200원 혜진 과자 10원 전기세값 550원

計 880원

〈1975년 12월 14일 일요일 날씨 맑음〉

상점에서 직으니 돈을 번다면 날료라도 피어놓고 하면 추위가 들하지만 그러치 못하니까 고통이 만이 대고 있다.

머지안아 이 고통이 업쓸절 것으로 내다보고 있는데 실행이 댈련지 염려대고 있다.

수입 … 250원

〈1975년 12월 15일 월요일 날씨 흐림〉

혜진 보는 데는 하나에서 열까지을 조심하고 행동 하나하나을 생각을 해서 하여야 대개따는 것을 절시리 너켜다. 왜냐. 부모 일그일동을 한 개도 빼노치 안코 따라하는 것을 보며 부모 행동이 급이 날 정도다.

수입 …… 190원

지출에 … 혜진 과자 20원

〈1975년 12월 16일 화요일 날씨 맑음〉

대신 동서 부친 회갑이라 갇든이 생각보다 잘하더라. 무었시든지 업는 사람이 돈에 급이 업더라.

나 자신으로 바서도 아주 부유한 사람과 부이는 다 같더니 정말 있는 사람 급이 난다.

지출 … 부위값 1,000원 어머님 재사라 고기 업쓰서 반 斤 400원

計 1,400원

〈1975년 12월 17일 수요일 날씨 맑음〉

어머님 재사라고 전부 모이니 정말 급이 나더라. 왜냐. 어머님 사라개실 때에는 아들 5셋 딸 1나밖에 업쓰서 자리에 안저며 아들밖에 업쓰는데 형제 삼명에 그 이새들이 아들 1나 딸이 (여들이니) 방이 비자버며 똑같은 딸더리 조멀조멀 하니 한편으로는 급이 나고 한편으로는 호아차라날[호화찬란할] 껏 같다.

수입 …… 3,000원

지출에 … 약값 2,140원 혜진 과자 20원 합승비 100원

計 2,360원

〈1975년 12월 18일 목요일 날씨 맑음〉

집사람 임신한 것을 하로 빨리 내라버리야 대는데 나락을 내서 내라버릴라고 더니 어된가 모러게 앞갑은 마음이 들고 돈이 돌라가면 하여야 대갯따고 생각을 하니 시간만 너저만 가니 극정만 대고 있다.

수입 … 260원

〈1975년 12월 19일 금요일 날씨 눈〉

금년 들어 첫 눈이 내리쓰며 눈이 내리면서도 날씨는 참찌을 안으면서 눈송이 크{게} 내리는 것을 보니 어떤가 모려게 만이 내리쓰며 하는 생각 앞쓰더라.

수입 … 1,520원

지출 … 혜진 과자 20원

〈1975년 12월 20일 토요일 날씨 맑음〉

채보밭태서는 금년 농사을 다 따지도 도지 1,000원 가치도 별료 더하지도 못했따고 생각을 한다.

수입 …… 5,000원

지출에 … 자전차 사는 데 1,500원 밭도지 1,000원 인산값 1,000원 물건값 4,600원

計 8,100원

〈1975년 12월 21일 일요일 날씨 맑음〉

작년 농사 비예서 금년에 1,500斤을 내도 식량을 할 수 있따고 금일 1,500斤을 장래로 주었든니 아무래도 식량이 아주 부족이 댈 껏 같꾸나. 장리예는 2,000斤을 낸 샘이 대는데 금년에는 정말 형편 업꾸나.

수입 … 28斤에 2,410원 1,130원

計 3,540원

〈1975년 12월 22일 월요일 날씨 맑음〉

날씨가 변득서러어 일도 재대로 안 대고 있다.

그리고 나락이 두지에 꽉 들어 있쓸 때는 마음이 든든하드니 나락이 업쓰니까 금년에 쓰나갈 껏을 생각을 하니 극정이 만이 대고 있다.

수입 … 960원

〈1975년 12월 23일 화요일 날씨 맑음〉

내년에만 적자 업씨 생할을 잘 한다면 자신도 삶매 기털을 자벌 수가 있는데 내년 생할이 재일 중요하구나.

수입 … 500원

〈1975년 12월 24일 수요일 날씨 맑음〉

정부에서도 크리{스}마스을 조용하게 보내자고 말을 하고 억재을 해서 그런지는 몰라도 금년에는 조용한 감이 더는구나.

그러치 안으면 12月만 드려서며 징글배이 하며 생야단법석인데 정부에서 잘 말이고 있다.

수입 …… 5,830원

지출에 … 집단값(110단) 1,500원

〈1975년 12월 25일 목요일 날씨 맑음〉

인간 패물이 무어니 해도 재일 고질이구나. 마을회관에 테레비을 보며 인간 패물 때문에 보지도 못하고 신경질 곤더세우고 만다. 이것이 법이 업따면 여럿시한태 볼장을 밭쓸 껀데 법 때문에 이러지도 못하고 저러지도 못하고 그냥 두니까 점점 더하여저는 것을 정말 보기 실어며 자신이 정치을 한다면 여러 사람에깨 얼굴을 찌뻐리게 하는 자는 가차 업씨 업세버리게쓰며 어너 마을 업시 고질병이 만이도 업고 한두 사람이 있따고 보는데 요론 놈을 추리서 원벌을 주게 데며 국가는 자동으로 잘 살 수가 있다고 보며 우섬으며[웃으며] 살 수가 있따고 본다.

수입 …… 650원

지출에 … 장갑 100원 혜진 껌 10원

計 110원

〈1975년 12월 26일 금요일 날씨 맑음〉

세월 정말 빠려다. 요세는 상점에서 한두게만 만치며 하로 해가 가버리는 것을 보며 말할 수 업씨 잘 가고 있다.

수입 … 1,920원

지출 … 혜진 과자 10원 초값 30원

計 40원

〈1975년 12월 27일 토요일 날씨 맑음〉
자신도 논 한 마지기만 더 있쓰며 머지안아 부자가 댈 껏 같든데 논 이백 평이 이처름 힘이 더는가.
수입 …… 3,150원
지출에 … 혜진 20원

〈1975년 12월 28일 일요일 날씨 맑음〉
사람은 언재나 책임감이 있쓰야 남왜깨 실수가 업다.
책임감 업는 사람왜깨는 연장이라든지 무었시든지 주면 손예을 보고 만다.
수입 … 3,860원
지출 … 꽁치값 200원 물건값 300원
計 500원

〈1975년 12월 29일 월요일 날씨 맑음〉
사람이 앞을 보고 살라야지만 너머나 앞을 보고 삶라고 들며 건강이 상하기 십다.
수입 …… 180원
지출에 … 카비트, 산소 1,600원 잉크 100원 비누 500원 치악[치약] 260원 물건값 2,560원 피스톤 600원 하차 750원 철사 150원 우물고무 200원 합승비 운님 330원
計 7,050원

〈1975년 12월 30일 화요일 날씨 맑음〉
집배서는 너무나 말을 벌로 하는데 말버럿을 고치야 대는데 마음을 단단이 먹고 애을 쓰도 가끔 욕으로 우슬 때가 있쓰서 더 못 곤치고 있쓰서 큰일이다.
수입 … 600원
지출 … 혜진 과자 20원

〈1975년 12월 31일 수요일 날씨 맑음〉
금년은 마음에 반도 안 찬 해을 보내개 대어서 매우 서운하구나.
수입 … 800원

(12月)

"월말 총수입금액"
計 45,120원

"월말 지출금액"
計 44,345원

"년말 총수입금액"
計 443,230원

"년말 총지출금액"
計 403,874원

"년말 총 정미량"
計 쌀 14말
보리쌀 7밀
計 21말

▌1976년▐

〈1976년 1월 1일 목요일 날씨 맑음〉
처 어머님이 아들 알구로[알게] 해주는 것인지 몰라도 담노두뒤기[담요포대기] 장사을 시키서 6,000원짜리 담노두뒤기을 가지고 왔는데 우리들은 좋지만 6,000원이나 대는 돈을 처 어머님이 처남을 몰래 해준다면 정신적으로 얼마나 고뒤겠나. 이 담노을 몰래 했주기로 했쓰며 자신이 당장 반춤은 현금으로 주어쓰며 하는 생각 간절하나 그래 하지는 못했찌만 늙은 사람이 얼마나 뒤게나 하고 생각을 할 때는 자신 마음이 더 뒤저고 있다.
수입 …… 3,370원
지출에 … 살림나는 데 성냥 100원
혜진 과자 20원
計 120원

〈1976년 1월 2일 금요일 날씨 맑음〉
나 자신은 아직 잔치에 참석을 78年 이전에는 지반 위에는[집안 외에는] 참석을 안아기로 마음의 결심을 했찌만 금일은 자신 위 물건 하는 집 앞이 마을사람의 결혼식을 올리는데 자신은 물건만 하고 그냥 도라왔찌만 마음이 걸리서 기분이 상캐한 하로가 뒤지 안는구나. 남들은 일 가구을 가지고 참석을 하여대는데 하고 생각을 하게찌만 자신은 이미 결심을 하고 안전 기반이 업키 때문에 잔치에 참석을 못하고 있는 이 몸도 남들 보기는 안 대는 줄은 알지만 78年 이전에는 고개만 수기고 다니갯찌만 78年 1月 1日부터는 길·융사[흉사] 할 껏 업시 착시리 다닐 결심을 하고 있다.
수입 …… 130원
지출에 … 신수 보는 데 500원

〈1976년 1월 3일 토요일 날씨 맑음〉
집사람 임신댄 것을 해결할려고 병원에 가서 상담을 해서 신체적인 피해가 업는 한도 내에서 업쌔버릴라고 무진장 예를 쓰도 실천이 잘 안 대며 시간만 자꾸 가서 사람만 예을 먹이는 것이 아닐까 극정밖에 업꾸나.
수입에 … 200원
지출에 … 밥값 70원

〈1976년 1월 4일 일요일 날씨 흐림〉
작년 이만때만 해도 땔감 나무을 만이 했쓸땐대 금년에는 아직 나무 한 집 안에서며 나중 가서 땔감 문제 때문에 고민이 댈 껏으로 내다보는데 이 문제을 해결할려고 나무 좀 할라고 들어도 시간이 잘 나지를 안는구나.
수입에 … 1,740원
지출에 … 명태값 150원

〈1976년 1월 5일 월요일 날씨 눈〉
갑작이 추어니까 상점에서 일하기가 그북한 점이 있쓰서 상잠에서 일을 못하고 그만 땔감나무 하는 것으로 하로 일과을 보내고 마랐다.
수입에 … 250원

〈1976년 1월 6일 화요일 날씨 맑음〉

일기가 변득서려어 아들하고 노는데 혜진에께 사랑이 깊더니 이재는 혜영이에깨 사랑이 더 있쓰저며 부모도 자식의 사랑이 변화고 있꾸나.
수입에 … 3,900원
지출에 … 동내 잡종금 385원

〈1976년 1월 7일 수요일 날씨 맑음〉
사람의 생활이 생각할수록 이상한 점이 있다. 왜냐. 사람이 어머니 배 속에서 태어나면서 무더기을 정해서 나와더시[나오듯이] 사람 하나하나의 목[몫]이 노여 있고 이 목을 한 줌이라도 더 가질라고 밤낮 주야료 노력을 하는 것을 보며 인간 생할이 제일 고통이 대지 않나 하고 너켜도 보았다.
수입 … 160원

〈1976년 1월 8일 목요일 날씨 흐림〉
일기불순으로 상점에 가서 일하기가 춥찌하는 생각에 친구들과 오전 일과을 바둑으로 보내쓰며 이 시간을 보내면서 생각을 해도 이래서는 안 대지 하는 생각에 추번 것을 무렵쓰고 땔감 준비하는 것으로 하로 일과를 보내고 마랐다.

〈1976년 1월 9일 금요일 날씨 눈〉
순석이가 방위이무을 맏치고 아포여쇄점에 원대복기을 해서 건무을 하니 큰 다형이다. 방위이무을 마치고 들어갈 때가 업서서 집배서 놀며 어쩌나 하고 극정이 대더니 다시 근무을 하게 대어쓰니 큰 심을 벗신 감이 대는구나. 이재 나민 깃은 종말이 하나면 직장을 가시세 대면 큰 극정은 업깨는데 슈철이는 건강도 별료 좋지도 안코 순철이 일이 우리 집배서 제일 무개가 크다고 생각을 한다.
수입 …… 150원
지출에 … 띠밥에 사카링 100원

〈1976년 1월 10일 토요일 날씨〉
촌에도 정말 살기 좋은 때다.
저녁마다 마을회관에 모여서 태래비로 절그운 시간을 보내고 있쓰며 정국에 사건 하나하나을 방안에서 다 볼 수 있쓰며 농촌에는 이그 더 오화스려운 때가 있쓸까 하고 생각도 더는구나.
이것뿐 아니라 모여 안저서 도박으로 시간을 보내야 대는 겨울철인 줄 알든 사람들이 이재는 내가 도박을 언재 했서 하는 식으로 저녁마다 (티부이로) 저녁을 우서며 사라가니 이재는 더 진보는 안 대도 태보만 안 대면 만족하게 농촌도 사라가리라고 생각을 한다.
지출 … 장갑값 100원 오댕값 100원
計 200원

〈1976년 1월 11일 일요일 날씨 맑음〉
자신이 요줌은 휴식을 만이 하고 있다. 자신이 휴식을 하면서도 일을 하여햐 대는데 생각을 하면서도 조금만 추어도 실천을 못하는 것을 보며 상업에 재미을 보지 못하기 때문인가 욕심이 너무나 만아서 그른지 알수가 업꾸나.
그리고 금일은 정미소에 현미 하는 것으로 하로 일과을 보내고 마랐다.
금일 정미소에 현미한 것이 (8말)
지출에 … 혜진 과자 10원

〈1976년 1월 12일 월요일 날씨 밝음〉
집사람 임신한 것을 건강에 지장이 업시 내

라버릴라고 김천도립병원 산부인과 의사 선생님에깨 상담을 해보니 어리석은 짖을 만이 했다. 왜냐. 의사의 말을 들어며 약으로 임신한 것을 내릴 수가 업따고 말을 하며 임신 3개월 미만이 대며 소파수술을 해야 댄다고 말을 할 때에 아차 싶푸더라. 우리들이 생각을 할 때는 주사만 한 대 주면 수라개 업쌜 수 있는 줄만 알라는데 그러치 안코 임신만 하게 대면 어렵따고 말을 하는 것을 볼 때에 피임으로 임신이 안 대게 하는 수밖에 업따고 생각이 들며 자신은 이번에 꼭 업쌜라고 마음먹은 것이 주주하다[주저하다] 시간을 다 보내고 이재는 이러지도 못하고 할 수 업시 나와야 대니 딸 노깝바재일 극정이다.

수입 …… 1,150원
지출에 … 카바이트 2관 1,200원 철건 33,400원 양철가위 4,000원 톱 180원 함석 2,460원 수도 하차 500원 운님 100원 합승비 130원 빵기 300원
計 8,610원

〈1976년 1월 13일 화요일 날씨 맑음〉

집사람 임신한 것을 내리지 못하니까 생각할수록 큰 극정이다. 집사람 임신한 것는 또 딸린대[딸인데] 내류지 못하게 대니 보통일이 아니다.

수입에 … 800원
지출에 … 멸치값 300원

〈1976년 1월 14일 수요일 날씨 맑음〉

사람들이 적키 나와서 잘 키우자 하는 생각을 가진 사람도 많깨찌만 키우기 심더러[힘들어] 안 놀라더는 사람도 적찌 않타고 보며 정말 여자들 아들 키우는 데 한 평생을 산다고 해도 가연이 아니다. 앞푸론 사람이 약는다면 아들 하나도 않 놓고 처자의 몸으로 한 평생 살라고 더는 사람들도 머지않나 있쓰리라고 생각을 한다.

수입 …… 3,950원
지출에 … 혜진 10원 혜영 10원
計 20원

〈1976년 1월 15일 목요일 날씨 맑음〉

"혜진이 이재는 (라듸오) 방송을 재법 따라하고 있꾸나."
그리고 자신이 생각을 해도 이래 버러서 언재 돈을 버러서 부자가 대나 자신이 생각을 해도 딱활 때가 많꾸나.

수입 …… 760원
지출에 … 오댕, 김값 250원

〈1976년 1월 16일 금요일 날씨 맑음〉

정부에서 대통령 연두교서 할 때에 우리나라도 석유가 난다는 말을 덧고 방송마다 석유가 난다고 법석이며 이재는 팔자을 핀다고 생야단 쳐는 것을 보니 너무나 법석을 부리는 것 같다. 자신이 생각을 할 때는 아직 방송에는 모러는 것 같치 잠차코 있다. 매장량을 안전이 알고서 방송을 해서 뜨더는 것이 우리 국민의 예가 안일까. 만약에 시간마다 방송으로 떠더려 놓고 매장량이 업따고 하면 우리 국민의 마음의 깊피을 더려내는 것이 안일까 염려서렵꾸나.

지출에 … 산소 1,000원 카비트 600원 함석 3장 2,470원 철사 180원 물건값 340원 장갑 100원 고추장값 300원 합승비 130원 운님 340원 혜진 옻 2,800원 혜영이

옻 1,700원 혜영 양발 100 양발 150원
計 10,210원

〈1976년 1월 17일 토요일 날씨 맑음〉
밭보리 바서는 눈 한번 아서 푹 싸이야 보리농사을 잘 찌얼 수가 있는데 매일 맑은 날씨에 바람만 불고 있쓰니 보리 피해가 말할 수가 업꾸나.
수입 …… 100원
지출에 … 20원

〈1976년 1월 18일 일요일 날씨 맑음〉
땔깜 준비하는 것으로 하로 일과을 보내고 마랐다. 시간이 업쓰서 땔김 준비을 일적 못했찌만 언재라도 땔감 준비는 일꺽헤아 수라고 마이 하고 이재야 땔감을 할려고 하니 나무가 업쓰서 산꼭때기에 올라가서 해야 한 짐식 하니 을마나 힘이 더는지 말할 수가 업다.
지출에 … 오댕갑 100원 혜영이 과자 20원
計 120원

〈1976년 1월 19일 월요일 날씨 맑음〉
일기 변득서러 하로 일과을 휴식으로 보내고 마랐다.
하로 일과가을 휴식으로 보내 보니 왜 이래 하도 일과가 너무나 싫어 땁땁디리.
지출에 … 혜영이 혜진 20원

〈1976년 1월 20일 화요일 날씨 밝음〉
일기 변득서려 하로 일과을 무이미하게 보내고 마랐다.

〈1976년 1월 21일 수요일 날씨 맑음〉
땔감 나무하는 것으로 금일 해을 보내고 마랐다.

〈1976년 1월 22일 목요일 날씨 눈〉
이번 눈이 적으나 왔쓰며 보리밭 해갈을 면할 탠대 금년에는 눈이 완 아서 보리에 큰 피해가 만을 껏으로 내다보고 있다.
지출에 … 오댕값 60원

〈1976년 1월 23일 금요일 날씨 맑음〉
땔감 나무하는 것으로 금일 일과을 보내고 마랐쓰며 눈이 만이 와서 아무 일도 못해도 눈이 푹 아서 보리농사 좀 잘 짓게 하여쓰며 하는 생각 절료 나는구나.
수입에 … 500원
지출에 … 오락에 40원

〈1976년 1월 24일 토요일 날씨 맑음〉25)

〈1976년 1월 25일 일요일 날씨 맑음〉
지출에 … 혜진 과자 10원 혜영이 50원
計 60원

〈1976년 1월 26일 월요일 날씨 맑음〉
수입 …… 14,330원
지출에 … 혜영이 감기약 300원
혜영이 과자 50원
計 350원

〈1976년 1월 27일 화요일 날씨 맑음〉
혜영이 감기 한 번 더니 정말 힘이 들며 사람을 밤잠 못 자게 하는데 생예을 먹깨쓰며

25) 날짜와 날씨만 있을 뿐 내용은 적혀 있지 않다.

아이들을 건강하게 길월라며 터울을 더물게 나왔야 건강하게 자라두록 할 수가 있따고 보며 터울을 년년으로 키우는 부모들은 쏙 골병은 던다고 해도 가연이 아니다.
수입 …… 1,530원 딩기값 4,000원
計 5,530원
지출에 … 가바트 600원 화차 1,200원 걸래통 200원 왜상값 물건값 4,300원 양발 150원 좀약 50원 국수 1관 반 750원 칼키 250원 옻 4,000원 수도 바가지 360원 합승비 130원
計 11,990원

〈1976년 1월 28일 수요일 날씨 맑음〉
땔감 준비에 하로 일과가 대고 마랐다.
수입 … 320원

〈1976년 1월 29일 목요일 날씨 흐림〉
마을 친구 모친 병문 가는데 먹음직한 것을 좀 살라고 마음먹고 있는데 집사람이 만이 싸스 좋소 자신의 성위만 표시하면 대지 한 소{리} 하는 바람에 자신도 아직 돈이 아쉬운데 성위 표시만 하자 하는 생각에 조금만 환 것을 들고 가니 이미 위우지 사람들이 방우로 깍 차더라.
그 만은 사람들이 그냥 병문안 았따고 하니 자신이 한자 보기는 아무리치 않는데 주위 사람들 보기에 도로 미안에 저더라. 왜야. 자신만 그냥 병문 갔쓰며 방예 안전 사람들이 별 다려께 생각하지는 안을 꺼데 자신이 들고 가서 그 사람들을 미안게 만들으꾸나 하고 생각이 더는구나.
수입 … 1,700원 비단 돈 4,000원
計 5,700원
지출에 … 병문안 250원 혜진 감기약 300원
計 550원

〈1976년 1월 30일 금요일 날씨 맑음〉
정부에서는 오늘날까지 양력 가세하라고 법석을 부리는 바람에 설 명절이 희해저고 마랐는데 금년에 음력 가세을 하구로 나두니까 우리 어리서 설 명절 쳐더시 모두들 무진장 설 기분 찾고 있꾸나.
그리고 자신이 생각을 해볼 때에 음력 가세을 하더래도 그 전에 구정에는 떡을 빼면 방아깐 영업 취소을 하니 무었을 하니 하며 암력을 주더시 정부에서 구정에 소비대는 것을 좀 억재하두록 하면 좋으리라고 생각을 한다.
수입 … 13,500원
지출 … 새집배 소고기 2斤 2,000원
이발비 200원
計 2,200원

〈1976년 1월 31일 토요일 날씨 맑음〉
금일이 구정이다. 정부에서도 구정도 공휴일로 한다고 일부 떠들고 있더니 그것이 잘 안 대는가 공휴일이 안 대고 마는구나. 이번 구정은 아이들을 보나 어른들을 보나 금년 구정은 설 기분을 내고 있다.

1月
월말 총수입금액
計 56,540원

월말 지출금액
計 36,135원

정미소에 현미한 것 (8말)

〈1976년 2월 1일 일요일 날씨 맑음〉
친구와 동전치기로 밤을 보내 보니 시간은 절그운 감은 있쓰나 동전을 일은 친구들은 상깨하지는 못하게찌만 나 자신은 동전을 800원 정도 수입을 받쓰니 기분 좋은 밤이 대어따고 보지만 일은 친구들은 개니 나와서 돈을 일려꾸나 하고 후회로 도라쓰고 말라깨찌 하는 생각을 하니 별로 좋은 일 아니라고 생각을 한다.
수입 …… 동전오락으로 800원 수도 화차 600원 바가지 230원
計 1,630원
지출에 … 혜진 과자 10원 라면 100원
計 110원

〈1976년 2월 2일 월요일 날씨 맑음〉
처 어머님에깨 새배 인사더리로 가야 대는데 갈라고 더니까 옻도 맏당치을 안아서 마음은 가고 싶펴나 가지 못하게쓰며 집사람만 장깐 다녀오두록 해야 대겟다.

〈1976년 2월 일 화요일 날씨 맑음〉
나무 일사로[남의 일로] 김천도립병원에서 하로밤을 새우고 마라꾸나. 정말 사람 싸음 급이 나는구나. 사람은 누구나 자기 몸을 보효하는 무기는 다 가지고 있꾸나. 우리는 벌료 사는데 못낸 사림들은 자기 몸 보호할 무기을 몸에 진기고 다니는 것을 보며 정말 급이 나는구나.

〈1976년 2월 4일 수요일 날씨 맑음〉
다들 명절이라고 노는데 사신민 밭을 맬라고 들어도 남늘 노는네 일을 할러고 해도 어딘가 모러게 미안한 감이 들어서 일을 못하고 있쓴는데 내일은 갱이로 밭을 매야 대갯다.
지출에 … 혜진 과자 20원
동전놀이에 250원
計 270원

〈1976년 2월 5일 목요일 날씨 흐림〉
밭을 맬라고 들으는데 일기가 금새라도 비가 내일 꺼 같다서 땔감 준비하는 데 하로 일과을 보내고 마랐다.

〈1976년 2월 6일 금요일 날씨 맑음〉
금년에 가뭄 바라람에 복판 논에 차로 객토 사업을 잘 하였다. 우리 논 같든 것은 멧 년을 두어도 객토사업을 못하는데 금년 가뭄 바람에 아주 흑일 잘 했쓰며 8톤 차로 20차 너어니까 푸짐하더라.

〈1976년 2월 7일 토요일 날씨 맑음〉
집사람이 혜영이 홍역 접종하로 가면서 친정에 하로밤을 시고 오는데 장모님은 시냇이 서[시내이 사위]는 올 줄 알라는데 왜 아이들이 어때서 못 았나 하고 문는다고 하길에 더 미안점이 더는구나.
그리고 친구들과 모여 안저서 오락으로 동전치기을 하는데 오락 중에 아주 나뿐 것이며 동전치기만 하게 대며 밤을 새우는데 앞푸론 동전치기는 일절 안아야 대겟다.
지출에 … 혜영이 홍역 접송 2,000원 친정에 소고기 1,000원 우유 180원 동전치{기}에 700원 과자 200 솔 40원 차비값 160원
計 5,880원[26]

〈1976년 2월 8일 일요일 날씨 맑음〉
수입에 … 2,100원

〈1976년 2월 9일 월요일 날씨 맑음〉

해장으로 보리밭태 거름 좀 낼라고 마음은 단단이 가지도 실천이 대지을 안 데는구나.

수입 … 3,000원

〈1976년 2월 10일 화요일 날씨 맑음〉

금년에는 가물이 심해서 보리 피해가 아주 많캐꾸나.

수입 …… 참깨 19돼 22,560원

지출에 … 물건값 9,000원 수도 화차 1,050원 바가지 보도[27] 440원 합승비 130원 흑띠[허리띠] 200원 기름값 270원 뿐드 100원 計 11,190원

〈1976년 2월 11일 수요일 날씨 맑음〉

수입 …… 1,250원

지출에 … 혜진 과자 20 라면 50 計 70원

〈1976년 2월 12일 목요일 날씨 흐림〉

밭태 덤불 지섬이 만아서 갱이로 김매기을 하는데 오전 내 김매기을 해쓰며 안전하게 하여 쓸 껀대 김천 가는 바람에 안전하게 못해서 깨온한 점이 업꾸나.

수입에 … 13,700원

지출에 … 철판 0.9 3장 6,600원 물건갑 1,500원 못 100원 합승비 65원 計 8,250원

〈1976년 2월 13일 금요일 날씨 비〉

이번 비가 보리발태 안전 해갈을 면할 수 있쓰며 이 비가 눈이 대어쓰며 보리에는 더 좋으리만 비가 대어서 좀 섭파은 마음이 있꾸나.

수입 …… 4,000원

지출에 … 고기값 200원 김 200원 혜진 감기약 300원 복판 논 객토사업비 값 32,800원 計 33,500원

〈1976년 2월 14일 토요일 날씨 비〉

비가 올 때는 푸건하게 오는데 이 비가 골구로 왔쓰며 밭작물에 피해가 업씨 농사을 잘 짓을 수가 있쓸 탠대 사람의 욕심 같지 않아서 피해을 보고 있꾸나.

수입 …… 660원

지출에 … 혜진 혜영이 30원

〈1976년 2월 15일 일요일 날씨 비〉

비가 올라고 더니 비가 너무 자주 오며 비가 너무 만이 와서 보리에 서패[습해]가 댈 껏 같더며 정말 일기 고류잔아서 농촌 사람들 심장 만이 늙께 한다.

수입에 … 4,170원

지출에 … 국수개돈[국수곗돈][28] 550원 명숙이 30원 혜진 10원 計 590원

〈1976년 2월 16일 월요일 날씨 비〉

일기 관개로 매일 휴식을 하고 있찌만 마음은 매일 일을 하는 것처름 뒤고 있따.

---

26) 지출 금액의 합계는 4,280원으로 일기에 기록된 합계액과는 1,600원 차이가 난다.

27) 두레박을 고정하는 데 사용하는 볼트를 가리킨다.

28) 국수계는 잔치가 있을 때 국수를 사 부조할 목적으로 주민들끼리 결성한 계로, 국수곗돈은 이를 위해 붓는 곗돈을 말한다.

지출에 … 전기세 값 520원
혜진, 혜영이 과자 30원
計 550원

〈1976년 2월 17일 화요일 날씨 흐림〉

원개 신촌 사촌 동서 딸 결혼식에 가보니 골목골목이 아주 허술하며 세마을사업이라고는 만저 보지도 안아쓰며 실생활은 어떤고 몰라도 왜부에서 보기는 아주 서그푸더라.

지출에 … 부위 1,000원 동서 관에 계 조직한다고 1,000원
計 2,000원

〈1976년 2월 18일 수요일 날씨 비〉

마을에 잔치에는 참석을 안에는데 금일은 여집[옆집]에서 한삽 하는데 참석을 안 알 수도 업고 딴 사람 보기는 미안점이 있찌만 이웃 사촌이라고 해서 처음 참석을 했다. 음식을 깨껏하게 잘 하여쓰며 음식을 다 들고는 부위을 할려고 부이는 누가 보는냐고 무려니까 여기는 처음부터 안 바다따고 하면서 자{네}도 내지 마라고 하더라. 부위을 안 밭는다고 하니 처음 마음먹고 았는데 부위을 안 바더니 더 미안에저더라. 그리고 오늘날까지 한갑에 부위 안 밭는 데 처음 보았쓰며 자신은 아들 행세했다고 생각을 한다.

수입 …… 300원
지출에 … 멸치값 200원

〈1976년 2월 19일 목요일 날씨 맑음〉

정말 오래 만에 맑은 날씨을 보여주니 마음이 다 상캐하구나. 앞푸로도 맑은 날씨가 대어야 농작물이 힘을 쓸 수가 있쓸 땐대 염려스렵꾸나.

수입에 … 980원
지출에 … 집세 값 1,500원
혜진 과자 20원
計 1,520원

〈1976년 2월 20일 금요일 날씨 맑음〉

고방[29]살리 하는 사람이 밥 먹을 때가 업쓰서 해가 저물어도 그저 우떠끄니 있는 것을 보고 우리 집배 가서 저녁을 노나 먹어며 안 대겟나 하고 가자니 따라 나쓰더라. 오늘이사 저녁이 개앙식[갱시기][30]이라고 집사람이 하길래 할 수 업따 노나 먹찌 하면서 저녁을 들면서 점심도 굴머따고 하더라. 그래서 작년에 살든 집이라도 가서 밥 한 키 달라고 하면 밥 한 때 안 주까바 밥을 굴머따니 정말 왜돌따[애달프다]. 그래서 밥 나먼 것과 갱앙식이라도 안전 요기가 대두록 주어따. 둘이 먹든 밥을 세시가 먹어니 집사람 밥이 안전이 달라나더라. 그래서 상점 가서 라면을 사와서 저녁 너깨 해서 배을 채우게 대었다.

수입 …… 1,050원
지출에 … 라면 100원

〈1976년 2월 21일 토요일 날씨 흐림〉

문화 발달보다 낭비 수순이 나 빨리지는 것 갈더며 모두늘 돈 쓰는 깃을 보며 자기의 분수 위에 다들 쓰고 있쓰며 저 돈이 어뒤서 나오는가 염려스러어울 때가 한두 번이 아니다.

---

29) 고방은 집안에 보관하기 어려운 각종 물품을 넣어 두기 위해 집 바깥에 따로 만들어 두는 집채를 이르는 말이다.

30) 제철에 나는 채소와 찬밥을 넣어 끓인 경상도식 국밥이다.

수입에 … 1,570원
지출에 … 혜진 과자 10원

〈1976년 2월 22일 일요일 날씨 흐림〉

들래 객토사업 한 것을 나중이라도 소로 흙 무더기을 깔라고 높픈 것만 삽부로 점두록 골원 것이 14무더기밖에 깔지 못했다. 시간은 몇 무더기는 더 할 수 있는데 그 들래 나 혼자만이 일을 하고 있쓰며 남들은 놀고 있는데 자신만이 일한 것이 그만침 득이라는 것을 알면서도 남은 노는데 하는 생각을 하니 일을 일적 마치자는 생각이 들어 좀 일적 들어온 샘이 댄다.
수입 …… 180원
지출에 … 혜진, 혜영이 20원

〈1976년 2월 23일 월요일 날씨 맑음〉

정말 돈벌이 힘더는구나. 사람이 돈벌기처름 돈 쓰는 것도 그만침 힘이 들어야 대는데 그러치 안코 돈 쓰기는 물래 구품[물거품]처름 희프니 이그 생각 좀 해야 대갰다.
수입에 … 2,710원
지출에 … 혜진 10원

〈1976년 2월 24일 화요일 날씨 맑음〉

적은 자본 가지고 상업을 할려고 하면 정신 교통이 심해서 상업에 지장이 있쓸 뿐 아니라 자기 자신위 상업을 멀개 하개 하며 적은 자본으로 상업의 어너 지점까지 개도[궤도]에 올리 세우는 사람은 다 보통이 넘는다고 바야 한다.
수입에 … 4,880원
지출에 … 고기값 1,300원 13,040원
합승비 65원
計 14,405원

〈1976년 2월 25일 수요일 날씨 맑음〉

군 공보실래서 새마을 창고 사진 찍어로 나온다고 동민들 전원이 우마차와 지계을 지고 나와서 미화작업을 하는 데 오전 일과을 다 보내고 마랐다.
미화작업을 할 때는 힘이 들어도 다 하고는 거리마다 깨꼇하게 미화작업을 해서 동내가 더 따뜻했 보이는구나.
지출에 … 혜진 20

〈1976년 2월 26일 목요일 날씨 맑음〉

수입 …… 1,440원
지출에 … 물건값 2,090원 수도 600원 점심 200원 합승비 130원
計 3,020원

〈1976년 2월 27일 금요일 날씨 비〉

이재 봄이라서 바람이 쳐서 보리밭을 매개 할 때도 대어는데 필요 업는 비가 자주 와서 논보리밭은 지섬 때문에 보리가 안 대갯따고 말들을 하고 있는데 날씨가 해도 너무 하고 있다.
수입에 … 1,450원
지출에 … 혜진 혜영이 과자 50원
비료값 요소 1표 3,060원
計 3,110원

〈1976년 2월 28일 토요일 날씨 비〉

혜영이가 나제 노는 것을 보며 볼 때마다 안아주고 싶픈 마음 검할 길 업찌만 저녁으로 한 번식 우는데 정말 기절하게더라. 그리고 저녁에 잠을 못 자게 만들어도 아침에 노는 것을 보며 안아주고 싶펴니 이것이 아이들의 사랑인가.

수입 …… 비단돈 4,000 1,200 計 5,300원
지출에 … 접십자회비 100원

〈1976년 2월 29일 일요일 날씨 흐림〉
요줌 일기 고류지 못해 정말 생왜을 먹깨꾸나.
그리고 옛날 사람들의 아이들은 예도 안 먹이고 그냥 자라았는가. 어찌 그 만는 아이들을 키우았는가. 정말 놀랄 일이다. 요줌 사람들은 아이 둘을 가지고 땀을 떳고 있는데 정말 아이들 때문에 왜로가 말할 수가 업꾸나.
지출에 … 라면값 100원 혜진 껌 20
혜영이 과자 10원
計 130원

2月
월말 총 수입 금액
計 72,930원

월말 지출 금액
계 82,385원

〈1976년 3월 1일 월요일 날씨 맑음〉
잠자리에 들어 나라니 잠을 자고 있는 모섭을 보며 그처름 예쁘고 기운지[귀여운지] 말료 표현을 다 못하며 나 자신은 국민학교 빡에 못했지만 나라니 자고 있는 이것늘은 어떠한 일이 이떠라도 교등학교는 시키야지 하고 결심이 쓰고 있더라.
수입 … 210원

〈1976년 3월 2일 화요일 날씨 비〉
불필요한 비가 너무 자주 오며 계속 이려깨 대며 논보리는 보리 행세을 못하지 안을까 염려도 대는구나
수입 … 80원

〈1976년 3월 3일 수요일 날씨 맑음〉
수입 …… 500원
지출에 … 물건 갑 3,000원 운님 100원
합승비값 130원
計 3,230원

〈1976년 3월 4일 목요일 날씨 맑음〉
수입 … 2,400원
지출 … 옻 1,500원 그릇 1,000원
計 2 ,500원

〈1976년 3월 5일 금요일 날씨 맑음〉
수입 ……[31)]
지출에 … 혜진 과자 50원

〈1976년 3월 6일 토요일 날씨 맑음〉
남들은 비료거름 다 하고 있는데 자신은 주마일[주막일]이 바빠서 아직 그름을 하지 못하고 있다.
수입에 … 540원
{지출에} … 혜진 과자 10원

〈1976년 3월 7일 일요일 날씨 맑음〉
밭보리에 비료거름을 오늘로서 했쓰며 작년에는 재거름을 한 벌 했쓰며 비료 거름도 금년보다 아주 만이 했는데 금년에는 비료 거름만 조금 했는데 그름이 너무나 적지나

---
31) 수입내역은 적혀 있지 않다.

안을란가 몰개꾸나.
수입에 … 400원
지출에 … 혜영이 30원

〈1976년 3월 8일 월요일 날씨 맑음〉

기술자 노릇을 할려며 연장들이 구비을 가추어 있쓰야 기술자 행세을 하지 그릇치 안으니 마음대로 대지는 않코 신경질만 나니 마음은 말할 수 업씨 늙넌 것 같다.
수입 …… 2,000원
지출에 … 띠밥값 70 혜영이 과자 20원
計 90원

〈1976년 3월 9일 화요일 날씨 맑음〉

아들이 골목에서 노는 것만 바도 과자을 사주고 싶펴니 이 버릇이 나뿌다는 것을 알면서도 곤치지 못하고 가만이 있는 아이을 대리고 과자을 싸 주니 낭비대고 아이들 벗릇 대고 아주 나푸다고 생각을 한다.
수입 …… 4,540원
지출에 … 혜진 혜영 20원 물건값 3,200원 산소 1,000원 카바트 600원 빵키 900원 열쇄 500 운님 200 합승비 130원
計 6,550원

〈1976년 3월 10일 수요일 날씨 맑음〉

작년 송아지금이 흐려서 삼만 원짜리가 금년에 십만 원이 넘어니 송아지 장사한 사람은 수입을 만이 바쓰며 작년에는 송아지, 소금이 흐려서 살 사람이 업깨끔 흙든 소들이 개속 오룸세을 보이니 어떠깨 대어서 올라가는 줄을 몰겠다. 우소끔이 언재 내림세을 보이는지 기입해 바야 대겠다.[32)]
수입에 … 2,230원

〈1976년 3월 11일 목요일 날씨 흐림〉

금년 보리는 안 쓰려저개 해서 작년보다 잘 지어야 대는대 보리농사는 날씨에 만이 달리찌만 작년보다 보리 거름은 아주 적은 량을 하고 있다.
수입 …… 1,200원
지출에 … 혜진 과자 10원

〈1976년 3월 12일 금요일 날씨 맑음〉

용접을 해서 그련지 눈 안질이 나빠서 그련지 눈병을 자주 해서 극정이다. 눈병이 용접을 해서 자주 발생한다면 자전차점에 영향이 있쓸까 재일 극정이다.
수입 … 1,080원

〈1976년 3월 13일 토요일 날씨 맑음〉

과자을 살 때마다 아이들이 사랑스렵찌만 매일 과자을 주는 것은 아주 낫번 버릇인대 하고 생각을 하면서도 실천이 안 대는구나. 이 실천이 잘 안 대니 자신위 담배돈 드려가는 셈 쳐고 아이들예깨 들려가는 것은 압깝찌 안꾸나 하고 생각이 들고 있다.
수입에 … 4,700원
지출에 … 아이들 줄라고 과자 50봉에 350원

〈1976년 3월 14일 일요일 날씨 맑음〉

난생 처음 안과 병원에 차저가 보았든니 안과 약들이 그처름 비싼가 눈만 바따면 2,500원 달라고 하니 정말 그 가버치가 들어가는

---

32) 원문에서는 이 문장 전체를 선으로 둘러싸서 눈에 띄기 쉽게 표시해 두었다.

가 의심서렵뚜록 돈을 달라고 하더라.
나 자신만 바도 눈에 까씨가 보이는 것을 빼는대도 2,500원 달라고 하니 업는 사람은 돈 때문에 주저주저하다 때을 다 보는 수가 만깨따고 생각을 한다.
지출에 … 쟁기 부속 4,000원 날 3,300원 보도 1,080원 평철 니부 1,040원 물건값 4,000원 합승비 130원 눈약 남산위원 2,500원
計 16,050
수입 …… 1,300원

〈1976년 3월 15일 월요일 날씨 맑음〉
보리들이 하로하로 달라저는 것을 바도 안전 봄인가바.
금년 봄은 인간의 봄옷보다 먼저 차저온 것 같다.
봄을 알려며 여성들의 옻을 보며 알 수가 있는데 금년은 그려치 안코 있꾸나.
수입 …… 730원
지출에 … 전기세값 500원

〈1976년 3월 16일 화요일 날씨 비〉
이번 비가 논보리에는 필요가 업찌만 밭보리에는 접깝한 비가 대어다.
수입 …… 2,980원
지출에 … 위웃 어른 생신이라 (담배값) 200원

〈1976년 3월 17일 수요일 날씨 맑음〉
수입에 … 880원

〈1976년 3월 18일 목요일 날씨 비〉
수입에 … 560원
지출에 … 자근집에 한갑[환갑] 1,000원

〈1976년 3월 19일 금요일 날씨 맑음〉
예비군 독수리작전이라면서 예비군 전원이 하로 24시간 근무을 하는데 했필 추어서 밤세 근무을 하는데 죽을 욕을 보았다.
이 교육이 필요 있따고 보는지는 몰라도 각 초소에 사람은 있따고 해도 기능을 바리할[발휘할] 수가 업따고 보고 있쓰며 기능을 바리할려고 들며 한 사람이 시간을 정해서 보초을 쓰게 하면 몰라도 일개 초소에 육명을 전부 24시간을 근무하라고 하니 보초근무라고 할 수 업따고 보고 있다.
수입 …… 5,800원
지출에 … 라면 50원 합승비 150원
計 200원

〈1976년 3월 20일 토요일 날씨 맑음〉
이번 날씨가 양일간 날씨가 영화로 내려가서 양살구는 금년에 큰 피해가 대리라고 생각을 하고 있쓰며 양살구는 우리 지방은 기후 족건에 맡찌 안는 과수라고 생각을 한다.
지출에 … 카바이트 1관에 600원

〈1976년 3월 21일 일요일 날씨 맑음〉
고추 갈 준비에 하로 일과가 대고 마랐꾸나.
금년에는 예리련지[왜 이런지] 일손이 자꾸만 남보다 뒤저고 있쓰서 마음이 무진장 바푸고 있다.

〈1976년 3월 22일 월요일 날씨 맑음〉
금년에도 보리 쓰려저갯는데.
보리들이 물석물석 자라는 것을 보니 금년에도 보리농사 피룡하는 것이 아닐까 염려가 대고 있다.
수입에 … 2,300원
지출에 … 혜진 과자 30원

〈1976년 3월 23일 화요일 날씨 맑음〉

농료 부역에 하로 일과가 대고 마라쓰며 사람들이 그전에 일하는 그와는 아주 달라젓꾸나. 왜냐하면 그전에는 일을 해도 그재 해만 보내고 말라고 더는데 요즘은 실속 있는 일을 하는 것을 보며 아주 달라졌따고 보고 있다.

〈1976년 3월 24일 수요일 날씨 맑음〉

이재 도시도 골목골목이 정리가 대고 있는 것을 보며 삶기가 좋다고는 보지만 길그리에서 장사을 하는 사람은 그저 목줄을 꼈는 샘이 댄다고 해도 가연이 아니다. 자리을 안전이 잡바서 하는 사람들은 장사을 못 하구로 해도 돈이 있키 때문에 살 수가 있찌만 업씁서 길그리에 노전을 보는 사람들은 일체 업꾸로 하는데 이 사람들이 문제가 재일 크다고 자신은 생각을 하고 있다.

수입 …… 650원

지출에 … 철물 5,500원 쟁기 부속 7,040원 물건값 1,700원 국수값 530원 모자 320원
計 15,090원

〈1976년 3월 25일 목요일 날씨 흐림〉

수입에 … 쟁기값 6,000원 1,900원
計 7,900원

지출에 … 오댕값 100원 술값 60원
計 160원

〈1976년 3월 26일 금요일 날씨 비〉

이번 비가 밭보리에는 아주 알마전 비가 대어다. 이번 비가 보리에는 비료거름이라고 해도 가연이 아니다.

수입에 … 쟁기값 5,800원 430원
計 6,230원

지출에 … 성냥값 60원

〈1976년 3월 27일 토요일 날씨 맑음〉

보리들이 비가 온 뒤라서 그른지는 몰라도 보리들이 무력무력 자라며 금년에도 보리농사가 가하다고[과하다고] 생각을 하고 있는데 뒤 날씨 어떠게 도라갈련지 염려가 대는구나.

수입에 … 3,680원

지출에 … 석유.

〈1976년 3월 28일 일요일 날씨 흐림〉

김천 동서 딸 결혼식을 구미 농협예식장에서 올리는데 식장을 참석을 해보니 생각보다 만이 참석을 만이 했더라.

그리고 구미 거리가 깨껏하며 대구 거리 같더라. 구미가 공장 들어서고 안전 도시가 대어따고 했도 가연이 아니다.

지출에 … 이발비 100원 부주값 1,000원 열차비 280원 혜진 과자 140원
計 1,520원

〈1976년 3월 29일 월요일 날씨 비〉

비가 자주 올라고 더는구나.

비가 자주 오게 대며 보리농사는 피롱이라고 해도 가연이 아니다.

그리고 민방위 훌련을 대리료 갈든이 음중이 다라서 동생 대신 나와서 말성이 대는가 하고 극정이 대더니 가만이 기다리 보니 나중에는 그저 그만이더라.

수입에 … 4,180원

지출에[33]

〈1976년 3월 30일 화요일 날씨 맑음〉

주막일이 바푼데 형이 우리 논에 흑 깔로 같따고 하길래 할 수 업씨 주막에 문을 다 다 노코 새을 가지고 같쓰며 해필 우리 흑 깔 때사 가슴이 절리서 일을 할 수가 업더라. 동생과 가치 일을 하여쓰며 당장 집배 들어오지만 형과 같치 일을 하기 때문에 들어올 수도 업꼬 하로 정때 생땀을 흙리다.

수입 …… 2,510원

지출에 … 형 담배 210원 빵 200원 아이들 과자 350 비누 300원
計 1,060원

〈1976년 3월 31일 수요일 날씨 맑음〉

다들 감자 고추을 전부 갈라는데 자신은 아직 밭도 갈지 안아쓰며 두엄 한 바리도 내지 안아서 언재 갈라지 몰개쓰며 수일 내로 갈라야지 별료 너전감 업씨 가는 편인데 큰 극정이 대는구.

수입 …… 1,200원

지출에 … 9,790원 카바이트 600원 철사 200원 창남사날[34] 540원 남종 1,500원 담지 1,400 혜진 약 300원 납 400원 합승비 130원
計 14,860원

3月
월말 수입금액
計 60,780원

월말 지출금액
計 63,930원

〈1976년 4월 1일 목요일 날씨 맑음〉

요줌은 주막일이 작년보다 아주 바푸며 요세는 아이가 있쓰며 하는 생각까지 들고 있다.

수입 …… 11,670원

지출에 … 할명수 40원

〈1976년 4월 2일 금요일 날씨 맑음〉

일반예비군 동원훌련이라 고아대대에 가는데 배가 아파서 가는데 생왜을 먹어쓰며 훌련 받는데 한자라서 교육은 빠저찌만 하로 점두록 추어서 예을 먹으다.

지출에 … 택시비 100원 장값 100원 약 500원 계알 60원 합승비 40원 열차비 40원
計 840원

〈1976년 4월 3일 토요일 날씨 맑음〉

수입에 … 2,080원

〈1976년 4월 4일 일요일 날씨 맑음〉

금일은 일한 보람이 있쓰며 매일 극정이 대든 일을 해서 아주 캐운한 일과가 대어다. 왜냐. 한 번도 두엄을 내서 씨값씨을 갈라 본 적이 업쓰며 해년 비료거름으로만 농사을 짓든 밭이라서 금년에는 두엄을 우마차로 오전 내 실려내서 오후에 씨갑씨을 갈라서 재일 캐운하다.

수입에 … 200원 개값 5,000원 비단돈 8,000원
計 13,200원

지출에 … 4,200원 집세 값 1,500원
計 5,700원

---

33) 지출내역은 적혀 있지 않다.

34) 자전거 수리에 사용하는 비품 중 하나이다.

〈1976년 4월 5일 월요일 날씨 맑음〉

금일은 봄채소와 고추을 안전이 갈라서 이재는 봄왜 씨값씨 갈 일은 안전이 끝이 낮다.

수입 … 810원

〈1976년 4월 6일 화요일 날씨 흐림〉

금일은 예비군 야관교육이라면서 오후 1시에 대대까지 오라고 해서 야관교육을 하면 올라올 차가 업쓰서 돈 낭비가 만이 대리라고 생각을 했는데 야관교육을 하지 안코 다 돌리보내서 큰 다형이다.

수입 …… 5,100원

지출에 … 합승비 90원 40원
혜진 화더[하드] 60원
計 190원

〈1976년 4월 7일 수요일 날씨 맑음〉

수입 …… 개값 4,000원 1,240원
計 5,240원

지출에 … 감자씨값 700원

〈1976년 4월 8일 목요일 날씨 흐림〉

작년에는 모자리 준비할 시간이 만아는데 금년에는 어쩐지 모자리 준비을 안꾸도 안예서 좀 극정이 대는구나.

수입 …… 1,740원

지출에 … 장모 생신이라 돼지고기값 1,600원 조기 500 혜진 약 500원 합승비 값 100원 혜영이 약 50원
計 2,650원[35]

〈1976년 4월 9일 금요일 날씨 맑음〉

수입에 … 800원

지출에 … 평철 530원 카바이트 600원 물건값 6,770원 쟁기 부속값 880원 합승비 값 130원
計 8,910원

〈1976년 4월 10일 토요일 날씨 맑음〉

남들은 집사람 임신한 것을 육감인가 집프보고 딸이라고 말들을 하는데 정말 딸이게 대며 삶매 길을 막는다고 해도 가연이 아니다. 남들은 육감으로 말을 하지만 자신은 아들이지 하는 생각밖에 업다.

수입 …… 2,000원

지출에 … 순경 한타 대집[환타 대접]에 360원

〈1976년 4월 11일 일요일 날씨 맑음〉

남들은 모재리에 비누류 씨우로 다니고 있는데 자신은 아직 모재리도 안 갈고 있쓰서 마음이 바파서 죽을 지경이다.

수입에 … 3,100원

지출에 … 처제 고기값 200원 과자 200원
計 400원

〈1976년 4월 12일 월요일 날씨 맑음〉

수입 … 1,650원

〈1976년 4월 13일 화요일 날씨 비〉

이번 비가 정말 잘 온다. 밭보리는 한참 가물이 들어서 못 자라고 있는데 이번 비가 푹 온다면 보리농사는 잘 짓지 안나 내다보고 있다.

수입에 … 600원

---

35) 기록되어 있는 항목별 지출금액의 합계는 2,750원이다.

지출에 … 수봉감[바지옷감]값 4,000원

〈1976년 4월 14일 수요일 날씨 맑음〉

금일도 비가 더 왔쓰며 하는 생각이 들더라. 왜냐하면 어재 비가 푹 았쓰며 비을 안 바래도 대는데 비가 적으서 좀 더 았쓰며 하는 생각 간절하구나.

수입에 … 11,860원

〈1976년 4월 15일 목요일 날씨 맑음〉

복판에 논에 유신{벼} 할려고 모판을 형과 둘리서 안전의 했나어쓰며 모판을 구차서[굳혀서] 신나락을 쳐면 모판 일은 다 대는 셈이 댄다.

수입 …… 5,880원

지출에 … 전기세값 500원 빵 160원
형 담배 210원 사이다 130원
計 1,000원

〈1976년 4월 16일 금요일 날씨 맑음〉

수입에 … 1,800원

지출에 … 2,170원 카바이트 1,300원 국수 500원 콩기름 300원 멸치 100원 김 200원 혜진 공 100원 혜진 신 250원 쟁기값 2,000
計 7,320원36)

〈1976년 4월 17일 토요일 날씨 맑음〉

금일로 복판 모재리을 안저이 했는데 모판이 들 구더니[굳으니] 모씨 쓰는 데 극정이 대는구나. 모씨가 잘 쓰야 농사을 잘 질 수가 있는데 모팍이 구찌 안아서 모씨 가리까바 재일 극정이다.

수입에 … 2,100원

지출에 … 친구와 술값 120원 하더값 100원 計 220원

〈1976년 4월 18일 일요일 날씨 맑음〉

금일은 동민 전원이 사방 부역이라 동촌 뒤 산에 니무을 심는데 오전에는 나무을 착실이 잘 심어 주어쓰며 오후에는 친구 삼명이 나무 한 포기 심지 않코 산에서 안저 놀면서 하로 일과을 보내고 마라찌만 산예서 인원 점금을 했따고 하니 어뒤가 모려게 극정이 댄다.

지출에 … 돼지고기값 200원

〈1976년 4월 19일 월요일 날씨 맑음〉

요줌은 사람이 하기 실어 돈 못 번다. 옛날 갈더며 돈 별 때가 업쓰서 술집으로 노라나니는 사람이 만아쓰며 빈정대찌만 요세는 가는 곳마다 돈 별 때고 업는 사람 살기 좋은 때다.

수입 …… 1,820원

지출에 … 혜진 과자 20원 라면 50원
과자 30원
計 100원

〈1976년 4월 20일 화요일 날씨 비〉

비가 오는 짐에 좀 만이 와쓰며 하는 생각 간절하구나. 보리을 바시는 이번에 비기 푹 오고 나음에는 비기 업쓰도 별료 보리농사는 큰 피{해}가 업따고 보는데 이번에 비가 어쓰며 보리는 병을 만이 하리라고 생각을 한다.

지출 … 수봉 1,600원 비누 460 치약 170

---

36) 항목별 합계액은 6,920원으로, 기록된 합계액과 400원 차이가 난다.

원 혜진 약 600원 혜진 과자 40원 미원 500원 자너매[작은어머니] 구경 가는 데 1,000원
計 4,370원

〈1976년 4월 21일 수요일 날씨 흐림〉
비가 올 떳 올 떳 하면서 비가 오지 않으니 보리는 하로하로가 감수대어 간다고 해도 가연이 아니다.
수입에 … 5,700원

〈1976년 4월 22일 목요일 날씨 맑음〉
하로하로 지나가는 날씨을 보니 만이 가물개꾸나. 왜냐. 비방울 멧 방울 오고는 바람이 부러재키는 것을 보며 시절이 별로 좋치는 안으리라고 내다보고 있는다.
수입에 … 1,700원
지출에 … 수봉 싹[삯] 1,500원 물건값 5,000원 쟁기 바닥쇄 1,400 쟁기 신부 840원 쟁기 빛날 1,690원 철건값 4,650원 함석값 3장 800원 計 2,400원 운님 100원 합승값 130원 상값 1,700원 실 100원 아들 사과값 350원
計 19,860원

〈1976년 4월 23일 금요일 날씨 맑음〉
모판에 비누류 신찬개 한 사람은 이번 바람에 전부 날리고 마랐다. 비누류에 방뿐껀[방풍 끈]을 맨 사람이 한두 사람밖에 안 대더니 이번에 큰 손애을 본 샘이 댄다.
수입 … 2,400원

〈1976년 4월 24일 토요일 날씨 맑음〉
수입에 … 2,800원
지출에 … 성냥 60원

〈1976년 4월 25일 일요일 날씨 맑음〉
날씨가 너무 가물어서 여관 극정이 아니다. 이 날씨가 삼일 내료 비가 온다면 별료 너찌는 안는 샘이라고 생각을 하지만 수일 내료 비가 업따면 보리에는 큰 타격을 바들꺼으로 내다보고 있다.
수입에 … 5,380원

〈1976년 4월 26일 월요일 날씨 맑음〉
우리는 적으나 돈이 있따면 집사람을 대리고 지날 코서로[제날코스, 당일코스]로 구경을 다니갯는데 아직 한경이 허락지을 안아서 그래 하지는 못했도 언잰가는 아이들만 다 키아 노면 집사람을 대리고 한 번식 구경을 할 계핵이다.
수입에 … 4,150원

〈1976년 4월 27일 화요일 날씨 흐림〉
보은 속리산에 형과 14명이 가는데 날씨가 흐리서 극정이 대더니 속리산 도착하니 날씨가 개이더라. 날씨가 개인 바람에 구경은 잘 하여쓰며 곽 절마다 한 가지식은 특이한 것이 한 가지식 있찌만 절은 그위 다 갈꾸나. 자신이 속리산을 생각해 볼 때는 재일 처음에 누가 골 깊은 곳에 절 새우쓸까 재일 알고 싶다. 그리고 속리산에서 일적에서 대전 직행으로 대전 보은사로 가서 구경을 하는데 다른 것은 깨끗하고 하로 절그움은 가질 수 있따고 생각을 하는데 (캐이블까과가) 주택 지붕으로 지나가는 것이 보기도 안 대쓸 뿐 아니라 자신 보기는 아주 이험물이며 철그댈 물(건)이라고 생각을 한다.

그리고 단채구경은 오며 가면서 구경이지 다른 구경은 마음이 안 마저서 구경이 안 댈 뿐 아니라 우리는 속만 상하더라.
지출에 … (속리산) (대전 보은사) 구경 경비값 3,800원

〈1976년 4월 28일 수요일 날씨 맑음〉
금일은 구경하는 경비와 돼지고기 나먼 것을 알리고 돼지고기 나먼 것을 가지고 하로 놀고 마랐다.
수입에 … 100원

〈1976년 4월 29일 목요일 날씨 비〉
자신은 적은아 돈이 있다면 집사람과 같치 구경을 하고 십다. 왜냐. 단채로 구경을 하니 마음이 안 마절 뿐 아니라 괵자 행동을 하는데 속이 상해서 구경을 못하게더라.
수입에 … 830원
지출에 … 미역에 5개 1,300원
김, 멸치 500원
計 1,800원

〈1976년 4월 30일 금요일 날씨 비〉
보리에 비가 모자라까바 제일 극정이든이 이번 비가 보리을 살리따고 했도 가연이 아니다. 그리고 바람이 불면서 비가 왔따면 보리 피해가 있쓸 텐데 비가 곰개곰개 와서 사람의 기분을 만족하게 만들이다.

4月
월말 수입금액
計 94,040원

월말 지출금액
計 63,000원

〈1976년 5월 1일 토요일 날씨 비〉
비가 올라고 더니 비가 자주 오는구나. 이재는 비가 안 아도 보리 해갈은 면할 수가 있는데 이 비가 자주 오는 것이 신통치 안는구나.
그리고 집사람 친우들이 놀로 간다고 하길래 집사람왜깨 놀다 오라고 해도 집사람이 아이들을 다 키우노코 구경을 갈라고 하면서 안 갈라고 해서 자꾸 가라고 하지 못하고 마랐다.
수입에 … 550원
지출에 … 혜진 껌값 20원

〈1976년 5월 2일 일요일 날씨 개임〉
금일 집사람 친우들이 구경을 간다고 쭉 나왓 있는 모섭을 보니까 집사람을 자꾸 가라고 하지 못한 것이 걸리며 다들 구경을 가는데 못 가고 있는 모섭을 생각을 하니 오전 내 마음이 찐하더라.
수입 …… 1,540원
지출에 … 혜진, 혜영이 30원

〈1976년 5월 3일 월요일 날씨 맑음〉
수입 … 3,480원
지출 … 혜진 형이 과자 20원
하더값 100원
計 120원

〈1976년 5월 4일 화요일 날씨 맑음〉
바람이 너무 쉬개 부려서 보리 피해가 생길까 염려가 대는구나.
그리고 남들은 모재리 씨가 쓰지 않아서 모재리을 다쉬 한다고 야단법석을 부리고 있는데 우리 모재리 씨는 씨가 아주 질 쓰디라.

수입에 … 380원
지출에 … 물건값 4,300원 쟁기 부속 1,200원 밀가류 1등품 2,860원 차비 130원
計 8,490원

〈1976년 5월 5일 수요일 날씨 맑음〉
수입 …… 3,360원
지출에 … 오댕값 100원 안집배 구경 500원
計 600원

〈1976년 5월 6일 목요일 날씨 맑음〉
보리 수학이 작년보다 적을 껏 같꾸나. 왜냐. 비 오기 전에 가물이 들든 보리가 깨치지 않코 줄어더는 것을 보니 보리 수학량이 적지 않나 내다보고 있다.
수입에 … 1,300원
지출에 … 혜진, 혜영이 40원

〈1976년 5월 7일 금요일 날씨 맑음〉
모재리 순화 작업을 금일로 안전이 했쓰며 금년에는 일기 고류잔아서 모가 고루지 못하고 쓰리[서리]가 와서 모 끝이 다 마러거해서 모가 모자라는 사람이 아주 만을 껏으로 내다보고 있다.
수입 …… 4,250원
지출에 … 혜진 혜영이 60원 오댕값 50원

〈1976년 5월 8일 토요일 날씨 맑음〉
수입에 … 540원

〈1976년 5월 9일 일요일 날씨 맑음〉
수입에 … 1,400원
지출에 … 혜진 혜영이 과자 50원 오댕값 100원
計 150원

〈1976년 5월 10일 월요일 날씨 맑음〉
수입에 … 3,020원
지출에 … 콩기름 300원 물건값 3,100원 철물점에 8,200원 쟁기 부속 1,200원 합승비 65원
計 12,865원

〈1976년 5월 11일 화요일 날씨 비〉
이번 비도 아주 곱게 잘 온 셈이다. 왜냐. 울콩에는 알마전 비며 비료거름 줄 적키기 때문에 무었보다 울콩비라고 해도 가연 아니다.
수입에 … 450원
지출에 … 집세값 1,500원 소다값 20원 아들 껌 20원
計 1,540원

〈1976년 5월 12일 수요일 날씨 맑음〉
오늘도 모재리 첫 거름하는데 한 단지에 두 돼을 한 섬이 댄다.
그리고 우선 바서는 모재리 농사는 잘 짓어 따고 보는데 나중 농사가 문제대는구나.
수입에 … 910원
지출에 … 혜진 300원 혜영이 옷 300 넌닝구 500원
計 1,100원

〈1976년 5월 13일 목요일 날씨 맑음〉
수입에 … 5,060원
지출에 … 혜진, 혜영이 과자 40원 명태 100원 장모 옷 1,600원
計 1,740원

〈1976년 5월 14일 금요일 날씨 맑음〉

수입에 … 1,400원
지출에 … 혜영이 혜진 30원

〈1976년 5월 15일 토요일 날씨 흐림〉

주막일 오전만 할려고 마음먹은 것이 일그리가 맡땅치 안아서 일요일 날 할려고 미류고 종일 일을 햇든니 큰 덕을 본 셈이 대는구나. 왜냐. 오전만 하고 마라쓰며 대신 손님이 업쓸란지도 모월 껀데 종일 일을 하는 바람에 3,000원 득을 본 셈이 대는구나.

수입에 … 8,000원 장래[장리] 돈 이자 2,400원
計 10,400원

〈1976년 5월 16일 일요일 날씨 비〉

수입 …… 1,320원
지출에 … 물건값 6,000원 철물 7,000원 쟁기 부속 890원 보도 390원 운님에 200원 합승비 130원
計 14,610원

〈1976년 5월 17일 월요일 날씨 맑음〉

수입에 … 7,520원
지출 …… 운님에 담배 100원

〈1976년 5월 18일 화요일 날씨 비〉

요즘은 비가 올 때가 안인데 비가 자주 오니 보리 극정을 만이 하는데 비가 앞푸로 열월만 날씨 잘 한다면 보리농사는 보편으로 살 싯어따고 보는데 비가 자주 오니 마음만 조이개 하는구나.

수입에 … 1,400원
지출에 … 혜진 10원

〈1976년 5월 19일 수요일 날씨 맑음〉

수입에 … 8,670원 비단돈 4,500원
計 13,170원
지출에 … 김값 500원

〈1976년 5월 23일 일요일 날씨 맑음〉

수입에 … 5,350원
지출에 … 술값 220원 혜진 혜영이 30원
計 250원

〈1976년 5월 24일 월요일 날씨 맑음〉

금일은 청년회에서 논다고 하로 놀자고 해서 하로 노는데 전부가 나보다 다 절머며 자신이 제일 고참이라 놀기도 맡땅치 않코 봉사 지름값 하더니 놀고 마랐다.

수입에 … 7,970원
지출에 … 잰[장인] 영감 지사라 집사람 가는 데 고기 1,600원 혜진 혜영이 30원
計 1,630원

〈1976년 5월 25일 화요일 날씨 맑음〉

수입에 … 2,800원
지출 …… 과자 140원 합승비 90원
計 230원

〈1976년 5월 26일 수요일 날씨 맑음〉

모판에 (피와) (반농사위) 때문에 싱검에서 일을 하면서도 모판 극정밖에 안 대는구나.

수입에 … 1,200원

〈1976년 5월 27일 목요일 날씨 맑음〉

금년에 송아지 먹이서 장사한 사람 돈 버러따는 말을 들을 때에 자신노 송아지을 믹이볼까 하는 생각이 들며 언재나 (돈을) 만이

버는 것이 업쓸까 하고 생각밖에 업다.
수입 …… 2,600원
지출에 … 카바이트 600원 비누고무 430원 쟁기 부속이 700원 보도 200원 바킹 400원 물건값 9,000원 합승비 130원
計 11,460원

〈1976년 5월 31일 월요일 날씨 흐림〉
모내기 할려고 형과 둘리서 복판 논 장만하는 데 하로 일과기 대고 마랐다.
그리고 앞푸론 모재리 할 때에 피약을 쳐고 해야지 씨 가린다고 안 쳐고 하니까 반동사이 때문에 아무 일도 안대더라.
수입에 … 3,400원
지출에 … 논 장만하는 데 담배 210원 기름값 300원 혜진 혜영 20원 수세미 120원 비료값 20,000원
計 20,550원

5月
월말 총수입금액
計 84,570원

월말 총지출금액
計 76,075원

〈1976년 6월 1일 화요일 날씨 비〉
(비료거름 복합 22-22, 2표 함)
금일로 모내기을 하여쓰며 금년에는 작년 모양 그려캐는 안 대갯찌. 작년에는 정말 속이 다 타따고 해도 가연 아니다.
금일은 모을 심는데 모가 자라는 것 갈치 보이며 금년에는 잘 대갯찌 하는 생각밖에 업다.
수입에 … 7,400원
지출에 … 킬라 2병 300원 모심는 데 술 220원 빵이 400원
計 920원

〈1976년 6월 2일 수요일 날씨 맑음〉
이번 달이 집사람 몸 풀 달인데 또 딸 놀까바 극정이 크구나. 이번에는 아들을 나와야 좀 살기가 수랄 땐대. 또 딸이 대며 업는 사람이 식구 수가 늘게 대며 그만침 힘이 들 것이 아닌가.
수입에 … 1,760원

〈1976년 6월 4일 금요일 날씨 맑음〉
상점에서 소소하게 잔돈그래을 해서 그런지는 몰라도 돈 들어오는 액수을 잘 몰겟쓰며 이래 나가면 일기도 못쓸 껫이 아닌가 극정까지 대고 있다.
수입에 … 6,480원
지출에 … 철물집에 6,750원 문고리 200원 물건값 9,000원 운님 100원 합승비가 130원
計 16,250원

〈1976년 6월 6일 일요일 날씨 맑음〉
복판 논에 제초제을 한 단지에 두 봉다리을 헌치는데 아주 만이 남아쓰며 작년에 두 봉다리도 모자라서 그대로 두기도 했는데 금년에는 약이 남으니 이상한 감이 더는구나.
수입에 … 3,130원
지출에 … 50원 과자

〈1976년 6월 7일 월요일 날씨 비〉
요줌은 비 바랄 때가 아닌데 어낙 가물어서 밭작물 때문에 보질락[37] 정도 비가 왔쓰며

하는 생각 간절하구나.
그리고 이번에 집사람이 아이 놀 달인데 급이 쓸슬 나는구나. 왜냐. 딸 놀까바. 이번에 아들만 놋는다면 자신도 잘 살 수가 있는데 이번 달이 제일 중요한 달이며 잘 살 수가 있나 극정을 하나 자신의 신판이 이번 달이다.

〈1976년 10월 1일 금요일 날씨 맑음〉
남들은 벼을 비고 있는데 자신은 자전차점에서 일을 해도 마음은 들에 가 있쓰며 마음속으로는 손님에깨 냉대하여저고 있다.
일기을 오늘까지 중단하다 금일부터 나의 발거름을 이 지면에 올리고 있다.

〈1976년 10월 2일 토요일 날씨 맑음〉
금년에 처음으로 형님 꺼 발가리을 동생과 두 단지을 안전이 새우고 밭따래이 조금 비고 하로 일과을 보내고 마랐다.

〈1976년 10월 3일 일요일 날씨 비〉
복판 논 벼을 비는데 작년보다 유신벼을 해서 아주 잘대서 마음이 든든한 감이 더는데 오전 일과도 채 못 대어서 비가 오는 바람에 그만 집배 들어오고 마랐찌만 금일 비만 안 아더라면 내일 오전 끝을 내지 안나 하고 생각을 할 때 아시운 감이 더는구나.
그리고 우선 바서 채소을 일적 갈라서 좋은 편인데 나중에 어떠캐 댈 줄 몰라도 마음 푸건한 기분으로 그룸을 한 벌 주고 하로 일과을 다 본낸 셈이 대는구나.

〈1976년 10월 4일 월요일 날씨 흐림〉
금년에 유신벼 했는 사람은들은 벼 비기가 아주 힘을 더리고 있다. 예냐. 우리 마을에는 처음 유신을 했키 때문에 성실[성질]을 몰라서 너무 오래 두어키 때문에 이삭 마뒤가 물려서 아주 비기가 힘이 들고 있쓰며 어떤 사람들은 유신 할 껏이 못 땐다고 말들을 하는 사람이 만다.
앞푸론 자신도 일적 심어서 일적 벼 비기을 하여야 대겟따는 너킴이 들고 있다.

〈1976년 10월 5일 화요일 날씨 흐림〉
"금일로 복판 논 유신벼을 안전이 비쓰며 벼 심은 골을 세어 보니 2백9십1줄이더라. 한 줄 벼단이 6단 반이 나더라. 한 단에 월마나 생산이 댈련지는 몰라도 작년보다는 아주 생산이 만이 나올 껏 같더라.
"자신이 너무나 욕심을 만이 부리는 것 같다서 마음속으로는 욕심을 부리지 안을라고 무진장 외을 쓰는데 예를 쓰는 것은 잠쉬뿐이고 너무나 큰 욕심을 부리고 있쓰서 건강에 해가 대고 있다."

〈1976년 10월 6일 수요일 날씨 흐림〉
늑둘[넉들]에는 벼을 안전이 비고 봉답에 벼을 비 보니 안전 숭년감이 더는구나. 금년 초기에 가물이 들지 안아쓰며 대풍작을 할 껏인데 몽납 바람에 숭연이리고 헤도 가연 아니나.

---

37) '보지락'. 농촌에서 비가 온 분량을 헤아리는 단위로, 빗물이 땅속에 스며들어 그 깊이가 보습이 들어갈 정도쯤 된 것을 이르는 말이다.

▌1977년 ▌38)

〈1977년 5월 24일 화요일 날씨 흐림〉
성운이을 보며 극정이 땐다. 왜냐. 살림도 업는 가정에서 이세을 만이 두며 부모가 자식 기려는 데 힘이 들 뿐 아니라 자식도 배움을 만이 하지 않으며 자연적 바보가 대기 때문. 배움을 만이 하기 위에서는 자식을 적개 가지는 것이 상책이라고 생각을 하며 성운이 하나만이라도 건강하게 길려 보자 하는 생각밖에 업는대 성운이라 놈이 건강치 못한 대 대예서는 나 자신 극정이 말할 수가 업꾸나.

〈1977년 12월 12일 월요일 날씨 맑음〉
성운이 돌 때 선물 더려온 반지을 금일 팔라서 성운이 고등학교 학자금 할 작정으로 금일 반지 두 돈을 팔으니까 돈당 12,000원 두 돈에 24,000원 가지고 왔더라.
나 자신은 하나의 욕심으로 선물해 준 사람의 본치도 업시 무래한 짓을 해서 머리 수거려저저지만 반지의 힘으로 큰 것을 하게 대며 선물했 준 사람에 더 성위를 보이는 것이 아닐까 하고 하는 생각에 반지을 업세 버리고 마랐다.
이 반지돈은 수 일 내로 성운이 앞푸로 저금을 할 작정이다.

〈1977년 12월 14일 수요일 날씨 맑음〉
성운이 반지 팔라서 예금할려고 팔란 것이 큰 잘못이 아니가 염려가 대는구나. 왜냐. 예금을 하며 년 이부가 대지 안나 하고 생각을 했든니 년 13뿌로밖에 안 대니 예금도 못하고 일반이자로 놀 작정인대 이 돈을 학자금에 쓰지 못하고 가용에 쓸까 제일 극정이다.
이 반지을 가용에 쓸라고 백분의 일이라도 생각을 했더라면 팔지 안아쓸 껀대 이번 일이 큰 잘못을 저절고 마란 것이 아닐까 하고 염려밖에 업꾸나.

〈1977년 12월 21일 수요일 날씨 맑음〉
자신위 생각을 할 때는 인구는 매년 늙어나지 땅은 한정댄 것이라 해년 땅껌이 올라갈 줄 알라는데 금년 들어 평당 1,000원 정도가 다 내려 있쓰니 무선 영문인 줄 몰겠꾸나. 내년에 땅값이 어떠개 댈 줄은 몰라도 금년에 조금한 땅이라도 사두는 것이 잘하는 것이라고 생각이 대는데 내년 드로 미루어 보고 있는데 내년에 땅값이 상성이 댈까 극정이다.

〈1977년 12월 23일 금요일 날씨 맑음〉
어머님 재사날도 내일인데 순철이는 아는지는 몰라도 순철이가 휴가을 와서 온 가족이 안자리[한자리]에서 재사 참석을 하면 더 바랄 길 업는데 순철이만 오면 다 참석을 하게는데 순철이가 참석을 못할 껏 갈

38) 1977년 일기는 5월에 하루(24일)와 12월에 닷새를 적은 것이 전부이다. 1976년 10월 6일 이후로 1979년까지 약 3년 동안 저자는 일기를 쓰다가 중단하기를 반복한 것으로 보인다. 1976년 일기부터 1979년까지가 모두 한 권의 일기장에 수록되어 있는 것으로 보아 일기가 분실된 것은 아니다.

다. 선한 감이 더는구나.

그리고 아이들도 순철이 아제을 보고 십다고 하니 휴가 올 때도 대어고 하로하로가 기다리어지는구나.

〈1977년 12월 24일 토요일 날씨 흐림〉

순철이가 휴가을 올 줄을 알랐는데 휴가을 못 오고 마는구나. 순철이가 군에 입대한 지가 일 년이 다 대어는데 휴가을 못 오는 것을 바서는 고댄 군복무을 하고 있는 것 같꾸나.

〈1977년 12월 31일 토요일 날씨 비〉

날씨 정말 희안하구나. 그전 같더며 손가락을 호호 하고 불고 다닐 땐대 때 아닌 비가 오니 철 아닌 비가 연 삼일이나 오니 상캐한 날이 못 대고 있꾸나. 그리고 77年 해을 마지막 보내면서도 조용하게 지내고 있는 것을 보니 앞푸론 상점도 별료 위덕[이득]을 못 보게따는 생각이 더는구나.

나 자신은 77年 해는 꼭 큰일을 하고 말게따는 결심을 하고 77年 해을 맡지했는데 이 해도 별료 큰일은 못하고 우물밖에 한 것이 생각이 안 나는구나. 年 365일이라는 날짜을 보내면서 이려타 할 마난 일들을 못하고 새해을 마지하기만 하니 이려다가는 나중에 이세들에깨 눈총이나 맡찌 안나 하고 염려밖에 업꾸나.

▌1978년▐

〈1978년 1월 14일 토요일 날씨 맑음〉
순석이가 순철이 면왜 갈쓸 때의 이야기는 어낙 고대개 매이서 군생할이 여관 고통이 아니라고 극정을 하는 것을 들을 때에 순철이가 휴가을 오면 기대[귀대]을 안 알라고 할까 극정이 말수가 업떠니 요줌 휴가를 와서 하로하로 일과을 보내면서 부대 갈 생각을 하니 자신의 마음 말할 수 업시 기쁘더라.

〈1978년 2월 4일 토요일 날씨 흐림〉
순철이가 휴가 왔따 가고는 편지가 안 오는 것을 보니 극정이 대는구나. 왜야. 순철이가 기대일월[귀대일을] 마차서 갈려고 하는 것을 집안 식구 전원이 하로 앞패 가라해서 출발은 해찌만 잘 더려갈는지 궁금하구나. 가는 적시 편지하라고 부탁을 했는대도 편지가 안 오니 극정이 말할 수 업꾸나.
자신의 군대생할 할 때 비예서 순철이 군생활 하는 것을 들을 때에 우리 군생활은 아무것도 아니라는 생각이 들고 있꾸나. 지금 생각을 해보면 순철이가 부산에서 군대생할을 하고 자신이 강원도 화천 골짝에서 군생할 했더라면 일기 변득서려도 극정을 안 알 껏이며 추어도 아무 생각을 안 알 껏인데 아무뜬 별 사고 업씨 재대 날만 기다리는 수박깨 업꾸나.

〈1978년 2월 7일 화요일 날씨 맑음〉
금년 설은 우리 집안 식구의 공무원들이 제사에 무두가 참석을 하니 제사에 어울이고 있꾸나. 그전에는 설래도 공무원 정상근무라면서 출건을 할 때는 어띤가 모려계 설 기분이 나지을 안더니 금년은 안전 휴일이 아니지만 휴일이나 별다름 업는 설이 대어꾸나.
아이들이 공부 잘한다는 이야기을 들을 때에 나의 자신이 극정이 잔득 대는구나. 왜냐. 아이들은 자라고 현 시대로 바서는 자식의 공부한다는 자랑밖외 업쓰니 공부 못하는 부모는 할 말이 업는 벙으리가 대어야 하는 시대가 대어쓰니 정말 극정이 대는구나.

〈1978년 2월 8일 수요일 날씨 눈〉
금년에는 설만 새고 나면 보리밭 김매로 갈 꺼으로 내다보고 있쓰는데 생각지도 안 아는 것이 눈이 수북하게 와쓰니 김매기 작업이 너저절 꺼으로 내다보고 있다.
이번에 눈 오는 바람에 동내 전채로 바서 컨 낭비가 대리라고 생각을 하고 있다.

〈1978년 2월 10일 금요일 날씨 비〉
정초에 비가 너무나 만이 오고 있꾸나.
이 비가 눈이 대어더라면 무진장으로 만이 싸여쓸 땐대 비가 대어서 표는 업쓰찌만 농작물래도 눈이 좀 나리라고 생각을 하는데 비가 대어서 아쉬운 감이 있다.
자식들의 머리가 특이한 점을 차절라고 자식들의 일그일동을 간찰해도 발견할 수가 업쓰며 아들 하나 머리가 특이해서 공부만 잘 한다면 더 발알 길 업깨꾸나.
"그리고 혜영이는 우선 바서는 머리가 좋은 편이라고 생각이 더는구나."

〈1978년 2월 12일 일요일 날씨 맑음〉

두 딸더리 저의 어머님을 딸치 않고 나를 딸련 것이 이상하다. 다른 아들은 저의 어머님을 딸뜬데 우리 딸더른 자신이 잠자리에 들 때마다 꼭 하나를 울리야 하니 자신으로서는 어떠개 해서든 딸을 안 울리고 재어 볼라고 해도 자신의 힘으로는 어떠게 할 수가 업쓰며 자신은 작은 것을 만이 울린다. 부모가 자식의 사랑은 똑같따고 하지만 자신은 큰 딸을 더 사랑하나바. 큰 딸을 품에 안고 잘 때가 만아저고 있다.

그리고 아들은 시기점이 딸처름 업쓸 껏으로 보는데 우리 딸더른 다른 딸보다 더한 것 간다. 왜냐, 우리 가족이 잠자리에 더려가며 저의 아빠 엽패 자며 고개를 서로 돌리라고 아우성며 고개를 서로 돌리다 안 돌리 주며 꼭 한 놈은 울개 데니 보통일이 아니다

〈1978년 2월 13일 월요일 날씨 맑음〉

형이 참외 온상을 해서 참외씨가 한참 나고 있찌만 참외 시절이 좋아야 할 땐대 만원 돈을 투자해서 돈 못 벌까바 극정이 대는구나. "우리 마을에서 재일 처음에 비누류 특수장물 농사을 지을라고 더니 기술문제도 뒤따루고 일그일그일동더리 뒤저고 있는데 농사도 매일 짓어 바야 별 수학도 업고 하니 온상 길로 더려간다고 하면서 온상을 해보는데 실패 업시 잘해야 대는데 념려밖에 업꾸나."

〈1978년 2월 15일 수요일 날씨 맑음〉

가을 전에 송아지를 살려고 마음먹고는 돈 가지고 재다 못 싸서 큰 손에을 보고 마랐다. 그 당시 돈 장래을 생각하지 말고 송아지을 싸더라면 불과 두 달 만에 멫 십만 원 벌러쓸 껀데 자신이 너무나 간이 적은가바. "앞푸론 자신의 판단에 댈 뜻하며 꼭 해버리고 말 작정이다."

〈1978년 2월 27일 월요일 날씨 맑음〉

2月 25日 김천시장에서 약 1年생 송아지을 사는데 너무나 말라서 시죽[소죽]을 안 먹으며 어떠개 하나 극정을 하면서 사기는 했찌만 어재까지 극정을 말할 수 업씨 해찌만 금일 아침부터 좀 먹더니 저녁에는 아주 잘 먹으서 이재야 한숨을 심 셈이 대는구나. 이재야 일 년 이자 계산이 맡던지 안 맡{든}지 일 년을 먹일 계산이다.

송아지값이 … 326,000만 원

돼지사료 25㎏ 1표 가격

〈가을에 송아지값이라면〉 170,000반 원

〈1978년 3월 1일 수요일 날씨 맑음〉

김천장에는 솟 7통짜리을 12,000원 달라고 하고 우리 마을에서 7통짜리을 2年간 사용한 중고을 6,500원 달고 하는데 우선 바서는 돈도 적고 셋것을 살라고 하니 남우 돈을 내야 할 참이 돈 급이 나서 중고을 5,500원 주고 쌋는데 수명이 을마나 갈련지. 돈 적개 할려고 하는 것이 오희려 돈을 만이 들개 하는 것이 아닌가 극정도 대고 있나.

(7통짜리 솟을 2年 중고짜리을 5,500원.)

〈1978년 3월 23일 목요일 날씨 맑음〉

이번에 송아지을 싼 후는 안 먹으서 오늘까지 극정이 말할 수 업씨 만아쓰며 말 못하는 소기 쏙을 안 벅고 사만이 있는데 정말 싯급한대 남들은 나중 가며 먹찌 배곱푸면

먹지 하지만 나 자신으로서는 꽃처름 소을 먹이 볼라고 소을 싼 것이 이러깨 왜을 먹이고 자신은 수이사까지 동원이 대어도 못 곤치고 결국 금일은 배신에장[배시내장][39] 에 가서 아주 헐깞으로 팔기는 했찌만 자신은 속상하고 왜을 먹이는 것을 바서는 아주 잘 했따고 생각을 한다.
소값이 260,000만 원.
이번에 소 싸가지고 손왜을 본 것을 생각하며 한 달 만에 124,000이란 돈을 손왜을 보았다.

〈1978년 5월 10일 수요일 날씨 맑음〉

금년에는 자신이 운이 업는 해라 그른지 움직이며 큰 손애을 보고 하니 움직이지 말고 가만이 누어만 있쓸까 하는 생각마저 더는구나.
옛날 말이 문둥이 때리죽이고 생사람 물리준다는 식으로 두섭이 부록구담이 점부가 허술래서 바람에 문어저도 절[무너질] 담을 자신이 경운기 부주이로 집뿍덤이에 조금 대어서 넘어가 장똑을 깨어서 점부 물려주는데 부록구가 100장에 10,000만 원 장똑이 23,500원
현제 계가 33,500원.
아직 댄장이 남아서 총 액수는 몰라도 약 40,000만 원 이상원 들 꺼으로 보고 있다.
이것뿐 아니라 자신이 생각을 해 보았도 재수는 업는 것 같다.
"자신은 이새만이라도 남왜 꺼 밀저지 않깨 이 새상에 살두록 해 볼라고 남들은 고기 먹고 잘들 놀고 하는데 자신은 모든 것을 참고 한 번 살라보자 하는 욕심밖에 업는데 응뚱한 돈이 대어버리고 벌지는 못하고 낭비만 자꾸만 대니 사람이 자미가 업쓰서 무선 일에 재미을 가질 수가 업꾸나."

〈1978년 6월 10일 토요일 날씨 비〉

약 석 달이라는 가뭄이 계속대더니 오늘이야 비가 와서 봉답에 모내기 정도야 안 대지만 만물이 해갈은 면할 정도로 왔쓰니 사람이 할 수 업는 일은 비라고 생각할 정도로 신기하구나. 비가 오니 미갈이[40]는 안전이 모내기을 할 수가 있쓰니 어갈이[얼갈이]을 가지고 있는 사람들의 기쁜 마음 어뒤에 비하리까.
자신이 생각을 할 때에 작년에 배추값이 가물이 들어서 배추값은 비싸찌만 금년 봄배추가 이러깨까지 비쌀 쭐 몰랐다.
앞푸론 가을배추값이 가물이 들어서 좀 딸릴 정도가 대며 봄배추을 갈라야 대갰따는 너킴을 금년에 절시리 너켜다.

〈1978년 9월 14일 날씨 비〉

자신이 자전차점을 치우고 구미에 주택 짓는 데 다니지만 옛날에는 (노가다벌리 하며) 사람 바리고 돈 못 번다고 하지만 요줌은 나무 집에 가서는 돈 못 번다고 자신은 생각을 한다. 노가다 가면 하로에 3,800원 벌 수가 있쓰니 농촌일 해서는 일 년을 살라야 300,000만 원 벌 수가 있찌만 300,000만 원 벌 수가 있는 사람은 상일꾼이 대어야 버는데 그려치 안으며 200,000만 원박에 벌 수가 업쓰니 일꾼 생할해서는

---

39) 김천시 감문면 태촌리 배시내 마을에서 열리는 5일장이다.
40) 모내기를 위해 미리 갈아놓은 논을 가리키는 말로, '미갈이논', '미카리논' 등으로 부른다.

돈 못 번다고 자신원 생각을 한다.
"자신은 이려깨 생각을 한다. 구미 주택 바람에 업는 사람들이 기반을 잡을 수 있는 때라고 생각을 한다. 자신도 하로버리가 4,000원 대고 있쓰니 자신은 큰 버리라고 생각을 한다."

〈1978년 10월 31일 화요일 날씨 맑음〉
자신의 자식이라고 하는 것이 아니라 우선 머리는 총명하다고 생각을 하는데 아직 말을 못하니 극정이 말할 수 업시 크구나.
그리고 성운이가 머리가 총명해서 공부를 할려고 하면 이 몸이 푸서지는 한이 있더라도 시켜 볼 결심이다.
금일 열차관에서 모 국민학교 학생이 경주 수학여행 갔따 온다면시 열차관에서 여학생 이주로 노래을 부려면서 노는데 그야말로 잘 놀더라.
우리 혜진도 저려깨, 기업계, 잘 놀두록 키어 보자 하는 생각이 머리서 터나지을 안더라.

〈1978년 11월 29일 수요일 날씨 맑음〉
"순석이 결혼 때는 여자 양장이라도 한 벌 할려고 작정을 했쓴는데 집배 생각가 자신의 생각가 일치 안 대어서 양장 할려고 했뜬 것을 돈으로 주고 마라는데 돈이 적으서 순석이 보기에 미안감이 더는구나."
(순석이 결혼에 30,000만 원)
"자신의 한경이 조으면 집배 생각가 일치 안아도 만이 보태주면 조으려만 보태주지 못한 이 심정 말할 수 업씨 개럽꾸나."
"순석이 결혼 때는 한경의 문재보다 살기 이해서 못 했따고 하지만 순철이 결혼 때는 자신의 마음에 반 마음이라도 차두록 할 작정이다."
"그리고 이번 일을 보니 다런 대 쓰는 것을 생각을 할 때는 보인들[본인들] 바서는 전부가 낭비라고 해도 가연이 아니라고 생각을 하며 부부의 알찬 돈은 절 돈을 만이 주는 것이 부부의 한 발자국에 보땜이 댄다고 이번 일로 너켜다."

〈1978년 12월 28일 금요일 날씨 흐림〉
집 주위에서 처재 중매할려고 해서 중매하라고 이야기했뜬 것이 동위가 대어서 당사자 성격 모던 것을 일체 알지도 못하고 자신은 서울 있따는 것만은 알고 만약에 결혼이 성립대며 이세한태는 교육문제라든지 모던 것이 좋지 않께나 하는 생각에 처재에깨 건한 것이 그만 결혼까지 하게 대어서 막상 성립대니 어떤가 극정이 만이 대는구나.

1979년

〈1979년 1월 20일 토요일〉
금년에는 또 큰 뜻을 이루지 못하고 금년을 한 했을 는기는가 하고 하면서 하로하로 는기는 판인데 주위의 친구 소계로 봉답 논을 562평을 사라고 해서 자신 힘에 무리{인} 줄 알면서 금일 계약을 했쓰며 계약금 300,000만[30만]을 글면서 문서그리[문서거리]라면서 술내라고 했서 술과 닭 두 마리를 냈쓰며 금일은 기분이 좋아서 을마든지 내라고 하면 내계더라.
그리고 나머지 돈은 1,300,000만 원 2月 10日까지 내기로 하고 끝을 냇다.

〈1979년 1월 30일 화요일〉
계약 날자는 아직 있는데 집배에 돈 두기가 염려서러어서 날자는 있찌만 금일 돈을 안전이 준비를 했서 다 건니고 나니 정말 마음이 캐알하더라.
(논값 전액) 1,700,000만 원
자신의 마음에 거리낌이 있따면 자신의 힘에 무리로 있따는 점에 염려가 대고 이태것 나무 돈이라는 것은 일절 모려고 살라는데 이번에 논 산다고 550,000만이라는 돈을 내니 어뛴가 모려게 극정이 댄다.

〈1979년 2월 27일 월요일 날씨 눈〉
금년 공사는 구미에는 하지 않아서 김천 평화시장을 철그해서 이층으로 짓는 데 목수일 하로 갔는데 일기불순으로 하로을 채우지 못하고 눈바람이 한 시간만 너케 왔따면 하로을 채울 수 있는데 그만 눈바람 때문에 하로을 채우지 못해서 습습한 하로 해가 대어다.

〈1979년 3월 1일 목요일 날씨 맑음〉
금년에는 악착같치 벌어야 하는데 몸의 건강상태가 좋치 않으며 치질 때문에 하로 해가 넘어가는 것이 지루한 시간이 대어다.
"사람이 어너 때라도 건강만 좋으며 돈 있따고 보지만 요즘은 벌리가 너무나 좋아서 벌기 실어 안 버는 것이지 건강만 좋다며 맨손으로도 을마든 벌 수 이는 때라고 생각을 한다.

〈1979년 3월 2일 금요일 날씨 맑음〉
친구들의 말을 더러보며 결혼생할을 오래하며 실정이 난다고 하며 무이미하게 산다고 말을 들어볼 때에 이상한 감이 더드라. 자신은 아직 결혼 초기보다 더 집사람을 사랑하게더라.
"우리 성운이가 우선 바서는 아주 명랑하고 머리가 총명할 껏으로 생각을 하고 있쓰며 운이가 빨리 자라 바서며 하는 생각이 한두번이 아니구나."
"소끕이 오늘날까지 내림세을 보이더니 이제 와서는 정부에서는 외국으로부터 소고기을 수입을 안 난다고 하니 우소 값이 올라갈깔 껏은 사실이다. 자신이 논 산다고 빛만 업따면 소을 사며 수입을 만이 볼 껏은 사실인데 실천을 못해서 아쉽다."

〈1979년 3월 4일 일요일 날씨 맑음〉

요줌은 개인집 짖는 데 일하로 다니는데 개인집 일은 요줌 와서 몣칠 했찌만 자신이 습득한 기술은 만와따고 생각을 한다. 금일 철건 그는 것을 보고 자신도 집을 지을 수 있따고 생각을 한다.

"자신이 돈만 있따며 우리 집을 기초부터 오삼마리[41]까지 안전 내 손으로 지어 바쓰며 하는 생각 부쩍 늘어나는구나."

〈1979년 3월 6일 화요일 날씨 맑음〉

보리논에 윷거룸을 주어는데 좀 일적한 감이 더러서 좀 아쉽꾸나. 비료거름을 알마전 시기에 주어야 댄다는 것을 알면서 자신이 돈벌{이}을 하게 대며 일부로 비료거름 할려고 하로을 빠저개 대니 친구 부친 운상하기 때문에 가지 못한 때을 타시 일적 거름을 주게 대어다.

〈1979년 3월 9일 금요일 날씨 흐림〉

"청구업자도 회사을 잘 자바야 대겠따는 것을 절시리 너켜다. 왜냐. 금일도 재료가 부족대어서 그 만은 사람들이 자재 차저로 다니고 자재 똥갈이[쪼가리]을 이어서 일들을 하니 한 사람이 하로에 한 시간 소비한다며 그 만은 사람이 허비하는 시간을 업자가 생각을 한다며 잠이 않 올 정도가 대니 업자 생할 해노 큰 해사을 잡아아 일더리 수라리라고 생각을 한다.

"자신이 구미 유원회사에 일들을 해 보았찌만 자재을 만대로 쓰서 일 추진 아죽 수라다고 생각을 하며 업자질을 해 도 큰 회시에서 해야 적자가 넙깨다고 지신은 절시리 너켜다."

〈1979년 3월 11일 일요일 날씨 흐림〉

김천 평화시장 짓는데 노가다가 약 30명 대는데 새참으로 다들 술 먹는데 자신 혼자만이 술을 못하기 때문에 개알을 먹을라고 하니 남들은 신소리로 노가다가 술 못하며 부치지 마라고들 하면서 이야기를 하지만 자신이 생각을 할 때는 미안한 점이 말할 수 업더라. 한편으로는 먹지 말까 하는 생각까지 들더라.

〈1979년 3월 14일 화요일 날씨 흐림〉

"자신은 아직 안전[완전] 기술자도 안인데 어뒤을 가나 남들은 안 쓰도 자신은 일하로 나오라는 것음 볼 때에 자신은 일을 착실히 한다고 인정을 하는 모양인데 자신이 생각을 할 때에는 그저 꾸준하게 움식인다고 밖에 업따고 생각을 한다."

"김천시장 업자는 자신이 생각을 할 때에 자재문제 때문에 계산을 맡출라고 꿈에도 생각을 마라{야}지 돈 벌개따고 생각을 한다면 어르석은 사람이라고 생각을 한다. 왜냐. 자신이 일을 하지만 자재가 업쓰서 차저 해매는 시간이 (삼분지) (일이) 댄다고 해도 가연이 아니다."

〈1979년 3월 19일 월요일 날씨 맑음〉

"시장에서 일을 하면서 아이들이 잘 노는 것을 보며 운이도 잘 놀갯시 운이도 좋[저] 아이만 아개찌 하고 일과을 맡지고 집배 와 보며 운이가 적더라. 이 자식 언재 슬까 하고 한번 안아주는 때가 하로 일과가 안전 끝을 내주는 시간이다."

"운이하고 아빠하고 오당[오뎅]을 길치 먹

41) 일본어 '오사마리(おさまり)'에서 나온 말로, 끝맺음, 결말, 마무리의 뜻을 지니고 있다.

으면 운이는 월는 다 먹고 아빠 오당 먹는 것을 보고는 입을 벌리고는 손가락로 오당에 대개 하여서 손가락을 다시 빠는 것을 보며 운이가 아주 깨가 만은 아이라고 생각을 한다."

〈1979년 3월 22일 목요일 날씨 맑음〉

김천시장 신축공사에 돈 벌러 간다고 통학차에 몸을 실어서 성의고등학교 지점까지 가서 통학차가 들컹들껑 하면서 열차가 쉬더라. 열차가 도중에 실 때는 사고 아닌가 하고 열{차} 창문으로 내다보니 학생들이 모여들며 성고 3학년이 통학차 바치서 죽어따고 이야기들을 하더라. 그 소리을 들을 때에 물론 학생이 잘뫃 햇찌만 부모들은 을마나 가슴 아푸게나. 들끄 다 더리고 부모들은 죽고 십두록 원통할 껏이 아닌가.

"그리고 학생들은 열차가 사고 바람에 약 60분 연착을 하니가 죽는 놈은 죽어찌 열차가 안 간다고 법석을 부리드라. 아직 철부지라서 그련지는 몰라도 아쉽따는 마음은 하나도 가지지을 안는 것 {같}더라. 자신이 생각을 해볼 때나 소이 배움을 가지는 놈들이 쏙이 업따고 생각을 하며 학생이 저른 소리을 할 때는 선생들이 쏙이 업는 선생이라고 해도 가연 아니다."

〈1979년 3월 24일 토요일 날씨 눈〉

"일기 변득스렵개 짝이 업꾸나. 눈바람이 실실 날리니 겨울철에 눈바람 날리는 것보다 추버머 견뒤기가 힘이 들더라."

"정말 운이 키우기가 힘이 더는구나. 좀 잘 먹고 잘 놀며 마음이 안정대는데 그러치 안고 감기나 걸리서 몸부림을 치는 것을 보며 기분이 상깨하지을 않고 싱경질만 나는구나. 남보다 더 잘 키울라고 생각을 하고 있는데 자랍을 자주하고 있쓰니 불켜하게 짝이 업꾸나."

〈1979년 3월 27일 화요일 날씨 맑음〉

"노가다 처음 나갈 때는 연필 사기도 아깝더니 요줌은 연필을 여사 사게쓰며 돈 지출이 만아저고 있꾸나."

"이제는 안전 봄이라고 해도 가연이 아니다. 벚꽃, 살구꽃이 만발하며 나재로는 잠이 살살 오는 것을 볼 때에 안전 봄이라고 생각을 한다."

"요줌 아들을 보며 300백 원짜리 담배을 여사로 태우는 것을 볼 때에 속이 여우가 있쓰서 고급담배을 피우는지 주머니만 고급이 대어서 피우는지 자신은 알 수가 업꾸나."

〈1979년 3월 30일 금요일 날씨 비〉

다들 모재리 준비을 하고 있는데 자신은 아직 모재리 준비을 못하고 있쓰니 마음이 어뒨가 모러게 고대고 있다.

"이번 봄비는 아주 잘 왔따고 생각을 하며 그샌 비바람이라서 피해을 본 지억[지역]도 만을 껏으로 내다보고 있다."

"농민들은 정부에서 생각하는 것처름 부자가 아닌대 정부에서는 농민을 부자처름 여기고 있쓰니 농민들은 앞푸로 사라가기가 힘이 들 껏으로 내다 본다."

〈1979년 4월 1일 일요일 날씨 비〉

"오전부터 비가 실실 내리서 오늘 일과는 종일 못하지 하는 생각이 들더니 뿌득뿌득 참아서 하로 해을 치고 마라지만 종일 비을 마저며 일을 하는데 힘은 만이 더려다."

"남들은 돈 벌어서 몇하는냐 말들은 하지만

과용비[가용비]가 만이 들고 있다. 나 자신이 생각을 해도 술 안 먹지 담배 안 피우지 헛돈이라고는 한 푼도 낭비라고 업는데 생할비 정말 만이 들고 있다."

〈1979년 4월 2일 월요일 날씨 비〉

"금일은 모재리 할 때에 둑 매는 것으로 하로 일과을 보내고 마랐다. 그리고 모재리 둑 매는 사람은 늙번 들에 한두 사람빡에 업더라. 자신이 생각을 할 때는 모재리 준비을 다 했따고 생각을 했는데 실지 들판에 나가 보니 모두들 그낭 있는 것을 보니 마음이 여유가 생기더라."

"정부에서 우리들보다 잘 알깨찌만 모판을 일적 하니 꼭 절시을 할 때에 날씨가 변득서렵더라. 요 고비을 넌기니 12월까지 말고 따뜻하는 것을 보며 자신이 생각을 할 때 벼씨 침종을 좀 너켜 했씀어 하는 생각이 들고 있다."

〈1979년 4월 3일 화요일 날씨 흐림〉

"일기가 변득서러어서 점심식사을 안 싸가서 식당에서 친구와 점심을 한참 먹고 있쓰니 약 10살 정도 댄 아이가 나의 어머님 병원비 마련할려고 껌 팔로 와따고 이야기을 해도 그 만원 사람이 팔라주는 사람 업쓰며 누구냐고 말하는 사람 입디리. 그래서 자신이 어머님 병원비 마련한다고 고사리손에 껌통을 가지고 다니는 것을 보니 불상한 감이 더는구나. 그래서 자신이 적으나 돈이 있따며 병원비 10분에 일이라도 주어쓰며 하는 생각까지 들더라. 자신이 돈이 업쓰서 100원짜리을 주고 마랐나. 자신이 100원짜리로 주면서 수고한다는 말을 하니까 만원 손님이 자신을 쳐다보는데 자신이 어뛰가 모러개 미안감이 들더라."

〈1979년 4월 5일 목요일 날씨 맑음〉

내일이 장모 생신이라서 통닭 두 마리와 조기을 적은 것을 여러 마리 살라고 하다 장모 생신이라서 한 마리을 사도 큰 놈을 싸자 하는 생각에 아주 큰 놈을 사가 와서 집사람에깨 가지고 가라고 하니까 통닭 두 마리을 말라고[뭐하려고] 가지고 가요 하면서 한 마리만 가지고 가고 한 마리는 자신이 잘 먹으다.

집사람이 자신을 어머님보다 더 생각하나바. 자신을 더 생각을 아난다며 전부 가지고 갈 껀대 한 마리를 했주고 가는 것을 보며 부모보다 남편이 중화다는 것을 절시리 너키다.

〈1979년 4월 8일 일요일 날씨 흐림〉

"하로 일과을 마치고 아포 막차에 몸을 실어서 한잠 오고 있는데 술 먹은 절먼 아들이 타더니 점잠깨 있는 사람을 가지고 시비을 한참 걸더니 맥살을 잡아서 때일라고 들더라. 그러니까 성강구에 있는 사람들은 발피고 밀리고 하니까 차을 새우더라. 나 자신도 그 강경을 보니까 머선[무슨] 저른 놈이 있나 하고 속이 상할 정도니 당하는 사람은 나이로 친다면 멧제 동생빨이 대며 힘으로도 안 대지 하니까 속만 씨서지드륵 아풀 꺼이 아닌가. 인간이 실라기자며 절먼 사람에깨 당하면서 사라야 대는지을 알 수가 업꾸나. 그리고 그 관경을 보고 있따 안댐 상 시쁘니까 운전수가 멕살 잡아서 끄내루고 말더라. 거것을 볼 때에 법이 업싸면 병신을 만더려서 내라 보내쓰며 하는 생각까지 들더라."

〈1979년 4월 11일 수요일 날씨 맑음〉
"금일은 울콩, 감자을 전부 갈라쓰며 오신기 모재리을 안전 스리질만 했노았다."
"그리고 우리 마을이 대신보다 언제든지 무선 일이든지 일적 하는데 금년에는 모재리을 대신은 그진 비누류을 다 씨어는데 우리 마을에는 이재 모재리 손질을 하고 있쓰니 금년에 아죽 너잡치고 있꾸나."

〈1979년 4월 14일 토요일 날씨 흐림〉
"금일로 안전 모판을 함."
"모판에 비누류을 씨우는데 바람이 몸씨 부려서 비누류 시우는 데 힘이 만이 들며 형과 형수 집사람과 사명이 점두록 20십 마지기 모판 비누류을 안전이 씨우쓰며 바람만 안 부려도 아주 만이 씨우개더라."
"일을 안 아다 일을 하니까 몸이 말할 수 업씨 고대더라. 몸이 개속 이려깨 무겁따며 농사일을 못할 정도로 무겁더라."

〈1979년 4월 18일 수요일 날씨 맑음〉
"금일은 예비군 각키점오라고 했서 아포국민학교에서 각키점호을 맏치고 친구들과 아가씨 있는 데 가서 술을 먹는데 자신은 친구와 술을 먹으면 두 잔 이상은 잘 안 먹{는}데 아가씨가 술잔을 가지고 그나는[권하는] 말에 그절을 못하고 자꾸 마시게더라.
아가씨와 5명이 술잔을 놓고 노래를 부려면서도 남들이 들어며 대낮에 골 비따고 욕이나 안깨나 하고 생각을 하면서도 아가씨 엽을 벗쓰나지을 못하게더라.
그 아가씨 남자 다류는 데 도 터따고 생각을 하며 그 지능적인 머리을 다른 데 쓴다며 사랑 바들 수 있따고 생각을 {하}며 아기작이한 말 남편에깨 한다면 복 바들 사람인데 그 추집한 술집에서 생할하는 것이 불상한 감이 들더라."

〈1979년 4월 19일 목요일 날씨 맑음〉
"집사람이 긴 머리을 학생머리 정도로 바싹 잘라더라. 머리을 누가 잘라녀냐 하니까 미장원에 가면 돈 더려가기 때문에 자신이 가이로 잘라따고 하길래 미안감이 말할 수 업더라. 자신이 돈이 만타면 머리 정도는 미장원에 가서 손질을 할 꼈이 아닌가 하고 생각을 할 때에 미안한 감 말할 수 업더라."
"집사람 살림하는 것을 보며 자신이 존경할 사람이라고 생각을 한다."

〈1979년 4월 23일 월요일 날씨 맑음〉
세무행정도 응만[엉망]이라고 했도 가연이 아니다. 왜냐. 자전차점 패업을 한 지가 두 달이 대어는데도 세금이 나오니 행정채개가 머려따고 생각을 한다.
자신이 세금계산서를 듣고 담당에깨 차저가서 패업을 한 지가 두 달이 넘어는데도 세금이 나오는냐고 무러니까 그때사 행정을 들추면서 학인을 하더라. 학인을 하니까 접수가 대어 있쓰며 폐업이 안전이 대어 있쓰니까 세금계산서을 돌라고 하면서 가라고 하더라.
그 분들 행정 차고로 자신원 6,000원이라는 금액을 손예을 보았다. 왜냐. 세무 간계로 하로을 빠저서 손예을 보았다.
"자신이 생각을 했볼 때에 두 달이 넘두록 행정채계가 업쓰서 필요 업는 시간을 낭비을 하고 있다. 이 시간을 돈으로 계산한다면 하로 빨리 행정채개가 잡피야 땐다고 생각을 한다."

〈1979년 4월 24일 화요일 날씨 비〉

자신이 시간 여유가 만코 별료 용껀이 업쓰서 운이을 대리고 김천을 갇쓰따. 김천을 대리고 가니까 차들이 만코 건물이 장[그냥, 늘] 보는 건물이 아니고 하니까 운이가 이상한 감이 더는지 눈길을 이리저리 돌리는 것을 보니 시간 여유가 만으며 운이를 도시로 대리고 다니바서며 하는 생각도 들고 있꾸나.

"그리고 돈 여유도 업는데 운이 타고 다니는 말을 2,500원을 주고 사오니 방에서도 말을 타고 다니며 말차을 놀 줄 모려더라. 자신에 일에 한 푼이라도 더려가며 압갑운데 운이예깨 들어가는 것은 압갑지을 안으니 부모 마음은 점부 그련지 알 수가 업꾸나."

〈1979년 4월 27일 금요일 날씨 맑음〉

"봉답 모재리을 안전이 했나쓰며 파종만 하게 대며 모재리는 끝이 나는 셈이다."

"자신이 작년 전만 했도 세집에 논을 만이 댕기서 농사을 지어볼 생각을 했는데 금일 모재리 준비한다고 오후에 쓰례질 한참하고 나니 온몸이 무급고 힘이 만이 들더라. 자신이 생각을 할 때에 몸이 줄어서 그련지 노가다 일만 하다 처음 했서 그련지 알 수가 업꾸나. 만약 힘이 줄어서 그려며 보통 일이 이니다."

〈1979년 4월 28일 토요일 날씨 흐림〉

"생할이 부유한 사람들은 봄노리을 갈려고 생각을 하지도 안는데 업는 사람이 도라다니면서 구경 길려고 왜을 쓰는 것을 볼 때에 이상한 감이 더는구나. 왜냐. 있는 사람들이 구경을 갈라고 할까바 극정이 댈 땐대 업는 사람이 노리 극정을 하고 있쓰니 자신으로서는 이해가 가지을 안는구나."

"자신은 남이 보며 어떠게 생각을 할련지는 몰라도 부모 유산을 적개 가지고 나와서 어리운 삼림살리에 이세의 교육문제을 생각을 하며 숨이 갑풀 정도라고 해도 가연이 아닌데 어뒤 구경이라고 생각이나 했볼 수가 있께나. 자신은 하먹세계[암흑세계] 살든 한이 있들에도 이세들만이 밝게 살며 다 바랄 길이 업따고 생각을 한다."

〈1979년 4월 29일 일요일 날씨 흐림〉

"봉답 모판을 모재리로 13석자에다 4판을 했는데 안 적을란지 몰개쓰며 모판에 가끔 물이 있는 것을 했서 모씨가 잘 안 쓰고 모씨 사글까봐 재일 극정이다."

"금년에는 모재리을 다 한 셈이 대며 세월 정말 빠려다."

〈1979년 4월 30일 월요일 날씨 맑음〉

예비군 인원전금을 하는데 그전보다 지능적으로 하는데 순예교육[순회교육] 쳐고 조교, 교관, 너무나 사람들이 좋아서 일반 예비군 다루기는 아주 힘이 들 껏으로 내다본다. 만약에 자신이 교관이라며 공갈을 쳐는 한이 있더래도 예비군 마음의 한구석에 급이 있뚜록 하게더라. 교관 조교 다들 좋아서 명랑한 교육이 대어다.

"운이가 아침에 깨운한 김이 업는 것 보고 교육을 가서 극징이 데더니 집사림이 운이을 안만 보아도 저녁에 예을 먹일 섯 깉다서 병원에 갇다 왔따고 하길예 아주 잘 했따고 했다. 운이는 감기만 들며 약을 사 먹이지만 장 한 발 너저서 아이을 예을 먹이는데 이세는 한 발이 넛시 잆깨 노력을 하여야 대갯다.

〈1979년 5월 1일 화요일 날씨 흐림〉
중앙에서 예비군교육이 철절한 줄 알 껏이 아닌가. 실지 예비군 교육은 상점에 돈 같따 주라고 한다고 해도 가연이 아니다. 왜냐. 금일로 바서는 감사 온다면서도 교육을 시키지 않코 있는 것을 보며 정말 보통일이 아니며 감사반도 소령, 대위, 두 분이 나와서 인원전금만 회 보더니 곳 가버리더라. 만사 일이 형식적으로 돌라가니 예비군인들 교육을 할려고 하게나. 금일 교육은 5분, 5분 안기로 10분으로 교육을 맡치쓰니 정부에서도 만이 생각을 해서 하로 빨리 이련 패단을 업세야 대겠다.

〈1979년 5월 5일 토요일 날씨 맑음〉
노가다 돈 벌라고 통학차에 몸을 실어보니 여자들이 놀러간다고 노래을 부려며 열차관이 떠들썩하며 자신은 시끄려어서 있쓸 수가 업쓰서 성강구에 나와서 있쓰다. 자신이 생각을 했볼 때에 장본인은 기분이 좋아서 노래을 부려지만 그 손님 많코 학생들이 90%쌘터나 대는 통학차에서 그 노래을 부려는 것을 볼 때에 얄구진 마음이 들더라. "중앙에서는 열차관이라든지 뻐스관이라든지 이련 손님 만원 곳에서는 노래을 일절 못하게 했쓰며 하는 생각이 더는구나. 왜냐. 자신이 악차같치 돈 벌라고 결심한 놈이 여자들이 노리 간가고 법석을 부리니 자신의 마음도 노리을 갈까 하는 생각이 들며 착실이 일하는 사람들이 한두 번 본다며 마음이 변하는 사람들이 만을 껏으로 자신 보고 있타."

〈1979년 5월 6일 일요일 날씨 비〉
하로 종일 돈 번다고 쓰라린 고통을 당하면서 하로 일과을 보내고 막차에 몸을 실려서 올라고 들며 구경꾼들이 자석을 안전이 잡고 통료에서 콩나물 대가리쳐름 숨도 재대로 쉬도 못한 채 등골짝에에 땀을 함박 흙릴 때마다 불평이 대는구나.

〈1979년 5월 9일 수요일 날씨 맑음〉
"자신이 해장으로 모재리을 안전이 볼 수도 있는데 보지도 않고 집사람이 모판에 비누류 모든 것을 집사람이 다 하고 있쓰니 미안점이 이쓰면서도 해장으로 모판에 한 번 갈라고 해도 몸이 말을 더지 안아서 가지 못하는 것을 보며 노가다가 육체적으로 고대서 그련지 개으려서 그련지 알 수가 업꾸나."
"막차에 몸을 실려서 오니 앞자리에서 손님이 내리니 중년 한 분이 자리에 안절라고 하니 자리 있따고 하면서 못 않고로 하더라. 자신은 이상하다 하고 가만이 보니 통료에 처자을 안칠라고 안저라고 이야기을 하니까 여자는 아[안] 안절라고 그절하더라. 그절을 하니 미안점이 있는가 다시 손님을 안저라고 하니 안난절라고 하며 손님 말씀이 자석 가지고 그려지 말라고 하면서 딴 자리로 가더라. 그려니 조마는 년석이 이려나면서 이새기 저 새키 하면서 욕설을 하는 것을 보니 어이업더라. 이 세상 정말 어이업쓰며 그 관경을 예국[외국] 사람이 밭따며 생각하는 각도가 털릴 껏이 아니가."

〈1979년 5월 20일 일요일 날씨 맑음〉
"김천 평화시장 신축공사에 작업시키는 것을 보니 초기부터 밑 간다고 자신은 생각을 하여쓰며 이재 와서 전 적원이 나와서 간섭을 하며 직원 전원이 잡부와 별다름 업시 일을 하는 것을 보니 얄미운 감이 들더라.

그리고 이사도 공사에 밑 같따고 야단을 부리며 이번 공사에 골머리 아푸다면서 일 좀 해달라고 부탁을 하고 다니는 것을 보니 어이가 업더라."

"시간이 업쓰서 영주행 아홉 시 열차을 타 보니 정말 이간[인간]이 이러깨 만원가 의심서렵두록 열차에 밀집 대며 아로 빨리 교통문제을 해결시키야 대갯따는 느킴이 들더라."

〈1979년 5월 25일 금요일 날씨 비〉

집사람은 모 심어로 가고 종일 혜진이 운이을 보라고 당부를 했노고 자신은 공사판에 나와서 일을 하니 운이만 극정이 대고 저어린 것들이 운이를 잘 보는지 궁금하기 짝이 업쓰며 정심을 먹어니까 비가 쑈다저더라. 비가 오니까 운이 보로 올 생각밖에 업쓰며 회사 보고 오후에는 말자고 하니까 공사 날자가 업따고 하면서 안에서 하는데 비가 머선 소용이 있는가 아무 관계 업따면서 하라고 하는 것을 푸리치고 올라고 해도 안대고 운이 극정으로 하로 일과을 맡치고 마랐다.

〈1979년 5월 26일 토요일 날씨 비〉

잠자는 아이들을 가만이 보며 혜진도 집사람이 손이 들어서 키우고 있는데 일그일동을 안전이 뛰고 집사람은 종일 집배 오지도 않코 저녁 너깨야 오는데 혜진 혜영이가 운이을 아무 일 업씨 보는 것이 신기하기 짝이 업꾸니.

〈1979년 6월 3일 일요일 날씨 비〉

"눈님 아들이 기숙에세[기숙사에서] 뜰어저서 크게 다치따고 하길에 병문안을 가보니 옥상에서 떨어젓는 것이 아니고 누구한때 마저서 부상을 입은 것이 틀림이 업따고 자신은 생각을 하고 있쓰며 자지간 아이는 병신을 만들고 업는 살림사리는 다 했따고 생각을 하고 있따. 살림살이는 다하는 한이 있더라도 아이의 건강만 이상 업따며 별 문제겠는데 쩍주가 나가따고 하니 정말 한심섭립꾸나."

"자주간[좌우간] 눈님도 복도 업는 사람이다. 예냐. 눈님 시집가는 날부터 계속 풍파 일든 것이 한평생 풍파 그치지을 안으니 그 복도 한심서려어 정도다."

사람이 처음에 생각을 해서 생각하는 각도가 다르며 깨끗이 마는 것이 현명한 일이라고 자신은 생각을 한다. 옛날 사람 죽을 때까지 사라야 한다는 옛날 사람 때문에 불행하게 사라가는 사람이 만을 껏으로 내다보고 있다.

〈1979년 6월 21일 목요일 날씨 흐림〉

금일 오전에 세[새] 논에 모내기을 안전이 하여쓰며 모내기 멧칠 전부터 세 논에는 잘해 와야 댄다고 이야기을 하길에 자신도 기분이 좋아서 아주 잘했 주지는 뫃하지만 돼지고기 3斤로 국을 끌리서 성위만을 표했뜬이 아주 잘 했따면서 만이 먹고 인사을 하길에래 자신이 기분이 조으며 하로 일가을 캐알개 보내고 마랐나.

봉답에 보내기가 작년보다 이주 빠러다고 생각을 하며 금년에는 뒤에 물만 있따며 보뜰보다 못할 바 업따고 생각을 한다.

〈1979년 6월 22일 금요일 날씨 맑음〉

복판에 일화기 이화명충 시락약을 두 봉지을 살표하여쓰며 금년 농사는 우선 바서 잘 지어따고 생각을 한다.
금년에는 다른 해와 달라서 농사을 잘 지어야 자신이 잘 살 수가 있다.

〈1979년 7월 2일 월요일 날씨 맑음〉

동생이 아파트로 이사한다고 열락이 왔쓰며 큰집배 보고 오면서 쌀 좀 달라고 한다기에 자신이 생각을 할 때에 큰집에는 아들도 많코 양석이 모자라까바 보리쌀을 아주 만이 먹고 있는데 자꾸만 달라고 하니 형으로서 말도 제대로 못하고 맹낭하기 짝이 업깨따고 생각이 들며 자신이 큰집배는 쌀이 모자라서 보리쌀을 만이 먹는데 주저 말라하고 자신이 여유도 업는데 이사한다고 경운기을 몰고 가면서 쌀 한 말을 가지고 갈따. 동생을 막상 탁 상면을 하니 적으나 여유가 있따며 한 가마니 실고 같쓰며 좋을낀데 적으서 미안난 감이 들더라.
"그리고 경운기로 살림을 운반하는데 새방살림하는 사람이 살림이 생각보다 아주 많으며 새방을 보다 아파트 방을 보니 촌에서 도시로 가는 것처럼 좋으며 동생이 돈이 있쓰서 입주금을 안전이 주고 들어가며 을마나 좋으리만 우선 일 년간 임대로만 주고 일 년 후에 입주을 할 때에 안전이 싸야 댄다니 그때 가서 돈을 휘다야[해줘야] 대는데 못 대며 어떠개 대나 극정이 한편 대는구나."

〈1979년 8월 5일 일요일 날씨 비〉

금년에 땅 삿는데 벼가 잘 대어서 기분이 말할 수 업씨 좋으며 매일 한 번식 가고 싶쁜 마음 들며 오신기 논보다 배는 더 다니고 있다.
처음에 논 살 때에 자신의 힘에 너무 가하다는 느킴을 가지고 있쓰서 자신이 매일 극정이 대더니 이재는 빛을 삼분지 이는 다 갑파서 한결 마음이 가벼어지며 안전이 극정은 멀리 사라저고 마랐다.

〈1979년 8월 9일 목요일 날씨 맑음〉

"집사람이 별료 아푸지는 안는데 건강이 줄어들며 밥맡이 업따고 하며 몸만 줄는 것을 보니 자신이 아푼 것보다 더 마음이 고대며 집사람을 언재 살 한 번 찌어보나 극정이 대는구나."

〈1979년 12월 6일 목요일 날씨 맑음〉

구미시청아파트에 잡부 일을 하면서 공무원 안에들의 일을 관찰했 볼 대에 정말 편한 사람들이다. 하로 일과을 본다면 아침에 아이들의 팔래밖에 업쓰니 약 10시 이후부터는 휴식을 취하며 아이들이나 대리고 나와서 미끄름이 태고 거내을 뛰며 그 간경만 지켜보고 그저 난관에 나와서 잡부들이 일하는 것이나 보고 정말 할 일 업는 사람들이며 하로 24시간에 약 3시간 정도 일만 하개 대며 종일 휴식시간이니 의이 처녀들이 농촌에 시집을 안 올라고 하는 것을 충분히 알갯다. 만약에 시집을 농촌으로 온다며 하로 종일 중노등이며 밤인들 안전 휴식이 안 대며 낮재 시달림이 밤잠자리에도 영향이 이쓰며 이것이 싸이고 사이며 꼭 몸살을 했야 대니 생각만 했도 소름이 기칠 정도다. 이것을 다 아는 처녀들이 의이 농촌에 올라고 생각을 하겠쓰며 결혼 대상에 이쓰서 농촌이따며 우선 미남이고 돈 만꼬 할껏 업시 카드[커트]가 대니 생각을 했보며 농촌에는 머지안아 눈 도라가고 입 도라{가}고 도시에 시집 못 가는 병신만이 농촌으로 몰일 태니 농촌에 머지않나 병신 수집소 대지 않을가 염려서렵다.

"지도청에서 농촌사람들의 일 반춤만 했서 사라가두록 만들쓰며 을마나 우리나라가 부유했절 꺼이 아니가. 아빠트 여인들 농촌 여자들의 노동을 백분 일이라 생각을 한다며 무할량하게 지나지는 안을 꺼이다."

〈1979년 12월 11일 수요일 날씨 맑음〉

남들은 자신을 보며 아들 하나라고 아들 하나 더 키우라고 말들을 하는 사람이 만치만 자신 생각에는 아들을 하는[하나] 더 노오며 공부시킬라면 왜로가 만늘까바 극정이 대어 더 못 노캐다고 생각을 하지만 운이가 잘 자라지을 안코 살도로 자랍을 하면서 크니까 자신의 마음 해갈일 정도로 어렵개 만더는구나.

"종수이가 제대한 지가 벌서 오래 대어는데 사회예 발길을 온기지 못하고 집배서 일만 그들어 주고 있쓰니 자신의 마음 답답하기 그지업꾸나. 하로 빨리 일자리을 구하여야 대는데 보통 문제가 대는구나."

탤래비 시청료가 이제 600원에서 800원로 올라따니 태래비 시청로 전기세 하면 약 2,000 원이란 돈이 (한 달래 지출이 대는구나). 비농가에서는 생할비가 너무 만이 들어가는 셈이다

〈1979년 12월 13일 수요일 날씨 맑음〉

"혜진이 작은님[수두]이 대단에서 어머님하고 김천 소아과을 가리고 하니 혜진이 울면시 지신하고 간다고 하길래 혜진을 병원에 들리고 가니 정말 손님이 말할 수 업씨 만더라. 자신이 생각을 해볼 때에 의학박사 가정을 그쳐는 데 밑천도 만이 들어찌만 돈벌기 쉬운 직업이라고 너켜 보와다."

"남들은 자신을 보며 아이들이 아이들이 아푸며 돈이 이재 모치꾸나 하는 사람이 한두 사람이 아니다. 자신이 생각을 해보았도 담배 않 피우고 술 안 먹고 야물개 해서 돈 좀 모다노어며 아이들이 아파서 병원에 가며 돈 다 쓰고 용돈마저 아쉬어저니 화도 정말 나는구나."

"우리 어머님 우리 오 형제을 키우너라고 정말 예먹으다고 생각을 한다. 자신은 아들 셋 키우는데 정말 힘이 더는구나. 우리 아이들은 유별나개 병원에을 가야 하니 자신은 지칠정{도}다."

〈1979년 12월 18일 화요일 날씨 맑음〉

"장모님이 오시서 자신은 어머님처름 대집을 하여 더리는데 장모님 대집이 신찬타고 생각을 할련지 몰개꾸나. 장모님이 삼일 계시다 금일 집부로 가쉬는데 우리들을 욕을 안을란지 몰갯구나."

"우리 어머님이 일적 도라가쉬서 처 어머님인따나 자신은 따뜻하게 모시고 싶번 마음이 드는구나."

"집사람이 자신에깨 잘 하니까 자신은 처어머님이지만 우리가 모시고 싶번 마음이 더는구나."

〈1979년 12월 20일 목요일 날씨 맑음〉

"시청아파트 삽부 일한 깃 돈 바더로 가넌서 이번에 또 돈을 안 주며 어찌나 하고 조바쉼이 들더니 나머지 돈원을 다 주는데 기뻐더라. 이 돈을 가용에 쓰도 다 쓰지만 이 돈으로 벽시계을 살려고 시계점으로 너려가 보니 박상 마음에 디는 것이 업쓰서 한참 시간이 걸리다 무족건 제일 좋은 시계을

사가지고 집배 글러노니 마음에 들며 그 시계 소리을 더려니 나 자신도 실 세 업씨 노력을 해야 대겠따는 너킴이 더는구나."
시계값 20,000만 원

〈1979년 12월 21일 금요일 날씨 비〉
"보리는 이미 풍년작은 못 땐다고 보지만 이번 비가 보리 수학에 반 풍작이라도 비가 와따는 것이 큰 다형이다. 가을 하고 이때것 비가 완아서 밭보리는 반수가 싹이 뜰지 못하고 있는 것을 보고 마음만 따더니 너전 비나마 보리 수학에 기뻠을 가지온 것이다."
"혜진, 혜영이 키울 때는 딸더리라서 그런지는 몰라도 잽신[42]도 업고 그저 순조렵계 키어왔는데 운이는 말도 안 덧고 잽신도 말도 못하며 남 하는 것 하나도 빼놓지 안코다 할려고 하며 손발이 잠쉬도 가만이 안 잇쓰며 저 어머님이 매일 운이 때문에 큰소리며 매일 싸운다고 해도 가연 아니며 운이 것더며[같으면] 하나도 못 키우갯따고 말들을 하며 자신이 볼 때도 우리 가족이 아무도 알랑그리지 않코 순순한대 저것은 누구을 달마서 조러깨 달랑그리는가 하고 염려도 댄다."

〈1979년 12월 22일 토요일 날씨 맑음〉
"금년으로 예비군은 제대을 하는구나. 금일 민방위 옷을 친구와 둘리 마추고 나니 이제 안전이 예비군 제대을 핸 기분이며 마음이 홀가분하구나."
"영한이 김고에 입학시험에 합격이 극정이 대더니 금일 김천에서 전화로 영한이 합격했타고 전화가 왔따기 큰 다형이다."

〈1979년 12월 27일 목요일 날씨 맑음〉
"요줌은 극정이다. 왜냐. 자신이 안집을 사쓰 안집으로 들어가는 것이 자신이 살기가 수알지 그리치 안너며 2년간 모아서 땅을 싸는 것이 잘하는 것인지 머리가 복잡하다. 왜냐. 땅을 싸며 5, 6년간 모다서 세 집을 짓어야 댈 판이고 세 집을 짓어며 이세들에깨 공부하는 데 지장이 있쓸까 극정이고 어떤 길로 가야 좋을찌 알 수가 업꾸나."
"안집을 자신이 생각하는 값보다 너무나 차위점이 있따. 안집이 볼 껏은 업꼬 함석으로 집을 계랑했따는 것빡에 업는데 500,000십만 원 이상을 돌라고 하니 갈빵질빵으로 시간을 보내고 있다."

〈1979년 12월 28일 금요일 날씨 맑음〉
"자신이 가만이 볼 때에 혜진은 별로 머리가 좋지 않을 껏 갔다. 왜냐. 요줌은 혜영이 보다 더 모러니 보통일이 아니다. 내년에는 혜진은 일학년으로 들어가야 대는데 아무것도 몰라서 극정이다."
"현재로 바서는 혜영이 머리가 아주 좋을 껏 같다. 혜영이는 아무도 갈치도 않했는데 일일삼사을 20십까지는 안전이 알다십피 하니 우선 머리가 좋다고 내다보고 있다."
"우리 운이는 하로 생할을 관찰해보며 딸랑딸랑이라 해도 가연 아니다."

〈1979년 12월 29일 토요일 날씨 맑음〉
"자신이 아이들에깨 특별이 잘했 주도 안는데도 자신에깨 따리는 것을 보며 정말 이상하다. 요줌은 혜진이 내 엽패 하로 자면 혜영이 하로하로석 밖아서 하로도 빠짐업시

42) 잽선. '말썽'을 의미하는 방언이다.

고대로 자는 것을 보며 나재로는 내가 아빠 엽패 잘 차래라고 하는 것을 보며 눈만 떠며 차래을 말하는 것을 보며 보통 신경이 아니라고 생각을 한다."

"금년은 서운한 감 업시 너머간다고 했도 가연 아니다. 외냐. 한 해을 가만이 생각을 해보며 나 자신이 착실이 일했따고 생각이 대며 부진련이 뛰어따고 생각을 한다."

〈1979년 12월 31일 월요일 날씨 흐림〉

금년은 만족한 한 해라고 생각을 하며 좋용하게 한 해을 너기고 있다.

"안집을 계약을 아직 하지 않코 자신이 500,000십만 원 주고 사겠따고 이야기하였다. 안집을 사는데 꼭 사야 댄다는 것도 모러고 돈을 더 모아서 땅을 사야 잘하는 일인지 어떤 일부터 해야 대는지도 생각을 못하고 사개따고 했쓰니 으리병벙하구나."

▌1980년▐

〈1980년 1월 1일 화요일 낡씨 비〉

"금일은 어머님 재사라 오 형제가 전부 모여서 기분이 상캐하더라. 오 형제중 4형제 아들이 딸 8들 (아들 셋) 한 방에 모다 노니 오몰오몰 하더라. 이것이 다 딸이라서 소란이 장터보다 더 하더라."

"안집을 흥정을 하고도 기분이 상캐하지도 안코 그제 잘했는지 잘 못해는지 분관도 못하고 벙벙하게 하로을 보내고 있다."

"금년원 79년보다 알차고 힘 있게 삶라가야 대겠다."

〈1980년 1월 3일 목요일 낡씨 비〉

"보리에 안전 해갈을 면하게 대어찌만 눈이 아니고 비가 와서 갑짝이 추어며 얼속히며 냉해가 염려대는구나."

"요줌은 매일 무의미하게 생할을 보내고 있쓰며 자신이 생각을 해도 너무 태평새월이라고 생각을 한다."

"우리 운이을 가만이 행동 하나하나을 보며 머리는 총명하리라고 자신은 장담을 한다."

〈1980년 1월 9일 화요일 낡씨 흐림〉

"처음 생각에는 우리 아래채만 부수며 마당이 운동장만 하게 늙버서 마음이 허날 줄 알라뜬이 막상 부수고 보니 자신이 생각한 것처름 늙지는 안더라. 남드른 잘 했쓰며 마당이 늙버서 마음이 신하다는[시원하다는] 말들을 하지만 자신은 좀 더 늙버쓰며 하는 생각이 더는구나."

"여자들은 아이들에깨 다 늙는다고 해도 가연이 아니다. 나재 신경 쓰는 것은 말할 껏도 업꼬 운이 오줌 니는 것이 서너 번 이상 니야 대며 그 사위 일어나서 이불을 떱프주고 다독끄리는 것을 보니 정말 여자들은 자식에깨 한평생을 다 보내는구나 하고 너켜저며 남자들은 그저 밥만 먹고 자며 밤 자리는 새상모러고 잠만 자니 여자 업시 살지 못하게꾸나."

〈1980년 1월 10일 목요일 낡씨 맑음〉

"요줌은 너무 무할량하게 잘 논다. 매일 친구들가 바둑으로 시간을 보내고 있쓰니 자신이 생각을 했도 너무 실속 업는 일과을 보내고 있따고 생각을 하고 있다."

〈1980년 1월 11일 금요일 낡씨 맑음〉

혜진 공부에 무관심한 것이며 이번 설만 시계 대며 입학시키야 대는데 하고서 금일 우연희 극정이 대어서 혜진을 잡고 일일삼사을 무러 보니 혜영이보다 영 못하고 있떠라. 잇것을 볼 때 부모들이 자식에깨 등하시 했따는 것이 사실이며 좀 너전 감은 있쓰나 자신이 일을 못하는 일이 있더라도 하로 셋 시간은 뒬고 안저서 공부를 가칠 계혹이다.

"남들은 공부를 잘하는데 혜진만 공부을 못하게 대며 이것 보통일이 아니며 생각도 못할 현평이다. 자신이 생각을 했볼 때에 자신이 돈 버는 문제보다 자식들이 공부 못할까바 극정이 더 대고 있다."

〈1980년 1월 14일 월요일 낡씨 흐림〉

"안집 갔을 안전이 치라 주고 나니 마음이 캐알하구나. 우선 집값을 치라 주니 마음 좋으나 한편 생각을 할 때에 돈을 좀 모다서 땅을 싸는 것이 좋아지 안알쓸까 하고 아쉬운 마음이 떠나지을 안는구나." 집값 500,000만 원

눈이 뿍 올 때도 대어는데 올겨울에는 눈 한 번 안 오고 겨울을 다 갈련지 이상한 날씨만 계속대는구나. 아이들 아니라도 눈 한 번 아쓰며 하는 생각 간절하구나.

자신에 할 일은 수북하게 나뚜고도 하지 않코 매일 휴식만 하고 있쓰며 나 자신도 이래쓰는 안 대는데 하면서 몇 번 너켜면스도 마음을 바로 잡지 않코 매일 휴식을 하고 있다.

〈1980년 1월 16일 수요일 낡씨 맑음〉

"정부에서 잘살자고 금리을 올리게 했찌만 못사는 농민들 바서는 이자을 그처름 올리나서 업는 사람들 더 못산다고 보고 있다. 우리 마을로 바서도 돈을 쓰는 사람이 자신은 삼분에 이가 더 댄다고 본다. 이 사람이 이자을 쓰게 대면 안전 나무[남의] 살림만 차리 주고 만은 객이 댄다고 자신은 본다."

"자신이 볼 때는 정부에서 하는 일더리 농민들예 아주 비농가는 정부 햇택을 못 본다고 보고 있다. 왜냐. 주택개량이라든지 주태자금이라든 모든 것을 볼 때 우리 마을로 바서도 돈이 있는 사람만 정부 햇택을 보면서 살라가고 있는 실정이다."

"정부에서 위옷돕기운동을 벌리고 있찌만 정부에서 아주 업는 사람들이 무선 일들 하고 있는지 이 사람들 무었을 희망하고 있는지 이 사람들의 동태을 하로 빨리 파악해서 이 사람들을 햇택을 준다며 국민이 평화롭고 안전쓰렵따고 자신은 생각을 한다."

〈1980년 1월 17일 목요일 낡씨 맑음〉

"혜진을 공부을 갈치 보겟따고 자신이 시간표을 만들어서 돈독하게 갈치 볼라고 결심한 것이 실지 갈치 보니 잘 안더라. 왜냐. 매을 매일 대도 못하고 말로만 할려 하니 말도 재돼로 덧지 않코 안을라고만 생각을 하니 시간표대로 안 대고 있꾸나. 이것을 보모가 시키도 잘 안 대는데 선생님에깨 마킨다면 부모을 욕을 하지 않깨나. 이것을 생각했 볼 때 여간한 일이 아니라고 생각을 한다. 아이들도 갈치며 좀 알고 해야 선생님도 재미가 있쓸 탠대 혜진은 안만 갈치도 모려니 여사일이 아니다."

"부모 욕심은 다들 같깨찌만 이세들이 공부을 잘하기을 바라겟찌만 부모님의 생각가 다러다며 이세의 공부 못해서 타격 당하는 것보다 부모가 바라는 희망의 타격이 더 크다고 생각을 한다."

〈1980년 1월 20일 일요일 낡씨 맑음〉

시계 산 지가 한 달도 안 대서 고장이 나가지고 곤치로 구미 물건 산 대로 같쓰다. 주인에깨 새 시계가 한 달도 안 대서 이기 무어야고 곤치 주든지 교한해 주든지 만대로 하라고 와을 냇쓰다. 주인 하는 말이 고장이 아니라면서 이야기을 하면서 시계을 수리할려고 빼는데 아주 무리가 가누록 일을 하더라. 그래서 자신이 맡는 연장을 가지고 와서 살살하라고 말을 하면서 신경질을 부리따. 주인 하는 말이 안 대는내 이러깨라도 빼야하지 안소 하더라. 그래시 지신이 화을 발각 내면서 맡는 연장로 해 바는야고

대조자 무러니까 그때사 사과을 하더라. 자신은 사과을 받고 보니 오희려 자신이 미안감이 들더라.

〈1980년 1월 26일 토요일 낡씨 맑음〉

"금일로 이사을 안전이 하였다. 금일 조금 음식을 해서 노인들만 모시계 해서 점심식사 대집을 하였다. 오시는 사람마다 마음이 캐운하게 늚다면서 참 잘했따고 이야기을 하더라. 여려 사람이 잘했따고 하지만 자신은 정말 잘했는가 그저 벙벙하구나."

"집을 안전이 골라 노니 늚지는 하지만 자신에 마음에 차지는 안는구나. 자신이 이 집을 살 때는 나무을 심든지 밭을 만들든지 두 가지 중 한 가지는 하게따고 집을 싸는데 실지 계산가 뜰리서 마당밖에 늚계 쓸 수밖에 업깨꾸나."

〈1980년 1월 29일 화요일 낡씨 비〉

물과가 하로하로 올라가고 있쓰니 농민은 살려고 발부등을 쳐도 살기가 힘이 들 정도며 농민들도 조금한 부업이라도 해야 농민도 살라갈 수가 있다고 내다보고 있다.

"자신은 자금이 업쓰서 축산업을 못하고 있찌만 자신이 자금희전만 댄다면 부업으로 양돈을 하든지 비육을 하든지 두 가지 중 한 가지을 택회서 할 작정이다."

"석유값이 또 올라쓰며 전기세 모든 물가 농산물 배 이상 오러고 있쓰니 농민문제가 제일 심각하다고 생각을 한다."

〈1980년 2월 4일 월요일 낡씨 맑음〉

"혜진 학교 갈 준비을 스서이 하고 있쓰며 금일은 학용품을 전부 사와쓰며 혜진이 학교에 들어가서 다른 아들과 갇치 공부을 따라 한다며 별문재갯는데 공부을 따라 하지 못하고 떨러전다며 어떠께 하나 극정이 말할 수 업꾸나."

"우선 바서는 혜영이 운이는 혜진보다 다들 날 껏 갇든데 혜진은 기초시험지을 매일 바다 보이도 모러며 가려켜 주어도 모러니 정말 극정이 말할 수 업시 크며 내 자식이라도 가려쳐도 모러니까 때리죽이고 십픈 마음이 들든데 선생님들은 어떠깨 갈치가 염려까지 대는구나."

〈1980년 2월 6일 수요일 낡씨 맑음〉

이북에서 남북회담을 저 만대로 중단했노코 이제 와서 또다시 남북회담을 하자고 해서 금일 열시에 적십자 회담을 열러찌만 한국이 당할 껏으로 내다보고 있따. 왜냐. 할려고 하는 사람 쳐노코 계획 업시 달라들지을 안너니 당하기 십따고 내다보고 있다.

"그리고 자신은 나프게 생각했서 그른지는 몰라도 지휘청 사람들만 모다서 회담을 하자고 해서 자기나라로 유인해서 이 사람들을 인질로 잡아서 요구족건을 글 욕심 업는가 의심스러운 감이 더는구나."

〈1980년 2월 10일 일요일 낡씨 맑음〉

"요즘은 너무 무할량하게 하로 해을 보내며 무활량하게 해을 보내면 낭비만 대고 돈을 안 슬라고 해도 돈이 쓰저니 자신이 생각을 해야 대겠다."

"농민들 상대로 축산자금을 만이 내준다면 겨울철래도 놀지 않코 부업을 할 사람이 자신 생각해 보며 60푸로는 부업을 할 사람이 매일 화토노리로 겨울철을 보내고 있는 실정을 정부에서 아는지는 몰라도 농민들의 겨울철을 조금한 수입 달로 바꿀 수 있따며 농민도 불평 업시 사라갈 수가 있따고 보고 있다."

〈1980년 2월 16일 토요일 낡씨 맑음〉

"아이들을 보나 어른들을 보나 구정 기분은 나지만 재사 어물 이른 것들을 보며 간소한 기분을 내고 있쓰며 구정을 조용희 보내고 마랐다."

"도시 취미와 촌 취미는 다르겠지만 촌 취미는 술, 화토, (장기, 바둑) 이 세 가지로 나눌 수가 있따고 보고 있쓰며 어릴 때부터 술 조하는 사람은 계속 한 평생을 술로 보내고 있쓰며 화토 하는 사람도 그저 한평생을 보낸다고 해도 가연이 아니다.

그리고 장기, 바둑은 소수지만 이것도 계속 버리지 못하고 한평생 한다고 보고 있쓰며 이 취미가 지나치계 하면 다들 악이라고 해도 가연이 아니다. 그러며 조금식 하고 마는 사람들이 약 20푸로로 자신은 보고 있쓰며 그 위에는 일생동안 하고 있따고 자신은 생각을 한다. 이른 것들을 볼 때에 이세들이 어너 취미을 가지고 사라갈 껏이가 제일 극정이다."

〈1980년 2월 17일 일요일 낡씨 맑음〉

순석이가 도시 집 살려고 여려모로 생각을 하여쓰며 김천 평화동 집이 이따고 해서 집 구경을 해보았찌만 순석이가 마음에 들지을 인으며 집을 싸나도 올라갈 터가 아니라고 하면서 집을 싸지 않코 (땅)을 사고 마랐는네 자신은 집을 사는 것이 좀 나찌 않나 하는 너킨이 더는구나. 우선 땅도 형이 농사을 지을 수가 있쓰니 형이 득을 바도 보니 어예든간 한 가지라도 사 모더니 반갑다.

"누구라도 두 갈래 길을 가지고 한 가지로 선택을 할 때에 정말 예로점이 말할 수 업시 만타고 생각을 하며 어너 길이 성공의 길이냐 할 때에 인간이 여기에서 늙는다고 해도 가연이 아니다."

〈1980년 2월 19일 월요일 낡씨 맑음〉

"구미가 육성대어서 순철이가 제대을 하며 구미공단에 들어가며 대겟따 하고 별료 극정을 안 예는데 금년 들어 구미공단이 안전 불경기라서 들어갈 때가 업쓰서 이제 와서 공부을 해서 오급공무원 시험을 처보겟따고 하면서 우리 집배서 공부을 했보겟따고 하니 자신이 생각을 했볼 때에 이거 보통일이 아니다. 왜냐. 공부한 지가 (약 7년이 넘어는데) 이제 와서 책을 본들 머리에 들어가겟나 극정이 말할 수 업쓰며 자기가 공부을 해서 공무원에 합격을 한다며 큰 다헹이지만 공부을 해도 공무원에 합격을 못한다면 장가갈 나이는 대어는데 큰집배서도 넉넉하지을 못하니 생각을 할수록 골머리가 아푸구나."

〈1980년 2월 20일 수요일 낡씨 맑음〉

"요즘은 무할량하게 계속 잘 논다. 자신뿐 아니라 다들 잘 놀고 있쓰며 정국 농민들은 다 무할량하게 놀 껏이 아닌가 생각을 해볼 때에 정부가 생각을 할 때는 심각한 일들이라고 생삭을 한나."

〈1980년 2월 26일 화요일 낡씨 밝음〉

중신해비[중신애비] 회갑이라 금일 초곡 자택에서 잔치을 하는데 자신의 생각보다 아주 잘 하더라. 그 잔지에 상모도 오시떳긔. 그래서 우리 집부도 모시 오는데 자신이 오트바이가 능숙하지 못했서 노인이라 다치게 하지나 않을까 염려가 대더니 아무 일 업시 잘 모시고 왔다.
나 자신은 처 어머님이지만 잘 모시 볼라고 생각을 하지만 한경의 여유가 대지 않아서 그 처름 따뜻하게 해더리지도 못하면서도 아무 잔치고 과치만[같이만] 참석하며 우리 집부로 대리고 와서 고작 대집한다고 해도 돼지고기 정도밖에 대집 못하고 돌리 보내면서도 처 어머님만 보며 자꾸 모시고 싶프며 처 어머님이 돌라가실 때는 그래도 소곰이리도[소 곰(국)이라도] 때리 더리야 대는데 때리 더리지 못하고 가시는 뒤모섭을 보며 아쉬운 마음 감출 길 업꾸나.

〈1980년 2월 29일 금요일 낡씨 흐림〉

종수이가 공무원 시험 쳐본다고 매일 하고 있는데 종수이 머리가 우리형제 중 제일 좋다고 하지만 공부하는 시간이 너무나 적으서 극정이 말할 수 업씨 크다. 종수이가 짤번 시간에 공무원 시험에 합격을 하며 큰 다형이지만 만약에 짤번 시간에 공부가 부족대어서 합격을 못한다면 그 실망이 어느 정도 댈까 제일 극정이다.
그리고 종수이는 어머님 병환 때문에 이려깨 대어따고 자신은 보고 있다. 왜냐. 종수이가 중학교 2학년 때에 어머님이 병환에 누버 개실 때부터 공부를 하지 않코 도시 부량패들과 과치 농뛰을 쳐고 학교당국에서 태학이라고 해서 그때 순석이가 그 학교 다닐 때에 선생님도 잘 알뿐 아니라 그 학교에서 모범생으로 졸업을 했키 때문에 간신이 태학을 당하지는 않코 졸업장만 차저 온 셈이 댄다. 종수이가 그 길로 고등학교 과정까지 졸업장만 집배 같따 주는 식으로 공부을 했키 때문 이제 와서 공무원 시험 천다고 밤잠을 안자고 있는 것을 보니 원망도 댄다. 왜냐 머리가 좋아서 학교과정만 착실이 나왔따며 오급공무원 정도는 별료 힘이 안댈 꼈으로 내다보고 있키 때문이다.

〈1980년 3월 4일 화요일 낡씨 흐림〉

육촌형님이 돌라가시서 장래식을 잘 하고 산에 올라가서 모[묘] 터을 안전이 바서 여려 사람이 화강할 수 있뚜록 일을 안전무결하게 만들어 노았는데 산주인이 나와서 여기는 내 산이다 못 한다고 말씀하면서 산 경계에 좌우 댄다며 나도 허락하겠다 이야기하길에 할 수 업시 모든 일이 중단대어서 시간이 만이 흚으다. 정식으로 한다고 해도 길이 머려서 일을 대충밖에 못할 지경인대 이른 불상사가 나서 이그 큰일이다 하고 너켜는데 다형이 모 터을 다른 곳에 좀 파지만 순조롭게 해결이 잘 대어 처음 한 곳에 안장하기로 대어서 큰 다형이라고 생각을 하며 이른 불상사가 모든 책임은 형님예깨 있따고 본다. 왜냐. 산 경계을 갈쳐주지 못했키 때문 여러 사람에깨 실수을 했쓰며 이 일이 안장을 하고 벌어졌따며 어떠깨 댈 뿐에나 생각만도 끔직한 일더리다. 그리고 용현이도 자기 부친이 병한으로 오래 동{안} 고생을 핸 사람인대 자기 산을 그처름 무간심하게 다라쓸까 하고 생각을 할 때에 술만 잘 먹을 줄 알지 욕을 먹으도 싸다고 보고 있다.

〈1980년 3월 5일 수요일 낡씨 흐림〉

혜진이 금일 입학식을 하여쓰며 내 딸이 이제 일학년이 대니 한편 기쁘기도 하고 한편 마음이 무급기도 하구나. 왜냐. 혜진이 선생님 말씀을 잘 듯고 공부을 잘해야지 부모의 마음이 하평하고 부모가 자식가진 보람이 아니겟는가.

〈1980년 3월 8일 토요일 낡씨 맑음〉

금일은 순석이 살림나는 날이며 순석이 시간을 날 때는 집을 사가지고 날 줄 알라더니 그러지도 못하고 마음의 뜻대로 대지 안아서 그만 금일로 처갓집 동내로 시간을 나며 서포로 나니 자신의 마음 허전한 감이 들며 금일 민방위 교육을 바더면서도 마음은 순석이 살림나는 것밖에 생각이 않나며 돈이 머었신지 돈이 업쓰서 나매 집에 살림을 차리야 대는 것을 생각을 할 때 가슴 아픈 일더리다.

〈1980년 3월 9일 일요일 낡씨 비〉

이번 비야 금사락이라 해도 가연이 아니다. 이번 비가 봄을 제축하는 비며 모든 장물에는 거름이다.

인간은 마음이 하늘같이 늙다는 사람도 이번 비처름 고마운 일들을 못할 껏이다.

"인간이 육지에서 지배하는 동물이지만 동물 중에 재일 더러운 동물이라고 해도 가이 낮번 말은 아니라고 생각을 하고 있다."

〈1980년 3월 12일 목요일 낡씨 맑음〉

자년에 보리 거름을 일적 했던이 비료거름이 한 번 더 더려가서 금년에는 좀 너케 한나고 금일 비료거름을 하여쓰며 거름이 좀 적을란지 몰개꾸나.

"말리 보리 거름량이 요소 한 포 다 들어가지 않고 약 2돼 정도 남아따."

앞 밭대예 보리가 죽어서 거름량을 아주 주리서 반 포 좀 부족대개 거름을 하고 마랐다.

〈1980년 3월 16일 일요일 낡씨 맑음〉

"집사람이 혜진이 아침에 학교 갈 때만 분산하기 짝이 업쓰며 혜진 하나 학교 가는 데 뒤바라지 한다고 아침을 짗때 못 먹고 학교을 다 보내고 먹고 있쓰니 내년 한 놈 더 학교 간다면 아왜[아예] 아침은 생각을 마라야 대지 않캐나 하고 염려도 대는구나."

〈1980년 3월 18일 화요일 낡씨 흐림〉

혜진 다님선생님이 가정방문 오신다고 혜진은 집 청소 캐껏이 하라고 당부을 하며 집배서도 선생님 오시며 대집할 껏도 업찌만 어제와 오늘 양일간 집사람과 아무 일도 못하고 그제 벙벙한 일과를 보내고 마랐쓰며 그리고 선생님이 무엇인줄도 모러는 혜영이가 선생님 오신다고 비을 들고 쓴다고 법석을 부리는 것을 보니 선생님의 멍의 뜻이 크다는 것을 절시리 너켜다.

그리고 남들은 선생님 가정방문 오시며 봉투노름을 한다고 하는데 자신은 그른 뜻을 배풀 한경도 대지 안코 선생님 오신다니 숙서렵기 그지업꾸나. 아무것도 모러는 자식을 선생님에깨 마키고 그 따뜻한 보답을 못하고 있는 부모라는 생각을 하니 선생님을 피하고 십고 자신의 마음이 자식에깨도 부끄럽꾸나.

〈1980년 3월 19일 수요일 낡씨 맑음〉

"혜신 선생님 가정방문을 금일 오시서 신생님 말씀이 혜진 캐알하고 현제 바서 공부도 잘한다고 하면서 친찬을 하여 주더라. 선생님은 잘한다고 하지만 자신은 정말 잘할까 염려쓰럽다. 그리고 선생님 오신다고 준비 삭업보다 떡 오시니 따뜻한 김이 도는구나."

"집배서는 아무 대집도 못해 더리고 집사람

이 따라 나가시서 상점에서 간단하게 음료수로 대접하고 마랐따기에 잘했따고 하여다."

〈1980년 3월 20일 목요일 낡씨 맑음〉
"운이 때문에 극정이 말할 수가 업다. 왜야. 운이 말을 제대로 몾하고 있키 때문에 운이 임신대어 있쓸 때에 내라버릴라고 독한 약을 두 번 먹는 바람에 약 영향을 바다서 말을 제대로 못한다면 보통일이 아니며 나중이라도 운이 이 사실을 안다면 을마나 책망을 할까 생각만 하여도 정신이 아질아질 하는구나."
"요줌은 무이미한 일과로 해을 보내기 때문에 돈 좀 벌러 볼까 하는 생각에 오봉수리 조합 하는 데 일제리 알라보로 같더니 작업장이 생각보{다} 서급더라. 그래서 구미 일제리 알라보고 가볼라고 포기하고 마랐다."

〈1980년 3월 21일 금요일 낡씨 흐림〉
형님이 고추 모을 온상으로 이식을 시킨다고 하길에 일 좀 그들어 주로 같더니 일손이 모자라서 이식을 안전이 다 못할 껏 같다서 오후에 집사람을 대리고 가서 4명이 이식 작업을 하니 좀 너깨까지 다 하게더라. 고추 모을 안전이 이식을 시켜 놓고 보니 고추 모가 무력 자라는 모양처름 아주 보기 좋더라.
그리고 작년에 터낼을 적개 해서도 수입을 잘 바서 금년에 작년 배로 온상을 하였는데 금년 수입은 어떠게 댈련지 몰개꾸나.

〈1980년 3月 22日 토요일 낡씨 비〉
"이번 비가 아주 잘 았따고 보고 있다. 밭보리에 비료거름 준 것이 그대로 있는 것이 이떠니 이번 비로 안전이 녹아쓸 껏이며 이번 비가 밭보리에 아주 잘 았다고 보고 있다."
금일은 비가 와서 휴식을 하였찌만 무선 일하기가 마당치 안으며 농촌 일더리 너무나 휴식시간이 너무 많아서 아쉽다.

〈1980년 3월 25일 화요일 낡씨 맑음〉
구미 동생이 구미에서 향나무 6포기을 앞밭태 심어 낮는 것을 금일 자신이 집부로 온기 노며 꽃나무도 6포기을 같치 이식하는 것으로 하로 일가을 보내고 마랐다.
혜진이 학교에서 선생님 말씀을 잘 듯는지는 몰라도 학교는 꼬박꼬박 학교는 잘 가고 있는 것이 좀 신기한 감이 있다.

〈1980년 3월 29일 토요일 낡씨 비〉
밭보리들이 갈물이 들어서 요사이는 매일 비을 바라더니 금일 비가 왔쓰며 이번 비야 말로 봄비라고 생각을 하며 봄비 업씨는 띠업시 맑은 봄은 오지 않늙 껏이 아니가.
그리고 금년 삼월은 갑지게 한 일 업시 삼월 달 때 좋은 달을 다 보내는 것이 정말 아쉽다. 금년에 착실이 해을 보낼 결심을 하여는데 때 좋은 삼월을 다 보내니 이 가슴 답답꾸나.
구미 동생이 비들기 먹이 보라고 비들기 한 쌍을 가지고 왔는 것을 키어 볼라고 자신의 성위을 다하여 공이 들어는데 그만 끈이 풀리서 날라가고 마라다. 비들기에깨 삼일 정 들어따고 그처름 서운한지. 그리고 곳 날리는 촉감 드는구나

〈1980년 4월 5일 토요일 낡씨 비〉
소장수들의 말을 들어 볼 때에 송아지금이 아주 헐타고 하여서 자신이 남왜 돈을 냇서 송아지을 사볼라고 비가 오는데도 김천장

을 가보니 비가 너무나 만이 왔서 소도 멫 마리밖에 나오지 완아서 장도 안대더라.
자신이 송아지를 한 번 돌라 보니 송아지도 업쓸 뿐 아니라 자신의 생각보다 헐치 않더라. 자신이 송아지한태 생왜을 먹으서 송아지 생각만 하여도 급이 나는구나. 그리고 자신이 생각을 해볼 때에 송아지보다 300,000만 원 정도 대는 소을 사 먹이며 손왜는 업시 계산이 마저 갈 껏 같든데 남왜 돈이 급이 나서 200,000만 원 정도짜리 정도을 한 번 더 믹이[먹여] 볼 결심이다.
이번 비로 미카리논은 안전이 모재리을 극정 업씨 할 껏으로 내다보고 있다.

〈1980년 4월 9일 수요일 낡씨 맑음〉

혜진이 시험 처가지고 오는 것을 보며 잘 했서 오는데 정말 이래 잘 마젔는가 의심스렵다. 왜냐. 학교 들어가기 전에 공부을 갈치 보니 아무것도 모려든데 요줌 시험점수 마저 오는 것을 보며 다들 공부을 못하는구나 하고 느킴이 들며 혜진이 계속 이 정도로만 해도 더 바라지을 안캐다.
"울콩 씨뿌림을 안전이 하여쓰며 자신이 생각을 할 때에는 좀 느찌 않나 하는 생각이 더는데 남들은 일적다고 말들을 하고 있꾸나."

〈1980년 4월 10일 목요일 낡씨 맑음〉

송아지을 처음 본 것이 175,000원 달라고 하는 송아지을 마음에 들어서 살라고 재다 그만 노치고 마랐다. 마음 있는 물건을 노치고 보니 김천 송아지가 다 마음에 들지을 안으며 자신으로는 송아지을 못 싸겟다 하는 너킴마저 더는구나.
그리고 돈이 만아서 어너 것이나 만대로 살 정도가 대며 좀 십계는데 그려치 않으니 정말 힘이 든다는 느킴을 가지 바쓰며 그리고 우연희 흥정이 대어서 황송아지을 150,000원 주고 싸와쓰며 너무나 보들아서 키우기 힘이 들지 안나 하고 생각이 들며 크지는 않더래도 잘 먹으나 주어쓰며 하는 생각 간절하다.

〈1980년 4월 11일 금요일 낡씨 흐림〉

목매송아지[43] 다루기가 정말 힘이 더는구나. 왜냐. 죽을 줄 살 줄 분간도 못하고 점두록 소리만 지려며 날뛰서 자신도 어떠개 해야 댄다는 것도 모를 정{도}로 분산하니 암송아지을 좀 더 주고 싸와쓰며 이런 고통은 당하지을 안치 하고 후해도 댄다.
"자신이 목매송아지 경험이 업쓰서 잠 못자고 송아지 홀키까바 송아지 엽패서 시간을 보내야 대는 고통은 처음이기 때문이라고 생각을 한다."

〈1980년 4월 16일 수요일 낡씨 비〉

(복판에 비누루 씨움)
복판에 비누루 씨울라고 계산한 것이 비가 너무 만이 와서 작업을 못하고 오후야 비가 머차서 비누루을 씨우는데 씨나락이 촉이 길어서 자라는데 영향이 입쁠란지 믈겟꾸나.
그리고 송아지가 죽을 회도 잘 벅어서 주먹는 것을 자꾸만 보고 십퍼며 이번에는 송아지을 잘 싸구나 하는 느킴이 들며 송아지을 멫 마리 더 먹이 바쓰며 하는 생각이 더는구나.

43) 어미젖을 떼고 난 후 코뚜레를 끼우기 전까지 목에 줄을 매어 키우는 송아지를 말한다.

〈1980년 4월 17일 목요일 낡씨 흐림〉
요줌 몇칠은 너무나 추어서 겨울옻을 안전이 내서 입고 있쓰야 견딜 수가 있쓰며 꽃 필 때는 언제라도 한 번식 춥더라만 금년에 아주 겨울 날씨처름 추어서 한참 예을 먹어스며 금년 과일은 꽃필 때에 춥번 바람에 숭년이 대지 않나 내다보고 있다.
"인간만 고비가 있는 줄 알라든이 나무 식물 모든 것이 고비가 있꾸나. 고비 업시 사는 것들은 제일 복이라고 자신은 생각을 한다."

〈1980년 4월 21일 월요일 낡씨 맑음〉
혜진이 제법 공부을 잘 따라 하든이 대사 배 아푸다고 아침밥을 안전이 암 먹고 학교을 다니더니 이제는 엄청나게 공부가 뜰어저쓰며 배 아푸다고 아침에 힘이 업쓰 보이고 해서 거시배[44]라고 그시약만 사 먹이든이 효과도 업고 해서 병원에을 가보니 장 경련이 이러나서 아푸다고 하드라. 일적함시[일찌감치] 그시배라고 인정을 하지 말고 병원에을 갈쓰며 돈도 적개 들고 아이도 예을 적개 먹일 뿐 아니라 공부도 뛰뜰어지{지} 안을 끈다. 이제는 공부을 따라 하게나 하고 어심도 대고 아이가 힘 업시 학교 길을 나서는 것을 보니 공부는 못한따나 건강하게만 자라 주어쓰며 하는 생각 간절하구나.
"자식을 훌륭하게 자라두록 할려면 일학년 때 건강하고 착실이 학교 가는 아이만이 훌령하게 자랄 수 있따고 자신은 말하구 십구나."

〈1980년 4월 23일 수요일 낡씨 맑음〉
내일이 처 어머님 생신인대 자신도 집사람과 같치 인사을 더리야 대는데 집사람만 다녀오라고 이야기하여쓰며 만약 우리 어머님이 살라계시서 생신이라면 모든 일들을 제치 노코 갈 꼈이 아닌가. 만약 우리 어머님이 살라계시서 생신일이며 자신이 생각하는 것처름 집사람도 여사로 여기며 자신이 마음먹은 것처름 생각이 댄다고 과장한다며 자신이 만이 생각을 하여야 댈 꼈이 아닌가.

〈1980년 4월 25일 금요일 낡씨 맑음〉
국민학교 1학년 소풍가는데 선생님이 몇칠 점부터 이번에 소풍가는데 선생님 선물해 줄 사람은 손더라고 하면서 이야기을 한다고 아이들이 이야기을 하니 부모로서는 만이 생각을 할 문제며 제정이 안다가서 선물을 몿 한다며 아이들에깨 을마나 지장이 있쓸련지 생각을 해볼 때에 학부형으로서 숨갑풀 정도라고 생각을 한다.
그리고 어떤 아이는 선물에 만 원 들어따고 공연하게 아이들이 알고 있쓰며 이것을 생각을 할 때에 부모가 기가 업쓸 정도 댄대 아이는 어떠한 정신으로 공부을 할련지 의심서렵다.

〈1980년 4월 26일 토요일 낡씨 맑음〉
금일은 봉답 모재리 비누루을 안전이 씨어쓰며 작년보도 봉답 모제리가 조금 빠르지 않나 내다보고 있다.
(봉답 모판 비료량) 한 단지[45]
복합비료 2돼 반

---
44) '횟배' 또는 '거위배'의 방언으로, 회충으로 인한 배앓이를 의미한다.
45) 원문에서는 '한 단지' 주위를 선으로 둘러쳐 표시해 두었다.

〈1980년 4월 27일 일요일 낡씨 비〉
"농민들은 농산물이 모든 것이 흘려서[헐해서] 농촌에는 살기가 힘이 더는 판인데 땅마저 도시에서 사고 있쓰니 농촌에는 점점 살기가 어러저며 머지안아 도시에서 땅을 다 사고 농민들은 일만 해서 노임만 바다먹지 않나 하고 염려까지 대는구나."

〈1980년 4월 28일 월요일 낡씨 맑음〉
금일 큰집 봉답 모재리을 하여쓰며 금년 모제리는 오늘로서 안전이 하여쓰며 올 모재리도 별일 업시 잘 자라며 올 농사는 모판부터 순조려서 금년 농사도 잘 대리라고 생각을 한다.
김재구[김재규] 바람에 구미 지역 실업자들이 을마나 왜로가 만을 뿐 아니라 김재구씨가 구치소에서 고통을 당하고 있는 것보다 실업자 고통이 더 심하다고 생각을 하고 십다. 나 자신부터 왜로가 말할 수 업쓰며 작년에만 해도 구미역에 내리며 서로가 돈을 주고 대리갈라고 발부동을 처는 판인데 박정희 대통령 도라가시고 난 뒤에는 구미 전 지역이 노동일이 올 수돕대고 있쓰서 돈벌 때가 업쓰서 왜로가 말할 수 업다.

〈1980년 4월 29일 화요일 낡씨 맑음〉
슌철이가 오급공무원 시험을 안 보게따면서 순석이에깨 돈 좀 달라고 하면서 나갈라고 한다기에 형제들이 꾸중을 했쓰며 나 자신이 생각을 할 때에 공부해 보라고 손이 모자리서 생왜을 머으면서도 일 한 번 시키지 않코 공부하라고 하여뜬이 이제 와서 시험날짜도 월마 남지 않아는데 이제 와서 그 따위 소리를 하는 것을 볼 때에 반대로 했쓰며 때리죽이고 십두록 미웁더라.
그리고 들레서 일을 하면서도 순철이가 왜 마음이 그러깨만 들까 하고 생각을 할 때에 일도 제대로 안 대어서 순철이하고 이야기 좀 해볼라고 집배 일찍 더러오니 이미 순철이는 업더라. 그래서 집사람에깨 순철이 어떠 갈는냐고 무러 보니 장간[잠깐] 같따 올라면서 나갈따고 이야기을 하더라. 형제들이 그처름 이야기을 하여도 순종하지 않코 자기 깐대로 하니 한편 개심하며 나 자신도 살기 힘더는 판이대 나 자신 이재는 신경을 쓰지 않깨다.

〈1980년 4월 30일 수요일 낡씨 맑음〉
슌철이가 오늘도 더려오지 않는 것을 보니 영 나가버린 모양인데 사람 마음이 왜 그레들까 예돌버며 나갈려며 돈을 가지고 나가야지 돈도 한 푼 안 가지고 어뒤을 나가쓸까 또 극정이 대며 무선 일을 저질고 있쓸까 극정이 말할 수 업꾸나.
"그리고 송아지을 죽을 아주 잘 먹으서 송아지을 이번에는 잘 사따고 인정한 것이 처음부터 사람 기침모양 가끔 하길에 여사로 생각을 하여뜬이 이제는 기침을 자주하며 코물이 아주 만이 나고 있는데 먼저 송아지 모양 피을 보지 않을까 하고 마음의 한 구석에는 생각이 들며 송아지에깨 정이 뚝 떠는구나."

〈1980년 5월 1일 목요일 낡씨 맑음〉
순철이가 어뒤에서 무었을 하는지을 몰라도 형들의 말을 안 들은 것을 휴예하고 있쓸 껏으로 생각을 한다. 휴예하지 말고 집부로 도라왔서 오급공무원 시험이나 처보고 안 대며 공단이 있쓰서 어대가 데어도 댈 껏으로 생각을 하는데 미리 잘급[질겁]

을 내서 발부등을 처고 있는 것이 오히려 고생을 청하는 것으로 생각을 한다.

〈1980년 5월 2일 금요일 낡씨 맑음〉

처갑집배 흑일 좀 해달라고 부탁이 왔서 처음 부탁하는 것이라 안 갈 수 업고 해서 현장에 가보니 일곱 마지기을 도자로 안전이 미려서 아주 잘 했나쓰며 봉답을 그러깨까지 생각을 했서 논을 만들어 노았서 잘 생각을 했따고 자신은 너켜쓰며 사오제비로 [사위잽이] 일 그들어 주로 가서 남을 품 대어서 일을 하는데 농뛰을 못 쳐고 종일 일하는데 힘이 만이 드려쓸 뿐 아니라 몸살 날 정도로 했쓰며 처남이 절먼 사람으로서 일시키는 것이 아니라 육십 댄 노인 일시키는 것같이 휴식이라는 말도 업고 일만 시킬라고 하는 것이 자신으로 불만이 들더라. 자신은 사오라서 갈로 빡깨지만[쉽게 봤겠지만] 놉을 했서 그려깨 하면 하로는 하지만 다음에 일시킬라면 왜로점 업나 하고 염려가 대더라.

〈1980年 5月 5日 월요일 낡씨 맑음〉

순철이가 돈도 업고 옷도 입번 체로 나가키 때문에 옷도 보기 흉하게 껌을쓸 건데 어째 열락이 업쓰며 편지 한 장을 주지 않코 있는 것을 보며 마음이 만이 상해서 나간 것은 사실이지만 집배 열락 업시 살지을 못할 땐에 이러게 고집을 부리는지 알 수가 업꾸나.

"자신이 돈 벌로 나가지 않코 있쓰니까 집사람이 과손에 과실 적화[46]하로 돈 번다고 나가니 집배 일이 아주 형편 업시 돼는 너킴이 들며 저녁이라든지 모든 것이 불편한 점이 말할 수 업쓰며 여자는 안예 살림만 하는 것이 원칙이라고 생각을 한다."

금년에 구미 일이 업쓰서 실업자들이 말할 수 업시 고통을 당하는 너킴이 들며 자신도 작년 가을하고 있태갯 아무 일도 않코 무이미한 상태로 놀다시피 하니 예로가 말{할} 수 업꾸나.

〈1980년 5월 7일 수요일 낡씨 맑음〉

순철이가 나갈 때예 돈이이라도 가지고 나가쓰며 극정을 들하게는데 돈 한 푼 안 가지고 가서 먹는 것 입는 것 잠자는 것 모든 일들이 돈 업시는 안 대는 일인대. 그리고 옷마저 힌 수봉을 입고 나가서 남들 보기에 을마나 추해 보있겠나 극정이 이루어 말할 수가 업꾸나.

순철이가 고생이 대더라도 오른 길을 걸고 있쓰며 만사가 해결이 댄다고 하지만 만약 올치 안는 길을 걸고 있쓰며 심각한 문제며 결혼할 나이만 아니라도 극정을 들하게다.

〈1980년 5월 10일 토요일 낡씨 맑음〉

집사람 친구들이 구경 간다는데 집사람은 돈도 업고 차멀미 한다고 하면서 친구들에깨 안 간다고 말을 했따고 하길에 자신이 억찌로 친구들에깨 집사람도 가는 것으로 알라고 하면서 집사람을 놀다오라고 하면서 20,000만 원을 빚을 냇서 놀다 오라고 한 것이 차멀미로 구경도 안 대고 고생을 시키는 것이 아닌가 보내고 난 뒤부터는 극정이 대는구나.

〈1980年 5月 11日 일曜日 낡씨 맑음〉

46) 摘花, 꽃따기. 과일을 충실히 키우기 위해 꽃을 솎아내는 일을 가리킨다.

경작자 4명이 물 돼기[대기] 수라두록 할려고 방천을 잘라서 토관 작읍을 할려고 하다 2매다 50십 대는 흙더미 야마저는 바람에 경작자 한 사람 (재호가) 안전이 흙더미에 무치고 마라쓰며 흙더미 무쳐있는 사람은 물론 크게 놀랐깨찌만 같치 일하는 사람 나 자신은 흙이 이러깨{까}지 무섭은 줄 꿈에도 몰라쓰며 마음이 급해서 그른지 흙을 삽부로 프내는데 왜 그쳐름 안 파저는{지} 숨 갈푸더라. 만약 불행하게 죽어따며 다 키운 자식을 버리따고 웕마나 예통 터질까. 그리고 일을 같이 한 사람 전원 당한 부모들 보기 면목이 업쓸 꼈이며 그 부모내들은 우리을 원수만 여길 꼈이 아닌가 하고 생각을 할 때 전신이 아질했저는구나.

"집사람이 김천만 같다 와도 차멀미로 고생을 하는데 이번 여행에 큰 고생을 할 줄 알랐는데 구경을 무사하게 다녀왔읍며 멀미을 별로 안 예따고 하길에 천만다행이라고 생각을 한다."

(1980年 비료량)

3月 13日 말리 요소비료 1포에서 3돼 부족

〃 〃 앞밭태 요소비료 (반 포)

計 1포 반

1980年

(보리쌀) … 1가마

1月 20日 부역 무는 데 5,000원

(주민세) (적십자비) 880원 300원

計 1180원

4月 2日 비누류 부산 30십[30] 소득약

한 미키[마키] 9200원 2병 240원

4月 23日 24日 취득쇄 3568원

4月 25日 보문대[보(洑) 문 하는데 드는 비용] 14,000원

〈1980년 5월 12일 월요일 낡씨 비〉

이번 비가 아주 잘 았다. 이번 비 안 았따며 밭작물에는 아주 타격이 만을 껀데 금일 비가 폭 오는 바람에 밭작물은 안전 해결대어 따고 본다. 그리고 땅이 촉촉해서 강냉이 모종을 한참하고 있는데 경노회에서 노래을 잘 부려며 할아버지보다 할머니들이 더 노래을 잘 부려며 노는 것을 옘부로 들려오는 소리을 들을 때 왜 우리 부모님은 왜 일적 도라같이나 아버지 어머님보다 헐신 연세가 만은 분들이 저러개 잘 놀고 있찌 안나.

우리 어머님 살라계실 때는 노인학교라는 것을 생각이나 했 보았깨나. 정말 이제는 노인들도 대집을 받다가면서 살라가며 잘 노는 것을 들을 때에 우리 보모도 실라게시며 잘 놀 꼈이 아닌가 생각을 할 때 참 서운하며 강냉이 모종도 하기 실더라.

〈1980년 5월 14일 수요일 낡씨 비〉

집사람과 형수 삼 명이 비누류을 빛키는데 점두록 약 30십 마지기을 안전이 빛키쓰며 모제리 피는 조금 있찌만 그른대로 모씨는 잘 쎠더라.

순철이가 어제 밤에 꿈에 보이서 금일은 편지라도 있쓸 줄 알랐는데 오늘도 소식도 업씨 하로 해가 님이기는구나.

〈1980년 5월 15일 목요일 낡씨 맑음〉

학생들이 시가 데모을 하는 것을 볼 때에 정부에서도 보통일이 아니며 대통령선거노 몾하고 무선 일이 일어나시 안을까 염려기 데는구나. 아직 한국으로 바시는 누기 정권을 잡든지 박 대통령보다 더 잡아야 한다. {그래

야} 벌소리가 업찌 그리찌 않코 자유니 무었신이 조금 풀어주며 할아버지 상투 위에 올라갈려고 노력을 하니 한국놈은 목가지를 잡아야 벌소리가 업찌 그러치 않으며 벌소리 하는 사람이 만타고 생각을 한다.

〈1980년 5월 17일 토요일 낡씨 맑음〉
모제리 옻거름을 한 단지 깍아서 3돼을 함. 남들은 두 돼 반 정도로 했따는데 자신은 3돼을 하여서 모 자라는 데 영향이 있쓸까바 조금 극정대는구나.
"집사람이 요줌 과일 적화로 돈 번다고 무척 고단해 보이며 아주 피로 한 것 때서 적은나 돈에 죠달림이 업쓰며 돼지머리을 싸와서 까아[고아] 주셔며 한는 생각 간절하나 그래 하지는 못하고 고기을 조금 가지고 와서 집사람 먹으라는데 아들 줄라고 먹지 못하고 있는 것을 볼 때에 아들 예정[애정]이 여자가 더 있따는 것을 알랐다.

〈1980년 5월 18일 일요일 낡씨 맑음〉
부모 산소 화단에 김매기을 하였읍며 우리 부모가 자신이 화단을 매고 있는지 뭇었을 하고 있는지 알 수가 업쓸 꼈이며 살라계시며 꽂들이 만발한 화단을 보며 조아 하려만 죽으며 아무 소용이 업꾸나. 아버지 산소에 잡초까지 뽑고 마랐다.

〈1980년 5월 19일 월요일 낡씨 흐림〉
혜진 때문에 골머리가 아푸다. 왜냐. 혜진이 아침에 학교 길에 한 번 울고 가야 대니 부모 속이 타며 학교 가는 것을 실려 하며 미리 시험 볼 꼈을 미리 질급을 하고 학교을 급을 내는 것을 볼 때에 선생님이 아이들 다루는 것이 미속하다고 생각을 하고 싶다.
그리고 선생님이 무었시 먹고 십다 머가 조타 하는 이련 것들만 아이들에깨 말들을 자주 한다고 학교 갈다 오며 이야기을 하는 것을 볼 때에 선생님은 학부형이 차저 배옵지 안는 학생은 개롭게 하지나 안나 하고 너킴이 들며 제정이 다가며 한 뭉티 같다 주며 혜진이 학교에 그처름 가기을 실려하지는 않을 땐대 제정문제가 압쓰며 제정문제 때문에 미라 두며 혜진이 영 학교을 안 갈려고 들며 큰 문제가 대니 선생님을 차저바서 부탁을 하여야 대갰따고 생각을 한다.

〈1980년 5월 23일 금요일 낡씨 맑음〉
혜진이 아침밥을 안 먹고 했서 우유라도 좀 사 줄라고 상점에 가서 살려고 보니 우유는 업고 구론산박에 업쓰서 구론산을 먹이고 학교에 가라고 하니 학교까지 자전차로 실어다 달라고 해서 학교 정문에 가니 학교에 안 드려갈려고 울고불고해서 때리지도 몾하고 사정사정하다 그만 집부로 대리고 왔서 학교보다 집배서 더 예을 먹이며 학교 갈라고 하지나 않캐나 생각에 두지 안에 가다 놓고 들레을 나가서 들에서 일을 하면서도 두지 안에서 질식이나 안에나 하고 극정이 대서서 정심시간도 안 대서 극정이 돼빨리 집부로 왔서 혜진을 불려보니 대답을 하더라. 그 소리을 더려니 안도의 숨이 쉬어 저더라.
그리고 혜진을 이래 바도 안 대고 저래 바도 안 대고 하니 어떠게 하며 들을란지 알 수가 업쓰며 남들은 시기만[세게만] 다류며 급이 나서 학교에 간다고 하지만 나 자신도 아들을 아킬 때는 누구보다 아키지만 아들 때일 때는 손이 아푸도록 때리는데 잘 안 대더라.

〈1980년 5월 24일 토요일 낡씨 흐림〉

혜진이 우선 학교에 취미 좀 부치구로 집사람이 선생님에깨 떡을 조금 가지고 선생님을 차저 가서 혜진이 어물어니 제발 학교에 취미 좀 부치구로 어마게 다루지 말라고 부탁을 하였따고 하며 선생님이 잘 았라따고 이야기을 한다니 자신의 마음이 노이며 혜진이 학교에 가면서 이제는 울지 않캐지 하는 너킴이 들며 제발 학교에 공부을 몿하더라도 꼬빡꼬빡 학교에 가며 자신의 마음 제일 깨알하리라고 생각을 한다.

〈1980년 5월 27일 화요일 낡씨 흐림〉

큰집배 들까지 7.5돼지기을 종일 심어쓰며 오늘따라 바람이 모질개 부려서 어린 모한태 지장이 업쓸란지 궁금하구나.

"그리고 순철이가 군대 가도 있져틈 극정이 안 대든돼 이 자식이 아무 말 업시 나가쓰며 무선 열락이라도 있쓰며 극정은 않개는데 이때껏 편지 한 장도 업쓰니 어데서 무었을 하고 있는지 극정이 말할 수 업꾸나."

〈1980년 5월 29일 목요일 낡씨 맑음〉

바람으로 울콩 모내기 한 곳 모판 모든 것이 바람에 잎이 다 말라버리는 것은 이때것 처음 받다. 일반모을 요번에 바람 불 때 모내기한 사람은 모두가 하야게 말라버리쓰니 갱신을 한다고 해도 아주 오레 해야 되지 않케나 내다보고 있다.

〈1980년 6월 3일 화요일 낡씨 맑음〉

올개[올해]따라 정부에서 신품종 하라고 근장을 해서 금년에 신품송 42호을 했넌니 아주 잘몿했따고 생각을 한다. 왜나. 작년에 신품종 42호 했는 사람들은 전부가 안대따고 42호는 씨을 낮타는데 우리 마을에는 신품종이라고 서로 가지갈려고 하며 겨우 한 단지용밖에 몿했쓰며 우선 바서 씨갑씨가 적은 것이 우리 마을로 바서 큰 다행이라고 생각을 한다. 왜냐. 신품종 42호로 했는 사람들은 모내기 한 곳에 전부가 매말라 죽살고 있쓰니 이그 보통일이 아니며 자신도 한 단지을 했서 어떻게 하나 큰 극정이며 정부에서도 농민에깨는 무간심하다고 생각을 한다. 왜냐. 신품종이라고 모족곤 근장할 꽃이[것이] 아니라 생산한 곳에 가서 신품종이 월마나 생산했나 월마나 병충에 강화가[강한가] 모든 것을 참작해서 근장을 안 아고 모족곤이라고 자신은 생각을 하고 십다. 왜냐. 작년 신품종 42호 했는 사람들은 점부 실따고 하는데 이것을 좋따고 근상을 하녀 나 번에 종자로 푸리 주있서 손에을 보게끔 만들고 있는 지도소는 무었 하는 곳인지 알 수가 업쓰며 또 우리 마을에서 42호 실패을 하며 또 따 면으로 신품종이라고 갈 껏이 아닌가 생각을 할 때에 한심서러운 감이 든다.

〈1980년 6월 4일 수요일 낡씨 맑음〉

종수이가 꿈에 보이서 금일은 무선 소식이 있깨찌 하고 마음속으로 기쁘더니 아무 소식이 업시 하로 해가 지나가니 어뒤가 서운함 감이 머는구나.

〈1980년 6월 7일 토요일 낡씨 맑음〉

금일은 대갈하는 논 넷 마지기을 금일 안전이 모내기을 하였쓰며 금년에는 구미 돈벌이도 업고 해서 내길림을 하였는데 금년 농사을 잘 대이야 하는데 생각밖에 업꾸나. 그리고 오늘날까지 집사람이 맹랑한 감이 업쓰도 그련대로 좋은 사람이라고 생각을 하고 았쓰며 서로가 사랑을 끝까지 했가며 살라 왔따고 해도 가연이 아니다. 그련대 요줌은 행동 하나하나 마음에 글리며 남편의 말을 깊속이 알지도 못하며 나 자신의 생각보다 차이점이 만으며 여자가 과정[가정]에 사랑이 업쓰도 남들에깨는 사랑이 있는 {것} 같이 과정을 꾸미 가는데 이 여자는 그리치 않코 무선 일이 버려지며 남들에깨도 들려라는 식으로 소리을 내니 여자다운 대가 업따고 보며 요줌은 아주 실려저는 너킴이 들며 처음 약혼식 할 때에 여자가 기글리는[귀에 거슬리는] 소리을 할 때에 치우고 대구 사람에깨 할까 하는 생각도 들며 속이 극적끄리는 것 참고 약혼식을 하고 마라찌만 요줌 아서 과정이 하목하지 않코 서로 이사[의사]가 안 마저며 실려저 가고 있쓰니 이 시간에 생각을 할 때는 대구 사람에깨 같쓰며 이련 불상{사}은 업쓰리라고 생각을 한다. 왜냐. 상점에 점은이라서 성격이 캐알하며 잠쉬 바도 맹랑하고 손님 접촉하는 것을 볼 때 마음에 들려쓰는데 그때 생각은 촌 여자가 낯찌 않깨나 하는 생각에 사람의 왜모는 좋든 말든 모든 것을 모려고 촌 여자을 선택한 것. 촌 여자가 아니고 이것도 부산 공원[工員]이고 보니 이련 줄 알라따며 백 번 대구사람을 선택한 것인대 모든 것을 모러고 촌에 있따고 촌 여자로고 생각한 것이 나 자신이 어리석은 타잇라고 지금 생각을 하며 이제 와서 후에을 하며 이 사람과 계속 마음의 합비[합의]가 안 대고 서로 갈리며 결혼생할 아주 불행할 껏이 아닌가 생각을 할 때에 마음이 불란하기 짝이 업다.

요줌 갈트며 혼자 있꼬 십프며 남 눈만 아니며 다 지우버리고 결혼을 했바서며 하는 생각이 들며 자신에 마음에 더는 사람은 업쓸까 남들도 이련 신경이 있쓸까 그려치 아너며 집배 들며 포건하고 집배만 들러오며 이불 속에 들려는 촉감으로 하로하로 살라갈 껏이 아닌가 생각을 할 때 마음이 더 불란하며 서로가 노력을 하며 하로하로 행복하게 살라갈 수 있쓸까 염려가 대며 영혼이[영원히] 고치지 못하고 불란하게 하로 생할로 간다며 서로가 좋은 사람 차저가는 것이 서로의 복이 아니겠나 생각까지 더는구나.

〈1980년 6월 19일 목요일 낡씨 맑음〉

금일로 금년 모내기는 안전이 하였습며 작년에도 농사을 잘 짓어서 생산을 만이 냈는데 금년에도 작년 모양 잘 대기을 바라며 금년에도 비가 마침 잘 아서 모내기을 일적했서 잘 대리라고 생각을 한다.

〈1980년 7월 3일 목요일 낡씨 흐림〉

순철이가 내일이 예비군 훈련 연장이 나왔는데 순철이는 아직 소식이 업고 있는 데을 알지 못하고 내일 훌련을 바다야 대는데 사람이 업쓰서 자신이 대리교육을 할려고 마음을 먹고 있쓰는데 순석이 잘한다고[가겠다고] 해서 자신은 왜관 시장 짖는 데 돈 벌로 가고 마랐다.

왜관에서 일을 하면서 생각을 할 때에 탄관[타관]에서 돈 벌로 와가지고 한바집을 정에서 한 방에 여려 사람이 숙방을 하며 생할을 하는 것을 볼 때에 순철이도 혹시 노가다 잡부 일을 하면서 저려깨 하로하로 생활을 했가는 것이 아닐까 생각을 할 때에 그 사람이 여사로 안 보이며 하로 속히 서신 열락이라도 있쓰며 을마나 조어련만 소식 업씨 무이미하게 하로하로 기다리니 마음만 안타깝꾸나.

〈1980년 7월 4일 금요일 낡씨 비〉

순철이가 서신이 업고 갑짝이 오니 한편 반갑고 한편으로는 어떠개 안너야[왔느냐] 생각도 들며 자신의 생각보다 얼굴이 아주 나며 몸 건강하게 있쓰따는 것이 큰 다형이라고 생각을 하며 돈 1,000원을 가지고 나가서 부산을 갈려고 하니 차비가 안 대서 차비 마련할려고 노동일을 해서 차비 마련을 해서 부산에 가서 공원으로 들러가서 우선 자리를 잡고 살라왔따니 정말 놀랐쓰며 아죽 나 자신은 순철이를 아직 아들이라고 생각을 하고 있는데 돈 1,000원으로 부산까지 가서 살라왔쓰며 공원으로나마 자리을 우선 잡고 살고 있따니 자신은 극정을 안에도 댈 껏 같더며 아무대라도 가도 살 수 있따는 너킴이 들며 순철이가 그려깨까지 똑똑하다는 것을 이번에 절시 너켜다.

〈1980년 7월 8일 화요일 낡씨 흐림〉

구미는 공단이 있쓰서 발전한다고 하지만 왜관이 자신이 생각을 해볼 때에 구미보다 나중 가며 더 발전 가망이 맡타고 보고 있다. 왜냐. 아침 통학차에 학생들이 양 홈으로 나감 틈도 업씨 밀집대어 있는 것을 보니 머지안아 구미보다 발전 가능이 더 있쓰리라고 자신은 생각을 한다.

(구미보다 학생수가 4.5배는 더 만으리라고 생각을 한다.)

〈1980년 7월 18일 금요일 낡씨 비〉

종수이가 부산에서 생활하게 대어서 잘 되어따고 생각한 것이 순석이가 종수이을 구미로 올라오게 해서 잘못대지나 않을까 염려가 댈 뿐 아니라 구미 공원도 잘 안 대는 모양인데 만약에 구미서 생할을 못하게 댄다면 종수이만 마음의 갈피을 잡지 못하두록 하는 것이 아닐까 염려가 대는구나.

〈1980년 7월 19일 토요일 낡씨 비〉

매는[올해는] 하곡 매상을 을마 대지 못하고 작년에 5가마 대고 금년 들어 하곡 매상을 13가마 돼니 추곡매상 댈 때보다 아주 마음이 좋으며 자신도 부자처름 너켜저며 처음 매상을 만이 돼니 마음이 말할 수 업시 좋더라.

〈1980년 7월 22일 화요일 낡씨 비〉

여자모임에 가기만 하며 아들을 하나 너 노라는 말들을 만이 하고 있쓰며 집사람도 운이가 말도 제대로 못하니 아이을 하나 더 키어보자고 말을 하지만 자신이 운이을 본견지에서는 내 자식이라 그런지는 몰라도 운이 똑똑한 아이라고 생각을 하고 있다. 왜냐. 운이를 가만이 간찰해 볼 때에 말을 제대로 못해서 그러치 아주 캐알하고 지능이 좋으리라 생각을 하고 있키 때문에 남들은 아이을 더 나야 댄다고 하지만 자신은 조금도 그른 생각은 업다.

〈1980년 8월 1일 금요일 낡씨 맑음〉

이번에 비가 너무나 만이 와서 복판 논에 4일간이나 벼 포기 중간지점까지 물이 침수가 대어 있쓰서 금년 농사에 큰 실패나 대지나 않을까 제일 염려가 대며 자신은 금년에 했필 신품종 42호 벼을 했서 조금 볼 대는 점이 있쓰서 남들보다 더 피에가 대리라고 생각을 하며 영 낙태[실패]가 대며 어떠게 하나 하고 제일 염려가 대는구나. 그리고 굼통[47]에는 침수가 일주일도 데[더] 대고 있는데 금년농사 어떠게 댈까 염려뿐이다.

〈1980년 8월 7일 목요일 낡씨 비〉

금년 장마는 진절리 날 정도로 비가 오며 장마라도 가끔 빛도 나고 하는데 금년 장마는 빛도 한 번 나지 않으며 비만 오니 금년 벼농사가 제일 극정이며 금년에는 숭년이나 대지 않을까 극정이 말할 수 업꾸나.
그리고 금년에는 노동일 업쓸 뿐 아니라 있따 해도 노동자 생각은 십뿐에 일도 생각을 하지 않코 업자 자신만 생각을 해서 일들을 하니 매일 대마지[48]가 나며 노동으로 생할을 하는 사람은 몾 살겠따면서 극정을 만이 하며 제발 입만 먹고 살라간다면서 극정을 만이 하며 금년은 이래 산다나 내년에는 주택사업이 만이 벌려저서 일을 만이 할 수 있따며 얼마나 좋게나 하고 말들 하는 것을 볼 때에 안따까운 감이 더는구나.
금년에 건축노동자는 한 달에 10일 정도박에 몾하고 있쓰니 순전이 벌어서 생개을 이어간다는 사람은 정말 고통은 말할 수 업따고 생각을 하며 자신이 집적 같치 생할을 하고 있쓰니 기본 제산 업씨 살라갈려고 하는 사람은 정말 에로가 말할 수 업따고 보고 있다.

〈1980년 8월 27일 수요일 낡씨 비〉

금년 장마는 정말 급이 나는구나. 왜냐. 여름 내내 비가 왔쓰며 여름 낡씨가 한 번도 했빛이 올깨 나오지을 않에서며 육십 노인도 금년 장마처름 처는 것은 처음 바따고 말들을 만이 하며 자신이 생각을 해도 넘어하며 금년에 노동일을 하는 사람은 한 달 쳐고 비가 와서 15일 정도도 몾할 판이니 노동일 하는 사람은 큰 숭년이라고 해도 가연이 아니며 금년 농사도 노동일 숭년보다드 숭년이 아닌가 하고 염려가 대는구나.

〈1980년 8월 30일 토요일 낡씨 비〉

금년 장마가 멀정나두록 쳐더니 결국 벼을 안전이 죽이고 마는구나. 나 자신은 금년 메상으로 약 90십만 원 보았는데 금일 논을 안바키 도라보니 벼알은 우선 보기에 약 30푸로는 죽어있는 것 갈더며 벌서부터 벼알 두더러지게 죽어있는 것을 볼 때에 한심서러어며 가을에는 집[짚]만 남아있쓸 꺼이 아닌가 생각을 할 때 몸이 고댄 한이 있더라도 노가다 돈벌리을 착실이 하여야 대겠따는 생각이 들며 금년에 사체빚 만은 사람들은 땅 팔라먹지나 안을까 염려가 대는구나.

〈1980년 8월 31일 일요일 낡씨 비〉

정부에서 품팔리로 벌어먹는 사람들의 동태을 한 번 파악해 보았쓰며 하는 생각 간절하구나. 왜냐하며 회사에서 공사을 정부로부터 (뛰며) 그 밑태서 업주가 그 공사을 뛴다. 그러며 그 밑터서 노동일 하면서 머리가 잘 도라가는 사람이 또 하청을 밭는데 배우지 못하고 몸으로 벌어먹는 사람은 아무 말도 몾하고 일만 하고 만다. 그저 일만

---

47) 경상도 방언으로, 항상 물이 괴어 있는 논을 뜻하는 '무논'을 '굼논'이라 한다. 굼통은 이런 무논을 가리키는 것으로 보인다.

48) '기다림', '대기'를 뜻하는 일본어 '데마치(手まち)'에서 나온 말로, 주로 건설현장에서 많이 사용된다. 일기에서는 '되마지', '돼마지' 등으로 여러 차례 언급되고 있다.

하면 별문제지만 (사오 명)을 대리고 일을 하는데 하청주가 일 적개 한다고 법석을 부리니 하로 일과가 정말 고대다. 고댄 일과을 4日 5日하면 몸살정도가 나서 하로을 휴식을 해야 댈 판이며 그간 비가 와서 못하지 자기의 볼일이 있쓰서 못하지 하며 모든 것을 따지게 대면 한 달에 18日 20日 체고 다니는 사람이 20日 하게 대니 그 돈으로 생할비을 쓰야 대며 그 중 학교을 시킬야고 생각을 한다면 정말 숨 갑풀 정도며 겨울에 추어서 일그리가 업쓰니 여름 벌어서 겨울 나기가 힘들 판이며 업는 사람이 잘 살기가 하늘에 별 따기보다 힘들 껏으로 자신은 보고 있다.

"지휘청에 있는 사람이 이 점을 생각해서 하청 하청 하청 내려오는 것을 막아서 몸으로 벌어먹는 사람일망정 좀 수라게 벌어먹게 하여 주어쓰며 하는 생각 간절하구나."

〈1980년 9월 4일 목요일 낡씨 흐림〉

아버지 친구는 생신을 기다리는데 아버지는 생신을 기다리지 않코 제사을 기다리게 하니 정말 이 마음 아푸구나. 아버지 동갑 생신은 내일로 끝이 나는구나. 친구 분들은 아직도 쟁쟁하신데 아버지는 의이해서 일적 도라가신 것이 원망스럽다.

〈1980년 9월 15일 월요일 낡씨 맑음〉

송아지을 어미 대두록 키어볼라고 황송아지을 산 것이 오 개월 동안 소죽을 끄리 먹이니 그 만은 나무가 다 들어가며 심지어 밥 해먹을 껏도 업씨 더려가더라. 그래서 나 자신도 팔기 시련대 운이가 팔지 말라고 마구관에 가지을 못하두록 하며 팔시 말라고 우러싸시 자신에 마음이 아주 들 좋더라. 아무것 모런 운이가 송아지 판다고 우는 것을 볼 때에 나이가 만이 들수록 속이 컴따고 해도 가연 아니라고 생각을 한다. 그리고 자신이 집배서 생각한 돈보다 적으서 더 마음 안 대꾸나.

(송아지 살 때에 150,000만 원 주고 산 것이 383,000원 바다쓰니 조금 남은 샘이다. 송아지 값을 살리기 위해서 일반이자 450,000만)

〈1980년 9월 16일 화요일 낡씨 맑음〉

왜관 시장 짖는 데서 추석까지는 잘 버러먹으리라고 생각을 하였는데 그러치 않코 금일로서 큰일은 전부 한 샘이 댄다. 추석 시고 일 나오라고 하지만 왜관 일은 금일로 끝이 남 쌤이 대는구나. 자신의 욕심으로 바서는 추석 전날까지 하여쓰녀 하는 생긱이 들며 모든 것이 공백이 업씨 대리고 개산을 했는데 자신의 개산차고가 생기는구나. 자신은 추수할 때까지 공백이 댈까바 재일 염려가 대는구나.

〈1980년 9월 17일 수요일 낡씨 맑음〉

우리 마을사람이 인동 정씨 종종산에 장지을 정에서 운상으로 가보니 종종산이 우리 보기에 아주 산들이 잘 생기따고 생각을 해보았쓰며 그곳에서 벼들이 충실하게 연결어[엉글어] 가는 것이 제일 불더라[부럽더라]. 왜냐. 우리 마을에는 번 지원들이 매일 나와서 신품종을 안 아며 융자금노 업따고 하며 심지어 농약도 농업에서 주지 않게따고 법석을 부리는 바람에 신품종을 전부가 해서 이처름 허부한 숭년을 만나게 대이띠고 자신은 말을 하고 십다. 왜냐. 인동에 주위에는 (고속도로) 철료 주위가 아니라서 신품종 근장을 별로 신경을 안 쓰서 모두 일반벼을 만이 해서 풍년을 하여 얼마나 좋으련만 우리 마을에는 한숨소리가 그칠 세 업따고 생각을 한다.
이것들이 면 직원들만 아니터라며 우리 마을에도 일반벼을 만이 하여서 우리 마을에도 우숨소리가 나는 해을 마지했쓸 꼈이 아닌가 하고 생각을 할 때에 면 직원 이들이 원망스렵꾸나.

〈1980년 9월 21일 일요일 낢씨 맑음〉
시장 짖는 데 일한 것을 금일 준다고 오라고 해서 열시 차에 몸을 실고 돈 바더로 왜관현장에 가니 금일 돈이 완 댄다고 하며 그 만원 사람들에깨 내일 오라고 하니 어이가 업더라. 왜냐. 회사에도 사유가 있깨찌만 자신이 생각할 때는 성위 부족이라고 생각을 할 수밖에 생각을 몿하게다. 왜냐. 23日 추석이 아니고 평일이라면 모러지만 23日 추석이라서 객지에서 온 사람들은 시장을 바서 출발을 해야 댈 판인데 돈이 안 댄다고 하니 어위가 업쓰며 내일 오전에 준다고 하는 돈을 금일 몿 준다고 하는 것은 순전이 회사 성위 부족이라고 생각을 하니 마음의 열이 더 나는구나. 그리고 그 만은 사람이 돈을 밭지 못하고 빈 몸으로 도라가는 것을 보니 내 마음도 좋지 않으며 장을 볼라고 보재기을 가지고 온 사람이 빈 보자기만 들고 가는 것을 볼 때에는 우섬이 나는구나.

〈1980년 9월 22일 월요일 낢씨 맑음〉
금일도 돈 안 데며 아들 옺이라도 사야 대는데 이번에 돈 안 데며 추석이라도 옺 한 벌 아이들에깨 사 입피지 몿하고 마지하는 것이 아닌가 하고 생각을 할 때에 극정이 좀 데면서 열차에 몸을 실고 현장에을 가보니 벌서 다 와서 돈을 일부 기다리며 일부는 도박이 벌러저서 한창이다. 돈이 업쓰서 돈 바더로 온 사람들이 판돈이 전부가 만원짜리더라. 그것을 볼 때에 돈 바더로 오며 저 만원 돈을 왜 가지고 아쓸까 하고 생각이 들며 자꾸만 그 사람을 보게더라.
그러자 한 사람이 이러나면서 이번에 돈 바다야 한 픈도 몿 가지고 간다면서 얼굴을 벌그게 데어서 일어나는 것을 보니 어이가 업쓰며 그 사람이 기술자라서 돈 만이 밭는 사람도 아니고 등짐을 저서 노임을 밭는 사람이더라. 그 모섭을 볼 때에 내일이 추석인데 그 돈이 장볼 돈이 아닌가 생각을 할 데 정신이 아찔할 정도며 한편 생각을 할 때는 돈 한 픈 벌게따고 세벽차을 타고 다니면서 번 돈을 도박으로 끝을 내는 행시을 바서 말딱 꼬시다 하는 생각이 들더라. 등짐으로 벌어먹는 사람이 돈 따게따고 그 자리을 들어가는 몸이 가스럽따고 생각을 한다. 그러고 그 사람픈 아니라 여러 사람이 당했쓸리라고 생각을 한다.
자신은 79,000원 바다서 왜관 장에서 아들 옺가지을 사올라고 하니 만약에 옺이 적으며 바꾸로 오기가 그중할 꼈 같아서 왜관 장에서 보지 않코 구미 와서 장을 바쓰며 집사람은 이번에는 꼭 옺 한 벌 사줄라고 생각한 것이 돈 쓸 생각을 하니 사지 몿하게쓰며 집사람이 일한 것 바서는 꼭 사주야 데는데 앞푸로 돈쓸 생각을 하니 마음먹은 데로 몿하고 아이들 옺만 사들고 집부로 오고 마라쓰며 집사람 옺을 이번에 꼭 생각한 것이 사지 몿해서 미안하다고 말을 하니 집사람이 자신의 등을 치며 내 옺은 업쓰도 대요 하는 말을 들어니 눈 꼭 깜고 집사람 옺을 예쁜 옺을 사올 킨데 하고 후예가 대는구나.

〈1980년 9월 23일 화요일 낡씨 맑음〉

작년 추석만 해도 열차 편으로 손님이 가득한데 금년 추석은 열차 칸이 흙빈하다고 해도 가연이 아니다. 그리고 집배서도 추석 기분이 해가 갈수록 들한 감이 더는구나. 추석 성묫길에는 여터것 빠저 본 일이 업는데 금년에는 자신의 궁뒤에 치질이 있쓰서 거름 글키가 그중실러어서 참석을 못하고 빠저고 마라서 마음이 캐알하지 못한 하로을 넘기고 마랐다.

〈1980년 9월 24일 수요일 낡씨 맑음〉

대신초등학교 운동회을 해도 아이들이 업쓰서 운동회 구경을 가지 않코 집배서 일과을 보내고 마랐는데 금년에 혜진이 1학년에 들어가서 이재 자신이 학부형이다 하는 생각이 들며 우리 딸래미가 얼마나 잘하나 하고 구경을 가게따고 자신은 일적 간다고 간 것이 벌서 다 하고 무용밖에 남지 않아드라. 그래서 좀 일적 올 킨데 하고 후예감도 드는구나. 그러자 우리 딸래미 무용할할려고 1학년 학생을 대리고 나오더라.
1학년 무용이 아주 잘하며 우리 딸래미 무용하는 것을 볼 때에 내 딸 잘나꾸나 하는 생각이 늘더라.

〈1980년 9월 25일 목요일 낡씨 맑음〉

"벼을 안전이 죽이고 이제 와서 낡씨가 좋으며 무었하나 정말 원망스렵다."
"금일은 들판에 한 박키 도라보니 정말 한심하기 짝이 업더라. 어떤 논들은 벼이삭이 고개을 숙이지 못하고 꽂꽂하게 쓰있는 것을 볼 때에 아타까우며 농촌에 메년 풍년을 돌라온다고 해도 마음이 차지을 않을 탠데 큰 숭년을 당해쓰니 내년 한 해을 보낼 길을 생각을 하니 마음이 답답할 정도다."

〈1980년 9월 29일 월요일 낡씨 맑음〉

우리들이 생각한 것처름 숭년이 아니더라. 막상 낮을 갈지고 벼 베기 들어가 보니 우리들이 생각한 것보다 아주 좋아서 마음 여유가 생기며 식량이 댈 껏 같더며 용돈 쓸 자금도 날을 같더라.
"금년 장마에 요만춈이라도 사람 먹을 것이 나온 것이 기적이라고 해도 가연이 아니다."

〈1980년 9월 30일 화요일 낡씨 맑음〉

콤바위 벼 베기을 하며 탈곡이 안전이 대이서 나오는 것을 볼 때 신기하기 짝이 업쓰며 이제는 농촌에도 돈만 있쓰며 공기 맑고 살기 좋은 곳이 농촌이 아니겟는가 하고 생각까지 들며 도시 있는 사람과 농촌에 있는 사람과 비교을 한다면 농촌 부자을 더 불버[부러워] 할 때가 왔따고 자신은 말하고 십다.

〈1980년 10월 3일 금요일 낡씨 맑음〉

들에서 벼 비고 너케야 들어오니 집배서는 달갈 냄새가 나고 해서 이상하다고 생각이 들며 집사람이 날살 한 핀 시는 것을 들려다 보니 한 개도 업쓰며 운이가 후라이판에다 개알을 캐놓고 마당으로 온 대 개알이며 미워 치약 집배서 파 심어논 것 할 껏 업시 마집을 시켜 놓아쓰며 집안이 비린내가 왕동하며 집사람이 참지 못하고 (운이) (혜진) (혜영이) 할 낏 (없)이 야난을 처는 것을 자신이 집사람이 잘못이라며 꾸중을 못하두록 하고 마랐다.

<1980년 10월 4일 토요일 낡씨 흐림>
어제 운이가 (치약) (미원) (파) (달갈) 냇 가지만 마집을 시키따고 생각한 것이 아침에 화단에 화초 고추가 그처름 예쁘게 달려 있는 것을 나무쳐로 업쓰저고 마랐드라. 그래서 자식들에깨 매을 대고 마랐다. 운이을 매을 대면서도 닷섯 살 대두록 말도 안전이 뫃하고 물불을 가리지 않코 젭신[잽선]을 하는 것을 볼 때에 운이 바보라서 그런지 알 수가 업쓰며 운이 동생을 더 볼까 하는 생각까지 들더라.

<1980년 10월 5일 일요일 낡씨 비>
벼 배기을 바인다로 셋 단지을 띠내 주고 손수 벼 배기을 할 꼇은 두 단지밖에 남지 않아는데 금일 비가 와서 작업을 중단하고 마라다.
여름에 비가 넘어나 비가 만이 와서 가을비는 업쓸 줄 알랐는데 또 비가 오니 정말 낡씨 급이 나며 가을비는 업쓸 줄 알라는데 비가 오니 어위가 업꾸나.

<1980년 10월 10일 금요일 낡씨 비>
낡씨만 좋아서며 일부 벼 탈곡까지 좀 했쓸 낀데 때 아닌 비가 오니 벼 수학이 말할 수 업씨 너저만 가며 금년 비는 정말 급이 나는구나.
금년 장마에 벼 수학을 반을 접버쓰며 이제는 반 남은 벼알을 깨꼇이 수학하두록 일기가 좋아야 할 탠데 또 가을비가 자주 와서 일적 벼 베기에 들어간 것은 벼단이 아래로 간 것들은 곰팡이가 이미 피쓰며 얼마 안 가서 다 쓱을 끝 갔다.

<1980년 10월 11일 토요일 낡씨 비>
전두한 대통령의 정치하는 각도가 박정희 대통령과 갈다고 자신은 말하고 십프며 가감하게 쳐리하는 것을 볼 때에 형제간 맡이 날 정도의 맡이 나는구나.
전 대통령이 계속 가감하게 일쳐리하며 국민들의 불평하는 점을 꼭꼭 찝버서 말씀하는 것을 볼 때에 마음이 변화지 안는다며 종신대통령을 하여도 불평이 업쓸 것으로 보며 머지않은 장래에 살기 좋은 한국이라고 이름 이쓰리고 자신은 말하고 십다.

<1980년 10월 18일 토요일 낡씨 흐림>
금일로 금년 벼 베기에 안전이 끝이 난 셈이 대며 벼 베기에 들어가기 전보다 막상 벼 베기에 들어가 보니 벼들이 좀 충실아하니 마음의 여유가 생기는구나.
"요줌 일기가 벼 한참 절시 무름 해 보기가 힘들더니 그때와 꼭 같다고 해도 무리는 안인 것 같다. 왜냐. 하로 해가 보이며 해가 안 보일 때가 드 만은니 어위 가을일이 빨리 댈 수가 업쓰며 논보리 갈지 뫃하두록 할까바 제일 극정이 대는구나. 만약 보리흉년을 만든다며 정부에서도 왜로가 말할 수 업시 마느리라고 자신은 생각을 한다."

<1980년 10월 25일 토요일 낡씨 비>
금년 일기는 변득스럽키 짝이 업꾸나. 바라지 않는 가을비가 오니 사람으로 할 일들은 몇 배가 힘이 들고 하니 자꾸만 불평감이 생기는구나. 가을 낡씨만 정상적으로 좋아더라면 가을은 안전이 맡치다고 해도 가연이 아니며 구미 노가가[노가다] 돈벌리 갈라고 들 땐대 일기 변득스러운 간개로 자신의 예로가 있따고 해도 무리는 않니라고 생각을

한다. 금년 흉년 바서는 금년이 넘어가기 전에 10,000만 원 벌어야 생할비가 수라게 도라갈 꺼을 생각을 하니 가을 날씨가 좀 맑아쓰며 하는 생각이 간절할 뿐이다.

〈1980년 10월 27일 월요일 낡씨 맑음〉

앞밭때에 보리씨을 푸리며 집사람과 씨앗을 문는데 종일 빡빡하며 금년 씨갑씨는 (신대깍키로)[49] 12돼 들어가니 빈틈업시 마제며 씨갑씨 좀 드멀개 뿌리지나 않아는가 염려가 대는구나.

〈1980년 10월 31일 금요일 낡씨 맑음〉

금년에는 자신에깨는 큰 숭이 아닐 수 업다. 왜냐하며 작년에 태풍피해로 숭년이라고 해도 복퐌에 (18가마) 먹어는데 금년에 (10가마밖에) 먹지 뫂하고 봉답에 작년에 18가마 반 먹어는데 금년에 9가마밖에 안대며 대갈림을 해서 작년보다 2마지기 수학을 더해도 금년 매상을 작년 반밖에 뫂할 꺼 갈드니 자신에깨는 오진 숭년 본 샘이 댄다.

그리고 금년 벼 수학은 오늘로서 안전이 하고 마랐다.

〈1980년 11월 1일 토요일 낡씨 맑음〉

말리 보리 가는데 추지서 힘이 만이 들어쓰며 노타리을 쳐는데 잘개 쳐쓰며 땅이 추지도 아주 힘이 만이 들지는 안아쓸 껀데 굴게 노타리을 쳐서 보리가 제대로 날까 염려가 대며 보리을 다 갈고 나서도 흙등이가 크서 보리가 나게나 하고 염려밖에 업꾸나.

〈1980년 11월 5일 수요일 낡씨 흐림〉

금년 가을 안전이 끝을 난 셈이 돼어서 구미 한우아파트 짖는 데 돈 좀 벌 욕심으로 한우아파트 현장에 가보니 사람이 넘어 만타고 하며 이번 가주을 하며 사람을 줄굴 작정이니 내일 오후에 다시 나와 보라고 말을 하더라.

자신의 욕심으로 바서는 설마 나 하나 일할 때에 업깨나 하는 욕심 있찌만 만약에 사람이 만타고 사람을 안 쓰게 대며 어짜나 하고 염려도 대는구나.

〈1980년 11월 7일 금요일 낡씨 맑음〉

사람 생명은 알 수가 업따고 하지만 38세 일기로 부모 앞패 죽는 고인은 오죽 마음이 개로개 짝이 업깨지만 남머지 따린 쳐나 자식을 보니 불상하기 짝이 업쓰 보이며 마지막 가는 길에 (맡자식) 국민학교 2학년이 절도 제돼로 뫂하는 아이을 대리고 나와서 절을 하라고 할 때 운상하는 나 자신이 눈물로 앞을 가리게 하드라. 나와 고인이 동갑이지만 그것을 살개따고 발부동을 쳐며 사라온 것이 원망스러어울 정도며 고인이 불상한 감을 검할 길 업꾸나.

운상을 너깨야 끝을 내고 집배 도라오니 할머니는 안 죽는데 제미 저 아빠는 왜 죽어쓰 하며 우리 혜진이 물는데 아파서 죽어딴다 하고 말을 하니 혜진이 아빠는 오래오래 사라고 말을 히는 것을 볼 때에 저깃이 겨우 일학년이 무었을 안다고 저른 말을 하는고 하고 생각을 할 때에 사랑한 마음 검할 길 업꾸나.

---

49) 큰 흡되로 가득 채우는 것을 말한다.

〈1980년 11월 13일 목요일 낡씨 흐림〉

구미 한우아파트에 목수일 하면서 찬바람은 부는데 삼층에 일을 하면서 춯 추위라서 그런지 말도 몿하게 뜰어쓰며 이처름 뜰면서 돈 번다고 몸살을 쳐는 모섭을 과연 자식들이 나중이라도 우리 아버지 돈 번다고 고충이 만아따고 조금이라도 생각을 가지겟나 하는 생각 들더라.

"자식만 아니며 우리 부부는 살 수 있따고 보며 이쳐름 뜰면서 돈을 않 벌겟따는 생각이 들며 하로 해을 는기고 마랐다."

〈1980년 11월 14일 금요일 낡씨 맑음〉

한우아파트에 일한 지는 금일이 5일이 돼며 한우아파트에 일하기는 목수들이 좀 수라다고 생각을 한다. 왜냐. 목수 돼모도가 만아서 자제을 전부 같다 주기 때문에 목수일은 아주 수라다고 보며 목수일 3년 동안 해보았찌만 한우아파트만춤 잡부를 만이 쓰는 곳은 업따고 본다.

건축일 하는 것이 3年 전에 일할 때와 지금과의 돼조을 해본다면 하늘과 땅 차위라고 생각을 한다.

〈1980년 11월 18일 화요일 낡씨 맑음〉

우리 마을 사람이 회사 지경[직영(直營)]으로 고증인보[고정인부]로 일을 하고 있는 사람이 회사일이 바푸다고 하면서 회사 축에서 사람을 둘이나 대리고 오라고 해서 마을 사람을 대리고 갈다. 이 사람들을 회사 바뿐 핑계 쳐고 야간까지 시켜서 2일 동안 쓰고 모사[묘사] 관계로 삼 일체는 결근 홰따고 일 나온 사람을 카드[커트] 시키니 자신하고는 관계는 업찌만 회사에서 너무해따고 생각을 하며 업쓰서 벌어먹는 사람이라고 마구재비로 하는 것을 볼 때에 업는 것이 제일 서러운 것이라는 것이 제삼 너켜지는구나.

그리고 회사 축에서는 요줌 해가 짤따는 이유로 여름에 참 시간은 30분 주는데 해 짤따는 이유로 참 시간을 15분 주니 일에 열중하다 보며는 국수 한 거룻도 몿 먹어서 일하라는 사이랭이 분다. 그름 일하라고 소리을 지러며 돈 번다고는 하지만 중노동을 해야 대며 이것도 사람들이 벌겟따는 사람이 만아서 카드 댈까바 극정이 대어서 일을 한다. 이것들을 다 좋다고 쳐자. 점심시간마자 12시 20분부터 점심시간이니 업는 노동자지만 점심시간마저 착치을 해서 일시키는 것을 중앙에서 알고도 모르는 체 하는지 노동자들이 어떠게 해서 돈을 버는지 상관할 필요도 업따는 것인지 알 수가 업쓰며 중앙에서 결로자[근로자] 결로자 하며 말들을 만이 하는데 말로만 결로자 하고 있는지 결로자의 몸이 하로 일과가 어떠게 움직이서 이세들을 교육문제 생할문제을 어떠게 해서 살라가는지 좀 책크라도 해 보았쓰며 건설업자들이 이러깨까지는 노동자을 부리먹지는 않을 끝으 보고 있다.

〈1980년 11월 21일 금요일 낡씨 비〉

밭보리는 가물이 들어서 수건한 데는 보리 씨는 나고 매마른 데는 보승보승하게 있는 보리 씨앗 바서는 이번 비 아주 잘 았따고 생각이 더는구나.

보리씨가 이제 나서 추운 겨울에 얼동에 말라죽찌나 않을까 염려가 데며 보리 숭년까지 댈까바 제일 극정이다.

〈1980년 11월 24일 월요일 낡씨 흐림〉

아침에 일터로 갈라고 더는데 오늘따라 안게가 자욱해거 앞도 제대로 몾 보게더라. 매일 갈치 동행해서 가는 사람이 한 사람도 나오지 않코 해서 자신 혼차 열차에 몸을 실고 구미역에까지 도착해서 내리는데 나 혼자라서 기분이 상캐하지는 안는 기분으로 일터로 발 온기기 시작했쓰며 늙번 도로에는 나 혼자 안개 속을 해쳐가며 아파드에는 일 게 동 쳐고 한두 집만이 불이 켜 있쓰며 다들 한잠을 자고 있는데 자신만이 밤길을 걸어야 대는지 그러치 안어며 살지 몾하는가 하고 한탄도 좀 했쓰며 나 자신은 이러깨 사는 한이 있더라도 내 이세만은 편하게 살 수 있두록 만들어노코 말 꼇이다 하고 주뭑을 불낀 지고 올 때는 이미 현장에까지 도착하게 대어다.

〈1980년 11월 27일 목요일 낡씨 흐림〉

구미 한우아파트에 일 갈다 오니 집사람이 들판에 벼 탈곡한 집을 내일 안으로 안 치우며 불을 나서 다 태우겟따고 하면서 이야기을 하더라. 그 소리을 드고 나니 화가 나더라. 왜냐. 그 벼단이 치우지 말라고 해도 집단이 다 말라쓰며 집부로 가지고 올 꼇을 추진 집단을 집배 가{져}와서 다 쓱꾸라고[썩히라고] 하는 말인지 알 수가 업쓰며 어떤 사람은 도로변에 철로변에 안 보이는데 가지고 가서 말라가지고 집배 가지고 들어오며 지름 한 빵울 나지 안는데 경운기 지름 소모가 얼마나 대는지 알지도 몾하는 새키들이 벌소리을 하며 전국적으로 다 잇칼[이렇게 할] 끼시니 생각만 해도 엄청난 노동 소모음 시키며 소득 업는 기름을 태우면서도 중앙에서 지시을 해서 일을 시킨다며 크게 생각해볼 문제며 그것 뿐 아니라 고속도로 주변 철로 주변만 갈가리[가을갈이]을 쳐라고 하는 것은 또 별문제라고 한다만 농촌지도소 교육가며 땅이 휘 쓱는 땅은 갈가리을 하며 벼농사가 안 댄다고 교육을 밭다는데 도로주변에 땅 휘 쓱든지 말든지 강제로 쳐라고 하는데 농민들이 힘이 업쓰니 할 수밖에. 손에을 번하게 알면서 하는 심정들은 욕지기가 날 지경이다. 사람이 밖키 나서 이삼 년 농민들이 예로가 만을 꼇으로 본다.

〈1980년 12월 1일 월요일 낡씨 맑음〉

정부에서 비료 가격을 50푸로 홀리게[올리게] 해서 농민들의 타격은 말할 것도 업쓰며 농촌에 여관 부자라고 해도 아들 하나라도 대학을 시킨다면 살림이 그달[거덜] 날 정도 돼 비료값마저 또 올리쓰니 모든 물끼더리 그돼로 올라갈 꼇을 생각을 하니 농민들이 왜로가 제일 마느리라고 생각을 한다. 금년도 30日만 보내며 금년 한 해을 넘기는구나. 금년 한 해가 숭년만 아니어더라면 나 자신이 생활이 흙신 삶매 바람을 이삼 년 빨리 차절 수 있쓸 땐돼 숭년만 아니며 저축을 600,000만 원 이상원 저축 계산을 했는데 숭년 바람에 자신원 을마나 왜로가 말할 수 업쓰며 삶매 길이 너저만 가는 것을 생각하니 은망스렵꾸나.

〈1980년 12월 20일 일요일 낡씨 맑음〉

어제 어머님 제사라서 온가속이 한사리에서 어머님 제사 준비을 하여쓰며 오 형제의 아들이 모이니까 분주하기 짝이 업쓰며 아들이 4명 남어지는 빨너리라서 소런히기 짝이 업쓰며 이섯들이 자라시 걸혼할 정도 대며 더 소란할 꼇을 생각을 하니 우섬이 나는구나.
금일은 구미 돈 벌로 가도 대는데 어머님 제사라서 조용히 보낼라고 휴식을 하고 마랐쓰며 집배서 조용히 보내도 마음이 답답고 해서 어머님 산소로 발을 온기기 시작했쓰며 어머님 산소에 가니 말업시 아버지 어머님 산소만이 나란희 계시며 어제 어머님 제사라는 것도 몰란는 것같이 말업시 누어만 계시며 왜 우리 부모들은 짤번 운명을 타고 나왔쓸까 원망만 하다 어머님 아버지 산소에서 내리오고 마랐다.

〈1980년 12월 22일 월요일 낡씨 맑음〉
일 년 전만 해도 수매양을 조사하게 돼며 동장이 수매량을 조금 올리서 면에 보고하며 면에서 수매량 불가서[불려서] 군에 보고을 해서 응뜰이[엉터리] 행정인 줄 알고 있는데 이변에 그 반대로 농민이 실량을 보고을 동장에게 보고한 것이 동장이 그대로 보고하지 않고 더 축소을 해서 면에 보고을 했따고 하며 면에서는 동장에 신청을 받든 것보다 더 축소을 해서 군에 보고 했따고 하니 사람이 바키니까 각 행정이 반대가 대는구나. 그리고 누가 축소을 했든지 농민의 수매량을 전부 바다더리며 보고 따위는 별 문제가 대는데 전량을 정부에서 바다더리지 않코 농민이 신청을 한 것만이 정부에서 바더리기 때문에 시냇이서는[시내이에서는] 실립량 전량이 다 나와따면서 췌 수매만 하고 매상이 업따고 해서 췌 수매에 못댄 사람은 어마어마한 손예을 보고 있다. 왜냐하며 실립량만 바다준다고 하며 실립을 일체 안하는 사람은 수매을 고리하여야 될 탠데 수매량을 한 가마니도 안 했는 사람이 80가마나 대고 대다수가 실립을 안 했쓰며 그리고 농사마지기 줓는 사람만이 금년에 숭년이 줓셔니까 매상을 대지 한코 상인에깨 내며 더 바지 않깨나 하고 신고을 하지 않고 있따 그 사람들이 췌 매상을 다 대고 마라쓰니까 우리 마을에서는 매상량이 다 나와따고 하며 매상을 바다주지 않코 약 한 달이라는 공백이 대니까 업는 사람은 일반 이자는 늚어가지 매상은 업따고 하지 할 수 업시 상인예깨 2등 가격에서 1,000원을 들주고 마을 매상가마니을 다 팔라 같쓰며 그 중에서 일등 나락 가격을 천다며 아주 큰 손에을 보고 상인예깨 는기고 마라다.
이것들을 생각을 해보며 면 직원들이 생각도 업는 사람이라고 말하고 십프며 면 직은들을 전부 모가지 잘라야 댄다고 말하고 십다. 왜냐. 면에서 수매량 신고 바든 량을 고대로 수매를 바다 더리쓰며 농민들도 원망을 못할 껀대 수매량을 한 가마니도 하지 안은 사람이 수매을 다 하고 마라쓰니 원망 소리가 말할 수 업따고 보며 수매을 못한 사람은 일반이자 늚가 주야지 수매 돈보다 일등 계산을 한다며 이천오륙백은 손에을 보니 않나 하고 생각이 들며 전체의 수량을 본다며 말할 수 업시 큰 손에을 보있다.
이 사람들이 면에서 정식대로 해쓰며 이번에 손예을 본 사람들이 여려모로 수익을 볼 끄시며 수매량을 신고하지 않는 사람들은 이번에 득 좀 볼라고 들어따 큰 손에을 보고 말 탠돼
면 직은들의 무관심으로 정직한 농민들이 말할 수 업씨 손에을 본 것이 원망스렵다. 그리고 정부에서 행정을 해가는 것을 볼 때에 자신은 한밤중이라고 말하고 십다.

〈1980년 12월 25일 목요일 낡씨 흐림〉

정부에서 이러깨 매상이 있쓰서 돈을 줄줄 알라쓰며 상인들에게 매상가마니을 팔지 않을 껀데 돈이 시급한 사람들은 전부가 상인들예깨 다 내고 이제 와서 매상이 있쓰며 돈을 주고 있쓰니 이 사실을 정부에서도 하로 팔리 농민예깨 매상이 있따고 이야기만 했더라면 농민들이 어굴하게 손에을 보지 않을 껀데 정부에서 너무나 잘못해따고 생각을 하고 십다.

그리고 자신은 작년에 매상가마니을 태풍 피해을 바서도 32가마나 매상을 했는데 금년에는 세 집에 논을 두 마지기을 더 짓도 금년 매상은 18가마밖에 매상을 못 했쓰니 자신은 이절 수 업는 숭년을 당했띠고 생각을 한다.

18가마 내상 돈이 415,000원

1등 가격이 23,310원

칠성 80年 12月 25日 원금 20,000만 利子 5000원 칠성이 모친 줌. 영수정이 업따고 하면서 주지 않더라. (집사람이 저녁에 운이와 같이 감)50)

〈1980년 12월 27일 토요일 낡씨 맑음〉

이세들에께 삶매 보람을 가지고 인간 세상에 살라가두록 자신은 추번 것을 무릅쓰고 돈 힌품 벌게따고 세벽차을 타고 일터에 나오며 춥따고 일 못하게따고 하는 사람이 일부 있는데 그 사람들은 자신이 생각을 할 때 참 이상하다. 왜냐. 집사람들은 일하로 간다고 세벽밥을 하며 남편 춥따고 따뜻하게 보낼 껏이 아닌가. 그 따뜻한 감을 생각을 해쓰도 일을 하여야 대는데 일을 않 알라고 하니 그 마는 사람들이 일을 못하게 대며 안예의 성위와 수고가 다 헛수고로 도라가고 말 때는 하로의 생할이 우울하게 하로가 넘어가고는 만다.

※ 노가다 일터가 오늘 하로뿐 아니라 날씨만 춥버며 몟 사람의 소리로 전부가 못하는 것이 노가다 일턴가.

〈1980년 12월 28일 일요일 낡씨 맑음〉

운이가 두 살 위인 저 누이을 매일마다 울리며 때리고 아주 계롭게 하여서 혜영이 말하는 것이 나는 너 때문에 나 죽개따고 하면서 개려으하는 것을 볼 때마다 운이에깨 못 사우두록 자신은 볼 때마다 운에깨 말을 해도 말을 더찌 않코 눈만 터며 혜영와 싸오면서 날을 보내면서도 나제 가만이 보며 운이가 코을 흙이며 종이로 코딱아 주고 잠자리에 들어가서도 운이가 벼개 비지 않코 잠을 자고 있쓰며 가만이 운이 벼개을 차저서 비주고 하는 것을 볼 때에 참 이상하기 짝이 업다. 왜냐. 하로 쳐고도 운이깨 닷섯 분 이상은 머리들 떡키고 터지고 하면서 운이깨 자상한 모섭을 하는 것을 보니 피줄이 무섭어며 남이라며 보지도 안 알라고 들킨데 형제란 것이 가넌 무섭꾸니.

※ 금년 한해는 자신이 이저서지 안는 한해라고 생각을 하고 십다. 왜냐. 숭년이

50) 원문에서는 이 내용이 12월 1일 자 일기가 끝나고 난 후 이어지는 지면에 적혀 있다. 해당 지면에는 79년부터 80년까지의 채무관계가 적혀 있는데, 원문에서는 청산이 끝난 채무관계의 경우 줄로 그어 삭제 표시를 해두었다. 이렇게 저자가 직접 삭제한 내용은 입력하지 않았으며, 여기 입력된 내용은 아직 청산이 안 된 채무관계이기 때문에 저자가 지우지 않고 남겨 놓은 것이다. 내용에 언급된 날짜에 맞추어 12월 5일 자 일기에 배치하였다.

아니라면 자신은 저축을 배 이상 할 껏 이며 생할 여유가 아주 많을 땐대 숭년 이 저는 바람에 자신이 생할 여유도 업쓸 뿐 아니라 이 영향이 말할 수 업시 끄다고 생각을 하며 81年에는 대풍년 대기을 고대할 뿐이다.

어제 일터에서 일하면서 자신은 땀이 나서 웃옷을 한 가지 벗서 노코 일을 하여는데 남들은 추버서 일 몿하게따고 해서 오후에는 전부 일을 중단시키고 마랐다. 이것들을 생각을 할 때에 참 이상하다. 왜냐. 돈 벌라고 더는 사람이 오전에 일한 사람이 오후에 일 몿하게따고 오야지에깨 말들을 해서 일 수돕시키는 것을 볼 때 아이들도 이러지는 않을 땐대 하고 생각이 들더라. 왜냐. 오야지는 일 나온 사람에깨 일하지 말자고 말만 나오두록 바라고 있쓸 땐대. 왜냐. 날씨 추버며 하류까[화롯가]에서 불만 찌는 사람이 만아저기 때문에 오야지가 집적 일 중단 몿시키고 있는 중이라고 해도 가연이 아닌데 일하는 사람이 말을 하니 을마나 좋아하며 일 중단하게나 하고 생각을 할 때에 가스렵키 짝이 업씨 집배 돌라고 마랐다.
그리고 자신이 금일 일 가면서 어저보다 더 추운데 일하게나 하고 의심서러운 감을 가지고 일터에 가니 책임자 2명과 일할 사람 세 사람 불과 5명밖에 나오지 않아쓰며 그 만은 사람이 춥따고 나오지 않코 일할 사람 셋 사람 중에 나 자신이 키어 있쓰니 나 자신도 독한 사람 중 한 사람이라고 생각을 하고 십꾸나.
책임자가 오늘 날씨 춥버서 일 못한다고 집배 도라가라고 하더라. 자신의 혼자 집배 돌아오니 날씨 추버서 올 수가 업두록 추번 감이 너켜지며 집배 오는데도 만이 뜰어다. 집에 오니 마을에서는 친구들위 돈에 미쳐 따고 말들을 하더라. 그래서 자신이 이래 벌지 못하며 이세들 학교라도 시킬 수 있나 하고 웃고 마랐다.

〈1980년 12월 30일 화요일 낡씨 맑음〉
"공사 하층자도 좀 이상한 사람이라고 생각하고 십다. 왜냐. 겨울 날씨에 오늘 같든 따뜻한 날도 업는데 책임자가 일 시키로 나오지을 않아쓰며 이번 달 쳐고는 따뜻한 날들은 다 놀고 추번 날들만 개리 가지고 이번 간주예 삼 일 한 셈이 대니 도시에 있는 사람은 밥 군깨 알마절 정도라고 생각하며 우리나라 실정 쳐고 노가다 새키다 목수들은 삶기가 힘이 들 정도며 자신이 생각을 해볼 때에 도시에서 단 직업을 선택을 하지 않코 새키다 목수 하는 사람이 쳐 밀고 있쓰니 좀 이상하다고 생각을 하고 십다."

〈1980년 12월 31일 수요일 낡씨 맑음〉
금년 한 해는 보람도 업시 한 해을 접고 마는구나. 저로서는 한 해 한 해 가는 것이 알차고 보람 있는 해가 돼어야 데는데 보람은 그능 승년이란 상쳐만 난기고 80年이란 해는 늠어가는구나. 80年이란 해가 알차고 보람이 있는 해가 돼어따면 자신의 삶매 길이 아주 가까워질 수 있는 중요한 해라고 해도 가연이 아닌데 숭년이란 상쳐만 난기 놋고 저물어가니 정말 이 마음 아쉽다.
한우아파트 하층자 일시키는 것이 적자 나게 알마절 정도로 일시키고 있다고 생각을 한다. 왜냐. 하청자도 돈이 잘 안 데서 노임을 다 못 주고는 하지만 일하는 사람들은 생각이 미불이 얼마 안 돼지만 기분이 그려치 안으며 간주 날자에 셋 번이나 미불을 두고 간주을 해주니 일하는 사람은 재미가 나지을 않으니 작업하는 데 영향이 있쓸 뿐 아니라 아예 일도 않 아고 있는 사람이 만으며 금일도 돈 간개로 일도 제대로 하지 않고 오전을 너기쓰며 오후에는 일도 하지 않코 농성을 부리고 마라쓰니 하청자 쳐고 일기 좋을 때 일 좀 해야 대는데 날 좋은 날은 일하지 않코 있쓰니 하청자도 미불 업시 조치을 치해야 손에가 업지 그리치 않코 개속 미불을 둔다면 하청자는 반다시 큰 손예가 대리라고 자신은 생각을 한다.

〈내지〉[51)]

"차용 금액"

1980年 1月 13日 박넝섭 … 100,000만 원 차용증 줌.

1980年 1月 14日 김민화 … 100,000만 원 차용증 줌.

1980年 3月 27日 권순규 … 20,000만 원

〃 五月 10日 임칠성 … 貳萬 원 차용증 줌.

1980年 (복판에 4月 5日 침종함)

(복핀에 농사비용)
밑거름 22다시 2표 5㎏
새소제 … 2봉
살충제 사락약 2봉
도렬병약 200cc
살충제약 200cc
가지거름 요소 1포 반
알거름 요소 반 포

(봉답에 농사비용)
밑거름 22다시 2포
제초제 2봉
가지거름 요소 1포
알거름 요소 5돼

80年 7月 31日 문고병약 4봉
스미치온 500씨 1병

(1980年)

(동장)
(보리쌀) 1가마
(조합돈 영농자금 1차 60,000원만 원 [60,000원] 2차 40,000만
(비료) 외상 요소 10포 17-21-17. 10포 計 20포

(1980年)
7月 7日 동장 집배서 농약 키타진 2병 300씨씨 노바치온 500씨씨 1병

(송아지 돈)
1980年
9月 15日 정두섭 300,000만 원
9월 15日 윤을술 50,000만 원
11月 11日 (형) 100,000만 원

51) 한 해 일기가 끝나고 난 후 일기장 뒤표지 안쪽 지면에 적어둔 내용이다.

▌1981년▐

〈1981년 1월 1일 목요일 낡씨 눈〉
금년 쳧날이 대면서 눈이 오는 것을 볼 때에 풍년을 약속하는 모양 눈이 소복이 내리는 것을 볼 때에 이 마음 캐얄하구나.
정부에서 신정 가세하라고 하지을 않으니 농촌내외 이중 가세 돈은 들지 않아서 좋으꾸나.

〈1981년 1월 4일 일요일 낡씨 맑음〉
금년추위는 삼안사온이 업씨 추버며 을신도 못할 정도로 추버니 해가 갈수록 기온이 바키 간다고 해도 가연이 아니라고 생각한다. 그리고 금년에 눈 오는 것이 풍년이 젗다[졌다, 들었다]. 하로 일기예보 하는 것을 볼 때에 눈이 어너 지방이든지 한 곳은 오고 있따는 예보을 하며 우리지방 쳐고도 살도로[사흘돌이로, 자주] 오고 있쓰니 기온도 예척을 몿하고 있다.
"세해 쳐고 오늘날까지 아무 일도 몿하고 무이미한 일과을 보내고 마랐다."
〈하로 일과가 알차야만 한해가 알찬 해가 대는데 하루 일과들이 아쉬어만 가는구나.〉

〈1981년 1월 5일 월요일 낡씨 맑음〉
하폐 가치가 업는 줄은 벌서 알라찌만 금일 아이들 옻 살려고 김천장에 가서 옻가지을 싸보니 정말 돈 가치가 업따는 것을 알라쓰며 운이 잠바 하나 사는 데 8,000원을 주고 사는데도 좋은 옷이 아닌돼도 돈을 많이 주야 돼니 이그 문제가 크다고 생각을 한다. (자신은 머지않아 화폐 교환이 대리라고 생각한다.)
"형이 아들 공부시킨다고 남왜 돈을 만이 쓰서 방안복을 안 사 입벌라고 해서 자신이 금일 장에서 털 수봉[바지]을 사다주었다. 방안복은 한 번 입버본 사람은 안 사 입고는 올겨울에는 나지을 못한다고 생각을 한다."
"방안복이 5,000"

〈1981년 1월 6일 화요일 낡씨 맑음〉
노가다 일 때문에 사람 개어러서[게을러서] 안 돼겟따는 생각이 한두 번 아니다. 왜냐하며 오늘 시고 내일은 일터예 가야지 하고 하로을 휴식을 하고 말며 내일 대며 추버서 또 놀고 그래 따지니 매일 놀개쓰며 내일 가야 할련지 의문이며 이러깨 하로 하로을 보람도 업시 무이미하게 일과가 넘어가며 금일은 일하게따고 세벽밥을 먹고 가니 아무도 나오지 않아쓰며 멧 사람밖에 나오지 않아서 집배 돌라고 마랐다. 회사도 그만 일 중단시키고 말든지 사람만 왔다 갇다 하니 힘이 만이 들 뿐 아니라 집배 일도 마음 잡고 몿해서 따지고 보며 큰 낭패가 댄다고 본다.

〈1981년 1월 9일 금요일 낡씨 맑음〉
금년 보리봉사는 을동[월동]에 다 말라죽을 것으로 보며 작년 보리농사로 십만 원 넘어 하니 벼농사보다 더 보찰시러어며[좋으며, 찰지며] 보리 돈이 공돈 모양 아주 신기 할 정도로 기분이 깨알하든데 금년 보리농사는 작년 벼농사보다 더 할 꼈으로 내다보며 양 가지가 다 숭년으로 들어가니 농민들은 다들 금년 생활에 힘이 들 껏으로 내다보고 있다.
"금년은 바람이 매일 불며 어뒤서 세찬 바람이 부는지 알 수가 없다."

〈1981년 1월 10일 토요일 낡씨 맑음〉
정부에서 대학문을 활짝 너는 것은 자신이 생각을 할 때 대찬성이라고 하지만 교육청에서 말하기는 대학생을 만이 뽑돼 졸업 증원[정원]을 추리자 하고 말들 하며 30%센트는 태학시키서 주리자고 하는데 이 학생이 태학을 해서 사회에 무리을 이려키지 안코 정상적으로 걸어갈까 의심이 대며 일 년 등록금이라든지 그 만은 경비을 어뒤서 부담하며 학부형들의 주머니을 강말하는 짓빡에 안 돼는 것이라고 자신은 말하고 십다.
"자신이 생각을 할 때에 공부을 하고 십번 사람은 을마든지 할 수 있두룩 하는 것이 좋을 껏으로 내다보고 있쓰며 배움이 만으며 사람이 선예전이까[선해지니까] 국가도 선할 껏이 아닌가 하고 생각을 한다."

〈1981년 1월 13일 화요일 낡씨 맑음〉
장모님이 어재 오시서 반가운 마음 금할 길 업쓰며 일 년에 한 번도 재대로 오시지 않는 장모님이라 무잇을 헤더리야 서운한 감이 업깨나 하고 망슬리서더라. 자신은 돈벌로 가기 때문에 집사람에깨 장모님이 매일 오시는 것도 아니고 하니까 금일은 맡있는 것을 해서 어머님 대집을 하라고 하며 만약에 자신이 일 같따 와시 맡있는 음식이 업쓰녀 기압[기합]이라고 히고서 일터에 가서 하로 일을 무사이 맡치고 집배 돌아오니 맡있는 떡을 했따고 하면서 내놓는 것을 볼 때에 하로의 피료가 상캐하게 풀리는 너킴이 더는구나.

〈1981년 1월 15일 목요일 낡씨 눈〉
금년에 눈은 매일 오다시피 오지만 별료 만이 오지는 안코 눈팔만 휘날 뿐 여떠것 가뭍은 편이다. 오늘은 눈이 금년 들어 제일 만이 와쓰며 논보리에 해갈을 면할 뿐 아니라 바람 피해을 막을 수 있뚜록 눈이 와키 때문 남은 보리씨는 월동에 큰 피해가 업쓸 껏으로 내다보고 있다.
"혜영이가 저 할머니 따라서 왜갑집에 같는데 하로도 몿 잇고 올찌 알라는데 이뜰이 지나도 오지을 않는 것을 보며 이상하다. 왜냐하며 저의 아버지는 남왜 집배서 하로 밤도 몿 자고 오며 시방 이 나이가 돼어도 남왜 집에서 잠을 잘라고 하며 삼도 오지 않코 있는데 혜영이가 어머니을 뜰어저서 있는 것을 보며 저의 아버지보다 참을성이 많은가바."

〈1981년 1월 17일 토요일 낡씨 맑음〉
집사람 내위가 떨어저서 집사람 장 갈 때마다 집사람 내위 사 입버라고 장 갈 때마다 이야기을 해도 돈 압값아서 몿 사 입깨따고 하면서 아이들 옻만 사가지고 오니 어절 수 업시 금일은 순범이 결혼이라서 예식에 참석하고 오면서 집사람 내위 옻 좀 살려고 시장에 들어가니 집사람 내위라서 상점에 들어가기가 좀 숙셔려운 감이 잇쓰서 싱점에 들어가지 못하고 이집 저집 회매다 자신이 않 싸며 집사람은 떨어진 내위로 겨울을 날 껏을 생각을 하니 자신이 깁찍이 힘이 생기들라. 그레서 한 상섬 문특을 들어쎠계 대어쓰며 그 상점에서 집사람 내위와 독꼬로[52]을 예쁜 것으로 사가지고 집애 도라오고 마랐다.
집사람이 옺을 보고는 좋아하면서도 아빠 옺을 안 싸고 내 옺을 쌰따면서 우예돈을 만이 쓰따고 하면서 아쉬어하더라.

〈1981년 1월 20일 화요일 낡씨 맑음〉
구미 같이 돈 벌로 다니는 집배 목수들 일하는가 무려 보려 같든이 아들 4형제을 키우는데 아들이 다들 굴그서 방으로 한 방 대며 먹는 것도 서로 먹을라고 더는 것을 볼 때에 음식을 방으로 한 방 더려나도 잠세 먹어줘울 것 같더며 살림이 넉넉지 않은 살림사리로 아들 키우는 데 힘이 말할 수 업시 들 것으로 내다보며 부모들은 아들 키우는 데만 한 세상을 보내냐 대겟다는 느킴이 들며 우리 부모는 (아들 5형제) (딸 하나) 6남매을 키우니라고 그만 지쳐서 남들보다 일직 돌라가쉬는가 하고 느킴도 더는구나.

〈1981년 1월 21일 수요일 낡씨 맑음〉
구미 동생 집배 배추국이라도 한때 먹으라고 구미 일터 가는 거름에 운이을 대리고 좋찌 않은 배추를 가지고 동생 집배 같다주고 일터에 들리서 볼일을 전부 보고 운이를 대리올려고 하는데 동생은 업고 지수씨가 점심이라도 한때 먹고 가라고 해서 어쩔 수 업시 운이 때문에 점심을 먹개 데어다. 집배서 가면서 물건도 올치 않는 것 가지고 동생 손애 보인다고 운이를 않 데리갈려고 하다 운이가 따라갈려고 몸부림을 쳐서 대리고 같드니 그만 손애를 보이고 마랐다.
그리고 자신이 적으나 살개 대며 도시에서 살기가 힘이 더는 동생을 쌀 한 가마니라도 바주며 살기가 좀 수랄 것이며 을마나 좋아하게나 마음은 선아지만 실지 못하고 있는 이 몸은 더 미안하며 동생 집에서 밥 한때 먹는 것도 조심스려운 감이 더는구나.

〈1981년 1월 24일 토요일 낡씨 눈〉
날씨가 맑아서 이제 일하게다 십프며 그만 눈이 와서 일 못하두록 만들며 때로는 일이 변득서러어 일 못 하고 있쓰니 이 마음 답답하기 짝이 업꾸나. 금년 들어 며칠 못 해쓰며 이번 설 실 돈은 충분하게 벌 욕심을 가진는데 일기 관계로 일을 못하고 있쓰니 하로하로 생할이 무이미하며 답답한 일과을 보내고 있다.

〈1981년 1월 26일 월요일 낡씨 맑음〉
우리 아들이 아침 먹고 티밥을 띨라고 같다노은 것이 종일 못 티고 집배만 앗따 같다 하면서 못 틴다고 이야기을 하면서 아빠 가보라고 하길에 어른들이 세치기을 하면서 좋일[종일] 못 티고 있더라. 그래서 자신이 있쓰야 돼겟다. 왜냐하며 아들만 추번돼 떨개 하여따는 생각이 들어서 자신이 티밥을 티는데 업는 집 아이가 그 추번돼 아들 셋시가 아주 오들 오들 떨고 있는 것을 볼 때에 정부에서 사라갈수 있는 사람들은 융자을 주고는 하는데 저는[저런] 사람은 융자를 만이 줘서 밥 먹개 해주어쓰며 하는 생각 간절하며 밥 먹는 데만 안전 해결이 돼어도 아이들은 그 추번데 티밥 한줌 먹개따고 떨지는 않을 것이 아니가 생각을 할 때

52) 목이 긴 겨울용 스웨터를 일컫는 말로, '독꼬리'라고도 부른다.

에 예돌버며 정부에서 생각만 한다며 머지 않아서 해결이 될 수 있따고 자신은 생각을 하고 십꾸나.

그리고 자신이 티밥을 티서는 그 아이들 주머니마다 다 치어주고 아들 감기 들며 큰일 난다면서 집부로 가라고 하여따만 그이들이 잘라서 돈을 을마 벌 수가 있쓸련지는 몰라도 자신이 생각을 할 때에 가엾따고 생각을 한다. 왜냐. 업는 사람일수록 공부를 못하지 하니까 남왜 일을 해서 살라가야 돼니 업는 사람이 따로 있따고 해도 가연이 아니다.

〈1981년 1월 28일 수요일 낡씨 맑음〉

아이들 수봉을 한 벌식 사는데 집사람을 보낼라고 하다 집사람이 사멀미을 해서 나 자신이 옻 한 벌식 살려고 김천 중앙시장에을 가서 아이들 셋 수봉을 한 벌식을 사와서 아이들에게 입버 보라고 하니까 한 놈이 옻 색갈이 밉따고 울고 있쓰며 안 입을라고 들더라. 나 자신은 좋은 옻을 산다고 돈을 만이 주고 사와는데 그련다고 꾸중하는데 계속 입찌 않는다고 버티고 있더라. 자신 자랄 때는 옻 색깔 정도 아에 생각도 해보지 않아쓰며 옻만 부모님들이 사주며 만양 좋다고만 하였는데 요즘 아들은 몇 살 먹지도 않는 놈이 색갈을 가리고 투쟁을 하니 요즘 아이들 키우기가 여판 힘이 아니라고 생각을 한다.

〈1981년 1월 29일 목요일 낡씨 맑음〉

아이들이 색갈이 밉따고 계속 투쟁을 해서 실 대복 옻틀이라시 집사람이 옻을 가지고 투쟁하는 놈을 대리고 김천 중앙시장으로 바꾸러 같쓰며 저의 어머니와 옻을 바꾸어서 오는데 내가 사온 옻 색갈보다 들 좋은 느킴이 더는데 좋따고들만 하는 것을 볼 때에 사람은 자기의 멋으로 산다고들 하더니 지 눈에 색갈이 마전가바.

〈1981년 1월 30일 금요일 낡씨 맑음〉

구미 한우아파드에 하매나[이제나저제나] 일할까 날만 세며 기다리저고는 하는데 금일 회사 지경[직영(直營)]으로 일하는 사람의 이야기을 들어니 설 밑태는 일이 전부가 중단햇따면서 이야기을 하더라. 날씨만 좋으며 설 단데묵[설 단대목]까지 한다고 해서 자신은 설에 설 돈을 좀 더 벌어 볼 욕심을 가지고 있쓴는데 그만 헛 개핵으로 도라고 마랐꾸나.

우리 국민은 잘 살려고 하며 일하고 십펄 때에 만대로 일을 할 수가 있쓰며 돈을 벌수가 있따고 보는데 노가다 일을 본다며 공사가 터저야지 돈을 벌 수 있쓰며 공사가 업쓰며 멫 달이고 공사만 바라고 이쓰야 대니 이래 가지고 잘 살수 이는 국민이 대겠나.

〈1981년 2월 3일 화요일 낡씨 맑음〉

이번에 대학교에서 신입생 뽑는데 일류학교에서는 전부가 미달의 형편이 대고 있는 것을 볼 때에 이번에 정부에서 실시한 것이 자신이 생각해 볼 때에 큰 모선[모순]이 있따고 생각을 하고 십다. 왜냐. 학생들이 일류학교를 고부하는 것이 보선이이리고 생각을 하며 학생들이 30푸로라는 낙제에 겁이 나서 학생들이 이류을 가지 못하고 2급 3급을 보는 생각을 할 때에는 대학을 우신 졸업이나 하고 보자는 생각에 을류학교을 선택하는 것을 보며 한 번 더 이 문제를 두고 생각을 해바야 안 댓겟나 하는 생각이 들고 있다.

〈1981년 2월 4일 수요일 낡씨 맑음〉

한우아파트 노임 준다고 오전부터 현장에을 같든이 일부 사람이 들이왔 있는 사람이 있쓰며 고향에 갈려고 옷까지 싹 패 입고 온 사람들이 있쓰며 노임을 본사에서 아침부터 출발했따고 하면서 돈 줄 사람이 도착을 하지 않고 있는 것을 볼 때에 회사에서도 관심이 들하다고 생각을 하며 2년 전만 해도 제 시간에 돈을 안 주며 사모실 앞패다 삼성각나무[53]을 좋은 것만 가리서 불 싸질어고 날리가 나는데 요즘 노가다는 거른 짓을 하지 않코 있는 것을 볼 때에 노가다 만이 점잔에젗다고 생각을 하며 돈을 준다 준다 하면서 오후 7시가 대어도 돈을 주지 않코 본사에서 출발만 했따고 하면서 말만 하고 있쓰서 별 소란하지는 않더라. 그전 같더며 돈 그레 지불하다가는 사모실이 넘어갈 정도 댈 댄대 별로 소란을 피우지 않는 것이 노가다도 씁씁 사람이 대어간다고 말을 하고 싶다. 회사왜서 내일이 바로 설인데 노임을 8시경에야 돈을 지불하는 것은 아주 잘못이라고 생각을 {하}며 그것도 안불[완불] 못하는 사람들이 만으니 회사에서 아주 잘못했따고 생각을 한다.

"정부에서도 글로자 노임을 해결하라고 강력하게 말들 하고 있는 점은 좋지만 글로자 노임을 구정 2일 전에는 안전이 지불하두록 정부에서 노력을 했쓰며 하는 생각을 들 때가 있따. 왜냐. 내일이 설인데 금일 8들시에 돈을 지불해 주니 이미 그때는 설에 쓸 흥정은 다들 했쓰며 다시 돈이 들으오니 돈들이 용이하지 않는 돈들이 쓰여지며 이중으로 돈이 쓰여저는 감이 있꾸나."

〈1981년 2월 5일 목요일 낡씨 맑음〉

금년 구정은 우리 형제들이 다들 참석을 했쓰며 다들 조용한 감으로 구정을 마지하였다.

"이제는 39세. 이제는 40에 들어쓰셔며 40십이란 나이을 생각을 할 때에 자신이 벌서 40십. 나 자신이 있때것 무엇을 하며서 살라왔는가 하고 뒤을 돌라볼 때에 이세들에깨 미안할 다름이구나."

〈1981년 2월 6일 금요일 낡씨 맑음〉

무건해를 보내고 새해을 마지했는데 쳐과집에 장인어른은 벌서 도라가시고 장모님만 살라 계시는데 세해을 마지하면서 새해인사을 더리로 가야하는데 매년 가지 못하고 집사람만 보내고 마는데 금년에는 꼭 한번 갈려고 작정한 것이 자신의 옷이 맡당치 안아서 가지 못하고 이는 이 심정 누가 알갯나. 의복만 재대로 있따며 매년 인사을 더리로 갈수가 있따고 보는데 옷 때문에 못 같따고 해도 가연이 아니라고 생각한다. 막상 옷을 한 벌 해 입을라고 해도 저축을 좀 더 해서 이세들이 좀 편하게 살두록 해보자는 욕심밖에 업꾸나. 금년에도 집사람하고 이세들밖에 인사를 하로 가고 마랐다.

〈내지 1〉[54]

1980年 윤을술 9月 15日　50,000만 원

53) 일본어 '三寸角(さんすんかく)'에서 나온 말로, 열자짜리 3치 각재(90㎜×90㎜)를 의미한다. 보통 건설현장에서 '산승각', '3치 오비끼(3치 각재)' 등의 이름으로 불린다.

54) 일기장 뒤표지에 적힌 내용이다.

1980年 12月 29日 영애 100,000만 원
1981年 1月 6日 김원태 50,000만 원
1981년 1月 10日 윤실기 300,000만 원

〈내지 2〉[55)]
"은제나 양심"
金陵郡 牙浦面 大新洞 三區
權純德

〈1981년 2월 8일 일요일 낡씨 맑음〉
대통령선거인단 운동자에게 운동 술을 두 차레 잘 어더먹으다. 이번 선거인단은 지지하는 사람은 단 한 사람이기 때문에 누구을 미러준다 해도 똑같기 때문에 중앙에서 일체 낭비을 하지 말라고 하며 공무원은 중립을 지키라고 하지만 속속이는 공무원이 더 운동을 한다고 해도 가연이 아니며 이번 선거는 돈을 을마 쓰나 하는데서 성패 난다고 자신은 보고 있다.

〈1981년 2월 9일 월요일 낡씨 눈〉
어제 집사람이 친정에 갇따 오면서 서울 동생 온다고 해서 일부러 대신 고기집배 가서 고기 두 건을 싸와서 점심이라도 한때 해먹일라고 생각한 것이 다 허사가 대고 마랐다. 왜냐하며 동서 대는 사람이 우리 마을에 왜갑집 대기 때분에 저 왜갑집배서 식사을 하기 때분에 자신은 순비만 하디 끝이 낮쓰며 우리 집베서 점심이라도 들고 갇쓰며 하는 생각 아쉬어저더라.
"이제는 추위 다 갇나 하는 생각이 들너니 때 아닌 눈이 만이 았쓰니 금년에는 눈이 넘어나 만이 와서 올 여름에 비 모자라게 와서 농사 피해 줄까 극정이 좀 대는구나."

〈1981년 2월 10일 화요일 낡씨 흐림〉
운이 엉뒤에 지질인가 무엇인가 나서 일적부터 곤치줄라고 생각한 것이 너무나 어리다고 곤치주지 않코 있따 이제 와서 금일 운이를 대리고 김천 평화동에 지질 곤치는 사람이 있따고 해서 대리고 가니 운이 급을 먹고 엉뒤에 힘을 안 쓸라고 해서 약도 쓰지 못하고 선생님이 좀 더 키어서 오라고 해서 할 수 업씨 내리오고 마랐다.
"생할 여유가 만타며 운이 대리고 열차 편으로 좀 다녀 바쓰며 하는 생각 간절하고나. 왜나하며 운이가 열차을 타며 좋아하는 기색이 아주 만아서 좀 다녀 바서며 운이가 생각하는 힘이 발달돼지나 않을가 하고 생각도 더는구나."

〈1981년 2월 11일 수요일 낡씨 맑음〉
테리비가 일 년 반 조금 넘어는데 부란간[브라운관]이 고장이 나서 보지 못할 형편이 돼니 국산 물건 정말 알라주야 한다. 왜냐하며 130,000만 원 물건이 20십 개월도 못 가니 국산 물건을 마음 놓고 구입을 할 수가 있깨나.
(수리비가) 30,000만 원
대통령선거인단 투표 작업이 끝이 난 셈이 대는구나. 우리 지역서 선서인딘이 세 사람이 인데 한 사람은 기꼔[기권]을 해쓰며 둘리가 무투표 난선이 대는데 양보을 하시 않는 바람에 삼 명이 돈을 쓰는데 돈 적은 사람이 불리한 점에서 싸우고 있는데 자신이 생각을 해볼 때에 돈만 쓰고 낙선이 대지

55) 교체된 새 일기장의 내지에 적힌 내용이다.

않을까 염려서러운 감이 더는구나.

〈1981년 2월 13일 금요일 낡씨 흐림〉

이번 선거인단 투표 순위를 보며 돈 만이 쓴 순위대로 단선이 결정이 대는 것을 볼 때에 자신이 생각한 것이 틀림이 업꾸나. “자신이 생각을 할 때에는 아직 한국 실정으로는 선거인단으로 대통령을 선택하는 것은 좀 모선 있따고 본다. 예냐하며 전두한 대통령이 칠년 임기을 맡치고 선거인단을 다시 뽑아서 다시 대통령 선출을 한다며 직근당[집권당]에서 대통령 선출대는 것이 구십 프로는 댄다고 보니 유능한 사람이 선출이 안 대는 경우가 있찌 않캐나 하고 염려대는구나.”

〈1981년 2월 14일 토요일 낡씨 흐림〉

눈님도 오늘날까지 살라오면서 복도 업는 사람이다. 왜냐하며 그 살림싸리는 사장어른과 사돈어른이 동생에깨 살림을 다 빼앗키고 죽을 때가 대니까 마지[맏이]한태 와서 죽깨따고 하며 오늘날까지 몿 살개 굴든 사돈어른이 죽깨 대니 집배 와서 죽깨따고 하니 살림을 동생에깨 다 주따고 그절할 수 업는 문제라서 할 수 업시 바다더리서 눈님 집배 와서 돌라가시따고 하니 오늘날까지 살라오면서 몿 살개 한 것은 소분지라고[오히려 작은 일이라고] 자신은 말하고 싶다. 왜냐하며 토캐이 어른이 부부간에 살 때는 왜로운 점이 들하기 때문에 좀 수라다고 보며 이제는 토캐이 어른 한 분이라서 예로운 점도 있쓸 끄고 이제는 낙 부칠 때가 업쓰서 술만 자시며 한탄으로 들어갈 껏을 생각을 하니 눈님의 한평생이 한단[한탄]으로 보낼까봐 제일 극정이 이다.

부이 돈 5,000원

〈1981년 2월 16일 월요일 낡씨 비〉

아침에 일 갈려고 나서면서 비가 올 껏 갈다서 종일 일 몿하지 하는 너킴이 들더니 오전에는 겨우 참고 오후에는 비가 와서 일 몿하고 집배 돌라고 마랐찌만 이번 비가 좀 만이 와서 먼 산에 눈만 안전이 녹일 정도로 오게 대며 안전 봄이라고 해도 일적따는[이르다는] 너킴이 업쓸 정도로 날씨가 따뜻한 감이 있따고 보고 십다.

〈1981년 2월 17일 화요일 낡씨 눈〉

이제는 봄이라고 생각을 했는데 때 아닌 눈이 금년 들어 제일 만이 앐쓰며 비가 온 뒤라 눈이 (전기선) (전화선) 할 껏 업시 눈이 싸여서 선들이 떨어진 곳이 한정도 업쓰며 테례비 안때나는 마을 전체 쳐고 두선어게[두서너 개] 말고 전부가 부라저 있는 것을 볼 때에 나 자신은 눈이 와서 이러깨 피해을 주는 것은 처음 밭쓰며 김천 안때나 장사들이 판을 쳔다고 말을 들을 때에 우는 사람 엽패 웃는 사람 있따더니 그 말이 뜰림이 업는 말이라는 것을 이번에 재삼 너켜보았다.

은젠가 순석이와 둘리서 아버지 약 할려고 눈이 만이 온 뒤에 토기을 오전에 따라다니서 잡아온 것을 생각해서 오늘 눈이 만이 와키 때문에 토키을 잡을 수 업깨나 하는 너킴에 혼자 산에을 같더니 토기 발자욱을 보고 도라다니도 발작욱이 멀리도 돌지 않코 빵빵 돌라서 계속 도라보앖도 토기는 보이지 않코 발자욱만 따라 돌깨쓰며 나중에는 토기 잡을라고 하다 내 몸이 먼저 지치게다 하는 너킴이 들어서 그만 집배 나리오고 마랐다.

〈1981년 2월 18일 수요일 낡씨 맑음〉
금일은 구미 일하로 갈려고 하다 눈 때문에 일도 제대로 못하지 하는 생각에 일터에 나가지 않코 형 또레가 약 낯따면서[놓았다면서] 비들기 잡으로 같쓰다. 자신은 따라다니기빢에 못하고 형들이 (비둘기 4마리{}}을 주어서 했먹는데 술안주로 잘 먹다. 자신은 처음 비들기 고기을 처음 먹어보았쓰며 비들{기} 고기가 천아일품이더라.
비들기 오리 할 꺼 업시 약으로 마구 잡아 업쌔는 것을 볼 때에 머지않아 멸종 시기에 들어가지 않나 하고 내다보고 있다. 왜냐하며 그 전에는 들오리 잡는 네도 붕어을 잡아서 붕어 뱃속에 사이나[56]를 너어시 들오리를 잡고 했는데 이제는 냄새 않 나는 농약이 있쓰서 그 약으로 모이에 문쳐서 뿌리 나두며 전부가 멸종하니 짐성들이 어이 생명을 유지할 수가 있깨나. 안전 멸종이 대기 전에 그 농약을 만들지 못하도록 하여야 세들이 좀 살 수가 있따고 생각을 한다.

〈1981년 2월 21일 토요일 낡씨 맑음〉
이번에 한우아파트 하층자가 하층을 아주 잘했따고 자신은 말하고 십다. 왜냐하며 구미시에 건축업늘 하는 공시기 업쓸 뿐 아니라 사람도 쳐 밀리며 노임도 직게 더리고 사람을 마음대로 구할 수 있는 이찌[위치]에 이쓰니 돈 벌기가 안성맡춤인데 청구업자 재정 간개로 돈을 안불 못하고 미수금을 간주 때마다 두니까 일하는 사람이 매일 불만을 품고 일을 하기 때문에 작업율이 뒤떠려절 뿐 아니라 아예 일들을 안 아고 노는 사람이 점점 만아저고 있는 것을 볼 때에 하층자가 예돌벌 때가 있다. 금일도 일을 할 낀데 계니 벌소리로 하다 진짜 농성에 들어같쓰며 미수금가 오늘까지 일한 것을 다 달라고 요구을 하며 오후에는 안전 농성에 들어같다. 이번 농성은 청구업자가 사전에 말 한마뒤만 했따고 해도 넘어갈 수가 있는 문제라고 자신은 말하고 십다. 예냐하며 이번 설 시고는 만아 바야 4, 5섯 다가리[대가리][57] 때문에 모두가 얼마 안 대기 때문에 삼월 달에 한묵[한몫] 바다라 하고 한 마뒤만 사전에 이야기했따며 오늘은 불상사 넘어갈 수가 있따고 본다.

〈1981년 2월 22일 일요일 낡씨 맑음〉
금일은 과수 점지을 하였쓰며 자신이 모목을 심월 때는 우리 혜진 일학년이 대며 안전 수학을 볼려고 심은 것이 자신이 갈리을 잘 못해서 수학기 들어가지 않코 있쓰며 내년에 가야 수학을 할 수 있깨따고 자신은 생각을 한다.
"자신이 나무에 신경을 쓰서 갈리했따며 수학을 할 수 있쓰따고 생각을 해볼 때에 자신 아주 잘 못했따는 너킴이 더는구나."

〈1981년 2월 23일 화요일 낡씨 비〉
한우아파트 공사장 새화[58]들의 노임과 우리들의 노임 문제로 농성을 부리고 있찌만

---

56) 고독성 농약의 한 종류이다.
57) 공사 현장에서 사용하는 은어의 하나로, 하루, 이틀과 같은 일수 뒤에 붙이는 비속어이다.
58) 일본어 '세와야꾸(せわやく)'에서 나온 말로, 건설 현장의 숙련 기술자를 의미한다.

새화들의 문 악꾸[문틀]와 노임이 만이 미불이 있쓰니 농성을 부리며 금일까지 이틀 반이이나 일을 못하고 있는 것을 볼 때에 돈도 해결도 못하고 세화 밑태 일하는 사람만 욕을 보이는 것이 아닐까 염려대는구나. 나 역씨 세화의 눈치 보니라고 일 못하고 있는 이 심정 답답하구나.
"앞푸로 일이 빨리 해결이 안 대며 밑태 일하는 사람은 계속 재키지는[방치하지는] 못할 껏이며 만약 일꾼들이 계속 재키지 못하고 일을 한다며 세화 둘이는 돈도 제태 못 받을 뿐 아니라 잘못하며 현장에서 밀리나지 않을까 염려가 꾸구나."

〈1981년 2월 25일 수요일 낢씨 눈〉
사촌 쳐제 결혼식이라 집사람 보낼라다 날씨가 악성이라서 자신이 결혼식에 참석을 했쓰다. 자신이 예식장에 들어가면서 생각을 해볼 때에 예식에 참석하기 위에서가 아니라 돈을 주기 위에서 예식장에 가는 너킴이 더는구나. 정부에서 답래를 못 하두록 하니까 성냥낙각[성냥갑]에 돈을 너어서 답례품으로 주고 있더라.
"이련 짖들을 볼 때에 정부에서 말료만 할 뿐 아니라 이런 짖들을 정부에서 뿌리을 뽑을라고 조금만 생각을 한다며 자신은 업쌜 수 있따고 본다. 정부 하는 일들 볼 때에 무선 일들이 캐온하게 선멸해다 하는 일들이 업따고 보며 도중하차하니 모든 일을 눈만 속이고 좋지 않는 수법만 높아가는구나."
부이금 5,000원

〈1981년 2월 26일 목요일 낢씨 맑음〉
올해는 날씨가 아주 변득이 많으며 지난해의 일기 같지 않고 바람 아니며 눈 악성 정말 사람을 못 살개 한 해라고 생각을 하고 십꾸나.
춥다고 돈 벌로 같지 않코 돈 안 준다고 재키고 비 온다고 못 가고 하니 한 달 쳐고 몇칠 못 가니 이 문제을 생각을 할 때에 월 수입금이 적으도 매일 일할 수 있는 것을 차저볼라고 해도 일자리가 업쓰며 매일 일을 할 수 있는 가축을 먹이볼려고 마음을 가지바도 자본이 업고 하니 일을 할 수가 업쓰니 매일 생각만 하다 끝이 나는구나.
자신이 생각을 해볼 때에 촌은 집 은는[없는] 사람이 업끼 때문에 주택 사업을 가축 사업으로 좀 돌리쓰며 업는 사람이 좀 수라개 살 수 업깨나 하고 너켜도 보았다.

〈1981년 2월 28일 토요일 낢씨 흐림〉
요줌은 일이 고류지 못해서 몇칠 못 가고 금일 처음 갈려고 집을 나서계 대어다. 통근차가 매일 바도 연착을 하지 않는데 금일은 연착을 약 30분이나 해서 일하로 가지 말고 집배 올라고 들다 차표 때문에 연착한 통건차에 몸을 실어서 출발하고 마랐다. 구미역에 도착하자말자 구보을 하다 구보을 해도 너무나 너저서 욕을 먹지나 않을까 하고 염려가 대어서 그만 택시을 타고 마랐다. 택시를 타고 현장에 도착하니 책임자는 한 사람도 업쓰서 택시을 타지 않고 걸어와도 댈 뿐했따는 너킴이 더는구나.

〈1981년 3월 3일 화요일 낢씨 맑음〉
전두한 대통령이 우리나라 역사 일에 대통령 취임식을 제일 그창하게 하였따고 보며 정부 살림살리도 대통령 중 제일 가감하게 일처리를 하였쓰며 하는 생각 간절하구나.
"금년같이 숭년이며 불경{기}인데 대통령

취임식에 그처름 호화렵게 취하는 것은 좀 모선이라고 생각을 하고 십꾸나."

〈1981년 3월 4일 수요일 낡씨 맑음〉

운이 아버지 잠 이루지 못해도 운이 잠자는 모섭 기우키만[귀엽기만] 하고 운이 아직 오줌을 가리지 못하고 기주게[기저귀] 적시고 해도 잠자는 모섭 마낭 그립꾸나.

"인간이 이세 때문에 인간 세상을 살라간다고 해도 가위 무리가 아니라고 생각을 한다."

〈1981년 3월 5일 목요일 낡씨 맑음〉

운이하고 싸음만 하다 이제는 혜영이가 학교 1힉년 입학을 하였쓰며 이제 나도 학생이 둘이구나. 학생이 업쓸 때보다 학생이 둘리고 보니 나 자신도 돈을 더 벌어야 이 세들을 학교라도 시키지 않캐나 하는 너김이 더는구나.

〈1981년 3월 6일 금요일 낡씨 맑음〉

전 대통령도 부정부패라는 말을 만이 하고 있찌만 모선이 있따고 보고 있다. 왜냐. 전 대통령 일에 대해서 낭비을 쓰는 것은 흐용[허용]하며 또 취임 축화식에 참석을 다 하고 있쓰며 대통령을 초대하는 식당에는 을마 마는 경비가 날 꺴이며 그것이 한 번만 아니라 여리 번 대니 그 경비도 말도 못할 꺴이라고 생긱을 헤볼 때 이번 선거에 공명 선거하자 돈을 뿌린다. 이번만 공명 선그을 하자 하는 말들은 다 좋찌만 업는 나라에서 내통령 취임애 경비을 내는 것은 무리가 아니겠는가 하고 생각을 하다.

〈1981년 3월 7일 토요일 낡씨 맑음〉

한우아파트에 일하고 한 번도 돈 제대로 못 바다 보았다. 왜냐하며 회사에서 돈이 완 나오는지 그려치 않으며 회사에서 노임을 주지 않코 이자을 생각하는지 알 수가 없다. 노임에 삼분지 일 삼분지 이 반절 이려깨 노임을 주고 있쓰니 업쓰서 돈 벌갯따고 하는 사람도 돈도 몰리도 않코 돈을 벌어도 재미도 업따. 이려따고 딴 곳을 갈려고 해도 아직 일제리도 맡당치 않코 이쓰며 이 해사에서도 이미키로[이(것)맹키로, 이처럼] 돈을 그례 주는지 알 수가 업쓰며 서민청[서민층]에서 노동으로 벌어먹는 사람의 동때 파악이 시급하다고 생각을 한다.

〈1981년 3월 10일 화요일 낡씨 맑음〉

우리 마을에서 일 하로 갇이 다니는 사람이 돼옂섯[대여섯] 명 대는데 다들 구미역끼지는 열차을 타지만 구미역에서는 현장까지는 도보로 간다. 나 자신은 도보로 가지 않코 뻐스를 타고 간다. 같이 다니는 사람은 걸어서 가자고 하지만 현장까지 가면 허지근한 감이 있다. 그래서 매일 뻐쓰을 이용하는데 어떠개 생각을 할련지 몰갯꾸나.

〈1981년 3월 19일 목요일 낡씨 맑음〉

구미 일터가 터전다[많이 생긴다] 하면서 아직 일이 않 터져고 이쓰니 이타는[애타는] 심정이다. 왜나하며 구미가 발전해야 업는 서민들이 살기가 수나지 구미기 만약 모든 일이 중단댄다며 업는 사람의 빌이가 업쓰니 살라가기가 힘이 든다고 해도 가연이 아니다.

구미도 앞푸로 도정만 온나믄 구미 지체는 서절로 발전이 댈 섯이며 구미기 그며 변두리 마을들은 자연적 살기가 댄다고 보고 있다. 도청이 안동으로 간다는 말들이 일부 있는데 도청이 구미로 왔쓰며 하는 생각이 절로 나는구나.

〈1981년 3월 21일 토요일 낡씨 맑음〉
순석이 집 산 곳에 우물이 작도[작두] 새암을 자동펌프로 곤치는데 형과 둘리서 땅을 파니 안전하게 물이 나우두록 하는 데 힘이 만이 들어쓸 뿐 아니라 저녁 너켜야 끝을 낸 셈이 대는구나. 자동펌프에서 수도꼭찌만 떨며 물이 세차게 나오는 것을 보니 정말 돈이 좋꾸나 하는 너킴이 더는구나.

〈1981년 3월 22일 일요일 낡씨 맑음〉
요즘 몟칠은 구미 돈 벌로도 나가지 않아서 형이 과손에 황 쳐는데 그들어 주는 데 하로 일과가 대고 마랐다.

〈1981년 3월 25일 수요일 낡씨 비〉
보리에게는 가물이 들고 있는데 금일 비가 와서 겨우 해갈을 면할 수가 있쓰서 큰 다형이다. 왜냐하며 겨울 추위에 월동도 잘 못해서 보리들이 성장을 재대로 못한 보리라서 극정이 대더니 이번 비가 보리 수학에 도움이 만아따고 생각한다.
그리고 저 자신을 선거을 몇 번 치라 바지만 돈 안 쓰는 선거는 이번이 처음이며 대위원 선거하는 데도 술이 왔따 갈따 하는데 이번 국회의원 선거는 술이라는 것은 빛도 안 바서며 선거는 이려깨 해야 댄다고 생각을 하지만 술이 업쓰니 어뒨가 모려게 마음이 습한 감이 있꾸나.
이번 선거에 정당이 돈을 들 쓰따고 생각을 하며 정당 아닌 당이 역사 업는 일을 했따고 생각을 하며 정당 아닌 당은 돈 좀 쓰따고 생각을 한다.
앞푸로 선거는 이번 국회의원 선거하더시 치라쓰며 하는 생각 간절하구나.

〈1981년 3월 26일 목요일 낡씨 (눈빨)〉
요줌 날씨는 옛날 낡씨와 다르다고 생각이 더는구나. 왜냐하며 옛 날씨는 갑짝이 변화는 날이 잘 업따고 생각을 하는데 요줌은 갑짝이 날씨가 변하고 아주 악성이며 어른들도 견뒤{기}가 힘이 들 정도이며 아이들 감이 들까바 극정이 말할 수가 업꾸나.

〈1981년 3월 27일 금요일 낡씨 맑음〉
앞마당에 집사람과 같이 고추씨을 갈라쓰며 이우지 닭들만 아니며 고추뿐 아니라 아무깃이 다들 잘 댈 갈더며 닭만 친입[침입]을 않아며 채소료을 하며 제일 적갑하게따고 생각을 하는데 닭이 원수구나.
정부에서 산에 조림하라고 원사시나무[은사시나무]를 심어라고 일정이 마을에 나왔는데 아무도 산주가 심을라고 하는 산주가 업더라. 자신이 생각을 할 때는 좋소 하고 심을라고 들 끈데 왜 산주들이 서료가 안 심을라고만 하니 참 이상하다.
그리고 한 산주는 나무을 심을라고 막 불추[벌채]을 산분지 일은 불추하는 사람이 다 가지고 같쓰며 불추을 한 나무을 계인[개인]들이 가지고 가니까 나무가 아까바서 정부에서 나무 심어라고 주는 것을 못 심는가 하는 생각까지 들더라. 자신이 생각을 해볼 때에 이미 산은 나무 심는다고 불추을 이미 한 곳에 나무을 못 심게 하는 것이 참 이상하다고 생각을 한다. 왜냐. 나무을 이제 안 심어며 산이 벌그숭이가 대는데 안 심는다니 정말 우수울 지경이다.

〈1981년 3월 29일 일요일 낡씨 맑음〉
조림할려고 벌추하는데 석가래감을 잘 장만했따고 생각을 하며 앞푸로 조림할려고 한 번만 더 불추을 한다며 안전이 석가래감은 장만할 꺼으로 내다보고 있다.

〈1981년 3월 30일 월요일 낡씨 맑음〉
집사람이 고기식성은 좋은 줄 알면서도 곰끄리을 해주도 못하고 마음만 쓰여저며 만사일이 제대로 안 대고 있더라. 그래서 돈이 있쓸 때에 집사람 고기 좀 사주자 하는 생각에 마을에서 돼지 잡는 것을 돼지 대가리을 집사람 보신 겸 먹게 하여쓰며 집사람이 고기을 맡있게 먹는 것을 보니 자신의 마음 더 깨운하더라. 앞푸로 한 번 더 해먹이야 대게따는 너킴이 들더라.

〈1981년 3월 31일 화요일 낡씨 맑음〉
세월 참 빠르다. 왜냐하며 어그제 삼월을 마지 한 것 같든데 오늘로서 달력이 넘어가야 대니 사람의 인생이 이쳐름 늙어간다는 것을 생각을 하니 정말 의미가 업꾸나.
"들판에서 하로 점두록 흙문지와 싸우고 집배 도라와서 흙문지을 뚝뚝 떨고 손발을 깨껏이 씨꼬는 방 문특에 들어쓰며 말도 안에도 딸더리 발 딱을 껏과 수건을 가지고 아버지 여기 있쓰요 할 때에 나이도 멧 살 먹지 않은 것이 아버지예깨 대하는 것을 볼 때에 웜마나 기업고 웜마나 예쁜시 말할 수도 업쓰며 하로 종일 피로가 고 순간 다 씨쓰버리고 만다."

〈1981년 4월 2일 목요일 낡씨 흐림〉
(침종함.)[59]
신품종하여서 한 번도 제미을 못 받는데 신품종 하며 계속 신품종으로 달라들고는 하는데 업는 사람은 신품종을 남이 한 번 농사을 짖는 것을 보고서 신품종에 달라들어야 농사 실패가 업지 하며 생각을 가지고 있쓰면서도 실천을 못하고 신품종 하며 메년 선착순이로 하고 있쓰니 이것도 큰 모선이 아니냐 하고 생각을 가지밭다.
(금일 신품종 342호[60] 오신기 씨나락 침종함.)

〈1981년 4월 3일 금요일 낡씨 흐림〉
조림사업 할려고 발미[벌채]하는 데서 둥치기 나무을 잘 했쓰며 일철이 바풀 때가 아니며 나무을 잘 할 끈데 바뿐 철이 돼어서 나무을 못한 돼 대예서 아쉬운 감이 더는구나.

〈1981년 4월 7일 화요일 낡씨 맑음〉
보는 사람마다 아들 하나 더 노어라고 하니 극정이 한편 데는구나. 왜냐. 아들을 꼭 노어며 별 문제지만 딸을 놓개 대며 아들 계육[교육] 문제가 앞쓰고 우리 운이가 말을 제대로 못하고 있는 것을 볼 때에 어떠게야 잘 하는지 갈피을 잡지을 못하게다.
"오늘날까지 보밭을 보로 도지만 조금식을 주고 십년이싱 질 지이 먹어다만 이제 와서 보예서 펑당 2,000원 (1,800원) (1,500원) 삼등분으로 계인예깨 빠는 것은 좋시난 세인예깨 이전이 안 대고 보밭 전부를 멧 명의 앞푸로 이전이 대어 있쓰서 멧 십년 후

59) 이 내용은 일기 지면 상단에 따로 기록되어 있다.
60) 여기서의 '신품종 342호'는 '이리 342호'를 가리킨다. 이리 342호는 1980년 11월, 전두환 전 대통령의 지시에 따라 '서광벼'로 개명되었지만, 아직 이때까지는 이전의 명칭이 그대로 사용되고 있었던 듯하다.

에는 이 밭을 다시 사야 돼지 안나 하고 극정이 대며 돈을 받고 팔면서 계인예깨 이전이 안 대는 것이 불만이다."

〈1981년 4월 10일 금요일 낡씨 맑음〉
큰집 (이앙기) (파종함.)[61]
모재리 준비도 하지 않코 벼씨 침종한 것을 싹 티우기 작업을 할려고 방에 들어 같는데 모재리는 아직 무이미한 상태로 있는데 모재리 제대로 구쳐저지을 안을까바 극정이 대는구나.

〈1981년 4월 11일 토요일 낡씨 맑음〉
모재{리}판이 무이미한 상태에서 집사람과 둘리서 모판을 하는데 하로 정때에 한 단지 밖에 못하게더라. 모판을 하면서도 금년에는 농사을 잘 지어야 하는데 하고 생각밖에 업더라.

〈1981년 4월 12일 일요일 낡씨 흐림〉
이앙기로 모 심년 사람은 파종기로 작업을 하는데 신서렵게[시원스럽게] 하면서 아주 술라겟더라. 왜냐하며 형이 금년에는 이앙기로 모내기을 하는데 집사람과 둘리 가서 일하는데 을마든지 파종을 할 수 있쓸 껏 같더며 결국은 업는 사람도 이앙기로 모내기을 하여야 대겟따는 너킴이 들더라.

〈1981년 4월 13일 월요일 낡씨 맑음〉
(파종함.)[62]
금일로 342호 서광벼씨을 오신기는 안전 파종을 함. 금년 모판은 처음 파종하기 알맡게 모판이 구더 이쓰서 모판에 모씨는 잘 쓰지 하는 너킴이 들며 금년 농사는 풍년만 바랄뿐이다. 그리고 올해도 신품종을 해서 피해가 만타며 신품종을 해서 팔자을 곤친다고 해도 안을 껏이며 남들 하고 난 뒤부터 따라 갈 작정이다. 신품종을 삼 년간 계속 피해을 본 샘이 댄다.

〈1981년 4월 14일 화요일 낡씨 맑음〉
봉답 모재리에 할 벼씨을 금일로 침종을 함. 봉답은 침종을 빨리 하는 것도 별로 좋지 않는데 작년보다 침종이 좀 빠르지 않나 내다보고 있다. 그리고 작년에 보리을 일적 가란 사람은 우선 바서는 보리풍년이라고 해도 가연이 아니며 보리을 넛깨 가란 사람은 안전 보리 숭년을 바따고 해도 가연이 아니며 작년에 보리 매상을 해서 10,000십만 원 지니까 공돈 같든데 금년에 보리가 월동하는데 다 죽고 업쓰서 보리밭에 가기가 실투록 실정이 날 정도다.

〈1981년 4월 15일 수요일 낡씨 맑음〉
장모님 생신이라서 집사람을 생신 전날 가라고 하니까 아이들 학교 가는데 변또 때문에 못 간다고 하면서 생신날 오전 너깨야 자신이 돼지고기 두 건을 싸 주서 가개 대어다. 집사람이 갈따 와서 딸더리 다 왔쓰며 다들 소고기 싸와는데 남안이[나만이] 돼지고기 싸따고 하길에 미안점이 쓰쳐가며 쳐 어머님이지만 따뜻하게 대집을 하여야 대는데 돈 때문에 힘이 말할 수 업씨 든다고 해도 가연이 아니구나.

---

61) 이 내용은 해당 날짜 일기의 상단에 기록되어 있다.
62) 이 내용은 해당 날짜 일기의 상단에 기록되어 있다.

〈1981년 4월 24일 금요일 낡씨 비〉

금년에는 모판이 전부 햇쓰며 금일로 봉답 모판에 비누류 씨우는데 끝이 난 샘이 대는구나.

그리고 이앙기 모판은 대채로 좋은데 일반모는 대다수가 고루지 뫃하고 가물 때 콩나더시 씨가 서쓰서 모내기 할 때에 모 모자라까바 극정이 대는구나.

"아이들이 소풍을 가는데 혜진은 돈을 적개 달라고 하는데 혜영이 돈을 만이 달라고 몸살을 쳐더라. 형제간이라도 성격이 재각끼 다루고 있쓰니까 부모로서도 다 같은 자식이라도 더 사랑하는 맡이 이따는 것을 너켜봄."

"금일이 자신의 생일이라 집사람이 따뜻한 음식을 해서 잘 먹어쓰며 집사람이 금일은 더 사랑하는 맡이 나더라."

〈1981년 4월 30일 목요일 낡씨 맑음〉

구미 일터에서 일을 해서 돈을 벌 때는 돈이 궁한지 몰겟든니 요즘 아서 모재리 한다고 돈 벌로 안 같든이 돈이 아쉬어저며 숭년 맡이 나며 업는 사람의 숭년 타격은 말할 수 업따고 본다.

"모재리 들어쓰기 전에는 모재리만 하고 돈 좀 벌 욕심을 가짖는데 이앙기 모내기을 5월 10일줌 대며 모내기을 할 예정이라고 해서 돈 벌로 가지 뫃하고 집배서 어성내고 말갯꾸나."

〈1981년 5월 3일 일요일 낡씨 맑음〉

일기 변득서려어 농작물 피해가 만아서 농민들은 예료가 만아저는구나. 왜냐하며 중앙관상대에서는 이번에 또 서리가 오고 기온이 영화로 내리간다니 과일하며 모판하며 밭작물하며 피해가 아주 만으리라고 생각을 하며 농산물은 모든 것이 다 흙은데[헐한데] 자꾸만 피해가 만아저는 농민들은 점점 구둥이로 들어가는 격이 돼는구나.

묘목 심을라고 벌추한 돼 나무한 것을 저 내류기 위해서 산에 올라가 보니 모목 심은 것을 보니 정말 한심할 정도다. 왜냐하며 부역으로 심은 것이라 하지만 가연 그 나무들이 이 갈물음에 몣 푸로나 살라 날지 의심셔려어며 정부에서 투자한 것 만춤 대가가 나올찌 극정스렵다. 자신이 생각을 해볼 때에 잘뫃 심어서 나무가 죽는 나무 값만 해도 인보[인부]을 싸서 심을 수가 업나 하는 생각까지 들며 정부에서도 나무을 심는데만 신경을 쓸 꺼이 아니라 심은 후에 책임을 질 수 있뚜로 하며 나무들이 버림을 안 바들끄며 아까운 나무들이 죽어가지는 얂을 꺼이 아니냐 생각을 할 때에 모든 것이 이른 행정으로 살라간다며 우리나라가 잘 살라며 먼 후세예 가야 극정 업시 살라가지 안나 하고 생각을 해본다.

〈1981년 5월 5일 화요일 낡씨 맑음〉

딸 둘을 대리고 대구 구경을 시킬라고 종합운동장에 어린니날 경축 잔치하는 데 한 번식은 구경할마나며 구경을 하면서 집사람도 대리고 와서 구경을 했쓰며 월마나 좋아쌔나 하고 후예감이 더는구나. 종합운동장에서 구경을 하고 나니 1시 30분 대디리. 달성공원에 올라가니 발 뉘리놀 때가 업더라. 그리고 밥 먹을 때가 업쓰서 한참 해매야 댈 판이니 인간문제 해결이 시급할 문제라고 생각을 해보고 싶다. 공원에시 딸을 대리고 밥을 믹으니까 남들 보기에 어색함감이 더는 것 같이 안 대쓰며 앞푸론 집사람을 대리고 가야 댓겟따는 너킴이 들더라. 공원에서 동물 구경을 다 하고 시간이 일적에서 유원지 와서 뽀드 타는 것으로 하루 일과가 지내갈쓰며 배 타는 데 시간이 제일 잘 가는 것 같더라. 이것으로 금일 구경을 안전히 마치쓰며 무사이 집부로 도라 왔다.

〈1981년 5월 9일 토요일 낡씨 맑음〉

마을사람이 보 하다 자라을 잡아서 자라가 10살 미만 대는 아이들에게 뽁 따리서[푹 다려서] 먹이며 아주 좋다기에 안 줄아 그라는 것을 우리 훈일 먹이일라고 돈 천 원만 주고 가지고 와쓰 운이 줄라고 따리서 운이을 주니까 안 먹을라고 해서 어떠깨 먹일 수가 업더라. 그래서 자신이 먹을라고 해보니까 약이 댄다고 해도 몿 먹깨떠라. 어른이 이처름 힘더는데 아이들이 먹을 수 있깨나 하고 의심이 가는구나. 그래서 그만 돈만 버리고 마랐다.

〈1981년 5월 10일 일요일 낡씨 맑음〉

낡씨 가물어서 농촌에 큰 극정이다. 왜냐 올개[올해] 숭년 하며 삼 년 숭년을 지우니 농촌에는 살기가 힘들 뿐 아니라 알맹이 업는 집더리 댄다고 해도 무리는 아니라고 생각을 한다. 그리고 모재리 번세[63]는 엔만하며 모제리 번세는 안는데 금년에는 모재리 초기부터 계속 번세를 하고 있쓰니 사람의 예감이 금년에도 숭년이 저지 하는 생각이 머리에 떠나지을 안는구나.

전 대통령은 박 대통령보다 농촌에 신경을 들 쓰는 예감이 더는구나. 왜냐. 박 대{통}령 같더며 농촌에 가물어서 몿 전지게[못 견디게] 날뛰며 벌쓰부터 중장비라도 동원시키서 모제리에 차질이 업두록 하라고 야단을 췟쓸 땐돼 아직 아무 말 업는 것을 볼 때에 박 대령보다 등한시 하는 것은 사실이다. 머지 않는 신촌에도 모제리 물을 몿 구에서 딴다는[(모가) 탄다는] 소리가 높아저고 있는 형편이다.

〈1981년 5월 11일 월요일 낡씨 비〉

우리 운이 살도로 감기 하지 매일 약 사료 가는 편이며 자주 까니까[가니까] 자신이 신경질이 나며 우리 운이 키아 먹깨나 하는 경망한 마음이 들 때가 있쓰며 운이가 캐알하지 않코 있쓰며 우리 집에는 좀 사늘한 감이 있따고 해도 무리는 아니다.

〈1981년 5월 17일 일요일 낡씨 비〉

요 앞 전에도 비방울은 들어찌만 바람이 더 세계 불고는 해서 비오는 것이 역효과가 대어따고 생각을 하고 십다. 그리고 금일도 비가 금세라도 물바다 댈 꺼 같더니 그만 길바닥에 문지 않 날 정도로 오고 말며 비가 넘어나 안 아서 정말 극정이며 어깔리[얼갈이] 논에 기계모 했는 사람은 간장을 만이 태울 날씨만 하고 있쓰니 예돌타.

"낡씨는 숭년을 연발할 날씨만 하고 있쓰니 자신의 돈을 가지고 송아지라도 몇 마리 먹이 볼 욕심을 가지는데 저근 수입을 해서 목돈을 만더는 시간이 글일 뿐 아니라 이세들이 무럭무럭 자라니까 지체할 수가 업따고 보며 앞푸로 찬스가 난다며 남에 돈을

63) 저자의 증언에 의하면 심한 가뭄에는 마른 하천 바닥 등을 파서 고이는 물을 쓰기도 했다고 하는데, 이를 번세라 한다고 한다.

냇쓰라도 시작을 하는 것이 자신의 생각으로 돈 버는 것이 빠르지 않깨나 하고 생각을 가지 본다.”

〈1981년 5월 27일 수요일 낡씨 맑음〉

금일로 복판 논에 모내기을 하였쓰며 모가 냉해을 입버서 모가 작아서 모심기가 영 불편한 점이 있떠라.
날씨 너무나 가물어서 큰 극정이다. 비가 곶 오게찌 하는 생각이 들더니 이제는 비가 업찌 하는 생각이 머리에 떠나지을 않는구나. 금년만큼은 풍년을 지우야 하는데 이번에 또 숭년을 만들며 안전 삼 년을 숭년이 대는 셈인데 농촌에는 금년이 고비의 해라고 해도 가연이 아니다.
모내기하기 때문에 돈 벌로 안 간 지가 한 달이 넘언 샘이 대니 돈이 아쉬어 숙을 시경인데 집사람이 과일 적화 돈을 좀 벌어와서 과용이 쓰고 있쓰며 적화 돈을 쓰니 자신은 한 번도 돈도 벌어 보지 못한 생각이 대며 집사람 벌은 돈으로 용이하게 잘 쓰고 있다.

〈1981년 6월 4일 목요일 낡씨 맑음〉

보 하는데 전두한 대통령 온다고 이틀이나면 직은 군 직은 야단법석을 부리며 학생까지 동원이 대어서 뽀딱빛[뙤약볕]에서 일을 하고 있는네 진두한 수식 비시핀이리머 비헹기를 디고 쓰쓰이 작업상으로 내리드라. 시장이 뿌리핑을 하는데 우리 보한 것을 음청나개 불가서 뿌리핑을 하였쓰며 음청나게 뿌리핑하는 사람이나 의자에서 떳고 있는 사람이나 똑같다고 자신원 보고 있나. 그리고 뿌리핑을 나 하고는 우리들 보한 것을 그저 한 번 보고 말더라. 이것들을 보니 정말 한심하더라. 왜냐. 중앙에서 그따위 행세를 하니 의이 및태에서는 모든 일들이 잘 대 갈 수가 있나 하고 너켜쓰며 보한 것을 어뒤에서 어뒤까지 대느냐고 물키라도 한다며 메다[미터] 수을 그러깨 음청나게 불구지는 몰할 껏이며 지휘청에서 그려깨 행세를 하니 및태서는 그저 티밥 불구더시 불구기만 하니 세상이 바로 갈수가 있나 하는 느킴이 들며 그리고 뽀닥빛에서 일하는 어른들에깨 인사라도 한 번 하고 같쓰며 하는 생각이 들며 수고한다는 말도 업시 사라저는 것을 볼 때에 개쌔키들 하고 욕이 나올 지경이더라. 그리고 그따위 일을 할려며 우리도 준비한다고 일 몿해서 손에 국까적으로 바서도 큰 손에다. 왜냐. 비행기 기름 값은 어너 놈이 부담하며 국까의 좀이라고 해도 무리는 아니라고 생긱을 하고 싶디.

〈1981년 6월 10일 수요일 낡씨 비〉

농민들이 학수고대하는 비가 이제야 비가 오며 비가 농민들이 바라는 만큼은 오지 않코 간질나게 비가 오니 마음에 차지 않는 비는 아니라도 반가운 마음 금할 일 업꾸나. 간질나는 비지만 반작물[밭작물] 해갈 좀 면하도록 아주어쓰며 하는 생각 간절하구나.

〈1081년 6월 11일 목요일 낡씨 비〉

보실비가 오는데두 직자 사 멍이 삐이프버[파이프로] 산성[관정(管井)]을 빅는데 힘이 만이 들어쓰며 비가 적으나 비가 온다며 물천지데 비가 너머나 예놀다. 관성은 비을 바저며 다 삑고 나시 앙수기로 물을 프는데 복세기[북데기]기 물과 반반식 따라 올라서 예로가 만아쓰며 이 헉이 조금 따라 올라오며 흑은 안 올로겟지 하고 양수기을 개속 돌려바도 흑은 여전하게 올라와서 양수작업을 중단하고 말았다. 만약에 이것을 온기[옮겨] 박아서 물만 올라온다며 별 문제인데 만약 관정 노렸[노릇]을 못하게 대며 낢씨는 가물지 물 대기는 힘이 말할 수 업씨더니 이그 정말 예로가 말할 수가 업꾸나.

〈1981년 6월 18일 목요일 낢씨 맑음〉
금일은 보리 탈곡을 하는데 생각보다 더 흉년이구나. 보리 하는데 밑천을 따지며 본전 빡에 안 대며 이것을 노동비을 따지게 대며 일 년 동안 노력을 따지며 정말 한심할 정도다.
보리는 안전 숭년을 했더래도 벼 수학은 풍년을 지우야 대는데 벼마저 숭년을 당한다며 우리 같은 서민은 오 년 이상은 타격은 있따고 보고 있다.

〈1981년 6월 19일 금요일 낢씨 흐림〉
보리논을 소로 갈지 못했서 경운기로 논을 가는데 경운기도 힘이 들며 흘등이[흙덩이]가 농짝 만아게 일어나며 낢씨가 이쳐름 땡땡 가무는 것은 나 자신 알기는 처음이라고 생각을 하며 신기하두룩 비가 오지 않을라며 논 갈두록 인따나[논을 갈 수 있을 만큼이나마] 비 좀 왔쓰며 하는 생각 간절하구나.

〈1981년 6월 20일 토요일 낢씨 비〉
그처름 가물어 잭키더니 금일부터 장마선에 들어선다니 마음은 헙쫙하나 땡땡 가문 논에 하로 빨리 모내기을 시키줄 것인가 그것이 문제다. 장마라도 갑짝이 쏴다저서 물을 잡을 수가 있쓰며 몰라도 그려치 않코 설설 비가 오며 매일 아도 모내기을 못할 껏으로 내다보고 있다.

〈1981년 6월 21일 일요일 낢씨 비〉
비가 이러깨 와서는 사람들의 간장만 다 태우지 봉답 모내기는 못할 껏 같다. 왜냐. 비 오는 것이 좀 만이 안 오고 적개 오기 때문에 비오는 량은 마늘란지 몰라도 소나기로 오지 않코는 모내기을 못할 것 같더며 이앙 관정 물 프지 않코 비오는 것으로 모내기을 하며 사람 수라지 돈 않 들지 모든 것이 수라게 돌라 갈 껏 같은데 비오는 것이 정말 예돌따. 만약에 내일까지 신기 비가 오지 않으며 관정 물 프는 데 물새을 삼만 원 주야 하니까 그 돈도 크다고 생각을 하며 올해 같이 돈이 아쉬어며 못 살개다 하고 너킴마저 더는구나.

〈1981년 6월 24일 수요일 낢씨 비〉
금일은 봉답 논에 모내기을 하였씀며 몰리[물이] 적은 것을 모내기을 하여쓰 모 포기가 죽살지[죽살이] 않을까 염려대며 봉답 모가 아주 너전 편인데 바로 살라야 댈 땐데 염려가 대는구나.

〈1981년 7월 4일 토요일 낢씨 비〉
금일은 보리매상을 대는데 등수는 잘 나더라. 등을 잘 주지만 농민에깨는 수매을 을마을 하든지 을마든지 자유로 하두록 내버려 두어쓰며 하는 생각 간절하며 정부에는 계핵성 있깨 행정 처리을 할려고 사전에 매상 희망을 신청하라고 하니 농민들은 예로가 만타. 외야하며 정학하게 할려고 하며 만약에 매상가마니가 버서나게 대며 출하 통지서가 업키 때문에 매상을 할 수가 업쓰니 농민들은 실지 매상 마니보다 만이들 신청을 하니 정부에서는 실지 매상가마니을 잡을 수가 업따고 본다. 그리고 정부에는 이중곡가제을 쓰서 농민들에게 득을 보인다 법석을 부리지만 현 이 상태로 보리 수매을 하며 보리농사 짖을 사람이 업쓰며 보리풍년이 전다 해도 별료 이득이 업따고 본다.
그리고 자신은 이려깨 생각을 한다. 왜냐하며 농민들은 휴식시간이 업두룩 정부에서 손예가 가는 한이 있더라도 보리 갈 수 있는 면적을 다 갈 수 있두록 강제성을 뛰우는 한이 있더라 갈두록 하여야 댄다고 본다. 왜냐하며 몿 사는 나라일수록 국민이 부지련하여야 대며 일모답도 이모답이 대두록 정부에서 노력을 더 히야 대는데 정부에서는 임시 손에 가며[손해가 가면] 등한시는 것을 볼 때에 먼 훈날에는 극정이다. 그리고 앞푸로 정부에서는 얼마 안 가서 살[쌀] 생산도 보래 매상하는 식으로 등한시할 껏이 아닌가 하고 생각을 할 때에 농민들은 잘 살 수가 이박하다고[희박하다고] 생각을 한다. 그리고 농민들 자녀는 아예 대학이라는 문특도 갈 수가 업찌 안나 하고 생각마저 더는구나.

〈1981년 7월 5일 일요일 낡씨 비〉
정국이 장마라고 하지만 우리 지방은 봉답 모내기는 좀 너전 감이 있찌만 비는 아주 선화게 와서 농장뭄 피해는 업시 잘 왔쓰며 비가 계속 이려깨 비가 오며 자년 모양 벼 수확이 업쓸까바 제일 극정이다. 금년에 만약 숭년을 지운다며 농민들은 정말 해어날 수 업는 고랑창[구렁텅이]에 는넌 짓과 같다고 생각을 한다.
시국이 편할라며 매년 풍년이 들어야 편하지 그러지 않코 숭년이 들며 시국마저 어질업따고 생각을 한다.

〈1981년 7월 11일 토요일 낡씨 맑음〉
순석이 대신 집 살 때 집이 좀 넘어간 것을 보고 집을 잘뫂 쌌따고 하니까 대지가 늙버서 그러지도 않타고 말을 하고 있찌만 이변에 부억 담이 흐술래서 집 수리할려고 담 보수 좀 할려고 하다 부억 담이 점부가 내려안저서 부엌깐만 안전 들어내고 마랐다. 이것을 일하는 사람 노임을 다 따지면 집깂이 음청나게 치저며 이번에 축사하고 다 따지면 백만 원 들어갔쓸 것으로 내다보고 있쓰며 요즘 생각을 하며 집을 그저 주도 않알 생각마저 들고 있다.

〈1981년 7월 13일 월요일 낡씨 비〉
순석이 집이 처음 수리할 때는 서급프기 작이 업더니 삼사 명이 손을 대고 있쓰니 흐슬한 대가 자꾸만 정리가 대니까 일하는 자신으로 바서는 땀을 흙리며 해도 자미가 있꾸나. 그리고 이재는 안전이는 뫂했도 앞푸로 하로만 더하며 망우리[마무리]가 댈껏 같꾸나.

〈1981년 7월 20일 월요일 낡씨 맑음〉
송아지 금이 넘어나 좋아서 적은나 송아지 좋다고 하며 (오십만 원) 이상 가니 송아지을 싸서 먹이바야 별루 소득이 업쓸 껏 갈다서 어미 소 조금 뫂 대는 것을 남왜 빚으로 금일 씨외서 먹이고 있는데 지의 생각으로는 이번 가을만 들어쓰며 어미 소는 뭉청 올라길 껏으로 내다보고 있는데 이것이 개산에 마절란지는 몰라도 만약에 죄자가 생길까바 극정이다.
순석이도 부업어로 소을 먹일라고 금일 장

에 소 셋 마리에다 약 2백십만 원을 주고 싸와서 축사에 드리매 나는데 솟금 뜰어적까봐 극정이다.

"어미 소가 댈려며 약 1년을 먹어야 어미 소 노렸할 것을 현금 700,000만 원 주고 사와서 손애가 업쓸찌 극정이 대는구나."

〈1981년 8월 22일 토요일 낡씨 맑음〉

금일 마지막 벼논에 약 살포하는데 벼 작항은 조으며 우선 바서는 대풍작이지만 앞푸로 일주일만 낡씨 좋아지며 벼 수확에는 대풍작이라고 자신은 생각하며 봉답도 수년간 처음 잘 댔다고 생각을 한다. 그리고 만약에 태풍이 벼 수학에 피해을 잎필까바 극정이 댄다.

"정부에서도 농산물을 올리주지도 않코 농민들을 살기을 자꾸만 어렵깨 만들고 있따고 생각을 하며 만약에 농민들이 부강해저지 않코 살기가 힘이 들게 대며 농민 살기가 힘이 들며 나라도 부강해저지 않는다고 자신은 말하고 십다."

"남들이 우리 소을 보고 새키 들어따고 말들을 하는 것을 볼 때에 소는 잘 샀따고 보며 우선 바서는 손애는 업따고 본다."

〈1981년 9월 29일 화요일 낡씨 맑음〉

금년은 가연 우리 지방에는 정말 대풍년이라고 해도 무리는 아닐 정도다. 금일 추수을 해보니 가연 잘 댓따하는 너킴이 들며 형님이 우리 마을에서 제일 먼저 추수을 하였따고 본다.

그리고 정부에서 근장한 것 신품종은 캄복이[깜부기64)]가 너무나 만아서 불만이 말할 수 업쓰며 들판에 캄복이 만은 나락은 전부가 신품종이라고 보며 댄다.

자신이 생각을 해볼 때에 신품종 하며 농민들에깨 건장[권장]을 시키서 꼭 실패을 보이는 것이 정말 이상하다. 자신 알기로는 (통일벼씨) 23호 씨밖에 농민들이 해서 큰 득을 바서쓰며 그 나머지는 다 실패해따고 해도 무리는 아니라고 생각을 한다. 이것들을 정부에서 정밀하게 검정해서 농민들에게 건장을 시키따며 이쳐름 실패는 업쓰따고 말하고 싶다.

〈1981년 10월 17일 토요일 낡씨 흐림〉

금일은 복판논에 벼을 탈곡을 할려고 분주한 아침 날이다. 금년 벼에 거름키가 만아서 벼들이 죽은 것들이 만아서 가마니을 18개을 가지고 간다고 하니까 집사람이 혹씨 만이 날 줄 아요 하면서 20개을 가지고 가자고 하는 것을 만이 죽어서 이 가마니도 다 치우지 몾할 꺼이다 하면서 출발하고 마랐다. 벼을 한참 탈곡을 해보니까 자신의 생각보다 좀 수학이 만이 나는 것 갈더며 다들 탈곡을 할련니 가마니가 셋 개가 부족들 껏 갈다서 우리는 밑태 사람과 한 자리 건너 탈곡하는 사람이 셋시나 햇쓰며 가마니을 좀 어들라고 한 사람 건너서 어두로 가기가 좀 어색해서 좀 카다룬 사람에깨 가마니을 셋을 어더와서 두 가마니는 탈곡을 해서 담코 남어지 하나는 담지도 않코 그대로 두어따. 남어지 두 가{마}니는 우마차로 먼저 탈곡한 것을 한 발이 실고 가서 오면서 빌린 가마니을 돌려줄라고 공가미[빈가마니]을 가지고 와서 들판에서 교한해더린

64) 종자소독이 불량하여 발생하는 벼나 보리의 병으로, 이삭부분에 새카맣게 곰팡이가 핀다.

는데 그 가마니가 바키와따면서 우리 가마니 달라고 와우성을 형집에 와서 한다기에 자신이 달려가서 이야기를 해더리니 말도 덧또 완코 자기는 이련 가마니을 주지 않아 따고 하니 정말 숨통이 떠질 지경이다. 자신은 남에 가마니 히고[65]하며 상한다고 히고도 하지 않코 들에서 일부러 개와서 교안해더린는데 자신의 마음도 모러고 벌소리을 하는가 하고 심장이 상하며 공가{마}니 잔칸 사용한 제로 이러깨 엄청나게 벌을 주는가 하고 생각을 해보니 참을 수가 업쓰서 새 가{마}니을 주고서 음성 높이서 한바탕 싸우고 마랐다.

금일 일은 집사람 말만 들으서며 음청난 욕을 보지는 않아쓸 껏이며 밝은 하로가 대으썰 껏인데 생각을 할수록 밤잠이 들지을 않더라. 짐을 이루지 못하면시 금일 일괴를 생각을 해볼 때에 우리 마을에서 상위급으로 들어가는 사람이 공가{마}니 하나을 가지고 망신을 시키는가 생각을 해볼 때에 그련 식으로 부자가 대어는가 하고 의심이 갈 정도며 그련 사람이 마을 일에 공사 하층을 바다서 어떠개 일을 했나 하고 했쳐바서며 하는 생각 간절하구나.

<1981년 10월 23일 금요일 낡씨 눈>

금년 보리 파종은 금일로 집사람과 둘리서 끕을 냇쓰며 집사람과 자업은 하는데 때 아닌 눈이 와시 직업하기가 휘이 드며 갑짝서럽세 추버녀 한박눈이 내리서 사림이 견뒤기 어려으질 정도다. 사람이 참기가 힘이 늘면서 한박눈이 내리니 마음은 상캐한 감이 디는구니.

<1981년 10월 25일 일요일 낡씨 맑음>

봉답 논은 금년에 자신 생각 같다서는 아주 잘 되따고 생각한 것이 금일 탈곡을 하여 보니 생각보다 아주 적깨 생산이 돼메 금년 농사에 자신이 생각한 것보다 넷 가마나 적개 생산돼어서 매우 섭섭한 한 해가 뎃어따고 본다.

"금년 농사는 자신이 밑쓰가 있따고 본다. 왜냐. 금년 농사는 비료질이 만아따고 생각한 것은 날씨가 좋아서 생산이 만아따고 하지만 자신은 비료가 좀 넘쳐따고 생각하며 비료질에 실폐라고 생각을 한다."

"정부에서 매상 가격을 금년에는 10푸로 올린다 발표을 하니 이것을 모든 몰까[물가]라는지 농산물 생산 (비료값) 기세에 기름값 모든 것을 생각을 해서 올린 것인지 그렸찌 않으며 농촌 사람들은 못 배운 사람이니까 아무리 눌리재키도 아무 소리가 업쓰니까 마구재비로 눌리는지 도무지 알 수가 업꾸나."

<1981년 10월 30일 금요일 낡씨 맑음>

정부에서 금년 양곡 매상가격을 12푸로 올린다고 발표을 했는데 국민들이 너무나 와우성이 만아서 그런지는 몰라도 또 다시 금일 매상가격을 13푸로 올린다고 공포을 하였다. 이것들을 볼 때에 처음 12푸로 올린다고 말을 하였읔 때에 국민들이 아무 말도 업쓰머 12푸로로 매상을 바다들일 껏이 아닌가 하고 생각을 할 때에 정부에 하는 일들을 밑고 살 수가 업따고 본다. 왜냐. 정부에서 정밀하게 검징을 해서 매싱가격을 발표했을 땐대 3푸로나 더 인상을 시키서 발

---

65) 새끼로 가마니를 가로 세로로 묶는 것을 말한다.

표을 하니 농민의 한 사람으로 적은 3푸로지만 처음보다 마음이 좀 나저는 감이 있찌만 정부 하는 짖들을 보니 마음에 들지 안는구나.

〈1981년 12월 30일 수요일 낡씨 맑음〉

정부에서 비료값 올리는 것을 볼 때에 참 이상하다. 왜냐하며 비료값을 올릴라고 들며 갑짝이 올리서 국민들이 점부가 오른 가격으로 사용을 하두록 하며 별 문제라고 생각을 하는데 정부에서 미리 을마을 올린다고 말을 먼저 하니 돈 있는 사람들은 점부가 일 년 쓸 비료을 안전이 준비을 하니 있는 사람들은 비료을 헐깨 준비을 하니 돈 있는 사람들은 점점 잘 살개 만들고 업는 사람은 일 년 살기가 힘들기 때문에 비료값 인상대는 줄을 알면서도 비료 준비을 못 하는 실정이다. 자신이 생각을 해볼 때에 우리 마을에쓰도 10마지기 미만 농사하는 사람은 90푸로가 비료 준비를 못 했따고 생각을 하고 있다.

〈1981년 12월 31일 목요일 낡씨 맑음〉

금년에는 자신이 생각한 것보다는 좀 적지만 마음에 찬 수학을 해서 금년 한 해는 알찬 해라고 해도 무리는 아니라고 자신은 말을 하고 십꾸나. 그리고 79년 80年 이 년간 숭년 당아지 안아따며 금년 해는 아주 좋은 해가 대어쓸 땐데 그러치 못해서 지나간 해가 아주 아쉬어지는구나. 그리고 금년에는 소을 잘 싸서 수입을 만이 본 것 같꾸나. 현 시카을 말하며 110,000만 원 대리라고 생각을 하며 올해는 저축을 만이 한 셈이 돼는구나.

▌1982년▐

〈1982년 1월 3일 일요일 낡씨 흐림〉
이번에 정부에서 중고등학교 학생복 두발 할 껏 업시 자유화 한다는 소리을 덧고 깜짝 놀랐다. 왜냐하며 업는 사람을 점점 정부에서 몿 살개 만더는 것이 아닐까 하고 극정이 말할 수 업다. 왜냐하며 우리 집 6살 먹은 놈이 헌 옷이고 옺이 조금만 더려으지도 안 입고 옺 장사만 보며 옺 사달라고 몸부림치는 것을 보니 부모 돌리로서 부담이 대어도 사주는 판인데 중고등학교 교복을 자유화하며 업는 사람의 자식들에 마음의 상처가 을마나 클까 극정이 말할 수 업다.
"자신이 생각을 할 때는 잘못이라고 생각을 하며 자신이 볼 때는 주머니 사정은 아주 형편 업는 한국 사람이라고 해도 무리는 아니라고 생각을 하는데 정부에는 껍질만 일등국민으로 만들라고 더는 것이 마음에 들지을 안는 너킴이 들고 있다."
"금일은 집사람의 계추을 하는데[66] 집사람에깨 좀 음식을 만이 잘해서 대집하라고 이야기을 했는데 집사람이 이 정도며 잘하는 편이라면서 극정을 하지 말라고 이야기을 하는데 음식이 미납빠서[좋시 잃아시] 욕이나 대지 않을{까} 하고 극정이 대는 판인데 모두들 잘했따고 인사을 만이 하는 것을 볼 때에 어떤가 모려게 마음이 풀리는구나. 그리고 집사람 계 때문에 극정을 하든이 이재는 지나가서 한결 마음이 가벼어지게꾸나."

〈1982년 1월 5일 화요일 낡씨 맑음〉
아직 우리나라는 통행금지을 홰제하며 홁란이 오지 않을까 염려가 데며 아직 일적따고 생각을 하는 바이다. 통행금지 해제하며 어른들은 별일 업따고 생각을 하지만 청소녀들은 두발도 자유화지 밤거리 도라다니기 좋아할 청소녀들의 가연 좋용회[조용히] 고비을 넌길까 극정스렵꾸나.

〈1982년 1월 7일 목요일 낡씨 맑음〉
작년에만 해도 에너지 절약하여야 댄다고 자가용차 기름 공급 재한한다고 법석을 부리더니 벌서 기름 공급을 회제하고 자유화 하니 정부에서도 장기화 두고 무선 일을 하지 않코 그때 따라 따라 정치을 하는 것 같다서 마음에 들지을 않으며 자신이 생각을 할 때는 84年 이후만 가도 기름 공급을 제한해야 대지 않나 내다보고 있다.

〈1982년 1월 14일 목요일 낡씨 맑음〉
우연이 자신이 머리가 아파서 집사람과 김천이준이내과[김천이주원내과][67]에 진찰을 바들 욕심으로 내괴 위원을 찾게 대어쓰며 진찰을 해본 결과 자신의 생각과 영 탄판이

66) 계원들이 모여 계의 결산을 하거나 야유를 나가는 등의 행사를 치르기 위해 모임을 갖는 것을 일컬어 '계 추린다'라고 표현하기도 하는데, 여기서의 '계추을 한다' 역시 같은 용법으로 사용된 듯하다. 본래는 계를 위해 추렴을 하는 것과 관련된 용어가 아닐까 생각된다.

67) 김천시 성내동에 위치한 병원 이름이다.

며 이사[의사]도 사전에 한자가 아푼 데을 이야기하여야 아푼 데을 알지 그려치 않코는 신찰[진찰]만 마키며 몰겟꾸나 하는 너킴이 들더라. 왜냐하며 자신 대장이 나파서 설사를 만이 한 편인데 딴 곳은 별고 업쓰니 혈압을 좀 나추보자는 말만 하고 약을 5일분을 주며 복용하라 하더라. 그리고 자신이 생각을 해볼 때에 혈압약 하고 딴 약이 좀 들어 있쓸 뿐 별 약은 업쓰며 복용하여도 더 아파서 하로분만 먹고 마라쓰며 의사 선생님을 밑치만 너무나 응터리 업는 금액을 요구하더라. 자신이 생각할 때는 멧 천인 줄 알랐는데 15,000원 달라고 하더라. 시장 같더며 좀 깍찌나 하지만 그려치도 몿하고 고수란이 줄라니 마음이 상캐하지을 않는 너킴으로 돌라오고 마랐다.

〈1982년 1월 18일 화요일 낡씨 맑음〉

병원 약도 잘 덧지 않코 약방 약을 위때것 복용하여서 조금은 난은 편이지만 아주 안 캐때지[완쾌되지]을 안아서 큰 극정이다. 아푼 곳이 머리만 아니라도 극정을 들 하겠는데 머리라서 극정이 말할 수 업쓰며 벌로[함부로] 막킬라고[맡기려고] 해도 극정이며 조금 나은 편이라서 미련만 두고 있는데 갈피을 잡지을 몿하게꾸나.

〈1982년 1월 19일 화요일 낡씨 눈〉

올 계월 더려쓰고는 눈 한번 제대로 아주지 않코 돼지[대지]을 너무나 가물게 하며 눈빨이 좀 날힐 적에 푹 아쓰며 하는 생각 간절하구나. 아이들도 눈 한번 아쓰며 하는 생각 좀체 버리지 몿하고 있다.

〈1982년 1월 20일 수요일 낡씨 맑음〉

자신이 혈압인지 무었신지 학실이 몰라서 약방 약, 병원 약 전부을 안전이 끈어보앗던이 머리가 좀 아픈 너킴이 들으서 병원 진단과 다름업시 혈압이구나 하고 인식을 하였다.

그리고 자신이 불편하며 아이들 노는 것이 그슬이며 우리 혜진은 아빠 소리만 쳐도 아빠 성질부린다 하고 동생들을 대리고 방을 위동하는 것을 보며 자신이 좀 참아야 하는데 하고 너킴이 들며 평소에 사랑을 반품하고 아플 때에 사랑을 다 배풀며 성질이 업쓸 땐대 하고 후회감이 들 때가 한두 번이 아니다.

〈1982년 1월 21일 목요일 낡씨 맑음〉

혈압에 병원 약보다 한약이 몸에 나찌 않을까 하고 복용할려고 모 한위원에 차저가서 진맥을 하는데 위원 하는 말씀이 아주 깅망하게[경망하게] 말을 하며 한참 크는 아들 말하는 모양 말을 하며 사람이 안정성위 업쓰며 말이 불케해서 돈 업따는 핑계 쳐고 위원 문을 나오고 마랐다. 그 길로 병원에 가서 다시 혈압 약을 더 복용하라고 해서 5일분을 가지고 집부로 오고 마랐다.

〈1982년 1월 22일 금요일 낡씨 맑음〉

자신이 처음 아풀 때는 중요한 머리 부분이라서 극정이 말할 수 없시 대며 만약 이려깨 죽어며 집사람은 한평생 서렵깨 살 생각을 하니 정말 정신이 아질하며 경망한 생각이 들 때가 만더라. 그른 너킴을 생각할 때 과정생할을 더 알차게 더 충실하게 살라가써 더 집사람을 사랑하며 사라가야 대겟따는 생각이 몸이 해복되어갈수록 마음의 자세가 노파저고 있다.

〈1982년 1월 23일 토요일 낡씨 맑음〉
혈압이 보통 일이 아니구나. 맡 좋은 음식을 보고도 만대로 먹지 뫃하고 밥맡이 이쓰도 만이 먹지 뫃하고 량을 줄아야 대니 정말 보통일이 아니구나.

〈1982년 1월 25일 월요일 낡씨 맑음〉
금일로 한 해의 회가 저물어저고 있꾸나. 자신이 삵라오면서 한 회가 알차고 보람 있고 한 회를 갋지개 삵라서 금년은 안전이 저물어가도 아쉬운 감이 없시 삶아바서쓰며 하는 생각 간절하구나.
"업는 사람이 매년 매년 한다더니 자신도 내년에 알찬 해을 만들어 보자는 결심박에 없꾸나."

〈1982년 1월 27일 수요일 낡씨 맑음〉
이번 설이 작년보다 설 기분이 들 하는 너킴이 들며 명절감이 없쓰저가는 너킴으로 일과 넘어가는구나.
그리고 집사람 아이들 대리고 친정에 가는데 같이 갈려 하다 가지 않코 집배 있쓰니 지루한 감으로 하로 일과가 넘어가고 마랐다.

〈1982년 1월 29일 금요일 낡씨 맑음〉
머리가 개온하게 나지 않코 좀 안 좋은 너킴이 있쓰며 노동을 할려고 하며 불편한 점이 있쓰니 집배서 출발할 때는 한위원에 가서 침을 한 대 마저볼까 하고 출발하면 심천 도착해서는 침이 금[겁]이 나며 발길이 한위원에 가지 안쿄 병원으로 발길을 돌리고 있쓰니 자신의 심정도 바로 잡지을 못하는 파이다.
"이번에는 한약으로 정제대어 있는 것 순기한이란 약을 600정에 10,000만 원 주고 사왔쓰며 이번 약이 신통치 안으며 안전 한의원예깨 침으로도 곤치볼 작정이다."

〈1982년 1월 31일 일요일 낡씨 흐림〉
별로 할 일도 업고 해서 들판에 보리밭을 도라보니 보리라고는 희망이 업슬 정도로 말라 죽고 업더라. 보리농사는 자신이 보리농사 짖고는 딱 한 번밖에 잘 지어 본적이 없쓰니 정말 보리농사는 힘더는 농사라 아니 할 수 없쓰며 보리씨 대용품으로 교차해서 씨값씨을 너을 수가 없쓸까 하는 생각밖에 없꾸나.

〈1982년 2월 1일 월요일 낡씨 맑음〉
벌써 일월이란 날짜는 다 넘어가고 이월이란는 세 달을 마지하니 세월이 왜 이러깨 빨라지나 하고 아쉬어지는 너김이 들며 아들 말하더시 1월에는 밥만 먹고 똥만 싸따고 해도 무리대는 말은 아니라고 생각을 한다.
"정부에서 테래비나 신문 할 껏 없시 물과 안정을 잡앗따고 법석을 부리는 것을 보며 우리들이 생각을 할 때에 경기가 불항이라서 모두 안 싸고 상인들도 살기 위해서 이문을 박화게 보면서 팔고 하니까 물가 안정이 좀 대어따고 보는데 만약 이 경기가 호전대며 물가들이 고개을 쳐들고 이려날 침인데 그때는 정부에서 무어라 말을 할려고 하는시 일 수가 업쓰며 정부 행정들이 좀 무게가 있쓰며 하는 생각 간절하구나."

〈1982년 2월 2일 화요일 낡씨 맑음〉
별료 일도 업쓸 뿐 아니라 머리가 이상해서 일도 급이 나서 제대로 뫃하게쓰시 자신의 혈압을 제어볼라고 모 한약방에 갔쓰까. 혈압을 무려봐도 가려쳐 주지도 않코 약만 싸

먹으로 하고 있쓰니 아는 사람도 다 소용 업쓰며 자신은 약을 복용하기 때문에 혈압이 을마 내려 같는가 하고 알기 위해서 아는 사람을 차저같는데 그려치 않코 약만 사 먹으야 한다고 법석을 부리고 있는 것을 볼 때에 병원 약방 약국 할 것 업씨 한자의 문노코 소리만 나면 한번 홀꾸자[홀리자] 하는 감이 더는 기분이 한두 번 아니다.

〈1982년 2월 4일 목요일 낢씨 눈〉

보리밭 바서는 눈이 좀 푹 았쓰며 하는 생각 간절한데 눈이 적개 와서 보리 가뭄도 체 면하지 못하게 와서 마음만 아쉬어지는 구나.

"아이들이 눈이 오는 밤잠도 자지 않코 눈 오는 것을 보고 좋아라 하는데 아이들 마음에도 차지 않는 눈이 대고 마랐다."

〈1982년 2월 5일 금요일 낢씨 맑음〉

자신이 혈압이 잘 낮지 않코 있쓰니 세집[68]에서 오리을 가지고 와서 푹 까[고아] 먹으라고 하면서 이야기을 하는 것을 볼 때에 정말 고맙더라. 자신이 세집에 대한 일은 잘한다고 생각을 하지만 앞푸로 자신이 삼촌에깨 잘해야 대것따는 너킴이 더는구나.

〈1982년 2월 9일 화요일 낢씨 맑음〉

처음 안전 혈압인지 무었인지 학실이 모렬 때에는 극정이 말할 수 없이 대더니 이제 와서는 안전 회복이 대어니 천만 다행이라고 생각을 하며 약을 복용하지 않으며 갑짝이 혈압이 올라갈까바 극정이 댈 분이다.
그리고 요줌 낢씨가 더 추어며 바람이 왜 모질쉬렵개 부는지 분간을 못하게더라.

〈1982년 2월 11일 목요일 낢씨 맑음〉

잡과 나무 전지을 처음 계시하니 작년보다 나무들은 만이 자란 감이 더는데 나무가 아직 유목인데 원주력[원줄기]이 죽어싸서 자미가 없쓸 뿐 아니라 원주력이 죽지 안코 정상대로 잘라더라며 나무도 좋을 뿐 아니라 수학도 음치할 껏인{데} 하고 생각을 할 때에 때로는 신경질까지 날 정도다.
그리고 밭태 제석[대석][69] 나무가 토질에 맡지 않는가 하고 생각이 들어서 봉숭아 상방[70]이란 나무을 일{단} 닷섯 폭이을 보식을 하였 노았는데 토질이 마절란지 알 수가 없꾸나.

〈1982년 2월 12일 금요일 낢씨 맑음〉

"운이 놀엄 노리 바서는 알 수 없는 일이다. 운이을 볼 때에 한편으로 바서는 별로 남들예깨 뒤뜰어지지 않을 껏 같고 말을 제대로 못하는 것을 볼 때는 부모로서 극정이 말할 수 업쓰며 자식에 판단도 으렵꾸나."
"집사람도 운이가 마음에 차지을 않는다면서 아직 너지 않으니 아이를 한 번 나보자고 할 때마다 자신도 마음이 약해지는 감이 있꾸나.
한편 생각을 해볼 때에 아들 업는 사람도 사는데 업는 사람보다는 나지 않깨나 하는 생각도 들어가는구나."

---

68) 삼촌의 집. 본래 '새집'으로 본가에서 분가한 집을 일컫는다.
69) 김천 지역에서 많이 재배되는 자두 품종의 하나이다.
70) 복숭아나무의 품종 중 하나이다.

〈1982년 2월 13일 토요일 낡씨 맑음〉
과수 전지하면서 보리밭을 않만 봐도 보리 모섭이 가물이 너무 들며 낡씨가 눈 한번 제대로 안 오니 보리 가물뿐 아니라 과수까지 지장이 올까바 염려가 대며 이것이 여름에 이려깨 가물며 사람까지 죽는다고 법석을 부릴 지경이다.
"순철이가 직장 생할이 매일 염려가 대더니 이제와 금성사 자재과로 온기더니 직장 생할에 취미가 있는가 일 년을 말 업씨 다니며 회사에 결석 업씨 잘 다니따고 라듸오까지 타다고 하니 마음 기쁘지 아니할 수 없쓰며 일 년에 1,000,000만 원까지 저축이 대어따고 하니 이제는 마음 든든하구나."

〈1982년 2월 14일 일요일 낡씨 맑음〉
김천 동서 아들 결혼식에 참석을 하였쓰며 동서 손님이 정말 맡더라. 그 손님을 집배 접대을 하는데 힘이 만이 들 뿐 아니라 집이 비좁아서 큰 애로가 있쓰리라고 생각을 한다.
그리고 촌에 잔치 쳐는 것보다 음식이 아주 적으며 촌에서 그 정도하며 별로 인시가 업쓸 것 같다.
(부주) 10,000만 원

〈1982년 2월 15일 월요일 낡씨 맑음〉
오늘로서 과수 전지을 안전이 하였쓰며 올헤는 과실이 좀 달리서 돈 맡을 볼련지 볼개쓰며 내년에는 안전 수학기가 들어가야 댄다고 생각을 하는데 계핵대로 이려어절련지 몰겠꾸나.
"금일은 두룩[두렁] 풀 태우기로 민방위 교육을 한 것으로 일과는 보내고 마랐다."

〈1982년 2월 17일 수요일 낡씨 맑음〉
우리 운이 대신학교에 금년부로 유치원이 서게 댄다니 마음이 기쁘며 대신유치원 선다는 말 전부터 우리 운이 금년에는 유치원에 늙 수 없나 하는 생각도 해보았쓰며 우리 운이는 남보다 말을 제대로 몿해서 일적 남왜 아이보다 깨우치계 하여서 일학년 너어야지 하고 생각도 만이 하였다. 그러든 중 대신학교에서 유치원 모집한다고 해서 집사람이 운이를 대리고 가서 이름만 적고 왔따기에 한편으로 기쁘고 한편으로는 유치원예 가서도 말도 하지 않코 집배서 하든 벗릇을 하지 않을까 하고 극정이 말할 수 없꾸나.
"요줌원 기상대 일기예보 하는데 비 온다 하는 소리 들어볼려고 기을 기우리도 매일 낡씨만 맑다하니 들을 때마다 비 온다는 소리 없나 온성[원성]이 대는구나."

〈1982년 2월 19일 금요일 낡씨 비〉
중앙 기상대에서는 금일은 밭 장물에 해갈을 면하두록 온다기에 이재는 바라든 비가 오는구나 하고 좋아했는데 비가 바라는 마음과 다려개 이슬비가 오고 마니 마음만 습한 일과가 대고 말며 이번 비가 협쪽하게 왔주어쓰며 하는 생각 간절하구나.

〈1982년 2월 21일 일요일 낡씨 비〉
중앙 기상대는 낡씨만 밝따고 하더니 때 이니 비가 쏘다져서 밭작물 과수 할 썻 없시 해갈을 안전이 면하두록 비가 와서 천만다형이다.

〈1982년 2월 27일 토요일 낡씨 맑음〉
혈압에 약을 두 달을 복용하도 차도 없고

해서 김천 성의중고등학교 앞에 침을 잘 놓는다고 해서 들이보아든이 침 마저로 온 사람이 만이 있쓰며 앞 사람이 침을 맡는 것을 보니 급이 나며 침이 효력이 있깨나 하고 의심이 가며 신통한 감이 없시 침을 맡고 왔다.

"차도 없시 시간이 갈수록 극정이 말할 수가 없꾸나. 이 자식들이 별 일 없씨 따뜻하게 잘알 수 이나 없나예는 나 자신이 몸 건강하게 살라가야지 사랑을 잘 받고 살 수가 있는데 나 자신이 차도 없쓰니 답답하구나."

"{()우리 집배 감나무 목골 모목상회에서 6포기 심음)(대석나무 15포기)"

〈1982년 2월 28일 일요일 낡씨 맑음〉

이재는 과수거름 복합비료 1포을 하였는데 자신이 생각하기에는 과수거름이 좀 적은 감이 있쓰서 복합을 더 할려고 하다 비료 사논 것이 업쓰서 고만두고 마랐는데 과수 열매에 지장이 없쓸란지 몰겠꾸나. 그리고 논보리 거름도 요소거름 한 포을 하였는데 량이 적갑할련지 알 수가 없꾸나.

〈1982년 3월 1일 월요일 낡씨 흐림〉

병원 선생님의 맑씀을 들어야 대것따는 것을 금일 너키다. 병원에 약이 순해서 잘 낮지 않는 거라고 병원에 약보다 좀 더 먹고 했떤 것이 그만 사람 욕을 보게 만들어다. 밤세 잠 한짐 이루지 못하고 김외과71) 들여보았든니 의사 선생님이 아무 이상 없따고 하며 혈압이니까 벤디콘을 한 알식 먹어라고 하며 절때에 약을 더 먹으며 못 곤친다고 말씀하며 진단서를 내주며 약방에 가서 혈압약{하}고 진정제 사라 하더라.

"나 자신이 별료 안푼 대가 없쓰서 병원에 별로 안 까찌만 병원에 가며 약 좀 주고 주사 주고 돈을 음청나게 달라고 하며 화재[화제(和劑)] 내주지도 안코 또 오라 말만 하고 마니 한자가 실어도 가야 할 판이다. 이번에 김왜과에 가니 약도 팔지도 않코 화재만 내주는 것을 보니 제일 마음이 고정이 아닌가 생각을 한다. 자신뿐 아{니}라 남들도 화재을 내주니 좋은 약 사먹을 사람은 좋은 약 생각도 사먹을 수가 있따는 것이 한다[환자]의 부담을 드려주는 편이다."

"정국 병원들이 수술 한자 왜 병원에서 병 화재을 내주어서 한자가 사먹두록 하며 약값이 들 더려가려고 생각을 한다."

〈1982년 3월 4일 목요일 낡씨 비〉

우연이 시작을 하던이 보리논에는 안전 섭해[습해]을 기칠 끝 같꾸나. 이 비가 작았더라며 가뭄에도 피해 업시 보리밭에는 안성 맡춤 비가 대어쓸 땐대 이재 와서 보리발뿐 아니라 농민의 일손을 막년[막는] 격이 대고 만다고 해도 가연이 아니다.

〈1982년 3월 8일 월요일 낡씨 맑음〉

세마을사업으로 마을길 세면으로 포장공사 할려고 마다학꾸[가다와꾸]72) 짜는데 자신의 머리가 상캐하지을 않코 있는 것을 보니 혈압이 내리가지을 않는 모양인가바. 나 자신은 참 조심하고 하는데 이 혈압이 두 달이란 기간 동안 약 복용을 했쓰며 혈압이

71) 김천시 용두동에 있던 병원 이름이다.

72) かたわく(型枠). '거푸집'을 뜻하는 일본어 용어로, 건설 현장에서 많이 사용되는 말이다.

어느 정도 내리같쓰야 하는데 아직 머리에 통진이 오는 것을 볼 때에 정말 극정을 아니 할 수 없다.
"자신이 가만이 생각을 할 때에 이재는 어느 정도 자리을 잡아서 노력만 하며 성공할 수가 있따고 보는데 노력을 못하두록 사람을 잡아두니 환장할 노렸씨다. 혈압이란 병이 가정의 파탄이란 병이라고 명을 부치도 무리는 아니라고 생각을 하며 생각할수록 개심한 병이라고 생각을 한다."

〈1982년 3월 9일 화요일 낡씨 맑음〉

(팽기칠 함)73)
지붕에 팽키칠을 못해서 매일 극정이 대더니 오늘로서 몸채 아래채 전부 칠을 하였쓰며 펭키 한 말 이발유[휘발유] 2돼를 가지니까 충분이 칠을 하개쓰며 큰집배 변소채까지 하고 남더라. 팽키칠을 자신이 집다든 짐으로 칠을 하였쓰며 함석 수명이 더 길 수가 있는데 좀 너저서 아쉽꾸나.

〈1982년 3월 13일 토요일 낡씨 맑음〉

순석이 집을 잘못 싸서 큰 손에를 보고 있꾸나. 예냐하며 그 만은 돈을 주고 싸쓰며 자기 평생 살라도 집 넘어가서 못살지는 않을 끈데 집을 잘못 싸서 몸체 부엌체가 넘어가서 올 더려[올 들어] 집을 다시 지을라고 금일 경운기로 7대로 모래우반을 했쓰며 돈을 제두지히기 때문에 순석이로서는 손예가 맑할 수가 었꾸나.
'남들은 사신이 멀쩡히게 보이지만 자신의 심경으로서는 한장할 지경이다. 왜냐하며 자신의 마음데로 일을 해야 하는데 일을 못하고 있쓰니 마음 답답하기 그지 없꾸나.'

〈1982년 3월 17일 수요일 낡씨 흐림〉

우리 혜진이 교회만 가면 우리 아버지 열압나사 달라고 하나님에깨 매일 기도한다는 말을 혜진 입으로 들얼 때에 눈에 눈물이 매칠라 하더라. 저 어린 것이 자 부지 아푼 것이 무었신지 아무것도 모려고 마향 놀기만 좋아할 넘이 저거 아버지 극정까지 한다니 대건섭려고[대견스럽고] 하로 팔리 나와서 자식에깨라도 극정 안캐 해야대겠따는 너킴밖에 없꾸나.

〈1982년 3월 18일 목요일 낡씨 비〉

대신유치원에 별로 돈이 들어가지 않는다 하고 모집을 할 때에는 서로 너을라고 하든이 이제 와서 돈이 만이 들어간다고 하니까 우리 마을에서만도 삼 명이나 학부형들이 안 시킬라고 하니 우리 운이 바서 극정이다. 왜냐하며 운이 친구 삼 명이 솔거시[솔곳이] 떨어져 나같쓰니 우리 운이도 남자친구가 안 가고 집배서 놀고 있쓰니 운이가 학교에 안 가고 친구와 같치 놀라고 들며 큰일이다 하고 극정을 만이 했는데 생각보다 다러게 유친원 안 갈라 하지도 않코 저 누우들과 학교에 가는 것을 볼 때에 정말 대견스럽기 짝이 업꾸나.
우리 마을에서는 유신원빈이 남자아이는 (운이 혼사) (여자는 3명).

〈1982년 3월 19일 금요일 낡씨 흐림〉

금일은 자신이 혈압이 나찌 않코 해서 집사람을 잡고 이려다 죽지 않깨나 하고 집사람

73) 이 내용은 지면 상단의 여백에 적혀 있다.

에깨 눈물을 흙리고 마랐다. 집사람은 만약 죽는다 하며 집사람이 더 스려으읆 땐대[서러울 텐데] 집사람은 자신에깨 눈물 한 번 내지 않코 요보 너무 극정 말라요 하고 밭 갈바람 좀 쉬라고 하는 것을 볼 때에 집사람 속 늚번[넓은] 사람이며 자신에깨는 너무나 훌령한 사람이라고 생각을 한다.

〈1982년 3월 20일 토요일 낡씨 흐림〉

집사람은 자신 아푸니까 구경 않 갈라고 하는 것을 자신이 이번에는 구경 가라고 뜨밀더시 해서 구경을 보내고 마라다.
집사람들 구경 날짜을 잘못 잡아서 해변에는 차운 바람이 불며 남해대교에는 낡씨가 좋은 때도 한번 가보니 추운 바람이 불어서 차급든데 요즘 날씨가 추어서 구경이나 재대로 하는가 극정이 대는구나.

〈1982년 3월 22일 월요일 낡씨 맑음〉

(과수에 황살표) (형수네 황 5돼)로 삶표해야 돼겠다.[74]
"이곳은 일기가 고류지 못해서 집사람 구경 날짜을 잘못 잡아꾸나 하고 극정을 했든이 그곳은 날씨가 좋아서 구경하는 데 별로 불편을 몰라따고 하며 구경 잘했따고 하며 무사이 2박 3일 동안 구경 잘하고 사고 없시 돌라오니 마음 가볍꾸나."
"근내 과손에 황 소득을 하는데 황 5돼만 해도 충분하게 살표할 수가 있깨는데 황 10돼로 살표해서 약이 반이나 남아서 남들을 주고 마랐다."

〈1982년 3월 23일 화요일 낡씨 맑음〉

병원에서 병예 잘 아는 것도 있깨찌만 열압에 대예서는 아무것도 모런다고 생각을 한다. 왜냐. 자신의 머리가 열압약을 먹을수록 머리 통진 더하여 가는데 병원에는 계속 약을 더 먹으라고 하니 정말 한장할 노렸시며 어떠개 돼어서 머리가 더 아픈가 생각을 하지 않코 약만 먹으라고 하니 답답 짝이 없쓰며 하도 머리가 아파서 약을 뛰어 보았든이 머리 통진 업쓰져며 우선 일을 할 수가 있쓰서 사람 살꺴더라. 그리고 의사 선생님의 오판으로 기중한 생명도 일으간다고 생각이 들며 의사도 무능하며 도태도 시키며 의사 생할을 하두록 하였쓰며 하는 생각 간절하구나.

〈1982년 3월 24일 수요일 낡씨 맑음〉

정부에서 88년 올리피에 대회 운동선수에 대회서 정부에서 너무나 신경을 쓰며 만은 돈을 투자하는 것 같더며 체육부 장관이 다 쓰며 우리가 생각해볼 때는 이련 대 신경을 이쳐름 쓰지 말고 실속 있는 경비을 쓰서 속 있는 알곡이 대개 해쓰며 하는 생각 간절하며 '예국[외국]을 보지 말고 하나하나의 속이 차개 노력을 하지 않으며 우리 후손까지 알이 들지 못하고 마는 것이 아니냐 하고 염려도 대는구나.

〈1982년 3월 27일 토요일 낡씨 맑음〉

금일은 우리 소 송아지를 놓는다고 혜영이 대리로 와서 빨리 집부로 온다고 오는데 볼 일이 점점 더 만아저더라. 그리고 큰집배 송아지을 만이 바다 보았찌만 우리 송아지 놓는 데는 불란한 감이 떠나지을 안으며 했

---

74) 이 내용은 지면 상단에 따로 기록되어 있다.

소[햇소, 즉 초산인 소]라서 송아지을 뭋 노으며 어떠깨 하나 생각을 할 때에 정말 마음의 안정이 안 데더라. 억찌로 송아지 다리가 보일킬래 잡아서 땅기내고 마랐다. 송아지를 땡기서라도 노았쓰니 안도의 숨이 쉬지며 황송아지가 아니냐 하고 뒤을 만저볼 때에 암송{아}지라는 송아지가 발켜지니 영 재미가 업더라.

〈1982년 3월 31일 수요일 낡씨 맑음〉

김천 김왜과에 진찰을 바다보고 약 복용을 하여도 효과도 업쓰며 통진만 더하며 저녁으로 잠을 위류지 못해서 금일은 구미 순천향병원에 잘한다기에 진찰을 바두로 가보아쓰며 병원도 엄청나게 크며 김천병원 다때리 뭉치도 순천향병원보다 못할 껏 갈더라. 내과 의사의 말씀이 심장이 좀 나푸며 혈압이 높아서 잠이 안 온다고 말씀을 하시며 약 2일분만 먹고 다시 한 번 오라고 하더라.

"서민 축에서 큰 종합병원 착기가 힘이 들지만 소병원에서 진단 결과가 나빠서 돈을 헛돈을 많이 쓰는데 처음부터 큰 병원 찾는 것이 오히려 돈이 적개 들게따는 것을 너켜보았다."

〈1982년 4월 1일 목요일 낡씨 맑음〉

순천향병원 약을 복용하니까 수면제가 더려는지 우선 잠이 오니까 살개더라. 그리고 순천향병원 약으로 병을 나사야지 그러치 아니며 생각할 문제 크다고 생각을 하다.

"순천향병원에서는 진찰끈[진찰권]을 가지고도 매번 갈 때마다 1,300원이라는 돈이 들어야지 의사를 만날 수가 있쓰며 두 번째는 진찰도 하지 않코 한자의 말만 드고 약만 먹으라고 하면서 매번 1,300원 들으야 하는 것은 좀 생각을 해바{야} 대지 안을까 생각까지 더는구나."

〈1982년 4월 2일 금요일 낡씨 비〉

이번 비가 보리밭 과손 할 껏 업시 아주 잘 왔따고 생각을 하며 이번 비가 오지 않코 계속 가물으따며 보리 수학이 만이 떨어절 껏이 사실인데 비 참 잘 왔다.

"(순천향 병원 약 3일분 가지고 옴)"

농촌에 의료보험제도 하로 빨리 대으야 농민도 살 수가 있따고 본다. 왜냐. 의료보험 업는 사람은 병원비가 비싸서 종합병원 문특을 들으설 수가 업쓰며 만약 들으신다고 해도 농촌에 중류급이라고 해도 허덕일 정도가 대며 의료보험 업는 사람은 중병에 들며 과산을 탕진해야 댈 판이니 의이 공편할 수가 없따고 생각한다.

〈1982년 4월 3일 토요일 낡씨 흐림〉

(4月 3日 오신기 침종)75)

금일은 오신기 침종을 하여쓰며 이번에 침종한 것이 작년에 342호 벼씨라 출수하는 것이 고류지 못하고 별료 신통지 않는 것이라 금년에노 별로 마음이 상계하지 않는구나.

"금일은 처 이머님 생신인데 집사림민 보내고 자신은 처 어머님 생신 때라고 한 번도 참석을 못하고 생신날마다 미안한 감 말할 수 없쓰며 자신이 생각을 할 때는 우리 어

75) 4월 2일과 3일 사 일기가 한 지면에 기록되어 있으며, 이 지면 위쪽에 '(4月 3日 오신기 침종)'이라고 적혀 있다. 4월 3일에 침종했다는 사실을 표시해두기 위한 것이므로 해당 일자의 일기에 이 내용을 배치하였다.

머님도 일적 도라가시고 처 어머님이라도 오래 살라계시는 것이 복이라고 생각을 하며 처 어머님이라도 따뜻하게 대홰 주야 하는데 그려치 못한 마음 정말 송구서렵깨 생각을 한다."

〈1982년 4월 4일 일요일 낡씨 맑음〉

순석이 집을 우리 형제와 사촌 육촌 하며 집안사람키리만 모여서 집을 흙으버리고 세집을 지을라고 본집을 허는데 생각보다 시간이 만이 글리며 일을 하면서 집을 잘못 사가지고 우예돈[윗돈]이 들려가며 순석이로 바서 집 잘못 사는 바람에 5, 6年은 성장기간이 너저저지 않을까 하고 자신은 생각을 하며 자신은 처음부터 마음에 들지 않는 집이든이 결국 집배 제투자가 대고 마는구나.

〈1982년 4월 5일 월요일 낡씨 맑음〉

처 어머님 생신에 한 번도 참석 않코 집사람만 참석만 시키서 미안(한) 점 말할 수 없는데 처 어머님과 서울 쳐제와 둘리서 와있는 것을 볼 때에 고개을 만대로 들 수가 없는 문제가 대더라. 어머님 생신이라도 가보지 못하고 자신 노룻도 못한다고 하니까가 처 어머님은 둘 중에 하나만 오며 대지 않는가 하고 미민하고[대수롭지 않게 생각하고] 말더라. 그레도 처 어머님은 마음속으로는 을마나 서운하겠나 하고 생각을 할 때에 정말 마음 숙여저며 하로 팔리 돈을 버려야 하는데 내 몸이 캐알하지 않으니 답답하기 짝이 없꾸나.

〈1982년 4월 7일 수요일 낡씨 맑음〉

처 어머님 오신는데 아무것도 해더릴 꺼도 없고 해서 자신이 구미 병원 갈다오면서 소고기라도 사와서 어머님 한 번 대집해야 않캐나 하고 집사람에게 돈을 좀 더 달라고 하니 아빠 병 때문에 돈이 너무나 만이 들으간다고 하면서 한부레[한사코] 사오지 말라고 신신부탁하더라. 그레서 자신이 그만 병원 약만 가지고 오고 마랐다. 자신도 몸이 병원마저 다 돌라보았도 진도가 없고 해서 어머님 대집을 소으리 한 셈이 대는구나. 그리고 처 어머님이 혜진 아빠가 하로 빨리 몸이 나야 데는데 하고 크게 극정만 하고 말라쓰며 이번에 어머님이 극정을 하게 몸이 불편해서 제송하며 이번에 오시지 않아더라면 어머님에깨는 극정을 안 시키지 않아쓸껀데 하는 생각이 절로 나며 어머님이 이번에 가시는 것을 볼 때에 집사람 말을 덧지 않코 소고기라도 사와서 대집을 해더리쓰며 들 미안한 점이 들킨데 후예감이 말할 수 없꾸나.

〈1982년 4월 9일 금요일 낡씨 맑음〉

금년에는 과손에 대석 조생 나무 실과 맡을 볼 껏 같더니 서리가 오고 땅이 좀 얼고 해서 금년 과실은 다 숭년이 댈 껏 같더며 자신에 생각하는 것과는 자꾸만 개핵성이 멀리 가고 있쓰니 어이 답답하지 않을 수가 있나. 그리고 옛날과 달라서 낡씨가 변득서렵고 봄 너케까지 추위가 있쓰서 대석은 매년 숭년이 자주 절 껏으로 내다보고 있으며 얼마 않 가서 대석도 살구나무 캐더시 대석도 버림을 바들 날이 머지않다고 내다보고 있다.

〈1982년 4월 10일 토요일 낡씨 맑음〉

자신이 혈압이 잘 나찌 않코 건강도 좋지 않

을 때에 자식들이 재룡을 부릴 때에 자신이 건강에서 일 만데로[맘대로] 하고 자식에 뒤 바라지을 책임질 수 있쓸 때에는 저 재룡이 한없이 우섬이 나올 껀데 자신이 혈압에 걸리고 나니 어뒨가 모려개 머리가 서그려저며 자식에깨까지 제스렵기 짝이 없다.

〈1982년 4월 11일 일요일 낡씨 맑음〉

금일은 김천 이내과에 이번이 두 번째데 원장 하는 노렷이 좀 하통하지을 뫃하고 무이미하며 한자들에깨 어뒨가 모려개 순길라고 더는 감이 있쓰며 답답한 한자들만 욕을 보며 어너 병원 없씨 약 주는 것을 몇 십 원밖에 안 보이는데 약값 달라고 하는 것은 엄청 나며 만이 배울수록 큰 도득이라든이 병원에는 정말 너무나 비싼 것 갈더며 정부에서는 병원 감사는 없는가. 하루 빨리 이련 제도 나와서 서민청에 돈이 급이 나서 병원에 가지 뫃하는 일이 없두록 하여쓰며 하는 심정 간절하구나.

〈1982년 4월 13일 화요일 낡씨 맑음〉

금일은 자신이 생일이라고 기분도 별로 상캐하지도 않코 금년 생일이 재일 우울한 생일월 마지 하는 것 갈더며 집사람이 아빠 생일인데 좀 고기라도 살라고 하는데 자신이 몸이 상캐하지도 않코 회복이 대지 않아서 만사 일이 실어며 하고 십은 것이 없쓰니까 금년 생일은 그냥 넘어 가자고 하고 마라쓰며 집사람은 그래도 일 년에 한 번인데 하고 걸리니까 금일 김천에 가서 소고기 조금 싸와서 국 끄리 먹는 것으로 자신의 40십 생일을 마지하고 마라쓰며 이 40십 생일이 불운이라고 하여도 물리는 아니라고 생각을 한다.

〈1982년 4월 15일 목요일 낡씨 흐림〉

(금일 오신기 비누류 작업 알료[완료])76)

낡씨 어재 바서 비라도 한 번 쏘다질 뜻하더니 다형이 비가 오지 않아서 금일 자신이 농사 짖는 것은 보들에 7곱 마지기을 금일 안전 파종하였쓰며 4명이 오전에 비누류 씨우는 작엾까지 깨꼇이 하고 마랐다.

금년 비누류 작업이 작년에 비와며 좀 너전 감이 있쓰며 올해는 우리 마을에서는 좀 서든은 것이 없꾸나.

〈1982년 4월 17일 토요일 낡씨 맑음〉

금일로 형 모판 비누류 작업을 알로했쓰며 바람이 부려서 사람이 적으더라면 비누류 씨우는 데 힘이 들뿐 아니라 상자 모씨에깨 영향이 이쓸 정도로 불고 있쓰서 극정이 데더니 사람이 여렀시라서 비누류 작업에 별로 힘이 들지 않캐 일과을 마치고 마랐다.

〈1982년 4월 18일 일요일 낡씨 맑음〉

자신의 계핵은 이번 5月 5日은 진해로 아이들 데리고 구경을 갈려고 딱 잡아 논 것을 생각을 하니 가슴 답답할 지경이다. 왜냐하며 금일 혜진, 혜영이 노는 것을 보니 이번 5月 5日은 다과오는데 자신이 혈입에 걸리서 지출을 넘으나 만이 내서 포기 상태에 들어갈 껏 갈더며 사람이 사라가는데 자미을 모질게 죽이따고 해도 무리는 아니며

76) 4월 13일과 15일 자 일기가 함께 적힌 지면 상단에 적힌 내용이다. 15일 자 일기 내용에 해당하므로 해당날짜 일기의 첫머리에 배치하였다.

사람이 생각할수록 가습만 답답하구나.

〈1982년 4월 20일 화요일 낡씨 맑음〉

금일은 봉답 모재리 침종을 하였쓰며 장년에 침종을 일적 해서 모판에서 너무나 나이를 먹으서 들 좋은 것 같다서 금년에는 좀 너케 한다고 한 것이 어떠께 댈런지 알 수가 없꾸나.

그리고 낡씨 너무나 가물어서 큰 극정이다. 예냐하며 모재리도 물이 없쓰서 만대로 몾할 지경이니 앞푸로 얼마 안 가서 밭보리는 포기하여야 대지 않나 하고 네다보고 있다.

〈1982년 4월 22일 목요일 낡씨 맑음〉

자신이 모재리에 물이 적으서 물 퍼주로 가는데 굴 안에 들쥐가 있더라. 이 쥐를 자신이 잡을라고 더는데 위 쥐가 입을 벌리면서 소리을 지려며 몸부림을 취는 것을 볼 때에 자신 생각이 나며 자신도 이 세상을 삶만큼 살아라지 하는 생각 용서섬처든데 위 쥐도 삶아라지 하는 생각 없깨나 그리고 쥐의 희망이 없깨나 하고 별 생각이 다 더는 바람에 그 쥐를 살리주고 마랐다.

〈1982년 4월 24일 토요일 낡씨 맑음〉

병원에서는 화재을 내주지을 않으며 병원에 약만 팔 작정 같더며 금일도 병원 약만 줄라고 더는 것을 금일은 자신이 하제을 내달라고 부탁을 해서 하재을 바다와서 약방약을 싸와찌만 별로 신통지 않은 감이 더는구나. 왜냐하며 의사 선생님이 좋은 인상으로 하제를 내준 것이 아니라서 염려가 대는구나.

"의사 선생님 쳐고 양심의 꾸김이 없쓰야 국민들이 마음 노코 마낄 수 있는데 개인병원에는 돈밖에 모러는 것 같든 감이 들 때가 한두 번이 아니다."

〈1982년 4월 26일 월요일 낡씨 흐림〉

순석이 집 지돼 놓는데 김천 사람이 오 명이 공고리을 쳐는데 일도 한 번도 안 해본 사람 같더라. 청구업자들이 밑태 일하는 사람이 재발라야지 일 능률이 있지 사람이 희미하며 작업에도 영향이 있을 뿐 아니라 청구업자 손해을 보이는 결과가 돼며 사람 일 시키는 것이 제일 중노동이며 자신이 하로 일하는 것을 볼 때에 참 탁하키 그지 없쓰며 우리도 남에 일하로 가며 정말 몸이 피곤하두록 하여 주는데 그러치 않으며 우리 같더며 현장에서 있찌을 몾하게더라. 왜냐하며 복장이 터질 것 같아서 어째 현장에 있을까 생각도 들더라.

〈1982년 4월 27일 화요일 낡씨 흐림〉

황금 들판에서 상위를 벗고 구슬 같은 땀을 흚리면서 경원기로 일하는 모섭 제일 불퍼며[부러우며] 왜 자신은 이런 병이 들어서 일을 만대로 몾하는 병이 있을까 생각을 해 볼 때에 가습이 땁땁하며 숨이 먹일 정도다.

〈1982년 5월 1일 토요일 낡씨 비〉

금년에 자신이 너머나 낭비을 만이 해서 아이들을 대리고 나더리을 안을 욕심을 가짓는데 갑짝이 직지사에서 민속노리를 한다고 하여서 아이들을 아침에 준비하고 간단한 진밥[김밥]을 싸 질머지고 출발을 해서 열차편으로 몸을 실고 김천을 도착하니 사람이 넘으나 만아서 아이들을 짖발피지 않을까 하고 염려밖에 없쓰며 옛초 예상은 했찌만 정말 사람이 만으며 부처님 오신 날이라고 직지사 절은 인파가 만아서 발 더리놀 때가 없더라. 관광지는 인파가 이쳐름 쳐 밀리는 것을 볼 때에 정말 살기 좋은 때라 고 생각을 한다.

〈1982년 5월 6일 목요일 낡씨 비〉
메마른 대지을 축여줄 비가 이제 오는구나. 이 비가 가뭄을 해결하두룩 와야 금년 농사 짖키가 수란돼 이 비가 적개 와서 가뭄이 계속 댄다며 심각한 문제로 가는데 이 비가 을마만큼 아줄련지 송구서려울 정도다.

〈1982년 5월 8일 토요일 낡씨 맑음〉
금일은 어버이날이라고 혜진이 빨간 카내 송을 달라줄 때에 이것들이 벌서 다 잘라꾸 나 하고 생각할 때에 한편으로 생각할 때에 자신은 아버지 어머님에깨 꽃 한 번 달라주 지 못한 것을 생각할 때에 더 서운한 감이 들며 아버지 어머님 친구들이 지나갈 때마 다 절은 사람은 아직 글력이 저려깨 좋으신 데 우리 어버{이}들은 왜 일적 도라가신는 가 하고 생각할수록 눈망울이 풀그지고는 하는데 이제 어버이 돼고 보니 자신의 어버 이 더 생각이 나서 하로의 해가 우울한 해 가 돼어따고 해도 무리는 아니다.

〈1982년 5월 9일 일요일 낡씨 맑음〉
인간이 생각을 할 때는 급이 날 정노다. 왜 냐하며 모든 식불이 비가 와야 사라는데 비 가오지 않으니 잘알 수가 없쓰며 심지어 자 라있는 것도 죽을 지경이니 정말 야단났다. 메마르게 가물이 더니 사람이 가뭄을 더 더 는 너킴이 있꾸나. 비가 수일 내로 와야 모 든 것이 해결이 데지 그러치 안으며 좀 신 각한 문제라고 생각을 한다.

〈1982년 5월 13일 목요일 낡씨 비〉
중앙기상대에서 이번 비가 농촌 모내기에 충분이 온다고 하기에 가뭄의 안도감이 들 더니 이번 비가 적으서 극정이며 이번 비가 충분이 와더라면 모내기 극정은 안 예도 댈 판인데 이번 비가 적으서 모내기에 큰 극정 이며 이려다가는 숭년이 돼지 않을까하고 극정마저 더는구나.

〈1982년 5월 24일 월요일 낡씨 맑음〉
순석이 서라부[슬라브] 치는데 정말 일 자 라며 이 사람들은 김천서 공구리만 치는 사 람이라든이 참 쉬도 쉬지 않코 일하는 것을 볼 때에 조금도 어색한 섬이 읪고 징말 잘 하며 서라부 친다고 부정돼는 것이 없고 일 만 끝이 나니 두말도 않코 집부로 가더라. 이 사람들 뒤모섭을 보니 남왜 일 저러깨 깨끗하게 할 수 있쓸까 하고 꿈만 갈꾸나.

〈1982년 5월 25일 화요일 낡씨 맑음〉
큰집배 기개이왕[기계이앙]은 금일로 안전 이 끝을 냇쓰며 기계이왕은 멧칠로 끝이 나 니 사람이 을마나 수란지 말로 할 수가 없 쓸수록 편한 샘이다.

〈1982년 5월 29일 토요일 낡씨 맑음〉
〈큰 두 마지기 모판에는 한 반에 요소비료 반 돼 한 것이 거름이 적더라. 내년에는 반 돼 더 하여야 모내기에 지장이 없게더라.〉[77]
민형이 엄마가 싸아서[싸워서] 집배 와띠고

---

77) 이 내용은 지면 상단에 따로 기록되어 있다.

형수가 대신 넘으가 보라고 하길에 순석이 집배 가보니 순석이는 무었시 불만인지 성질이 만이 나있더라. 그래서 무었시 불만이라서 싸음까지 하면서 살라야 할 이유가 머야고 무려니까 처음에는 아무것도 아니라면서 말을 안터라. 그래서 대잡고 무려니까 민형 엄마가 경솔하게 말해서 시비가 대어쓰며 자신이 쳐가 고지에서 살면서 싸오지 말고 살두록 해라 부탁을 해도 성질 푸리지 않으며 영 도라슬 사람 가치 말을 하며 보통 일이 아니구나 하고 예감이 들며 재발 사람은 때리지 마라라 하고 집부로 도라오고 마랐쓰며 민형 엄마을 순석이가 숙직만 아니라며 성질이 풀리두록 나두어쓰며 하는 생각 더는데 숙직이란 말을 덧고 나둘수도 없고 해서 행수와 두리서 집부로 갔는데 극정이 대는구나.

〈1982년 5월 30일 일요일 낡씨 비〉

낡씨가 예돌두록 비가 오기가 실은 모양이다. 예냐. 비오는 것이 먼동이 허나면서[훤하면서] 비방울이 크지도 않고 좋마나게 해서 비가 오는 것을 보니 사람의 간장만 타개 만들고 있쓰며 금년에는 풍년을 만들으야 대는데 하고 생각을 할 때는 비오는 것이 정말 마음에 들지 않는구나.

"새 집배 대갈림 하는 밭따래이 간정[관정(管井)] 물을 양수기로 퍼는데 장장 31시간이나 퍼서 모내기을 하두록 퍼올리다 이것이 하늘이 비만 재돼로 내리와 준다며 필요없는 짖인데 정말 무심하다."

〈1982년 5월 31일 월요일 낡씨 비〉

금일로 보 뜰에는는 모내기을 다 하였쓰며 금일 모내기하는데 비는 만이 오지 않코 일하는 사람 서그펴게만 만들고 마라쓰며 재발 이 비가 만이 와서 양수 작읍 좀 않아두록 아주며 하는 마음 간절하구나.

〈1982년 6월 17일 목요일 낡씨 맑음〉

요줌 일기들이 비 올 픗 올 떳하면서 비는 오지 않코 계속 가물기만 하니 정말 농민의 한 사람으로 예돌바 죽깨쓰며 계속 이래 가물어잭키면 보들에도 구예낼 수가 있깨나 하고 염려가 대는구나.

〈1982년 7월 5일 월요일 낡씨 맑음〉

금일은 송아지을 시장에 팔료 가는데 집배서 갈 때는 송아지가 나빠서 돈을 얼마 몾바들 끝 같다서 극정이 대더니 막상 시장에 가서 송아지 금을 보니 마음에 차두록 바들수가 있쓰서 기분이 상캐하더라. 어미 소 700,000만 원 주고 사와서 일 년 만에 598,000원 송아지가 나와쓰니 이번 소에는 정말 만이 벌려주어따고 생각을 하며 머엇보다 생각보다 돈을 만이 바다서 소먹인 보람을 가질 수가 있쓰다.

〈1982년 7월 7일 수요일 낡씨 비〉

그처름 비을 바라고 눈이 빠지두록 기다린 비가 이재야 오니 봉답 모가 따도라가는[타들어가는] 것이 이재야 살라날 수가 있깨꾸나 하고 안도의 심을 노을 수가 있꾸나 하고 생각을 하니 이 비야 재발 만이 았쓰며 하는 생각밖에 없다.

이 비가 밤새두록 와서 봉답 논마다 가득가득 차두록 와서 재발 풍년이 대어쓰며 하는 생각 간절할 뿐이다.

〈1982년 7월 14일 수요일 낡씨 비〉

봉답 벼들이 돼다수가 타도라가는 판인데 비가 내리서 정말 이재야 오는구나 하고 농민들은 다들 좋아 했쓸 땐돼 시작만 하고마니 정말 예돌바서 말을 할 수가 없꾸나. 낡씨 가뭄이 돼니 사람의 마음만 사납게 만들고 있꾸나. 앞푸로 일주일만 가뭄이 됀다며 봉답 벼들은 먹을 수 있는 논자리들이 몟 돼지 않을 꺼으로 보고 있다.

〈1982년 7월 22일 목요일 낡씨 맑음〉

금일 보리매상이라서 보리 매상을 총 8가마 가지고 가서 전부 일등을 마저서 농사짖고 처음 기분이 상캐한 감을 가짓다. 보리숭년이 아니더라며 보리 매상값이 많을 땐돼 숭년이라서 보리매상이 적으서 아쉬운 마음 금할 수 없꾸나.

보리 매상값이 1통이 15,640원 (정부 보조 포함)

計 125,120원

〈1982년 7월 29일 목요일 낡씨 비〉

목 마려게 기다리든 비가 이제 오는구나 하고 농민들은 다들 좋아 했쓰리만 마음에 찬비는 오지는 않코 그저 봉답에 임시 해갈을 면할 뿐 안전 해갈이 돼두록 오지 않아서 서운할 뿐이다.

어른들의 말씀을 들을 때에 가뭄이 심해서 집 농사만 싯늘 때가 만아따고 해도 어사로 여기 왔는네 이제와 자신이 막상 이 고비늘 다치니까 정말 가뭄이 급이 나며 봉답 모패기[모포기]가 배들배들 골 때는 사람의 마음으로 볼 수가 없쓰서 논에는 아예 가지 않코 말며 금년에는 큰 숭년이 돼지 않늘까 하고 염려가 돼는구나.

〈1982년 10월 1일 금요일 낡씨 맑음〉

이번 추석은 연휴가 삼일이 돼어서 추석 기분은 아주 더한 감이 있쓰는데 우리 집안은 이번 추석이 지나간 추석들보다 사람 수가 적으쓰며 좀 희해전[희미해지는] 기분이였쓰다.

〈1982년 10월 2일 토요일 낡씨 맑음〉

이번 농협에서 축산자금을 (백삼십오만 원)을 자금을 바다서 암소 (백삼십칠만 원)을 주고 싸와서 삼일을 사육해 보니 궁뒤에서 불룰하게 티어나와서 당장 오일 만에 시장에 가지고 가서 파는데 팔만 원이나 오일 난에 손예을 보고 마랐쓰며 자신이 치옴 살 때에 속아 산 샘이 돼녀 아는 사림이 도득이라든이 정말 그렸떠라. 우시장에서 나같치 손에를 본 사람이 한두 사람이 아니고 농촌 사람은 다들 그렸따고 바야 한다. 이것들을 시정 몾하고 우리 조상부터 농촌 사람이 속아 았쓰니 있것을 부정이 없씨 몾하니 만이 생각해볼 문제다.

자신이 생각을 해볼 때에 소을 전시해서 자신 사고 십픈 것을 체종적으로 고라 와서 심사위원 있쓰서 이것은 을마짜리가 돼니 돈을 을마 주시오 하는 식으로 하며 농촌 시람이 속찌는 않을 껏이 아니냐 생가을 해보며 언샌가는 시정을 해아 덴다고 본디.

〈1982년 10월 11일 월요일 낡씨 맑음〉

(10月 12日 밭따래이 탈곡 표때에 총 32개에) (한 십에 16개)[78]

78) 이 내용은 지면 위쪽에 따로 기록되어 있다.

금년에는 봉답 벼단을 끊어보니 한발 때에 타도라간 것은 아직 새파라게 가지고 있쓰며 우리 지역으로 바서는 평작도 몾 땐다고 보는데 요 먼저 대신 1동에서 중앙방송국에서 풍년잔치 한다고 법석을 부리는 것을 보니 생각만 하여도 우섭고 우리 지역이 이쳐름 거짓이 만원데 정국이 다들 속 내용은 다 거렬 꺼이 아닌가 생각을 할 때에 정부에서 한 가지도 마저도라가기가 백분지 일도 마절 땂이 없따고 본다.

〈1982년 10월 12일 화요일 낡씨 맑음〉

세 집배 대갈림 한 것을 딸곡을 해보니 작년보다는 좀 만이 생산한 셈이 대며 앞푸로는 기[겨]가 찔긴을 것을 선택을 하여야지 기가 연한 것을 탈곡을 할려고 하니 논바닥에 하야게 떨어지니 마음이 솔바서 잡읍[작업]이 만대로 대지을 않더라.

그리고 집사람 생일인데 너무나 바빠서 고기 한 건 없씨 지나가고 밝아쓰니 집사람 보기예 조금 미안한 점 있더라.

〈1982년 10월 13일 수요일 낡씨 맑음〉

큰집배 들까지 엿 마지기 탈곡을 하여서 실고 오면서 우리 운이도 같치 실고 오니 아주머니가 사과을 운이 주는데 자신이 운이한태 고맙씀이다 하라고 하니까 사람이 만이 있쓰서 그련지 운이가 아무 말도 하지 안으니까 저것을 아들이라고 아들 하나 더 않 놀라고 한다면서 이야기을 들을 때 영 기분이 좋지 안은 일과가 대고 말더라.

〈1982년 10월 17일 일요일 낡씨 맑음〉

금일은 가을벼 탈곡을 머추고 마을에 최고 고령으로 별세해서 운상꾼으로 참석을 해 보니 고령의 부모라스 그련지 자식들이 예따게 슬프하지도 않는 감이 들며 사람이 너무나 오래 사시며 자식에게 욕이 댄다더니 이번 흉사에서 볼 수 있쓰따고 해도 무리는 아니라고 생각을 한다.

〈1982년 10월 19일 화요일 낡씨 비〉

금일은 중앙기상돼에서 삼발적인 비가 만이 온다 해서 큰집배 봉답 벼단을 별라 하다 비 온다 하는 소리에 넉둘에 안전 벼단을 탈곡한 것을 비가 들 맡게 계어서 전부 정리하고 오후 한 시에 막 집배 들으오니 소낙이가 오는데 감당 몾하게쓰며 마당당에 알곡이 그데로 있는데 빈 집단 비 암 맡게 할려 하다 이삼 분만 집배 너깨 도착했들래도 그 만은 나락을 다 적수고 말 뿐했쓰며 그 생각을 이재 와서 생각을 했볼 때에 정신이 아질하더라.

그리고 이번 비에는 채소에는 안전 해갈이 댄다고 보지만 봉답배 벼단 탈곡할 꺼이며 보리 파종할 것을 생각하니 극정이 만이 댄다.

〈1982년 10월 20일 수요일 낡씨 맑음〉

금일은 아들이 소풍간다고 세벽부터 법석을 부리며 평소 때는 아침을 했노코 일어나라고 맷 번 이야기해도 일어나지 않코 하든 아들이 오늘 아침부터 비 오지 마라고 우리 혜영이는 벽예다 햇님을 그리서 부치고 하는 것을 볼 때에 우리도 저려깨 좋아든가 하고 생각이 들며 요세 아이들은 선생님을 부모보다 더 선기는 말이 들며 선물하는 것 공공연하게 하는 것을 보며 세대 차이는 생각 몾할 만침 변해따고 자신은 생각을 한다.

"자식들이 소풍을 가서 을마나 사먹을 꺼을

참고 저 아빠 줄라고 혜진, 혜영이 둘이가 사이다 콜라 과자 하며 저이들은 별료 사먹지도 않코 사온 것을 보고 마음 허무하며 기특해서 사온 가치돼로 돈을 돌려줄려고 하다 그려지 몿하고 말라따.”

그리고 마지막으로 형 봉답 논에 벼을 베는데 절시리 가뭄 표가 나며 비가 한 번이라도 제때 왔쓰며 벼가 아주 잘 돼쓰리라고 생각이 들며 벼단을 다 끈투록 비 한 번 앖쓰며 사람 힘 이쳐름 빠저지 않을 것을 생각을 하니 정말 하늘이 너무했따는 너킴이 들며 허전한 하로 일과가 돼고 마랐다.

〈1982년 10월 22일 금요일 낡씨 맑음〉

보리 파종할려고 흑그름을 오후 너깨까지 내고 있쓰니까 부자간에 벼 탈곡을 하는데 너무나 저물어서 가만이을 경운기에 실지을 몿할 껏 같다서 자신이 그들어주고 경운기까지 다 실으주어쓰며 남어지 가마니을 좀 실어달라고 하더라. 자신이 어더운데 몿할 껏 같다 좀 그들어준 것은 자신의 마음이 울으나서 한 것이찌만 자신도 형 경운기라서 너무나 저물으서 경운기를 만이 쓴 것졌렴 해서 미안한데 어른이 실으달라고 하는 것이 마음이 좀 불캐하더라.

그리고 너무나 너저서 금일 임시반상회 하는데 해[히의]을 진행 중에 참석을 하였쓰며 이번 반상회에는 주목적이 보리 파종에 이야기들이며 금년에는 중앙에서 보리 갈 수 있는 필찌는 다 보리을 갈라야 한다고 하며 중앙에 보리 파종을 60푸로 파종을 끝냇띠고 면사모소에서 보고을 했따고 하면서 보리을 좀 빨리 갈라달라고 동장님이 신신부탁을 하더라. 자신은 이것을 들을 때에 좀 불캐한 마음 말할 수 없쓰며 이번 비가 와서 보리 갈란 사람 멧 사람 댄다고 벌서 60푸로 실적을 올리따고 하니 중앙보고 행정은 허수아비에깨 올리는 것과 별 다름이 없따고 본다.

〈1982년 10월 25일 월요일 낡씨 맑음〉

(10月 25日 봉답 논에 보리파종 함.)79)

금일로 봉답논에 보리 파종을 안전이 했쓰며 자신이 물 패기 작읍을 가물다고 않에서 뒤 도구[논의 뒤편]에는 땅이 추지서 경운기도 들으가지도 몿하고 사람 손우로 일일이 하느라고 수고 말할 수 없씨 만아다.

〈씨값씨 매상가만이 (한 가{마}니 한 돼)

(밑거름 두표에서 3돼 남음){〉}

〈1982년 10월 26일 화요일 낡씨 맑음〉

집사람과 두리서 앞밭태 밀씨 파종을 함.

앞밭태는 매년 보리 파종을 하였는데 수학을 하며 가물으서 생산이 돼지 않코 해서 금년에는 밀씨 파종을 해보았다.

(밀씨 5돼) 비료거름 한 표 조금 적개 한 샘이 댄다.

〈1982년 1월 22일 금요일 낡씨 ㉥〉

몸무게 … 실중량 68,900백 그람
맥밥수 … 1분에 74개
혈압 …… 병원에서 (90십에서 170십)

〈1982년 10월 28일 목요일 낡씨 맑음〉

정부에서 年관 도시, 농촌이나 수입은 균일하다고 말들을 만이 하지만 농촌 사람들이

79) 이 내용은 지면 상단에 따로 기록되어 있다.

정말 불쌍하다. 왜냐하며 우리 집사람이 여자들 쳐노코 채격도 좋은 편인데 아침 잠자리에서 일으날 때는 허리하며 온 대가 아푸다고 몸살을 부리며 자신이 부축을 할 때가 한두 번이 아니며 이려깨 해서 소득을 올린 수입을 도시 사람과 견주해서 말 좀 안예쓰며 하는 마음 간절할 뿐이다.

그리고 우리도 금년 벼농사 탈곡은 오늘로서 안전이 끝을 냇쓰며 봉답이 작년보다 수학이 좀 떨으지는 편이라서 좀 서운한 마음 검할 길 없쓰며 앞푸론 벼, 보리 해서는 적자인생 면하지 몾할 껏 같꾸나. 왜냐하며 죽뚝록 해바야 매상가격이 7.3푸로 인상 가격이니 점점 농민은 살기가 힘이 들 뿐이다. 〈금년은 농민들은 탐 훍리서 벼 수학하는데는 성공을 해서 좀 뿌집하다고 하지만 (금년 수세) (기름 값) 다 천다며 금년 실소득은 큰 숭년을 당한 것이 사실이다.{)}

〈1982년 10월 29일 금요일 낡씨 맑음〉

정부에서 독립기념관 세우는 작읍은 좋은 일이지만 모선데는[모순되는] 일이 자신은 있따고 본다. 왜냐하며 독립기념관 성금 그키[걷기] 작업은 바름직한 일이라고 하지만 왜초 목표를 세우서 달성을 했쓰며 그만 해야지 돈이 더 나올 정도가 데니 무기한해서 성금을 바라고 있쓰니 정말 탁한 일이다. 예야하며 정부에서 이것이 자기의 성위 돈우로 아는 모양인데 다들 돈 때문에 쩔쩔매는 판인데 있는 사람들이 돈에 예착심 만아서 10원 쓰는데 생각을 해서 쓰는 판인데 가연 자기의 성위로 돈을 썩썩 내놀 사람이 가연 정국 쳐고 맨 사람 댈까 가연 염려쓰럽다. 성금 모으기 작업이 국민학교 월마 중학교 월마 고등학교는 월마 심지어 농민들도 동내 할땅으로 돈을 내고 있는 실정인데 그런 면목으로 그들 바위이야[걷을 바에야] 목적을 달성해쓰며 그날부터 직각 마라야 댄다고 있다.

(고혈압치료제) 트란데이트 (부작용 없음.)

〈내지 1〉[80)]

경북 금릉군 아포면 대신 三구
권순덕 用
〈축엽[축협] 출장소 전화번호 64번〉

〈내지 2〉

"은재나 양심"

〈1982년 10월 30일 토요일 낡씨 맑음〉

금일은 민방위교육이라서 민방위대장 말이 오전 8시 30분까지 대신국민학교에 도착하라는 말래 학교까지 8시 40분경 도착해보니 학생들이 아침 조회하더라. 자신은 그 간경을 지켜보았든이 선생님 말씀이 계시든이 학생회장 간부급들이 재각키 한 마뒤식 단상예서 이야기 하는 것을 볼 때에 우리 운이도 저려깨 만들으야지 하는 욕망이 용서섬쳐더라.

"이번 민방위교육은 강사가 지류하지 않코 교육을 잘 가리키더라."

〈1982년 10월 31일 일요일 낡씨 비〉

우리는 벼 탈곡을 남들보다 너깨 해서 벼을 말류지 몾해서 좀 국정은 댄다만 이번 비가

---

80) 새로 바뀐 일기장 내지에 기록되어 있다.

밭보리 논보리에는 아주 잘 온 비가 대어따 고 본다. 그리고 이번 비가 요대로 오고 말라야지 지정그린다면[찔끔거린다면] 이번 매상에 벼을 말류지 못해 큰 낭패가 되지 않을까 염려가 되는구나.

〈1982년 11월 3일 수요일 낡씨 맑음〉

형님 벼가 수분이 모자라서 봉산 고속도로 비상도로에 아침 4시에 도착해보니 이미 나와서 벼을 너는 사람도 한두 사람이 있더라. 형님은 해장에 50가마라는 수자을 온기서 건조을 씨키가 힘이 말할 수 업씨 만이 들어쓰며 형님은 비상도로가 안성맡춤이라고 말할 수 있나. 왜냐하며 형님 마당이 적으서 서너 가마 열면[널면] 깍 차니 집 배서는 도저이 해길할 수가 없다. 그런 것을 볼 때에 정말 형님으로 바서는 정말 큰 다행이라고 생각을 한다. 양일간 100가마라는 수짜을 건조을 다 씨키쓰니까 이번 매상에 극정 없시 마지할 수 있깨 되어쓰니 다행이라고 생각을 한다.

그리고 자신이 형님 벼을 말류면서 비상도로 냇논 것을 볼 때에 농민들을 을마나 무시했는가 현장에서 보며 적시 알개쓰며 이 좋은 들을 눈꼽만춤이라도 생각을 했더라면 이려개 내지는 않아쓸 껀돼 정말 압값더라. 비상도로는 처유 개핵했는 되로 했쓰며 정말 비상도로가 되는데 이번 비상도로 낸 것을 허되라고 생각을 안 알래야 안 암 수가 없다. 왜냐하며 고속도로 다리만 차단을 시키면 비상도로도 안전 차단이 되며 불통이 되는데 이것을 개핵을 세우서 낸 사람이 누군가 정말 알고 십꾸나. 그리고 이 사람이 사상이 어떤 사람인가 의심서러울 정도다. 이것을 볼 때에 개핵을 세워서 그되로 해야지 사람 하나 바키면 모던 것이 바키는 것을 볼 때에 정말 후진국가라 아니할 수가 없꾸나. 그름 처음 계핵을 세우서 비상도로를 약 200매다라는 포장도로 경비는 허공에 날라 쓰며 일평생 그 도로을 둔다면 비상도로 낸 땅값을 당해낼 수가 없따고도 볼 수 없는 것을 생각을 할 때에 앞쓰서 일하는 사람 정말 우리 우리 이세 이세을 생각을 해서 일해 주어쓰며 하는 생각 간절하구나.

〈1982년 11월 5일 금요일 낡씨 비〉

가을가리 쳐라는 것은 좋은 일이라고 생각을 하지만 면 당국에서 너무나 지나치게 말듣을 한다고 본다. 왜냐하면 오늘날까지 매상할려고 건조에 신경을 써서 벼 알 말류게 따고 봉산등까지 가서 일들을 하며 바빠서 눈코 뜰 세도 업는데 갈가리 쳐라고 야단을 쳐며 너무들 하고 있다. 정부에서도 순서가 업시 일들을 시킨다고 본다. 우선 벼단을 안전이 치우고 나중에야 가을가리를 하라고 해야지 집단 때문에 더 못하게따는 사람이 돼다수다.

그리고 매상일자가 7月인데 가을가리 부진하다고 9月로 연기을 시키고 있는 것을 볼 때에 농민들에깨 너무들 한다고 생각을 한다. 7日날 매상할려고 모두 했노코 연기라니 심지어 매상 않코 가을가리을 못 쳐게따는 사람도 었다. 가을가리도 고속도로 철로 주변만 져날라고 법식을 부리는 것을 볼 때에 알맹이 행정은 없다고 본단.

이번 비 정말 보리씨앗에 밑그름이 대어따고 본다. 이번 비가 안아라면[안 왔더라면] 보리 숭년이 댈 줄도 모련다. 왜냐하녀 땅늘이 매말라서 씨앗이 보성보싱하게 있든 것이 싹 터일 꺼이니 정말 다행이다.

〈1982년 11월 7일 일요일 낡씨 흐림〉

금일은 무우 수학을 해서 순석이 집배 무우 다발을 갇다 주로 가보니 아래채에 돼지을 먹일라고 집 짓어 노은 것을 다 푸사떠라. 이 집은 아직 새집이며 돼지를 먹이도 을마든지 먹일 수 있는 집을 왜 이련너냐고 하니까 이 집을 안 푸수며 세 건물 허과가 않난다면서 없쌔라고 한다면서 다 푸수고 마랐더라. 이것을 볼 때에 정말 어이가 없더라. 왜냐. 새 건물이 좀 가리고 한다고 없쌔야 하며 설모 있는 건물이라도 없쌔야 돼니 이것이 정국적으로 따지며 매호당 을마나 손에가 돼나 계산도 못할 꼇이며 결국에 나중이라도 가축 한 마리라도 먹일라고 들며 건물을 새우야 돼는데 건물 가격을 추가로 개산한다면 정부에서 주택 개량하는 사람을 소득을 축소시키는 것과 다름없쓰며 계속 이련 식으로 간다면 국민의 힘이 없쓰전다고 보며 국민은 실속이 이쓰야 힘이 생기며 나가스는 국력의 힘이 댄다고 본다.

〈1982년 11월 8일 월요일 낡씨 흐림〉

3日 매상일자가 또 연기돼어쓰니 영문을 알 수가 없꾸나. 일기불순으로 연기돼는 것은 몰라도 아무 이유 없씨 연기돼는 이유를 알 수가 없꾸나. 나 역시 돈이 바빠서 죽을 지경인데 이번 매상 연기됀다는 말래에 실망을 하고 마랐다.

〈1982년 11월 9일 화요일 낡씨 비〉

보리 습패[습해(濕害)] 우려가 있쓸 정도로 비가 내리고 있쓰니 보리 발육에 지장이 있을가바 국정이 돼며 오늘날까지 보리 거름이 돼두록 비가 잘 왔는데 앞푸로도 보리 피해 없이 낡씨 잘 했쓰며 하는 생각 간절할 뿐이다.

우리 운이가 좀 할발해저는 너킴이 있쓰며 운이가 할발해저는 것을 자신이 너킬 때에 자신의 마음이 할발해저는 너킴이며 운이가 앞푸로도 발전한 거름을 가지고 나간다며 이 아빠로서는 더 바라지을 않캐꾸나. 그리고 우리 혜진은 조금만 하면 우등상을 바둘 수가 있따고 보는되 자신은 혈압만 아니라도 피곤한 것을 참고 갈치며 저녁으로 좀 갈치며 충분이 우등생을 댈 수 있따고 보는되 이것을 알면서 못하는 이 심정 정말 예타는구나.

〈1982년 11월 12일 금요일 낡씨 맑음〉

금년 보리 파종한 것이 제일 좋은 것 갈더며 보리가 너무나 좋아서 정말 탐스렵더라. 보리가 너무나 좋아서 마늘밭태에 두엄을 깔라서 을동에 지장이 없두록 할려고 우마차에 두엄을 한 발이 실고 더려갈려고 하다 보리 파종한 것이 너무나 좋아서 들어가지 못하고 사람이 지 가지고 가서 덥는데 힘이 만이 들으다.

〈1982년 11월 13일 토요일 낡씨 맑음〉

이번 매상이 무기 연기되어따기에 매상 준비도 할 생각도 하지 않아는되 금일 값짝이 예비 공판이라면서 내일이라고 해서 금일 매상 준비에 하로가 매우 바빠다.

〈1982년 11월 14일 일요일 낡씨 맑음〉

금일은 한때에 비 온다기에 좀 극정이 돼는 돼 다행이 맑은 낡씨을 보이서 천만 다행이다. 이번 공판에 동민들이 신경을 만이 쓰서 재조을 잘해서 건불[검불, 검사 불가]이 한 사람도 없고 공판에 분주한 감도 없고 농민들의 불편한 감 없시 금일 공판이 끝이 낮따고 본다.
그리고 자신은 작년 공판 때와 말찬가지로 47개밖에 몾 돼어서 만족한 감은 없쓰도 첮 공판에 47개라는 수짜를 다해서 정말 마음이 캐운하여 공판일짜를 잘 는같다고 [넘겼다고] 생각을 한다.
1등에 24개 2등에 23계 計 47계
1등 가격이 28,510원
(총금액 1,310,510원())

〈1982년 11월 17일 수요일 낡씨 맑음〉
병원에 부조리을 이제 와서 정부에서 강력하게 단속한다고 법석을 부리는 것을 볼 때에 정말 답답하기 짝이 없다. 자신이 작년에 병원에 삼 개월 도라다니 보니 병원들 돼다수가 단속해야 댄다고 보며 이것을 절시리 너켜는데 정부에서는 이제 와서 단속을 한다고 법석을 부리는 것이 불만이다. 정부에는 꼭 단속을 한다고 말을 하고 나서 단속 돼상을 잡고 공개을 하며 쳐벌을 주는데 이러지 말고 365일 동안 단속기관이라고 생각을 하고 법에 어건나며 그때그때 따라서 쳐벌해따는 말을 해주어쓰며 하는 생각이 더는구나.

〈1982년 11월 18일 목요일 낡씨 맑음〉
금일은 자신이 가을일도 그진 끝을 내서 이젠 한가해서 시장 일도 좀 볼 겸 혈압노 병원에서 제어볼라고 집을 출발해서 병원 문을 더러스게 되어쓰며 병원에서 혈압을 재보니 혈압이 하나도 내리가지 않아서 감짝 놀랐다. 왜냐하며 자신은 중노동이 되는 가을일을 다 해도 머리에 통진이 오지을 안아서 혈압이 안정돼어 있는 줄 알다 처음 아풀 때에 혈압이 그돼로 있쓰서 정말 놀라따. 그른데 혈압이 그돼로 있쓰면서도 머리에 통진이 없는 것이 정말 혈압이 알 수가 없꾸나.
그리고 혈압에 토기가 좋다고 해서 한 자욱에(중토기) 5,000원 주고 싸왔다.

〈1982년 11월 19일 금요일 낡씨 흐림〉
이전 가을일도 재대로 했고 해서 마을 사람 주선으로 일터을 나서 바든이 자신이 생각한 것가 아주 다려더라. 그리고 그기서 일을 할려고 들며 연장을 안전이 가추어야지 일을 할 수가 있쓰서 연장비가 아주 만이 들 껏 같더며 일도 얼마 남찌을 안아서 그만 표기하고 일터을 구해 볼라고 두리가 구미 시내을 한 바키 도라보니 만이들 했쓰며 불경이라고 법석을 부리도 구미시는 펑소 때만침 주택이 만이 들어쓰더라. 그리고 조금이라도 만이 할 수 있는 일터을 구할라고 하니 힘이 만이 들어서 올라고 하다 한 번 더 보니 이제 기초에 들어가서 일 좀 하게 꾸나 하고 현장책임자예깨 이야기을 하니 21日부터 나와 달라고 해서 그른대로 기분 전한이 대더라.

〈1982년 11월 20일 토요일 낡씨 맑음〉
금일은 내일 공사판에 돈 벌로 갈 욕심으로 낡씨는 따뜻한네 배추 수획을 히고 마랐다. 금년 배추는 풍작이라서 배추들이 아주 좋으며 해년 배추 농사가 좋찌을 안아서 눈님 배추을 줄 때마다 좀 미안한 점이 있쓰는데 금년에는 배추가 잘 되어서 배추을 주어도 미안한 점 없시 주게더라.
"해넌 무 배추을 만이 안 길라고 해도 그것이 잘 안되더라. 내년에는 무지파[대파]을 하든지 한 곳에는 단 곳을 해야 되것다 생각을 해보았다."

"눈님 집배 배추 같다 주로 가서 보니 한우 바람이 불어서 전부가 한우 먹일라고 집 짓는다고 야단법석을 부리는 것을 볼 때에 자신 생각이 이 경기가 월마 가지 않을 껏 같더며 정부에서도 축산자금이니 소을 먹이라고 각 매소금[매스컴]으로 너무나 야단을 쳐며 이것이 가잉생산이 돼며 정부에서 축업을 하는 사람을 보장을 할 수가 있쓸까가 재일 염려스렵다."

〈1982년 11월 21일 일요일 낡씨 비〉

구미시는 정부에서 바주지 안는다 해도 자채 계발로도 발전할 수 있따고 금일 일하면서 너켜쓰며 금일 일하는 것이 정유소라 하는데 엄청난 정유소더라. 자신이 볼 때는 구미시에 정유소가 상당위 만든데 기름탱크을 가연 저려깨까지 크게 할 필요 있깨나 하는 너킴이 들더라.

"구미역 건물은 새 금물이라서 아주 좋은데 그전에 모양 노천에 휴식쳐가 없쓰서 아주 불편하더라. 그전에는 노동일하고 열차 기다리면서 노천 자석에 기다리며 몸 피료가 가시는데 금일은 열차을 40분 기다리는데 서서 기다리는데 하로 종일 일하는 것보다 더 힘이 들더라. 그리고 나뿐 아니라 구미역 손님은 자석을 가지고 열차을 기다리는 사람은 불과 15명 안밖이더라. 그외에 수십 명이 서서 큰 불편을 가지면서 열차을 기다리는 판이다. 계속 구미역에서 노천에 자석을 두지 않코 간다면 일반뻐스에깨 손님이 가지 않나 하고 내다본다."

"금일 일 같다 오면서 우리 선배가 하는 말이 자기 형을 원망을 상당이 만이 하는 것을 볼 때에 나 자신은 동생들에깨 한다고 하는데 내 동생이 우리 선배 모양 불평을 가지지나 않나 한 번 더 생각을 해볼 시간의 여유를 배운 것이나 다름이 없다고 한 번 생각을 해본다."

〈1982년 11월 22일 월요일 낡씨 비〉

금일은 일터에 갈려고 아침 일적부터 비가 내리고 있는데 혹시나 출건시간이라도 비가 내리지 않으며 돈 벌로 갈려고 집사람에깨 밥을 하려고 하고서는 일터도 가지 못하고 집사람 회장밥[해장밥, 새벽밥]만 하게 해서 힘만 들고 마랐구나.

자신이 매상만 다하며 이왕 소을 먹일라고 해쓰니까 소을 먹이 볼라고 했는데 모두들 소 바람이 부려서 모두들 너두 나두 하는 판국에 먹이 바야 수입이 돼게나 하는 생각이 앞쓰서 덤벅 돼들기가 힘이 더는구나.

〈1982년 11월 23일 화요일 낡씨 맑음〉

농동[노동] 일을 해서 벌려먹는 사람도 삼년 전만 해도 나 자신이 일을 해서 좀 벌고는 했찌만 요줌은 자신이 일화는 곳이 너무나 틈이 없씨 일들을 시키며 정심시간도 30분밖에 안 주고 일들을 시키는 것을 볼 때에 요줌은 노가다도 정말 힘이 더는구나. 자신이 일을 하면서 머리가 딩하게 기분만 나뿌게 하니 정말 힘 빠지게 만더는구나. 나 자신이 혈압으로 머리가 있려타면 정말 불상한 놈이라고 생각을 한다.

〈1982년 11월 24일 수요일 낡씨 비〉

아이들도 아빠 머리에 신경을 무진장으로 쎠는 것 같더라. 아빠 일 같다 오면 인사보다 아빠 머리는 오늘 안 아파요 하며 인사가 앞써니 아이들까지 신경을 쓰게 하는 아빠 심정은 무었시라고 말을 해야 댈 줄 알 수가 없쓰며 우선 자식에깨 미안한 감이 앞쓰는구나.
그리고 아이들이 저쳐름 신경을 쓰고 있는데 집사람은 아이들 몰래 아빠 몰래 신경을 을마 쓰고 있쓰며 아빠 일 가면 극정이 좀다는[많다는] 말이 무게 있는 말이며 정말 극정을 안 예도 돼두록 돼어야 화목한 가정이 이류어저는데 저로서도 극정이 돼는구나.

〈1982년 11월 25일 목요일 낡씨 맑음〉
금일 일 갈다 오니 집사람의 얼굴이 힘이 없쓰서서 왜 얼굴이 그런가 무려보니까 한참동안 말을 않타 말을 하면서 쓰리꾼에게 돈을 진부 다 떨리따면서 이야기을 하는데 복잡한 뻐스간에서 돈을 쓰리 당해따면 두말도 않캐는데 시장에서 물건을 사려 도라다니면서 돈을 쓰리 당해따니 정말 하가 나더라. 왜냐하며 사람이 을마나 벌로 도라다니쓰며 돈을 빼가는 줄도 모려게 날뛰쓰니 그 점에 마음에 안 더러서 신경을 좀 내고 마랐다.
計 30,000만 원
"국민들의 수준이 실속 없시 높파저는 감이 더는구나. 왜냐하며 자신이 구미 일 갈 때에 목수 임음 해도 새화급[숙련공 수준] 아니며 전부듯 도시락을 듣고 다니면서 일을 했는네 이제 와서는 노가다 잡부 임음 해도 도시락을 가지오지 않코 밥을 사먹고 다니면서 일을 하고 있쓰니 정말 주머니 사정은 그려치 않은데 낭비는 아주 선진국가 행새를 하고 있쓰니 정말 생각해야 한다."

〈1982년 11월 26일 금요일 낡씨 맑음〉
아빠는 세벽밥을 먹어가면서 돈 벌갯따고 몸부림을 쳐는데 사람이 침착심이 없쓰서 스리꾼에깨 돈을 떨린 것이 아닌가 생각을 하니 매칠 더 미어할려 하다 당한 사람은 을마나 마음이 아푸게나 하고 생각을 하며 일 갈다 와서 마음을 다 풀고 마랐다. 집사람은 아빠 정말 미안해요 하는 말뿐이더라.
"구미시에 건축업도 만이 벌어저고 있찌만 금일 일터에 사람 몰리는 것을 보니 실어자[실업자]가 구미시에 너무 만아서 앞푸로는 돈 벌기도 힘이 들 껏으로 내다본다."

〈1982년 11월 28일 일요일 낡씨 비〉
불필요한 비가 자주 내리서 어색하기 짝이 없쓰며 비가 내리서 보리농사에 섭패 줄까바 극정이 만으며 농촌에서는 매년 풍년이 돼어야 살라갈 수가 있따고 보며 자신의 이치에서 바서도 2년간이나 풍년이 돼니 그 영향이 4년 이상 간다고 본다.
"사람이 매년 돈 벌로 나가보면 매년 버는 사람 그 사람이며 노동 푼파리해서 먹고 사는 사람들은 자녀들 교육문제는 해결하기가 정말 힘겨운 일이다."

〈1982년 11월 29일 월요일 낡씨 비〉
금일 일터에 갈려고 마음의 준비만 하다 비 오는 바람에 일터에 가지도 못하고 마음의 준비만 하다 마랐나.
비 오는 바람에 아무 일도 못하고 휴식을 하고 있쓰니까 형 친구가 놀려 와서 자내는 정말 재미있깨내 하면서 친찬을 만이 하더라. 나 자신도 가정생할이 재미 없따고는 말을 못하지만 한편 생각을 하며 사신에 혈압이라서 생경이 만이 쓰서는네 이껏만 아니라도 세상에 누구을 불버하지 않깨다.

〈1982년 11월 30일 화요일 낡씨 맑음〉

자신이 일하는 청구업자는 이번 일에 큰돈을 벌 껏수로 내다본다. 왜냐하며 사람들이 다들 열심히 일을 하며 일하는 사람 전부가 자기가 청구업자 모양 정말 것짓이 없고 일을 속희 해치울 욕심으로 하고 있쓰니 이번 공사에는 특히 정학성 없깨[있게] 일을 하여서 제미을 톡톡히 보개더라.

이번 달은 상쳐의 달이라 해도 무리는 아니다. 왜냐하며 집사람 쓰리 당한 것이 마(음)의 상쳐 되어쓰며 남왜깨 말도 못하고 이런 사람이 우리뿐 아니라 수도 없쓸 판이니 이것을 뿌리 뽑지 못하나 하고 생각이 더는구나.

〈1982년 12월 1일 수요일 낡씨 맑음〉

금년 쳐고 마지막 달을 마지하는구나. 왜 마지막 달이 밝리도 오는지 정말 아쉽다. 금년에는 고댄 해가 돼어다. 금년 한 해는 무사하게 는기며 다가오는 해는 알차고 마음적으로 상키할[상쾌할] 수 있는 해가 돼어 주어쓰며 하는 생각밖에 없꾸나.

금일 일터에서 일하는 되서 삼 일간 되마지[81]가 나게 되어서 미안타면서 돼지고기와 술을 한잔 내기에 어더먹고 오는데 시간이 없는되다 쳐 어머님이 오시서 소고기 살려고 구미역 쪽에서 고기집을 몰라서 세 번이나 무려서 뛰어다니 보았도 어쓰며 정말 차시간이 바파쓰며 열차가 십 분 연착이라서 차을 탈 수가 있쓰다. 열차에 몸을 실고 나서 마음의 자세를 풀리고 나니 사람들이 학실이 모려며 악살리[앗싸리, 차라리] 몰겟타고 하며 이런 실수가 업쓸 뿐 아니라 집배 와서 생각하니 이럴 때에 사고가 나는가 생각까지 들더라.

집배 와서 생각을 해보니 그러깨라도 뛰어다니서 사와서 큰 다행이다. 왜냐하며 자신이 돼마지라서 시장에 가지 몿하고 집사람 일부로 시장 보내기가 힘이 들 뿐 아니라 할 수 업시 대신 돼지고기집으로 가서 돼지고기라도 쳐 어머님 돼집하고 말 수밖에 업따고 보는데 하고 나니 일 참 잘해따고 생각이 더는구나.

〈1982년 12월 2일 목요일 낡씨 비〉

구미 돈 벌로도 안 가고 해서 집배 있쓸 때에 집사람과 둘리서 집을 실어드릴라고 경운기로 두 바리을 실어더린는돼 난돼업는 비가 쏘다저 내리서 그만 집배 있는 것도 다 적시고 들래 있는 것도 다들 적시며 일월 줄 알라더라면 그대로 두어따면 아무 탈 없씨 집도 썩꾸지 않코 소 먹이기도 좋을 댄돼 생각을 하니 금일 한 것이 속이 아파서 정말 신경질 나더라.

〈1982년 12월 3일 금요일 낡씨 맑음〉

큰집배 매상 준비하너라고 분주했쓰며 세 집까지 매상 준비해주너라고 힘이 만이 더려다. 그전에는 매상 준비을 만이 하여도 별로 힘이 더는 줄도 몰랐는데 이번에는 매상 준비하는데 억찌로 한 셈이다.

우리 아들이 저 할머니 집배 몿 가두록 비가 내리두록 하나님에깨 비 내리달라고 기도을 더리는 것을 볼 때에 저 할머니가 저쳐름 좋은가 이상할 정도로 저 할머니을 좋아하는 것이 정말 이상하더라.

---

81) ‘기다림’, ‘대기’를 뜻하는 일본어 ‘데마치(手まち)’에서 나온 말로, 주로 건설현장에서 많이 사용된다.

〈1982년 12월 4일 토요일 낡씨 맑음〉

금일은 저 할머니가 집배 간다하니 우리 운이는 학교에도 안 갈려고 몸부림치는 것을 억찌로 달개서 학교에 보내는데 힘이 만이 더려다.

금일은 유치원에 앨범 한다면서 가족사진을 6日까지 하여야 한다면서 유치원 선생님의 말씀이 이쓰서 내일은 돈 벌로 갈 욕심으로 금일 너깨야 집사람과 운이를 되리고 사진 촬영할려고 오후 너깨야 분주한 하로 해가 되고 마랐다.

유치원 앨범에 들여가지 않는 사진이 한가지 들어가는되 사진사의 수입을 보고 있더라.

"사진을 찍어놓고 이것은 기념사진이라고 이야기 하는데 어쩔 수 없시 두말하지 않코 바가지 쓴 셈이 돼는구나."

5,000원.

〈1982년 12월 5일 일요일 낡씨 맑음〉

금일은 일 좀 할려고 구미 현장에 가니 현장책임자가 없쓰서 세벽밥 먹고 마랐는가 하는 생각이 들더니 너깨야 책임자가 나와서 오전 일과를 하였쓰며 오후에는 일거리가 없쓰서 그만 돈만 바다서 집사람이 아이들 신발 옻을 살려고 김천 시장에서 쓰리을 당해서 하지 몾한 것을 금일 돈이 있을 때에 아이들 부추하고 집사람 신발 옻 종류는 몾했찌만 신발 종류는 다 해는 편이다.

〈목수 일당이 8,500원〈〉〉

〈1982년 12월 6일 월요일 낡씨 맑음〉

우리 집배는 아들은 운이밖에 없쓰서 그런지는 몰라도 운이가 감기키가 있쓰서 추번 날씨에 한돼서 놀지나 않을까 극정이 돼어서 여러 번 차저보았다. 딸은 둘리서 그런지 운이민침[운이만큼] 신경이 안 쓰며 부모가 자식에게 신경 쓰는 것도 중노동에 일부분을 차지한다고 해도 무리는 아니라고 생각을 한다.

우리 운이 보심 좀 시키볼라고 마음은 메번 가지바도 그것이 잘 안돼는구나. 돈 있쓸 때에 이자을 노았서 조금이라도 더 보태보자는 욕심 때문에 어렵꾸나. 이번에는 운이 감기키가 떨으져며 삼이나 너어서 보심 좀 시킬 작정이다.

〈1982년 12월 8일 수요일 낡씨 맑음〉

세월은 막닐 하는 사람들은 더 몸을 아푸게 하는 것과 다름이 없따고 생각을 해본다. 왜냐하며 하층 하층으로[하청 하청으로] 내리 와서 사람을 몾살게 하는 것을 볼 때에 없는 것보다 더 뼈 아품이 어뒤 있깨나 하고 생각을 해본다.

〈1982년 12월 9일 목요일 낡씨 맑음〉

인생살리가 힘이 더는구나. 왜냐하며 돈만 조금 여유가 있쓰며 아이들 감기몸살이라도 해서 집배 돈이 업두록 싹 딸리 더러가고 하니 사람의 자미가 업쓰며 이것이 자신이 생각을 해도 한두 번이 아니며 나 자신이 단단한 사람이 아니며 자미 업쓰서도 허랑방탕하게 인생살리을 하지 않에쓸까 하는 생삭까지 드려가디라.

금일은 회사 목수일로 바서는 되마찌진뇌한 푼이라도 더 벌 욕심으로 오매다 높이 지하실래에 그 만은 자재을 밭같투로 내주는데 50,000만 원 개약으로 했는네 일을 해보니 음칭나게 계산이 벌리너 밀힐 수 업씨 중노동이더라. 한 푼 더 벌라고 하다 고

생은 했찌만 수고했따고 사장이 현금으로 주며 20,000만 원 더 보태서 주길래 고맡더라. 금일은 밥 값 세 값 다 지예고[제하고] 칠 명이 한 사람 앞에 8,000원 벌리을 하였다.

〈1982년 12월 10일 금요일 낡씨 비〉

12月 10日 (동내 부체) (약, 수득세깞, 計 73,850원 입금)82)

우리 마을에서 제일 업는 사람이라고 해도 무리는 아니라고 생각을 하는데 그 사람의 모친의 장래식에 운상꾼이 절먼 사람이라고는 아주 업더라. 그것을 볼 때에 있는 사람의 모친 장래식이라면 요줌은 아주 징할 때라서 운상꾼도 만치 않 아깨나 하고 생각을 할 때에 동민들도 너무들 한다고 말들을 하고 십꾸나.

그리고 자신이 운상꾼으로 수십 번 다니바찌만 금일 장래식에보다 고기가 허나며[흔하며] 고기을 먹키 실려서 몾 먹을 정도다. 옛날 사람의 말씀이 소문난 잔치 먹을 꼣업따고 하더니 이번에 업는 사람이 고기을 허나게 쓰고 있쓰서 먹으면서도 미안알 정도더라.

〈1982년 12월 11일 토요일 낡씨 비〉

일기 변득스려키 짝이 업꾸나. 매년 이때 대며 눈이 오는데 금년 들어서 때 아닌 비가 와도 너무나 자주 오며 십이월 들어쓰서는 비가 살도로[자주] 오는 편이니 기온의 변화을 알 수가 업꾸나.

〈1982년 12월 13일 월요일 낡씨 맑음〉

금일 아침에는 세벽밥을 먹고 일하로 갈 때에는 별로 서급픈 일 업시 나서기 해는데 일칸에 들어쓰서 일 할려고 하는되 낡씨는 춥고 하니 일 몾하니 집배 도라가라고 했쓰며 하는 생각까지 들더라.

〈1982년 12월 14일 화요일 낡씨 맑음〉

오늘은 어재보다는 아주 풀리며 일하구 십픈 마음이 일어나며 벌고 있는 사람은 추위가 업쓰며 하는 생각이 들며 업는 사람은 추위도 업쓸 뿐 아니라 구미가 발전해서 일끄리가 만아서 농한기에는 좋금이라도 벌어서 생할비에 보탬이 돼어쓰며 하는 생각밖에 업꾸나.

〈1982년 12월 15일 수요일 낡씨 맑음〉

일기 정말 변득스렵꾸나. 오늘 나제는 봄기분이 날 정도로 따뜻해서 일하기가 아주 좋은 날씨라고 생각을 하였다. 그리고 자신이 머리에 혈{압}이란 생각이 머리에서 잠쉬 이저본 적이 어쓰며 이 일을 하여도 혈압 전에는 이쳐름 신경을 쓰지 않아는데 혈압이라고 판정이 난 이후부터는 높은 데 올라가는 것이 아주 실어전 편이며 이 짓도 금년 한 해만 하고 마라야지 하는 생각이 압쓰는구나.

〈1982년 12월 16일 목요일 낡씨 비〉

겨울 공사라서 그런지는 몰라도 일 좀 할려고 마음 좀 잡부며 돼마지나고 하니 힘이 생기다 다시 죽는 기분이며 한 번 간주[간

---

82) 이 내용은 12월 9일, 10일 자 일기가 함께 적힌 일기장의 지면 상단에 적힌 내용이나 해당 날짜의 일기 첫머리에 입력하였다.

조]에 십 일도 몿하게꾸나.
그리고 종수이가 요줌은 선보로 다니는데 중매로 하지 말고 저의 회사 처녀을 선택을 해서 하며 적갑하다고 생각을 하는데 종수이는 중매을 원하는데 업는 사람일수록 자기 쓰서로[스스로] 돈을 벌어 본 사람은 돈이 을마나 중하다는 것을 알지만 부모 밑태서 쭉 자란 사람은 돈을 아는 사람은 내가 생각을 할 때는 극희 더물다고 생각을 한다.
종수이한태 한 과에 근무하는 처녀을 선택을 하두록 이야기을 하여바도 말을 들어주지 않너니 형으로서는 어쩔 수 업쓰며 하여뜬 결혼이 빨리 성립돼에서 식을 빨리 올리두록 돼어쓰며 하는 생각 간절하구나.

〈1982년 12월 17일 금요일 낡씨 눈〉
금년들이 첯눈이 내리고 있쓰니까 아이들보다 어른들의 기분도 들떠고 있쓰며 눈이 좀 만이 와쓰며 하는 생각 더는구나. 아이들은 눈을 한 번도 보지 않아는 것 같치 기쁘들 하고 있는 것을 볼 때에 정말 옛날 모양 한얀 눈등어리가 한번 왔쓰며 하는 생각 간절하구나.
금일은 종수이 선본돼서 오늘은 열략이 이키로 약속이 돼어 있는데 열락이 업쓰니 답답하기 짝이 없쓰며 하로 종일 열락을 기다리너라고 안절부절하더라.

〈1982년 12월 18일 토요일 낡씨 맑음〉
경운기로 집 시려너틸라고 마음을 먹고 있따 눈님이 종수이 선본돼 가불을[가부를] 기리서 열략을 줄라고 했는되 잇뜰이나 기다리도 열락이 업고 해서 집 실는 것을 표기하고 자신이 눈님 집배 차저가 보았든이 눈님은 김천 가고 업고 자형한데 사왕[상황]을 무려모니 아직 아무 말이 업따고 하더라. 그래서 자신이 돌라오면서 생각하기을 눈님이 처음부터 말이 업쓰뜬 것이 아주 좋아쓸 껀돼 이웃 동내서 큰 쨍피을 본 것이 아니냐 하고 생각이 들며 마음적으로 서운하더라.
"종수이가 이 해을 넌기지 말고 결혼식을 올리야 하는데 요줌은 종수이 문제로 신경이 무척 쓰이는구나."

〈1982년 12월 19일 일요일 낡씨 흐림〉
일기도 고루지 몿하고 해서 집사람과 둘리서 집 실어더리는 것으로 하로 일과을 보내고 마랐다.
소을 한 마리 먹일 때에는 집 더려가는 것을 별로 몰갰든이 두 마리을 먹이니 집이 아주 잘 주려며 열 마지{기} 농사 집 가지고는 부족이 돼지 안을까 염려가 돼는구나.

〈1982년 12월 20일 월요일 낡씨 맑음〉
금일은 일터에 일할려고 세벽차을 타고 가보았든이 일터에 일 주선이 안 돼어서 일을 몿하고 집부로 돌라오고 마랐다. 일 몿하는 바람에 열차비 뻐스비 경비만 내고 마랐쓰며 집배서 나무 하는 것으로 하로 일과를 보내쓰며 나무늘이 하는 뇌토 싸이니끼 돈 버는 재미보다 나무 싸이는 맡이 더 낫더라.

〈1982년 12월 22일 수요일 낡씨 비〉
사료값 46,000원.[83]
이번 감기가 무섭다더니 감기가 정밀 힘이

83) 이 내용은 지면 상단에 따로 기록되어 있다.

더는구나. 자신이 여간해서는 감기가 잘 들지을 안는데 요즘은 몸이 좋찌을 안아서 그른지 감기가 들고는 하는구나. 이번 감기에 급을 먹고 한독약국에서 감기약을 하로 2,000원짜리을 사먹고는 종일 방에서 구들묵 신세로 종일을 보내고 마랐다.
집사람과 살라온 지도 십 년이 돼는구나. 쭉 사라온 것을 뒤도라 볼 때에 정말 변함업시 살라 왔쓰며 처음 시집와서 자신에깨 하는 그데로 십 년 동안 해온 것을 생각하니 정말 좋은 사람이며 오늘날까지 자신의 속내위을 내 손으로 입버보지 못해쓰며 잠자리에 들어가며 언잰가 집사람이 속옷을 전부 가라입피주곤는 하니 정말 나 자신은 복 있는 사람이라고 하고 싶다.
그리고 나 자신은 가끔 변함이 있는데 집사람은 변함이 업쓰며 아이들예깨 시달리고 하는 것을 볼 때에 변함이 있쓰야 사람인데 집사람은 신이라고 해도 가연이 아니며 앞푸로 십년동안 집사람 한 발자욱마다 솜을 나더라도 공득을 갑지 못하리.
현재까지 사료표수 (12표) 10표 값 한 표에 3,800원
2표 값은 한 표에 4,000원
計 46,000원

〈1982년 12월 23일 목요일 낡씨 맑음〉
매년 지나가는 세월을 한 번도 값지게 살지 못하고 세해를 마지하게 돼는구나. 금년 한해도 어재가 동지. 이 해도 8일밖에 남지 안는 것을 볼 때에 이 해도 값지게 살지 못한 것이 한서렵다.
그리고 얼마 남지 않는 이 해가 다 가기 전에 순철이 결혼식이라도 올리고 새해을 마지하며 이 해도 별료 원망은 하지 않캐다.

〈1982년 12월 24일 금요일 낡씨 맑음〉
금년 감기가 어너 때보다 감기가 독카다고 생각을 하며 이번 감기는 코감기며 한 번 걸리며 몸살감기며 한 번 걸리며 꼭 약을 먹어야 감기가 떨려전다고 이야기을 하곤 하는구나.
그리고 감기에 기성[기승]이 돼두록 기온차가 만으며 겨울이 겨울답지 안아서 사람의 건강을 아주 만이 했찐다고 생각을 한다.

〈1982년 12월 25일 토요일 낡씨 맑음〉
모두 축산으로 돈 벌라고 모두들 몸부림이구나. 이 몸부림이 가연 맨 년이 갈련지는 몰라도 열풍이 일고 있는 것은 사실이다. 이것이 정부에서 조종을 할 수 있을까가 매우 염려스려우며 만약에 이것을 감당하지 못하며 농촌사람들은 희망을 가지고 살 수가 없따고 본다. 왜냐. 농촌에서는 수지가 적절하게 맡는 것이 없쓰니 이번 축산 건장을 조리 있게 정부에서 조종을 하나 여화에 농촌 희망은 달려 있따고 보고 있다.

〈1982년 12월 26일 일요일 낡씨 맑음〉
집사람은 우리 운이 말 재대로 하지 못 한다고 집사람은 이세을 하나 더 보자고 야단이다. 자신이 생각을 해볼 때에 이세을 하나 더 바서 아들이며 안전 해결이 댄다고 보지만 만약 딸이라며 해결도 보지 못하고 아이들 키우는 데 힘이 들 뿐 아니라 아빠가 혈압인데 아이들 키우는 데 힘이 들어 못 키운다고 맑하니까 자신이 있따고 하면서 생때을 쓰더라. 요보 이제사 이세을 보는 것보다 그 힘의로 운이예깨 더 신경을 쓴다면 우리 운이 둔한 아이가 아니니까 잘 키우보자 하고 그절을 하고 마랐다.

〈1982년 12월 27일 월요일 낡씨 눈〉

금일은 오전 한때에 함박눈이 쏘다져서 이제는 겨울 풍경을 이류개꾸나 하고 생각을 했는데 한참 오고는 그만 오지 않으며 길거리만 실개[쓸게] 했쓰며 산 전체 발미 허가가 나서 나무하는 데만 불편을 주고 마랐다. 그리고 자신이 나무 하는데 열심히 했든이 혈압이 이상한 기분이 들며 영 기분이 통계하지 안아서 극정이 말할 수 없쓰며 자신에 건강에 이상이 없따며 봄빛에 꽃망울이 활짝 피는 것보다는 낮지 안으리까 생각을 해보는데 이세들이 극정이다.

〈1982년 12월 28일 화요일 낡씨 맑음〉

어머님 제사 준비하는데 오 형제 아들 딸들 한자리에 모다노어니 정말 딸도 만으며 딸들도 등치가 해년 달라저며 올해는 큰집배방이 비좁을 뿐 아니라 엔만은 집배 잔치하는 것만침 법석돼며 어머님 살라개시며 손지 딸에게 파문칠 정도다. 어머님이 남들 모양 호강스렵게 사시지 못하고 오 형제 아들 키우너니라고 고생만 하다 남보다 일적 도라가신 것이 메년 이때만 돼며 빼아픔이 머리에 한 번식 셔쳐가는구나.

〈1982년 12월 29일 수요일 낡씨 맑음〉

어머님 제사 준비한 것이 추석 돼 준비한 것 보다 더 만이 했쓰며 아주 푸짐하게 제사 어물을 차리서 우리 오 형제가 한자리에서 음숙한 마음으로 제사을 지내쓰며 순기가 혈압으로 예을 먹는 것을 보니 정말 극정이 말할 수 없씨 돼는구나. 우리 형제가 혈압이 다 높은 것이 우리 형제로서는 피눈물이다.

〈1982년 12월 30일 목요일 낡씨 맑음〉

금일은 집사람과 둘리서 나무을 하니까 자신의 혼자 할 때보다 일 능률이 있쓸 뿐 아니라 일에 재미을 가질 수가 있쓰며 집사람과 둘리서 일을 하는 일이라며 실패가 업쓸 껏 갈더며 안에 일이 남편의 힘을 몇 배로 키어준다고 해도 가연이 아니라는 것을 절시리 너켜다.

〈1982년 12월 31일 금요일 낡씨 맑음〉

금년 한해는 땀을 만이 흝린 한 해라고 생각을 한다. 올해는 가뭄이 심해서 논에 물을 한 번 더 댈라고 밤을 낮 삼아 새운 지 한두 번 아니며 세해는 알차고 파단 없는 잔잔한 호수쳐름 순조렵게 살라가두록 악순한이 업두록 살개 했쓰며 하는 생각 간절할 뿐이다.

새해는 우리 가족이 사고 업시 건강하게 살라갈 껏이며 이번 새해는 꼭 알찬 해가 돼두록 노력을 할 껏이며 약속하고 싶다.

〈구미현장에서〉 53,500원

1983년

〈1983년 1월 1일 토요일 낡씨 맑음〉

"집사람과 나무한 것으로 금일 일가을 보냈는돼 왜이래 해가 짤바서 나무 둥치 노은 것을 멧 나무 안에서[안 해서] 정심시간 돼고 너무나 일 할 시간 업쓰서 아쉬어며 자신은 3日날은 구미 돈 벌로 가야 하는데 집사람에깨 아직 반춤도 못했는데 돈 벌로 갈 시간은 다 돼어가고 마음이 조급한 마음이 들며 개니 나무을 만이 둥치 나서 집사람만 예을 먹이는 것이 아닌가 하고 생각이 더는구나."

"인간의 움직임이 자신들의 재미로 움직인다는 것을 너킬 수가 있쓰며 재미을 가지고 착실이 한다며 돈도 쉬개 어더리."

〈1983년 1월 2일 일요일 낡씨 맑음〉

"내일은 구미 돈 벌러 간다고 오늘날까지 발미해 노은 것을 정리한다고 정신업시 일한 것으로 금일 일가를 보내고 마랐다. 그리고 돈도 좋지만 집사람 혼자 하게 두고 돈 벌로 간다는 것이 어뒨가 모려게 뒤가 보이스[보여서] 상캐한 기분이 아니구나."

〈1983년 1월 4일 화요일 낡씨 맑음〉

노가다 일이 집배서 부지련이 하는 것보다는 아주 고댄 노동이다. 금일은 구미 일 갈다 와서 몸이 프더려지는[뻐드러지는] 것 갈더라. 돈 버는 일이 고댄 줄은 알지만 어재 집배서 자신이 안 아면 집사람이 한다고 정신업시 산에서 일한 것보다 더 뒤니 돈이라는 것을 한 번 더 생각을 해바야 됀다는 것을 너켜 보았다.

구미 일 갈다 오니까 집사람이 종이쪽찌을 주더라. 이것이 무었시냐 하니까 일그 보라고 하더라. 혜영이가 엄마한때 편지한 것인데 저 엄마 희망은 우리 형제들이 공부를 잘해서 상 타는 것가 저이들을 위해서 고생하며 옿도 안 싸 입고 겨울철에도 장갑 하나 업시 빨래 다 하며 나무까지 하면서 우리들을 위해서 고생한다면서 이번 3학년에는 꼭 공부를 잘해서 상을 타게쓰요 이 편지는 아빠한때도 보이지 마세요 하는 편지더라.

이 편지를 다 일고 나서 저 일은 것이 저의 부모 고생하는 것을 알고 있는 것을 볼 때에 정말 고맙다. 그리고 자는 모섭을 얼마든지 바라보고 십꾸나.

〈1983년 1월 5일 수요일 낡씨 눈 비〉

올해는 기온이 이상하다. 눈이 와야 댈 철래 비만 오고 있쓰니 정말 기후의 변화가 이상할 정도다. 눈비 오는 바람에 아무 일도 못하고 휴식을 하고 마랐다.

〈1983년 1월 7일 금요일 낡씨 비〉

금일은 현장에 가면 적은 비방울이 와서 못하지 하는 생각으로 현장까지 도착하였다. 현장에 가니까 비방울이 굴거저더라. 일부 비가 와서 하지 말자고 하는 사람 이왕 나와 쓰니까 일하자는 사람과 서로가 맡쓰다 일하다 더 만이 오며 말자고 건유하는 바람에 따라가고 마랐다. 나 자신도 속으로는 그만 마라쓰며 하는 생각이 들던되 금일 하는 데로 따라가서 하로 일가을 보내게 돼어다.

〈1983년 1월 8일 토요일 낡씨 맑음〉

오늘도 어제와 같떤 현상이 일어낳다. 오늘은 추버서 하지 말자고 하는데 책임자가 이따위 추위를 가지고 일 못한다며 말이 안 댄다면서 춥따고 일 안 알라고 멀추머니 쓰 있는 사람을 하자고 건유{하는} 바람에 작업이 시작돼어다. 작업 도중에 춥버서 도저위 못하게따면서 두 사람은 집부로 도라가고 나머지 6명이 종일 일하는데 힘이 정말 만이 더려다. 그리고 이때까지 일했찌만 사장이 술 바다주는 것이 업디니 금일은 시유점에 돼리고 가서 돼지고기 불고기 해서 6명이 앙이 차두록 잘 먹어다

그리고 약 한 가지을 김천은 2,500원 받는데 구미는 3,000원을 꼭 달라고 하는데 정부에서 약방에는 정가을 바두록 조치을 못하는가 이것이 서민을 돕는 일인돼 정말 신각한 문제라고 자신은 말하고 십다.

〈1983년 1월 10일 월요일 낡씨 맑음〉

춥번 것을 무렵쓰고 일하게따고 작업장에 가니 일기가 춥따고 아무도 나오지 않코 한 사람 나와더라. 둘이가 일을 할 수도 업고 해서 집부루 오고 마랐는데 집배 올 때는 일 뭇하고 집부로 올 때는 서운한 감 말할 수 입더니 집베 와서 보니 일 못하고 집배 온 것이 잘했따고 생각을 했보았쓰며 일기가 바람이 불며 이순순하기 짝이 업쓰서서 집베 온 것이 찬 잘했따고 생각을 하는 바이다.

〈1983년 1월 11일 화요일 낡씨 맑음〉

중앙기상대서 금일도 김천이 0화[영하] 11도라고 해서 오늘도 춥버며 아무도 현장에 나오지을 않에서 작업을 안 알 꺼이 아니냐 하고 현장에 일하로 가지 않아든이 금일은 포건하기 짝이 업더라. 날씨가 포건하니까 금일 일하로 가지 않은 것이 후예가 돼는구나.

〈1983년 1월 12일 수요일 낡씨 맑음〉

어재 현장에 일한 줄 알라든이 춥다고 아무도 나오지을 안에서 작업을 못해따고 하더라. 자신은 낡씨가 포건해서 일한 줄 알고 하로 못 벌은 것이 아쉬어저든이 금일 현장을 보니 하로 더 벌 수 있따는 것을 생각을 할 수가 있쓰다.

그리고 정부에서 (학생) (군) (통행금지) 모든 것을 너무 개방한다고 생각이 들녀 잎푸로 전 대통령이 전근[정권]에는 좀 유리할련지 몰라도 후기 대통령이 정취하는 데 예로가 만치 않나 하고 내다보고 있다. 왜냐. 모든 것을 계속 계방정책으로만 할 수가 업키 때문에 위 뒤에 큰 문제점이 뒤따려지 않나 하고 내다보고 있다.

〈1983년 1월 14일 금요일 낡씨 맑음〉

금일은 구미 작업장에 앞푸로 일을 한다며 삼일은 더 할 수가 있따고 보는데 집배 할 일도 있고 산에 나무 징리도 집사람 마키노코 있쓸 수도 업고 헤서 오늘은 하로 일가을 맡치고 연장을 가지오고 마랐다.

우리 혜영이 혜진, 운이보다 아빠를 더 생각을 하며 어뜰 적에는 아주 어른다운 돼가 있다.

〈1983년 1월 15일 토요일 낡씨 맑음〉

구미 일터에 돈벌리을 졸업했따니 마음 한 구석에 서운한 마음이 차지을 하며 한편으로는 정신적이나 육채적이나 좀 편하게 돼어쓰니 마음의 여유가 있는 하로 일가 돼어 따고 보고 있다.

〈1983년 1월 16일 일요일 낡씨 맑음〉
순철이가 사람을 한 번 더 보고 가불을[가부를] 짓깨따고 금일 구성 여자을 선본다고 갔는데 이번에는 결혼을 해야 하는돼 극정이 돼든이 이번이야 결혼이 돼는 것 같꾸나. 순철이가 선을 보고 여자을 돼리고 직기사[직지사]을 같다고 하니 결혼이 성립이 댄다고 생각을 하니 자신이 어뒨가 모려게 마음이 들떠는구나.

〈1983년 1월 17일 월요일 낡씨 맑음〉
이번 설 알래는[설 안에는] 순철이 결혼이 댄다고 생각을 했든이 순철이 말이 삼 개월만 기다리달라고 순철이한대 이야기을 하길래 기다리줄라고 이야기을 했따고 하니 그만 성질이 나더라. 여자가 부덕한[부득이한] 사정이 있쓰서 그런지 순철이가 미납파서[미덥지 않아서] 그른지 알 수가 업쓰며 여화던 순철이가 어려쓰기[어리석기] 짝이 업는 사람이다.
우리 운이 때문에 극정이 태산 같다. 왜냐하며 말도 제돼로 몾하면서 저의 누들만 몾살개 굴고 때리서 울리곤 하며 누이들을 때린다고 꾸지름을 주어도 그때뿐이며 졸졸 따라다니면서 생예를 먹이고 있다.
집사람이 산에 나무한 것을 맬빵을 해서 지고 오는데 뒤따라오니 무거어서 생예를 먹더라. 그레서 자신이 예 먹는다고 둥치기 하나만 가지고 가라고 먹카면서[뭐라 하면서] 생각을 해도 어뒨가 모려개 사랑의 손길이 프치는구나. 내가 적게 가지고 오며 아빠가 그만침 예을 먹는 것이 아니냐고 하면서 하로 두 번씩 올 때마다 욕심을 부리서 힘들게 가지고 오는 것을 볼 때에 남편가 부인의 힘이 무어라고 말로 표현할 수가 업따고 본다.

〈1983년 1월 18일 화요일 낡씨 눈〉
금년 들어 처음 눈이 만이 온 셈이 되는구나. 올해도 겨울 쳐고 눈이 싸이두록 오지 않는 것을 볼 때에 올해 농사짓는 데 순탄하지 않으리라고 생각이 더는구나. 왜냐하며 겨울철에는 겨울철답게 눈도 싸이고 낡씨도 메섭고 해야만 그 해 농사도 잘 돼어 왔따고 생각을 한다.
〈올해 눈 온 것이〉〈20미리〉

〈1983년 1월 19일 수요일 낡씨 맑음〉
구미 현장에 일끄리가 그진 다 돼어따고 그만 보따리를 들고 왔든이 금일 돈 차저로 가서 보니 앞푸로 한참 해야 망우리가 댈 것 같더며 남은 사람 삼 명은 앞푸로 돈을 벌 수 있깨따는 생각이 들며 자신은 너무 성급하게 끝을 낸 것이 손예가 돼어따고 생각을 한다.
〈일터에서 벌은 노임이〉 76,000원. 밥값이 6,000원 나머지 70,000원

〈1983년 1월 21일 금요일 낡씨 맑음〉
순철이가 이번에 결혼이 성립이 돼는 줄 알아든이 결혼이 성립이 안 돼는구나. 왜 결혼이 성립이 안 돼는냐고 순철이한태 무려다. 공단아가씨들은 돼다수 얼굴이 발은돼 얼굴이 발찌 몾하고 캐얄하지 않타면서 결

혼을 몿하게따고 말을 하더라.
자신이 쳐녀 쪽의 형편을 들어보니 적압한 돼 손복이가 실타고 하니 강유는 몿하게꼬 두고 볼라니 자신이 답답하기 짝이 없꾸나. 이번 일도 불상사가 난 것은 순철이가 뒤쳐리을 잘 몿하고 형에깨 말하기가 그북한 점 때문에 소리가 낮따고 본다.

〈1983년 1월 22일 토요일 낡씨 맑음〉
요줌은 일기불순으로 아무 일도 몿하고 해서 친구 일 명과 둘리서 나무 소보는[손보는] 것으로 일과을 보내쓰며 남들 송아지 사논 것을 보니 무두[모두] 간도 크다는 것을 너켜다. 나 자신도 송아지을 한 마{리} 더 살라고 해도 간이 적으서 몿 싸쓰며 송아지 한 마리 백만 원 이상 주고 살라고 더니 가연 계산이 앞쓰서 싸지 몿하고 시간만 재고 있는 형편이다.

〈1983년 1월 23일 일요일 낡씨 맑음〉
금일은 집사람과 복판 논에 집을 실련돼 바람이 불어서 불편한 점이 만으며 집은 가을 하고 나서 바로 집도 실어 더리야지 때 아닌 집을 실어 더리니 어색하기 짝이 없꾸나.
자신의 생각으로는 3, 4월 돼면 송아지금이 올라갈 끝 갈더며 현 시새가 백만 원 가는데 봄만 넘어쓰며 백삼십만 원 이상 가리라고 생각을 하고 있쓰며 돈이 돼며 송아지늘 한 마리 더 사바쓰며 한 생삭 산절하구나.

〈1983년 1월 24일 월요일 낡씨 맑음〉
밭미한 곳에 나무 정리하로 올라가 보니 음지에는 눈이 쳐[채] 녹지 않아서 나무을 모두기가 불편하며 아직은 나무 징돈을 할려면 좀 있쓰야 나무을 맘돼로 할 꺼 갇다서 오후에는 휴식을 하면서 혹시나 송아지을 한 마리 사볼까 하는 욕심에 전에 우리가 살든 집 건너방을 수리해서 마구관을 할려고 마구 문을 다는 것으로 금일과가 돼고 마랐다.

〈1983년 1월 25일 화요일 낡씨 맑음〉
장도 볼 겸 우시장에 송아지금을 볼려고 뻐스에 손님이 만원인돼도 우시장에 일적 가바야 돼기 때문에 몸을 실어보니 사람에깨 쳐밀리다시피 밀리다 김천 도착하게 돼어다. 우시장을 한 밖키 돌라보고 시장에서 나오서 물건을 일부하고 또 물건을 할려고 보니 도빠[토퍼, 반코트] 안주머니에 너어둔 17,000원을 쓰리꾼에 다 뜰리고 마랐다. 금일 돈을 전부 안 뜰린 것이 큰 다행이며 집사람이 돈을 갈라서 너라고 해서 두 군돼을 갈라 너어 두어키 때문에 반은 남원 셈이 돼는구나. 그리고 우리 운이 줄라고 통닭을 한 마리 사와서 온가족이 먹으면서 쓰리꾼에게 뜰리지 안아따면 고기을 사먹{어}도 실끈 먹고도 남을 땐돼 아까와 여기니 우리 혜진이 아빠 혈압 올라고요 혈압 올라가면 더 손예 가요 신경 쓰지 마라고 해서 그래 이저버리자 하고 마랐다.
정부에서도 좀 무책임하다고 본다. 왜냐. 정근이 한 번 박키면 정국에 쓰리꾼을 몇 멍 잡아따고 빕식을 부리며 오늘까지 정근이 이앙이 될 때만 쓰리꾼을 잡고 하지 평소 때는 쓰리꾼 잡아따고 잘 들어본 적이 업쓰며 쓰리꾼이 피해을 주는 것은 영세민이다. 왜냐하며 돈 있는 사람은 초만원 뻐쓰을 타지 안으며 자가용을 사시고 노니까 쓰리꾼이 손을 쓸 수가 입쓰니 돈 업는 영세민이 한 뿐 두 뿐 모다두어따 장 볼려고 만원버스를 타고 가면 쓰리을 당하고 마니 정말 피통할 일이다. 이것을 정부에서 조금만 단속을 하며 이련 불상사는 충분이 사전에 왜방을 할 수가 있는데 정말 아십키 짝이 업꾸나.

〈1983년 1월 26일 수요일 낡씨 맑음〉

복판논에 곅토사업을 할려고 신청한 것이 기온이 요즘은 너무 풀리서 차들이 논에 들어가지 못할 껏 같더며 금년 농사돼는 것을 볼 때에 곅토를 하지 않코서는 수학을 만이 볼 수 없깨떤돼 올해는 곅토를 너어야 돼는데 땅이 제돼로 얼지를 안아서 극정이 되는구나.

금일은 산에 받미한 나무 둥치기는 안전이 정리을 한 셈이 되며 이제는 끝따리만 정리을 하며 받미한 산에는 정리을 하게 되는데 이것도 시일이 만이 글리니 지루한 감이 더는구나.

아이들을 키어 바도 잠자리에 들어가면 옻들을 벌로 벗쓰서 아무 곳에나 두고 잠자리에 들어가는데 우리 운이는 옻 하나 정학{하}게 벗고 자고 나면 바로 입벌 수 있두록 정리을 정학게 해두고 잠을 자는 모섭이 정말 이상할 정도다.

〈1983년 1월 29일 토요일 낡씨 흐림〉

김천 서장님에깨 쓰리꾼에깨 피해 보는 사람이 만으니까 쓰리 피해을 주리달라고 건위편지을 26日날 부치는데 편지을 바다보았는지 궁금하구나. 저위 편지을 바다보시고 쓰리 피{해}을 좀 막아보자 하는 생각이 십분지 일이라도 좀 생각해쓰며 편지을 한 보람을 보았따고 생각을 하게다.

자신이 소을 생식을 시키 보니 사료량이 적으서 그런지는 몰라도 소들이 살리 찌지 않으며 말로만 소을 두 마리 먹인다고 해도 남들 한 마리 잘 먹이는 것보도[것보다] 수입 면으로 본다고 해도 자신이 두 마리 먹이는 것만침 보지 않을까 하는 생각에 자신도 힘이 더는 한이 있더래도 소죽을 끄리서 먹일 작정이며 오늘부터 두 마리 다 끄리 먹이보았든이 잘 먹으서 기분이 상캐하기 짝이 없다.

〈1983년 1월 30일 일요일 낡씨 비〉

세월이 넘어나 빠르고 있따는 것이 정말 아깝키 짝이 없꾸나. 왜냐. 83年을 마지한 것이 바로 어재 같든데 한 달이라는 시간이 불과 내일만 넘어가면 영영 돌라오지 안는 82年[84] 1月이 넘어가니 나 자신은 가연 1月 한 달을 값찌게 일을 했는가 생각을 한번 해볼 때에 아무것도 바른 것이 없따. 이것을 볼 때에 세월 가는 것이 가슴 아파서 숨통 터질 지경이다.

남들은 장가간다고 동네 술을 준다 떡을 한다 분주한 나나을 보내고 있는데 순철이는 결혼문제을 이번 설 안에 해결을 못 볼 것 같다서 손복이에게 이야기을 해보았다. 먼저 중매결혼하지 말고 연애결혼 하라고 당부한 것 어떠게 데어냐 하고 무려떠니 회사 아가씨와 연애 중이라면서 형 극정하지 말라고 하더라. 그례서 결혼이 빨라야 살 길이 그만침 빨라저는 것이라면서 결혼을 빨리 돼두록 노력 좀 해보라고 당부하고 마랐다.

84) 83年의 오기인 것으로 보인다.

〈1983년 1월 31일 월요일 낡씨 맑음〉

금일은 영농교육이라고 대신학교에서 농촌 지도소 소장이 나와서 교육을 하는데 잘하는 편이더라. 평소 때의 교육이라면 오후 2시까지 교육을 하게 되며 남은 사람은 불과 멧 명밖에 되지 않을 끈데 사람을 가지 몿하게 할려고 조금한 복근[복권]이 있따코 하면서 입장할 때에 번호를 만들어서 나중에 추천[추첨]을 하여서 상품을 준다고 하니 교육이 끝이 나두록 가는 사람이 없시 영농교육을 잘 갈친 셈이 되어다.

그리고 내일은 축산 과수 채소로[채소류]을 가지고 교육이 있따고 하니 오늘보다 내일이 꼭 교육이 필요히다고 생각을 하고 있다.

〈1983년 2월 1일 화요일 낡씨 비〉

금일은 영농복합교육 한다면서 축산, 과수, 채소로 여려 가지을 두고 셋 분의 강사가 교육을 잘하지만 자신은 생각한 것쳐름 좋은 교육이 몿 되어따고 자신은 생각을 한다. 왜냐하며 시간이 적으서 재각키 돼충 이야기로 끝을 낸 샘이 돼는구나. 자신이 생각을 할 때는 정부에서도 왜로가 대리라고 생각을 하지만 내 욕심 같다서는 한 가지을 두고 충분한 교육을 하두룩 시간 여유가 만아쓰며 교육 습득을 만이 할 껏인되 그려치 안아서 불만이라고 생각을 한다. 그리고 재각키 부엾 함 잃들이 재각키 다려키 때문에 한 강위실을 두지 말고 자신이 축산을 하고 십뻐며 축산 강위실에 가며 축산 깅위만 들을 수가 있쓰며 송아지 한 마리라도 먹일 자신이 생길 수가 있따고 보는데 오늘 복합교육은 중복이라서 한 가지도 자신을 가질 수 업두록 좀 미비한 교육이 돼어따고 자신은 말하고 십꾸나.

〈1983년 2월 2일 수요일 낡씨 비〉

때 아닌 비가 넘어나 만이 온다. 오늘날까지는 보리에깨는 날씨을 잘한 편인데 이번 비에 섭패[습해]를 주지 않을까 염려가 되는구나.

그리고 요줌은 비 오는 바람에 휴식을 만이 한 셈이라서 비가 오는데도 무렵쓰고 전에 우리 살든 집 다 철거을 해서 다시 축사을 짓으볼려고 계핵을 세우는데 아직은 낭비을 해서는 안 돼개따는 욕심으로 전에 살든 집 건너방을 안전이 파내서 하다몿해 돼지라도 먹이볼 욕심으로 비을 마저면서 작읍을 했쓰며 남들이 비 때문에 아주 작업을 몿할 때에 자신은 한 가지 일을 했따는 것이 금일이 했노코 보니 마음이 상캐하기 짝이 업꾸나.

〈1983년 2월 3일 목요일 낡씨 흐림, 맑음〉

발미한 나무 정리하는데 발리 미끄러저서 일하기가 불편한 것이 말할 수 업쓰며 나무을 정리하고는 집부로 올 때는 죽원 나무을 집배 가지고 오는데 금일은 오면서 길이 비온 뒤라 짐월 지고 넘어지고 마라다. 짐을 지고 넘어가는데 다치지 않아서 큰 다행이라고 생각을 한다.

이제는 집사람 외출해다 돌라오면 그기는 쓰리꾼 업더나 하고 췇인사가 돼고 마는구나. 집사람 상에 갇나 오면 오늘은 쓰리꾼 업너나 하며 시로가 옷고 만다.

우리 운이가 50일이란 겨울방학동안 일 이 삼 사을 익키지 못하는 것을 볼 때에 지능지수가 갱장이 낯따고 본다. 왜냐. 저 누우들은 일학년 드려가기 전에 백까시 나 일고는 했는데 아직 운이는 벌소리만 하고 있쓰니 이그 보통일 아니라고 생각을 한다.

〈1983년 2월 4일 금요일 낡씨 맑음〉

금일은 동내 산에 발미하는데 동민 전원이 나와서 발미 작업을 하는데 능률이 업쓰며 이 작업이 자신들 일이라면 오전에 다 할 일을 점두록 해도 다 뫃하고 마랐다.

아직은 한국 사람은 마음의 자세부터 곤치야 돼게따는 것을 공동일하는 모섭을 보며 직각 너킬 수가 있따고 생각을 한다.

〈1983년 2월 5일 토요일 낡씨 맑음〉

우리 운이가 오늘부터 계학을 해서 처음 학교에 가곤 했는데 극정이 돼는구나. 우리 운이가 유치원을 졸업을 하고 이제 국민학교에 들어가야 하니 우리 운이가 학교에 안 갈려고 할까바 미리 굽이 나는구나.

〈1983년 2월 6일 일요일 낡씨 맑음〉

금일은 윤씨 집안에 잔취 쳐는데 일 바주로 같든이 윤씨 집안에 일 쳐며 배상[85]이 만이 소비가 댄다고 말은 들어찌만 금일 자신이 일 바준다고 배상을 취급해보니 정말 급이 날 정도다. 왜냐하며 집안 돼는 사람이 재각키 아들을 배상만 어더줄라고 신경만 쓰지 일 바줄 생각은 업는 것 같이 보이며 정식으로 손님의 반은 안전 낭비라고 생각을 하고 십다.

농촌에서는 맏아들은 오늘날까지 무리가 가는 한이 있쓰도 잔치을 치고 있는데 앞푸론 맏아들이라고 해도 낭비을 하지 말고 낭비 돈으로 결혼생할에 도움이 돼두록 현찰로 바꾸어쓰며 하는 생각이 더는구나.

〈1983년 2월 7일 월요일 낡씨 맑음〉

금일은 누님의 아들 결혼식이다. 우리 형제로서는 제일 처음 기쁜 일이다. 우리 형제로 바서는 쳊 딸 쳊 기쁜 일이다. 우리 오 형제 중 종말이 말고는 예식에 다들 참석을 했쓰며 욕심 갈다서는 종말이도 회사을 결근을 하고도 참석을 했쓰며 하는 욕심까지 들더라. 그리고 나 자신이 잘 살며 눈님 뫃 사는 눈님을 돼지 한 마리라도 썩 했쓰며 을마나 좋으리만 그러지 뫃하고 나 살기 위해서 아주 적은 돈 10,000만 원만 하고 마라다. 위 돈을 주면서 서운하기 짝이 업더라. 왜 돈을 뫃 벌러는가 하고 머리가 수거려저더라. 앞푸론 현물이 앞푸로 가고 마음이 뒤{에} 가는 인간이 돼어 볼 결심이다.

〈1983년 2월 8일 화요일 낡씨 눈〉

눈빨을 바랄 때는 오지 않든 눈이 이재야 자꾸만 오는구나. 요줌 오는 것은 보리 섭패 줄라고 눈이 온다고 해도 무리는 아닌 것 같다.

그리고 우리 운이 교육문제로 부부싸음이 벌어저고 마라다. 아이들 보는데 싸음도 안 예야 돼게따는 것을 너켜다. 왜냐. 아이들이 저위 부모 눈치만 살피는 것을 볼 때에 자녀들 있쓸 때는 부부 사음이 건물[금물]이다 하는 것을 절시리 너켜쓰며 금일 싸음을 두고 생각을 해볼 때에 백지장 한 장 정도를 위해하지 뫃하고 싸음이 돌변했다. 이 싸음을 두고 두리가 생각을 할 때에 싸음이 할 것이 아니라는 것을 집사람이 이야기할 때에 그만 웃고 마랐다. 앞푸론 나 자신도 좀 생각을 해서 부부싸음이 업두록 해야 돼겟따는 것을 생각을 했쓰며 집사람도 왜 우

85) 잔칫집에서 손님에게 나누어주는 음식을 말한다.

리가 싸와가면서 살라가야 하나 하고 말을 하며 아빠 더 정답게 살라갑시다 하고 끝을 내고 마라다.

〈1983년 2월 9일 수요일 낡씨 눈〉

때 아닌 눈이 넘어나 만이 오는구나. 눈이 만이 오니 사람의 마음은 실치는 안으면서 한편으로는 보리 극정이 돼고 하는구나.

우리 마을에서 결혼 끈수가 6끈수가 돼는 돼 순철이는 결혼을 못하고 이번 설을 넌구는 것이 마음이 아쉽구나. 큰집으로 보나 자기 자신을 보나 올해는 꼭 결혼을 해야 돼는데 결혼을 못하고 넘어가는 것이 안타값기 짝이 없꾸나.

이번에 눈 오는 바람에 산에 발미해 노원 나무을 이번 설 시기 전에 안전 정리을 해 놀라고 작정을 한 것이 눈 때문에 못하고 요줌은 아무 일도 못하고 휴식으로 날짜가 넘어가니 좀 답답하기 짝이 업꾸나.

〈1983년 2월 11일 금요일 낡씨 눈〉

정말 일기 고루잔꾸나. 바랄 때는 눈 한 방울 오지 않더니 바라지 않을 때는 계속 눈이 내리니 답답하기만 하며 별로 일도 못하고 날짜만 넘어가는 것이 아쉽다.

우리 운이 금년에 1학년 입학하기 위하여 집사람이 돼리고 가서 운이을 면접을 하고 왔찌만 우리 운이가 가연 유치원 가정을 그치 이찌만[거쳐 왔지만] 1학년 가정을 남들과 같이 공부을 따라 할 껏인가. 시간이 임박해저니 나 자신 마음이 초조해저는구나. 만약에 1하년 가정을 아주 따라하지 못하게 돼며 공부는 뒤전 쳐고 몸만 건강하게 자라두록 할 껏이다.

〈1983년 2월 13일 일요일 낡씨 맑음〉

우리 집안에서는 금년 설이 지나온 설보다는 아주 허술한 감이 더는구나. 이번 설에는 우리 식구들은 다들 참석을 하여는데 큰집 식구가 대구에서 올라오지 않아서 아주 단출한 식구가 설을 지낸 셈이구나.

이번 설에 순석이와 순철이가 바둑을 떨라고 더는데 순석이에깨 우리 형제는 혈압이 있키 때문에 순석이도 몸이 아주 일고[좋지 않고] 해서 혹시나 혈압에 걸일까바 극정돼는 감에서 혈압에는 바둑도 아주 해렵따고 형의 입장에서 한 마둬 한 것이 그만 동생에깨 아주 불캐한 소리을 들어다. 그 소리을 듯고 그 재리에서 일어쓰서 올라고 들다 참아 그러지는 못하고 한참 있다 집에 왔찌만 자신이 불캐하게 짝이 업더라. 사신이 집배 와서 생각을 해볼 때에 동생을 아주 혈압도 아닌돼 혈압으로 인정하니까 기분이 나빠서 말을 하여깨찌만 자신이 생각을 해볼 때에 형도 동생도 혈압이라서 미리 극정이 돼어서 한 마둬 한 것이 그려깨 그설리는 말이 돼지는 않아쓸 껀돼 그런 소리을 형이라고 조금이라도 생각을 했쓰며 그른 소리을 하지는 않아쓸 껀돼 하는 생각이 잠자리에 들어가서도 그 소리가 들리서 한참이나 잠이 오지을 않더라.

앞푸론 동생이라고 충고도 할 필요도 업고 강 건너 불 보더시 바라만 보고 있쓸 껏이다. 그리고 사신이 동생에깨 너무나 산신을 만이 가지고 왔는데 이제는 내가 사는 방법으로 살라 갈 껏이다.

〈1983년 2월 14일 월요일 낡씨 흐림〉

메년 오늘은 객지에서 온 사람 길서리가 아주 사람이 만은데 어쩐지 길거리에 사람을 볼려고 해도 볼 수 업쓸 정도로 사람이 업쓰며 때때옷 입은 사람도 볼 수가 업는 것을 볼 때에 이제는 설도 설도 좀 희저는 감이 들며 정부에서 말들을 하니까 구정이 시들어간다고 보며 맡따고 생각을 한다. 정부에서 구태어 구정을 업샐라고 신경을 쓰지 안아도 절먼 사람이 자라며 구정은 저절로 머려전다. 왜냐. 절먼 사람이 어른 돼며 조상들을 성기는 것은 낭비라고 저절로 머려전다고 본다.
객지사람들이 고향을 그전쳐름 차지을 앉는 것을 보니 도시에 사는 사람이 재각기 살기가 힘더는 모양이다.

〈1983년 2월 15일 화요일 낡씨 눈〉
무이미한 하로 일가 돼고 마라다. 아무 일도 않코 해서 교육방송 안때나 달면 방송이 잘 나온다고 해서 하나 사 달라터니 방송이 잡피지을 않더라. 우리가 안때나 사용을 잘 못해서 그려며 당행이지만 안산이 가리서 방송이 잡피지을 안는다면 방송이 두 가지나 적깨 나오니불편한 점 말할 수 업깨꾸나.

교육방송 안때나 값이	3,000원	計 4,000
안때나 선 값	1,000	

〈1983년 2월 16일 수요일 낡씨 맑음〉
금일은 우리 운이가 대신유치원 제1회 졸업 낡이다. 자신이 가지 않코 집사람만 졸업식에 참석을 했쓰며 우리 운이가 유치원 처음 입학을 할 때는 반춤은 결석을 할 껏으로 내다보았는되 집사람과 운이가 들어오는데 일 년 개근상이라는 상장을 바다왔는 것을 볼 때에 자신으로서는 우리 운이가 정말 장하다고 생각을 하며 기특해서 우리 운이예깨 악수을 여로 분 하여쓰며 정말 상캐한 하로라고 생각을 하고 십다.

〈1983년 2월 18일 목요일 낡씨 맑음〉
이제는 날씨가 화창한 봄 날씨 같다서 일을 해야 하는데 하고 생각을 하면서도 친구들과 무이미한 하로 일가을 보내쓰며 앞푸로 이련 낡씨가 계속된다면 모두 일터로 가서 일을 할 껏으로 내다보고 있다.

〈1983년 2월 18일 금요일 낡씨 눈〉
기상돼에서는 이제는 추번 낡씨가 업다더니 오늘은 갋짝이 그센 바람이 불며 낡씨가 이번 계울 쳐고 제일 추버니 사람이 나더리을 할 수가 업쓰며 제일 극정이 학교 길에 아들 감기 들까바 극정이 말할 수가 업다.
중교등학교 교복 자률해서 금일부터 학생들이 교복을 벗고 자유화해서 입고 가는 모섭을 볼 때에 학생답지 않코 공단에 일하는 아가씨들 갈더며 학부형들의 부담을 떨려주는 것이 아니고 학부형들의 주머니을 얄밖하게 만들으나쓰며 성인우로서 학생 보오[보호]는 전원 업따고 보며 이번 정책이 아직 한국 바서는 잘뫃 대어따고 자신은 말을 하고 십꾸나.

〈1983년 2월 19일 토요일 낡씨 맑음〉
일기불순으로 일을 할려고 해도 추어서 뫃할 형편이며 아무 일도 뫃하는 대신에 어되서 놀 때나 없는가 하고 어울리서 도라다니면서 하로 일가과 무이미하게 지나간다. 이것을 생각을 해볼 때에 아쉬어는 하지만 실천 뫃하는 것이 농민들의 심정이다.
자신이 가만이 생각을 해볼 때에 남자들은 놀 때가 없쓰서 그저 해매다 놀 때가 없쓰서 집부로 도라오고 마는데 그 반돼로 여자들은 어뒤을 가도 장구소리가 메라리을 차가면서 잘들 놀고 있쓰며 그러치 않으며 십번짜리 돈 따먹키 할려고 저녁마다 놀려고만 신경을 쓰는 형편이다. 이것을 볼 때에 남자들의 노는 행세을 여자들이 하고 있쓰며 그 반돼로 남자들은 어뒨가 모려게 여자일손을 한 가지씩 더 해간다고 해도 무리는 아닌 것 같다.

〈1983년 2월 20일 일요일 낡씨 맑음〉

제2방송이 나온다고 해서 안테나을 사와서 달라도 빤짝이는 화면이 되어서 잘 보지을 몾하다 안돼나을 자리을 온기서 거름짜리에 세어 보니 하면이 아주 밝으며 빤짝이는 것이 없쓰서 제2방송을 잘 볼 수가 있쓰서 우연이 한 것이 아주 잘해꾸나 하는 느킴을 가질 수가 있쓰다.

〈1983년 2월 21일 월요일 낡씨 맑음〉

옛날 같더며 정월 보름까지 일하는 사람이 업쓸 땐되 이제는 옛날가 달라서 보름밥도 먹지 않코 일하는 사람이 있쓰며 나 자신도 하도 심심해서 산에 발미한 것을 정리하로 같더라. 나무을 정리하니까 집배서 심심해해매는 것보다는 아주 낮더라.

올해 더려 우소값 돼지값 닭값 염소값 할 꺼 없시 고기값은 하늘 높은 줄 모르고 올라같쓰니 가축을 만이 먹인 사람들은 한목을 삽아따고 해도 가연이 아니다. 앞푸로 88年 올린피 안에까지는 변득이 엄따고 히지만 정부에서 무한정으로 육성을 하는 것을 볼 때에 자신은 88年 안에 큰 따걱이 오지 않나 내다보고 있다.

〈1983년 2월 22일 화요일 낡씨 맑음〉

모질게 춥든 날씨가 생전 물려갈 꺼 같지 않든이 추버는 안전이 물러가고 안전 봄날을 마지하는 것 같꾸나. 빛이 따뜻하니 사람의 옻이 한 가지식 벗깨쓰며 사람이 먼저 살 꺼 같꾸나.

〈1983년 2월 23일 수요일 낡씨 흐림〉

여자들은 놀라고 신경만 쓰는 것 같꾸나. 왜냐하며 놀자고 약속까지 하는 것을 볼 때에 세상은 마뉘 변홰따고 해도 무리는 아니다. 앞푸로 이 상태로 간다면 치마자락이 인간생활을 지배할 줄 모런다.

〈1983년 2월 24일 목요일 낡씨 맑음〉

금일은 김천 자유예식장에서 중앙연수교육으로 축산, 앙돈, 원예교육을 한다고 해서 회비 1,000원 수고 교육을 바다볼라고 교육장을 더려쓰게 되어다. 쳊 시간에 축산강위를 먼저 하며 축산교육만 밭고 바픈 몸이라서 집배 올라고 생각을 했는데 그만 딸기교육을 먼저 하더라. 축산 강위를 바들(려)고 참석을 했키 때문에 축산교육을 안 받고는 올 수도 업는 문제라서 지루한 강위를 밭고 있쓰다. 축산 강위는 제일 나중에 나올 줄 알고 지루한 강위을 다 뜻고 나서 축산교육은 준비물이 업키 때문에 양돈교육을 하게따고 해서 속으로는 화가 나더라. 왜초 축산교육이 입따고 하며 회비도 낼 필요도 업고 경비노 내지 않아쓸 껀되 오늘 당한 섯을 생각을 하니 가슴만 아푸구나.

〈1983년 2월 25일 금요일 낡씨 맑음〉

지신이 나무 욕심을 만이 부리고 있는 것 같다. 왜냐하면 산에 한 것이 싱당이 반타고 보는데 그래도 나무을 더 할려고 집사람과 둘리서 발미 나무을 더하고 있쓰니 나 자신도 나무을 하는 것은 욕심이 만아서 자꾸 하는데 나중에 집배 가지고 올 일이 극정이 대고 있다.
그리고 우리 소가 임신 8개월 돼는 날이며 금년에는 소 두 마리 다 송아지을 좋은 것으로 나와주어쓰며 하는 생각 간절할 뿐이며 이번에 송아지만 잘 나주며 봉답 땅이라도 살 수 있는 한 해가 댄다고 본다.

〈1983년 2월 26일 토요일 낡씨 맑음〉
우리 운이가 봄 방학이라 (교육) 공부을 갈칠라고 하여도 마음돼로 안 돼는구나. 왜냐 하며 시간만 있쓰며 일하여야지 저녁이 돼면 좀 갈칠라고 하여도 거것이 정말 마음돼로 안 돼며 운이 공부문제는 매일 한시도 극정이 안 돼는 날이 업쓰면서도 공부 갈치는 날은 잘 업따. 그리고 집사람도 자신에 일 도찌 않코 우리 운이 공부 갈칠라고 하는 날도 가물음에 콩 나더시니 정말 부모 노렸이 힘이 더는구나.
남들 아이들보다 훌릉하게 키어볼라면 남보다 아이들에깨 착실하여야 하며 개핵성 있는 지도를 하여야 돼는돼 이것이 안 돼고 있쓰니 좀 답답하구나.
인간이 살라온 뒤을 볼 때에 백지장에 그저 일직선을 끄는 모양 한 치도 다름이 업시 살고 있따는 것을 느낄 수가 있쓰며 인간이 이것이 실어서 탈선이 댄다는 것을 너킬 수가 있쓰며 인간이 살라가는돼 매일 변화을 가질 수 있따면 정말 행복한 인간이라고 자신은 말하고 십꾸나.

〈1983년 2월 27일 일요일 낡씨 맑음〉
집사람과 둘리서 나무하는 것으로 하로 일가를 보내쓰며 우리 혜진이 아빠 너깨 오며 소죽을 다 끄리노는 것을 보니 아빠 일을 한참 드려주고 있쓰며 이제는 혜진도 다 키어따는 생각이 앞쓰는구나.
금일이 설 보름날이다. 옛날 같더며 보름달 볼려고 제각키 높은 데 올라가서 보름달 먼저 볼라고 아우성인데 이제는 정말 세상 만이 변해다. 보름달 볼려고 생각하는 사람이 업쓰니 인간생활이 오늘이 옛날이라고 생각을 해도 무리는 아니라는 생각이 될 정도다.

〈1983년 2월 28일 월요일 낡씨 맑음〉
논두룽 불태우기을 동민들이 나와서 불태우기 작업을 일적 끝을 내고 과수나무 전지을 하니까 친구들이 와서 자신이 아까와서 전지을 못하는 것은 친구들이 안전희 전지을 하여서 한편으로는 마음이 캐운하고 한편으로는 과일 따먹으면서 전지을 해도 돼는데 하고 아쉬운 점이 뒤따려는구나.

〈1983년 3월 1일 일요일 낡씨 비〉
세월 눈 캄짝할 사위에 1月 2月을 후닥 가버리쓰니 어이 세월이 빠르지 않타고 누가 말을 하게나. 나 자신도 1月 2月이란 시간이 흙르는 동안 가연 무얶을 했는가 생각을 해도 또렷하게 했따고 말을 할 수가 업따고 본다.
봄비가 넘어 만이 내리는구나. 중앙에서는 올해도 작년 모양 가뭄이 심하다고 예고을 하지만 나 자신이 볼 때는 올해는 농사짓기가 좀 수라지 안나 하고 내다보고 있다.

〈1983년 3월 2일 수요일 낡씨 비〉
비 때문에 아무 일도 몾하고 무이미한 하고 일과가을 보내고 마랐다. 순석 극정해 주다

서운한 소리을 드고 나서는 동생들한태는 강 건네 불 보더시 보고만 있쓸라고 작정을 했는데 오늘 순철이가 회사에 비 온다고 오더바이을 안타고 가서 비온 뒤로 낡씨가 추버서 어쩌나 하고 극정이 돼어서 오더바이로 마중을 갈려고 하니 형이 꾸중을 주더라. 그레서 그냥 나두고 집을 나와보니 낡씨가 추버서 마음돼로 할동을 할 수가 업더라. 그레서 만약에 이 추원돼 십리 길을 거러서 오며 어떠게 하나 하고 극정이 돼어서 다시 오드바이을 다시 내와서 마중을 가니 뻐스가 오지을 않아서 조금 기다리니 뻐스가 오더라. 순철이를 실고 집우로 오고 마라다. 만약에 마중을 가지 않코 그러서 온다면 고충이 말할 수 없따고 보며 이번 마중은 잘 같따고 본다.

〈1983년 3월 3일 목요일 낡씨 흐림〉

과수 전지을 오늘로서 안전히 했{으}며 나무들이 꽃눈이 우선 보기는 충실지 못한 것 같더며 메년 과일 수학원 바라보지 못하며 내년 내년 기다리는 자미밖에 업따고 본다. 우리 운이가 내일이며 입학식이다. 내일이며 1학년생인데 아직 아라비아 수자을 열까지도 알지 못하고 있쓰니 1학년 과정을 따라하지 못하며 어떠게 하나 하고 극정이 말할 수 업쓰며 집사람이 운이 때문에 큰 골치을 알코 있다.

〈1983년 3월 5일 토요일 낡씨 맑음〉

우리 운이가 요즘은 1학년이라고 가방 메고집어[매고 싶어] 좋아서 못 전지게 날뛰고 있는데 저것이 가연 따라할 꺼이며 저 누이들은 100까지 다 쓰고 해도 학교에 안 갈라고 들든데 운이는 학교 가방 메고 갈려고 더는 것이 좀 이상감이 더는구나.

3月 4日 (정부미) 20Kg짜리 3표돼

計 60Kg

3. 5. 규산질 비료 (16표) 요소 2표

3月 5日 보리비료 4표

복합 2표[86] 計 22,680원

〈1983년 3월 6일 일요일 낡씨 맑음〉

금일도 나무하는 것으로 하로 일과을 보내고 마랐쓰며 나무는 욕심을 부리서 만이 하고 있찌만 집배 가지고 올 일이 극정이 돼는구나.

정부에서 학생복 자률화 하든이 벌서 학생표가 안 나시 명찰이니 표 나두록 하여야 된디고 밀들을 하고 있는 거을 볼 때에 임시만 생각을 하지 말고 내위[내일]를 보고 충분하게 생각을 해서 일을 했쓰며 하는 생각 간절하다.

〈1983년 3월 7일 월요일 낡씨 맑음〉

친구가 놀려와서 아무 일도 못하고 휴식을 하고 말라쓰며 휴식을 하면서도 산에 일하는 사람이 만아서 놀기가 답답한 마음이 들더라.

〈1983년 3월 8일 화요일 낡씨 맑음〉

오늘로서 산에 밭이 허가 난 돼 나무하는 것을 금일로 나무하는 것은 끝을 냇쓰며 앞푸로 나무 정리만 하며 나무 하는 것은 안전이 끝이 난다.

이재는 집사람을 돼리고 가지 않아도 나무

86) 이 내용은 지면 상단에 따로 기록되어 있다.

정리을 할 수 있쓰며 이재는 나무 욕심을 부리지 않캐다.

〈1983년 3월 9일 수요일 낡씨 흐림〉
금일은 밭보리 논보리 다들 비료거름 주어쓰며 올해는 보리들이 내가 농사짓고는 처음 잘 대어는 것 같더며 앞푸로 날씨만 잘한다며 대풍년이 댈 껏 같꾸나.
학생 교복 자률화 하고는 술집에는 한때을 본 셈이 돼는구나.

〈1983년 3월 10일 목요일 낡씨 맑음〉
금일이 송문이 이모 회갑이라서 자신이 갈라 하다 그만 집사람을 보내고 마랐다. 송문이 이모는 업시 살라도 어머님보다 아주 복이 만은 분이시다. 왜냐하며 회갑 동안도 살지 못하고 도라가시쓰니 복이 업쓰도 아주 업는 사람이라고 볼 수 있다.
산에 나무는 그만하고 과수에 두엄 하는 것으로 금일 일과을 보내고 마랐다.
그리고 나무에 거름을 주면서도 생각을 하면 하기가 실은 감이 든다. 예냐하면 나무가 해년 무건 가지가 죽어나 일래 자미을 볼 수가 업꾸나.

〈1983년 3월 11일 금요일 낡씨 맑음〉
3月 11日 현제 9표에 37,880원 3월 11日 현제 총 표 수. 21포
3月 13日 (과수 비료거름 줌)[87]
발미한 산에 동내 부역하는 것으로 일과을 보내쓰며 정부에서도 차근차근 하며 모목이 실패 없이 살두록 심을 수가 있따고 보는데 산 전채을 이려깨 발미을 해서 어떠게 할려고 더는 줄을 몰게쓰며 작년 심은 나무을 살리두록 하는 것이 실지 조림에 득이 댈 땐데 작년 10배는 될 껏 같든데 가연 모목을 멫 푸로 살두록 심을 것인가 염려가 제일 돼는구나.
순철이 결혼문제 조용한 것을 보니 올해을 안전이 는기는구나. 순철이가 빨리 결혼을 해서 살라야지 사회생할도 빠르지 그러치 않코 돈을 더 버려서 간다고 하며 고생만 더 한다는 생각이 더는구나.

〈1983년 3월 12일 토요일 낡씨 맑음〉
과수에 두엄을 오늘로서 안전이 파고 너어쓰며 노력 대까만 나오면 을마나 좋으리만 노력 대까가 업쓰니 자미가 아주 들한 것은 사실이다.
우리 운이가 공부만 할려고 들며 별로 남 뒤는 가지 않캐는데 공부을 안 할라고만더니 문제가 뒤따려는구나.

〈1983년 3월 13일 일요일 낡씨 비〉
금일은 갈방비가 오는데 과수에 비료거름을 주어쓰며 갈방비을 마저면서 일을 해도 실치도 않코 기분이 상캐한 마음으로 비료 거름을 주어다. 작업을 끝을 내고서 생각을 하니 금일은 남들이 놀 때에 한 가지 일을 들어쓰니 기분이 상캐한 감이 더는구나.

〈1983년 3월 14일 월요일 낡씨 눈〉
때 아닌 눈이 내리고 있꾸나. 안전 봄인가 했든이 봄 생각마저 못하게 사늘한 찬 기운만 더니 다시 겨울이 온 기분이 더는구나.
우리 운이가 아직도 공부을 재돼로 할 수

---

87) 이 내용은 3월 11일부터 13일까지의 내용이 적힌 일기장 지면 상단에 따로 기록되어 있다.

있쓸까 이 아버지로서도 유심이 바도 알송달송하니 판결을 내리지 못하게다.
만약 우리 운이가 공부을 따라하지 못 할 껏 갈더며 공부는 뒤로 쳐고 건강하게 자라두록 마음돼로 뒤어놀두록 할 작정이다.

〈1983년 3월 15일 화요일 낡씨 맑음〉
올해는 마늘 농사가 좀 신찬은 너킴이 더는구나. 왜냐하며 마늘 덥픈 것을 벗키 보니 마늘이 고루잔으며 습한 키가 마느며 작년 마늘보다는 아주 나뻔 것 같더라.

〈1983년 3월 16일 수요일 낡씨 맑음〉
큰집배 기계모 복토 흑을 비 온다고 추진 것을 얼기미[어레미]로 천다고 하로 종일 셋시가 땀을 흙리다.
그리고 우리 운이 공부문제로 집사람과 두리가 신경을 부적 쓰고 있쓰며 혜진 모양 학교 안 갈라고 할까바 전 신경이 운이한태 밖에 업쓰며 우리 운이 좀 바달라고 집사람이 선생님에깨 조금한 선물까지 하면서 신경이 쓰이고 있다.

〈1983년 3월 17일 목요일 낡씨 눈〉
일기가 예 이례 변득이 만은지 알 수가 업꾸나. 일기가 변득이 있쓰니까 사람의 일손이 상당이 지연이 돼는구나. 앞푸론 일기가 순조려야 작물들이 잘 자라야 할 껬이며 첫째 사람이 상해서 더 힘이 더는구나.

〈1983년 3월 19일 토요일 낡씨 맑음〉
영농자금 3月 19日 壹拾萬 원[88]
이거 자신이 작년 모양 잠이 오지 않는 것을 보니 자신의 건강에 극정이 돼어서 집사람을 시키서 약을 사오라 했쓰며 자신이 건강해야 우리 식구들이 행복하게 살 수 있따고 보며 집사람이 따뜻하게 살 수 있는데 자신의 건강이 자꾸만 이상이 생길라고 더는 것 같다서 마음이 불안하기 짝이 업꾸나.

〈1983년 3월 20일 일요일 낡씨 비〉
올해는 봄비가 자주며 보리 섭패에 염려가 돼며 올해도 작년 모양 가뭄이 심하다고 중앙에서도 예보을 하고 있찌만 금년 농사는 좀 수라지 않나 하고 생각을 하고 있다.
※ 업는 나라에서 88년 올림피을 돼비해서 너무나 경비을 만이 내지 않나 하고 내다보고 있따.

〈1983년 3월 21일 월요일 낡씨 비〉
집사람 구경가는데 출발하는 시간부터 비가 내리서 광광뻐스라스 연기도 못하고 집배서 떠나스며 비가 계속 올 줄 알라떤이 아침에까지만 비가 오고 그 후로는 낡씨가 계이서 천만다행이라고 생각을 한다. 만약 비가 내일까지 계속 온다고 하며 구경도 못하고 그저 낭비만 하고 말 껏이 아닌가 생각을 할 때에 낡씨가 요러깨 더려준다는 것이 몇을 안아람[한 아름] 주는 것보다 마음은 좋을 껏이다.

〈1983년 3월 22일 화요일 낡씨 맑음〉
십사람 구경하는 데는 낡씨는 그만하며 좋아는데 집사람 차멀미에 시달리서 구경을 못하는 것이 아닌가 하고 오늘은 극정이 더 돼는구나.

---

88) 이 내용은 지면 상단에 따로 기록되어 있다.

우리 운이가 숙제하는 것을 보니 어짜며 공부을 할 껏 같키도 하고 한편 생각을 하며 남 뒤에 갈 껏 같고 아직까지도 알송달송하니 이 알송달송한 것이 빨리 해결이 돼어쓰며 하는 생각밖에 업꾸나.

〈1983년 3월 23일 수요일 낡씨 비〉

요줌은 비가 너무 자주 올라고 들며 이번 비에 보리 습패을 줄 것으로 내다보며 앞푸로 날씨 고루지 못하며 보리 수학은 상당히 떨려절 것으로 내다본다.
어제만 에도 밥 할라 아이들 학교 보낼라 소죽 끄릴라 마음이 바푼 일가가 대어는데 오늘은 집사람이 하니까 자신에 일만 하니까 놀고 먹키구나.

〈1983년 3월 24일 목요일 낡씨 흐림〉

산에 발미한 곳에 모목을 처음 심는데 작년보다 세밀하게 심어라고 말들을 하고 있는 것을 보니 모목을 살리는 데 작년보다는 아주 푸로 수가 나을 껏으로 내다보며 면적은 만은데 정학{하}게 심어라고 말들 하여서 모목 심는 부역이 오레 갈 껏으로 내다보고 있쓰며 금년 조림사업에 동민들 골치을 만이 알을 껏으로 내다보고 있다.
금일은 선생님 가정방문 나오신돼 혜영이 담임 운이 담임 두 분이 나오시따고 하는데 혜영이 선생님은 별로 신경이 쓰이지을 않치만 운이 선생님은 집사람이 대집을 못했따고 해서 마음에 걸리며 선물이라도 해더리쓰며 하는 생각밖에 업쓰쓰며 운이 선생님은 마음 걸리는구나.

〈1983년 3월 25일 금요일 낡씨 맑음〉

금일은 과손에 황 쳐는 것으로 하로 일가을 보내고 마랐다.
오늘은 혜진 선생님이 가정방문 오시서 아들 셋 중 혜진 담임에깨 제일 대집을 잘했따고 집사람이 말을 하더라. 그리고 운이 선생님에깨 잘해야 돼는데 반돼가 돼어버리따고 말을 하는구나.

〈1983년 3월 26일 토요일 낡씨 맑음〉

큰집배 사과나무에 집 카는 것으로 하로 일과을 보내고 마랐다. 큰집에는 태비는 전부 사과나무로 가니까 태비거름은 넘치두록 마은[많은] 셈이다.

〈1983년 3월 28일 월요일 낡씨 맑음〉

금일은 고추 갈려고 밭을 갈라서 이랑을 만들어 높는 것으로 하고 일과을 보내고 마랐다.
그리고 우리 송아지 놀 날 예정일 4月 5日 돼는데 벌서부터 가다리지며 요줌은 시간이 밝이 지나같쓰며 하는 생각밖 업꾸나.

〈1983년 3월 29일 화요일 낡씨 맑음〉

감자밭에 태비거름 낼라고 하는데 서울에서 모개나무[모과나무] 정원수 할려고 사로 왔는데 인보[인부]가 업따고 마을사람이 하로 돈 버라고 건유를 하여서 할 수 업시 거름 내는 것을 포기하고 하로 돈 벗는 것으{로} 돌리고 마라쓰며 농촌에 나무들 좋다고 하며 서울의 정원수 다들 집중돼리라고 생각을 하며 촌에서는 모개나무 10년 이상 댄 것을 80,000만 원 주고 사가지고 가는데 서울에서 부자집에 간다면 몇 배을 바둘찌 이 중간상인들 하로 빨리 업세야 하는데 하고 생각을 해보았다.

〈1983년 3월 30일 수요일 낡씨 맑음〉

올해는 자신이 넛서들어서[늦서둘러서] 우리 감자밭밖에 업더라. 우리 밭을 다 갈고 {나}니 여자 혼자 사는 밭이 옛토리[외톨이]로 있킬래 여자 혼자 살면서 돈 벌라내 밭 극정 할라내 을마나 극정이 만캐나 하고 극정이 돼어서 일부로 가서 갈라주고 마랐다. 오늘은 감자씨 고추씨 다들 가는 것으로 하로 일과을 보내고 마랐쓰며 고추 간 돼는 해년 갈라바도 수학도 가지 못하고 땅만 놀리는 셈밖에 안돼는대 또 갈라서 극정이 앞쓰는구나.

〈1983년 4월 1일 금요일 낡씨 맑음〉

4月 1日 송아지 순산함 1시 20분[89)]

4月 1日 사료 3포대 12,000원.[90)]

우리 소가 송아지 놀 예정일이 4月 5日이라서 혹시 일적 놀 줄 모려니까 내 나람돼로 준비는 좀 했쓰며 마구관에도 전등불을 저녁으로 불을 켜나쓰며 생각지도 않아든 송아지을 나나서 한참 마음이 바빠다. 송아지을 보니까 첬배 송아지보다 더 적은 것 같더며 송아지을 보니까 스급펴서[91)] 죽개쓰며 일 년 동안 헛수고 했는 것이 아닌가 하고 불안해서 마음을 바로 가질 수가 업더라.

〈1983년 4월 2일 토요일 낡씨 맑음〉

오늘은 송아지 동태을 살피보니 송아지가 좀 할발해저며 송아지가 저으서 그러치 송아지 행세을 할 수 있따고 생각이 더니까 마음이 어제보다 마음이 상캐하게 일을 하였다.

금일은 형 논에 객토사업 한 것을 형과 둘리서 흑 카는 작업으로 하로 일과을 보내고 마랐다.

〈1983년 4월 3일 일요일 낡씨 비〉

(4月 3日 벼씨 침종)[92)]

발미한 산에 나무 심는 것으로 하로 일과을 보내쓰며 올 더려 비가 너무나 자주 와서 보리농사에 지장이 오두록 하는 것이 올해도 보리농사을 숭년을 만들라고 더는지을 몰개꾸나.

〈1983년 4월 4일 월요일 낡씨 맑음〉

형과 둘리서 객토 흑을 우마차로 카는 작업으로 하로 일가을 보내쓰며 자신이 경운기을 싸쓰며 잘하는데 하는 생각이 들더라.

〈1983년 4월 5일 화요일 낡씨 맑음〉

늑둘 보 하는 데 하로 일을 해쓰며 금년에는 비가 잘아서 작년 모양 냇바닥에 가서 보 한다고 몸부림을 안 쳐야 하는데 하는 생각이 앞쓰는구나.

〈1983년 4월 6일 수요일 낡씨 맑음〉

모재리 준비히는 깃으로 하로 일과을 보내다. 모재리 준비하며 장킨[짐깐] 모낸나고

---

89) 3월 30일부터 4월 2일까지 기록된 일기장 지면의 상단 여백에 기록되어 있는 내용이다.

90) 이 내용은 4월 3일부터 4월 6일까지 기록된 일기장 지면의 상단 여백에 기록되어 있는 내용이나, 내용에 맞추어 1일 자 일기에 배치하였다.

91) '서그푸다'. '영 마음에 들지 않는다'는 의미의 경상도 방언이다.

92) 이 내용은 3월 30일부터 4월 2일까지 기록된 일기장 지면의 상단 여백에 기록되어 있는 내용이나, 내용에 맞추어 3일 자 일기에 배치하였다.

할 판이니 정말 세월이 빠르다.
그리고 우리 송아지을 보니 이제는 잘 자라지 하는 생각이 앞쓰며 암송아지와 숫송아지 차이는 200,000만 원 차이가 있따고 하니 숫송아지라서 마음에 걸리는구나.

〈1983년 4월 7일 목요일 낡씨 맑음〉
바실 보 하는 데 대신 사람과 냇물 막아 넣는 작업을 하여쓰며 앞푸론 양동에 전동장치을 하여서 보닥빛에 번새 파는 작업[93]은 업찌 않나 내다보고 있다.
우리 운이 우선 바서는 공부을 썩 자라지는 못해도 남들 중간은 할 것으로 본다. 그리고 한참 놀기을 좋아하는 나이인데 우리 운이 학교만 갈다오며 공부하라는 것이 집사람과 두리서 노래을 부련다. 한편 생각하며 아치려울[안쓰러울] 때가 한두 번이 아니며 운이 자신도 큰 고충이 아닐 수가 업다.

〈1983년 4월 9일 토요일 낡씨 비〉
올 모재리는 안전 쓰리질[써레질]을 할려고 예정한 것이 비도 오고 혼자 할련이 작업 영율[능률]이 업쓰서 목판에는 쓰리질 못해서 씨나락 침종한 것을 하로 더 너추어야 할 형편이 돼어다.
우리가 생각을 해볼 때에 88년 올리[올림픽]에 예국 손님에 잘 보일라고 너무나 무리을 해가면서 무선 일든지 추진을 하는데 업는 사람이 손님 대집을 하고 나면 그 손님이 인사만 하고 훌적 떠나면 생할예 타격을 줄 뿐 아니라 심지어 지명적인 타격을 바둘 수 있는데 정부 하는 일들이 예국 사람 눈에만 잘 보일라고 더는 것이 자신한태는 불만이 아닐 수 업다.

〈1983년 4월 10일 일요일 낡씨 흐림〉
큰집배 이앙기 파종하는데 집사람과 둘리서 파종하는 데 그들어주는 것으로 하로 일과을 보내고 마랐다.
앞푸론 기계모보다 일적 해야 돼것다는 것을 생각을 하였쓰며 이앙기 파종 때문에 자신에 일을 이양기 파종 때문에 하로 이틀이 너저만 가며 마음이 뒤서 안돼겟따는 {것}을 너켜쓰며 맡쓰는 것을 피하여야 돼겟다.

〈1983년 4월 11일 월요일 낡씨 비〉
모재리 할려고 준비을 한참 하는데 혜진이 갑자기 토화며 배 아푸다고 해서 대신약방에 갈라고 바피 서덜고 있는데 혜영이가 혜진 도시락을 안 가지고 갈라고 쟁쟁 짜서 그만 성질이 나는 판인데 그만 혜영이에깨 성화을 풀게 돼어쓰며 혜영이 볼을 내 힘껏 때리고 마라다. 그 당시는 아무것도 모러고 혜진을 자전차에 실고 대신약방에 가서 약을 사먹이고 돌라오니 혜영이가 탈래탈래 오더라. 그래 혜영이을 불러서 볼을 만치보니 아빠 손자국이 아주 크게 나며 아빠가 잠시을 참지을 못해서 그만 보들보들한 얼굴에 손을 대어서 마음속으로 미안한 마음 말할 수 업쓰며 그만 혜영이 오늘 아빠가 잘못해다 하고 아빠가 잘못을 말하고 말랐다.
우리 운이가 저의반 아이한때 떠밀리서 귀에 상처가 조금 크더라. 그 상쳐가 크서 피가 만이 흙려쓰며 유치원 선생님이 치로을

93) '번새' 또는 '번세'는 하천 바닥을 이르는 말로, '번새 파는 작업'이란 물을 찾아 하천바닥을 헤집는 일을 뜻한다.

했따고 하는데 붕대도 반창고도 업는가 진물이 그대로 나와서 머리카락이 귀에 부터서 응망이더라. 그래서 학교에 응급치료약도 업는 것 같다서 서운한 마음 검할 길 업쓰며 당장이라도 응급치료약을 당장 사다 둘가 하는 용망 치소소며 자신이 김천을 가며 적은 량이라도 좀 사다 주야 돼겟다.

〈1983년 4월 12일 화요일 낡씨 맑음〉

(4月 12日 울콩 씨 파종함)94)

오늘로서 오신기 모재리 준비을 안전이 하여쓰며 모재리 준비하는데 비가 자주 와서 모판 구추는 데 힘이 만이 들으다.

그리고 울콩[올콩] 씨가 자신이 볼 때에 울콩이 너따고 울콩 갈 시간을 내니라 마음이 캐[꽤] 바빠는데 밭태 나가보니 아직도 울콩 씨을 갈지 안는 사람들이 있쓰서 마음 여유가 생기더라.

〈1983년 4월 13일 수요일 낡씨 흐림〉

오신기 모판은 오늘로서 안전이 파종을 했쓰며 비가 와 자주 와서 모판이 잘 구더절까 극정을 만이 했쓴는데 생{각} 위에[외에] 모판에 잘 구더서 모씨가 우선 바서는 잘 서리라고 생각을 하고 있는데 극정이 돼는구나.

그리고 오후에는 시간이 있쓰서 송아지 우유와 인공유 때문에 김천을 가서 우유을 30,000만 원짜리 살라고 셋집이나 더터서 다니바노 우유 20,000만 원짜리바에 업쓰서 인공유 6,160원 우유 20,000만 원과 젖통 1,300원 주고 사와쓰며 그리고 집사람은 신발을 600원짜리 싸오라고 하는데 한 번을 신원도[신어도] 좋은 것이 않 나깨나 해서 좋은 것으로 4,000원 주고 사왔다. 집사람은 신월 너무 좋은 것을 사왔따고 도로 불평을 하더라.

금일 지출에 노트 1,000원 우유 20,000원
인공유 6,210원 택시 700
합승비 460원 신발 4,000원
計 32,320원

〈1983년 4월 14일 목요일 낡씨 비〉

우리 송아지가 생기기는 아주 잘 생기쓰며 어제 우유 사가지고 온 것을 먹키만 하며 아주 잘 자라겟는데 우유통을 빨지을 안으며 우유을 안 먹으니 낭비을 했따고 생각이 들며 집사람이 들어서 파는 우유을 먹이보고 사자고 말을 하는 것을 설마 먹찌 하는 생긱에 사가시고 온 것이 실수라고 생각을 한다.

〈1983년 4월 15일 금요일 낡씨 맑음〉

금일은 온상에 모판을 내서 비누류 씨우는 작업을 하는 것으로 하로 일과을 보내고 마랐다.

봄배추 무지파 씨 푸리는 작업을 하였는데 좀 너전 감이 있쓰서 마음이 캐운치 안꾸나.

〈1983년 4월 16일 토요일 낡씨 맑음〉

큰집배 이앙기 이울린 사람 십배 상자모[이앙기용 육묘상사에 키우는 모] 비누류 시우는데 일 좀 그들어주고 오후에는 눈님 집배 모재리 좀 해달라고 아래캐[아래께, 접때] 전화가 왔는데 자신이 모재리 한다고 바빠서 기보지 꽃하고 오늘은 시간 여유가 있쓰

94) 지면 상단에 따로 기록되어 있는 내용이다.

서 눈님 집배 모재리가 어찌 돼어나 하고 가보앗든이 모재리는 이미 놉을 해서 어재 다 했따고 하더라.

〈1983년 4월 17일 일요일 낡씨 맑음〉

외갑집우로 해서 어머님과 가까운 집안으로 아는데 세터[새터(지명)]에 해갑잔치을 가자고 송문이 이모 이재 이모 왜갑집 이숭무[외숙모] 김천에 이모부님과 오시서 세터에 잔취한다고 가자고 해서 형수와 집사람과 함께 앞패 보내고 형과 둘리서는 오더바이로 1시 30분경에 홰갑집 도착하게 돼어다. 배상을 다 어더먹고 심심해서 마을 뒤상[뒷산]에 나와보니 이재 이모와 송문이 이모와 둘리서 쉬고 있더라. 그레서 갇치 참석을 해서 이야기을 하고 있쓰니까 우리 피줄은 다들 모여서 한자리에 참석을 하였는데 우리 어머님만 업쓰서 좀 섭섭한 감이 들며 어머님이 한 번 더 생각이 더는구나.

〈1983년 4월 18일 월요일 낡씨 맑음〉

이모님과 왜숭모님과 세터에서 주머시고 큰집부로 오쉬더라. 이모님이 오쉬니 어된가 모러게 마음이 더 끌리며 좀 쉬어가쓰며 하는 생각밖에 업쓰며 이모님이 우리 집까지 오시서 나사는 것도 보고 어머님이 살라 계시며 얼마나 좋아 하게나 하고 아쉬어 하더라.
복판 논에 모제리에 씨가 안 쓰서 극정해본지 한 번도 업쓴는데 올해는 모제리을 너무나 벌로 해서 피해을 만이 볼 껏으로 내다보고 있다.

〈1983년 4월 19일 화요일 낡씨 흐림〉

올해는 우선 바서는 보리풍년이라고 해도 무리는 아니다. 올 보리가 비가 자주 와서 보리들 다들 풍년이다.
이번 대구 초원집 뒤스크크렵에서 미성년자을 출입을 시키서 15세 여학생이 만이 죽원 것이 이번 교복 자률화을 해서 여학생이 출입을 한 것이 자신원 사실이라고 생각을 하고 십다. 옛날 모양 머리도 짤고 교복을 그대로 입코 다니두록 두어쓰며 여학생이 출입을 할 수도 업쓸 뿐 아니라 학부영도 학생복을 입찌 안코 옛출하게 돼며 부모들도 잘 간찰할 수 있는데 거려치 몿하게 했나쓰니 이번에 여학생을 만이 죽인 것을 초원집배만 책임이 있따고 하지 말고 이번 참사는 정부 책임이 더 있따고 자신은 생각을 한다.

〈1983년 4월 20일 수요일 낡씨 맑음〉

(봉답 벼씨 침종함) 4月 20日[95)]
봉답 벼씨 침종을 메년 30호을 했는데 자신은 30호가 좋은지을 몰겟는데 남들은 봉답을 30호가 수학이 제일 좋다고 하면서 30호을 벼씨 할려고 하는데 자신은 금년에는 백양 씨을 침종을 했노았는데 금년 농사가 잘 댈란지 궁금하구나.
벼씨갋 75,000원

〈1983년 4월 21일 목요일 낡씨 비〉

금일은 논 가는 데 거둘어준 것으로 하로 일과을 보내쓰며 금년에는 비가 너무나 자주 오며 비가 한 번 오면 만이 와서 뒤에 날은 좋아야 하는데 이거 살도로 비가 오니

95) 이 내용은 지면 상단에 따로 기록되어 있다.

논 가는 데 왜로가 말할 수 업꾸나.

〈1983년 4월 22일 금요일 낢씨 맑음〉

금일은 우리 아들 소풍가는 날이라서 아침이 바뿐 일과가 돼어다. 우리 소풍갈 때에는 별로 좋아했찌도 안 아는 것 같든데 요즘 아들은 정말 좋은가바. 아이들이 밤잠을 제돼로 자지을 안더라.

처 어머님 생신만 아니며 우리 운이 소풍가는 데 딸라갈 끈데 어머님 생신에 참석을 할려고 가지 못하고 마랐다. 그리고 올해는 나을 대리고 갈려고 생각을 하는 것을 참석을 안캐따고 그절을 하고 마랐다.

그리고 처 어머님이 11,000원을 쳐을 주더라고 하면서 쳐가 돈을 가지고 았더라. 어머님이 그러깨까지 한다면 힘이 더려서 안내는데 하고 말을 했쓰며 그 돈을 쓰지 말고 어머님 대한돼 쓰자고 이야기을 하고 마랐다.

〈1983년 4월 23일 토요일 낢씨 맑음〉

우리 운이 자고 일어나면서 토[또] 소풍같쓰며 하는 말을 하는 것을 볼 때에 정말 소풍이 좋아든가 하고 생각이 더는구나. 그리고 자근집배 봉답 모제리을 형과 둘리서 하는 것으로 하로 일과가 돼고 마랐다.

〈1983년 4월 24일 일요일 낢씨 맑음〉

세 집배 봉납 누룸[두렁] 하는데 삼촌과 두리서 하는데 힘이 만이 들어쓰며 봉답 두룸을 벌서 해바야 둘불[두 번] 일이라고 생각을 한다. 왜냐하며 봉답에 모내기을 할려며 약 50일이나 기관이 있쓰서 가연 봉답 물이 그때까시 전지 있나 하고 생각밖에 업꾸나.

처재와 동서가 쳐 어머님 생신이라 왔다 금일 내 집배 들리쓰며 장모님 생신이라고 두리서 다니는 것을 보니 보기 좋더라. 장신[자신]은 쳐가집배 특별한 볼일 업쓰며 가지 않키 때문에 이번에는 집안사람이 권 서방은 쳐가집배을 그러깨 안 온다고 말들을 한다고 하더라.

〈1983년 4월 25일 월요일 낢씨 맑음〉

세 집배 밭따래이 논 가는데 경운이가 가연 십키는 십더라. 4마지기 소로 간다면 하로 점두록 갈라야 다 갈더니 경원기로 오전만 가니 다 갈 수가 있더라. 경운기는 용도가 무엇시든 다양하게 일을 할 수가 있쓰서 농기계 중 제일 허런[헐한] 물건이라고 생각을 한다.

〈1983년 4월 26일 화요일 낢씨 흐림〉

4月 26日

사료값, 2표에 8,400원.

오늘은 봉답 모재리 하는데 형은 팔이 아푸다고 해서 형은 좀 쉬구로 하고 자신 혼자두 집 봉답 모재리 하는데 힘이 만이 들어쓰며 금일에는 복판 논에 모재리을 벌로 해서 모씨가 싹아서 모재리 만침은 정성을 더리야 돼게따는 생각에 이번 봉답은 자신이 처음 정성을 다 더리서 모재리을 했는데 밤에 비만 오지 않는다며 이번 모판은 틀림이 업쓸 껬으로 내다본다.

〈1083년 4월 27일 수요일 낢씨 비〉

올해는 모재리에 물 한 번 안 펴고 모내기을 힐 껬으로 내다보고 있다. 왜냐하며 비가 자주 았서 모재리 길리는 수라다고 보는데 부리에는 비가 자주 와서 피해가 있쓸 껬이며 이번 비는 보리 씨려저두록 왔쓰며 앞푸론 비가 와도 곱게 와야 보리 피해가 업는데 만약 비바람이 분다면 이때것 보리 한태 잘한 것이 허사가 대기 때문에 이후론 날씨가 좋아야 보리풍년이 돼는데 극정이 돼는구나.

〈1983년 4월 28일 목요일 낡씨 비〉

4月 28日 (봉답 모판 비누류 씨움)96)

봉답 모재리 하는데 소낙비을 한박 마저가면서 봉답 모재리을 끝을 냇쓰며 모판에 물이 고여서 벼씨가 싹으까바 극정이 돼는 구나.

〈1983년 4월 29일 금요일 낡씨 맑음〉

4月 29日 복합 13포 세집배 3표 計 16표 요소 6포 합계 22표97)

금년에는 조합에서 왜상으로 비료을 주니 업는 사람은 공{으로} 주는 너킴이 들더라. 그리고 농민들을 조금이라도 생각을 해준다면 올해 모양 외상비료을 주어야 농민들을 좀 바주는 것이라고 생각을 한다.

〈1983년 4월 30일 토요일 낡씨 흐림〉

오늘은 복판 논에 논갈리 하는 것으로 하로 일과을 보낸 샘이 돼는구나. 올해는 복판 논에는 금년에는 객토사업을 할려고 작정한 것이 논이 추지서 몿 들어온다면서 말른 것부터 너어간다면서 미루고 있더니 낡씨가 풀리고 봄비가 내리고 하니까 그만 객토사업을 몿하고 마라쓰며 객토사업도 3년 만에 돌라오는 것을 노치고 마라쓰며 금일 논을 갈라보니 땅심이 업쓰서 갈머서도[갈면서도] 객토사업 몿한 것이 후에가 돼는구나.

〈1983년 5월 1일 일요일 낡씨 흐림〉

오전에는 큰골 몿 부역하는 것으로 오전 일과가 돼어쓰며 오후에는 기계 모에 물거름 주어쓰며 형과 둘리서 보 뚝 하는 것으로 하로 일과을 보내고 마랐다.

〈1983년 5월 2일 월요일 낡씨 맑음〉

금일은 자신의 생일이다. 자신의 생일이 41번째의 생일을 마지하여쓰며 생일이라고 특별이 음식에 정성이 하나하나 들어있쓰며 음식은 아주 푸짐하게 하지는 안아찌만 적은 음식이지만 정성이 들어있는 것을 볼 때에 생일 기분이 나며 좋은 하로가 돼어다.

그리고 집사람은 자신이 보기에 체중이 주는 것 같다서 고기라도 생기며 먹지 않코 남편 줄라고 예을 쓰는 것을 보며 정말 이상할 정도다. 자신은 우리 집이 더 행복하게 살라면 집사람이 건강해해야 따뜻하게 살 수가 있따면서 영양가치의 음식은 건유를 해도 개안타면서 남편을 주는 것을 보며 가연 자신이 집사람 쳐라고 생각한다면 하로도 아니고 평생 할 수 업따고 보는데 정말 따뜻한 사람이다.

〈1983년 5월 3일 화요일 낡씨 맑음〉

오늘은 형 논에 모내기 할 준비 하는 것로 일과을 보내고 있다. 우리 운이 공부 몿해서 문제다. 운이 공부 문제로 집사람과 둘리는 가진 예을 다쓰고 있는데 첯째 공부을 안알고[안하려고] 하니 매일 매도 몿 대고 하니 문재가 대며 앞푸로 이돼로 간다면 선생님도 우리 운이을 재치놀 껏이 아닌가 하

96) 이 내용은 지면 상단에 따로 기록되어 있다.
97) 이 내용은 지면 상단에 따로 기록되어 있다.

고 생각을 할 때는 여사 문재가 아니라고 생각을 한다.
우선에는 선생님예깨 우리 운이 잘 바달고 자주 선생님도 배웁고 하니 몰라도 매도 돼지 않코 운이을 잘 바주는 편이라서 학교을 밥만 먹으며 학교 갈려고 하는 것을 볼 때에 우리 혜진보다는 신경이 들 쓰저는 너킴이다.

〈1983년 5월 4일 수요일 낡씨 맑음〉
동내 부역으로 농로 보수 작업하는데 경운기로 하는데 우리 마을에도 경운기가 약 55돼가 돼니 이 만은 경운기로 도로 보수 작업을 하니 일도 만이 하며 보수 작업을 해 노니 경운기 다니기가 아주 좋으며 진작 길 부역을 하여야 돼는데 조금 너전 감이 있다.

〈1983년 5월 5일 목요일 낡씨 맑음〉
형과 둘리서 들까지 엿 마지기에 보 뚝 하는 것으로 하로 일과을 보냇다.
해년 5月 5日은 아이들을 대리고 공원으로 놀로 갈쓴는데 올해는 집사람이 아이들을 돼리고 가서 휴식을 취하게 돼어쓰며 집사람과 형수와 같치 추풍녕 휴계소와 직지사에 다니오는 것으로 하로 일가을 보내게 돼어다.
그리고 자신이 아이들을 돼리고 갈 때보다 저의 어머님이 대리고 가니 아이들이 아주 좋이하며 핑소 때는 아버지을 딸든 아이들이 저의 어머님이 야외을 간다 하니 갱장이 좋아하며 아이들은 저의 엄마 업씨는 못 살개따는 생각이 더는구나.

〈1983년 5월 6일 금요일 낡씨 비〉
금일은 비가 내리서 아무 일도 뫃하고 마라쓰며 이번 비가 보리에 피해을 줄 뿐 아니라 먼저 비에는 피해가 업는데 이번 비야말로 보리집[보릿짚] 농사만 짓는 것이 아닌가 하고 극정하는 하로 일가가 돼고 마랐다.
기상돼는 금년에도 작년가 같치 가뭄이 심하도 말들을 하지만 이 비가 필요 업시 비가 내리고 있는 것을 볼 때에 올해는 농사 짓키가 좀 수라지 않나 하고 자신은 내다보고 있다.

〈1983년 5월 7일 토요일 낡씨 맑음〉
올해 낡씨는 비 안 오며 바람 일고 기온이 아주 불순이구나. 그리고 금일은 농로 부역하는 것으로 하로 일과가 돼고 마랐다.
"이번에 푸로축구딤을 창설할라고 야단을 쳐는 것을 볼 때에 자신은 이려개 생각을 한다. 업는 나라에서 너무나 스포주을 열광을 시키며 이런 것들은 실찌적으로 본다면 손에라고 생각을 하며 국민들의 주머니을 얄퍆하게 만더는 것이나 다름이 업따고 본다. 그리고 푸로야구도 수십 캐임을 해서 시민들을 돈 밴는 것이나 다름이 업따고 본다."

〈1983년 5월 8일 일요일 낡씨 맑음〉
우리 혜진이 어버이날이라고 꽃 다라주는데 꽃을 달기 있키가 멎해서 꽃을 뛰어 노니까 우리 혜진이 아주 실이하며 울상을 하더라. 이젓을 볼 때에 마음이 안돼디라. 왜냐히며 우리 혜신은 어버이날이라고 생각해서 달라주는데 한참이라도 달고 있쓸 건돼 그러치 뫃한 아빠가 잘못이다.
그리고 순석리 조립식으로 담장하는데 안갈라고 하다 가서 그들어 주어나. 왜냐하며 순석이가 안만 무심코 하는 말이라도 형예깨 그러깨 할 수가 있쓸까 하고 생각을 하며 동생이든 무선 일이든 강 건너 볼더시 할려고 작정을 했는데 자신이 날이 지나가니까 그만 마음은 살라지고 직장을 가진 놈이 일요일이라고 일을 한다고 하는데 좀 그 들어주자 하는 생각이 앞쓰는구나.

〈1983년 5월 9일 월요일 낡씨 맑음〉

금년에는 보온모재리 비누류 비키는데 일기가 고로잔에서 좀 너전 감이 있꾸나.
오늘은 비누류 비키는 일로 하로 일가가 돼고 마랐다.

〈1983년 5월 10일 화요일 낡씨 맑음〉

금일은 처 위숭무[외숙모] 회갑잔취에 같쓰든이 쳐과집에서는 참석을 아직 아내쓰며 처 어머님 보게꾸나 하고 생각을 했쓴는데 업쓰니 좀 서운하며 혹시나 곳 오지나 안을까 하고 초곡 굴다리서 기다리 보았도 오지 않아서 집부로 도라오고 마랐다.
부주값 5,000원

〈1983년 5월 11일 수요일 낡씨 맑음〉

(모재리 한 판에 요소비료 반 돼 함)98)
모재리 쳧 거름을 하는 것으로 하로 일과가 돼고 마랐다.
중공이 황공기 나치범[납치범]99)을 국제법에 따라야 됀다고 말을 하는데 자신은 잘뫃이라고 생각을 한다. 왜냐하며 중공 선격[승객]들을 정국 산업지는 다 돌라다니면서 환영식을 다하고는 나취범을 국제법에 따라야 한다고 말을 하는데 우리나라와 왜교도 업는 나라인돼 좀 가감하게 나침범을 무재[무죄]로 하게다 하는 말을 해도 무리는 아니라고 생각을 한다. 그러취 안코 국제법으로 나취범을 다룰 생각이 있쓰며 선격들도 환영식을 좀 생각을 했쓰야 돼는 것이 아닌가 하고 생각이 더는구나.

〈1983년 5월 12일 목요일 낡씨 맑음〉

들까지 모내기 작업할려고 들까지 논 12마지기을 점두록 쳐는데 12마지기을 다 쳐도 일적더라. 해돼로 쳔다면 15마지기을 쳔다고 해도 가위[가히] 너찌는[늦지는] 안을 껏 같더며 경운기 정말 좋은 물건이라고 생각이 들더라.
그리고 집사람이 과일 적화하는 데 돈 벌로 가니까 정말 자신이 눈코 뗄 세가 업쓰며 자신이 힘이 들어 죽을 지경이다.

5月 15日 … 사료값 2포 8,400원100)

〈1983년 5월 16일 월요일 낡씨 비〉

아침에 일어나니 가랑비가 내리더라. 가랑비가 내리서 좀 만이 내리서 이때것 집사람 과일적과 하로 단이서 돈 번다고 몸이 고단할 탠돼 비가 만이 내리서 집사람 하로 동안 푹 시구로 와주어쓰며 하는 생각 간절한돼 비가 가랑비라서 적과 하로는 가지 않아찌만 고추밭 김 매쓰며 오후에는 과일 적과

---

98) 이 내용은 11일부터 12일 자 일기가 적혀 있는 지면 상단 여백에 기록되어 있는 내용으로, 못자리 첫 거름을 한 날짜에 맞추어 11일 자 일기 첫머리에 입력하였다.

99) 1983년 5월 5일 중국인 6명에 의해 납치된 중국 민항기가 우리나라에 착륙한 사건을 말하는 것으로 보인다.

100) 5월 15일의 일기는 따로 없이 본 내용만 12일 자 일기 아래 적혀 있다.

하로 가서 하로 일과을 보냈는데 집사람 하로 쉬지 못한 것이 좀 이쉬어저는구나.

〈1983년 5월 18일 수요일 낢씨 맑음〉

모내기 할 때는 다 돼어는돼 모판에 모는 자라지도 않코 노라깨 물더린 모양 그돼로 있쓰며 모판에 비료거름 줄 때에 한 판에 반돼 꼴로 주어떠니 비료거름이 적으서 색도 변화지을 않더라. 그래서 금일은 한 판에 다시 반 돼 꼴로 전부 주어서 모가 28日날 심월 예정인돼 그때 가서 모가 웃자라서 모가 연화지 않을까 하고 염려가 돼면서 금일 비료거름을 주엇다. 그리고 앞푸론 오신기 모판은 비누류 벗키면서 한 판에 고붕[고봉] 한 돼을 해야 대게까고 생각을 하며 일부 한돼식을 하는 사람도 있따고들 한다.

"요줌은 모내기할 준비한다고 무처 바푸며 건강에 무리가 가두록 일들을 하고 있다."

"우리 운이가 공부 머리가 영 도라가지을 안는 것이 임심[임신] 중에 약 먹은 것이 이제야 표가 나며 집사람이 우리 운이 공부 못한다면서 아들 하나 더 보자고 하는 것을 이때것 자신이 반돼해 았는데 이제 와서는 운이가 못하는 것을 볼 때에 집사람 말을 들어쓰며 하는 생각이 머리에 떠오려며 후예가 대고 있꾸나."

〈1983년 5월 20일 금요일 낢씨 흐림〉

큰집에 들까지 논 9마지기 모내기 하는 것으로 하로 일과가 돼고 마랐다.

〈1983년 5월 21일 토요일 낢씨 비, 맑음〉

금일은 큰집에 보들 농사는 새모다래이[들 이름] 맑고[말고는] 안전이 모내기 할 수 있두록 장만했쓰며 세모다래이도 시간만 좀 있쓰따며 봉답 말고 안전이 끝을 냇쓰며 마음도 캐운할 땐돼 시간이 업쓰서 세모재비[들 이름]을 낭가나서 내일 할라니 서급번 마음이 더는구나.

〈1983년 5월 22일 일요일 낢씨 맑음〉

오늘은 시간 여유가 있쓰서 큰집배 경운{기} 크라지방[경운기 부속품의 하나]과 (키) 소 회충약 사왔쓰며 오후에는 자신이 세모재비 논 장만하로 갈라고 경운기{로} 비료와 쓸 연장을 경운기 실어 노어라고 해쓰며 김천 볼일을 보고 집배 와보니 경운기 준비을 했노았더라. 그래서 점심을 먹고 준비물 가지고 들로 가서 소로 동셔리[동써레질][101]을 다노코 300평에 비료거름이 먼저 보다 만더라. 그래서 자신이 생각을 하길래 비료거름이 만원돼 하고 생각을 해보니 자신이 어저[어제] 비료거름을 전부 다 했쓰며 할 때가 업쓰서 좀 만은 거름을 아연[102]을 해서 만이 해도 개안 것인가 하고 별로 생각도 하지 않코 다 헌치고 마랐다. 다 하고 난 뒤야 형이 와서 야단을 다 쳐며 말도 못하게 불평을 하며 식 가버리고 말더라. 형도 비료거름을 얼마만 하라 카든지 어뒤 논에 더 헤야 돼겟나고 발만 했더라도 이런 불상사가 업쓸 건돼 하고 생각이 들며 그 속 아픈 소리을 다 듯고 당장 집버치우고 집배 올라고 하다 꾹 참고 논 장만하는 것을 안전무결하게 다 하고 집배 오는돼 당장

101) 써레질은 논의 흙을 부수는 작업으로, 동써레질은 동쪽으로 짧게 하는 써레질을, 장써레질은 길게 하는 써레질을 말한다.

102) 비료 성분의 하나로, 아연은 식물의 성장과 물과의 치환을 돕는다.

죽어라고 하더라. 그 소리을 듯고는 정말 성질이 나며 이재야 취우야지 하는 생각이 들며 앞푸로 계속 일을 갈치 하며 정말 이 그 멧 십 배 서운한 일이 버러절 끄수로 생각을 한다. 앞푸로 2일만 하면 큰집배는 보들 논을 전부 모내기을 하니까 그때까지만 무선 소리을 하든지 말든지 그들어 주고 따로 할 생각이다.

〈1983년 5월 23일 월요일 낡씨 비〉

금일은 형에깨 정말 서운한 말을 더려서 당장 경운기 융자 바들 서류을 바다쓰며 당장 수령을 해쓰며 하는 생각이 들지만 참아[차마] 내일 모내기 할려고 하는데 경운기 수령 할려고 참아 가지을 못해서 기계모판 심을 자리에 챙기두는 일로 하로 일과가 돼어다.

〈1983년 5월 24일 화요일 낡씨 맑음〉

큰집에는 봉답 말고는 안전 모내기을 끝을 냇쓰며 이제는 큰집에 일도 그전 모양 착실이 할 필요도 업고 내기 살 욕심을 가지야 댓겟따고 생각을 {했다.}

"그리고 내일은 경운기 수령을 할 욕심이다."

〈1983년 5월 25일 수요일 낡씨 맑음〉

"경운기 남바" 314068.[103]

금일은 경운기 수령을 하여쓰며 형님은 그레도 말 한 마듸 업시 경운기 수령을 한 것을 불만으로 생각을 하게찌만 나 자신은 형님에깨 그른 소리을 듯고 어쩔 수 업시 경운기을 수령을 할 수밖에 업쓰따고 생각을 한다.

그리고 너깨야 형수가 올라왔서 진작 올라와서 이야기을 할라고 하는 것이 바푸고 너캐 오기 때문에 이재야 왔따고 하면서 서운한 소리을 들어떠라도 잇주뿔고[잊어버리고] 살자고 하면서 이야기을 하더라. 나 자신도 꽁하고 살고 십지는 않치만 형 보기가 어뒨가 모려게 실어저며 서먹서먹한 감이 더는 것이 사실이다. 그리고 형수에깨 싸온 일을 일일리 이야기을 하니까 어뒨가 모려게 마음의 한 구석이 풀리는 감이 더는구나.

〈1983년 5월 26일 목요일 낡씨 맑음〉

복판 논에 내일 모내기 할 모판에 피살리하는 것으로 하로 일과가 돼고 마랐다. 내일 모밥[못밥] 한다고 야단이며 모내기한다고 몸이 고뒤다고 하면서 모밥 준비한다고 밤 11시가 돼두록 음식 준비한다고 법석을 부리는 것을 볼 때에 모밥을 자주 하게 돼며 집사람 몸살하기예 꼭 알마절 정도다.

〈1983년 5월 27일 금요일 낡씨 흐림〉

복판에 모내기함. 밑비료 복합 3표.[104]

복판 논에 모내기 하는데 모씨가 듬물어서 적을 줄 알라는데 다섯 춤밖에 남쥐 않더라. 자신이 생각을 할 때에 천만당행이라고 생각을 한다. 왜냐하며 손모 하는 사람이 적으서 주어다 심을 심을 때가 업쓰서 골란한 일인데 자래[잘] 심어서 마음이 재일 깨운하구나.

그리고 큰집과 따로 할려고 꼭 마음 먹으는데 그래도 남들을 바서도 몾 그라게쓰며 남

---

103) 이 내용은 지면 상단에 따로 기록되어 있다.

104) 이 내용은 지면 상단에 따로 기록되어 있다..

들이 우리 형제는 좋은 형제라고 말들을 자주 하는데 한 번 싸우따고 박절하게 끈지을 뫃하게더라.

〈1983년 5월 28일 토요일 낢씨 맑음〉

경운기로 일을 해보니 정말 조으며 남들은 경운기을 자신이 몰고 다니까 논도 을마 대지도 않으며 경운기 싸따고 욕을 할련지는 몰라도 지차[둘째]로 자라서 큰집배 일을 하면서 경운기을 어더쓰는 사람은 백 번 잘 해따고 말들을 하게찌 하는 생각이 든다.

〈1983년 5월 30일 월요일 낢씨 맑음〉

세집배 밭타래이 대갈림하는 논에 모내기을 하여쓰며 우선 바서는 모내기을 하고 나니 좋키는 한돼 미리 노타리을 해서 한 번 논이 말라서 삥삥 갈리가 돼어서 농사가 지장이 이쓸까바 제일 극정이다. 그리고 모내기을 하는데 유독 나한태는 사달라고 하며 사람을 생애를 먹이곤 하는구나.

〈1983년 5월 31일 화요일 낢씨 맑음〉

경운기가 있쓰니 걸어 다니기가 실어서 경운기로 가며 거름을 내지 않을 끄도 경운기에 실고 나가곤 한다. 왜냐. 그냥 나가면 기름이 소모돼니 기름값을 절약이 돼게 하며 별로 할 일 업시 경운기을 사용한다 하면서 경운기을 사용을 하는돼 기름값이 자꾸만 극정이 돼는구나.

〈1983년 6월 3일 금요일 낢씨 맑음〉

금년 보리는 아주 풍작이라고 생각을 하며 우리 마을 보리도 풍작이라고 할 수밖에 없는돼 자신의 보리는 아주 잘 됀 보리는 하시만 보리씨가 달라서 좀 서운한 풍작이라고 생각을 한다.

〈1983년 6월 4일 토요일 낢씨 맑음〉

낢씨가 너무나 가뭄이 오래 돼어서 밭작물에는 이미 손에을 볼 지경이며 수일 내로 비가 안 온다면 손예가 막심하리라고 생각을 한다.

옛날에 자신의 집배 살든 사람위 모내기을 한다고 해서 낮참을 이용해서 경운기로 모춤을 운반해 주고 보리을 낮수로 거두는돼 씨만 달지 않아더라며 마음에 찬 풍작이 돼어쓸 껀돼 하고 야속하기 짝이 업꾸나.

〈1983년 6월 5일 일요일 낢씨 맑음〉

우리 보리는 오늘 오전으로서 보리을 다 끈어다.

형하고 싸음은 하여찌만 일 타로 할 생각은 업쓰는데 형과 따로 보리을 비는 것을 볼 때에 성질이 발각 나더라. 그래서 형수에깨 정말 성질나게 일할 끄야고 물어쓰며 자신은 아무겄도 업쓰도 얼마든지 일할 수 있쓰며 만돼로 하라고 하고서는 우리 보리을 비로 왔든이 형수가 곳바로 우리 보리을 비로 왔더라. 만약에 이번 형수가 우리 보리을 비로 안 아따면 정말 인정을 끈고 일 따로 할 수밖에 업설 끄시며 있때껏 인정 있씨 살라온 것이 다 헛사가 댈 뿐에다. 이것을 가만이 생각을 할 때에 인정을 버리지 인아는 것이 백지 한 장 차이로 모면을 했따고 생각을 히고 싑다.

〈1983년 6월 6일 월요일 낢씨 맑음〉

집사람은 큰집배 보리 비로 가고 자신은 보화로 갈쓴는돼 그전에는 부수[히친 물]가 업쓰도 번세[하천 바닥]을 파면 물이 만이 나오는돼 요줌은 물이 나오지을 안으며 작년에 전동장취을 안 에쓰며 올해 가뭄이 심해서 왜로가 말할 수 업시 만을 끈돼 사람들이 전동장취만 밑고 번세 파는 작업도 별로 신경을 쓰지 않코 있다.
이번에 전동장취을 내일 가동을 해볼라고 하는돼 가연 물이 얼마나 나오나나가 문제다.

〈1983년 6월 7일 화요일 낡씨 맑음〉

복판에 욷거름 요소 1포 (추과로 요소 5돼 함). 올해 보리 10가마.[105)]
금일은 말리[들 이름] 보리 탈곡을 하는데 마음에 찬 수학은 아니지만 작년보다는 매상가마니로 닷섯 가마 이상은 수학이 더 돼리라고 생각을 하니 마음의 한 구석에는 찬 기분으로 보리 탈곡을 하게 돼어다.
올해 보리 푸돼로 10가마.

〈1983년 6월 8일 수요일 낡씨 맑음〉

큰집배 보리 탈콕을 하는데 일부만 묵단으로[큼지막하게] 묵끄지 나머지는 그돼로 있쓰는데 일부 먹끄가면서 큰집배 보리 새집배 보리을 하는데 경운이가 두 돼라서 그 일을 다 했찌 그러치 안으며 그 일을 못할껏을 다행이 다 하였쓰며 보리 탈곡한 것이 큰집배 보리가 16섯 가마, 세집배 12가마 합계가 28가마나 탈곡을 일적 한 셈이 돼는구나.

〈1983년 6월 9일 목요일 낡씨 맑음〉

낡씨 너무 가뭄이 심화다. 밭작물은 안전이 전멸 당계에 노여 있쓰며 이대로 멧칠만 더 간다며 과일도 작과는 수학이 불가능으로 간다고 본다. 요줌은 이대가[시절이] 이상하게 흐러고 있다. 그전에는 순탄하게 농사을 지어 왔는데 요줌은 매년 가뭄이 와서 농민들이 생에를 먹고 있다.
요줌 밭보리 거둔다고 오신기 욷거름이 너전 감이 있쓰서 금일 복판에 거름할라고 물돼가면서 거름하는데 매우 마음이 바뿐 일가 돼고 마라다.

〈1983년 6월 10일 금요일 낡씨 맑음〉

(밭따래이 욷거름 요소 1포반 함) (추과로 반포 부족함) 10kg.[106)]
세집배 밭따래이 돼갈림 하는 것을 비료거름 할려고 경운기로 물을 펴는데 자신은 3시간 하며 안 펴게나 하고 생각을 하고 양수작업을 했는데 생각보다 아주 다르더라. 꼭 8시간이 걸리더라. 돼갈림을 해도 논 이취[위치]가 나빠서 경비가 너무나 만이 나며 돼갈림을 해도 이취가 좋은 논은 경비가 들지 않키 때문에 한 섬 이상은 수입이 더 댄다고 해도 가연이 아니다.

〈1983년 6월 11일 토요일 낡씨 맑음〉

오전에는 봉답에 흙거름을 안전이 칼고서 오후에는 별로 할 일도 없고 해서 부모님 산소에 들리 바든이 가뭄이 너무나 심해서 산소에 짠뒤가 메말라 가더라. 이것을 보니 물이 있쓰며 잔뒤에 물 좀 주어쓰며 하는 생각밖에 업쓰며 잔뒤가 메말라 가는 것을 보고도 손도 쓰지 못하는 심정 마음이 걸리는구나.

---

105) 이 내용은 지면 상단에 따로 기록되어 있다.
106) 이 내용은 지면 상단에 따로 기록되어 있다.

그리고 우리 운이 그짓말을 능청스럽게 잘 시키는 것을 보고도 그짓말하며 나쁜 사람이라고 타이루고 말라는데 그레 역시 그짓말을 얼굴색도 변화지 않코 그짓말을 해서 일부로 오늘은 매을 돼어더니 급을 쓸쓸 내면서 그짓말을 하는 것을 볼 때에 심경을 만이 쓰야 돼겟따고 생각을 하며 한 번 드 그짓말을 시키며 혼을 낼 작정이다.

〈1983년 6월 12일 일요일 낡씨 비〉

아버지 산소 짠뒤가 메말라 가든이 이번 비에 목마름을 했따고 생각을 하며 이번 비가 적은나 왔따며 산소에 짠뒤 극정은 안 해도 돼지만 이번 비가 적으서 불만이 말할 수 업꾸나.

이번 비가 모종비도 못 돼니 사람으로 왜돌기 힌위 업꾸나. 한 빈 시작을 했쓸 때에 봉답에 모내기하두록 왔쓰며 사람의 마음에 찬 비가 될 땐돼 그러춰 못해서 서운하기 짝이 업꾸나.

〈1983년 6월 13일 월요일 낡씨 맑음〉

세집배 봉답 논에 모내기을 하여쓰며 오후에는 큰집배 봉답논에 모내기하는 것으로 하로 일과을 보냇쓰며 자신은 소득 업시 바빠서 눈코 뜰 세가 업꾸나. 사람이 너무 바푸니 성질이 때로 날 때가 있다.

〈1983년 6월 14일 화요일 낡씨 맑음〉

근집에 봉답을 오늘로서 모내기을 하였쓰며 작년보다는 금년이 모내기가 아주 일적에서 풍년이 돼지 안을까 생각도 해본다. 그리고 큰집베 모핀에 모 찌기가 좋아서 금일 모내기가 일적지 않나 하고 내다보고 있쓰는돼 모내기가 아주 너저서 미안한 감이 들더라.

〈1983년 6월 15일 수요일 낡씨 맑음〉

봉답 논에 모내기할 준비 한다고 메마른 논을 경운기로 논을 가는돼 힘이 정말 힘이 들어다. 그리고 마늘을 수학을 하는데 작년보다 통이 적으서 만족한 감 업씨 수학을 하였쓰며 마늘 접 수는 작년보다 수학량은 아주 만타고 생각을 한다.

〈1983년 6월 16일 목요일 낡씨 맑음〉

말리 봉답 논 모내기을 할려고 봉답 두룸을 다 하고 나니 밤 11시가 돼더라. 농촌 사람이 봉답 모내기하는 돼 다 지춰고 있따고 해노 가연이 아니다. 자신도 내일 오후만 돼면 금년 농사을 반 지어 노아따고 해도 무리는 아니다.

"우리 운이가 아빠한돼 거짓말 한다고 메을 맡꼬는 우선 바서는 거짓말을 하지 않코 있는데 두고 바야 하게쓰며 가연 계속 거짓말을 않는다면 가연 그 메가 천금이라고 생각을 하고 십다."

〈1983년 6월 17일 금요일 낡씨 맑음〉

(6月 17日 봉답에 모내기 함.)[107)]

금일은 봉딥 모내기을 하어쓰며 봉답에는 보십고 돌라쓰며[놀아서먼] 물이 말리시 모패기가 돌라서기 전에 물이 업쓰서 모들이 죽살고 해서 금년에는 물을 만이 바다서 모내기을 하니까 모심는 아주마들이 욕심이 너무 반타고 흉을 보더라. 자신은 생각을

107) 이 내용은 지면 상단에 따로 기록되어 있다.

하기을 물을 만이 바더며 웃거름 할 때까지 간다고 한 것이 오회려 손에가 만치 안을까 하고 극정도 돼는구나. 왜냐하며 모패기가 잠물씨서[물에 잠겨 있어서] 물래 상하는 편이 더 만치 안캐나 하고 생각이 들며 물값을 한 번 더 주는 한이 있쓰도 정량을 바다서 모내기을 하여쓰며 극정이 들 퉬 킨대 이번 계산을 벌로 퉨 것이다.

〈1983년 6월 19일 일요일 낢씨 흐림〉

사료값 8,600원(2표)[108]

"금일은 집사람과 둘리서 밭밀 비는 것으로 하로 일과을 보냇다. 집사람과 둘리서 밀을 안전이 비고 나니까 오후 6시더라. 밀을 비어 놓은 것을 묵끌라고 하다 봉답에 두룸콩을 너깨까지 두리서 다 하고는 우리가 오늘 일한 것이 잘몿 하지 않아나 하는 생각이 들더라. 날씨가 잔뜩 지프린 날씨라서 밀단에 비 마절까바 두룸콩 너언 것이 계산 차고을 한 것이 아닌가 하고 크게 염려돼는구나."

"집사람이 아빠 나 일꾼을 살라도 헛산다고 하더라. 왜 거른냐고 물어니까 집사람이 딸따리[슬리퍼]을 보이주더라. 신 살여가도[사러가도] 업고 시장 갈 새도 업쓰서 그러치만 집사람 딸따리을 보니까 철사라로 꾸메어서 발리 불키도록 신고 다닌 지가 오래두룩 그냥 두어쓰니 정말 미안다. 집사람과 10년 이상을 쭉 살라왔찌만 정말 말 업는 사람이며 이제는 더 신을래야 신을래야 신을 수가 업키에 아빠한돼 말한 것이 아닌가 하고 마음에 글리는구나."

"정부에서 운동경기에 너무나 열을 올리고 있는데 정부에서 운동에 열을 올리는 것은 좀 지나취다고 생각을 한다. 왜냐. 국민이 실속을 가지고 살두록 좀 열을 올리쓰며 하는 생각이 들며 운동에 열을 올리는 것은 불과 멫 사람은 수입이 돼게찌만 그 남어찌는 큰 낭비라고 해도 무리는 아니다. 입장권 나두고 그 만은 사람이 그 시간에 일을 한다고 쳐며 이것들이 국민에 좀이 댈련지도 모런다고 생각을 한다."

〈1983년 6월 20일 일요일 낢씨 비〉

어제 두룸콩을 너치 말고 밀단을 취아쓰며 비도 않 마출 것이고 일이 얼마나 더 댈 것인돼 계산 착오로 우예 일을 하로 반은 더 할 꺼으로 내다본다.

그리고 이 비가 3日만 앞패 왔따며 봉답에 돈 안 주고 금년에 모냇기을 할 끄시며 사람이 얼마나 수랄치 모을 꺼인돼 이 비가 이삼 일 너깨 오는 바람에 삼분지 2는 헛비가 돼어따고 본다. 만약 이 비가 일주일 앞패 왔따며 한 방울도 허실이 업시 다 설땐돼 이 비가 아깝다.

〈1983년 6월 21일 화요일 낢씨 흐림〉

들판에 나가보니 물천지가 돼어 있쓰며 넉뚤굼[넉들굼, 들판 지명]에는 안전이 한전 먹고[물에 잠겨] 있쓰서 모 피해가 있쓰리라고 생각을 한다.

〈1983년 6월 22일 수요일 낢씨 흐림〉

중앙기상돼는 내일 또 비 온다고 해서 추진 밀단을 묵끄서 밀 타작이 않돼며 어떠게 하나 하고 극정을 하면서 밀을 안전이 실어

---

108) 이 내용은 지면 상단에 따로 기록되어 있다.

더리서 밀 타작을 하여 보니 아주 잘 돼더라. 밀은 물이 나지 않으며 아쉬운 돼로 밀 타작은 하게더라.
봉답논에 계니 물 욕심을 부리서 모포기에 손에만 주고 마랐다. 앞푸론 이른 일이 업두룩 하여야 돼겟따고 생각을 한다.

〈1983년 6월 23일 목요일 낡씨 흐림〉
집사람과 둘리서 콩씨 가는돼 하로 점두록 하여쓰며 콩씨 가는 데 너전감이 업쓰며 밭태 김을 안전이 메고 씨뿌림을 하여쓰며 마음이 깨운할 땐돼 지섬이 만이 있는 돼다 씨뿌림을 하여서 마음에 걸리는구나.

〈1983년 6월 24일 금요일 낡씨 맑음〉
집사람과 둘리서 세집배 돼갈림 하는 논에 도사리[어린 잡풀] 는 것 줏는데 오전이 다 가두룩 주어도 안전이 끝을 보지 못해쓰며 우리 모가 다들 좋으며 우선 바서는 아주 좋은 편이라고 말하고 십다. 금년에 풍년이 돼어서 자신이 계핵한 돼로 이루어저쓰며 하는 생각밖에 없다.
그리고 집사람은 내일이 우리 운이 생일이라고 김천장에 가고 자신 혼자 사다리을 가지고 높이 있는 것만 따는데 오후 내 따도 셋 기짝밖에 따지 못했다. 자두 총 계짝 수가 6개을 따쓰니 작년 꼭 배가 돼는구나. 자신이 과일을 따서 돈맡을 보니 과일 만이 따는 사람은 정말 재미있깨더라.

〈1983년 6월 25일 토요일 낡씨 맑음〉
(수정한 날) {(6月 25日 12시에 수정함.) 사료값 8,600원(2표)[109]
금일은 작년 오늘에 우리 소 수정한 날인돼 금일도 수정을 시키는데 안전 수정이 대어 쓸까 하고 염려가 돼는구나. 그리고 수정 시간이 너저서 큰 염려가 댈 뿐이다.
〈우리 운이가 생일이라고 좋아하는 하로 일과다.〉

〈1983년 6월 27일 월요일 낡씨 비〉
집사람과 둘리서 도사리을 복판 논에 주어 보니까 벼들이 고루잔아서 요소비료을 5돼을 가지고 헌치고 나니 소낙비가 내리서 벼가 못한 돼 한다고 한 것이 비가 만이 와서 온 논에 거름이 프진다며 올 농사에 지장이 업깨나 하고 극정이 돼며 일기예보가 좀 정학성이 있쓰며 오늘 같든 일이 업쓸 땐돼 금일 일한 깃이 마음에 걸리는구나.

〈1983년 6월 28일 화요일 낡씨 비〉
봉답논에 웃거름 요소 1포 (6月 28日) (추과로 2돼 함. 요소.)[110]
중앙기상대에서 금일은 비가 않 온다고 해서 봉답논에 웃거름을 했는데 비가 오니 기상대도 맡찌을 않으니 기상대예 일기예보 듯는 사람은 이른 실수을 하지 않캐나 하고 생각을 할 때에 좀 정학성이 있쓰야 돼겟따는 생각이 들며 정국에 이런 실수로 본다며 큰 손에라 아닐 할 수 업다고 본나.

〈1983년 6월 29일 수요일 낡씨 비〉
우리 운이 공부 못한다고 삼일 계속 2시 반이 넘두록 삽아 나서 자신이 생각하기을 아

---

109) 이상 날짜 아래 두 줄은 6월 23일부터 25일까지의 일기가 함께 적혀 있는 지면 상단에 따로 기록되어 있는 내용이다.

110) 이 내용은 지면 상단에 따로 기록되어 있다.

침밥도 제돼로 먹지 안코 학교에 가는 것을 공부 못한다고 1학년을 넘어나 오래 잡아 나서 자신 혼자 극정을 했는데 금일은 우리 운이가 3시가 돼어도 오지을 않더라. 그레서 선생님에께 차저 볼려고 급피 갈라 하다 자두을 한 계짝 따가지고 운이 선생님을 차저 보아다. 선생님예께 화을 참아 내지 못하고 선생님 우리 운이 밥도 제돼로 먹지 못하고 학교 가는데 넘어나 오래 잡아 나서 우리 운이 골구는 것이 아니냐 하니까 선생님 욷고 말더라. 그래서 선생님에께 약속을 하여다. 선생님이 우리 운이 귀가 일적 시키며 집배서 책임지고 갈치게따고 하고 일적 보내달라고 하고 부탁을 하고 집부로 도라오고 마랐다.

〈1983년 6월 30일 목요일 낡씨 맑음〉

눈코 뜰 새 업시 바푸든 6월이 오늘로서 다 가는구나. 바푸든 유월이지만 농민들에깨는 유월이라는 달이 값진 달리라고 생각을 하며 유월이 마지막 넘어간다고 생각을 하니 아쉬어진다.

그리고 운이 선생님에깨 자두 한 짝 준 것이 혜진, 혜영이 선생님이 마음에 글리든이 운이 선생님의 편지로 자두을 마니 가지고 와서 교장, 교감 선생님 좀 싸드리고 여러 선생님이 나누어 잘 먹어따는 편지을 보냇더라. 이 편지을 받고 보니 혜진, 혜영이 선생님이 들 글리는 말이 이꾸나.

〈1983년 7월 1일 금요일 낡씨 맑음〉

오늘은 우리 소가 순산하는 날이다. 처음에는 우리 소가 사료례[샤로레][111]을 수정을 해서 가연 아무 일 업시 순산할 꺼인가 하고 극정이 무척 돼더니 다행이 아무 일 업시 순산한 것이 천만다행이라고 생각을 한다.

우리 운이 선생님과 운이 일적 귀가시키며 집배서는 집사람이 책임지고 운이을 갈치게따고 약속을 했노코 김매기 품파리 한다고 금일은 운이를 갈치지 못해서 약속을 어긴 샘이 돼는 구나.

〈1983년 7월 2일 토요일 낡씨 비〉

사람 욕심 한정도 업다고 말을 만이 들어찌만 예사로 생각했는데 이번에 우리 소가 송아지을 노을 때는 아무것이나 잘 나왔쓰며 하는 생각밖에 업더니 이재 보니 암송아지가 아니라서 마음이 상캐하지을 아너며 이번 송아지라도 숫소 송아지을 나왔쓰며 하는 생각에밖에 업꾸나.

〈1983년 7월 5일 화요일 낡씨 맑음〉

집사람이 김매기 벌리[벌이] 한다고 우리 밭은 지섬이 한정도 업쓰며 금일은 집사람과 둘리서 매는데 월마 매지을 못하게쓰며 놉을 해서 김매기 하자고 하니까 집사람이 밭 한 자리을 품주고 할 꺼이 무었이 있느냐고 하며 아빠와 둘리서 매자고 하는데 월마 매지도 않코 고랑만 새리겟더라[112]

---

111) 샤로레(Charolais)는 프랑스 동부 샤로레 지방의 프랑스 재래종에 심멘탈과 쇼트혼종을 교배시켜 육성된 소 품종이다. 우리나라에는 1969년에 냉동 정액으로 도입되어 한우와의 교잡시험에 이용되었고, 1971년 서울 샤로레목장에 일본에서 3두, 1972년에는 경기 청평목장에서 미국으로부터 95두 도입된 것을 시작으로, 이후 1980년대 도입육우 도입 시에 많이 도입된 품종이다
(자료출처: http://www.aniinfonet.com).

〈1983년 7월 8일 금요일 낡씨 맑음〉
금일은 소 장사가 우리 송아지을 사로 와더라. 자신은 송아지을 팔라도 집배서 송아지을 안 팔 욕심으로 올해는 4개월을 먹이서 팔개따고 이야기을 하니까 소 장사는 요때 팔라야 한다고 건유을 하지만 팔지 않코 말라따만 자신은 팔라야 잘하는 것인지 계속 가을까지 먹이서 팔라야지 잘하는지 알 수가 업쓰서 자신은 아직 어떠게 하게따고 계핵을 세우지 못하고 있다.

〈1983년 7월 12일 화요일 낡씨 맑음〉
큰집배 약 쳐며 같이 철라고 이때것 기다리다 금일 약 안 철라고 하길에 문고병이 이미 발생해서 성해저고 해서 오후 한 때 비 온다고 하는 것을 무렵쓰고 우리 논 위우지 사람을 약 쳐줄라고 하고서는 점심 먹든 적시 약 쳐로 나가서 5단지 반을 쳐는돼 더어서 힘이 만이 들어쓰며 한 때 비 온다고 하는 것이 비가 안 아서 금일 약 천 것이 캐운하기 짝이 업꾸나.
그리고 우리 나락은 우선 바서는 아주 좋은 편인돼 새집배 돼갈림 하는 것이 나락이 깨껏하지을 못하고 어된가 모러게 지저분한 너킴이 들어서 마음의 한 구석에는 상캐하지을 못하고 있다.

〈1983년 7월 13일 수요일 낡씨 맑음〉
우리 운이 때문에 큰 문제다. 우리 운이가 나한내는 논보다 더 귀중한 것인돼 우리 운이 학교 갈{다} 오며 집사람을 아무 일도 못하구로 하고 운이 공부만 시키보라고 해도 집사람 할 일 너무나 만아서 그러지도 못하고 있쓰며 자신이라도 시간 여유가 있쓰서 밭일 도맡다서 하며 집사람이 운이 공부을 시킬 수가 있찌만 그러지도 못할 형편이라도 계속 갈치도 못하고 있쓴는데 금일은 우리 운이가 공부을 못해서 남아 있쓰따고 하면서 너깨야 집배 오더라. 이것을 보니 다때리치아 뿌리고 운이 공부을 갈치두룩 할까 하는 생각이 더는구나.
"집사람은 밭태 일을 그만두고 오후에는 운이 공부 갈치는 것으로 하로 일과을 보내고 마랐다."
"금일 처음 소 풀 먹이로 돼리고 나가 보니 송아지가 있쓰서 소 먹이는 돼 힘이 들지 않나 하고 극정이 했쓴는데 생각보다 십계 잘 먹고 있쓰서 하로 일과가 좀 수레따고 생각을 한다."

〈1983년 7월 15일 목요일 낡씨 맑음〉
금일은 김천 우시장에 송아지금을 볼라고 가보았든이 큰 소값원 만이 허려젓더라만 암송아지는 아직 비싼 셈이며 숫송아지는 아주 허런 편이며 황송아지는 90만 원 주며 을마든지 고렬 수가 있께더라.
우리 송아지도 잘 버더며 90십만 원 바찌 않나 하고 내다보고 있는데 다음 장에 갈다 팔며 잘하는 것인지 알 수가 업꾸나.

〈1983년 7월 20일 수요일 낡씨 비〉
금일은 매상히는 날인돼 오전부터 계속 비가 오며 이떠게 하나 극성을 했는데 다행이 오전 내 날씨가 참아서 무리 업시 매상을 잘 돼어따고 생삭을 하고 십다. 그리고 밀매상은 밀이 조글이시[조글조글해서, 안 좋

112) 얼마 매지도 않고 남은 고랑만 세고 있겠더라는 뜻으로 생각된다.

아서] 등위[등외]에을 맏자따만 올해는 밀을 갈라서 수입을 보게 돼어쓰며 금일 매상한 것이 밀이 ③ 51,250원 보리가 (12) 187,400원[113)]
총 합계 238,650원

〈1983년 7월 21일 목요일 낡씨 맑음〉
세집배 논에 요소 5돼. 복판 논에 요소 4돼.[114)]
금일은 아빠가 바빠서 혜진, 혜영이, 운이 셋시 소을 먹이라고 하고서는 세집배 대갈림 하는 것에 비료 좀 하고 올 딴[올 동안] 소을 먹이라고 하고서는 비료질을 다 하고 오니 큰집배 혜숙이와 냇시가 소을 먹이고 있떠라. 그래서 너이들은 집배 가라고 하니까 아빠와 같치 갈라고 하더라. 그래서 같치 놀고 있쓰니까 혜숙이 혜진, 혜영이 합창을 하고 오후 내 노래을 하고 있는 것을 볼 때에 딸을 만이 나서 노래 속에서 살라쓰며 하는 생각이 더는구나.
"복판 논에 요소 4돼 함. 세집배 대갈림하는 논에 5돼 함."

〈1983년 7월 22일 금요일 낡씨 비〉
매년 이때만 돼며 장마 때문에 신경을 쓰게 만더는돼 금일은 갑짝이 비가 쏘다져서 도랑마다 넘쥐며 구미쳐[굽이쳐] 가는 것을 보니 재방이 터져 물날리 날까바 극정이 돼더니 다행이 우리 마을에는 사고 업시 하로가 지나가고 마라찌만 어재 같든 비는 자신이 볼 때는 더문 한 해라고 생각을 한다.

〈1983년 7월 23일 토요일 낡씨 비〉
"금일은 우리 아들 방학하는 날인돼 비가 그치지 않코 비가 내리서 우산을 집사람에깨 같다주라고 하다 집사람이 가며 대신까지 도보로 가야하기 때문에 너절 상 시펴서 자신이 가며 자전차로 가면 좀 펼리하게다 하는 생각에 우산을 가지고 학교 교문에 막 들어쓰니 교내 방송이 여름방학 동안에 물조심에 대한 교육을 하라고 방송이 나오는 것을 들을 때에 든든한 너킴이 들더라. 자신이 아들 신경을 쓰는 것쳐름 학교에서도 마음을 쓰는 것을 볼 때에 이 마음 캐알하더라."

〈1983년 7월 24일 일요일 낡씨 비〉
갈방비[가랑비]가 내리서 소 먹이로 안 갈라고 하다 소을 먹이지 않으며 풀을 만이 떠더야 하기 때문에 좀 적게 풀을 떠들 욕심으로 소을 먹이로 같쓴는데 소을 한참 먹이고 있쓴는데 소 한 마리가 철로에 올라가더라. 아차 시프서 소을 잡벌라고 올라같든이 이 소가 철로가로 도망을 가더라. 이거 큰 사고 나게따는 예감이 들며 관광호가 내리오는데 정말 아질하더라. 이기을 면하고 잡벌라고 따라다니고 있쓰니까 또 한 마리가 철로에 올라와서 철로에 왔따 같따 하길에 이재는 신시[신세] 좇자꾸나 하고 생각이 들며 특급이 셋 돼나 왔다 같다 했는데 다행이 모면을 해서 자신이 운수대통했따고 생각을 하고 십다. 남들이 감이 어터뜬고 하고 물키에 말도 못할 정도며 생각을 하며 아질하는 생각밖에 업다.

---

113) '밀이' 다음의 '③'과 '보리가' 다음의 '(12)'는 매상에 낸 밀과 보리의 가마 수를 표시한 것으로 보인다.
114) 이 내용은 지면 상단에 따로 기록하였다.

〈1983년 7월 25일 월요일 낡씨 맑음〉
금일로 장마가 다 지나가고 햇빛을 처음 보니 살 상 바러며[살 성 싶으며] 비가 그치니 우리 마당이 들 질며 비올 때는 송아지 두 바리가 마당을 질구고 있쓸 때는 송아지도 반갑은 기가 들 하며 재발 비 좀 안 아쓰며 하는 심정밖에 업더라.

〈1983년 7월 26일 화요일 낡씨 맑음〉
(린징씨을 푸림.) 7月 26日[115]
보밭태 린징[당근]을 집사람과 둘리서 갈로 같쓰며 이때것 비만 오다 불빛을 쨰는돼 사람이 일을 할 수가 업쓰며 린징을 가는데 땀방울이 비 오는 듯했쓰며 장마가 지긋지긋하든 장마가 생각이 들며 소낙비라도 왔쓰며 하는 생각에 이쓰며 너무 더워서 개핵했든 일도 다 못하고 집부로 오고 미랐다.

〈1983년 8월 2일 화요일 낡씨 맑음〉
대신 동서 집배서 부구[부고] 와서 금일 9시에 바랑식[발인식]이라고 해서 집배서 아홉 시을 마차서 출발을 했든이 이미 새이군[상여꾼]이 출발을 해서 산에까지 올라갈더라. 그레서 사람도 보지 않코 집배 올 수도 업고 해서 산에까지 올라가 보았든이 처남하고 삼촌하고 선둘 동서하고 산에 이미 와 있더라. 그레서 다들 만나보았쓰며 이 삼복드위에 운상꾼들이 여과 예가 아니더라. 사람의 죽음은 만대로 못하지만 그 일에 움직이는 사람들은 죽을 고생을 힌다고 해도 무리는 아니다. 〈대신 동서 할머니 상문함〉
(부이금을 五천 원하며 적지 않을까 하고 망설리고 있쓴는데 동서들도 五천 원 히더라. 그레서 들 미안한 감이 들더라.()}
축사을 짓어 볼라고 오늘로서 찰흙을 경운기로 13발리 실어 나쓰며 더 준비을 안 에도 할 수 있쓸란지을 몰개꾸나.

〈1983년 8월 6일 토요일 낡씨 맑음〉
벼에는 낡씨가 아주 잘하지만 밭작물 사람에깨는 가뭄이 들고 있는 것은 사실이다. 벼 바서는 비을 바랄 때가 아니지만 밭작물 채소류을 바서는 비가 좀 왔쓰며 하는 생각이 더는구나.
그리고 우리 아들 밥 먹는 것을 보니 미안하기 짝이 업꾸나. 나 자신이 반찬이 업쓰서 밥을 먹을 수가 업쓰며 찬을 어떤 것을 먹나 하고 상을 두리번그릴 때가 만으며 나 자신이 찬이 업쓰서 밥맡이 떨어지는데 이것들은 얼나나 입밭이 떨어찔까 하고 생각이 들며 때마다 아들예깨 밥을 만이 먹어야 한다고 노래을 하는 편이며 아들 바서 반찬 업다고 말을 부치지을 못하게더라.
〈밥때마다 아들에깨 미안한 감이 더는구나.〉

〈1983년 8월 7일 일요일 낡씨 맑음〉
요줌은 축사을 짓어 볼까 하고 집사람과 둘리서 해장으로 흙벽돌을 뒤뒤고 있는데 힘이 만이 들 뿐 아니라 하로 일과가 잠쉬 실수가 업씨 마음이 비푸고 있쓰니 육재적으루 고통이 말할 수 업꾸나.

〈1983년 8월 8일 월요일 낡씨 비〉
금일은 영숙이 친구가 영숙이 집배 가니까 들래 가고 아무도 업쓰서 영숙이 삼촌에깨

115) 이 내용은 지면 상단에 따로 기록하였다.

왔따고 하면서 영숙이가 파락골에서 몸에 지가 나서 안전 마비가 돼어 있따면서 대리로 왔서 오전 5시경에 왔쓰서 감짝 놀라서 신발도 신지 않코 파락골까지 뒤어갈든이 발이 욱신거리며 그기에서 업고 오는데 힘이 만이 들어쓰며 택시로 김천 도렵병원로 갈쓴는데 응급치로도 돼지 않으며 침돼에 누피 놓고 주멀어[주물러] 주라 하며 7시 반까지 있쓰야 한다고 해서 영숙이가 힘은 업쓰도 손발을 놀리고 있쓰서 기다리지 않코 집부료 오고 마랐서 개니 택시비만 들어꾸나 하고 후예가 좀 돼는구나.

〈1983년 8월 9일 화요일 낡씨 비〉
금일은 집사람가 둘리서 무우씨을 갈라쓰며 남들은 비가 너무나 만이 왔서 땅이 추지다고 무씨을 몾 간다고 집배서 나오지을 안아서 나 자신도 몾 갈며 풀만 떠더서 올라고 한 것이 실지 무우씨을 갈려고 땅을 보니 무우씨 갈기가 안성맞춤이라서 집사람과 둘리서 안전이 갈고 집부로 오고 마라다.
그리고 우리는 전부가 손모라서 벼이삭 출수을 하고 있는데 비가 이러깨 만이 내리서 이삭 연그는 데 왜로가 있찌 않나 하고 생각을 할 때에 금년 농사는 특별이 잘 짓어야 돼는데 하고 극정이 크다.

〈1983년 8월 13일 토요일 낡씨 맑음〉
금일은 봄에 조림사업 했는데 잡초 제거하는 데 부역으로 동원이 돼어쓰며 자신이 생각을 할 때는 모목을 심어서 가꾸는 작업과 잡초작업을 공동으로 한다는 것은 불만이라고 생각을 한다. 왜냐하며 이 나무가 잘라서 목재로 쓸 수가 있쓸 때는 산이 업는 사람은 나무 한 포기도 손을 돼지 몾하두록 할 판인돼 산이 업는 사람은 이 동원에 불만이 생기며 산주들이 동민 힘을 빌리고 있는 심정이 나푸다고 자신은 생각을 하고 십다.

〈1983년 8월 14일 일요일 낡씨 맑음〉
우사을 지어 볼라고 돈을 적게 더릴라고 흙벽돌을 집사람과 둘리서 시간 틈이 나는 돼로 빼니라고 생예를 먹고 있쓰며 정말 힘더는구나.

〈1983년 8월 21일 일요일 낡씨 흐림〉
요줌은 비가 오며 벼들이 출수을 하고 있는데 갈방비가 가끔 오고 있쓰서 벼 풍년에 지장을 줄까바 제일 극정이 돼는구나. 그리고 복판에 벼가 깨껏해서 약 살표하는 것을 한 번 빠자 먹어뜬이 문고병이 숭해서 벼 수학에 지장이 가두록 발생해서 가슴 아플 정도이며 약 한 번 안 천 것이 후예가 돼는구나. 이번에 약만 제돼로 쳐주어쓰며 자신은 금년 농사에 극정 업씨 잘 짓을 수 있쓴는데 한 번 잘몾으로 결정적인 시기에 손예를 보고게 됀 것이 빼 아푸게 생각을 한다.
"우리 운이 공부가 남보다 뒤가는 것을 막키 위하여 이번 방학 동안에 집사람을 아무것도 안 쉬키고 운이한때만 매달리구로 해서 공부을 시키두룩 결심을 했는데 이것이 숲푸로 도라가는구나. 자신이 돈을 안 더리고 축사을 짓어라고 하니까 집사람 손을 빌리지 않으며 안돼니까 집사람이 시간 뜸이 나지을 않으며 이번 결심이 살기 위해서 숲푸로 도라가는 것이 좀 아쉽다."

〈1983년 8월 28일 토요일 낡씨 비〉
봉답 벼는 한참 출수을 하고 있는데 비가 계속 연 오 일이나 비가 오고 있쓰니 벼에 지장이 만을 뿐 아니라 사람이 먼저 벼보다 먼저 지치고 있쓰니 제발 맑은 날씨만 보여 주어쓰며 하는 생각밖에 업다.
그리고 자신은 돼지금이 흙을 때에 사 먹이 볼라고 결심을 했는데 집을 밑차 짓찌을 못 해서 계획대로 못해서 아쉬어 죽을 지경이다. 이재는 돼지고기값이 다 올라서 기해가 노치다고 생각을 해도 무리가 아니며 돼지 볼항이 올라면 삼년이 이상 가야 불항이 올 지경이며 현재의 값으로 사육을 한다며 별로 소득이 업쓸 껏으로 내다보이니 계핵을 취소할 지경이다.

〈1983년 8월 28일 일요일 낡씨 비〉
비가 너무나 만이 오며 벼 출수하는데 일기도 변득스렵고 기온마저 차그어서 벼가 무렵돼는데[물러지는데] 아주 피해가 만을 껏으로 내다보이며 정부에서 대풍작이라고 벌서부터 법석을 부리고 있찌만 실찌 소득은 숭년이 돼지 않을까 염려스렵다.
우리 운이께 관심을 다해야 하는데 실찌로 바서는 무관심이라고 생각을 해도 무리는 아니라고 생각을 한다. 왜냐하며 자신이나 집사람이나 시간 뜸이 나지을 않으니까 마음만 운이예께 이쓸 뿐 집적적으로는 운이에께 도움을 주지 못한 것이 가슴 아푼 일이다.
그리고 계학일은 다 돼어는데 운이예께 도움이 돼두록 공부을 갈치지 놓해서 선생님에께 우리 운이을 어째 보내나 하고 극정이 앞쓰며 선생님은 왜 이르 아이을 부모가 관심을 쓰지 않을까 하고 욕을 하게찌 하고 생각이 돼는구나.

〈1983년 9월 4일 일요일 낡씨 비〉
정말 낡씨 너무하는 것 같다. 왜냐하며 8月 22日부터 비가 살도로 오며 여때것 햇빛은 그이 업쓰따고 해도 무리는 아니며 벼 풍작이라고 방송국에서 법석을 부리더니 이재야 풍작이 돼지 않는가 풍작이란 말 한 {마} 뒤도 업쓰며 이번 피해로 산중에는 안전 피해가 돼지 않아쓸까 하고 극정까지 돼며 이곳도 가을에 수학을 하며 허무한 사람이 만을 껏{으}로 내다보고 있다.
"그리고 매년 아버지 재사에는 한 사람도 낙오가 업씨 동생들이 참석을 해주는돼 마음적으로 고맙게 생각을 하며 아버지 이번 재사가 10번째 돼는 재사을 우리 오 형제가 한 자리에서 엄숙하게 올리다."

〈1983년 9월 5일 월요일 낡씨 비〉
이번에 소련이 한국 여객기을 출락을 실수로 시키따고 쳐자.[116] 유가족에께 시신이라도 돌리주어야 사람의 도리인돼 이것마저 그부하고 있는 것을 볼 때에 소련 사람이 인간 탈만 쓰지 양심이라고는 눈꽃만춤도 업는 사람들이다. 이것들이 강돼국이니 선한 사람이 복을 밭는다는 것도 의심서러어울 정도다.

〈1983년 9월 7일 수요일 낡씨 맑은〉
축사 짓는데 자신은 석가래로 할라고 하니까 형이 돈 들 건 드러야 한다 하면서 사가지고 하라고 하더라. 나 자신도 석가래로

116) 1983년 9월 1일 뉴욕에서 서울로 오던 대한항공 소속 여객기가 소련 공군의 폭격을 받고 사할린 서쪽에 추락한 사건을 말하고 있는 것으로 보인다.

갓쇼[지붕의 형태를 잡는 골조]을 재작을 해보니 바러지을 안아서 재작이 매우 힘이 들어서 그만 집사람과 둘리서 경운기로 축사 짓을 나무을 사료 김천 재제소 가서 나무을 끼고 마랐다. 자신은 돈이 만이 들어가지 않을 껏 같다는데 생각보다 만이 들어같더라. 금일 나무값이 80,000만 원 현재로 축사 짓는 데 비용이 약 200,000만 원 들어같다.

〈1983년 9월 8일 목요일 낡씨 비〉

금일은 무어신지 온몸이 살살 노가내리는 것 같더며 뼈마뒤가 빠저는 것 같이 아푸며 사람이 한장할 지경이라서 집사람을 아침 먹든 직시로 김천에 가서 약 사오라고 하여쓰며 자신이 아빠서 몸부림을 치고 있쓰니 딸더리 학교을 갈다 와서는 나가지도 않코 다리, 팔 주물어 준다고 야단을 쳐며 아빠에깨 잘하는구나 하고서 아푸면서도 생각이 들더라. 집사람이 사온 약을 먹고 나니 좀 들하며 처음 생각을 할 때는 멧칠간은 해복을 못 하지 하는 너킴이 들더니 약을 먹고 나니 살살 풀리서 근 다행이라고 생각을 하며 특희 집사람이 그 만은 비가 내리는{데} 풀 망태로 소 풀을 떠더로 가는 것을 보니 마음이 조급하며 하로 소을 먹이가면서 셋 망태을 떠더야 하는데 하고 생각을 하니 집사람까지 몸 살할까바 극정이 끄더라. 그리고 자신 생각을 해보니 너무나 무리하게 일을 했쓰니 사고 나는구나 하고 너켜다.

〈1983년 9월 13일 화요일 낡씨 맑음〉

금일은 자신의 축사집 담을 싸고 있는데 형수가 점심을 먹고 집배 가든이 형수가 집배 올라와서 집이 내리안자따고 이야기을 하여서 어쩌구니가 업쓰서 직시 자전차로 바삐 내리가 보니 아래채가 반파가 돼어 있는 것을 보니 급이 나며 저녁에 그레쓰며 소가 피해을 보든지 송아지가 피해대든지 둘 중에 하는 큰 피을 볼 껏인돼 나재 그래서 큰 다행이라고 생각을 한다.

올해는 자신이 너무나 일복이 많타고 생각을 하며 큰집배 아래채가 내리안키 전에 가잭[까대기]을 단다고 양일간 동안 죽두록 하고 나니 또 아래채가 내리안저니 어쩌구니가 업쓰서 능[넋]이 빠젤 지경이다. 남들은 보는 사람마다 혜진 아버지는 일복이 정말 만은 사람이라고 하고 웃고는 마는구나.

〈1983년 9월 15일 목요일 낡씨 맑음〉

축사 담을 쌀 욕심이 있는데 금일은 민방위 교육이라서 참석을 안코 축사을 지을라고 하다 교육에 참석을 하고 마랐쓰며 교육을 참석을 해보니 정말 사간이 아깝더라. 왜냐하며 정신교육이라면서 비뒤오로 시청만 하고 있는데 교육에 자미도 업고 그 만원 사람이 시청은 안코 조름만 하고 있쓰니 이것이 교육인가 정말 한심스렵더라. 정부에서도 이것들이 시정이 돼어야 된다고 생각을 하고 있다.

그리고 오늘로서 축사 담은 안전이 싸은 샘이 돼며 금일 일은 생각보다 만이 했쓰며 다 못할 껏을 다하고 나니 정말 마음이 깨운하더라.

〈1983년 9월 16일 금요일 낡씨 흐림〉

요서 아이들 세돼차라고 허니 말들을 하는데 역시 새돼차라고 그른지 요줌은 집 짓는 돼 일당을 줄라고 해도 안 알라고 하니 정말 힘이 더는구나. 우리들은 8年 전만 해도 남왜 집 짓는 돼 일당은 고소하고 부역으로 일을 하고 했는돼 요줌은 인심이 너무나 야박해젓따고 해도 무리는 아닌 것 같다. 앞푸로 이래 가다간은 이웃사촌 말이 머지않아 남이 댈까바 좀 극정이 돼는구나.

이재는 자신의 축사도 내일만 가면 남왜 손을 빌리서 하는 일은 끝이 난다고 해도 무리는 아닌 것 같다. 나 자신가 집사람도 내일만 가면 시간 여유가 생기계찌. 그간 두리서 뼈가 부셔저두록 했따고 생각을 하며 자신위 일한 것을 뒤을 도라본다면 건강에 지장이 업시 지나온 것이 운이 따라따고 생각을 하고 십다.

〈1983년 9월 17일 토요일 낡씨 흐림〉

금일은 축사 웃 업는돼[위 없는데] 비 오까바 극정을 만이 했쓰며 처음에 사람이 업쓰까바 매우 극정을 했는데 생각 위에 이웃사람이 만이 와서 을마나 기분이 좋은지 격겨보지 못한 사람은 알 수가 업따고 본다. 이웃사람의 도움으로 일적 끝을 냇다. 그래서 자신은 이재는 우리 부부가 푹 실 수가 있따고 보며 이재는 일이 가뿐하게지 하는 생각을 하니 몸이 가뿐하기 짝이 업꾸나.

〈1983년 9월 21일 수요일 낡씨 비〉

오늘이 추석인돼 비가 내리서 추석 기분을 죽이고 있꾸나. 금년은 불필요한 비가 내리서 금년 추수는 매우 힘이 들 껏으로 내다 보고 있쓰며 이번 추석에는 건소한 추석 기분이며 비가 내리서 성묘을 하지 못해서 마음에 걸리는 추석이 돼고 마렀다.

"정부에서 대풍년이라고 야단법석을 부리는 것을 볼 때에 정부에서 너무 법석을 부리는 것 같더며 실지적인 풍작은 자신이 볼 때에 평년작도 좀 못 댄다고 생각을 하는데 정부에서는 풍작이라고 야단을 쳐는 것을 볼 때에 금년 매상가격을 보리와 같이 작년 가격으로 동결 짓을라고 미리 법석을 부리는 것이 아닌가 하고 만족한 기분이 못 대고 있는 것이 사실이다."

〈1983년 9월 22일 목요일 낡씨 맑음〉

어제에 비 온다고 성묘을 가지 못한 것이 내내 마음에 걸리며 일 년에 한 번 성묘을 하는 것인돼 비 온다고 않 아는 것이 말도 안돼며 우박이 쇼다저도 해야 한다고 생각을 하며 우리 부모가 날 키 울때는 모진 바람 다들 겨켜가면서 키우쓸 것이 아닌가 생각을 한 번 해볼 때에 밤이 지루하기 짝이 업쓰며 밤만 세우며 우리 조상은 성묘을 아안따나[않더라도] 아버지 어머님 산소에 다녀와야 돼겟따고 생각을 했쓰며 비가 와도 성묘을 할 계핵이다.

금일은 아버지 어머님 성묘을 하고 나니까 여때것 잘못을 용서하여 주는 것 같이 마음이 후련하기 짝이 업꾸나. 앞푸론 소낙비 우박 다 떨어저도 아버지 어머님 성묘는 꼭 할 작정이다. 그리고 우리 아들 운동회 하는 날인돼 소 때문에 가보지 못했다. 마음은 우리 아들 달리기하는 것을 보고 십키 짝이 업는돼 소을 먹일라고 생각을 하니 운동회에 참석을 못한 것이 우리 이세들예께 마음 걸리는 하로가 돼어다.

〈1983년 9월 25일 일요일 낡씨 맑음〉

어재 소을 먹이고 있쓰니까 면상이 오시든이 벼을 안 비너냐고 하디라. 그래서 자신은 아직 빌 때가 않 돼어따고 보는돼요 하니까 봉산은 벼을 빈다면서 이야기을 하면서 저 논들을 보라고 하더라. 저 논에 멀구[멸구] 좀 보라고 하더라. 저 멀구가 벼 빌 때까지 가만이 두면 수학할 꼇이 업따고 하면서 약이 시급하다고 하면서 극정을 하고 가더라. 그 후 약 2시 돼니까 면 직원이 두어 명이 나와서 멸구가 있는 논들을 조사을 하더라. 그래도 그때까지 멀구는 예사로 생각을 하여다. 금일은 약 살표하라고 법석을 부리고 해서 해장에 들에 가보니까 어너 누구 업시 멀구가 들쓔시는 판이며 면장 말씀 돼로 가만이 두면 수학할 꼇이 업따고 본다. 그래서 금일은 약 살표하는 돼 하로가 바빠쓰며 오후 일급 씨까지 살표해도 큰집배 봉답은 못 쳐고 마랐다.

이번에 면장님 아니여떠라면 우리 마을 전채적으로 어마어마하게 손예를 밭쓸 건돼 면장 득택으로 큰 수학을 건저따고 해도 무리는 아니며 자신이 생각을 할 때는 봉급만 바다먹는다고 생각만 했든이 그러치 않코 면 사람을 위예서 밤낮 주야 신경을 쓰고 있따는 것을 이재야 알라쓰며 이번 일이 중앙까지 알라서 지휘관으로 친송을 바다야 할 일이다.

〈1983년 9월 27일 화요일 낡씨 비〉

때 아닌 비가 너무 와서 가을 수학에 지장을 줄 뿐 아니라 다 짓어논 곡석을 싹이 나서 버리지나 않을까 염려가 대는구나. 나 자신이 생각을 해도 가을 날씨에 이처름 비가 쏘다저는 해도 업따고 본다.

그리고 축사 짓는돼 사람은 놉을 해서 일할 꼇은 오늘 오전으로서 끝을 냇쓰며 이재는 집사람과 둘리만 하여도 충분이 할 수 있따고 생각을 하니 축사 일이 끝이 난 기분이 더는구나. 그리고 축사 짓는 돼 집사람을 넘어나 왜을 먹이서 집사람 보기에 오늘은 잔득 미안한 감이 더는구나.

〈1983년 9월 29일 목요일 낡씨 맑음〉

※내년에는 멀구약을 9月 10日경에에 살표하지 않으며 벼 수학은 삼분지 일은 손에을 볼 꼇으로 내다보며 꼭 약 살표해야 하겨다.[117]

벼논에 멀구약 살표해서 우리 마을 전체로 바서 큰 수학을 했따고 생각을 했든이 그러치도 않더라. 왜냐하며 금일 봉답논에 도구 천다고 했처 보니 멀구는 어뒤 약 쳐느냐고 말도 업시 그돼로 살라있쓰서 약 살포한 것은 별로 득을 보지 못했다고 생각을 하며 내년에는 9月 10日경에 멀구약을 필이 살포해야 농사을 짓을 수가 있따고 생각을 한다. 그리고 금일로 축사 바닥을 세멘으로 안전이 발라쓰며 소 구시[여물통]도 안전이 하여쓰며 오늘까지 집사람과 두리는 지시[좋지 않은 일]을 못 면예고 일을 해왔쓰니 수고는 말할 수도 업따고 본다.

"올해 멀구가 좀 시마다고 생각하는 논들은 별료 수학할 꼇이 업따고 내다보고 있다."
"큰집베 밭따래이 집사람과 오후부터 벼 비기 작업에 들어같다. 축사에 새멘 들어간 것이 냉가[렌가, 벽돌]에 16표 축사 바닥에 14표 총계 30표."

〈1983년 9월 30일 금요일 낡씨 맑음〉

금일은 세집배 돼갈림 하는 밭따래이 벼을

117) 이 내용은 지면 상단에 따로 기록하였다.

비는돼 멀구 피해가 군돼군돼 있는 돼는 피해가 말할 수 업시 허무하며 멀구 피해가 업는 돼는 벼가 아주 잘 돼어는돼 멀구 피해가 있는 돼 아주 허무하게 짝이 업쓰며 금년에 멀구 해가 만원 돼는 작년 반 농사라고 하여도 가연이 아니라고 생각을 한다.

〈1983년 10월 1일 토요일 낡씨 맑음〉

(10月 1日 집사람 생일 준비 못함.)118)

오늘도 밭따리 벼을 비는돼 새어가면서 비니까 얼마 비지도 못하고 사람은 논이 빠지기 때문에 일적 지치는 너킴이 더는구나. "내일은 집사람 생일인돼 고기 한 근도 사지 않코 생일을 마지하게쓰며 적어나 몸이 고돼지 않으며 자전차로 가서도 고기 한 근이라도 순비을 했쓰며 히는 생각 간절한돼 고기 한 건 업시 집사람 생일을 마지하게 돼니 집사람 보기에 미안한 감 말할 수 업쓰며 앞푸론 우리 딸을 시키는 한이 있더라도 고기 한 근 업시는 마지하지 않게따."

〈1983년 10월 2일 일요일 낡씨 맑음〉

"우리 딸더리 만이 잘라꾸나 하고 생각을 할 수 있쓰다. 저의 어머님 생신이라고 돼지저금통을 허러서 과자 사이다을 사와서 저 어머님 생일파티라면 어머님을 잠쉬나나 마음을 펄급게 하여 주는 것을 볼 때에 지신이 마음이 더 좋으며 어머님 축하노래을 불어주니 더 마음이 허무하구나."

"나 자신도 부모님에깨 잘래따고 생각을 하는데 요줌 아들 모양 생일 축화해줄 줄 몰라쓰며 그서 빌로 살라왔따는 것이 요줌 아들 행동하는 것을 볼 때에 뒤도라 보이는 것이 사실이다."

금일 형 들까지 엿 마지기 벼을 비는돼 아주 잘 돼어더라. 멀구 피해도 업고 벼는 아주 잘 돼어쓰며 탈곡을 하며 수학이 아주 만이 될 껏으로 본다. 금년에 멀구 피해 업는 사람은 농사을 잘 지어따고 생각을 한다.

〈1983년 10월 3일 월요일 낡씨 흐림〉

집사람이 벼 비는돼 맨발로 빠저는 논에서 벼을 비는 것이 안 돼쓰서 명숙이을 시키서 장화을 싸오라고 하여서 금일은 물논에서 집사람이 장화을 신고 벼을 비는 것을 볼 때에 마음이 들 쓰저는구나.

장년에는 40십 마지기 돼는 논을 손으로 다 비는돼 금년에는 10마지가 겨우 빗는돼 사람이 지춰는 것이 눈예 보이며 급이 먼저 나고 있꾸나.

〈1983년 10월 6일 목요일 낡씨 맑음〉

"복판에 논벼가 약 살표할 때는 마음에 찬 벼가 못 돼더니 금일 형, 형수, 우리 두리가 복판 벼을 비는돼 아주 잘 됀 벼이며 벼씨 선탠[선택]을 잘해서 복판에는 농사을 잘 짓어따고 생각을 한다. 자신은 소죽을 매일 나참으로 주로 오기 때문에 일이 그만춤 지연이 대는돼 오늘은 만이 비따고 생각을 한다. "우리 운이 매일 보따리만 와다 갈다 하는 줄 알면서 운이 학교에 갑{나} 오면 좀 갈치주도 못하고 마음만 진득 씨이며 운이에깨 시간을 내지 못하고 있쓰니 부모 마음만 답답꾸나. 앞푸로 시간이 있따며 가을 추수을 안전이 해야 운이에깨 시간을 낼 수가 있따고 보는데 그간 운이 고충이 댈 썻을 생각

118) 이 내용은 지면 상단에 따로 기록하였다.

하니 어서 빨리 가을이 갈쓰며 하는 생각밖에 업꾸나."

〈1983년 10월 7일 금요일 낡씨 흐림〉

금일은 벼을 빌라고 생각을 했는돼 기상돼에서 내일 비온다고 하길래 벼 비는 것을 취소하고 발가리[벼를 베어 묶어둔 볏단]을 세우는돼 힘이 만이 들어쓰며 발가리을 13마지기 새우는돼 정말 힘이 들어쓰며 다 새우고 나니 오후 7시가 돼더라. 다 새울라고 욕심을 부리서 일을 해키 때문에 다 쇄우고 나니 주저안절 정도가 돼어쓰니 고통은 말할 수 업다.

〈1983년 10월 8일 토요일 낡씨 비〉

※ 가을철에 비가 만이 오는 것은 나 자신 알기는 첨이라고 생각을 한다.[119)]

가을철에 비가 이려깨 만이 올 줄은 꿈에도 생각도 몿해다. 비 온다고 발갈리는 잘 시와찌만 나머지 바인다로 빈 것하고 복판에 내 논 벼는 그돼로 물래 잠기서 있는돼 이거 큰일이다. 이후 낡씨가 바람이 불고 낡씨가 차가와저며 문제는 해결이 됀다고 보지만 이후 낡씨가 따뜻하고 또 비가 온다면 해결할 문제가 업따고 보는대 이거 정말 보통 일이 아니라고 생각을 한다.

〈1983년 10월 9일 일요일 낡씨 맑음〉

발가리 새우는돼 논에 물이 무럽까지 오는돼 바인다 단을 발가리을 새울라고 하니 힘이 들뿐 아니라 더뒤서 에로가 더 만더라. 다른 사람들은 벼단을 물래 잠기 있는데 손을 쓰지 않코 그돼로 두고 있는데 어떠개 하는 일이 잘하는지 알 수가 업쓸 정도다.

※ 농민들은 노동 돼까도 나오지 않을 뿐 아니라 고통이 너무 만이 들어서 큰 문제점이며 아푸로도 계속 농가 줄 껏으로 내다보고 있다.

〈1983년 10월 10일 월요일 낡씨 맑음〉

사람이 들{어}다 발가리을 새울라고 하니 하도 힘이 들어서 오늘은 모끄체로[묶은 채로] 끌어다 발가리을 새우니 사람이 좀 수란 감이 드는구나. 때 아닌 비 때문에 사람이 우예 일을 수도 업시 하여야 돼니 생각을 안 알라 해도 안 알 수 업는 일이다.

※ 이번에 버마 폭발문[폭발물] 사건으로 대통령 수령인들을 16명인나 각부 장관을 다 죽인 것이 가슴 아푼 일이다. 북계[북괴] 태리라사근[테러사건]이 정말 음청난 일이며 북계가 태리라사근만 일삼는다며 머지안{아} 선멸됄 것은 사실이다.

〈1983년 10월 11일 화요일 낡씨 흐림〉

봉답에 벼을 비는돼 비료거름이 만아서 벼들이 충실지 몿하고 아주 형편 업는 정도다. 작년보다 수학이 뒤떠러저지 않나 하고 내다보고 있다.

그리고 벼을 비고 너캐야 들어와서 세수을 하고 있는데 운이가 아들 자전차 바치서 입술이 상쳐가 만이 낯쓰며 입밭이 오늘 빠전 것인가 사이가 버려저서{인가} 잘 알 수가 업따고 이야기을 하길래 부모가 아이들에깨 무관심해서 멋하계녀냐고[뭣하겠느냐

119) 이 내용은 지면 상단에 따로 기록하였다.

고] 하면서 신경이 날카려어저면서 집사람 볼래다 손을 돼니까 때린다고 야단을 쳐면서 대더려서 집사람 몸에 손을 만이 돼계 돼어쓰며 나 자신도 성질이 불칼 같다. 성질을 잘 참지 못하는 형편이며 집사람 성질도 나와 성격을 저울질 해본다면 그람 차위도 업쓸 정도니 앞푸로 이 문제을 잘 소와을 못 시키면 자신의 어신[억센] 손바닥에 집사람 얼굴에 상쳐을 주지 않나 하고 극정이 크구나.

※ 집사람을 가만이 두고 점수을 매킨다면 열까지 다가 백점이 돼는데 탁 한 가지가 단 50점이라도 됀다면 자신은 천사 부부라고 어너 누가 어뒤라도 말할 수 있는돼 탁 한 가지가 자신을 계로뻘라고 자리을 잡을라고 더니 마음 습습하기 짝이 업꾸나.

〈1983년 10월 12일 수요일 낡씨 비〉

어재 집사람을 얼굴에 손 댄 자국에 멍이 들어 있는 것을 보고 미안한 감을 감추지 못하게쓰며 앞푸론 이런 일이 업깨끔 해야 돼겟다고 생각을 했쓰며 집사람이 얼굴에 멍든 그돼로 말리 우리 논에 벼을 비는 모섭을 보니 더 미안하기 짝이 업꾸나.

〈1983년 10월 13일 목요일 낡씨 비〉

올해는 때 아닌 비가 만이 내리서 올 가을 수학하는 데 왜로가 만을 뿐 아니라 벼 수학도 못하고 다들 썩꾸는 것이 아닐끼 하고 극정이 말할 수 업꾸니.

"이번 버마 사끈으로 우리나라 각부 장관이 죽어간 것이 정말 우리나라의 큰 불행이라고 생각을 하며 자신이 생각을 할 떼에 오늘 안장을 하는 것을 볼 때에 정말 눈시울이 떠급더라."

〈1983년 10월 14일 금요일 낡씨 흐림〉

정부에서 대풍년이라고 법석을 부리도 실지 벼 수학을 한사람들은 작년보다 훍신 적계 생산이 난다고 말을 하며 실지 벼을 보며 멀구 피해가 만아서 수학에 영양이 더 많아든 것 같다.

그리고 밭터 5마지기 큰집에 벼을 비는돼 금년 농사 중에 재일 잘됀 것 같더며 내일 하로만 더 비며 금년 벼 비기는 안전이 한샘이 돼는구나. 금년에는 바인더로 12마지기을 비서 사람이 좀 수란 편인돼 작년에 사람이 40마지기 넘는 것을 냇시가 다 빈 것을 생각을 하니 정말 마음이 아질한 기분이 든다.

※ 내년에는 큰집과 따로 해서 사람이 좀 수라계 할 계핵이나.

〈1983년 10월 15일 토요일 낡씨 맑음〉

오늘로서 벼 비기는 안전이 끝이 난 샘이 돼며 올해는 벼 비기에 좀 지루한 감을 가지고 끝이 난 샘이다.

"그리고 집사람 얼굴을 보고 웃고 마랐다. 집사람 하는 말이 사람을 보고 예 웃는냐고 하길에 얼굴예 멍이 꽃보다 더 예쁘서 하고 웃고 마랐찌만 이번에 얼굴에 멍이 잘 풀리지 안아서 얼굴을 볼 때마다 미안하기 짝이 업꾸나. 그리고 집사람 얼굴을 보고 자내 얼굴에 멍이 왜 디리는냐고 물울 때에 어돼 빋치서 그러나고 말을 했따고 히더리. 왜 거싯말을 했는냐 영감한태 어더마자서 멍이 드러따고 하지 하니까 참아 그 소리을 못하게따고 이야기을 하더라. 이야기을 못하는 집사람 마음은 얼마나 장피하게나 하고 생각을 할 때에 다시는 이른 일을 만늘으서는 안돼겟따는 것을 절시리 너켜쓰며 이번 일은 오래두록 미안한 감이 씨쓰저지 않는 것이 사실이다.”
※ 자신이 집사람을 그처름 아키고 사랑을 해도 자식 사랑만 몿하길에 이번에 운이 문제로 집사람 얼굴예 멍이 들계 만더려찌 자신은 아들 사랑보다 집사람을 더 사랑하는 줄 알라더는[알았더니] 실찌 속마음은 아들 사랑이 더 큰과바.

〈1983년 10월 18일 화요일 낡씨 흐림〉
요줌은 중앙기상돼에서 비 온다고 자주 하고 있쓰니까 비에 질릴 정도다. 가을 날씨가 이러깨 비가 허나고 비가 만이 오는 것을 나마는 사람도 처음 밭다고 하면서 성화을 내며 오늘로서 벼단 빈 것을 봉답까지 발가리을 안전이 세어쓰며 큰집배 봉답논에 물이 넘어나 만으며 물논 모양 발리 파저서 밭갈리 세우는 돼 정말 힘이 더려다.
“이제는 집사람 얼굴이 멍더린 것이 이제야 다 살라지고 업쓰서 남 보기에 미안한 것이 업쓰며 잘못이 좀 살라지는 너킴이 더는구나.”
우리 운이 공부 못한다고 담임선생님이 운이 엄마을 내일 오라는 통지을 받고 나니 정말 미안한 점 말할 수 업쓰며 선생님을 만날 면목이 업쓰저는구나. 그래서 운이을 불러서 산수 공부을 갈치 보니 신경만 쓴다면 따라 할 수 있따고 생각을 하는데 집사람이나 자신이나 시간 틈이 정말 업쓰서 갈치지을 못하게쓰니 가슴만 답답꾸나.

〈1983년 10월 19일 수요일 낡씨 흐림〉
집사람과 둘리서 발갈리을 돌리 세우는돼 집은 소먹이도 못하두록 푹 썩은 것이 만으며 앞푸로 비가 한 번 더 온다면 나락마저 썩을 판이니 농민으로서는 타격이 심하다. 농민들은 죽두록 해바야 땀 흙린 돼까도 안돼니 하로 빨리 전환해야 잘사는 길이라고 생각을 하고 십다.
“그리고 운이 선생님이 운이 엄마 학교 오라는 열락을 밭고 추수가 바빠서 가지 못하고 편지로 혜진에게 부치 보내서 혹씨 차저 배옵지 않코 서신으로 했따고 운이예깨 영향이 갈까바 속으로 조금 극정을 했든이 선생님예깨 답장을 했주어서 그 답장을 밭고 보니 마음의 안정이 돼는구나.”

〈1983년 10월 21일 금요일 낡씨 맑음〉
큰집배 큰 두 마지기 벼 탈곡을 처음 하는데 작년보다 생산이 들 돼는 너킴이 들며 올해 비올 때 바서는 벼 탈곡도 못할 줄 알라는돼 금일 벼 탈곡을 했쓰니 기분이 좋은 편이 돼어다.
우리 자식들 가을 소풍을 가는돼 일부 저의 엄마가 (사이다) 과자을 사주고 한 사람에 600원식 주어든이 딸 둘은 한 픈도 쓰지 않코 운이 혼자만 돈을 다 쓰고 집배 왔더라. 이것들이 아빠 모양 돈을 아킬 줄 아는구나 하고 생각을 할 때에 마음 든던하구나. 한편으로는 돈을 반절이라도 쓰고 왔쓰며 하는 생각이 들며 마음이 아쉬어지는구나.
※ 그리고 운이 선생님만 소풍갈 때마다 선물을 해서 딸들 단임선생님예깨는 별다른 선물을 못해서 미안한 점이 든다.

〈1983년 10월 22일 토요일 낡씨 맑음〉
“오늘은 세집배 밭따래이 돼갈림 하는 논을 벼 탈곡을 처음 할 때는 작년 반 곡석이나 나오겟나 하고 극정이 돼더니 벼 탈곡을 다 하고 나니 작년 곡석이 지발[간신히] 댈까 그진 비섯한 너킴이다. 벼 탈곡을 한참 할 때는 작년보다 어름도 업캐다 하고 극정이 크던이 작년 수준이 돼니 갈림하는 채면을 면예따고 생각을 한다."
"작년에 가을 {일} 할 때는 집사람을 돼리고 해도 몸이 지칠라 하고 생각을 별로 하지 안는 것 같든돼 올해는 가을 드려쓰며 집사람을 더 아키는 생각이 들며 몸이나 상하지 않을까 황상 염려가 돼는 나나을 보내고 있다."

〈1983년 10월 23일 일요일 낡씨 맑음〉
이번 가을 들어 처음 가을 낡씨 했따고 생각을 한다. 오늘 같은 낡씨을 진작 했따면 벼알에 흙투성이가 안돼어쓸 껀돼 이재야 가을 낡씨가 돼는 것이 아쉽다.
그리고 큰집배 들까지 엿 마지기에 벼 탈곡을 하는돼 잘돼서 생각보다 만이 수학이 돼며 푸돼 가마니로 56푸돼 반이 생산이 돼어쓰며 자신 알기론 처음 같꾸나.
"오늘은 일요일이라서 (혜숙이, 혜진, 혜영이, 정숙이) 냇섯을 돼리고 갈서 밭타래이 4마지기와 들까지 2마지기 총 6마지기을 벼집을 다 새어쓰니 참 만이 했따고 생각을 한다. 처음에 밭따래이에 실고 가서 일을 시키고 나니 점부 못한다고 입만 벌리서 자신은 못하고 올 줄 알라든이 오전 일적 했치고 오니 정말 만이 했쓰며 수고했따고 생각을 한다."

〈1983년 10월 26일 수요일 낡씨 비〉
오늘은 복판 논에 벼 탈곡할려고 어제부터 복판에다 탈곡기을 쥰비까지 하여 두어는돼 금일 아침부터 비가 내리서 벼 탈곡도 못하고 휴식을 해찌만 마음마는 불란한 휴식이 돼고 나랐다. 왜냐하며 이번 비로 벼 탈곡 보리 파종 할 껏 업시 너저만 갈 뿐 아니라 이번 비로 보리 파종은 못하는 것이 아닐까 하고 제일 극정이다.
"우리 운이 공부 못해서 큰 극정은 돼지만 금일 비 오는 바람에 시간 여유가 저의 엄마 있쓰서 종일 운이을 갈치는데 운이가 공부을 배우고 있찌만 이주 지루한 감을 보이며 몸자세가 아주 못 전찌는[견디는] 것 볼 때에 운이가 큰 고욕이구나 하고 아치려운 감이 더는구나."
"정부에서 이번 추곡 매상가격을 작년 가격으로 동결 지우는 것은 농민의 한 사람으로 생각을 할 때는 너무들 하는 것 같다. 왜냐하며 비료값, 약값, 다들 올리노코 매상가격만 올리지 안코 작녁 가격으로 동결 지운다고 하는 것은 말도 인 댄다고 생각을 한다. 시장에 기서 물건을 살라고 본다면 작년 가격으로 가만이 있는 것이 가연 멧 가지가 돼개쓰며 이건 너무나 힘 업는 농사 백성을 무시한다고 생각을 한다."

〈1983년 10월 28일 금요일 낡씨 맑음〉
복판논 벼 탈곡하는데 생각보다 한 가마니가 적개 생산이 돼어서 마음에 조금 글리는구나. 탈곡한 벼가 푸돼 가마니로 26 반이 생산이 돼더라. 복판 논에는 객토사업만 한 번 하며 벼농사는 잘 댈 껏으로 내다보고 있는돼 그것이 마음대로 돼지을 않는구나.

〈1983년 10월 30일 일요일 낡씨 맑음〉
오늘로서 보틀[보들] 벼농사 탈곡은 안전이 하여쓰며 금넌 벼 탈곡은 작년보다 약 20日은 너전 감이 들며 올해는 가을 하는 돼 작년보다 더 힘이 들며 몸이 고단해서 하도 하로 가는 것이 고욕이라고 해도 무리돼는 말은 아니다.

〈1983년 10월 31일 월요일 낡씨 맑음〉

오늘은 봉답 벼농사 탈곡을 하는돼 정말 허무하더라. 작년에 밀양 30호을 3년간 연작을 해서 작년에 30호가 허무하기 짝이 업쓰서 올해는 백양을 해서 더 허무한 농사을 짓고 마랐다. 매년 농사을 짓는돼 한 번도 재돼로 몿 짓깨쓰니 여간 고통이 아닐 수가 업다.

"일 년 중 가장 좋은 달이 오늘로서 접어두는구나. 년중 쳐고 10월 달이 업쓰며 사람 생활에 속업씨 무이미하게 살라갈 껏인돼 알이 찬 달 10월이 있쓰서 사람 마음을 곽 차게 하는 10월이 오늘로서 마지막이 돼니 아쉽기 짝이 업꾸나."

〈1983년 11월 3일 목요일 낡씨 맑음〉

1938年 11月 3日 봉답에 보리 파종함.[120]

금일은 봉답 논에 파종하는데 작년에 보리 파종 면적은 좀 많다고 생각을 하며 파종시기가 좀 너전 감이 드는데 겨울철에 월동하는 돼 지장이 업쓸런지 알 수가 업쓰며 시기로 바서는 상당이 너전 감이 들어서 월동에 지장이 이쓸까 크게 극정이다.

(비료 거름이 복합, 2표)

〈1983년 11월 4일 금요일 낡씨 맑음〉

금일은 앞밭태 집사람과 둘리서 보리 파종할려고 계핵을 세운는돼 중앙기상돼에서 내일 비 온다고 해서 형은 구경 가고 업는데 형수와 집사람, 셋시가 아주 추진돼 큰집 보리 파종하는데 정말 힘이 말할 수 업시 더려쓰며 뒤도구로[논의 뒤쪽으로] 경운{기}가 진역인 돼는[짓이긴 데는] 보리씨앗이 잘 날란지 궁금하기 짝이 업꾸나. 내일 비 온다고 해서 저물두룩 하너라고 수고 만아쓰며 우리 일들은 계속 어찌 일하는 모양 일더리 너깨까지 하여야 꼭 돼두록 일크리가 그러깨 돼어서 우리 일하는 것이 만이 지치는 형편이다.

〈1983년 11월 5일 토요일 낡씨 맑음〉

중앙기상돼에서 오늘은 비 온다고 해서 큰집배 형도 업는돼 추진 논에 보리 간다고 고상만 하고 마라꾸나. 기상에도 실수는 있깨찌만 아주 엉떠리 업는 기상을 할 때가 만을 때가 만다. 이것들이 실수가 돼며 농민들은 을마나 우예 일들을 만이 하는지 생각조차도 할 수 업는 형편이다. 이번에 자신도 기상만 맡게 했더라면 밭태 씨값씨을 마저 널건돼 너치 몿하고 오늘마저 씨갑씨 너치 몿하고 논에 거름 내는 것으로 하로 일과을 보내고 마랐다.

내년에는 큰집가 따로 하게 돼며 마음 여유가 이쓸란지 사람이 황상 마음이 불 끄로 가는 모양 마음이 이처름 바픈지 알 수가 업쓰며 내일은 그저 처삼촌 벌추하더시[121] 해야 돼니 이러깨 살라서는 자신에깨 소득이 업쓰서 안돼겟다.

〈1983년 11월 8일 화요일 낡씨 맑음〉

금일은 매상 준비하너라고 하로 일과을 다 보냇다. 정부에서 매상 할당을 적개 할당을

120) 이 내용은 지면 상단에 따로 기록하였다.

121) '처삼촌 뫼에 벌초하듯'이라는 속담으로, 무슨 일을 하는 데 도무지 정성을 들이지 않고 마지못하여 겉날리어 함을 이르는 말이다.

할려며 매상을 좀 빨리 끝을 내며 업는 농사 백성이 좀 수라지만 할당량을 적계 주면서 매상을 하며 한 달 후예 또 매상을 주니 사채 빛 선 사람은 남에 빛도 값도 못하고 정부에서 있는 사람 살리게 하며 돈만 축내기 좋을 만아게 일을 하고 있다. 앞푸로 계속 이른 식으로 정취을 한다면 농민들은 잘 살수가 업쓰며 따라서 소도시 상인들도 모가지를 서서이 조어는 껏과 맡찬가지라고 생각을 한다. 이른 시세로 간다면 대기업이나 살 수 있을까 그 나머지 살 수가 업다고 본다.

〈1983년 11월 9일 수요일 낡씨 맑음〉

(11月 9日 췾 매상 함)[122]

금일은 우리 마을에 췾 매상 하는 날이다. 금년에는 일기가 고루잔아서 벼알이 색이 다들 같쓰며 벼을 콘바이로 벼을 빗는 사람들은 그위[거의] 다가 일등을 마자쓰며 손수 벼을 빗는 사람은 그진 벼알이 흙이 무더키 때문에 이등을 맡자쓰며 정부에서도 벼 색깔은 가만해 주야 돼는돼 그르치 않코 색갈로만 이주[위주로] 하는 것 같다서 좀 불만이며 업는 사람은 매년 손수 나락을 비기 때문에 매상 등급에 예로점이 만으며 매상가격을 작년에 동결시키며 매상 등급이라도 좋아야 하는데 금년에는 자신으로 바서 작년보다 등급이 딱 반이나 적계 바다쓰며 이것을 계산한다며 금년 매상가격을 작년에 가격으로 동결한 것이 아니라 오휘려 가격을 상당히 인화한 것이나 나름이 업따고 본다.

금일 매상한 것이 1등이 11가마 2등이 19가마 計 30계

총금액이 830,980원

〈1983년 11월 10일 목요일 낡씨 비〉

금일은 가랑비가 내리는돼 큰집 봉답 탈곡을 맡치다.

봉답을 탈곡을 해보니 봉답 벼는 거름 가욕[과욕]은 할 필요가 업다고 본다. 왜냐하며 큰집배 봉답 벼가 전부 죽어따고 해도 과연이 아닌돼 탈곡한 벼을 본다며 자동탈곡기로 한 것이 푸돼 가마로 22가마나 돼더라. 이것을 볼 때에 봉답 벼는 거름 가욕만 업쓰따며 풍작은 못 돼어도 마음에 찬 농사는 짓을 수가 있따고 생각을 해본다.

〈1983년 11월 11일 금요일 낡씨 맑음〉

금일은 큰집배 집 짓을 자제 사로 형과 둘리서 김천장에 가보았든이 자제금이 생각보다 다들 빗싸며 자제도 사지도 못하고 둘리 돌라단이기밖에[돌아다니기밖에] 안예쓰며 철근을 살라고 하니 내일 실어다 줄라고 하면서 집배 가라고 하더라. 자신의 양심이 불량이라서 그런 생각이 더는가 몰라도 철근을 저울질하는 것 보지 않코 살 수가 있깨나 하고 그만 사지 않코 집부로 오고 마라찌만 집배서 생각을 해볼 때에 철근집마다 차가 어때 같다면서 내일 식전에라도 같다 술라고 하시난 손 업사네깨는 그른식으로 돈을 버는 것이 아닐까 하고 생각미저 더는구나.

〈1983년 11월 12일 토요일 낡씨 맑음〉

11月 12日 무우 수학.[123]

122) 이 내용은 지면 상단에 따로 기록되어 있다.

어재 철근을 몿 사서 금일은 혼자 장에을 가서 철근을 싸는돼 저울질을 하는 것을 보았는데 기피을 좀 더 잡는 것을 보았는데 아무 말도 않코 추만 다시 학인하고 마랐다. 0.1톤에 23,000원 0.7톤에 161,000원이 돼더라. 김천장에서 낢씨가 갑짝이 추버서 무가 극정이 제일 돼고 해서 오후 너깨 집사람을 돼리고 가서 경운기에 다 실고 오는돼 경운기가 재 발 오더시[제 발로 오듯이] 실고 왔다.

〈1983년 11월 13일 일요일 낢씨 맑음〉
무우 갈무리을 하여쓰며 큰집배 집 지돼 파는 것으로 하로 일과을 보냇쓰며 하로 일과을 생각을 해볼 때에 너무나 바푸며 너무나 중노동이다.

〈1983년 11월 14일 월요일 낢씨 맑음〉
순기 장인어른 장래식이라서 참석을 해보니 손님이 부이을 정부 지침에 따라서 각 집안만 해서 손님들이 좀 한산{한} 감이 더는구나. 이번에 정부에서 각역하게[강력하게] 이야기을 안예떠라면 손님이 상당이 만을 낀돼 그러치 않아서 좀 감소한 감으로 장래식이 돼어따고 본다.

〈1983년 11월 15일 화요일 낢씨 맑음〉
큰집배 지돼 파는돼 시간이 결일 뿐 아니라 힘이 세터에 짓돼을 파는 것 갈더며 좀 십찌만 지돼 파는 돼 하로 일과가 돼고 마랐다.

〈1983년 11월 16일 수요일 낢씨 비〉
금일은 목수 놉을 한 사람을 해서 짓돼 가와을 부치고 철건을 그는돼 비가 와서 일하기가 그중하며 일기가 값짝이 춥고 비바람이 부러서 그만 일까지 중단하고 마랐쓰며 비가 와서 들판에 집 너러 놓은 것을 하나도 그다더리지 몿하고 그돼로 비을 다 맡차서 정말 아쉬운 감 말할 수 업꾸나. 큰집배 집만 않 짓어도 집을 다 거다더리쓸 끄며 마늘까지 다 나아쓸 낀돼 내 일은 하나도 하지 몿하고 있는 것이 불만이다.

〈1983년 11월 18일 금요일 낢씨 흐림〉
금일로 지돼에 공구리을 오전 내에 안전이 쳐쓰며 자신의 생각에는 콩구리을 철라면 좀 시간이 글리지 않나 하고 생각을 했는돼 생각 위에 사람이 만이 와서 생각보다 좀 빨리 수라게 하게 돼어다.
"우리 운이 공부가 좀 나저는 감이 있쓰서 자신의 마음을 좀 쉬게 할 수 있쓰서 큰 다행이라고 생각을 한다."

〈1983년 11월 19일 토요일 낢씨 맑음〉
올해는 큰집배 집 짓는다고 금일 마늘을 집사람과 둘리서 노았는돼 자신이 생각을 할 때에 마늘 시기가 너무나 너저서 마늘 농사가 안돼지 하는 너킴이 더는구나.

〈1983년 11월 20일 일요일 낢씨 맑음〉
집사람은 김장 고추 사로 가고 자신은 소장에 송아지금 보로 갈치 갈쓰며 집사람 고추 사는 데 가보았든이 여사로 안 보며 보통 야문 사람이 아니더라. 집사람은 장을 다 보고 해서 집사람을 점심이라도 사줄라고 하니까 그절하더라. 자신이 생각을 하기에

123) 이 내용은 지면 상단에 따로 기록되어 있다.

는 맡이 있는 고기라도 사줄라고 생각을 했는데 끝까지 그절해서 그만 집사람은 집부로 보내고 자신은 소장에을 가니 약 12시가 돼며 아주 좋은 송아지는 이미 다 팔리고 나머지 송아지만 남아 있는데 가연 송아지가 약 200,000만 원 내리지 않아나 하고 생각을 하며 자신의 송아지는 8月달에 팔라쓰며 안만 적게 바다도 90십5만 원 바들수가 있쓰따고 보는데 이제 장에을 가면 약 80만 원 정도밖에 바들 수가 업쓰서 손예가 상당이 만으며 이때까지 먹인 것이 아쉽꾸나. 사로래도 3달 반이 돼어서 팔라야지 할 것인돼 이때껏 먹이서 큰 손예를 본 샘이 됐다.

〈1983년 11월 21일 월요일 낡씨 맑음〉

금일은 배추 수학을 하는데 배추가 초기에 비가 너무 만이 와서 배추밭에 물 치는 바람에 금년 배추 농사는 아주 피롱해서 김장도 적을 정도며 올 더러 처음 배추가 적으니 아쉽기 짝이 업꾸나.

그리고 그 반돼로 무지파는 처음 잘돼쓰며 수량도 처음 만으니 기분도 말할 수 업{이} 좋꾸나.

〈1983년 11월 22일 화요일 낡씨 맑음〉

큰집배 문틀 재작하는 데 하로 해가 다 같쓰며 자신이 메일 비푸니 집사람이 따라시 생예를 벅고 있는 것을 보는 자신이 황상 미안점이 가{시}지을 안는구나.

〈1983년 11월 23일 수요일 낡씨 비〉

올해는 비가 자주 와서 집들이 다 썩어쓰며 집사람과 둘리서 집 실월라고 가보았든이 다들 추지서 다 실어 더리지 몾하고 두 발이만 실어 더리쓰며 금년예 소 먹이가 좋찌 안아서 큰 극정이다.

"그리고 집사람을 경운기을 갈치 볼라고 경운기을 몰리 보았든이 바른 길예는 재법 모는돼 카부[커브]예는 아주 불안한 점이 만아서 아직은 더 배아야 하게다만 월마 안 가서 몰게따는 생각이 들며 올 겨울에는 어떠한 일이 있쓰도 경운기와 자전차는 다 갈치고 말겟다."

〈1983년 11월 25일 금요일 낡씨 맑음〉

오늘은 송아지장 갈려고 꼭 마음 먹은돼 소상사들이 와서 송아지금을 적게 줄 눈치라서 장예 가바야 그 사람들의 농간에 노라나기 때문에 그만 장 가는 것을 포기하고 마랐다.

"큰집배 다락 발비124)에 서라부 치는 것으로 하로 일과을 보내고 마랐다."

〈1983년 11월 26일 토요일 낡씨 맑음〉

큰집배 담 싸는 것을 오늘로서 안전이 싼 샘이며 담을 안전이 싸고 보니 집이 큰 집이더라. 돈이 업쓰서 그러치 집 니리안는 바람에 새 집부로 서라부로 집을 잘 짓는 샘이라고 생각을 한다.

〈1983년 11월 27일 일요일 낡씨 맑음〉

이재 이모 아들 결혼식을 자유예식장에서 식을 올리는돼 참석을 했쓰며 송문 이모 이

---

124) 서까래 위에 산자를 얹고, 보온을 위해 그 위에 덧대어 까는 잡살뱅이 나뭇조각을 말한다. 그 위에 지붕을 얹는다.

재 이모을 보니 어머님 보는 것처름 기분이 좋으며 어머님도 살라계시쓰며 하는 생각 아시운 마음이 더는구나.
"이번에 친지들이 모인 가운돼에서 종수이 결혼식을 올해는 하두록 이모 이숙모들이 심 좀 쓰달라고 이야기을 했쓰며 나 자신도 종말이가 아니라며 이쳐름 신경은 쓰지 않을 껀돼 종수이는 부모 사랑도 바다보지 몾한 것을 생각을 하며 눈시울이 앞을 가리고 만다."
"집사람이 다들 날간 몸빼이을 입고 다니는 것을 볼 때마다 사입버라고 이야기을 해도 입지 않코 해서 자신이 김천 예식장에 참석을 하고 시간이 있쓰서 집사람 몸빼이을 사들고 집사람을 주니 좋아하더라."

〈1983년 11월 28일 월요일 낡씨 맑음〉
(송아지 매각함) 1,640,000만 원.[125]
큰집배 집 서라부 철 나무을 세을 어더서 왔는데 집 한 채 짓는 돼 자제도 한정도 업쓰며 경운기로 4차나 실고 왔다.
금일은 송아지을 빠는돼 별로 팔고 십번 마음도 별로 업는돼 자신에 생각으로는 송아지금이 아직 더 내리지 않나 하고 생각을 했키 때문에 여때것 손예을 간 것을 생각을 하며 마음 아푸지만 앞푸로도 더 내리지 않나 하고 생각을 했키 때문에 마음에 별로 내키지 않는 송아지을 팔라서 손예가 더 가는지 알 수가 업쓰며 앞푸로 송아지금이 올라갈련지 알송달송하는 문제가 돼며 이재는 이 문재을 바라볼 수밲에 업다고 본다.
금일 송아지금이 비육우 송아지는 900,000만 원
한우 송아지는 740,000만 원
計 1640,000만 원
"이번 송아지금으로 자신원 가을 하고 나며 송아지금으로 2백{만} 원 꼭 대리라고 계핵을 세운 것이 허사가 돼어따고 생각을 한다. 자신이 계핵을 바로 세우쓰며 송아지을 오래 먹이지도 않코 260,000만원 수라게 더 바들 수 있쓰는돼 생각보다 영 딴판으로 같쓰며 자신이 생각하기는 가을 하며 매상이나 하고 나며 송아지금이 더 올라가기로 생각을 했키 때문 큰 손예을 보게 돼어다."

〈1983년 11월 29일 화요일 낡씨 맑음〉
큰집배 석방[126] 까는돼 높아서 힘이 자신은 상당이 만이 들어쓰며 자신은 노가다 돈벌로 가도 나전 돼서 일을 만이 했키 때문 높번 돼서 하로 종일 한다고 신경을 만이 쓰서 저녁 식사가 맡이 업쓸 정도로 피로하더라.

〈1983년 11월 30일 수요일 낡씨 비〉
큰집배 집 짓는다고 벼집을 가지고 오지 몾해서 이번 비에 또 다시 다 저저니 자신으로서는 큰 극정이다. 예냐하며 소 먹이가 일년에 상당이 만이 더러가는돼 집배 손을 댈 시간이 업쓰서 소 먹이가 극정이 돼는구나.
"일기도 고루지 않코 몸도 고단하고 해서 휴식을 점두록 했쓰며 우리 혜영이가 학교 같다 오다 차에 도시락이 부뒤쳐서 도시락이 좀 깨저더라. 그리고 혜영이는 아무 이상도 업다고 하며 도시락 극정밲에 안더라.

125) 이 내용은 지면 상단에 따로 기록하였다.
126) 슬라브 지붕공사를 하면서 콘크리트 타설 전에 하는 방온, 방수 공사를 말하는 것으로, 아마도 석면을 바닥에 까는 공사인 것으로 생각된다.

그러자 운전수가 와서는 극정을 하며 집배 왔더라. 자신이 운전수예깨 무러더니 도시락외 바치다고 이야기는 하지만 아이가 넘어젓따니 아이예깨 부{딪}치서 넘어간 것은 사실이 아닌가 생각이 돼며 우선은 아무 일이 업쓰서 천만다행이라고 생각을 하는데 밤외 잠을 자다 놀래지 않나 하고 극정이 재일 돼는구나. 아무튼 아이예깨 이상이 업쓰야 하는돼 하고 극정이 가{시}지을 안는구나."

〈1983년 12월 1일 목요일 낡씨 맑음〉

금년윈 소윈을 곡 이루고 말계따는 결심을 한 83年인돼 마지막 달을 맡지했는데 아직 이루지 몿하고 있쓰서 꿈이 깨어저지 않을까 조심서렵꾸나. 자신은 무리가 기는 힌이 있더라도 할 욕심인돼 상당이 조심시렵다. "큰집배 서라부는 오늘로서 성방[석방]은 안전이 까라쓰며 내일은 철근만 깔면 공구리을 처계 댄다. 재발 공구리을 쳐야만 자신이 시간 여유가 있쓸 뿐 아니라 계핵을 세우서 하나하나 했갈 수가 있따고 본다." "우리 마을예도 결혼식을 두 상이나 현제 올리고 있는데 순철이는 아직 결혼 이야기도 아직 업쓰니 극정이 말할 수 업쓰며 이 해을 다 넘어가기 전에 식을 올리야 돼는데 소식이 업쓰니 예타는 마음 검할 수가 업꾸나."

〈1983년 12월 2일 금요일 낡씨 맑음〉

철근을 헝히고 두리 하며 일직 할 줄 알라더니 생각보다 상당이 너더라. 철근 까는돼 안집 형님이 너깨라도 와서 그더러서 하로 할 수 있쓰까고 생각을 하며 자신에 생긱보다 조금 적개 더려가서 좀 안타갑다.

〈1983년 12월 3일 토요일 낡씨 맑음〉

오늘로서 공구리을 안전이 쳤쓰며 사람이 만아서 오전에 할 수 있쓰따는 것이 다행이라고 생각을 한다. 이번 형 집이 단단하게 잘 짓어젓따고 생각을 한다. 형 집을 다 짓어 노니 내가 살 껏 같구나.

〈1983년 12월 4일 일요일 낡씨 맑음〉

종수이 섬[선] 보로 형수, 순석이가 같는데 이번에는 돼배[바로] 돼어야 하는데 가보지는 몿하고 마음만 안절부절 할 뿐이다. 형수가 선을 보고 왔따기에 일하는 손을 그만두고 형수에깨 뛰어가 보았다. 형수예깨 무러보니 처녀가 중신회비[중신애비]와 둘리만 나왔는데 처녀가 너무나 좋아서 처녀 쪽이 할련지 그것이 궁금하다고 이야기을 하더라. 그 소리을 늘어니 한편으로는 좋고 한편으로는 처녀가 너무나 좋다기예 성립을 안아까바 극정이 크구나. 종수이가 올해는 어떠한 일이 있쓰도 결혼 문제만이 해결하고 이해을 넘기야 할 땐돼 마음이 무급꾸나.

〈1983년 12월 7일 수요일 낡씨 맑음〉

종수이 섬 본 돼서 열락이 업는 것을 보니 여자 축에서 실은 모양이다. 종수이가 결혼이 돼어야 한 가지을 이저푸는데 선을 바도 잘 안돼고 있쓰니까 답답키 짝이 업꾸나. 종수이가 작년에 하자는 처녀가 있쓸 때에 해야 하는네 하고 그 저녀가 뒤세겨지는구나.

〈1983년 12월 8일 목요일 낡씨 맑음〉

금일은 우리 마을에 매상을 두 번째 하는 날이다. 정부에쓰노 농민을 조금이라도 생각을 했디라면 매싱 일자을 한 날식이나 기간을 두고 매상을 주니 농민들은 사채 빛을 쓴 사람은 손예을 월마나 보는 줄도 모러며 매상가마니을 한 마지기에 4.5을 주니 빛을 만이 쓴 사람은 빛을 가리지 몾할 지경이며 4.5을 분배을 했더라도 쳊 매상에 전량을 다 주어따면 농민을 생각했따고 보지만 현 상태로 계속 간다면 아무것도 모른 농사 백성을 물로 집어넌는 것가 맡찬가지며 아무 것도 모른다 합시고 더 나뻐게 하는 것은 더 나쁜 사람이라고 생각을 한다. 금일 매상예 (1등이 6가마 2등이 4가마.) 매상가격이 (252,750원) 총금액이 1,083,730만 원[127)]

〈1983년 12월 9일 금요일 낡씨 맑음〉

집사람이 이재 경운기을 재법 잘 몰고 있쓰며 앞푸로 얼마 더 안 갈치서 경운기을 마음돼로 몰고 다닐 수가 있따고 본다.

오늘은 집을 실어 더리는데 집이 안전이 말어지을 안아서 마음에 글리는구나.

앞푸로 농민들 철로 주변가 고속도로 주변에는 농사 짓어 먹키가 아주 힘들지 않나 하고 내다보고 있다. 왜냐하며 어재 공판에 한참 등수을 매기고 있는데 면예서 올라가지고 공판 몾한다고 법석을 부리며 오늘 12시에 고속도로 내무부장관이 간다면서 넉둘래 집을 안전이 치아야 한다고 법석을 부리더라. 이것을 볼 때에 우리들은 겨욱질[구역질] 날 정도다. 농민들도 살기가 힘이 더려서 어짜며 수학을 좀 더 낼까 하고 눈 떠마 생각을 하는데 면사모소에서는 농민들예깨 두불[두 번] 일을 시키는 것이 한두 가지가 아니며 이것이 지나치며 올른 일도 질정이 나서 해가 돼는 수가 있쓰니 이것이 염려가 돼는구나.

정부에서 이것을 시정해야 됀다고 본다. 왜냐하며 정부에서 막돼한 봉급을 주는돼 설때 업는 일을 시킬라고 매일 2명은 동내에 살다시삐 하는데 면사모소에 이처름 할 일이 업따며 직원을 주라서 그 돈을 적절이 이용하는 것이 나라가 살찌지 않을까 하고 생각을 한다.

〈1983년 12월 10일 토요일 낡씨 맑음〉

집을 실러 더리도 마음에 차지을 않는구나. 올해는 집들이 유난이 추지며 집이 마러지을 안아서 집은 실어더리지만 소 먹이가 잘 안돼지 하는 너킴 때문에 기분이 상캐한 너킴 업시 집사람과 둘리서 집을 돼충 실어 더린 샘이다.

〈1983년 12월 13일 화요일 낡씨 비〉

오늘로서 집은 안전이 실어더리쓰며 집이 깨끗한 맡이 업쓰서 마음에 들지을 안는구나. 그리고 집사람이 집을 실어 더릴 때에 경운기로 두리가 가기 때문에 경운기을 몰고 다니면서 경운기을 배아찌만 이재는 집 실을 키[게] 업쓰서 경운기 배울 시간이 저그저는 것이 좀 아쉽다. 집사람이 우리 마을에서는 처음 경운기을 배운 셈이 돼며 안전이 숙달은 안돼찌만 재법 몰고 다닐 수가 있따고 본다.

〈1983년 12월 15일 목요일 낡씨 맑음〉[128)]

---

127) 매상 가마수와 합계액이 맞지 않는다. 그런데 1983년 수매가격은 (2등품 80kg 기준) 55,970원이었다. 따라서 여기에 기록된 액수는 전체적으로 잘 맞지 않는다.

128) 12월 10일부터 15일까지의 일기를 기록한 지면 위쪽에 '경운기 기름 5말 5돼, 기와 오일이, 2개 엔진 오일이 2개'라고 기록되어 있으나 날짜에 대한 언급은 없다.

올해는 봉답이라도 두 마지기 살려고 이야기을 해보니 주위에서는 7,500원 주며 만이 준다고 해서 논 홍정이 댈 줄 알라는데 논 주인은 서울 있고 대갈림 하는 사람이 가격을 싸다고 하면서 그절을 하고 만다더라. 자신도 예초 생각하기는 아주 업는 사람이 아이들 학교 시기지 하니까 거것이라도 한 해라도 더 부치며 수입이 더 돼니까 홍정이 안 댈 것이라고 이야기을 하니까 주위에서 작녁부터 내논 것이라 올해는 판다고 해서 이야기을 해보라고 했든이 홍정이 안 댄다고 하니까 자신의 마음이 들뜬 기분이라고 할까 평소 때 기분은 아닌 것이 사실이다.

12月 15日
경유 1말[129)]

〈1983년 12월 16일 금요일 낡씨 맑음〉

이번에 금년 매상 할당을 정부에서 큰 미쓰을 했따고 생각을 한다. 애냐하며 작년예도 매상량을 그진 다 돼어따고 생각을 하는데 금년에 100만 석을 더 바다더리게따고 하고서는 우리 마을 쳐고도 한 마지기예 4.5가마니을 더 바다주지 않으니까 금일 상인들이 매상 실적이 저은 곳으로 간다면서 우리 마을에 매상 할당 위에는 가마당 25,000원식을 받고 다 냇쓰며 우리 마을에서 통유차루 2차 입빠이 실고 같쓰며 넣서드러는 사람은 뫃 실어서 내지 뫃했며 대신도 금일 남이지 나락을 다 냇따고 하니 정부에서 하는 짓이 상인들을 살일라고 작정을 하고 매상 할당을 이려게 하여는지 알 수가 업다. 정부에서 꼭 할당 위에 뫃 받게따고 이야기을 하고 할당 위예는 적절한 가격에 상인들예깨 내라하며 농민들은 이자을 늘가[즐려] 주니 가을 적시 내면 2달 이자는 안 늘가 주도 댈 껏을 정부 잘뫃으로 손예을 밭쓰며 예당초 꼭 매상을 찔질 하며 할당을 적계 주어서 아무것도 뫃 하두록 할 것을 생각만 했따며 매상을 하지 않코 콘바이로 탈곡을 하는 적시 시장예 냇따며 목돈도 하고 이처름 손예는 안 같따고 생각을 하는 바이다.

〈자신의 생각예는 정부에서 농민의 실속을 넘어나 모러고 있따는 것을 가슴 아픈 일이다.{〉}

그리고 자신이 생각을 해볼 때에 마을 호수가 100호가 넘는데 그 가운돼 돈이 남아돌라가는 사람은 불과 15호 정도며 한 해 농사을 짓어서 한 해 빛을 싹 정산하며 남어지도 업는 가정이 약 20호 정도며 그 나머지는 빛등으리가 더 크다고 생각을 하며 사람이 그저 안 죽어서 사는 것가 다름이 업따고 생각을 한다. 이것을 생각을 할 때에 농민들의 이새가 극정이 돼는구나.

〈1983년 12월 19일 월요일 낡씨 맑음〉

세집배 삼촌이 산에 나무 했노았따고 하면서 경운기로 한 발리 했달라고 해서 한 발리 실어주는데 길이 나빠서 힘이 만이 들어다.

그리고 소 두엄을 경운기로 실이서 논바낙에 마음돼루 몰고 다닐 수가 있쓰서 지신의 생각돼로 위치을 배지할 수가 있쓰서 기분이 상캐하구나.

땅이 얼어서 경운기가 다닐 수가 있쓰니 요앞에 논에 뫃 들어가서 노도 옙패 실어 논

---

129) 12월 15일 일기는 따로 없고, 이 내용은 지면 상단에 따로 기록되어 있다.

것이 이재는 다시 실을 극정이 돼는구나. 혜진, 혜영이가 저녁 먹고 나면 어린이 푸로는 매일 보두록 나두어쓴는돼 자신이 시계을 15시는 멧 시야 하고 우연이 무러니까 잘 모러며 시간을 새어보더라. 그래서 갑짝이 화가 나서 계속 무러보니 선뜻 모러고 있더라. 그래서 공부을 잘 화고 있는 줄 알라든이 아무것도 모런따고 하면서 매로 손바닥을 내 신껏[힘껏] 내리쳐쓰며 혜영이는 듬[덤]으로 매을 마전 샘이 됀다. 자신이 아이들을 사랑을 아킴업씨 하면서 성질이 나며 사정 업시 때리는 것이 탈이라고 생각을 하면서 곳때 곳때 참시을 참지 못하고 했치우는 것이 나쁜 습성이라고 알고 성격을 곤치 볼라고 불상사가 날 때마다 반성을 수차 했도 곤치저지을 안는구나. 그래서 금일은 아이들 불어서 다시 웃는 얼굴로 혜진한때 무러보니 안전이 알며 선뜻 선뜻 대답을 하더라. 아까 매댄 것이 미안해서 온 식구가 500원치 과자을 사와서 과자파뛰을 한 샘이다.

〈1983년 12월 20일 화요일 낢씨 맑음〉

경운기로 모재리 터에 젝토하는 것으로 하로 일과을 보낸 샘이다. 남들은 젝토을 하는 것은 수라게 보지만 경운기로 해도 힘이 들고 있다.

"이번에 12月 17日날 어머님 재사 때에 종수이 결혼을 우리 육남매가 한 자리에서 매우 극정을 하면서 해여저쓰며 남은 선을 본다 결혼을 한다 하는데 종수이가 결혼이 안돼고 있쓰니 예가 타며 종수이가 어머님이 살라계시며 벌서 결혼이 성립이 대어쓸 것이 아닌가 생각을 했볼 때에 형우로 정말 가슴 아푸다."

〈1983년 12월 21일 수요일 낢씨 맑음〉

큰집배 마구 바닥 하는돼 두리가 하로 점두록 하여쓰며 형과 일을 하며 기분이 불케할 때가 있쓰서 일을 하여 주도 별로 자미가 업따고 생각을 한다.

"종수이 이번에 중매자가 다{가}오는 일요일날 선보자고 약속을 했따기에 이번 주일은 월넌[어서] 가쓰며 하는 생각밖에 업꾸나."

"우리 운이 볼 때마다 자신이 강새이[강아지] 강새이 하니까 강새이가 무선 말인 줄도 모러고 우리 강아지을 5,000원 주고 싸온 강아지을 보고는 강아지예깨 강새이야 강새이야 나도 강새이다 하고 안고 다니는 모섭이 우섭꾸나."

〈1983년 12월 22일 목요일 낢씨 비〉

모재리 젝토을 하고 있는데 보슬비가 내리서 격토을 한 발리 더 할러다가 비도 오지해도 저물고 있는데 형이 집 실런다고 있킬래 자신이 한 발리 할려고 하다 비가 오는 바람에 흙 실런는 것은 포기하기고 형 집 실런 돼 가서 한 발리 실러주는 것으로 하로 일과을 보내고 마랐다.

〈1983년 12월 23일 금요일 낢씨 맑음〉

기온이 갑짝이 내리가서 아무 일도 하지 못하고 땔감 나무 한 짐 저고 오는 것으로 하로 일과을 보낸 샘이다.

그리고 우리 동내에서 잘 살기로 둘자[둘째] 가라면 슬다 할 사람이 딸 결혼한다고 동내 술 돼집한다고 동사무소에 나오라고 하여서 자신은 아주 가까운 사람이 아니며 참석도 잘 안알 뿐 아니라 부주도 아직 안는돼 오늘은 친구, 형, 딸 결온이라서 참석을 하여다. 잘사는 사람이 음식을 내는 것을 보니 업는 사람보다 더 허무하게 돼집을 하니 동민들 좀 빈잔[핀잔]이 만원 것 같다. 자신도 뜸하게 참석은 하지만 이것보다 다들 따뜻하게 대집을 바다쓰며 있는 사람은 내 지출을 적게 내고 수입만 생각을 해서 이른 현상이 오지 않는가 생각도 든다. 만약 업는 사람이 음식을 이려깨 내주고 부주을 바들라고 든다면서 촉새 빠른 사람이 현장에서 한 마둬식 했쓸 것으로 자신은 생각을 한다.
"이것을 볼 때에 돈을 버러야 돼는돼 하고 돈 생각에 업꾸나."

〈1983년 12월 24일 토요일 낡씨 눈〉
우리 운이 여때것 공부기 뒤떠러진 것을 이번 겨울 방학 동안에 집사람이 방학동안 운이을 갈치며 충분하게 따라가지 않나 하고 원근이 기돼을 했는데 그 반돼로 집사람이 방학동안 돼리고 안전서 갈치도 진도도 업고 딴 소리만 하고 있쓰니 이그 기돼에 어근나며 이그 극정이 안 댈 수가 업꾸나.

〈1983년 12월 25일 일요일 낡씨 맑음〉
우리 아들 크리스마스라고 400원식 주어쓰며 우리들 잘랄 때는 크리스마스는 생각지도 못했고 음력 구뭄날 저녁에는 막년회라고 파서지 않고 놀랐다. 우리들 잘랄 때와 요줌 아이들과는 징말 치위점이 만다고 생각을 해본다. 우리는 막년회을 하며 할 껏이 업쓰서 겨우 한다고 해바야 못 따먹키밖에 몰라는돼 요줌은 아죽 고급으로 논다고 생각을 하며 요줌 아들은 정말 행복한 아들이라고 생가을 히고 십꾸나.
이번 일요일은 선을 볼 끈 수가 셋 끈이라면서 오전 10시 바야 한다고 형수가 구미로 내려같다. 그래서 자신운 셋 중에 어너 한 사람은 돼개꾸나 하고 생꺽을 해보았쓰며 오늘은 기온도 참찌만 자신이 어뒨가 모러게 마음이 들뜬 기분이며 이번 중매가 한 끈이 돼나 하고 궁금해서 오후 3. 30분경에 선을 보고 형수가 왔는가 십프서 큰집배을 가보니 아직 안 아따고 이야기을 해서 기다리다 4시 30분경에 집부로 오고 마랐쓰며 형수가 왔따는 소식을 듯고 저녁을 먹고 7시 30분경에 큰집배 가보니 형수는 놀로 가고 업쓰서 마음이 좀 습습한 마음이 들더라.

〈1983년 12월 26일 월요일 낡씨 맑음〉
종수이가 어제 선보는 것을 셋 군돼 본다고 하더니 한 군돼는 길이 엇갈리서 한 군돼는 선을 뫃 보고 두 군돼는 선을 밭는돼 한 군돼는 마음에 들지는 않코 한 군돼는 여때것 제일 마음에 든다고 말을 하며 쳐녀 쪽에도 별로 시련 편이 아니라고 이야기을 하는 것을 볼 때에 이번에는 성립돼는구나 하고 은건이 기분이 좋꾸나.
"큰집배 서라부 천 것을 금일 형과 둘리서 바라시[해체작업]을 하는돼 점두록 하여도 다 뫃하고 조금 남아쓰며 바라시하는 돼 힘이 만이 들더라."
"그리고 우리 운이가 점심을 먹지 않코 3시 30분이 넘두룩 집배 오지을 안아서 저이 누이들이 자는나고 야단을 부러쓰며 운이을 그돼로 둔다면 공부를 안 알라고 틀까바 일부로 매을 댈라고 드니 아까바서 때릴 때가 업쓰서 벌을 새우고 있쓰니 3분도 안 새아서 힘든다고 그만 울고 마라서 그민 굽만 주고 마랐나."

〈1983년 12월 27일 화요일 낡씨 맑음〉

큰집배 어재 서라부 바라시 하다 조금 남은 것을 바라시 해주고 자신이 나무가 업다면서 나무 저로 갈라고 하니 조금 들 좋은 것 같더라. 자신이 큰집배 일을 안전이 바주며 좋지만 내 일도 만아서 그래 할 수가 업쓰서 아버리고 마랐다.

태래비에 남편에깨 맬시을 당해도 좋은가 하고 자담에[좌담회] 하는데 여자는 남편에깨 맬시을 당하는 것이 아니라고 자신은 생각을 한다. 왜냐. 부부는 남남이 만나서 한 몸이 돼어 가정을 꾸리가는돼 여자의 따뜻한 마음 따뜻한 손길 하나하나 생각을 하며 고마고 인자하고 하나예서 열까지가 오직 남편을 위에서 사라가는돼 왜 남편예깨 맬시을 받는다고 생각을 하는 것은 잘못이라고 생각을 하고 십다. 자신으로 바서는 부인을 남 눈만 아니며 안고 다니고 십다.

〈1983년 12월 28일 수요일 낡씨 맑음〉

큰집배 집 짓는돼 자재 새 빌린 것 반납하는 것으로 하로 일과가 돼어다고 본다. 자재을 반납하고 나니 자신이 마음이 더 홀가분하구나. 자재 새가 (평당) 10,000만 원 9평에 900,000만 원 준 샘이다.

"정부에서 불우이웃 도기는 정말 좋은 일이며 좋은 말이다. 이것을 직이청[관청]에서 잘못한다고 이야기하고 십다. 왜냐. 우리 마을에 불우이웃 도기로 쌀이 면예서 할당이 나와쓰며 우리 마을 매호당 고붕 한 돼가 좋게 그두고 있쓰며 중앙에 보고는 방송국에서 벌서 아포면에는 불우이웃도기에 쌀을 만이 했따고 인사을 다 해버리쓰니 이것이 자신은 불만이다. 저 마음돼로 보고하고 농민예깨 뒤에 쪼아서 내개 하는 것이 잘몿 돼어쓰며 이것이 한 농가라도 몿하게 다 하며 이것은 량은 보고가 이미 다 돼어고 실량은 적개 그출이 돼어 있쓰며 이것을 어돼서 충당하나 하고 의심서러울 정도다."

"만약에 자신이 동장이라면 이것은 그절하고 이 량을 우리 마을에 불우한 사람을 도와준다면 동내 분이기도 좋을 뿐 아니라 그 사람이 동내 위예서 무선 일이든지 앞장을 서서 일할 꼈이 아닌가 생각을 한다."

〈1983년 12월 29일 목요일 낡씨 맑음〉

우리 헌 집 철거해서 경운기로 복판 논에 실어 넌는 작업으로 하로 일가 돼고 마라다. 남들은 잠쉬도 시지 않코 일한다고 이야기 하지만 자신이 생각을 해도 좀 실 세가 업다고 생각을 한다.

그리고 먼저 선 반 돼서[선 본 데서] 1月 2日날 김천에서 한 번 더 보자고 쳐녀 부모측에서 이야기한다고 하니 이번에는 성립이 가능하니 올해는 넘기지 않코 종수이가 결혼을 하는값다 생각이 더는구나.

〈1983년 12월 30일 금요일 낡씨 눈〉

우리 헌 집을 오늘로서 안전이 철그을 하여쓰며 집을 안전이 철그을 하니 우리 집이 한아며 벌판 같다서 마음이 한아더라.

"금년에는 어떠한 일이 이더라도 봉답 땅이라도 꼭 사게다고 결심을 하여는데 이것이 숲푸로 도라가는구나. 요 먼저 봉답 어까리[얼갈이, 쟁기질 해놓은 논] 2마지기 살려고 평당 7,500원 주게따고 하니까 8,000원 달라고 이야기을 중매자예깨 한다고 해서 자신은 7,500원 주는 것도 만이 주는 것이 아니냐고 중매에깨 이야기을 하니까 실지는 그러따고 이야기을 하더라. 실지 달라는 돈을 다 주게 돼며 자신은 사채 빚을 너무 만이 내개 대어서 손을 한 번 더 쓰지 을 못하게더라. 이것이 형과 추라벌 업쓰다며 경운기도 아직 급일을 안예쓰며 축사도 경운기가 업쓰서 짓지을 안예서 자신은 저그도 120,000만 원 더 저축이 돼어서 이번 땅은 수라게 살 수가 있쓸 껀돼 이것이 자신의 결심을 망가터리는 것이 가슴 아품 일이다."

"자식들에깨 자신은 금년 한 해 동안 아빠 노럿을 70-80점은 했따고 생각을 하는돼 자식드른 아빠 노릇을 가연 멧 점이나 생각을 하는지 염려스렵꾸나."

〈1983년 12월 31일 토요일 낢씨 맑음〉

"금년 한 해는 계핵에 실천을 못해시 서운한 해가 돼어따고 생각을 한다."

"금년에는 이세의 건강에는 아무 탈 업시 잘라쓰며 온 가족이 건강에 상함이 업시 잘 낮쓰니 이그 더 바랄 수가 이쓸쑈나."

"집사람과 금년 한 해을 쭉 사라온 뒤을 도라보니 이세 관계로 추라벌이 두 번 있키는 하지만 집사람이 남편의 외교로 본다면 금년 한 해도 집사람에깨 100푸로 하여따고 생각을 하고 십다."

"금년 한해는 자신이 포 나는[표 나는] 것을 생각을 한다면 경운기 구입과 집사람과 두리서 축사 짓은 것박예 업다고 생각을 한다."

"금년 해는 온 가족이 건강이 상함이 업시 이 해을 따뜻하게 살라왔쓰니 내년에도 온 가족이 건강을 일지 않코 힌차게 살라가두록 이 해예서 아빠가 진심으로 빌개노라."

1984년

〈1984년 1월 1일 일요일 낡씨 맑음〉
금일은 경운기로 벽토 흙을 복판 논에 실어 너는 것으로 하로 일과을 보냈쓰며 벽토을 실어 내니까 우리 딸더리 아빠 남들도 놀고 엄마도 개[계] 하로 같는돼 아빠도 노라요 하길예 우리 딸도 다 자라꾸나 하고 생각이 들며 두리가 매달리면서 좀 쉬라고 하는돼 기엽기 짝이 업더라.
"무근해을 잘 보내따고 생각을 하며 이번 새해는 우리 가족 해가 돼어쓰며 하는 생각이다."

〈1984년 1월 2일 월요일 낡씨 맑음〉
새해부터 우리 가정으로서는 반가운 소식이 들리며 황상 종말이로서 어머님 사랑이라고는 바다보지도 뫃하고 주지도 뫃한 순철이가 이재는 결혼이 됀다고 양과에 허락이 돼어서 쳐녀을 돼리고 놀로 같다니 정말 반가운 소식이다. 자신은 어된가 모러게 순철이가 하로가[화롯가]예 옛[애] 모양 마음이 노이지 않더니 이재야 결혼을 하게 돼어쓰니 마음이 극정을 좀 들 수가 이쓸 뿐 아니라 종말이가 장가을 간다니 부모가 댄 기분이다.
"눈 온다고 기상돼 말을 해서 나무 저로 산우로 가는돼 혜진이 아빠 나무 저는 돼 갈려고 생때를 쓰서 산에 가면 다리만 아뿐돼 하고 뫃 오두록 꾸지름을 주어도 올라고 해서 돼리고 와더니 나무을 지게에 진구니까 아빠 힘든다고 적개 저라고 노래을 하며 지고 오는돼 아빠 힘들지 하고 따라오는 모섭기엽고 아빠는 혜진이 아빠 생각을 하는 것쳐름 아빠가 혜진을 사랑하는가 뒤가 보이는구나."

〈1984년 1월 3일 화요일 낡씨 눈〉
과수라든지 발작물은 가뭄이 심한 편이다. 가뭄을 바서는 눈이 푹 만이 와바쓰며 하는 생각이다.
"이번에 순철이 결혼을 하며 순석이가 간소하게 한다면서 저지[자기] 집배서 하자고 해서 형이 허락을 했따고 하길에 자신이 생각을 할 때에 아무것 않 알리고 그러깨 는 기는가 하고 생각이 들며 사람이 마무것도 안 애도 마지가 손님을 접돼하여야 돼는돼 이상해서 형한돼 집이 적고 해도 형이 바다야{지} 만약에 순석이 집이 새집이고 집이 넓버도 잔치가 더 번그러우며 만약 대신하며 적이라도 대신 가지고 가야지 사람 가야지 이모들이 대신서 했따고 그냥 가지도 않을 끄며 이곳에 오며 음식이 있쓰야 돼며 형, 형수 친우들 그냥 두지 뫃하고 돼집할려며 더 일이 번그려며 그러지 말고 동내 술도 마지막이니까 좀 잘 주고 부주을 바더며 손예는 업쓰니까 큰집배서 하여야 댄다고 이야기 했는돼 어떠캐 생각을 하는 줄 몰깨다. 만약에 대신으로 미루며 다시 생각을 하여야 돼게다."

〈1984년 1월 4일 수요일 낡씨 맑음〉
우리 운이 소변을 저녁에는 한 번식만 누며 돼는돼 낮재는 아주 소변을 자주 바서 병원에을 가뱌야 돼겟다 하고 날자만 미루고 있는돼 구미 순기가 그러마 운이가 민호와 같더니까 어로증[의료보험증]으로 하며 돈이 적게 더러가니 합시다 하길에 오늘 대구 갈라 하다 구미 순천황병원[순천향병원]예을 같쓰다. 순천황병원예을 가니 어로증이 접수만 한 번 하며 보자 하는 돼가 업는 줄 알라든이 가는 곳마다 어로증 달라고 해서 마음이 부란해서 그만 순기가 아을 대리고 끝까지 다니고 마랐다. 결과는 소변검사는 20십분 만에 돼는돼 콩밭 검사가 내일 댄다고 했서 안전 진단 몾 보고 집 왔쓰며 시간 여유가 만아서 동생 사는 돼을 가보니 사는 것이 좀 힘이 더러 보인다. 동생이 아파트는 있찌만 돈을 더 버러야 아파트 생할을 한다면서 우선 바서는 셋방에 한 방을 쓰고 있쓰서 아이들이 불편이 만을 꺼 같더라. 우리 형제가 적은나 기분[기본] 재산이 있쓰서 사회에 출발했쓰며 벌서 살개 돼어 쓸 껀돼 맨몸으로 시작을 했키 때문에 힘이 만이 든다고 생각을 한다.

그리고 금일 동생이 돈 쓴 것이 병원에 1,800원 택시비 1,200원 음료소 800원 計 3,800원 쓰서 그냥은 어름도 업쓰서 동생 집을 나오면서 아들예깨 6,000원 주고 빨리 오고 마랐는돼 집 아서 생각을 해보니 자급복[작업복]가 방아나[방한화(防寒靴)]을 보따리 싸나서 돈을 더 주고 올 낀돼 하는 아쉬운 마음이 더는구나. 앞푸로 자신이 질 산다면 나누어 먹깨다.

〈1984년 1월 5일 목요일 낡씨 맑음〉

우리 운이 소변검정이 어재 앟 나서 금일은 병원에을 동생이 회사 가기 때문에 민진이 엄마가 나온다고 해서 집사람을 가라고 해서 검정 결과가 어떤가 가보라고 했쓰며 집배서 기다리고 있쓰니까 지루하기 짝이 업더라. 날씨도 찹찌만 운이가 오기 전에는 일할 의욕이 업쓰서 종일 휴식을 하여쓰며 형 친구들이 개 돌부리하자고 하여서 자신의 혈압에 좋다고 해서 돌부리을 울 집에서 하여쓰며 집사람은 귀기[고기] 한 줌 맡도 안 보고 추번돼 그릇에 기름 두는 것을 씬는다고 안자 씬는 모섭을 보니 미안한 점이 더는구나.

"그리고 우리 운이 아무 이상이 업따는 진단이 나와서 천만당{행}이다."

우리 딸래미들이 아빠가 너무나 사랑을 해주어서 그른지 아빠가 잘몾한다고 꾸지름을 주는돼도 급이 업시 아빠한테 달라더는 맡이 있쓰며 아빠의 말래 급이 업는 편이다. 앞푸론 말을 안 늘어며 매을 뫄어 볼 작정이다.

〈1984년 1월 6일 금요일 낡씨 맑음〉

아무 일도 몾하고 땔감 준비하는 것으로 하로 일과을 보내고 마랐다. 작년에 땔감 준비한다고 집사람과 둘리서 생예을 먹어가면서 한 것이 일부 다 쓱어쓰며 금년 한 해을 넌기계 돼며 3분지 2는 다 썩어 업쓰저 갈 꺼으로 내다보고 있다.

그리고 순철이가 결혼을 이번 설 시기 전에 해버리쓰며 하는데 처녀 쪽에서 설 시고 하지고 한다기에 그 이유을 무러니까 순철이도 아홉수 쳐녀 부친도 아홉수라고 설 시고 하자고 한다기에 빨리 하자고 도촉도 몾하고 순철이 바서는 당장 해버리고 마라쓰며 하는 생각인돼 어썰 수 업는 형편이구나.

〈1984년 1월 7일 토요일 낡씨 맑음〉

산에 땔감한 것을 저 내류는데 우리는 두 짐만 내루면 힘든다고 하기 실어서 그만 하는데 칠십 노인이 저 내류는 것을 보니 우리는 힘들다고 말도 안에야 하는데 하는 너킴이 들며 자신이 여사로 안 보이서 지게로 저내류면 힘들지 않는냐고 무려니까 해야 한다고 말씀을 하는데 여사로 안 보이다.

〈1984년 1월 8일 일요일 낡씨 맑음〉

"우리 훈 방학하든 날부터 오늘날까지 죽저의 엄마가 갈치는돼 아직도 벌소리만 하고 있쓰서 가슴 아품 일이며 혜진 때에 아이을 하도 때리서 운이는 어떠한 것이 있쓰도 때리지 말라는 뜻으로 선물을 방학 때마다 했쓰며 요즘 와서 생각을 해보니 아이는 때리지 않아지만 구석으로 안전이 미라나서 일 년 동안 학교만 왔다 갔다 한 셈이며 이것을 생각하니 좀 서운하며 아이을 매타작을 하는 한이 있떠라도 선물을 안에쓰며 이려깨 모러지는 않을 끈돼 하고 후예가 돼는 구나."

"땔감 준비한 것로 일가을 보내쓰며 자신이 혼자하며 예 먹는다고 집사람도 같치 할려고 하는 것을 자신이 밭같일은 책임질 때니까 우리 운이 이번 방학 동안에 국어책 안전이 알두록 하라고 이야기하고 마랐다."

〈1984년 1월 9일 월요일 낡씨 눈〉

봉답 보리 바서는 눈이라도 푹 아쓰면 하는 생각이 있는데 눈 한 번 안 오고 눈빨만 휘날리다 말고 하니 가뭄이 신각할 정도다.

※ 삼촌 아들 종말이가 일본 유학하로 간다고 자신예깨 인사하로 왔더라. 자신이 돈이 만으며 좀 만이 주어쓰며 하지만 실지가 마음은 있쓰도 주지 못하고 10,000만 원 주어쓰며 이것도 본이예깨는 돈이라고 인정도 안 알란가 몰라도 자신예깨 큰 돈이다.

"이번에도 영한이가 성적 바서는 이번에 영남대학 사회과에 원서을 냇따고 이야기을 하길래 태래비에 곽 학교마다 비률을 말하는데 1.5 돼 일이라서 마음 극정이 돼는구나."

〈1984년 1월 10일 화요일 낡씨 맑음〉

금일은 벽토을 경운기로 실어 낸 것이 일과을 보내고 마랐다. 개핵성을 새우서 일을 해도 얼마 하지도 못하게쓰며 밥맡 있쓸 정도로 할 수밖에 업따고 생각을 한다.

그리고 집사람이 자신에 일기장 노트을 사왔는뎃 실지 가격은 상당이 만이 올라따고 본다. 왜냐하며 작년 노트 1,000원 짜리와 올해 노트 두 계을 두고 볼 때에 정부에서는 물가을 잡아따고 자랑을 만이 하는데 실지는 그러치 않타고 생각을 하고 십펴며 자신이 생각을 할 때는 100원 차이는 있따고 생각을 하며 정부에서도 새심한 배래가 있쓰며 하는 생각을 하고 십다.

"정부에서 선진국으로 발도듬을 했따고 하지만 농촌이 살지 못 하고는 선진국으로 가지 못 한다고 자신은 말하고 십다."

자신은 넘어나 할 일이 만아서 무엇을 할까 분관을 가리지 못할 정도로 바뿐 일과을 보내고 있는데 남들은 매일같이 놀고 있는 모섭을 보니 정말 이상하다. 너는 할 일이 업나 하고 무러며 팔자는 길더리기에 달리따면서 휴식을 하고 있는 것을 보니 여사로 안 보이더라.

우리 운이 때문에 야단낳다. 공부만 갈칠라고 들며 잠 온다고 법석을 부리고 좀 때리가며 할려며 때릴 때가 업쓰니 이그 보통일이 아니라고 생각을 한다. 집사람도 자미가 업쓰서 못 갈치게따고 자신이 해보라고 이야기을 할 때마다 자신은 선생님 신찬아서 그릇치 운이가 아주 나뻔 머리는 아니라고 하며 힘 쓰보라고 하면서 미류고 만다.

〈1984년 1월 11일 수요일 낡씨 맑음〉

큰집배 매상 일자가 갑짝이 내일로 변경돼는 바람에 매상 준비하는 것으로 오전 일과을 보내고 마랐다.

"그리고 순철이 결혼문제로 쳐녀 집배 알라볼려고 순석이가 조합에 아는 사람이 이따면서 언재부터 가볼라고 이야기을 해서 아라바는가 무려 보니 감사 준비 때문에 바빠서 못 같다고 이야기을 하길래 성질이 나더라. 왜냐. 13日이 약혼식인돼 야들이 약혼식을 하고 알라 볼라고 하느냐고 성질이 나며 순석이가 정 갈수가 업따면 지리 사람을 집프서 가볼라고 작정을 하고 대신 동생 집배 가보니 두 시경에 같다기에 마음이 풀리더라. 실찌가 결혼문재는 친척이 아니며 속속터리 아주 알 수 업찌만 동생 결혼이 난생 한 번인돼 형으로서 안 볼 수가 업따고 생각을 하며 만약에 부모가 살라계시며 벌수[벌써] 알라받쓸 것이 사실이며 이것이 부모와 형재가 좀 멀다는 것을 증명하는 것이 사실이다."

"집사람이 파 빨로[팔러] 구미로 갈라고 해서 파가 무거울 끝 같다서 자신이 좀 들다 줄라고 생각을 하고 있쓴는돼 큰집배 매상 준비한다고 파 생각은 못하고 구미장 가는 모섭을 보니 깜짝하더라. 그때사 집사람 장보따리을 좀 들다 줄라고 생각한 것이 이재야 생각이 나니 집사람은 남편의 힘을 바라지나 안예쓸까 하고 생각이 더는구나."

〈내지1〉[130)]

1982年 10月 30日부터
1984年 1月 11日까지

〈내지2〉[131)]

1982年 1月 22日 금曜日 낡씨 비
몸무계, 실 중량, 68.900백그람
맥밥수 1분에 … 75개
혈압이 병원에서 90십에서 170십.

1983年 1月 22日 토曜日 낡씨 맑음
큰 소가 (가슴둘레) 183cm
적은 소 (가슴둘래) 179cm

〈1984년 1월 12일 목요일 낡씨 맑음〉

변소을 새로 짓고 처음 인분을 쳐는돼 경운기로 6바리나 실어 냇쓰며 통장군으로 30장군이 돼며 안전이 철라고 들며 40장군은 돼겟더라. 30장군을 실어 냈는돼 힘이 말할 수 업씨 들며 시간이 업쓰서도 다 몾 프내게더라. 처음 있는 변소는 5장군만 프며 안전이 뺄 수가 있는돼 변소가 적으니까 자주 인분을 쳐게 돼어서 기찬아 요번에는 변소을 크게 했든이 너무나 만아서 힘이 만이 더니 좀 적으쓰며 하는 생각이 들더라.

〈1984년 1월 13일 금요일 낡씨 맑음〉

순철이가 금일은 약혼식이라 분주한 일과가 돼어쓰며 우리 식구들은 김천에서 12시

---

130) 일기장 뒤표지에 기록되어 있는 내용이다.
131) 일기장 뒤표지에 기록되어 있는 내용이다.

에 양과에 만나기로 약속을 했는데 우리 식구들은 순철이가 대신으로 온다고 햇서 같치 갈라고 기다리고 있는데 순철이가 대신에을 12시 30분에 도착을 해서 온 식구 궁금해서 야단이 낮쓰며 구미 동생은 사람 찬는다고 야단이 낮쓰며 금일은 우리 오 형제가 야단이 낮는 날이다고 말하고 십다.
"사람이 벙벙하게 들떠있는 기분이든이 금일 약혼식을 하고 쳐녀 기속품[귀금속]을 900,000만원 쓰따고 이야기을 하며 생각한 것쳐름 경비을 냇쓰며 약혼식을 하고 나니 들뜬 기분이 까라안는 기분이구나."
집사람이 약혼식에 참석을 해서 쳐녀가 순순하게 좋터라고 이야기을 해서 좀 빨리 바쓰며 하는 생각밖에 업다.

〈1984년 1월 14일 토요일 낡씨 맑음〉
정부에서 매상량을 배정을 잘못해서 우리 마을에서 타지방으로 3분의 1은 타지방으로 출라[출하]을 해서 정부 잘몿으로 큰 피해을 본 것은 정부에서 피해을 책임을 지야 한다고 생각을 하며 정부에서 새심한 간심을 쓰서 배정을 했더라면 상인들의 논관 부리지 몿할 꺼이며 농민들의 땀의 돼까을 조금위라도 보답이 댈 땐돼 아쉬운 감이 든다. 이번에 큰집배도 33가마읕 상인에깨 낸 샘이 댄다.
"금년에는 우리 지방에는 보리에 가뭄이 심해서 안전이 숭년이 돼어따고 해도 가연이 아니다. 우리 마을에도 밭보리 논보리 전부가 안전이 말라죽어서 큰 피해을 보고 있쓰며 앞푸로 눈이 오지 않코 계속 봄까지 간다면 안전이 전멸한다고 해도 가연이 아니다."
"우리 운이가 안기력이 을마나 좋은가 혜진과 혜영이 운이 셋시가 한자리에서 19까지을 물건을 두고 아라비아 숫자을 매기서 암기을 하여 보라고 시간을 정에서 익키보라고 하니까 10분 만에 혜진은 백 푸로 알고 혜영이는 7깨 뜰리고 운이는 5섯 깨만 뜰리더라. 이것을 볼 때에 우리 운이도 둔한 머리는 아니라고 생각을 하는돼 국어책을 모러는 것을 볼 때에 가슴 아픈 일이다."
1月 달 돼충 지출 금액.
사로비값이 10,380원 운이 약값이 8,000원
혜진 · 옻이 · 11,000원 운이 옻값 2,000원
집사람이 장비용 20,000만 원
計 58,880원

〈1984년 1월 15일 일요일 낡씨 맑음〉
돼지금이 아직까지 불항이라서 돼지 금이 오러지 않을 꺳 같다서 돼지우리을 만들지도 안코 금일 김천 돼지장을 구경을 가보았든이 아직은 불량이 계속 댈 껏 같더라. 왜냐하며 돼지 매매가 잘 안돼며 돼지가 수도 업쓰며 정부시책으로 돼지금이 안정댈 때까지 사더린다고 이야기을 하는 바람에 돼지금이 조금 올라따고 생각을 한다. 자신의 생각에는 아직 불항이 더 댈 껏 같든돼 하는 생각이 들면서 돼지우리도 준비도 않코 구경같다 돼지을 6마리을 17,000원 주고 사와서 돼지우리 만더는 돼 힘이 만이 들어다.
※ 그리고 돼지을 너코 보니 소들이 놀라는 감이 있는데 이것이 이삼 일 내로 안정이 안돼며 돼지을 업쌔야 하는데 이것이 문재끄리다.
돼지값 지출에 … 합승비 값 180원 돼지 값 6마리 102,000원
중매비 1,000원
운넌비값 6,000원
計 109,180원

수입금이 … 무지파 값 7,000원

〈1984년 1월 16일 월요일 낡씨 맑음〉

소 예방주사 마치로 나오라고 해서 소 두 마리를 접종을 하고 소가 뫃, 바늘, 쇄부치을 있나 업나 하고 검진을 하는데 한 마리가 들어따고 하더라. 이 소리을 더고 그냥 올 수도 업쓰서 철사을 무조건 빼면 42,000원 달라고 하더라. 우리 마을에서 4마리가 돼며 안 뺄 수도 업쓰서 허락을 하니 하로 동안 소을 물만 먹이고 공복에 뺀다고 하며 자석만 소에 먹이고 내일 뺀다면서 가라고 하더라.

그리고 오늘 복합영농기술교육이라면서 대신학교에서 한다고 해서 그 전에 모양 사람이 만을 줄 알라는돼 사람이 아주 적더라. 이재는 쌀, 보리, 가지고는 잘 살지 뫃한다면서 글자 그돼로 여러 가지을 해야잘 산다면서 이야기을 하는데 그 말은 하나도 틀린 말이 아니다. 그 말은 농민들에깨 좀 먼 감이 있따고 생각을 한다. 왜냐. (쵞재) 돈이 여유가 업고 남왜 빚우로 한다면 한에 실패하면 평생 동안 어더기야[허덕여야] 할 판이니 선뜻 돼들지 뫃한다고 본다. 둘째. 기술. 이것이 뒤받침이 안댄다고 생각을 한다.

"그리고 이번 교육 강사가 축산 강위을 하는데 아주 경음[경험]이 업는 강사라는 표가 돼번에 입에서 나오며 우리가 말 뜻는돼 힘이 들며 농촌에도 축산 강위라면 엘리(트)가 있는 편인돼 강위할 사람이 금릉군에서 그처름 업는가 정말 아쉬운 감이 더는구나."

지출에 … 장본 것이 차비 380원 김 1,500 바가지 300

지출에 … 소 예방에 2마리 1,000원

計 3,180원

수입이 파에 7,000원

〈1984년 1월 17일 화요일 낡씨 맑음〉

금일은 민방위교육이라고 이야기하고는 실지 교육은 영농교육이더라. 교관 하는 말이 이재는 만은 생산보다 시장성이 있는 질 조은 쌀을 짓어야 댄다고 말을 하며 농민들한태 실지 농사을 금년 한 해는 별로 쌀이 필요 업다는 말과 다름이 업쓰니 농민들은 정말 살기가 힘이 말할 수가 업쓰며 앞푸론 농민들 자녀는 대학 문특에도 뫃 가는 것이 아닐까 하고 염려가 돼는구나.

※ 소 밥통에 뫃 들은 것을 자석으로 빼내는 돼 소 한 마리에 뫃이 한두 개식 나오더라. 이것을 볼 때에 을로[의료]가 들어나는 것이 아니고 자석 두 게로 하는돼 별로 힘도 들지 않는돼 42,000원 한 품도 빼지 않코 다 받고 있쓰니 수고비에 너무나 음청난 돈을 받고 있따고 생각을 하며 정부에서도 이른 것들을 알고 있는 줄은 몰라도 요런 것을 잡아서 새금을 만이 매기든지 농민들이 피해을 보지 않깨 돈을 싸게 하라든지 무선 이야기가 있쓰야 댄다고 말을 하고 십다.

지출에 … 소 밥통에 뫃 빼는 돼 42,000원

〈1984년 1월 18일 수요일 낡씨 맑음〉

금일은 집사람이 옛 사로 갈라고 해서 집사람 왜출복 하구로 반코드을 넌새부터 사 입버라고 해도 집사람은 옷 사 입벌 줄 모른다. 그래시 자신이 일부로 집사람 옷 사줄라고 따랐갈쓰다. 김천을 가보니 막상 사줄라고 총판장에 백화점으로 다녀바도 적갑한 것이 업더라. 상점에 오니 색깔리 마저서 집사림, 빈코드 18,000원 혜신, 수봉, 7,000원 운이 수봉, 5,000원 주고 사와다.

"그리고 집사람이 임신이 돼어서 극정이 말할 수 업쓰며 집사람이 한독약국에서 약을 먹어면 98%는 내리간다면{서} 하로, 반, 동안 먹는 약을 준다면서 16,000원 주고 사와는돼 이것을 먹고 내리가면 별 문제돼 내리가지 않코 톡한 약으로 사람이 고생이나 돼지 않을까 염려가 돼며 여사로 생각했든이 이제와서 생각을 하니 사람 골탕 먹이는 것이 아니가 하고 생각이 앞쓰는구나."

옻	30,000만원
설탕, 엿,	5,200원
집사람 약	16,000원
국수, 라면	2,000원
바가지	4,000원
물명태	1,000원
열차비	300원
버스비	360원
아들 신발	3,000원
공책이	1,600원
지출금액	59,860원

〈1984년 1월 19일 목요일 낡씨 맑음〉

요줌 낡씨 넘어나 가뭄이 심화다. 가뭄의 시작이 가을{일} 할 때부터 가문 것이 이때까지 비 한 번 오지 않코 눈마저 않 오고 있쓰니 가을보리는 뒤전 쳐고 과수까지 영향이 오지 않을{까} 염려스렵꾸나.

요줌은 매일 일을 해도 일이 줄찌을 않는 형편이다. 아로 일과가 땔깜 두 짐 저며 하로가 가는 형편이며 남들 바서는 매일 일하는 것 같지만 실지 나을 바서는 일이 줄찌을 안키 때문에 황상 빠푼 일과가 연속이 돼고 있다.

그리고 돼지 먹이는 사람은 심정을 알 껏 같다. 왜냐하며 돼지 풍파가 자주 왔서 손예가 가는 한이 있쓰도 돼지 재미을 부치면 돼지을 노을 수가 업깨 돼어 있따고 생각을 한다. 왜냐하며 돼지죽을 주며 그야말로 맡이깨 먹는 모섭을 보며 인간의 마{음}에 잡음은 싹 업쎠져며 자신은 죽을 다 먹두룩 바라보는 것이 일수다.

지출에 소 사료 3포 13,500원 돼지 사료가
6포 32,800원
計 46,000원

〈1984년 1월 20일 금요일 낡씨 맑음〉

큰집배 방 댄조[132]을 형과 둘리서 하는돼 두리가 평구돼[133]밖에 글지을 몾했쓰며 요줌은 해가 짤바서 일할 시간이 업쓰서 그른지 오전에 벽토 흙을 경운기로 두 발리 실어 너니까 오전 일과가 돼고 마랐쓰며 오후에는 방댄조 평구돼 그는 것어로 하로 일과을 보내고 마랐다.

〈1984년 1월 21일 토요일 낡씨 맑음〉

금일은 이우지에 신행일이라고 잔취을 하는데 이우지에서 좀 그들어 주어쓰며 하는데 형 방 댄조하다 마라서 어재 하든 일을 두고 이우지 일 그들어 주로 가지 몾하고 집사람 어재 오늘 그들어 주라고 하고서는 자신은 어재 하든 일을 마저 할려고 큰집배 가서 일을 하는데 댄조는 두고 전기선 만치는 것으로 오전 일과을 다 보내고 오후에는 잔취집배서 하로 일가을 보내고 마랐쓰며 잔취집배

132) 텐조(てんじょう). 방 천장에 합판을 붙이는 작업을 일컫는 말이다.
133) 평구대. 방 천장에 합판을 붙이기 전에 나무로 틀을 짜는 작업을 일컫는 말이다.

서 일과을 보내면서 형이 조카을 돼리고 댄 조하는 것을 알면서 가서 그들지도 않코 친구들과 하로 일과을 보내고 마랐다.
지출에 … 위우지 잔취에 (부주) 3,000원

〈1984년 1월 22일 일요일 낡씨 눈〉
"큰집배 방 구들 놀라고 준비하는데 그들어 주지도 모챘다. 왜냐. 순기 대신 동서 결혼식이라고 잔치에 참석을 할려고 큰집배 일도 몾했주어쓰며 실찌가 큰집배 일을 하고 나며 자신 일이 밀리니까 일 그들어 주기가 요줌은 머러지고 있다. 그리고 순기 동서 잔치을 집배서 쳐는돼 아주 잘하더라. 잔치을 처음 쳐는 것이라고 집배서 손님을 초대하고 있찌만 앞푸론 이른 버그어러운 것은 업쓰저야 돼겟따는 생각이 들더라."
지출에 … 부주값 3,000원

〈1984년 1월 23일 월요일 낡씨 맑음〉
땔감 준비을 하여쓰며 땔깜도 돼지죽 줄 물 대우지 소죽을 다 끄리지 나무도 감당도 몾할 지경이다. 사람이 이래 하는 것도 다들 재미로 생각을 하지만 사람이 댈 수 있는 대로 수란 방도로 사라야 댄다고 생각을 하면서도 쵯째 돈이 더 더러가니 마음돼로 돼지 않는 것이 사실다.
"순석이가 출장 나와서 울 집배서 종수이 결혼비용과 종수이 벌른 돈을 전부 축을 내쓰는 안 댄다는 이야기을 한다고 너깨까시 이야기을 하다 돌라가고 마랐찌만 종수이가 부모가 안전이 살라계시며 종수이 돈은 축을 내지 않을 껏이 사실이며 결혼 후에 살기가 수랄 땐돼 하고 극정이 돼는구나."

〈1984년 1월 24 화요일 낡씨 맑음〉
정부시책 정말 농민들예깨 욕먹어도 싸다고 생각을 한다. 예냐하면 진작에 추과매상이 있따고 하며 가마니당 3,000원 이상이나 손에을 보지 않코 상인예깨 주지을 않아쓸 것이 아닌가 하고 생각을 한다. 상인들예깨 다 주고 난 뒤에 이재야 추과매상을 바다 준다고 이야기을 하니까 농민들이 그야말로 아우성이 심하다고 생각을 하고 있다.
"정부에서 내년에는 수매을 어떤 식으로 받아더릴 것인가 염려가 돼는구나. 왜냐하면 내년에는 올해 추과매상을 바다더린 것을 보고 추과매상을 바라보다 추과매상이 업쓰며 올해는 상인들이 타 지방에 매상 댄다고 시장가격보다 더 뱓고 다 냇찌만 올해 추과매상을 보고 있따 싹 업쌔면 올해 소내보다 내년에 손예가 더 크게 농민을 손예을 보일 껏이 아닌가 염려도 돼는구나."

〈1984년 1월 25일 수요일 낡씨 맑음〉
금일은 정부에서 추과매상이라고 대신 일급 창고에서 매상을 하는데 정부보고 욕을 안 아는 사람이 업쓰며 정부에서 욕을 먹게 하며 또 정부에서 부정을 하게끔 만들고 있따고 생각을 한다. 왜냐. 동내로 할땅이 돼서 신청돼로 매상가만이을 가지고 갈는데 어떤 사람은 신청도 하지 않코 매상을 돼지 않나 매상이 끝이 나도 검사원 차저며 너깨야 가만이을 가지고 가며 부성행위가 눈에 들어나 두독 하는 것이 안따낍끼 찍이 업꾸니.
"그리고 자신원 4가만이 가지고 같는데 둘째 공판까지 찰벼을 매상을 바다주어서 이번 공판에도 바다줄 줄 알고 찰벼 한 가마와 통일벼 3가만이 계 4가마을 공판에 가지고 같는이 찰벼는 바다주지올 안아서 십부로 올 수도 업고 해서 순석이 벼을 한 가

만이 돼주고 마랐다."
"순석이 말이 아버지 돌라가시고 난 뒤에 순석이가 순철을 불어내서 우리 둘리는 어떠한 고난이 부다치도 눈물을 흙리지 말고 살라 가자고 약속을 했따고 이재야 이야기을 들을 때에 눈물이 나올라고 해서 억찌로 참아서며 정말 고맙더라."
매상 수입 … 3가마 85,530원

〈1984년 1월 26일 목요일 낢씨 맑음〉
"일기불순으로 아무 일도 몿하고 하로 휴식을 하여쓰며 금년에는 눈 한 번 제돼로 오지 않코 바람만 모질게 부러 보리 피해만 주고 있쓰며 올해는 보리가 반춤은 업따고 해도 무리는 아니다."
"돼지을 먹이 보니 잘 자라며 돼지 죽 먹는 것을 보니 신기하기 짝이 업꾸나. 동물 중에서 제일 잘 먹지 않나 하고 생각을 하며 돼지가 잘 먹으니까 사람예깨 정을 밭고 있쓰며 자신도 소보다 돼지예깨 정을 다 쏬코 있는 것이 사실이다."
"혜진하고 혜영이하고 맡때마[마주치기만 하면] 싸우는데 오늘은 싸와서 자신이 우리 헌 집에 돌 치우라고 하여쓰며 일을 갈치하면서 생각하기을 정신업씨 만이 시킬라 하다 좀 시키고 다시 싸울래 하고 무러니까 안 싸울라고 해서 그만 두라고 이야기을 하여쓰며 앞푸론 싸우며 손을 돼지 않코 힘더는 일을 시키겠따고 생각을 했보았다."
수입에 … 파 값 1,500원

〈1984년 1월 27일 금요일 낢씨 맑음〉
금일은 집사람과 벽지 바른다고 일과가 다 같쓰며 벽지을 다 바르고 한 마키가 부족이 돼어서 너깨야 집사람이 벽지 살려고 김천을 가서 벽지 집배서 차저바도 업다면서 그냥 내리왔더라. 일부로 벽지 사로 가서 산 곳에 업따고 그냥 와서 성질이 나며 집사람이 한 마뒤도 않예키 때문에 성질이 폭발을 안예쓰며 성질 참는 돼 한참 걸리따고 생각을 한다.
지출 … 차비 360 라면 4,200 김 3,500
설탕 850원 식초 250원 참기름
1,000 콩나물 200원
計 10,360원

〈1984년 1월 28일 토요일 낢씨 맑음〉
땔감 저 내루는 것으로 하로 일과을 보낸 샘이구나. 일기 고루잔아서 사람의 하로 생할이 자꾸만 개울캐[게을러지게] 만들고 있꾸나.
"업는 사람일수록 남왜 돈을 급을 내지 말고 아킴업시 노력이 필요하다. 업는 사람이 남왜 돈을 급을 내게 돼며 아까운 절먼 시절 다 빼앗키며 살매 보람을 차절 수가 업따고 본다."
수입 …… 파 1,000원
지출에 … 떡값 500원 달갈값 1,800원
計 2,300원

〈1984년 1월 29일 일요일 낢씨 맑음〉
사람이 이재는 야가서 설 명절도 간소하기 짝이 업시 줄리고 있는 것을 자신이 적실리 너킬 수 있쓸 정도며 우리 역시 설 명절이 돼며 우리도 떡을 빼며 한 말식 빼는돼 이재는 간소하게 3돼만 빼고 마랐다. 이것을 볼 때에 상당히 간소하게 하는 것은 사실이다.
"금일은 동내 사모소에 노는 사람 한해서 동내 나무을 두 짐만 저달라는 동내 서기의 말래 자신은 사모소에 놀지는 안치만 동내 사모소 땔감으로 할려고 하는데 져주야 돼지 않깨나 하고 지게을 가지고 같든이 동내 노는 사람들이 다들 노인 축이며 다 해바야 멧 사람뿐이며 자신이 동장님에깨 예초 잘못 전달돼어따고 이야기을 하여쓰며 이번 일은 동민 전채가 할 일이라고 생각을 한다고 생각을 하면서 이야기을 하니까 놀지 않는 사람을 시킬라고 생각을 하니까 부담이 댈까바 그랫따고 이야기을 하더라. 이것은 잘못이라고 이야기을 하고 마랐다."

〈1984년 1월 30일 월요일 낡씨 맑음〉

오전에는 형수가 콩강전 한다고 해서 집사람과 둘리 강정하는데 그들고 오후에는 나무 한 짐을 하고 해가 일적에서 경운기로 두엄을 한 발리 실어 내는 것으로 하로 일가 돼고 마랐다.

〈1984년 1월 31일 화요일 낡씨 맑음〉

오전에는 나무 두 짐 저고 온 식구 모욕하는 것으로 하로을 보내고 마랐다. 이재는 아죽 설 기분 죽어가는 너킴이 학실하며 우리 이세들이 잘라서 설을 시개 돼며 아주 무이미한 {설이} 돼지 않을까 생각도 더는구나.

"순철이가 이번에 인사 위동이 돼어서 개장 티오가 있따고 하면서 이번에 힘 쓰바야 돼겠따고 순석한때 전화로 이야기을 하며 시간 여유가 업쓰서 못 올라왔따고 이야기을 한다고 하는돼 집배서는 장가갈 놈이 패물 차저로도 오지 않코 있쓰니 집배서는 궁금하기 짝이 업더니 순석한때 이야기을 들어니 마음이 노이며 순철이가 회사에 열심이 한다더니 벌서 계장을 넘보고 있는 것만으로도 회사에서 착실이 일해따는 것이 정명이 돼는구나. 그리고 이번 설래 올라오면서 계장이 돼어따는 소식을 가지고 이번 설을 쉬쓰며 하는 마음 검할 길 업꾸나."

지출에 … 큰집배 고기 사라고 5,000원
새집배 소고기 1근 5,300원
멸치 1,000원 아빠 쪼캐 2,500원
計 13,800원

〈1984년 2월 1일 수요일 낡씨 맑음〉

금일은 설 기분이 들뜬 아로가 돼어쓰며 설 신다고 돼지 잡는 돼 오전이 다가고 오후에는 돼지 돌부리 하는 것으로 하로 일과가 돼고 마랐쓰며 머지않아 설 기분도 머러가지나 않을까 염려쓰렵다.

지출에 … 운이 회충약 1,000원 돼지
구충약 2,000원 구두약 200원
돼지 고기값 3,250원 돌부리값
(형) 1,000원
計 7,450원

〈1984년 2월 2일 목요일 낡씨 맑음〉

오늘은 설이다. 정부에서 구정이라는 한 마뒤도 태래비도 한 마뒤도 업는 것을 볼 때 정부에서 너무한 것 같다. 옛날 물건들을 기리 보전하자고 매스콤도 떠더러 대면서 구정은 한 마뒤도 업는 것은 좀 불만이다.

〈1984년 2월 3일 금요일 낡씨 맑음〉

아이들하고 집사람이 친정에 갈쓰며 아이들이 방학을 하면서 외갑집배 가자고 졸라잭키는돼 오늘날까지 미루 오다 집사람이 천부 돼리고 왜갑집배을 같쓰며 외갑집배서는 처 어머님이나 반가어 하게찌만 져남처남어댁이는 좀 실어하지나 안을까 하고 극정이 돼는구나.

그리고 집사람을 보내고 자신 혼자 일을 할려니 마음에 더 바뿌며 집사람 업는 것이 당장 포가 나더라.

〈1984년 2월 4일 토요일 낡씨 맑음〉

새상이 매년마다 명절 시는 것이 아주 포가 나며 명절이라고 사람들이 노는 곳이 업는 것을 볼 때에 사람이 여유돈이 업따고 본다. 왜냐. 그 전에는 놀기 좋아 이곳저곳 다니며 돼집을 밭는돼 그른 것이 차저볼래야 볼 수도 업는 것을 볼 때에 사람들이 살기는 좋아지찌만 속이 비어 있키 때문에 헝을 절길 수가 업따고 본다.

그리고 자신은 처 어머님에께 새해인사 더리로 맷 년 만에 처음 같든이 반가운 포가 나며 처 어머님에깨 마음은 어머님을 버리지는 안치만 이래 인사을 더리서 어떠개 하는냐고 하면서 재송하다는 포 냇다.

2月 4日

지출금액 … 360원 과자 1,000원 휘발유 1,500 과자 1,000
計 3,860원

수입금이 … 혜진 이모부가 3,000
할머니가 2,000원
計 5,000

〈1984년 2월 5일 일요일 낡씨 맑음〉

금일은 놀래야 놀 사람도 업쓸 분 아니라 심심하기 짝이 업쓰서 경운기로 돼지 마구와 소 마구을 안전이 청소을 해서 실어내고 마랐다. 남들은 노달기[농한기]에 일한다고 숭을 볼련지 몰라도 자신은 하도 심심해서 일을 한 것뿐이다.

그리고 금년에는 가을 이후에부터 여때까지 비 한 방울 눈 한 번 오지 안아쓰니 가물 뿐 아니라 논보리 밭보리는 70% 죽어따고 해도 무리는 아니며 과수에도 막돼한 피해가 있쓰리라고 생각을 하며 자신 일기론 처음이라고 생각도 든다.

지출에 작목반계 … 가입금 2,000

〈1984년 2월 6일 월요일 낡씨 맑음〉

이재는 추위는 다들 같다고 생각을 했는데 오늘은 갑짝이 추어서 사람이 어짤 수 업시 꽃 전지게쓰며 국민학교는 오늘부터 계학인데 다시 8月까지 휴교했쓰며 이번 주 내 춥다고 하니 낡씨가 여사가 아니라고 생각을 하며 보리는 100% 죽어도 과일나무나 지장이 업쓰며 하는 마음뿐이다.

"우리 혜영이는 집사람보다 아빠예깨 신경을 쓰고 있쓰며 아빠 장갑 안 쪄고 일을 하며 아빠 손 뜬다고 이야기을 하며 아빠예깨 하나에서 열까지을 다 신경을 쓰주고 있는 것을 볼 때에 정말 고맙더라. 이것을 볼 때에 자식의 사랑이 싹뜬다는 껏을 너키며 자신이 자식들 교육문재만 해결시킬 수 있따면 좀 만이 나서 자식 사랑을 더 만이 바다가면서 살라바쓰며 하는 욕심도 생기는구나."

지출에 … 소 사료 3포 17,500 計 8포
돼지 사료 5포 26,500 計 45,000원

〈1984년 2월 7일 화요일 낡씨 맑음〉

집사람 임신한 것을 약방에서 약 먹어며 임신한 것이 내리간다고 해서 약 먹은 것이 다 허사여쓰며 집사람만 고생만 시키쓰며 오늘은 집사람을 돼리고 산부인과을 차저 갇쓰며 개인 병원에는 쓰비쓰가 도립병원보다 조을 줄 알라더니 역시 계인병원에서도 맡찬같지다. 왜냐하며 이 병원도 12시에 도착해서 3시 반까지 기다리쓰며 기다리다 못해 간호원에께 멧 시에 질료하는냐고 성질 석킨 말투로 무러니까 간호원이 점심식사 하로 가서 아직 안 아따고 이야기을 하더라. 있것을 볼 때에 속이 끄러며 정부에서 이런 것은 시정을 못 시키는가 하고 정부보고 욕을 하게꾸나. 앞푸론 집사람과 관계을 심중이 다라야 대겟따는 너킴이 들며 장난을 절기다 집사람을 큰 욕을 보이고 있다.

지출에 … 수술비 25,000 진찰권 1,000 스겟지붓[스케치북] 1,000 마스크 200 풀 100 차비 360원 우동값 1,000
計 28,560원

〈1984년 2월 8일 수요일 낡씨 맑음〉

요줌 낡씨가 너무나 강추위가 계속 돼어서 정말 극정이다. 왜냐하며 이 조시[상태]로 멧칠만 더 계속이 돼며 작과 나무는 동해가 오지 않을까 하고 극정이다.

"그리고 순철이 결혼날이 오늘 왔는돼 날이 오니 반갑기 짝이 업쓰며 그 날이 너무나 멀어서 우리 축에는 일적 할려고 다시 날을 바다서 이 달로 할려고 장가날이 25日로 잡아주고 마랐다. 이것을 보고 쳐녀 쪽에서 시간이 너무나 익박하다고 욕이나 하지 안을까 염려도 돼는구나."

우리가 날지을 잡아주는 돼로 한다면 쳐녀 쪽에서 잡아주는 것보다는 약 한 달이 빨은 셈이나.

〈1984년 2월 9일 목요일 낡씨 맑음〉

집사람이 몸조리 한다고 방예 누어만 있쓰니 아이들이 아주 열성이더라. 이것을 볼 때에 마음 든든하기 이루어 말할 수 업쓰며 고사리손으로 엄마 할 일을 전부하고 있쓰니 엄마 몸조리에 도엄이 돼는 편이다. 그리고 평소 때는 아빠에깨 아이들이 다 따리는돼 저의 엄마가 아푸다고 누어 있쓰니 아빠는 강 건너 불 보더시 하는 것 같다서 시기가 날 정도다.

〈1984년 2월 10일 금요일 낡씨 맑음〉

저녁을 먹고 집사람과 온 식구가 태래비전을 보고 있는데 큰집배 조카가 올라와서 약혼식 사진이 아따고 해서 자신은 울 집배올 사람을 빨리 바스마 하는 생각이 늙 더는데 사진이 와따고 해서 가볼라고 나스니까 집사람이 같이 가자고 해서 집사람은 약혼식 할 때에 사람을 바쓰며 멀 볼라고 하는냐고 하고 혼자 갈라고 하니 따라 나서서 집사람과 둘리서 사진 보로 같든이 정말 생각했든 돼로 사람이 복스러어며 사진을 자꾸만 보고 십프며 정말 마음이 좋더라.

지출에 … 두부값 1,000

〈1984년 2월 11일 토요일 낡씨 맑음〉

돼지거름 소거름 발피는 것을 경운기로 실어내고 마라찌만 농촌에서 메일 하는 것이 다름지[다람쥐] 치바키[쳇바퀴] 돌리더시 똑같든 일들만 대풀리 돼니 농촌에서는 잘 살래야 잘 살수가 업따고 본다. 정부에서도 농촌지역으로 공상을 새우서 농촌사람이 겨울 한철을 벌 수 있두록 만들어 준다면 농촌 사람들이 살 길이 열린다고 보지만 그리치 안코 계속 이돼로 간다면 우리 후손들도 이 문을 열지 못한 채 고생을 하리라고 생각을 한다.

우리 운이 행동을 하는 것을 보며 아주 둔

한 머리가 아닌 것 같든돼 아직 한글을 모러는 것을 보며 아주 둔한 것이 아닐까 하고 극정이 돼며 아푸론 사람이 살라가는 돼 머리 싸엄인돼 하고 우리 운이 극정밖에 업꾸나.

인간이 이 새상에 태어나며 살기는 누구나 살 수가 있찌만 인생살리가 어떠게 살라가나가 문제인돼 이것이 힘이 든다. 자신은 인생살리을 제일 보람을 가진다면 업는 사람을 일어설 수 있는 지팡이 노릇을 해가면서 인생을 살라바스며 하는 마음이 미리 앞쓰는구나.

〈1984년 2월 12일 일요일 낡씨 맑음〉

땔감 준비하너라고 하로 일과가을 다 보낸 샘이다. 땔감도 소 두 마리을 끄리 미니까 [끓여 먹이니까] 무진장 들어가는구나. 자신은 매일 나무 준비을 하로도 빠저지 않코 준비을 하는돼 나무가 밀리지을 않는구나. 자신은 나무 준비 때문에 다른 일이 지장이 만을 뿐 아니라 별로 시간 여유가 업다고 본다.

"금일은 집사람은 순철이 혼수깜을 하로 같쓰며 요줌은 혼수을 하는데 신부, 부모님도 옻을 한다니 우리 장가갈 때보다 시돼가 만이 달라진 것은 사실이다."

지출에 … 설탕 1,600원 소아제 500
미역 300원
計 2,400원

〈1984년 2월 13일 월요일 낡씨 맑음〉

경운기로 벽토 실어내는 것으로 하로 일과을 보냇다. 순석이가 출장을 나와서 일을 하다 나와 둘리 오후에는 자담으로 보내고 마랐다.

그리고 우리 형제 중 순기가 생할이 좀 어렵지 않나 하고 생각이 돼며 우리 형제 중 하나라도 잘 살며 좀 답답할 때에 바주가면서 살라가면 을마나 수라겟나 하고 생각이 들며 아직 빚을 가지고 산다니 가슴 아픈 일이다.

〈1984년 2월 14일 화요일 낡씨 맑음〉

세집배도 아래들 간정 공사한 것을 평당 17원 한 것을 주지 않코 내가 세집배 밭을 부친다고 떠마기는지 알 수가 업다. 자신이 세집 논을 840평을 돼갈림으로 하고 있찌만 남보다 손예을 보고 농사을 지어주는 편이며 이 돈을 세집배서 앞밭 부친다고 이 돈을 미루고 있따면 좀 서운한 편이다. 왜냐. 밭을 부친는 돼는 그 돼까로 고맙따고 그 돼까을 충분이 했준다고 생각을 하는돼 개산을 계산돼로 않아고 있는 것이 불만이다. 이것을 불만이 생기면서도 할 수 업시 돈을 주고 마랐다.

지출에 … 세집배 자신이 갈림하는 논 간정 공사비
값 14,220원

〈1984년 2월 15일 수요일 낡씨 맑음〉

논바닥이 말라서 벽토 흙은 잘 시려내고 있찌만 대지을 너무나 매마러게 하여서 여관 큰일이 아니며 계속 가뭄이 돼며 작과일도 기돼할 수가 업쓸 정도로 가뭄이 지속돼고 있는 것이 사람을 불란하게 만들고 있다. 그리고 내일이 정월 대보름인돼 보름 너킴을 전연 차저볼 수가 업쓰며 이래 살라가다가는 머지안아 동물 모양 생각도 업시 생명이 살라있쓰니 사라가는 식으로 도라가는 것이 아닐까 생각마저 더는구나.

〈1984년 2월 16일 목요일 낡씨 맑음〉

금일은 간단한 동내 임시총회을 맡이고 동내 반키리 윷노리를 하고 일적에서 윷노리로 돈 따먹기로 하로을 절급게 노라찌만 자신이 뒤전에서 노리로 손예을 7,000원을 본 셈이다.

자신은 금년 들어 오늘만 놀면 이재는 놀수도 업고 해서 마음 노고 놀라쓰며 자신이 놀면서 돈을 7,000원을 손예을 보게 돼어쓰며 자신이 노리을 너치 않코 실지 노라쓰며 이 돈이 들 아값지 안나 하고 생각도 했보았다. 자신이 보름 쉬는돼 아주 상캐한 날이 못 돼어따고 생각한다.

지출에 … 7,000원

〈1984년 2월 18일 토요일 낡씨 맑음〉

집사람은 순철이 선채 보낸다고 김천으로 삼 동시[동서]가 떡 하로 가고 자신은 혜영이하고 경운기 집 짓을라고 지주을 세우쓰며 혜영 때문에 일을 만이 한 셈이 돼며 우리 아들은 아빠을 만이들 생각하고 있따. 이것을 볼 때에 사는 맡이 난다.

지출에 … 아빠 내이 4,900원
맡소금 200 전기세 1,360원
計 6,640원

〈1984년 2월 19일 일요일 낡씨 맑음〉

금일은 경운기집을 집사람 둘리서 안성하는 데 분주한 하로 일과을 보냇쓰며 경운기 집을 안전이 짓어 노니까 보기도 좋을 뿐 아니라 집도 어울리더라. 그리고 집사람한돼 이재는 집은 다 짓어따고 이야기을 하여쓰며 앞푸론 착실이 살기만 하면 돼는구나.

지출에 … 평구돼 나무값 6,000원
못 2,000원 톱 1,500원
합승비 480원
計 9,980원

〈1984년 2월 20일 월요일 낡씨 맑음〉

금일은 작목반 회 하는 돼 참석을 해보니 회 하는 가정을 보니 계가 유지을 못할 너킴이 들며 자신이 생각한 것과 질적으로 달라서 마음에 들지 안는 회가 돼고 마랐다. 그리고 작목반 계한다고 돼지고기는 잘 먹으다.

지출에 … 운이 약 1,000원 혜영이 300원
돼지사료 10포 55,000원 집사람 머리 3,000원 집사람 시계 수리 1,000원 고무신 1,000원 비누 1,000 오댕 500원 물미역 1,000원 팬티 900원 장갑 250원 양발 250원 빛 200원 방 티바가지, 수세미 1,700원 혜영이 머리 묶는 것 200원 차비 360원
計 66,760원
돼지사료 10포

〈1984년 2월 21일 화요일 낡씨 맑음〉

"모질계 춥든 날도 다 지나가고 오늘은 안전 봄기운이며 머지완아 아지랑이 넘실거리며 아이들도 바구{니} 들고 들판에 다닐 껏을 생각을 하니 자신이 안전 봄을 마지한 기분이다."

금일은 벽토을 실어내는 것으로 하로가 갈쓰며 논이 매말라서 벽토 두엄을 잘 실어 너어찌만 넘어나 가뭄이 오래 지속이 돼어서 논보리 밭보리가 안전 전멸했따고 해도 가연이 아니며 자신예깨 보리가 업따는 것 습습하기 짝이 업다.

지출에 … 오징어 1,000원

〈1984년 2월 22일 수요일 낡씨 눈, 비〉

매마른 땅에 비나 푹 아쓰마 하는돼 마음에 차지 않는 간질나게 비가 오고 있꾸나. 이 비로 한 달 하스는[와서는] 가뭄을 희소하지 못할 껏 같다고 생각을 한다.

"큰집배 내리가니 적 꿀[구울] 나무라면서 장작을 패는돼 추지더라. 그래서 자신이 형예깨 내가 작년 나무한 것을 한 짐식 저자고 해서 두 짐을 저서 장작을 패 나는돼 적꿀 나무는 충분하더라. 그리고 순석이가 쌀 업다고 바[방아] 찌돌라고 하서 금일 바꾸리[방아꺼리]을 대신서 실고 와서 바을 찌주는{데} 눈비을 마저 가면서 찌어 주어다. 했필 날을 잘뫃 바다 더 수고가 만아다."

"자신은 어떠한지 매일 바뿐 일만 나스고 있다."

2月 22日

지출에 … 혜진 감기약 1500 감자씨값 3,160원 대신학교 컴피트 값 3,000원

計 7,660원[134]

2月 22日

지출에 … 정우 값 5,860원[135]

〈1984년 2월 23일 목요일 낡씨 비〉

순철이 결혼한다니 벌서부터 마음은 들떠 있는데 금일은 안전이 마음이 들뜬 상태여쓰며 순석이 돼지 잡는 데 4시가 생예을 먹으다. 순석이 돼지가 저울질은 안예찌만 190근 이상은 댈 껏으로 내다보고 있다. 오늘 하로 해는 돼지 잡는 것으로 하로 일과을 보내고 마랐다.

〈1984년 2월 24일 금요일 낡씨 맑음〉

순철이가 내일 결혼식 한다고 음식 준비하는데 동민들이 만이 오시서 그들어 주는돼 정말 마음이 헙쪽하더라. 그리고 신부 물건이 왔는데 생각찌도 안는 물건을 너무나 만이 하여서며 전기재품은 일절 한 계도 패노찌 않코 다 해왔쓰며 오 동시[동서] 중 재일 만이 해왔더라.

그리고 너무나 만이 했 아서 미안할 정도며 딸 치운다고 빛이나 들껭 저지나 안예쓸까 극정이 앞쓰는구나.

지출 … 운이 책뜰리 한다고 1,000원

혜진 〃 〃 1,000원

計 2,000원

〈1984년 2월 25일 토요일 낡씨 맑음〉

내일은 손님은 밭찌 않치만 오는 손님과 동사무소에 음식을 줄 껏을 준비한다고 분주한 시간을 보내고 1시 30분에 자유예식장에서 결혼식을 하는돼 온 가족이 바빠스며 예식장에 우리는 청첩을 하지 안아서 손님이 아무도 업찌 않나 하고 극정을 만이 했쓴는데 신부 쪽보다 오히려 손님이 만아서 기분이 좋으며 식을 다 올리고 가족사진 찍는돼 우리 형제 딸들을 8명하고 아들 셋시을 앞패 쭉 세우니까 식장에 있는 사람이 일부 웃는 사람도 있더라. 그리고 결혼식을 안전이 맡치고 실랑 측에서 대형뻐스를 냇서 결혼식에 참석을 한 사람은 무사하게 모

---

134) 지출내역은 21일 자 일기와 함께 적혀 있는 일기장의 지면 상단에 기록되어 있다. 지면이 부족했기 때문으로 보인다.

135) 이 내용은 24일 자 일기를 쓰고 남은 여백에 적혀 있다. 22일 자 일기장의 지면이 부족하여 일부는 21일 자와 함께 적힌 지면 상단에, 나머지는 펼친 옆면 빈 공간에 적어둔 것으로 보인다.

시고 왔다.
지출에 … 뻐스 돼절비 25,000원

〈1984년 2월 26일 일요일 낡씨 맑음〉

금일은 아무 일도 하지 않코 이모들과 오전 일가을 안전이 이야기로 보내고 마라다. 이모님을 보내면서 어머님도 살라계시며 우리 종말이 장가 보냇따고 을마나 좋아할 낀돼 생각을 하니 마음 습습하기 짝이 업꾸나.
그리고 눈님은 시아버지가 25日날 술 자시고 남과 사우다 내진탕으로 병원에 갈다더니 금일 부구가 왔더라. 이것을 볼 때에 눈님의 예석한 마음이 앞쓰는구나. 눈님의 일평생이 이져름 고달프게 살라야 하는가 하고 한숨이 나오는구나. 절머스는 자영이 군부대을 탈령을 해서 그처름 예을 먹이고 시어{머}니 시아버지 번가라 가면서 예을 먹이더니 시어니가 먼저 돌라가시서 좀 수랄란가 했뜬이 시어님 있쓸 때는 소분지며[분주하고] 시어니가 업쓰니 이재는 매일 싸우고 있쓰며 70십 노인이 장가 안 더린다 매일 부수고 있쓰며 집배서 사우지 않으며 동내서 싸우고 사람이 돼먹지 않아서 동내 사무소 몿 나오게 한다더니 끝내 자신의 명돼로 살지 몿하고 죽고 마는구나. 자신은 이것을 생각을 할 때에 눈님은 그래도 시아버지니까 서운해 할란가 몰라도 잘 죽어따고 생각을 하며 눈님은 이재는 슈탄한 배을 탈 수가 있따고 생각을 한다.
그리고 부위를 받고 우리 형재가 갈라 하다 내일이며 세 사람이 오는 날인돼 새 사람은 마지하고 갈자고 합이을 해서 참석은 포기하고 깨끝하게 새 사람을 마지하자고 약속을 하였다.
지출에 … 절 돈 20,000만 원 부주가
125,000 집사람 옷 하는 돼
6,000원
計 151,000

〈1984년 2월 27일 월요일 낡씨 맑음〉

오전에는 새마을부역으로 말바우 냇카에서 모래 실년 것으로 보냇쓰며 오후에는 신부 온다고 무이미하게 시간을 보내고 있는데 순석이가 아들딸을 뫁치노코[모아놓고] 도라가면서 노래을 시키는데 잘들 하며 우리 운이는 몿할 줄 알라는데 우리 운이 잘하며 딸 10명 아들 3명 13명을 한자리에 모아노코 노래을 하는 모섭 포장하더라. 이것을 생각을 해볼 때에 이것들이 잘라서 시집장가을 가며 한해에 2, 3명은 해야 다 할 탠돼 하고 생각을 하며 엄두도 내지 몿하게더라.
그리고 저녁을 먹고 있쓰니 신부 왔따고 하길예 내리가 보니 일부 자내매[작은어머니]도 오시고 멧 사람이 이쓰서며 나중에는 우리 식구만 있는돼 오 동시을 한자리 모았노코 보니 정말 기분이 좋으며 무었시든지 알 수 있깨따는 자신을 가질 수가 있쓰며 이번에 온 지수[제수]도 마음이 좋개쓰며 황상 옷는 얼굴이며 마음에 쏙 들고 있쓰며 신부의 피곤함을 생각을 안는다며 오 동시 오형제 한자리에서 이 밤이 다가두록 노라도 지루지하지 않을 탠돼 그만 신부을 생각해서 10시까지만 놀다 다 해여젔다.
금일 지출에 … 부주갑 3,000원
소 사료갑 1포 4,500원
計 7,500원

〈1984년 2월 28일 화요일 낡씨 맑음〉

사장어른 상래식에 참석을 몿해시 금일온 일적 형가 둘리서 집부로 가는데 동민들 볼까바 극정이 돼더라. 왜냐하면 장래식에는 참석을 안코 올늘 참석한다고 혹시나 숭이나 볼까바 극정이 돼더니 마을에 들어가는 돼 사람도 업더라. 그래서 천만다행이라고 생각을 했쓰며 막상 상주에깨 절을 다하고 사장어른 사진을 보니까 자신의 명돼로 살지 못한 것이 좀 서운한 감이 들더라.
그리고 이 사근이 눈님의 욕이 돼지 않깨 망우리을 지어달라는 부탁밖에 못했쓰며 친구 아버지을 죽인 것을 생각을 하며 모진 마음이 들개찌만 피해자도 안꾸도[아무것도] 업고 하니까 영창을 더 살리바야 신통한 수도 업고 잘 해결이 돼어쓰며 하는 생각이 든다. 그리고 모질개 굴든 사람이 업쓰니까 이재는 사람 살라가는 것이 살 맡이 나리라고 생각을 한다.
지출에 … 눈님, 시아버지 부이값 10,000원 동내 부주 3,000원
計 13,000

〈1984년 2월 29일 수요일 낡씨 맑음〉

금일은 낡씨가 차그운돼 작가나무 전지하는 것으로 하로 일과을 보냇쓰며 작년보다 전지을 적개 하는 편이며 우선 바서는 나무에는 별 지장이 업는 것 갈터며 꽂눈도 만이 와있쓰서 날씨만 좋으며 과일 수학은 별 지장 업시 수학을 할 껏 같다.
우리 혜영이 이번에 상장을 바다오면 전자시계을 사주기로 약속을 했는데 정숙이와 둘리가 같이 상장을 바다와서 혜영이만 사주면 정숙이는 큰집배서 사주지 못한다고 영숙이가 말을 해서 혜영이만 사주기가 그북스럽꾸나. 그래서 월년[얼른] 사주지을 못하고 시간만 기다리는 편이다.
수입에 … 국수 돈 값 12,000원
지출에 … 혜진 감기약 700원
2月 29日 현재 총수입, 지출 금액
수입 … 119,000원
지출 … 756,619

〈1984년 3월 1일 목요일 낡씨 흐림〉

과수 전지을 반 이상 했쓰며 과수 전지가 생각보다 시간이 더 걸리는 것 같더라. 앞푸로 하로 반 동안만 한다면 안전이 할 껏 같다.
그리고 혜영이와 약속한 것을 지키기 위예서 집사람이 시계를 사와는돼 마음에 차지을 않는데 아이들은 마음에 든다고는 하지만 시계가 자신에깨는 마음에 차지을 안아서 20,000만 원 짜리로 바꾸라고 하였는데 어떠게 할지 아직 알 수가 업다.
그리고 약속을 지키기 위에서 혜영을 시계을 사주어든이 혜진이 아주 실어하며 혜진이 성질이 아주 남자 선격이라고 해도 무리는 아닌돼 이번 시계 간계로 아주 성질이 사나우며 성질을 더 배러지나 않을까 하고 염려도 돼며 이번 시계 사준 것이 실질적으로 손예을 본 것 같다.
지출에 시계값 17,000원 귤 500원 미역 400원 김 2,500 간장 900 도배지 800원 노트 1,200원 화장품 3,000원 차비 360원 가위 수푸링 300원
計 26,860원

〈1984년 3월 2일 금요일 낡씨 눈〉

봄의 문특에서 금년 들어 처음 만이 함박눈이 온 셈이 돼며 이 눈이 한 달 앞패 와쓰며 보리 피해는 업쓸 껀돼 이재야 와서 함박눈이 와서 별로 필요 업는 눈이라고 하지만 여화든 함박눈이 오니 한결 마음이 가벼운

것은 사실이다만 이재 와서 때 너전 감밖에 업꾸나.

그리고 과수 전지는 아주 높번 돼 말고는 안전이 한 셈이 돼며 내일은 사다리을 빌리서 전지을 하며 안전이 과수 전지을 한 셈이 됀다.

"순철이 쳐와 정을 부치구 집은[붙이고 싶은] 마음은 말할 수 업씨 만원돼 순철이 쳐는 처음 시집을 와서 그런지 마음에 들어오지을 안는구나. 자신은 그래도 인정을 나눌라고 큰집배을 놀로을 가도 별로 접촉이 업쓰며 너무나 말이 업는 사람이라서 정을 부치기는 힘이 들게다."

지출에 … 과수 기계류 값 5,000

〈1984년 3월 3일 토요일 낡씨 맑음〉

과수 전지한 것을 주어서 모두며 일부 집부로 가지고 오는데 낡씨가 변득서렵기 짝이 업쓰며 일기가 너무나 변득서러우니까 사람들이 일도 하지 않코 휴식을 하는 사람이 만으며 시대가 흙러갈수록 기온차가 만으며 불구칙스럽게 돼는 날더리 만아저는 너킴이 더는구나.

"우리 운이가 혜영 시계를 보고 이학년에는 상을 딴다고 말을 하는 것을 볼 때에 우섬이 나는구나. 왜냐. 아직 아무것도 모러는 것이 상음 딴다고 마음을 먹고 있쓰니 아빠는 아에 상은 생가은 하지 않치만 마을 먹고 있는 것이 고맡고 돼건스렵다."

지출에 국수값 1,200원

〈1984년 3월 4일 일요일 낡씨 맑음〉

안전이 과수 전지을 하여쓰며 우선 바서는 과일을 수학을 이따고 보는데 앞푸로 날씨가 어떠게 가나가 문제다.

그리고 큰집배 놀로 갈든이 이재는 지수가 좀 상캐한 것 같더며 처음 바서는 너무나 묵묵한 사람이 아닌가 하고 극정을 했는데 오늘 바서는 안전이 잘몿 본 것이 사실이다. 오늘 바서는 사람이 상캐한 사람이라는 것을 너켜다.

〈1984년 3월 5일 월요일 낡씨 맑음〉

과수 전지한 것을 오늘로서 안전이 주어서 집부로 가지고 와서 정리을 하여쓰며 내일로 날씨만 좋으며 기계류 약을 살표할려고 과수밭에는 안전이 정리을 하여다.

요먼저 눈님 집배 상문 가서 사모[삼우(三虞)] 지나서 합비을 볼라고 이야기을 하여서 하도 궁금해서 눈님 집배을 같더니 눈님 말씀이 이번에 병원비로 장래비 쪼로 백만원으로 하비을 바따고 이야이을 하더라. 그래서 잘했따고 이야기을 하여쓰며 소양머리 바서는 좀 예을 먹이며 했쓰마 하지만 눈님으로 바서는 본동에 친구로서 어쩔 수 업는 형편이 돼어따고 본다. 그리고 이번일로 눈님 집배서 손예 변상을 아주 만이 할 줄 알다 비용만 요구하니까 동민들의 인사가 자자하다고 말을 한다기에 자신의 마음이 더 좋꾸나.

그리고 눈님 팔자는 이래 사라는 팔자가 또 삼촌이 김천서 내리와서 죽은 형 대신에 경로당에 입당해서 놀기 좋다면서 내일 술을 먹고 있따면서 또 죽을 시경이라고 말을 하더라. 요줌 세상에 부모도 안 모실라고 더는 사람이 만은돼 삼촌이 어뒤라고 여기 와서 살 수가 있는냐고 하면서 자신이 가라고 이야기을 하였다. 이것을 볼 때에 사람 늘댄 것은 아무섯도 슬 수가 업띠고 생삭을 하며 눈님은 왜 풀리지 안코 똘똘 말리는지 알 수가 업쓰며 정말 한심서렵다.

〈1984년 3월 6일 화요일 낡씨 눈〉

금년 들어 제일 만이 눈이 온 셈이 돼며 갈수록 눈이 더 만이 오는돼 기온도 이상하다. 봄이라고 생각을 하는데 눈이 실실 오고 있쓰니 별로 반갑지 않는 눈이다. 이 눈이 몟 달 앞패 와쓰며 사랑받는 눈이 돼어 쓰리라고 생각을 한다.

〈1984년 3월 7일 수요일 낡씨 맑음〉

3月 7日 기계류 약 살포함.

기계류 약 3돼. 물 함량 6말(약이 좀 부족하더라).136)

금일 과수에 기계류을 집사람과 살포하는데 기계류는 만이 쳐만[치면] 과일이 업따고 해서 약을 살포해도 조심스러며 급이 나더라. 그래서 처음 시작하는 곳보다 나중에는 약 살포을 아주 적게 한 셈이며 약을 살포하니까 날씨가 차가아지서 약 호력이 업찌나 않을까 극정이 돼는구나.

수입에 … 경운기로 5,000원

지출에 … 혜영이 시계 우침으로 3,000원 오댕 1,000 혜진 잭[책] 5,000 치약 450원 양발이 1,000 차비 320원 計 10,770

〈1984년 3월 8일 목요일 낡씨 맑음〉

오전에는 나무을 한 짐 저는 것으로 오전 일가을 보내고 오후에는 육촌 형님 황갑 한다고 돼지 잡는다고 해서 돼지는 다 잡고 내장하고 돼지 대가리만 남아 있쓰며 이것을 장만하는 돼 그들어 주는 것으로 하로 일과을 보내고 마랐다.

그리고 삼학년 때는 정숙이가 회장 돼고 혜영이 부회장이라고 하든이 사학년 돼니까 혜영이가 회장이 돼고 정숙이가 부회장이라고 하니 사촌키리 회장을 주고받고 하는 것이 기쁜 일이며 혜영이가 이번에 회장이라는 소리을 드꼬 정말 마음 기쁘다. 이 기쁨을 운이에깨 바꿀 수만 있따민 얼마나 좋으리까.

〈1984년 3월 9일 금요일 낡씨 맑음〉

금일은 육촌 형님 황갑 준비한다고 집사람과 둘리서 종일 그들어 주고는 했쓰며 요즘 사람들은 고기보다 나물을 만이 차저며 고기는 양님[양념] 정도로 하고 있는 것을 볼 때에 정말 만이 변예쓰며 우리들 조금한 할 때는 돼지 국물이라도 만이 먹을라고 했든 때가 어재 같든돼 돼지고기도 실타고 할 지경이니 새상은 엄청나게 변한 것은 사실이다.

금일 지출에 … 소 사료 2포 9,000원 돼지사료 후기 6포 5,400원 돼지사료 전기 3포 16,500원

〈1984년 3월 10일 토요일 낡씨 맑음〉

오전에는 마을에 봄마지 대청소 한다고 오전 일가을 보내쓰며 오후에는 육촌 형님 일거든는 돼 하로을 보내고 마랐다. 사람의 한평생에 한 번의 회갑이라고 하지만 한 번의 회갑에 따린 음식 준비면 사람의 동은[동원]이 상당이 만으며 보통 심이 아니라고 생각을 한다.

〈1984년 3월 11일 일요일 낡씨 맑음〉

136) 이 내용은 지면 상단에 따로 기록되어 있다.

육촌 형님 회갑이라고 3日 동안 아무 일도 하지 못하고 집안사람이 꼭 살다시피 준비을 해서 금일 하로을 손님 돼집할려고 노력한 것이 한편 우섭고 한편으로는 절급은 일이라고 하지만 좀 생각을 하고 넘어가야 돼겟따는 생각이 든다.

그리고 육촌 형님의 형제간이 삼형제인대 형들은 일적 도라가시고 종말리만 살라게 시서 절거운 횡갑을 하는데 형들의 자손은 어뛰가 모러게 들 조은 너킴이며 제일 큰 형의 손들은 부모가 아무도 업쓰니까 아주 들 좋은 너킴이 들더라. 이것을 볼 때에 나만은 절급다고 헝겁게 놀 껏이 아니라 주위를 한 번 더 바야겟따는 생각이 댄다.

지출에 … 부주 5,000원

〈1984년 3월 12일 월요일 낡씨 맑음〉

금일은 처갓집 큰집배 처남우댁이 장래식이라서 참석을 해보니 교인이라 장래식이 노래로 다 하더라만 우리가 볼 때에 좀 이상하다. 왜냐. 날 이해 일평생 바치고 죽어가는 마당에 목이 매어서 노래가 어뒤 나오며 오휘러 좋아하는 편 같더라.

그리고 손님을 초대했노코 술도 업고 콜라만 있쓰서 술 묵는 사람은 아무 흥미가 업깨 대며 오히러 뒤전에서 욕만 하고 있쓰며 있것을 볼 때에 이런 식으로 손님을 초대할려면 생각을 하여야 댄다고 생각을 해본다. 자신이 볼 때는 손님의 초대보나 돈에 욕심을 부리지 안아나 하고 생각이 더는구나.

지출에	부이 값 5,000원	計 5,200원
	혜영이 200원	

〈1984년 3월 13일 화요일 낡씨 흐림〉

순철이 시간난다고[분가한다고] 경운기로 살림살리을 일부만 가지고 구미예 시방[셋방]을 어더따고 해서 가보니 방도 조금하나고 부억 구조가 아주 마음에 들지을 안어며 방이 부엌을 그쳐서 들어가기 때문에 탄의 캐스가 급이 나며 황상 주위을 하여야겟쓰며 자신이 이 방을 보고 동생이 이려깨 시간을 나와야 하는냐 하고 생각을 할 때에 눈물이 날라고 해서 억찌로 참아다. 시간 살림사리을 다 니라노코 방에서 안전이 정리을 하고 전기선까지 순기와 둘리서 갈라주고 안전이 방을 정리을 하니까 일부 살림살리로 방이 어울이더라. 이것을 보고 마음이 칼라안저며 마음의 여유가 생기드라.

정식[점심]은 민진이 집배서 먹고 삼 동서는 부엌 살림살리을 시장에 가서 살려고 같쓰며 오후 3시 30분경에야 시장 같다 오더라. 그래서 자신은 물건을 보지 않코 집부로 올 때에 지수에깨 실래대는 말을 하여다. 만약에 서료가 사운다고 하며 당장 대리와서 주박울라고[쥐어박으려고] 하니 지수가 웃더라. 그래서 사람이 살기가 수란 일이 아니며 황상 업는 사람을 보고 살며 있는 사람 보지 말고 잘 살라고 부탁을 하고 집부로 4시예 출발하고 마라다. 경운기로 집배 올 때 시간을 재어 보니 1시 30분 정도 걸리더라.

〈1984년 3월 14일 수요일 낡씨 맑음〉

오전에는 농로부역을 하는데 시키는 사람도 업고 자기 논머리만 경운기로 실어 붓는다고 야단을 쳐며 실지 부역은 한 사람도 업쓰니 앞푸로 동장도 힘이 들 뿐 아니라 앞쓰서 일시키는 사람이 힘이 말할 수 업씨 예로가 만타고 본다.

그리고 올개[올해]는 기계모 할려고 상토

흙을 쳐는데 집사람과 둘리서 오후 내 흙 쳐는 데 오후을 다 보냇쓰며 상자모 하기도 별로 쉬운 일이 아니라는 것을 너켜다.

〈1984년 3월 15일 목요일 낡씨 흐림〉

비료구입. 요소. 2포 유안이 1포.[137]

논보리에 비료거름 줄라고 대신 비료을 외상도 하고 할려고 분소에 같든이 원예비료만 외상을 줄라고 해서 그만 외상을 하지 않코 보리 거름만 요소 2포 유안 1포 셋 포만 사가지고 왔다. 나머지 비료는 영농자금이 나오면 살려고 하고 집부로 오고 마랐다.

논보리에 비료거름을 할려고 하니 비료만 아깞더라. 왜냐하며 보리 이파리가 푸른빛은 업고 하야게 다 말라죽은 것밖에 업는 것을 보고 거름을 할려고 하니 손이 말이 안 더려서 작년에 한 포 반 하든 것을 금년에는 한 포로 다 했다.

지출에 … 요소 2표 유안 1포 15,400원
혜영이 학교 1,000원
計 16,400원

〈1984년 3월 16일 금요일 낡씨 흐림〉

작가나무에 밑거름을 하는데 나무들 바서는 비료거름을 적개 준 것 같다. 자신이 생각하기는 복합비료을 두 포 잡아는데 비료한 것은 1포 좀 더 한 셈이다.

그리고 우리 운이 때문에 집사람이 생예을 먹는다. 학교 갇다 오면 공부을 갈칠라고 하며 공부을 쳐째 안 알라고만 들며 말 안 든는다고 매을 다 돼며 남찌도 않을 껏 같고 안 갈칠라니 아무것도 모러고 있쓰서 가슴 아푼 일이다. 자신이 생각을 할 때는 중간만 간다며 아이들을 갈칠라고 크게 신경도 안 쓰게는데 너무나 모라서 자고나며 극정이다.

"봄 돼며 바람은 샌 중은 누구나 다 알지만 올해는 기온이 불규칙서러어며 기온이 순진하지 못한 것 같다. 오늘은 무선 바람이 그쳐름 쌔며 사람이 일을 할려고 해도 할수가 업쓸 정도로 불고는 하는데 이것을 볼때에 금년에는 자신이 생각하기에는 가뭄이 심하지 않을까 극정이 앞쓰는구나."

지출에 아이들 영화 갈람비 750원

돼지약 건위정 1봉에 1,000원 計 1,570원

〈1984년 3월 17일 토요일 낡씨 맑음〉

(복토 흙에 황 썩음[섞음]) {()황 1kg 220원) 좀 적음.[138]

삼촌 칠순 한값 한다고 음식과 돼지 잡는다고 아무 일도 못하고 하로 일과을 보냇쓰며 음식과 돼지을 잡아도 우리 집안키리 있쓰니까 술 한 잔도 하지 않코 돼지 음식 다 장만했쓰며 요사이는 돼지을 잡아 나도 한 점 먹을라고 더는 사람이 업더라. 우리가 아들 때는 돼지 국물로 국을 끄리나도 그쳐름 맡이 있든돼 이재는 전 살코기도 먹고 십지을 안으니 정말 새상은 만이 변왜다.

〈1984년 3월 18일 일요일 낡씨 맑음〉

삼촌 칠순 한값 하는데 동내 술 돼집을 하여쓰며 동민들예깨 조용히 돼집을 하여쓰며 삼촌이 복 만은 사람이라는 것은 사실이다. 왜냐. 아버지 형제관 중에서 재일 오래

---

137) 이 내용은 지면 상단에 따로 기록되어 있다.

138) 이 내용은 지면 상단에 따로 기록되어 있다.

사시며 칠순까지 살라따는 것이 복 만은 영감이라는 것이 사실이다. 우리 아버지가 여때까지만 살라 주어떠라도 정말 잘 모실 힘은 있는데 정말 아쉬어만 더는구나.

"우리 돼지을 파라고 해서 파는데 자신은 90근은 댈 줄 알고 줄라고 대답을 했는데 우리 마을에서 돼지을 제일 만이 먹이고 한 사람이 70근을 보더라. 그리고 온 사람들도 그 정도밖에 안 바서 돼지을 자신이 잘 뫃 밭따는 생각이 들며 정말 70근 정도 간다며 자신은 큰 잘뫃을 한다는 생각이 들며 아주 찐한 마음이 들더라. 그래서 실찌 달라보니 97근이 나가더라. 그래서 한숨을 난 샘이 돼더라."

〈1984년 3월 19일 월요일 낡씨 비〉

이번 비야 정말 금싸래기 비라고 해도 무리는 아니다. 이번 비가 가뭄에는 해갈리 뫃 돼지만 다소 가뭄이 해소가 대어쓸 분 아니라 과수에나 보리에 비료거름 한 것이 안전이 녹을 정도가 돼어서니 사람의 극정을 반을 들어준 샘이 돼는구나.

그리고 오늘은 동내에 산가집[상갓집]이 동내에서 제일 업따고 해도 무리는 아닌돼 자신의 생각으로는 사람이 업찌 않나 하고 극정을 했는데 비가 와서 그른지는 몰라도 생각 위에 사람이 만아서 일을 수라게 하여찌만 반돼로 여자들의 할 일이 아무도 업쓰서 상주들이 하는 것을 볼 때에 마음이 글리더라. 만약에 이 사람이 재산이 만아따면 여자들도 만이 외쓸 껏이 아닌가 생각을 할 때에 가슴 아푼 일이다.

〈1984년 3월 20일 화요일 낡씨 맑음〉

금일은 동내서 돈 벌로 가자고 해서 같든이 일당원 7,000원 됀다고 하는데 실찌로 돈으로 주지 않코 정부미로 준다고 하니 실찌 금액은 5,000원 정도밖에 자신은 돼리라고 생각을 하며 돈 옉수보다 일 돼까가 넘어나 힘이 들더라. 매일 이런 힘이 들며 계속 벌수가 업따고 본다.

지출에 … 고추 1,200원 반찬 4,500원 가방 1,800원 국수 기름 3,100원 차비 360원 좀약 200

수입에 … 돼지 값 57,000원(97근)
그림물깜 1,100원
計 1,160원[139)]

〈1984년 3월 21일 수요일 낡씨 눈〉

일기가 자신이 생각을 해도 이상할 정도다. 왜냐하며 갈수록 눈이 만이 오며 이번에 눈이 채고며 눈을 잰다며 80미리는 온 것 갈더며 이번에 눈 온 것 때문에 밭보리, 논보리는 안전 해갈이 됀 샘이다.

눈 때문에 아무 일도 뫃하고 동내예서 계돌부리로 하로 일과을 보내쓰며 자신은 돌부리을 1,000원치만 하니까 전부가 다 떠려저더라. 그리고 집사람예 개고기을 주며 안 좋게나 하는 생각으로 개머리와 뒤다리을 가지고 와서 집사람을 먹일 작정이다.

지출에 … 돌부리값 1,000원
꿈 할려고 사온 것 5,500원
計 6,500원

〈1984년 3월 22일 목요일 낡씨 맑음〉

눈 때문에 아무 일도 뫃하고 비료 사온 것

139) 바른 합계 금액은 12,260원이다.

으로 오전 일가을 보낸다. 올해는 남왜 농사을 댕기서 비료값이 흙신 만이 들어간 샘이 돼며 올해는 경운{기}값이라도 벌 욕심이라도 남왜 농사을 땡긴는돼 지장 업시 해줄란지 극정이 앞쓰는구나.

"오후에는 집배 나무가 업쓰서 눈이 채 녹지도 안아서 산에 나무 짐 저고 오기가 뻑힘이 들더라. 그래서 두 짐만 저고 마랐다."

그리고 큰집배 일 갈치 할 때도 언잰가는 따로 할 때는 마음이 들 좋찌 하는 생각은 있쓰찌만 이러깨 힘이 들 줄은 밑차 몰라쓰며 이재 와서는 자신이 후예가 됀다. 왜냐하며 정을 버릴라면 일적 버리지 몿한 것이 자신이 살라가는 데 힘이 더 들 뿐 아니라 내 생할예 큰 타격이라고 해도 무리는 아니다. 이것을 생각을 할 때에 형도 시러할 필요 업따고 보며 내가 생각을 할 때는 형이 일적함시 따로 하며 니가 빨리 살 수가 있쓰니까 따로 하자고 하여야 댄다고 생각을 한다.

"자신은 정을 버리지 몿해서 이려깨 오래 했따고 보는돼 자신이 생각을 잘뫃했따고 생각을 한다."

지출에 … 요소 10포 복합21다시 20포
計 30포

총금액 … 162,500원 현찰이 62,500원
외상이 100,000

〈1984년 3월 23일 금요일 낢씨 맑음〉

금일은 상구름에 작업[140]하는데 도랑 바닥에 응구[구멍]가 나서 미세가 내리안저 공사을 하는 데 힘이 들게쓰며 상구름 공사가 5,000,000만 원 공사인돼 실찌 일을 해보니 공사비가 아주 적개 더려갈 껏 같더며 동장도 이번 공사는 수입 좀 볼 껏 같더라. 선생님이 이번에 가정방문 나와서 선생님을 보니 운이 선생님, 혜영이 선생님이 나오신는돼 자신에깨는 마음에 차지을 안더라.

지출에 … 선생님 돼집하는 데 담배
3,000원 맥주 1,400원
구름산[구론산] 400원 과자
200원 닭갈 2,000원
計 7,000원

〈1984년 3월 24일 토요일 낢씨 맑음〉

3月 24日 (영농자금 받음) (복토 흙에 소독함. 호로마링[포르말린] 1병 300원.)[141]

오늘은 작업을 하는데 좀 수라며 작업을 일적 맡쳐쓰며 이번 공사는 수입을 보리라고 생각을 하며 잘하며 2백 원 남찌 않을까 생각도 돼는구나.

영농자금 … 100,000십만 원.

〈1984년 3월 25일 일요일 낢씨 맑음〉

혜진이 먼저부터 눈이 나푸다고 선생님이 이야기을 한다고 해서 먼저 남산병원에 가서 치료만 하고 오늘은 안경점에 가서 안경을 맡차쓰며 운이는 치과예 돼리고 가서 썩은 입발을 뺄라고 더니 미리 급을 먹어서 입빨을 빼캐나 하고 생각을 했든이 생각보다 수라게 빼고 마랐다. 금일 혜진과 운이을 대리고 김천을 가보니 운이는 어뒤든지 서섬치 안코 혜진은 아죽어리고[쭈뼛쭈뼛하고] 있쓰서 자신이 신경질이 나더라.

140) 논에 차인 물을 하천으로 빼내는 작업을 말한다.

141) 이 내용은 지면 상단에 따로 기록되어 있다.

지출에 … 혜진 안경이 13,000 운이 입빨 패는 돼 3,000 과자 700원 뻐스 비 420원 열차비 300원 정지비 500원 황값집배 3,000원
計 20,920원

〈1984년 3월 26일 월요일 낡씨 맑음〉

정부에서도 청소년 범재자가 매년 배로 너려난다고 말들을 하는 것을 볼 때에 정말 한심한 노렷이다. 왜냐. 정부에서 청소년을 바러게 자라지 몿하게 만든 것이 정부시책이 잘뫃 돼어서 청소년이 유흥업소에 빠저게 했노코 학부형에깨 짐을 다 씨우고 있는 것을 보니 딱한 노렷이다. 처음 우리가 볼 때도 학생 자율화할 때에 아직 한국은 일적 다고 보는데 자융화한다고 야단을 부리 놓고 이재 와서 벌소리만 하고 있찌 말고 안 돼는 것은 일적 손을 쓰서 바꾸어 가야 하는데 억찌로 밀고 가야 하는 이유가 먼지 알 수가 업따.

앞푸로 계속 밀고 가나면 우리 청소년은 정부에서 바라는 청소년이 돼지 않코 포악한 청소년만 댈 뿐 아니라 업는 나라에서 유흥업소만 너러날 뿐 아니라 성 남발이 너무나 물란해서 부모들로서는 극정이 말할 수 업따고 본다. (일함)

지춣에 … 봉답 씨나락이 6,820원
소사료 3 1,350원
돼지사료 2 10,800원 計[142]

〈1984년 3월 27일 화요일 낡씨 맑음〉

금인에 기온이 탁 풀리는 감이 있쓰니 들판에 경운기 소리가 요란한이 자신이 노가다 일을 하면서도 마음이 바파저며 다리[다른이]는 밭을 갈고 하는데 일을 그만하고 집배 일 좀 해야 하는데 하고 오늘은 마음이 바푸더라.

지출에 … 거름 소고리[소쿠리] 700원 오삽[큰 삽] 1,800원 자신 약 1,800 오로마랭[포로말린] 300원 빤찬 1,000 콩나물 200 차비 180원 컴[껌] 100원 아들 책 2,100 김 3,000 고추가루 800
計 11,980원

〈1984년 3월 28일 수요일 낡씨 맑음〉

오늘은 일을 하면서도 자신이 일 담당이 좀 수란 것이 아다리 돼어서 수라게 하로 일을 무사이 끝냇다. 그리고 낡씨가 안전이 봄 기온이 온 것 같더며 벌서 봄 나비가 나온 것을 보니 안전 봄이라고 해도 무리는 아니다.

〈1984년 3월 29일 목요일 낡씨 맑음〉

오늘만 노가다을 하고 내일부터는 육촌 형수 한값이라고 돼지 잡고 준비을 하여야기 때문에 노가다을 오늘로서 끝을 내야 댄다는 생각을 가지니 오늘 하로 해가 여때까지 일한 시간 보다 더 지루한 기분이 들더라.

〈1984년 3월 30일 금요일 낡씨 밝음〉

3月 30日 (송아시 순산함.)[143]

돼지을 자신의 계산대로 마저더려 같는데 자신이 돼지 몿 팔까바 이십일 전부터 몸부림을 쳐서 육촌 형수에깨 우리 돼지 잡부라

142) 금액은 적혀 있지 않다.

143) 이 내용은 지면 상단에 따로 기록되어 있다.

고 이야기을 해서 할 수 업쓰서 돼지 금이 벌써 100원이나 올랐는돼 을마 안 가서 800원 할 끈돼 자신이 넘우나 무게가 업쓰서 돼지는 잘 먹인는데 큰 손예을 보고 마는 것이 서운하기 짝이 업꾸나.
그리고 적은 소가 작년과 똑같이 수정을 했는데 작년에는 4月 1日날 납는데 올해는 좀 일적하구나. 이번 송아지는 우리 소 첯배보다 더 적더라. 이번 송아지을 보니 상캐한 감은 한 개도 업더라.
計 엿섯 마리에 588근 돼더라.

〈1984년 3월 31일 토요일 낡씨 흐림〉

세월이 정말 빠르구나. 삼월을 어그제 같든돼 오늘로서 삼월을 보내야 하니 새월을 잡불 수가 업쓰며 나이가 만을수로 새월이 빨라저는 너킴이며 벌어논 돈 업씨 새월이 가니 정말 아쉽꾸나.
그리고 육촌 형수 회갑잔취 준비한다고 아무 일도 몿하고 하로 해을 다 보냇다.

〈1984년 4월 1일 일요일 낡씨 맑음〉

육촌 형수 황갑하는데 생각보다 음식 소모가 아주 만이 들어가더라. 남들이 손도 마실 손인돼 돼지을 닷섯 바리을 잡부니 돼지고기 남는다고 다들 이야기 하든이 실찌 잔취을 쳐보니 생각밖에 일이며 돼지고기도 그 만원 고기가 3시경에 다 똘어저더라. 그리고 한 집배서 있는 데로 배상을 다 바다먹고 있쓰며 배상만 먹으며 별 문제다. 가방144)에까지 들어와서 서섬치 안코 고기을 먹고 있는 것을 볼 때에 정말 우리 자랄 때는 옛날이라는 생각이 드는구나.

그리고 재준내 소가 평소 때 지나다니며 보며 소죽을 잘 먹고 했서 송아지도 어재 나와찌 송아지와 소을 몿 미겟따면서[먹이겠다면] 팔라고 해서 요 먼저 소 금이 흐러서 작년에 본전도 안 줄라고 한다고 해서 자신이 송아지을 나서 본전을 주며 수입이 돼리라고 생각을 하고 가지고 았는데 너무 욕심을 부리고 있는 것이 아닌가 생각을 하고 있다.

〈1984년 4월 2일 월요일 낡씨 맑음〉

경운기로 봇밭을 갈고 오후 1시경에 집배 들어오니 집사람은 대신 민형이 엄마가 아파서 병원에 갈다고 하지 송아지 있는 소을 죽을 안 주고 해서 성질이 나고 있는데 재준내 송아지가 물똥을 잘잘 하고 있더라. 그만 깜짝하며 어제 올 때도 좀 신찬더라. 그래서 송아지을 노은 지 하로 만에 가지고 와서 힘이 업는 줄 알라든이 그것이 아니고 얼래 이상이 있는 것을 자신이 촉빠르게 가지고 왔꾸나 하고 너무나 계산 업시 날 뛰서 자다 어든 병우로 송아지가 죽으며 50십만 원 솔곳이[온전히] 소내을 당하는고나 하고 점심도 넘어가지을 안더라. 곳바로 동물 약국에 갈서 송아지 약을 사와서 먹이고 했는데 송아지가 별 효가도 업는 것 같더며 여전이 똥을 살살 싸고 있쓰서 송아지을 영 바리고 만다는 생각밖에 들지을 안더라. 집사람은 무선 일을 하며 상위[상의]가 업따고 집사람은 꾸중을 주지 이거 너무나 욕심을 부리는 바람에 일 년을 공 쳐는 해가 돼는구나 하고 생각을 할 때에 정말 가슴 아푸다. 집사람은 이왕 이래 돼쓰니 큰일에

144) 잔칫집에서 음식을 준비하거나 고기를 써는 방을 가리키는 말이다.

비와자고[비하자고] 하면서 마음의 여우을 주고 있찌만 자신의 마음까지 들어오지을 안코 있더라.
지출에 … 차비 360원 송아지 약 3,000원
計 3,360원

〈1984년 4월 3일 화요일 낡씨 맑음〉
(상토 흙에 비료 혼합함)[145]
올해는 상자모을 할려고 더니 힘 더는 것 같다. 왜냐. 요 먼저 상토 흙에 유안만 하는 줄 알라든이 용인, 가리 셋 가지을 다 해야 됀다고 해서 오늘 대신 분소 가서 용인가 가리을 싸와서 상토 흙에 혼합을 하는데 그 중스렵더라. 상토 흙에 유안 1kg과 용인 3kg 200그람과 가리 640그람을 쓸라고 각각 1포시을 사야 하니 준비물이 그중스렵더라. 오늘로서 복토 흙까지 안전이 준비을 한 샘이다.
그리고 송아지에 간심을 쑈꼬 있쓰니 집사람이 개안따고 이야기을 하고 있찌만 손예밖에 생각이 나지을 안으며 사람이 아무 일도 하고 십번 생각이 나지을 안코 있꾸나.
※ 상토 흙에 준비물 호로마린 원액 1병 300원 다찌가랭 2봉 유안, 용인, 가리 유안원 상자당 5그람 용인은 20그람 가리는 4그람을 혼합함.

지출에 … 용인, 가리 각각 1포에 대신 과자 600원 計 5,600원

〈1984년 4월 4일 수요일 낡씨 비〉
(벼씨 침종함) 1무작.[146]

이번 비가 잘 온다고 생각을 하며 이번 비로 해갈은 회소돼지 안을까 하고 생각을 한다. 이번에 자신이 욕심을 부리도 설 때 업시 생각 업시 부러서 자신의 건강을 상하게 했쓰며 큰 실수을 범하고 마랐다. 이것이 우선 어미 소는 별로 지장이 업쓸 것으로 내다보고 있는데 만약에 큰 소가 이려따며 자신은 영 소생이 어렵따고 생각을 할 때에 이것만으로도 큰 다행이이라고 생각을 한다.
송아지가 경비만 자꾸 내고 있따고 생각을 한다. 송아지가 살라있는 한 약을 사용하고 우유 다 사용하니 돈만 들어가고 차도 업쓰니 자신의 신경만 날까러저고 있쓰며 욕심을 부리지 안아따며 새벽으로 집사람과 새상 모려고 잘 킨돼 자신과 집사람이 둘리가 새벽으로 송아지 간호을 하여야 하니 이 심정 말할 수가 업꾸나.
지출에 … 차비 360원 송아지 약 4,000원 우유 1,400원 운이 100원 돌부리 1,000원
計 6,800원

〈1984년 4월 5일 목요일 낡씨 비〉
밭작물에는 이번 비로 안전 해갈이 돼어쓰며 보리에깨는 이번 비가 밑거름이 돼어따고 본다.
※ 그리고 자신의 생각의 부주위로 송아지가 소생이 불가능하며 이번 일을 한 것을 보며 송아시 놓고 하로만 디 있띠 기지고 와도 불행한 맡을 버스날 수가 있쓴는데 자신의 생각이 짤바따고 생각을 한다. 만약에 집사람이 이른 상황이 벌

145) 이 내용은 지면 상단에 따로 기록되어 있다.
146) 이 내용은 지면 상단에 따로 기록되어 있다.

어저도 모면을 할 사람이라고 생각을 하며 이번 일을 하는 데 집사람을 계입시키지 않코 자신의 혼자 했쓰니 이상할 정도다. 평소 때는 집사람과 손톱만안 일이 있쓰도 집사람과 정답게 이야기을 해서 행동에 온기저는돼 이번 일이 혼자 큰일을 했치운 것이 손예을 볼라고 들려는 것이 아닌가 생각도 가지 보지만 그 마음은 온 돼 간 돼 업고 가슴만 아푸며 오늘은 자신의 병 나까봐 극정이 돼더라. 그리고 집사람은 혹시나 자신이 병 낮까바 마음의 안정을 시키고 있찌만 집사람은 나보다 더 야물고 섬새한 분이라 마음의 속으로는 고통이 을마나 힘하게나 하고 생각을 할 때에 가슴이 떠저갈 껏만 같다. 남편의 어리석음으로 집사람을 고통을 주는 것이 정말 미안하기 짝이 업꾸나.

수입에 … 돼지 값 340,000 일한 것이 10,000 計 350,000

〈1984년 4월 6일 금요일 낡씨 맑음〉

올해는 큰집과 따로 하기 때문에 경운기 융자라도 벌 욕심으로 주막에 행녀이 농사을 대갈림을 하려고 약속을 하고 자신이 봌밭가 과수 거름까지 다 뒤다 주고 보밭 거름까지 내서 오후 한 시까지 갈라주고 했는데 이재 와서 자기 동생이 농사짓어라고 와따고 하면서 농사을 다시 달라고 하여서 다 주고 마랐다. 사람이 일부 감자, 고추 다 가라따고 하니까 마음은 바푸지 하니까 사람을 이용한 것이 아닌가 하고 생각이 더는구나. 그리고 헛욕심을 부리서 소 가지고 온 것이 올 때부터 송아지가 신찬더니 결국 오늘은 죽더라. 송아지을 버리는데 왜 생각을 몾했던가 하고 자신을 욕도 해보았다. 사람이 이재 살 수 있깨따고 생각을 했는데 나는 이래 살라는 팔자가 하고 마음의 한탄을 해보았다.

〈1984년 4월 7일 토요일 낡씨 맑음〉

집사람은 살라보겟따고 야물게 살며 자신이 입고 떨어저며 집사람이 더 입버서 아주 떨어저야 버리게 대는돼 이래 살라도 안 돼며 이재는 집사람도 옻가지도 사 입고 돈 좀 쓰가면서 살라야 돼겟따고 이야기을 하길에 자신이 돼답을 하여다. 돈을 벌어보겟따고 헛돈이라고는 한 푼도 안 쓰고 있는데 응뚱한 돈이 뻥 떠저며 자신으로서는 일 년 벌어야 돼는 돈이 잔간 생각 부주로 날라가고 마랐쓰니 가슴 아푼 일이다.

지출에 … 제준내 소 약 4,000원 차비 360원 計 4,360원

〈1984년 4월 8일 일요일 낡씨 맑음〉

자신은 아무것도 몰라는돼 남들이 이야기을 하는데 송아지가 신찬은돼 하고 잘 크야 하는데 극정을 하더라고 이야기을 한다고 해서 정말 심장이 아푸더라. 사람이 자신들을 편하게 살라고 남을 모질게 할 수가 있깨나 하고 계심한 마음이 들더라.

금일은 모재리 갈면서 논마다 다 가라쓰며 마음먹고 갈면 삼일만 갈면 안전이 갈 수가 있깨따고 본다.

〈1984년 4월 9일 월요일 낡씨 비〉

비가 만이 오면 탕이 질어서 경운기로 몾 갈며 소로 갈라고 하며 힘든다고 비을 마저 가면서 경운기로 오전내 돼갈림 하는 6.5 마지기는 안전이 싹 경운기로 갈라서 비가

안만 와도 극정 업게 했노왔다.
그리고 여떠것 곳을 먹이도 물똥을 이러깨 시마게 하는 것은 처음 밭쓰며 송아지을 버리고 나니 그[겁]이 먼저 나며 소 한 마리 재발 고치고 나니 탄 소가 또 하고 있쓰니 신경이 곤더새우고 있꾸나.
지출에 … 체육비 3,900원 글스카어터[걸스카우트] 2,800원
計 6,700원

〈1984년 4월 10일 화요일 낡씨 맑음〉

금일은 쳐 어머님 칠순인돼 아무것도 홰주지 몿하고 참석도 안예쓰니 재송하기 짝이 업다. 올해는 어머님 칠순에는 꼭 돼지 한 마리 할라고 생각을 했는돼 자식이 칠순을 안 알라고 하니 자신도 신경이 들 쓰저는구나. 이번 일이 삼배[이삼배/처남 이름]도 잘 몿을 했따고 생각을 한다. 어머님은 오직 이동[외동]으로 아들 하나만 보고 살라왔따고 해도 무리는 아닌돼 좀 힘든다고 부모 일을 소을희 하고 말라쓰니 어머님은 마음 속으로 을마나 서운했깨나. 정말 이 마음도 좋찌 않으며 이번 송아지 일만 아니라도 보하는 돼 걸[벌금147)]을 냇쓰라도 어머님 칠순에 참석을 할 낀돼 마음도 뒤숭숭하고 해서 참석을 몿하고 집사람만 참석을 하게 한 깃이 어머님에깨 머리 수거리어 절합이다. (어머님 건강하게 오레 사십요.)
지출에 … 돼시고기 4,000원 괴자 1,000 차비 330원
計 5,330원

〈1984년 4월 11일 수요일 낡씨 맑음〉

금년에는 소 때문에 신경인 곤드새우고 있꾸나. 송아지을 실패을 보니 소가 조금이라도 이상한 짓을 하며 사람이 캄짝캄짝 할 정도다.
또 우리 소가 물똥을 싸고 해서 약을 먹이니까 송아지가 따라서 물똥을 누는돼 정말 간장 다 타두록 만들고 있더라. 그래서 만사 일을 재치노코 김천에 동물 약국으로 가서 송아지 약을 달라고 하니 약을 주면서 이것만 먹이며 틀림업따고 이야기을 하여서 정말 틀림업는냐고 물어보기도 하였다. 한 마리를 실패을 보니 이 약으로 낯깨나 하는 음심이 생기더라.
"우리 운이가 아빠 볼 때는 바보가 아니고 두내가 좋다고 생각이 돼는데 학교에서 공부하는 것은 영 재로니 정말 이상할 정도다. 자신이 운이예깨 왜우는 것을 볼 때에 머리는 좋다고 인정을 하는데 아직 아무것도 모러고 있쓰니 자신으로서는 왜돌키 할량 업꾸나."
지출에 … 송아지약 4,000원 아빠 신발 1,500원 오토바이 쥬부 2,000원 모재리 약 1,200원
計 8,700원

〈1984년 4월 12일 목요일 낡씨 맑음〉

금일은 민방위교육이라서 참석을 해보니 정말 한심한 일이다. 왜냐. 강사가 상위을 하는데 국민학교 1학년을 돼리나 교육하는 것처름 너켜지며 북의 실정을 이야기하는 돼 한 사람도 듯는 사람이 업쓰며 첨부가 다 졸고 있쓰며 바픈 사람을 돼리다 실속 업는 강위만 하고 있는돼 정말 답답하기 그

147) 부역에 빠지면 물어야 하는 벌금을 일컫는 말이다.

짓업꾸나. 그리고 면장님이 강위을 하는데 실찌 수입보다 낭비가 넘어나 만타고 이야기을 하면서 가급적 계추을 해도[계를 해도] 낭비을 주리 달라는 이야기을 하는데 정말 오른 말이다. 실찌 수입원 한정이 돼어 있는데 낭비을 너무나 만이 한다는 것을 알고 있쓰며 이 교육을 5년 앞패 정규교육이 돼어야 할 교육이라고 생각을 자신은 말하고 십다.

지출 … 씨값씨 1,000 전기세 1,130원 반찬값 1,000 비누류값 12,000원
計 15,130원

〈1984년 4월 13일 금요일 낡씨 맑음〉

금일은 보 아구지에 보 하는데 힘이 들어쓰며 사람들이 일을 안 알라고만 들며 해년 일하는 사람도 안 알라고만 들 뿐 아니라 일시키는 사람도 간심이 들하며 갈수록 힘이 더는 것을 볼 때에 새상이 어떠게 변할 줄은 몰라도 극정이 돼는구나.

지출에 … 휘발유 1돼 1,400원

〈1984년 4월 15일 일요일 낡씨 맑음〉

오늘은 큰집배 파종하는데 그들어 주어쓰며 형님이 요줌은 상당이 분주하다는 것을 알면서도 그들어 줄라고 해도 아직 시간 여유가 업{구}나.

지출에 … 집사람 장 가서 쓴 돈 26,000원
計 26,000원

〈1984년 4월 16일 월요일 낡씨 맑음〉

금일은 대갈림 하는 논에 모재리 만더는 돼하로 일과을 보내쓰며 자신의 혼자 일을 하는 계확대로 일을 하니까 마음의 여유가 만원 것 같더며 육채적인 고통도 좀 낮따고 생각을 한다. 그리고 금년에는 돼다수가 연풍벼 풍산벼는 촉이 고로지 않코 더뒤다고 하며 영 촉이 고로잔아서 다시 침종을 하는 사람이 만으며 자진[자신]도 연풍을 봉답 말고 전부가 연풍인인돼 촉이 신찬아서 극정이 만꾸나.

지출에 고기값 1,000원

〈1984년 4월 17일 화요일 낡씨 맑음〉

오늘은 별로 할 일도 업고 해서 큰집 이앙기 조에 파종하는돼 그들어 주어더니 우리 파종하는돼 잔간 회줄라고 이야기을 해서 자신은 생각지 안아는돼 우리 파종하는돼 여럿시가 하니까 팔리 해서 마음이 좋으나 벼씨가 촉이 안전이 난 것이 40푸로도 안 난 것을 파종을 했나서 처음 상자모 하면서 극정이 만꾸나.

그리고 운이가 아무것도 모러고 식초을 먹그서 한참 날리가 낯다. 우리 운이는 무엇을 차든지 쓸쓸 차저며 사람을 피하는 성격이 아주 나푸며 오늘은 성질이 나서 호돼게 꾸중을 주고 마랐다.

지출에 … 1,450원 약 850원

〈1984년 4월 18일 수요일 낡씨 비, 눈〉

돼갈림하는 논에 모재리 할려고 작정을 했는데 비가 너무나 만이 와서 모재리도 못하고 하로을 무이미하게 휴식으로 일과을 보내고 마랐쓰며 올해는 언건이 작과일에 수입을 좀 보리라고 계핵을 세어는돼 이번 비와 눈이 와서 작과일은 숭년이 만난 것이 사실이며 과일 돈을 한다고 생각을 한 것이 하로 일기불순으로 숲푸로 도라가니 마음 습습기 짝이 업꾸나.

그리고 업는 사람 살라볼라고 발부등을 쳐

바야 살 수도 업고 장해물이 넘어나 만타고 생각을 하며 사람 살기가 이처름 힘이 더는지 미차 몰랐다.

〈1984년 4월 14일 목요일 낡씨 맑음〉

(올모재리 비누류 씨움)148)

어재 비온 뒤로 모재리을 집사람과 둘리서 오전부터 할려고 일적 시작을 해서 들래 가보니 온 들에 물천지라서 하지도 몾하고 모재리에 오전 내 물을 프내는 일만 하고 마라쓰며 오후에는 놉을 해서 집사람과 셋시가 비누류 씨우는 작업을 하여다.

"올해는 돼다수가 기온 간게로 작년보다 일주일경은 너계야 하고 있꾸나."

지출에 … 장부채 9,000원

〈1984년 4월 20일 금요일 낡씨 맑음〉

작과일이 안전이 소멸이 돼어따고 생각을 한다. 왜냐하며 어재 눈이 만이 왔는돼다 오늘 아침에는 서리가 지붕 위에 하야게 왔쓰니 어찌 과일 바랄 수가 있깨나 하는 생각이 더는구나.

그리고 오신기는 모판에 비누류 씨우는 작업을 안전이 하여쓰며 금년에는 상자모을 처음 하는돼 모들 잘 키우야 하는돼 하는 생각밖에 업꾸나.

지출에 … 한타 1,000원

〈1984년 4월 21일 투요일 낡씨 맑음〉

(봉답 모재리 침종함.)149)

남왜꺼 돼갈림 하는 모판에 씨가 안 쓰는 것 같다서 신경이 쓰이며 우리 끄라며 신경을 들 쓰게는돼 남왜 논이라서 왜로가 만타.

그리고 큰집에 연풍 씨가 고로 안 나서 다시 풍산으로 싹을 내서 금일 파종을 하는데 씨값만도 30,000만 원 이상원 손예가 낳따고 생각을 하며 사람도 말할 수 업시 지치는 것은 사실이다.

오후에는 산에 땔감 저는돼 힘이 들어서 몾하게쓰며 소 시 바리[소 세 마리]을 끄리서 먹일라니 나무 때문 농사짓는 것보다 나무 준비에 더 힘이 들고 있꾸나.

〈1984년 4월 22일 일요일 낡씨 맑음〉

친구 상자모 비누류 시우는돼 집사람과 둘리서 그들어 주는 것으로 오전 일과을 보내쓰며 오후에는 땔감이 업쓰서 산예서 지고 오는돼 더어서 몾하게쓰며 무엇시든지 다 때가 있는 것은 사실이다.

그리고 우리 운이 공부 안에서 재일 극정이며 집사람도 갈칠 여가도 업고 저의 누이들 예깨 공부 갈치라고 이야기을 해도 내 몰라라 하고 있쓰니 아들 하나 있는 것 바보 만들고 마는 것이 아닌가 생각을 할 때에 가슴 아푼 일이다.

지출 … 달갈 1,800원 기름 1,900원
計 3,700원

〈1984년 4월 25일 수요일 낡씨 비〉

새집배 돼갈림 하는데 논이 추시서 논 길기가 힘은 들어노 생각보다 좀 나며 미음먹고 일적 논을 갈로 갇쓰며 다 갈 수가 있쓴는돼 다 몾 간다고 너계야 갇든이 계산 착오을 낸 샘이다.

148) 이 내용은 지면 상단에 따로 기록되어 있다.
149) 이 내용은 지면 상단에 따로 기록되어 있다.

그리고 형과 올해는 따로 하는데 자신은 시간만 있쓰며 형 일하는 것을 신경을 만이 쓰는데 형이 거리감을 주는 것 같다서 마음이 서먹서먹하기 착이 업꾸나.
"요즘 집사람이 아무것도 안예도 몸이 고단하다고 입버릇처름 말을 하는 것을 볼 때에 집사람을 보신을 시키야 하는데 하고 마음은 매일 가지도 실천이 잘 안 돼는구나. 우리 가정에 복은 집사람이 건강하게 지낸다며 자연적으로 복은 온다고 생각을 하는데 집사람이 요즘은 실찌 일하는 것도 업는돼 자신보다 몸이 드 고단하다고 이야기을 할 때에 마음적으로 극정이 돼는구나."
지출에 … 경운 기름 5,560원 엔진 오일 5,000
計 10.560원

〈1984년 4월 26일 목요일 날씨 흐림〉
금일은 새마을 길 포장하는데 반반이 노나서 하는데 종일 새맨 일을 잘하며 일이라 하며 언제든지 웃마을 사람이 잘하니까 일을 줄때에 언재든지 만이 주며 오늘도 아래 반보다 이십 매다 더 주도 일을 같치 하고 있쓰니 정말 일을 만이 한 샘이다. 오늘로서 새마을 길 포장도로 하는 돼는 끝이 난 샘이다.

〈1984년 4월 27일 금요일 날씨 맑음〉
금일은 집사람과 둘리서 길도 들지 안는 소을 부리는데 둘리가 옻만 다 바리고 일도 재도로 하지도 몿하고 생예을 먹어쓰며 사람 힘으로 모재리을 다 한 셈이다. 집사람과 둘리서 오후에 봉답 모재리 5마지기 모판을 너뚝록 하였다.
(봉답 모판 함) 모판에 피약 물 한 말에 백씨씨 하였는돼 어째 댈란지 몰겟다.150)

〈1984년 4월 28일 토요일 날씨 흐림, 비〉
오후에 비 온다고 하여서 복판 논이 추친돼 경운기로 일부만 가는데도 힘이 상당이 만이 들어다. 오전에 경운기로 갈 수 있는 데는 다 갈고 나니 비가 와서 그래라도 갈라서 천만다행이라고 생각이 든다. 이 비가 너무나 자주 올라고 더는 것이 불만이다.

〈1984년 4월 29일 일요일 날씨 비〉
필요 업는 비가 자주 오니까 일한 것이 두불 일이 돼며 봉답 모판도 비가 와서 구더가지고 다시 한 번식 다 발라쓰며 모판마다 두 번식 물 뻐내는돼 힘이 만이 들어다. 이번 {비}가 필요 업는 비가 와서 사람을 한참 땀 흙리게 만들고 마랐다.

〈1984년 4월 30일 월요일 날씨 맑음〉
집사람과 둘리서 봉답 모재리을 5마지기을 파종을 해서 비누류 씨우는데 시간이 음치[엄청] 글리며 나중에 형수가 와서 그들어서 그릇치 그들지 안아따며 오전 내 할 뿐에다.
그리고 모판에 그진 구차젗는[굳어진] 줄 알라더니 사람이 작업하니 물이 생기더라. 그래서 모판에 씨가 상아까바 극정이 돼는구나.
지출에 … 위발유 4,000원(3돼)

---

150) 이 내용은 26일부터 28일까지의 일기가 기록되어 있는 지면 상단에 적어둔 것으로, 내용으로 보아 27일의 일이므로 본 일자의 일기에 포함시켜 배치하였다.

〈1984년 5월 1일 화요일 낡씨 맑음〉
벌서 오월. 정말 좋은 달을 마지하는구나. 세월이 이처름 빠른 것을 볼 때에 인간의 인생도 세월처름 빨리 가버리는 것이 아닌가 생각을 할 때에 한 달 한 달 가는 것이 정말 아쉽키 짝이 업꾸나.
그리고 집사람과 결혼생활을 한 지가 햇수로 보며 12년이 돼어꾸나. 집사람 자는 모섭을 보니 정말 만이 늙어더라. 자신한때 시집올 때는 포똥포동한 살집이 다 어뒤로 가버리고 주름만 저있고 뼈만 티어나와 있는 모섭을 볼 때에 미안하기 짝이 업쓰며 결혼생활을 할수록 집사람예깨 애착심이 더하며 열예 열까지가 마음을 더 쓰이며 사라가는구나.

시출에 … 오드바이 푸락꾸[플라그] 1,000
오드바이 바때리 4,000 송아지
인공유 5,190원 차비 360원
計 10,550원

〈1984년 5월 4일 금요일 낡씨 맑음〉
(제초제 외상 12봉 가지고 옴.)151)
금일은 물 막아 너는 작업만 보을 하는데 사람이 제돼로 나오지을 안아쓰며 이런 습성을 업샐라면 더 신[센] 사람이 관간[감독]을 해야 하는데 하고 생각이 들더라.
그리고 손모에 모씨가 잘 안 쓰서 요줌 모핀 신겅이 제일 쓰이며 모판이 물이 고이서 비누뉴을 비키다 씨어다 할런이 힘이 만이 들 뿐 아니라 모씨 안 쓰서 모 적어까바 제일 극정이다.

〈1984년 5월 5일 토요일 낡씨 맑음〉
오늘은 아들 돼리고 놀로을 뫃 가서 미안한 점 말할 수 업다. 아이들이 차멀리[차멀미]는 하지만 돈 여유만 있쓰따면 대구 달성공원에라도 돼리고 하로 동안이라도 바람을 씨쓰며 좋아슬 껀돼 그러지 뫃하고 아이들을 보니 미안 점 말할 수 업꾸나.
그리고 온 동민이 다들 어린니날이라고 놀고 있는데 그 너런 들판에 자신하고 기자어른하고 둘밖에 일하는 사람이 업더라. 이것을 볼 때에 사람이 일을 해야 한다지만 놀 때는 마음 놓고 놀라야 할 형편이 돼여야 하는데 하고 생각도 들더라.
"내년에는 5月 5日날 운이 돼리고 하다뫃해 대구 달성공원에라도 한 번 가야 하겠다."

〈1984년 5월 6일 일요일 낡씨 맑음〉
경예내 논 대갈림 하는 데 노타리을 쳐는돼 오전 너깨야 갇든이 오전 내 노타리을 쳐게 더라. 앞푸론 경운기 작업을 할 때는 좀 일적 서들서 일을 해야 사람이 좀 수라겟따고 생각을 했본다.
그리고 정부 밑고 일을 할 수가 업따고 생각을 한다. 왜냐하면 복합영농교육을 하면서 축산을 하여야 한다고 건장을 했노코 1년도 뫃 가서 시새을 하락을 시키며 왜국소을 무진장 수입을 해서 축산업자을 골탕을 먹이너 이른 수세로 산나넌 국민들이 아무껏도 할 껏이 업쓰진다. 이것이 국민들을 좀먹게 하는 것이나 다름이 업쓰며 나중에는 할 껏이 업쓰서 우앙자앙 하다 지치고 말 겟이 아닌가 하고 생각을 할 때 정말 극

151) 이 내용은 4일부터 5일까지의 일기가 적혀 있는 지면 상단에 따로 기록되어 있는데, 해당 날짜에 대한 언급은 없다.

정이다.
이재는 농촌도 쌀농사만 가지고 살 수가 업쓰며 축산도 안 돼지 양돈도 안 돼지 정말 할 껏 업쓰며 이재는 채소루만 남아있따고 생각을 하는데 이것마자 안 됀다면 정책에 불만을 가질 수밖에 업따고 생각을 한다.
지출에 … 집사람 장본 것이 15,000원

〈1984년 5월 7일 월요일 낡씨 맑음〉
금일은 대신국민학교 소운동회 한다고 집사람은 운동회 가고 자신은 모재리 도라보로 가서 오트바이 스댄트[스텐드]한태 음지 발텁을 문질라서 발텁이 반춤 재키저며 발을 다치서 아무 일도 못하고 휴식을 하여쓰며 자신이 일을 하며 침착지 못한가바. 사고 나는 것을 보니 발텁이라서 모내기 할 때까지 낫찌 안을까바 극정이 크다.
지출에 … 마이신약 1,000원

〈1984년 5월 8일 화요일 낡씨 맑음〉
어재 발 사고 난 것이 당장 포가 나는구나. 오줌[요즘]은 모재리 갈리을 하키 때문 발을 황상 물래 들어가야 할 형편인돼 물래을 들어가지 못하니까 집사람을 대리고 다니면서 모재리 갈리을 하고 있쓰니 마음이 답답하며 집사람은 내 일을 안에도 너무나 바픈돼 자신의 부주위로 집사람을 더 예을 먹이게 돼어서 미안하기 짝이 업꾸나.

〈1984년 5월 9일 수요일 낡씨 맑음〉
금일은 상자모에 비료거름 주는돼 집사람이 주어쓰며 자신이 할 일을 집사람이 하고 있쓰며 상자 당 6을 한 샘이다. 그리고 우리 모는 산도가 안 마자서 그른지 키가 좀 적은 맡이 나며 어뒨가 모러개 극정이 돼는 맡이 난다.
사람이 건강이 정말 건강이 제일이다. 자신이 발 간계로 물래 더려가지 못하고 집사람을 돼리고 다니면서 일을 하니 답답한 마음 검할 길 업쓰며 정말 무었시든지 조심조심하여야 댄다는 너킴을 제삼 생각이 난다.
지출에 … 마이신약 1,000원

〈1984년 5월 10일 목요일 낡씨 맑음〉
손모 비누류 버킴. 모판에 요소 1판에 1돼 반.[152)]
집사람을 돼리고 손모는 비누류을 안전이 버키고 비료거름까지 안전이 하여다. 요소 비료을 작년보다 좀 만이 준 셈인돼 모에 지장이 업슬란{지} 모러게꾸나.
그리고 작과에 약 살표할려고 아포농업에 약 사료 같든이 약이 조금 비싼 감이 들더라.
지출에 … 오드바이 기름 1,350원 오드바이 주부 2,400원 농약 5,800원 計 9,550원

〈1984년 5월 11일 금요일 낡씨 맑음〉
금일은 보 하는데 임사[책임자]가 2년 만기로 작자가 뽑아는데 1년만 하고 못하게다고 하면서 임사을 다시 뽑아서 보을 하는데 일하는 시간이 일정하지 않코 한참 일을 했는데 한두 사람이 띠엄띠엄 오며 일하는 사람의 마음을 상하게 하며 앞푸론 일시키는 사람이 더 힘이 들며 앞푸론 우리의 이세들이 일을 한다면 이른 식이로 하지는 않캐찌만 만약 이른 식으로 한다면 정말 자기 위

---
152) 이 내용은 지면 상단에 따로 기록되어 있다.

주로 살라가니 일 시킨다는 것이 정말 힘드는 일이 댈 껏이다.

〈1984년 5월 12일 토요일 낡씨 맑음〉

(손모예 비료거름 줌.)[153]

금일은 손모는 비료거름을 주어쓰며 두한내 두 마지기는 요소 4돼, 경희내 3돼. 올해는 손모에 비료거름을 만이 준다고 생각을 했는데 모자라는 것이 어떠게 될련지 알수가 업꾸나.

그리고 작과 과일에 약 살표을 하는데 황철 때보다 약 량이 아주 만이 들어가며 과일이라도 만이 달리쓰며 압깝찌을 안을 땐 돼 과일이 숭년이 돼니까 마음이 상캐하지을 안는구나.

〈1984년 5월 14일 월요일 낡씨 맑음〉

오전에는 쌀 현미하고 오후에는 경운기 품무기[분무기] 가격도 알라볼 겸 김천 아세아 대리점에 가서 가격을 알라보니 생각보다 아주 만이 달라고 하더라. 그래서 장볼 물건만 가지고 오고마라다.

그리고 경운기 쓰리[써레]을 만들라고 하며 40,000만 원 주야 하기 때문에 아직 엄두도 못 내고 자신이 나무로 만들어서 쇄부치로 용접을 해서 도매만 하두록 하는 돼 3,000원이니 달라고 해서 만약에 안 돼며 계니 헛는반 내버리는 것이 아닌가 하고 극정도 돼는구나.

지출에 … 장화 3,000 집사람 신 700원 용접비 3,000원 콩기름 2,200원 보도 톱날 280원 차비 380원 돼지고기 1,800원 라면 500원
計 12,860원

수입에 … 집사람 모품 1,500

〈1984년 5월 15일 화요일 낡씨 맑음〉

경운기로 돈 벌로 오라고 동장이 일부러 차저와서 동장 체면에 할 수 업시 경운기로 모래 실련돼 오전에 돈만 벌고 마랐다. 실지로 경운기로 돈 벌라고 모래 실련 것은 돈 버는 것이 아니라고 생각을 한다. 왜냐. 일을 하며 현금이 아니며 쌀로 주기 때문에 실찌 돈원 적은 편이다. 그리고 쳇째 길이 나빠서 경운기가 만이 상해서 한 번 실러 반[실어 본] 사람은 조와하지는 안캐더라.

그리고 모판에 살충제 살포하는 것으로 하루 일과을 보내고 마랐다.

지출에 … 형수 구경 가는 돼 3,000원

〈1984년 5월 24일 목요일 낡씨 맑음〉

※ 기계 이앙기로 모내기함.[154]

금년 처음으로 상자모을 해서 금일 이앙기로 모을 심년돼 정말 기분이 좋은돼 상자모예서 씨가 더물어서 결주[缺株, 모가 드문드문 빠진 것]가 생기서 마음에 글리지는 하지만 손모 하는 것보다 사람이 흙신 수라며 자신보다 집사람이 더 수라기 때문에 기계 이앙을 해야 돼겟따는 것을 절리 너켜지며 내년에는 상자모에 실수가 업깨끔 신깅을 잘 쓰서 해야 돼겟다.

그리고 종말이 지수가 큰집배 모내기 한다고 그들어 주로 와서 밥이라도 하는 것을 볼 때에 마음 쓰는 것은 정말 고맙찌만 사

153) 이 내용은 지면 상단에 따로 기록되어 있다.
154) 이 내용은 지면 상단에 따로 기재되어 있다.

람이 정을 부칠라고 들어도 멀러저니 그만 큰집배을 가기가 실려저는 너킴이 들며 자신이 생각을 할 때에 마지막 지수예깨 너무나 큰 기돼을 해서 그른지 마음에 들지을 안아서 문제라고 생각을 한다.
금일로 기계 이앙기로 10마지기 모내기을 안전이 한 샘이다.
"복판에 복합비료 3포, 경예내 논에, 복합이, 4포 세집배 논에, 복합비료가 4.5 반."

〈1984년 5월 27일 일요일 낡씨 맑음〉
모내기을 저물두록 하고 와서 집사람이 모밥을 한다고 준비을 하는돼 대신 민형이 엄마가 와서 집사람 일을 도우니 집사람이 한결 수라다. 그러지 안어며 혼자 할려고 하며 밤 12시가 넘두록 준비을 해야 할 형편이며 아침에 너저도 4시 전에 일어나도 바삐 해야 할 정도며 사람이 이래 지치며 삼일 이상 지친 포가 난다. 이것을 볼 때에 기계 이앙기 정말 잘 나와따고 생각을 하며 여자들이 한 짐식 벗쓰따고 생각을 한다.
"이번에 민형 엄마가 와서 고부시[많이 바쁠 때]에 일을 도아서 정말 고맡따고 생각을 한다."
금일은 손모을 3마지기 반을 심은 샘이며 오늘로서 오신기을 안전이 끝을 낸 샘이며 순석이가 와서 줄까지 돼어서 자신 일 수래쓰며 이재는 모내기을 다 한 기분이다.

두한 논에 … 복합비료 2.5 경애내 복합 2포
모재리 비료가 5돼 모재리 비료가 4돼

〈1984년 5월 28일 월요일 낡씨 맑음〉
금일은 아침 일직부터 재초재을 헌칠라고 개핵을 했는돼 보 한다고 하면서 보 나오라고 해서 오후로 미류고 보을 하는돼 단 한 시간도 안예다. 이것을 볼 때에 정말 일 시키는 사람이 잘못이다. 왜냐. 자신이 볼 때에 두 사람 목씨[몫]도 안 돼는돼 바픈 사람을 만이 동원을 해서 일 낭패을 시키는 것을 볼 때 어쪄구니가 업더라. 그래서 일을 맡치고 풀을 한 망때 뜨고 오더바이로 오니 일적으서 재초 10마지기용을 가지고 살포을 하고 오니 넘어나 시간이 너저서 지류한 약 살표을 한 샘이며 오후에 할 일을 오전에 다한 셈이다.
오후에는 좀 실라고 마음을 먹고 있는돼 난돼업시 노숭[천둥]을 금새라도 한 줄기 쏘다져 내릴 껏 갈서 집사람 우이와 옺을 가지고 갈든이 모내기 하는 사람이 넘 한다고 숭을 보는 것 갈{아}서 좀 미안더라.
집사람 우장 때문에 이웃 노인내가 춥따고 뜰든 몸을 우장 때문에 모면했따고 해서 자신이 우장을 잘 가지고 갈따고 생각한다.

〈1984년 6월 1일 금요일 낡씨 맑음〉
집사람 모내기 들어가고는 잠자리에 일어날 때는 흐리 아푸다고 자신이 일어날 때는 꼭 주물어 주고는 하며 곤한 몸을 자신이 매일 안따까운 마음을 가지면서도 오전에는 모내기 하로 갈 때가 업다고 하는데 그만 과손에서 집사람 모내기 하로 안 가는 줄 알고 과일 적과 해달라고 왔더라. 그래서 집사람이 오늘 무었 해야 대는냐고 물키에 별로 할 일도 업따고 이야기을 해서 그만 오전에만 시간 여유을 가질 수 있는돼 그만 휴식도 몿하두록 불리같쓰니 집사람을 보내고 나서는 마음이 아푸더라. 왜냐. 자신은 매일 휴식시간이 있찌만 집사람은 모내기 들어가고는 휴식시간이 업씨 매일 일을 했쓰며 아침 잠자리에서 곤한 몸을 이려키는 것을 자신이 매일 부축을 하면서 하로 일과가 들어가는 것을 보면서 집사람 오전이라도 시간이 남는 것을 자신의 부주이로 휴식을 치하지 몿하고 일 간 것이 종일 마음이 글리며 집사람 건강에 상함이 이쓸까바 재일 극정이다.

〈1984년 6월 2일 토요일 낡씨 맑음〉

자신의 지질[치질]이 발생해서 움직이가 불편해서 오후에는 휴식을 하고 이슬란이[있으려니] 집사람 보기가 좀 미안감이 있쓰서 우리 운이 공부을 갈치며 그만원[그만한] 돼까가 돼지 않나 하고 생각을 해서 공부을 갈칠라고 하니 우리 운이가 그만 놀고 십프서 그만 눈에 눈물이 글성이더라. 그래서 내일은 공부을 하여야 한다 하고 약속을 하고 휴식을 하두록 나와 두니 정말 좋아하는 표정이다.

〈1984년 6월 3일 일요일 낡씨 맑음〉

낡씨가 너무나 가뭄 편이다. 올해 모내기 들어쓰고는 비 한 번 오지 않아쓰며 밭곡석은 아주 가뭄이 심하며 작과나무에 열매가 줄고 있는 편이며 비가 시급하다고 생각을 한다.

그리고 오늘은 우리 아들을 전부 돼리고 가서 상자을 안전이 씨크서 싱자 디발을 만들으 노니 마음이 싱캐할 정도다. 왜냐하며 매일 상자을 씨쓰야 하는돼 하고 극성반 하다 금일 일을 했쓰니 집사람 일을 크게 도운 샘이다.

〈1984년 6월 17일 일요일 낡씨 맑음〉

(봉답 모내기 함.)155)

금일은 말리 봉답에 모내기을 하는데 서들래 하는 사람이 만아서 모내기을 일적 할 줄 알라든이 그려치 않코 오전 내 모내기을 하여서 좀 미안더라.

〈1984년 6월 20일 수요일 낡씨 맑음〉

김씨 종답 논 봉답을 모내기을 하는데 모가 아주 만을 꺼 같든이 그 만은 모가 다 들어가며 봉답에는 잔줄이 낮따고는 하지만 모 들어가는 것을 보니 너머나 만이 들어가서 집농사[짚농사]가 돼지 않을까 하고 염려도 댄다.

〈1984년 6월 21일 목요일 낡씨 맑음〉

경희내 콩씨을 너어달라고 이야기을 하여서 콩씨을 너어주는데 밭이 크서 지루하기 짝이 업더라. 날씨는 더어서 땀방울은 줄줄 허러지 돼갈림으로 두 말 닷 돼지기 할려고 이 큰 밭을 다 하여야 하니 정말 힘이 더는구나. 이러니 사람들이 일 년만 하며 전부 실따고 만이[마니] 실찌 해보니 내 소득 비해서 너무나 공일을 만이 하고 있쓰니 실타고 하는 것은 사실이다.

그리고 정신업씨 바푼 철은 자신도 오늘로서 다 넘어갈다고 생각을 한다. 쇠풀 떠더 먹일야 모내기 할라 논 작만할라 정말 뒤도라 볼 여가 업씨 바푼 시기을 보내서 이새는 숨 돌릴 여가 있캐지.

〈1984년 6월 22일 금요일 낡씨 흐림〉

대갈림 하는 집배 여지[여자] 혼자 살기 때문에 보리타작을 하는돼 뒤손을 안전이 안

155) 이 내용은 지면 상단에 따로 기록되어 있다.

돼두록 안절무결하게 해주어야 하니 힘이 들 뿐 아니라 너무나 자기 손을 안돼룩 요구을 하니 일을 해주도 마음이 캐알하지 않더라.
그리고 우리 보리는 갈란 량 비예 정말 생산이 적개 나서 습습하더라. 올해는 보리 숭년인 줄 알면서도 보리가 적어니 내년이 빨리 와바쓰며 하는 생각이 앞쓰는구나.
※ 우리 혜영이예깨 정말 미안한 마음 검할 길 업꾸나. 저의 학교에서 합창부을 조직을 해서 이 달 말경에 대회을 가는데 합창부 전원이 옻을 맡추기로 하여서 혜진, 혜영이 둘리가 돼어서 한 벌에 15,000원 둘리가 30,000만 원 들어가는구나 하고 아빠가 극정이 했든이 혜영이는 돈 들어간다고 옻 재는돼 쏙 빠저고 합창부에도 오늘로서 빠저고 마라따니 아빠 마음이 아푸더라. 왜냐. 저의 학교에서 애국가 부러기 대회에서 금상까지 바든 놈이 돈 더러간다고 쏙 빠저고 만이 만약에 합창부에서 옻을 안 맞추며 합창부을 계속 할 껏이 아닌가 하고 생각을 할 때에 아빠 마음 혜영이예깨 미안더라. 그래서 혜영이에깨 합창부 해라 너위들예깨 돈 쓸라고 아빠 엄마가 부진련이 하고 있쓰니 돈 극정 말고 언니도 하는데 갈치하라고 이야기을 해도 먹어주지을 안는구나. 잇것을 볼 때에 자식 보는 데는 돈 극정을 안예야 하게꾸나 하고 생각이 더는구나.

〈1984년 6월 23일 토요일 낡씨 맑음〉
(웃거름 줌. 이화명충약 살포함)156)
집사람과 둘리서 감자을 캐는돼 작년보다 감자가 잘더라. 그래도 작년보다 수학은 별료 적찌는 않는 것 같더라. 그리고 마늘은 작년에 13접을 했는데 금년에는 18접 이상은 수학을 했쓰니 마늘은 마음에 찬 수학을 했따고 본다.
그리고 기계모을 하니까 비료가 아주 만이 들어가는구나. 웃거름에 한 단지에 1포을 했도 별로 모가 좋아저지을 안는 너킴이 들며 어떤 돼는 나락이 노라게 돼어서 아주 보게 실어며 오늘은 물 있는 돼만 이화명충약과 웃거름 추과을 했쓰며 웃거름을 하는데 한 단지에 반 포식을 하여는돼 효과가 있쓸란지 알 수가 업꾸나.
우리 혜영이가 합창부을 안하는 줄 알고 음악 선생님이 혜진예깨 혜영이 예 합창부을 안 하나 하고 물어며 혜영이 음악을 잘하며 압깝다고 이야기을 혜진예깨 하더라고 이야기을 한다 혜진이 이야기을 하길래 혜영아 합창부을 하지 하니까 안 안다고 야이기을 하더라. 이것을 볼 때에 말 한 {마}뒤 하는 돼도 아들예깨 영향이 업나 하고 한 번식 생각을 해서 이야기을 하여야 돼게따는 것을 절시리 너켜다.
지출에 경운기 기름 2말

〈1984년 6월 24일 일요일 낡씨 맑음〉
집사람은 밭태 김매는 것을 책임을 저고 자신은 논에 잡초을 주는 것을 책임저기로 하고 오전에는 서로가 따로 하여쓰며 서로가 각각 하니 일이 안 돼는 기분이 들고 있는데 집사람이 밭태 일을 둘리서 대충하고 잡초을 둘리서 주짜고 하여서 오후에는 밭을 매는돼 논에 일하는 것보다 훍신 뒤며 모내기을 다 해서 집사람도 좀 수라개찌 한 것

156) 이 내용은 지면 상단에 따로 기록되어 있다.

이 개산 착오을 한 것 같다. 밭을 보니 잡초 때문에 음두도 못 내고 논도 잡초 때문에 손을 빨리 쓰야 돼개고 어너 것을 먼저 해야 순서가 돼는지 알 수가 업쓸 정도로 일이 밀려 있쓰니 사람이 너무나 고댄 생할을 하고 있는 것이 농촌 사람이라는 것을 생각을 하니 내 이새는 어떠한 일이 있더라도 농촌에 살리서는 안 돼게따는 것 절시리 생각이 든다.

〈1984년 6월 25일 월요일 낡씨 비〉

인생살리가 살라갈수록 수라지 않코 갈수록 시집사리가 고대다는 말을 옛날 사람의 말리 그릇댄 말은 아닌 것 같다. 집사람과 두리서 비을 마지며 논에 깁을 매는돼 너무나 만은니 어관 고통이 아니다. 모내기을 할 때보다 몸은 더 무급고 일이 넘우나 만이 밀리 있쓰서 사람이 지치지 안을까 염려도 댄다.

일하는 것이 소만 업따고 해도 농사을 아무리 짓어도 극정은 안캐다. 일을 다 마치고 소 풀을 둘리서 떠더야 하며 남들은 집배 들어가며 집사람과 돌리가 골망태을 매고 나쓰서 한 망태식을 떠더야 할 형편이며 집사람이 골을 잘 떠더서 다행이지 못 떠는다면 자신은 요줌 같더면 그만 주저안절 지경이며 항상 집사람과 일을 하며 똑같치 하고 있쓰니 어자 몸으로 지신과 갇치 일을 하며 불평 업씨 따라 하는데 항상 미안하고 자신 예깨 시집을 안 아쓰며 이처름 고생을 안을껀돼 하고 재송함 이서본 적은 없다.

〈1984년 6월 26일 화요일 낡씨 흐림〉

금일은 집사람과 둘리가 어제 넘어나 고댄 일예 짓치서 그런지 아침 너잠을 자쓰며 일어나기가 그처름 힘이 들며 일예 차정을 부리며 일어낮다. 아침을 너깨 먹고 들래 가니 일부 사람들이 나와 있쓰도 별료 너전 감은 업더라. 집사람과 둘리 논에 들어갈라니 급이 날 정도며 논 한 자리을 현재 이뜰 반을 매고는 했는데 잘 매야 내일 오전 매야 다 맬 판이니 한 자리에서 오래 매는돼 사람 지치고 있다.

※ 인간이 좀 수라게 살라야 하는 생각이 꿈만 같꾸나.

지출에 … 송아지 인공유 5,190원

〈1984년 6월 27일 수요일 낡씨 맑음〉

오전에는 집사람과 둘리서 논 잡초을 매고 오후에는 집사람이 집배 할 일이 넘어나 만이 밀려 있따면서 집배 일 좀 할려고 해서 자신 혼자만 김매기을 하고 이화명충 싸량약[가루약]을 살포하는 것으로 하고 일과을 보내고 마라다.

※ 우리 운이가 거짓말을 십상 잘하고 있다. 오늘은 숙재을 안해는 것을 저의 엄마 알고 있는데 운이 숙재을 했는냐고 물러니 그침업시 했따고 말을 하는 것을 볼 때에 의이가 업쓰며 운이 숙재을 했쓰며 한 번 보자고 하여도 보이 주지는 안으며 숙재을 다 했따고 큰 소리을 쳐는 것을 볼 때에 좀 극정이 돼는 구나.

앞푸론 여때것 아깝따고 때리시을 안아는돼 이재는 그짓말을 하며 매을 댈 작정이다.

〈1984년 6월 28일 목요일 낡씨 비〉

6月 28日 (자두 수학 함).[157]

오전에는 두리서 새십배 돼길림 하는 논에 김매기을 하고 오후에는 집사람은 자두을 따고 자신은 봉답 논에 웃거름을 하여쓰며 봉답배 싸량약을 할려고 하다 비가 만이 오며 자두을 못 딸까바 자두밭태 오니 그진 다 따나더라. 자두을 셋 개짝을 부치 보내는데 시새가 얼마나 나올란지 몰개쓰며 남들 모양 자두 수학을 좀 만이 해보아쓰며 하는 마음 간절하구나.

〈1984년 6월 29일 금요일 낡씨 맑음〉

둘리서 논에 잡초 주는돼 이재는 지칠 정도며 남 보기에는 별로 된 줄을 모러개찌만 잡초가 만이 있는 논에 김매기는 농촌생할 중에 재일 몸이 고돼다고 생각을 한다.
기상돼에서는 장마가 25日부터 장마라고 야단을 부리더니 장마카마 가뭄이 심하며 우선 바서는 비 한 올도 올 껏 같지을 않코 있다.
(금일도 자두 새 개짝.)

〈1984년 6월 30일 토요일 낡씨 맑음〉

오늘로서 새집 논 돼갈림 하는 논은 김매기 작업을 안전이 한 셈이며 집사람을 넘어나 오래 대리고 김매기 작업을 오래 해서 집사람은 넘어나 지치 있쓰서 사람을 놉을 해서 김매기 작업을 하자고 집사람에깨 이야기하니 몸이 고돼더래도 아빠와 둘리서 매자고 하여서 이라지 못하고 집사람은 아침 일어날 때는 정말 오늘은 일도 못하지 하는 너킴이 들어도 아침만 먹고 나며 힘이 생기는 것을 볼 때에 황상 농민은 불상할 정도다.
자두 … 다섯 개짝.

〈1984년 7월 1일 일요일 낡씨 맑음〉

오신기 김매기 작업을 오늘로서 안전이 하고 나니 마음이 날라갈 껏 같다. 이재는 시간 여유가 있캐지 하는 마음이 생기는구나. 정말 유월달원 정말 바빠뜬 달이며 정신업씨 일을 했키 때문에 유월이라는 달이 재일 빨리 가는 달 것다.
자두 … 4개.

〈1984년 7월 2일 월요일 낡씨 맑음〉

이재는 징하다는 것을 남들이 먼저 아는구나. 자신도 오늘은 할 일이 업는 너킴이 들며 오전에는 소 풀 뜻는 것으로 일가을 보내고 있쓰니 마음이 정말 할량한 너킴이 이다.
그리고 과일이 만이 안 달리서 집사람이 과일을 만이 따고 있쓰며 나개로 있는 것을 딸라고 하니 시간이 만이 글리며 하로 따도 얼마 못 따며 매일 오후로 조금식 따는 형편이라 남들은 만이 따는돼 우리는 업키 때문에 과일 좀 만이 따바쓰며 하는 생각밖에 업다.
작목반 자두 … 4개.

〈1984년 7월 3일 화요일 낡씨 맑음〉

기상돼는 장마라고 이야기을 하지만 아직까지 비 한 방울도 오지 않아서며 6月 25日부터 장마라고 이야기을 했찌만 요줌 날씨을 바서는 전연 비가 오지 않을 껏 갈더며 요줌 날씨는 무더어서 사람이 개로울 지경이며 요줌 날씨 때문에 무선 일을 하기가 급이 날 정도다.
오늘은 과일 딸 껏이 업따고 집사람이 오후 너깨 가든이 생각밖에 만이 익어따며 과일을 따는돼 마음이 바빠서 힘이 만이 들어쓰

---

157) 이 내용은 지면 상단에 따로 기록되어 있다.

며 자신이 그드는돼 땀 좀 흙리다.
작목반에 … 5개.

〈1984년 7월 4일 수요일 낡씨 비〉

오전에 비가 오지 않는 떰을 타서 경운기로 종일 먹일 껏을 떠더나서 오후에는 몸도 고단하고 해서 좀 실라고 생각을 하고 있는데 집사람이 과일 조금이라도 있는 것을 비 오며 다 떨어져 몿 쓰게 댄다면서 과자고 하길래 안 갈라 하다 따라 나쓰서 급한 돼로 두 개짝을 따는데 옻은 안전 바리찌만 두 개짝이라도 만들어서 작목반에 주고 나니 참 잘했따는 너킴이 드는구나.
작목반에 2개짝.

〈1984년 7월 5일 목요일 낡씨 흐림, 비〉

집사람과 오전에 자두을 따고 집사람은 위우지 천봉답에 모내기 하로 가고 자신은 오전에 자두 딴 것을 손질을 해보니 5섯 개 반이이라서 자신이 6섯 개 채울라고 낮참도 쉬지 않코 반 개짝을 따와서 안전 여섯 개를 채아서 금년 들어 오늘 채고로 자두을 딴 샘이며 오늘이 대석으로서는 마지막이다. 과일농사을 짓어 보니 정말 재미가 있다. 왜냐. 과일을 보내며 돈이 오고 하니 사람이 고댄 줄도 모러고 농촌 재미가 농촌 재미가 이것이로구나 하고 생각도 든다.

〈1984년 7월 6일 금요일 낡씨 비〉

오늘은 봉답 논에 뒤 도구을 안전이 쳤쓰며 금년에는 우선 바서는 우리 나락이 다돌 좋으며 금넌에 재고로 농사을 짓어 바야지 하는 생기밖에 업쓰며 금년에는 적개 먹는 한이 있더라도 봉답 논만이 실패 업시 지어야 대겟따는 결심을 가지고 있다. 왜냐. 작년에 봉답논에 거름끼가 만아서 실패을 본 것이 농사을 다 짓어도 자꾸만 아쉬운 감이 들어서 아주 실어서 올해는 꼭 잘 짓어야지 하는 생각밖에 업다.

〈1984년 7월 7일 토요일 낡씨 비〉

집사람이 자신한태 시집오고 난 후는 낮잠을 자는 것을 못 바쓰며 낮참에도 무엇을 해도 하지 그냥 있쓸 때가 업는돼 오늘은 몸이 고단하다면서 자신 엽패 누든이 금새 잠이 들어서 안전이 자리을 까라주고 혼니불로 더프서 한심 푹 자구로 하여 노코 조용하며 하로 점두록 자게찌 하고 자신은 가만이 나와서 내일 대구에 푼무기 살로 갈 욕{심}으로 경운기로 소 풀을 만이 떠더쓰며 소낙비을 마저가면서 한 경운기에 떠드서 집배 오니 빨래을 해오더라. 그래서 한 짐 푹 자지 하고 무러니까 아빠 들래 가는 줄도 모러고 한 짐 잣따고 이야기을 하면서 1시간 반은 잣따고 이야기을 하길래 집사람 하로 점두록이라도 좀 자라고 가만이 가만이 경운기도 몰고 나서 돌리는돼 겨우 그래밖에 몿 자꾸나 하고 아쉬운 감이 더는구나.
지출에 오드바이 기름 두 돼 2,700원

〈1984년 7월 8일 일요일 낡씨 비〉

요즘 장마래서 별료 일도 몿하고 해서 금일은 집사람과 둘리서 대구에 동력푼무기 살려고 순석이 형님을 차저 갈든이 일직으시 상점에 나오지을 안아서 집사람과 둘리가 1시 반경 기다리니까 형님이 나오더라. 자신이 생각을 할 때는 형님이 다이류[타일] 상사을 하고 있키 때문에 도엄이 좀 돼지 안을까 생각을 가지고 형님을 돼리고 이시아 푼무기 대리점을 차저 같든이 형님도 상회 주인도 모을 뿐 아니라 형님 도엄을 보지 몿하고 그돼로 주고 마랐쓰며 오히려 돈을 더 쓴 것이 아닌가 생각을 가지 본다.
그리고 집사람을 돼리고 갈 때는 대구 가며 하다몿해 국밥이라도 사먹이야지 하는 마음으로 갇씬는돼 오히려 반돼가 돼고 마랐다. 왜냐하며 정심식사을 하고 물건을 했더라면 개핵돼로 해갇쓸 건돼 물건을 먼저 하고 나니 그 무거운 것을 가지고 다니지도 몿하고 어돼 막키지 몿하고 해서 정심식사도 몿 시키고 빵 한 개와 배지밀 한 병 사준 것으로 정식이 돼고 마라쓰며 정심식사을 시키지 몿하고 대리고 온 것이 미안한 마음 검취 몿하게다.

※ 그리고 동력푼무기을 장만하고 나니 정말 마음 좋으며 금일은 좋은 하로가 돼어따고 본다.

〈1984년 7월 9일 월요일 낡씨 맑음〉

내일이 보리 매상이라서 경희내와 매상 준비을 하여쓰며 정부에서도 하곡 가격을 2푸로 올리따고 하니 농민들 살라가기가 힘이 만이 들 껏 같더며 정부에서 이른 식으로 간다면 보리농사는 안전이 손을 놀을 뿐 아니라 씨마저 업쓰절련지 모른다.
그리고 정부에서는 잘 한다고 야단을 부리고 있지만 농민들이 잘 살지 몿하며 나라가 부강해저지 몿한다고 생각을 한다.
그리고 정부하는 짓이 금년 들어 돈을 벌어 보게따고 힘을 쓴 사람은 힘쓴 돼로 손예을 바쓰며 힘을 만이 쓴 사람은 살림이 안전이 망하두록 만들어 노아쓰며 새상살리가 어째 도라가는지 아무것도 하지 않코 가만이 있는 사람은 실찌가 돈을 벌개 만들어 나쓰니 이그 정치 문재가 크다고 생각을 한다.

※ 그리고 정부에서 이른 식으로 오래 간다면 머지않아 절돼농지가 줄어갈 꼈이 사실이며 후세의 농토가 극정이 댄다.

금년 대석 … 총 수입금 20,700원

〈1984년 7월 10일 화요일 낡씨 비〉

금일은 하곡 수매한다고 준비을 안전이 하고 기다리고 있는 판인돼 그만 비가 계속 내리고 있쓰서 수매을 하지 몿하고 일손만 바푸게 만들어 놓고 마라꾸나.
"우리 나락들이 거름이 조금 만원 편 같더라. 이것이 계속 날씨가 맑지 몿하고 이른 날씨가 계속 댄다면 벼 수학에 좀 극정이 돼지 않을까 극정이 됀다."

〈1984년 7월 11일 수요일 낡씨 흐림〉

집사람과 울콩 따는돼 일부 썩고 가물이 들어서 다 죽어다. 새순이 나서 좀 달린 것이 새파라게 있쓰서 손도 몿 쓰고 반 줌 하고 하고 마랐다.
그리고 매상이 비 때문에 몿한 것이 오늘 갑짝이 들래 같다 오니 매상한다고 해서 불이 불이야 하고 대신 공판에 가지고 같든이 1등을 주기는 주더라만 작년 비예 허무하기 짝이 업더라. 예나하며 작년에는 11가마나 돼는돼 올해는 4가마밖에 업쓰니 곡식이라는 너킴마저 이저지고 있다.
총 금액 64,080원

〈1984년 7월 12일 목요일 낡씨 비〉

이번 장마는 햇빛 한 번 보이지 않코 비가 오니 사람이 지칠 뿐 아니라 벼한때도 상당이 지장이 마는가바. 올해는 거름키가 만원 논들은 문고병 때문에 벼가 다 썩어들어가고 있다. 벼가 쓱어가는 것을 보고도 약 살포을 못하고 이쓰니 마음만 타며 비만 한 번 그치며 약 살포을 하야지 하고 마음의 준비만 하고 있다.

〈1984년 7월 13일 금요일 낡씨 맑음〉
낡씨가 꽃처름 맑은 낡을 보이스 약을 살포할려고 집사람과 둘리서 들판에 가보니 온 돼가 물천지라서 물 업는 돼 한 자리밖에 쳐지 못했다. 푼무기을 내끄로 장만을 해서 금일 약을 살포을 하여보니 정말 기분이 좋으며 좀 만이 쳐바쓰며 하는 생각박에 업더라.

〈1984년 7월 14일 토요일 낡씨 맑음〉
봉답 논에 오늘로서 안전이 도사리을 주어쓰며 이재는 논에 일을 다 한 셈이다. 앞푸로 약이나 지주 살포을 하며 풍년이 돼지 안을까 생각도 해본다.
그리고 삼촌이 과일 딴다고 일을 하고 있는 것을 보니 자신이 바빠서 그들어 주지도 못하고 마음만 뻑 뒤고 있쓰며 자신이 과일을 딸 때는 경운기을 사용하니 삼촌 과일을 자주 갈다주곤 했는데 자신이 과일이 나오지을 안으니 관심이 들한 샘이다. 오늘은 자신이 들래 같다 오니 삼촌이 과일 일곱 개짝을 실고 오는돼 길이 나빠서 삼촌은 땅기고 숭모는 밀고 해도 미아까가 오지을 안더라. 그래서 자신이 갇다주고 오후에는 일부로 경운기을 가지고 갇더라. 영감 할마이가 나참에도 일을 했는기 다섯 개짝을 이미 만들어 노았쓰며 자신이 가니 다시 개짝을 가지고 와서 며 싸가지고 왔디.
"집사람이 나무에 여기저기 달린 것을 아들도 안 먹고 떨어저서 과임만 버린다면서 한 상자을 부치 보낸 것이 금일 돈 온 것이 11,550원이나 주더라. 이 돈은 집사람이 정말 여문 덕때의 돈이다."

〈1984년 7월 16일 일요일 낡씨 맑음〉
집사람 둘리가 약을 쳐도 돼지만 오늘은 일요일이고 그래서 딸들을 돼리고 가서 약을 쳐니 한결 마음이 편하더라. 어지간아며 아들은 일시키는 성질이 아닌돼 거것들이 아빠 하는 일을 하니 훍신 수라더라.

〈1984년 7월 17일 화요일 낡씨 맑음〉
오늘로서 약 살포는 한 번식 다 한 셈이다. 오늘도 딸들을 돼리고 약 살포을 하는돼 딸들이 너무 더어서 땀방울이 흙리는 것을 보니 미안하기 짝이 업쓰서 오전만 시키고 오후에는 집사람과 둘리가 땀을 더 흙리는 한이 이쓰도 둘리 할려고 마음을 먹어는돼 오후에도 딸이 그들어 줄라고 하니 마음이 고맙더라.

※ 이재는 집도 소을 다 먹어쓰며 풀로만 소을 다 먹일라고 생각을 하니 이 더운 돼 잔득 극정이 돼서 쳐가집배 집이 남아있찌 않캐나 하는 생각에 장모 할망구도 볼 겸 해서 돼지고기을 사들고 혜진이 갈라고 해서 대리고 같든이 그기도 집이라곤 한 개도 업쓰며 자신의 경비만 내고 마라쓰며 쳐 어머님은 자신이 보기에는 더 건강해 보이며 오늘은 정말 자신에깨 잘하는 기분이 늘며 어머님의 기분이 늘며 평소 배 가며 무든하든[무던하던] 할망구가 싹싹하기 짝이 업쓰며 그저 먹이 보낼라고 예더라. 어머님에깨 사랑을 밭고 나니 자신이 집사람에 더 사랑이 가며 그저 켜안고 십두록 기분이 좋더라.

지출에 돼지고기 3,200 과자 500원
오드바이 기름 1,400원 부이[부의] 5,000원
計 10,100원

〈1984년 7월 18일 수요일 낡씨 맑음〉
자신이 개니 헛욕심을 부리가지고 손예는 다보고 소 먹인다고 몸부림 쳐바야 집사람만 욕 먹이는 것이 아닌가. 소을 한 마리 더 산 것이 이재 와서 후예가 막심하구나. 오늘은 34도 가는 드위에 집사람을 돼리고 꼴을 떠더야 할 형편이며 꼴 뜬는다고 물래 빠진 새앙쥐 모양 옻을 한박 저저 있는 모섭을 볼 때에 집사람을 이쳐름 예을 먹이스 대겟나 하는 생각밖에 업쓰며 별로 자래 먹이지도 몿한돼 건강이나 상할까바 매일 극정이다. 앞푸로 소끔이 올라서 본전만 돼며 집사람 바서라도 한 마리는 업세야 돼겟다. 그리고 집사람 예 먹일 때 미안 점 감출 수가 업쓰서 요보 나왜깨 시집을 안 아서며 이쳐름 예는 안 먹을 끈돼 하고 자신이 자주 이 말을 한다. 말을 할 때에 그른 생각은 손톱 만춤도 가진 역사가 업따면서 오휘려 자신의 건강이 상할까바 집사람이 내 일을 더 그들어 주고 십따면서 이야기을 하는 것을 볼 때에 감사한 마음 검할 길 없다.

〈1984년 7월 20일 금요일 낡씨 맑음〉
이다음 장날 송아지 팔 욕심으로 오늘 우시장에을 가보니 송아지금이 넘어나 허러서 팔기가 그북서렵더라. 자신 생각하기에는 육십만 원 이상은 바다야 안아겟나 하고 생각을 했는데 오늘 매매돼는 것을 보니 오십만 원 좀 더 밭게더라.
넘어나 생각보다 차위가 나서 팔기가 그북스렵다.
지출에 … 5,000원.

〈1984년 7월 21일 토요일 낡씨 맑음〉
오늘로서 울콩 수학을 안전이 한 셈이 돼며 울콩은 콩 비에서 울콩 값이 넘어나 허러서 탐스렵지 을더라[않더라]. 집사람은 울콩 수학과 무지파 부지[밭매기]을 하고 자신은 꼴을 떳는 것으로 일과을 보내쓰며 작년에는 꼴을 그처름 만이 떠더도 미리 극정을 하지 않아는돼 금년 들어서는 꼴 떠더로 갈 때마다 극정이 앞쓰는 것 같다.

〈1984년 7월 22일 일요일 낡씨 비〉
금일은 집사람을 꼴을 떳개 하고 고기 잡부로 갈라고 하니까 마너라만 옛을 먹이고 허탕 하는 것이 아니냐 물더라. 그래서 책임지고 만이 잡아오며 집사람 별료 고기도 사주지 몿하고 물고기로 보신을 시킬 때니까 하고 극정을 말라고 하고서는 혼자 갈라고 하다 영한이을 대리고 같다. 현장에 들어쓰니까 고기도 한 개도 업깨따고 이야기을 영한이가 하니까 자신도 업깨다 하는 마음이 따라가더라. 이재는 업쓰도 할 수 업고 해서 양수기을 차리서 물을 펴내고 고기을 잡는돼 생각보다 고기가 만으며 고기들도 다들 좋으며 고기을 상당이 만이 잡아서 마음이 푸짐하더라.
그리고 우리 운이 일하는 것은 어른 일하는 모양 머리가 잘 도라가는돼 공부는 예 몿할까 우리 운이 동태만 바라보았따고 해도 가연이 아니다.
오늘 고기을 만이 잡아서 두 집에는 만이 먹어서며 집사람이 잘 먹어따고 이야기을 하니까 마음이 좋꾸나.

수입 … 금일 자두 값 4,510원

〈내지3〉[158]
봉답 논에 물새가 5,630원
원태 논에 물새가 5,180원
경운기 경유값 5,640원
지출에 計 16,450원

〈1984년 7월 23일 월요일 낡씨 맑음〉
자신이 들래 갈다 오니 이번에 동내 어른들이 고속도로 구경 가는데 아빠도 구경 갈다 오라고 돈을 10,000만 원 주어따고 이야기을 하길래 언근이 속우로는 좋으면서 가기 시련돼 아빠 말도 들어보지 않코 짝지진[쓸데없는] 일을 한다고 이야기을 하니까 아빠 생각을 해서 갈다 오라고 하는돼 성질을 예 내는냐고 이야기을 하면서 소 안 굴미 태니까 하로 갈다 오는데 극정 말고 놀고 오라면서 마너라 성위을 넘어 무시한다고 말을 하는데 그만 웃고 마랐다.
그리고 마을 친구와 고속도도 빛탈진 돼 칠넝굴이 한 벌 짝 갈리 있쓰서 친구와 둘리가 경운기을 갈다 노코 지게로 갈다 날어는 돼 고속도로 측에서 말을 할까바 칠넝굴을 그더면서도 마음이 불란한 기분으로 한 경운기 잘 떠더왔다.
고속도로 측에서 말만 안는다면 칠넝굴 그 더 더리는 대는 극정 업깨더라. 앞푸론 마음이 불란에서 가지 않캐다.
그리고 고속도로에 광광객이라든지 물동량이라든 무진장 만아저쓰머 이 고속도로가 업따면 구도로 이 차량들이 다닐 껏을 생각을 하니 껌찍한 일이다. 정말 고속도로는 박정희 대통령이 잘 만들어 노아쓰며 재일 큰일을 한 분이라고 자신은 생각을 한다.
지출에 구경 가는 돼 개약금 10,000만 원

〈1984년 7월 25일 수요일 낡씨 맑음〉
금일은 송아지장을 김천에을 가니 우리 송아지가 아주 때물[인물]이 나더라. 그러니 차에서 내루자말자 상인 부터서 살라고 들며 좀 더 바다볼라고 들다 버터볼라고 들다 우리 마을 사람이 그만 주라고 이야기을 해서 주고 마랐는데 좀 손예을 본 것 같다. 자신이 그래 돈 버는 것을 알면서도 이번에 좀 당한 것이 아닌가 하고 후에가 이재 와서 돼는구나.
수입에 … 송아지값 550,000만 원
지출에 … 운님 3,000원 말목새[우시장 자릿세]가 100원 차비 680원 송아지 인공유가 5,190원
計 8,870원

〈1984년 7월 26일 목요일 낡씨 맑음〉
내일 구경 갈 욕심으로 경운기로 마음먹고 소 풀을 떠더쓰며 중앙기상대는 내일 정국적으로 비가 온다고 이야기을 해서 오후에는 이발이나 하고 실라고 작정을 했는데 아빠가 구경을 가면 집사람이 비을 마저며 소 풀을 떠들 것을 생각을 하니 오후에 실 참이 업쓰저는구나. 그래서 경운기로 풀을 떠더쓰며 이재는 비가 와노 풀 극정을 안아게 돼어쓰며 자신이 일을 하고 보니 오후에 휴식을 치안 것보다 오히려 마음이 더 상캐하구나.
그리고 내일은 혜진, 혜영이 둘 다 야외 캥

158) 일기장 뒤표지에 기록되어 있는 내용이다.

핑을 1박 2일을 가니 내일은 집외 남와있는 사람은 집사람과 운이밖에 남아있찌 안는구나. 우리 운이는 아무도 업쓸 때 마신는 것을 저의 엄마에깨 했먹자고 이야기하는 것이 웃섭꾸나.
어른이나 아들이나 구경 간다고 마음이 들뜬 기분은 다들 갈다고 생각을 하는구나. 우리 딸들도 내일 캥핑 간다고 만양 마음이 부풀어저 있고 자신도 마음이 어뛰가 모러게 마음이 들뜬 기분이 있꾸나.

〈1984년 7월 27일 금요일 낡씨 맑음〉
금일 여행길은 88고속도로와 광구 무등산과 남원을 같다 왔쓰며 88고속도로는 로면 상태는 새면으로 했따고 쪽감이 아스빨터보다 영 몿하더라. 그리고 관광객은 마지하면서 관광객의 휴식쳐가 안전 재로이며 휴식쳐 바서는 관광객을 마지했쓰는 안돼겟더라. 그리고 무등산에 올라가는돼는 광주 시민의 휴식쳐과 한 번식은 할 마나지만 돈이 만이 들어가고 힘이 들어서 신민[시민]의 마음의 휴식쳐는 뫃 돼고 있따고 생각을 한다.
그리고 남원에는 나 자신만 해도 셋 번이나 돼어서 그런지 광하루을 한 번 돌면서 이려깨 생각을 했다. 이곳을 무었을 볼 키 이따고 이쳐름 만은 사람들이 몰려오는가 하고 생각을 할 때에 나 자신부터 생각을 해볼 점이 있따고 생각을 한다. 나 자신부터 생할에 좀 여유가 있따고 낭비을 할려고 차저 다니는 것밖에 없따고 생각을 한다. 앞푸론 정말 알들한 여행이 돼어야 돼겟따고 생각을 했본다.
그리고 우리 마을에서 여행을 40십 명 중 자신이 재일 나이가 적더라.

금일 지출에 자신이 쓴 것이 9,000원

〈1984년 7월 28일 토요일 낡씨 맑음〉
오전에 경운기로 풀을 떠더쓰며 오후에는 노리 같다 온 사람만이 희초 겸 돼지 돌부{리}을 하여쓰며 하로 휴식을 하고 마랐다. 우리 딸 두리가 캥핑 같다 오는 데 짗치는지 하로 점두록 두리가 자고 있는 모섭을 보니 야왜생할이 뒤다는 생각이 들 정도다.
지출에 … 우리 딸 캥팽 같다 오는 돼
3,600원

〈1984년 7월 29일 일요일 낡씨 맑음〉
세집배 과수와 논에 약 살포하는데 오전 내 살포을 했쓰며 생각보다 흙신 시간이 만이 글리며 오후에는 집사람과 꼴을 떠더쓰며 꼴 떠는돼 집사람이 갈라고 해서 집사람이 가면 자신이 마음이 뒤서 안 댄다고 오지 말라고 하니 아빠가 넘어나 뒤서 안 댄다고 하면서 경운기가 가는데 타서 할 수 업시 돼리고 같다. 집사람을 돼리고 가면 집사람이 남마침[남만큼] 꼴을 잘 떠드서 수라기는 하지만 신경이 쓰이서 오희려 손예가 될련지도 모런다. 왜냐. 꼴 아니라도 아빠 일을 넘어나 마이 도어며 소을 먹이는돼 집사람의 건강이 을마나 상아는 줄 모러고 있다. 우리가 이러깨 함우로서 이세가 수라게 살 수가 있쓰란지 몰라도 우리 부부가 무리가두록 노력을 하고 있는 것은 사실이다.

〈1984년 7월 30일 월요일 낡씨 맑음〉
이번 비기가 와야 채소도 갈고 하는데 비가 오지을 안아서 채소가 너전 감이 있다.
그리고 우리 딸들이 서로가 안 알라고 하니까 혜진, 혜영이가 자주 싸움을 하게 됀다.

이것을 말로만 하니까 여사로 생각을 하고 있써서 오늘은 일부로 매을 돼어 바든이 아주 효과가 있쓰며 집안이 대청소 한 것쳐름 깨끗하더라. 그래서 혜진을 불려서 오늘 아빠가 혜진 때린 것이 정말 잘 해꾸나 하고 이야기을 하니까 멀 자래여 하고 딱 쑈고 말더라. 그래서 우리 혜진 자주 때리야겟스 하고 웃고 마랐다.
금일은 채소밭을 가라스며 이재는 한 군돼만 갈면 다 갈개 됀다.

〈1984년 7월 31일 화요일 낡씨 맑음〉
우소금이 3년 전보다 현재 시새가 더 헐지 안나 하고 내다보고 있다. 정부에서 우소금을 안정을 빨리 안정을 시키주지 안으며 정부에서도 예로가 있쓸 껏으로 내다보고 있다. 그리고 정부에서 우소금이 이쳐름 허런돼 쇠고기값은 2백 할 때나 1백 할 때나 고기값이 같든 이유을 몰개다. 현재 시새가 반도 더 떨어젓쓰니 고기값도 반어로 고기값이 내리와야 하는데 고기값이 유동성이 업는 이유를 몰갯다. 정부에서는 무엇을 하고 있는지 도무지 알 수가 업쓰며 정부에서는 살라고 노력을 하는 사람 잡아먹는 정부라고 해도 무리는 아닌 것 같다.

〈1984년 8월 1일 수요일 낡씨 맑음〉
물고기 잡는돼 먼저번에 재미을 바서 오늘도 고기을 좀 잡지 안캐나 하고 경운기로 물을 프는돼 자신의 부주이로 막은 것이 터저서 물을 배로 프게 돼어서 경유기 기름이 만이 들어같다고 본다. 오늘 고기 잡은 것은 수고비에 비아며 아무 것도 아니다.
그리고 고기을 적개 잡우니 술 때는 만코 하니 실지 먹을 껏은 남 주는 것보다 적다고 본다. 그리고 이 더운돼 잡는다고 예을 먹고 잡아서 잡아서 음식을 만들어서 같다 주는 돼 딸들이 수고을 하는 것을 볼 때에 이재는 고기을 잡부로 안 가야 돼개따고 생각이 더는구나.

〈1984년 8월 2일 목요일 낡씨 비〉
어재 경운기로 풀 떠는데 넘어나 만아서 오늘 아침부터 가서 안전이 떠더올 개핵을 세우고 있쓰는데 생각지도 안아는데 보 화로 나오라고 해서 어재 풀 바둔 것을 뫁 떠개 돼어다고 이야기을 하니까 경운기만 끄다 주며 집사람이 떠들라고 이야기을 해서 풀도 보통 있쓰며 취소할 껀돼 너무나 풀이 만아서 경운기을 같다주고 자신은 보 화로 같쓰다. 보을 다 화고 열 시경에 오니 이미 엄청나게 떠더 나뜨라. 너무나 만아서 몸에 지치도록 하여쓸까바 은건니 극정이 돼더라. 그리고 고기을 이재는 안 잡으라고 작정을 했는 몸인돼 형과 동장이 고기을 잡자고 하길에 가랑비가 오는돼 고기을 잡아다. 고기는 생각보다 적지만 그런돼로 한 번 먹을 껏은 돼더라.
지출에 … 집사람 장 보{는} 돼 14,000원

〈1984년 8월 3일 금요일 낡씨 흐림〉
오늘은 혜영이 생일이다. 혜영이 생일인돼 특별한 음식은 놓하고 돼시고기와 빵을 한 것으로 생일을 보내고 마랐다. 금넌으로 비서는 집사람 생일만 남은 셈이다. 인간으로서는 생일이 정말 좋은 날이다. 왜냐하며 이 새상에 태어나는 날인돼 값찌게 보내야 하는데 사람이 살기 위해서 그저 오늘이 내 생일다 하고 알고민 넘이가는 실성이다.
그리고 집사람과 혜진을 돼리고 논예 약 철

라고 들에 가니까 비가 방울로 와서 집사람을 내일 쳐자고 하면서 집부로 돌리보내고 있쓰니까 날씨가 개이고 있쓰며 한참 이쓰니까 안전이 개이더라. 그래서 자신 혼자 한 군돼는 약을 살포하고 마랐다. 약도 혼자도 할 수 있는데 약이 허실이 만이 돼는 결점이 있다.

〈1984년 8월 4일 토요일 낡씨 맑음〉

혜진, 혜영이, 운이, 집사람 온 식구가 약 살포하는 데 동원이 다 돼어서 더위을 무렵쓰고 약을 살포을 잘 했쓰며 논 한 군돼가 거름키가 만아서 혹 실패나 볼까바 극정이 돼고 있다. 내 것을 실패을 바도 별 것은 업찌만 남외 돼갈림 하는 것을 실패 보며 미안 점이 만아서 문제끄리다.

〈1984년 8월 5일 일요일 낡씨 맑음〉

남들은 채소을 일부 가는 사람은 가는돼 자신은 낡씨가 너무나 복드위라서 씨가 쓰도 말라 죽어까바 갈지 못하고 있는 것이 채소가 넘어나 너저절까봐 극정이 돼는구나. 채소뿐 아니라 밭작물 바스도 비 한 번 아야 돼겟는데 비가 오지을 안아서 예가 따는구나.

그리고 자신이 풀을 경운기로 매일 떠는 것이 넘어나 중노등이다. 이것을 해결할려면 벼집을 일 년 먹일 껏을 준비을 해두어야 사람이 좀 편아지 그러치 안코는 수입이 돼는 것이 아니라 사람이 지치는 것도 안 댄다고 보며 앞푸로 장기간을 본다면 집부[짚이] 돼야 장기간 사육을 할 수 있다고 보며 오희려 지출은 더 돼는 한이 있쓰도 결과적으로 그것이 장기간을 보기 때문 수입이 끄리라고 생각을 한다.

자신갇치 풀을 떠뜨서 소을 먹이게 돼며 제아무리 끈기가 있따고 해도 3년 안쪽에 진저리을 내고 말키라고 자신은 생각을 한다.

〈1984년 8월 7일 화요일 낡씨 맑음〉

남들은 매일 경운기로 풀 떠오니 풀을 말루는가 하고 물찌만 매일 소 먹는 것도 미차 떠더 돼지을 못할 지경이다. 앞푸로 집이 날라면 3달이 돼야 구경을 할 판이니 풀 떠더기가 급이 나는구나.

금일 지출에 경운기 경유 1말
엔진오일 1통 휘발유 2돼
計 13,800원

〈1984년 8월 8일 수요일 낡씨 맑음〉

비가 올 뜻 올 뗫 하면서 비가 오지을 안아서 사람 간장을 다 태우고 있다. 이번 비만 오면 만사가 해결이 돼는데 정말 목마러게 만들고 있꾸나.

지출에 뿌라구[플러그] 1,000원
집사람 장반[장 본] 경비 〉 총금액 20,000만 원

〈1984년 8월 9일 목요일 낡씨 맑음〉

비가 한 번 오며 이런 고생은 안예도 돼는돼 하고 아쉬어지는 말이 남는다. 자신 혼자 들판에 안저 물 댄다고 모기에 물리며 밤을 쉬어 보니 정말 힘 더는 밤이라고 생각을 한다. 왜냐하며 모기가 우글돼는 들판에서 밤을 쉬어 보니 밤하늘이 은망스렵꾸나.

〈1984년 8월 10일 금요일 낡씨 맑음〉

물 돼다고 밤을 새니까 눌 자리가 업는가 생각밖에 들지을 안는구나. 이재는 논마다 한 번식은 물을 다 댄 셈인돼 비가 수일 내로 오지 안는다면 수일 내로 논에 물을 댈

형편이니 비가 오지을 안으니 사람이 더 기갈이 더는구나.
그리고 채소가 너저만 가는 형편인돼 비가 완 아서 큰 극정이 돼는구나.

〈1984년 8월 12일 일요일 낡씨 맑음〉
금일은 정자못 고기 잡불라고 물 프서 자신도 원태 논 돼갈림 하는 논에 경운기로 프고 고기 잡는 돼 한목 드려쓰며 정자못이 어낙 더려어서 처음에는 고기을 안 잡따 나중에 잉어가 있따고 해서 아무도 깊프서 옺 바린다고 들어가지 안는 것을 자신은 우리 운이한태 푹 까[고아] 주며 좋지 않깨나 하는 생각에 국캐흙[발이 쑥 빠질 정도의 진흙]이 젓가슴까지 오는돼 들어가서 잉어를 잡는돼 힘이 만이 들어서며 잉어 한 마리을 잡는돼 정말 힘이 만이 들어다. 그리고 그리[그물159)] 값으로 잉어 키운 사람에깨 한 마리는 어더서며 두 바리을 우리 운이 카줄 욕심으로 집부로 가지고 왔다.

〈1984년 8월 13일 월요일 낡씨 맑음〉
혜영이하고 운이하고 싸음을 하는돼 구경만 했다. 가만이 보니 혜영이는 사정을 좀 주니까 밀리고 악을 쓰니가 이기고 있쓰며 운이는 처음부터 악우로 하며 처음 한 놈이 밑태 칼리며 악우로 우예 올로오고 서로가 뒤번버이 대어쓰며 함참택 야단이 낳다. 결곡은 운이가 남자라고 이기고 있더라. 그러자 집사람이 누야한태 싸음한다고 운이을 때리시 싸음을 말리고 마라찌만 우리 운이 말하는 것이 우습더라. 엄마는 낚아 때리린다 부진부진 하는 모섭[짜증내는 모습]이 우습다.
※ 그리고 아빠가 있쓰며 싸음을 하두록 나두는 사람이 더 하다고 말을 했도 자주간[좌우간] 재미있더라.

〈1984년 8월 14일 화요일 낡씨 흐림〉
비가 한 방울식 내리길래 이재야 비가 온다고 좋아했든이 그만 한 방울 비마저 오지 않코 바짝 들고 마라구나. 비가 너무나 안 아서 밭 곡석은 타도라갈 형편이 심지어 사과마저 타격을 보고 있다. 중앙기상돼서 금일은 정국적으로 비가 온다고 해서 큰 기돼을 걸고 있쓰는돼 큰 실망만 하고 마랐다.
"그리고 집사람이 아푼 돼가 하나식 나올라고 하는 것을 볼 때에 급이 난다. 왜냐. 우리 가정이 하목하게 잘 살려면 첮째 집사람이 몸 건강해야 우리가 잘 살 수가 있는데 요쇄 집사람이 몸살을 너꼬 있는 것을 볼 때에 집사람의 일이 몸왜 비예서 과중하다고 생각을 하며 일예 짓치서 그런지 집사람 채중이 줄고 있는 것이 눈우로도 알 수가 있쓸 정도로 줄고 있쓰서 보신이라도 한 번 시키더리야지 해도 그저 마음뿐이다."

〈1984년 8월 15일 수요일 낡씨 비〉
금일은 8月 15日 광복절이라고 동민 노소가 다 같이 돌부리 겸 휘초 겸 매년 오늘은 놀기 때문에 돼지고기을 먹고 자신은 놀시 않코 집배서 일을 하고 마랐다. 이번 돼지고기는 별로 좋지는 않든돼 오늘 고기는 정말 잘 먹으다. 자신이 돌부리을 해도 고기

159) 양손으로 사용하는 막대기에 달린 그물을 말하는 것으로, 저자가 그물을 빌려 잉어를 잡은 후 그 값으로 그물 주인에게 잉어 한 마리를 주었다는 내용이다.

맡이다 하고 너켜 본 것은 오늘이 처음이라고 생각을 해본다.
그리고 이번 고기라도 팔 키[팔 게] 있쓰며 집사람을 좀 사줄라고 생각을 했는돼 오늘 고기가 남찌을 안아서 팔 수가 업따고 해서 마음이 습습하더라.
그리고 이번 돌부리 한 것은 자신의 목을 반도 차저 먹지 못하고 마른 샘이다. 왜냐. 자신은 점두록 먹찌 않코 한 번 딱 먹고 마랐쓰니 이번 출물에는 아주 손예가 만타고 생각을 하며 앞푸론 이른 출몰은 좀 생각을 해서 참석을 해야 돼겟다.
지출에 … 송아지 인공유 5,190원
(집사람 장 본 것이) 12,000원
計 17,190원

〈1984년 8월 16일 목요일 낡씨 맑음〉
어재 비 온 것이 무우 배추 갈기가 꼭 알마전 비가 돼어쓰며 무우, 배추을 오늘로서 안전이 갈라쓰며 배추가 좀 너전 감은 있쓰도 앞푸로 날씨만 잘 한다면 별로 채소에 신경을 안 쓰도 돼리라고 생각을 한다.
그리고 앞푸로 일주일 정도만 낡씨가 잘 한다만 벼는 풍년을 약속할 수가 있따고 보는돼 낡씨가 변득이 있쓸까바 마음이 조바심이 생기는구나.

〈1984년 8월 17일 금요일 낡씨 비〉
금일은 우리 마을 친구와 둘리가 경운기을 가지고 초곡들래 풀 떠더로 같든이 우리 마을보다 풀이 만아서 풀을 만이 떠더 왔쓰며 오후에는 큰집배 미장한다고 해서 그들어 주어쓰며 미장하는돼 안전이 뛰어내주는데 온 식{구}가 매달리다시피 그들어 주어쓰며 앞푸로도 보고 안 그들어 줄 수도 업고 하니 일을 날일로 시키는 것이 더 날 꺼이 아닌가 하고 생각도 해본다.
혜진 합창부 … 지출에 500원

〈1984년 8월 18일 토요일 낡씨 맑음〉
자신이 볼 때에 집사람이 몸살 직전에 있는 것 같다서 아이들에깨 너의 엄마가 너머나 피곤하고 있쓰니까 너이들이 엄마 일을 전적 그들어라고 이야기을 했든이 아이들이 넘어나 저의 엄마예깨 신경을 쓰고 있는 것을 볼 때에 마음이 글리는구나. 왜냐. 아이들은 만사 일을 모러고 무럭무럭 자라야 하는데 저의 엄마 일을 도아주는 데만 신경을 쓰는 것을 보니 아빠 보기가 우리 이새들 보기에 좀 미안타.
"요줌은 경운기로 오전 내 풀을 떠더야 오후에는 큰집배 일을 그들 수가 있쓰니 자신일이 넘어나 힘이 만이 들고 있다. 자신이 생각을 해보았도 이쳐름 눈코 뜰 세도 업는 사람은 더물다고 생각도 해본다."

〈1984년 8월 19일 일요일 낡씨 맑음〉
무우 배추 갈란 지가 사흘 돼어야 난다고 해서 어재 가서 배추 갈고 종이로 덥픈 것을 벗킬라고 하다 사흘이 지나야 배추가 난다고 해서 오늘 집사람과 둘리 가보았든이 이미 잘 라서 배추가 너무 길더라. 이것을 볼 때에 어재 가서 벗키 나쓰며 꼭 알마절 뿐했는돼 그만 시기을 노치고 마랐다.
그리고 우선 바서는 배추가 씨는 아주 잘 쓴 편이다. 앞푸로 낡씨가 어떠게 변화을 줄련지 몰라도 우선 바서는 배추도 풍년을 약속할 껏 같꾸나.

〈1984년 8월 20일 월요일 낡씨 비〉

벼 이삭이 한참 출수을 하고 있는돼 필요 업는 비가 자주 아서 극정이다. 올해 상강 벼는 절시한 것이 만아서 다소 마음을 노아도 비가 자주 오고 있쓰니 농민의 한 사람으로 극정 크다.

그리고 큰집배 우물 온기는돼 낮참도 쉬지 않코 일을 해도 저물두록 일을 했쓰며 집수리 하는 돼 일이 한정도 업꾸나.

지출에 … 담아내기[양파] 씨갑 4캉에 16,500원 농약 4,000원 부식값 5,000
計 25,500원

〈1984년 8월 21일 화요일 낡씨 비〉

"이번에 비바람을 동반한 태풍 온다고 해서 극정을 만이 했는데 다행이 일본 대마도로 돌라 같다고 해서 우리나라는 숭년을 면해 따고 해도 무리는 아니라고 생각을 한다. 태풍 피해는 업다고 해도 무렸댄 연풍은 지장이 좀 있찌 않을까 하고 염려가 댄다."

우리 운이 이번 여름방학 동안에 한글을 알두록 집사람에깨 지도을 하두록 꼭 결심을 했는데 인간이 살라가는 데 힘이 더 센가 바. 집사람도 간만이 보며 시간이 업다. 그래서 무라고 말도 못하고 아무것도 모러고 놀기만 좋아하는 운이 이번 방{학}에도 한글을 알지 못하고 개학 낢자가 을마 남찌 안아꾸나.

〈1984년 8월 22일 수요일 낡씨 흐림〉

담아내기 씨을 앞받태 파종을 했는데 씨가 잘 쓰야 하는데 집사람과 둘리서 공을 드리서 했는데 씨가 잘 쓰지 않을까바 극정이 앞쓰는구나.

큰집배 일 한다고 분주이 하고 있는데 자신이 일을 못했주어서 마음이 글리는구나. 자신이 일을 했줄라고 틈을 내도 오늘은 어쩔수 업쓰찌만 일하는 것 보고 못해 주니 마음이 안대꾸나.

그리고 이번에 아들 적금을 차저쓰며 혜진, 혜영이 둘리 적금을 가용에는 안 쓰고 중학교에 가면 자전차을 살려고 작정을 하고 적금을 넘 샘인돼 오늘 가용에 쓸 돈이 업쓰서 차저와 돈을 쓸라고 하니 정말 마음에 내키지을 안는구나. 이 돈은 혜진, 혜영이 돈인돼 아빠가 쓰서 안돼는돼 하고 생각밖에 업꾸나.

수입 … 혜진, 혜영이 적금 100,400원

〈1984년 8월 23일 목요일 낡씨 맑음〉

큰집배 아래채는 오늘로서 미장을 마치쓰며 집배 미장을 하고 나니 집이 짜임세도 있는 것 같더며 아주 보기가 좋더라.

그리고 오늘이 아버지 재사다. 매년 우리 오 형제가 참석은 하지만 특희 오늘은 오 형제 오동 동시가 다 아버지 재사을 참석을 하는 쳇 재사가 돼는 날이며 아버지가 돌라가실 때는 이것들을 짝을 다 이루어주지 못하고 돌라가실 때는 눈도 재돼로 깜기지 안아쓸 끄며 특이 껄비라리[바싹 말라서 볼품없는] 같이 자란 순철을 두고 가신다는 것은 정말 가슴 아픈 비극을 두고 돌라가시따고 해도 가연이 아닌돼 이새는 아버지 힐 일은 나 했씀이다. 이재는 오 형제 오 동시 다복하게 살라가는돼 더 바랄 길 입씀이까. 만사 일을 접버두고 눈을 꼭 깜고 잠을 주무시도 뒤가 보이지을 안캐씀이다.

그리고 오늘은 재사에 참석을 안코 오 형제 아들은 잠을 자지 않고 아버지 재사을 시내는 것을 볼 때에 이번 재사가 의미가 있꾸나.

지출에 … 농약값 17,600원
시청료값 9,600원
計 27,200원

〈1984년 8월 24일 금요일 낡씨 맑음〉

오늘로서 담아내기 씨을 파종을 집사람과 딸들을 대리고 가서 오전 일적 다 파종을 했쓰며 처음 담아내기 씨을 하면서 만이 한 샘이다. 만약 씨가 잘 안 쓴다면 씨 버리는 것은 문제가 아니지만 옥토 같든 땅을 약 45평 이상은 놀리는 결과을 가지고 오기 때문에 손예가 크다고 생각을 한다.

〈1984년 8월 25일 토요일 낡씨 맑음〉

집사람과 채소밭 김맨다고 한참 바빠쓰며 채소밭 김 매는돼도 종일 동안 빡빡하더라. 채소가 우선 바서는 좋은 편이며 마음으로는 금년에 채소농사을 한번 짓찌 하는 마음이 앞쓰는구나.

그리고 벼에 약을 한 번식 살포을 할려니 우선 바서는 벼들이 깨끗하고 있쓰니 약이 아깝고 약을 살포을 안 알리니 마음적으로 극정이 돼고 있쓰니 갈팡질팡이구나.

"담아내기 씨 파종을 하고 나니 담아내기 씨나 잘 서주어쓰며 하는 심정박에 업다."

지출에 … 형수 구경 가는 돼 3,000원
큰집 형수 3,000원
計 6,000원

〈1984년 8월 26일 일요일 낡씨 비〉

이재는 해만 주는 비가 넘어나 만이 오고 있다. 모든 작물이 한 껀 돼어가지고 이번 비에 쓰러지고 있다. 비가 연중 한 번은 사람을 기쁘게 하고 한 번은 용심[심술]을 부리고 해을 넘기고 있다.

"비가 넘어나 만이 와서 오전 내 휴식을 하여쓰며 내일 약 철 욕심으로 꼴을 채하 5섯 망태는 떠더야 하는데 하고 극정을 하니까 집사람이 두리 가서 떠더며 댄다고 하면서 극정을 하지 말라고 하는데 자신 생각에 비가 있쳐름 만이 오는데 집사람을 대리고 갈 수도 업고 첮재 우이가 업쓰서 대리고 가지을 못한다고 생각을 했키 때문에 극정을 한 셈이다. 정식[점심]을 하고 일적 경운기을 가지고 가니 집사람이 비누루을 가지고 따라 갈라고 하더라. 비가 넘어나 만이 와서 우이도 업고 하니 오지 말라고 부리치니까 옻 바리며 아빠가 빠라주며 댄다고 하면서 경운기에 올라 안더라. 그래서 비을 마저며 돼리고 가서 막상 탁 부터서 꼴을 비는돼 낮질이 나보다 낮더라. 자신도 낮질이 남 뒤에 가라면 슬번 정도댄 집사람 낮질이 나보다 잘하니 정말 여자로서 잘한다. 이거을 볼 때에 들래선따나 안아주고 십픈 마음이다. 그리고 자신이 풀 떠꼬는 재일 만이 떠더왔다."

〈1984년 8월 27일 월요일 낡씨 비〉

오전에는 몸채에 미장하는 데 그들어 주어쓰며 오후에는 담아내기 씨가 비가 만이 온 관계로 파종한 씨값씨가 다 들어나서 집사람과 둘리서 다시 덮프주고 했쓰며 우선 바서는 씨가 아주 잘 쓸 껏 같더라.

처음 하면서 씨가 잘 쓰야 사람이 무선 일이든지 서섬치 않코 시작을 할 수 있는데 그러치 않코 씨가 쓰지 안는다며 무선 일이든지 계핵만 잡고 아무 일도 못하게 됀다.

"우리 운이 공부에 의욕이 업쓰서 문제가 끄다. 이것을 때리가면서 갈칠 수도 업고 엄마 아빠을 속을 쓰기고 있다."

지출에 … (소 사료) 3포 13,500원

〈1984년 8월 28일 화요일 낡씨 비〉

"중앙기상돼에서 한 차래 비는 온다고 일기 예보는 들어찌만 이장에는 한 차래 온다고 하며 오지을 안아서 집사람과 아이들을 돼리고 가서 논에 약 살포을 했는데 약살포할 때는 날씨가 말더니 오후 점심을 먹을라고 드니 난돼업는 소낙기 와서 약 살포한 것이 허사가 돼어따고 생각을 하니 마음이 아푸구나."

〈1984년 8월 29일 수요일 낡씨 맑음〉

장단지에 보들까치[뾰루지]가 나서 여사로 생각을 하고 일을 그돼로 했든이 오늘은 움직이질을 몾하게더라. 자신은 움직이질을 몾하게꼬 오늘따라 새마을 길 우리 다니는 길에 새면 할려고 길바닥을 나추는 작업을 하고 있쓰서 안 갈 수도 업고 해서 집사람을 보냇다. 집사람도 건강이 안전이 캐알한 몸이 아닌돼 부역할라내 소 풀 떠들라내 소 예깨 매달리서 일하는 모섭 뒤에서 보고 그들지도 몾하고 있쓰니 마음만 타고 아치라서 고통이 더 심한 것다.

지출에 혜진, 혜영이 과자값 500원

〈1984년 8월 30일 목요일 낡씨 맑음〉

송아지 장사가 집배 와서 우리 송아지을 살라고 해서 음마 줄라고 하는냐고 물어니까 860,000만 원 줄라고 해서 가지고 가라고 하여다. 자신은 생각을 할 때 장에는 가보지는 않아찌만 830,000만 원 밭는돼 자신 혼자 바서는 만이 바든 셈이다.

오늘은 병원에을 가서 주사라도 마절라고 가니 원장 선생님이 넘어나 오래 두어따고 이야기을 하더라. 자신은 여때것 살아오면서 보들가치가 무었신지 아무것도 모러고 살라와키 때문 여사로 둔 것이 화근이 돼서 돈원 돈돼{로} 쓰고 사람은 사람돼로 큰 고생을 할 껏 같다. 오늘도 하로 종일 아무것도 안코 집배서 둥굴로 있쓰니까 하로가 예이래 긴지 몰계쓰며 자신보다 집사람이 몾할 지경이다.

지출에 … 병원비값 11,000 운이 비짜루가 300원 부식값 3,000 차비가 360원
計 14,660원

〈1984년 8월 31일 금요일 낡씨 비〉

오늘은 병원에서 보들까치을 째고 마랐다. 째고 나니 한결 수라더라. 사람이 수라게 넘어갈 껏을 이처름 예을 먹고 있쓰니 떠답답하며 아무것도 몾하고 누어만 있쓰니 새상이 답답하며 자신이 누어 있쓰니 우리 딸래미까지 다 고댄 일을 하고 있다.

"우리 운이 내일이 개학을 하는 날인돼 방학 동안에 한글을 다 알두록 집사람을 시키서 갈칠라고 작정을 했는데 살라가기가 넘어나 바빠서 아무것도 몾 갈치고 방학을 다 보내서 마음 아푼 일이며 우리가 한 줌 더 모아서 잘 사는 것보다 우리 운이 공부 갈치는 것이 더 큰 소득이 대는데 그러지 몾하고 운이을 학교로 보내게 돼어쓰니 선생님 보기에 정말 미안하기 싹이 업다. 선생님은 우리 살라가는 과정도 모러고 방학 동안에 공부나 갈치지 잠만 자는가 하고 욕을 할 껏이 아닌가 하고 생각을 할 때에 가슴 아푼 일이다."

지출에 … 병원비 14,000 혜진, 집사람 약 3,100 합승비 360원

計 17,460원

〈1984년 9월 1일 토요일 낡씨 비〉

금일은 병원에 가서 치료만 하고 주사 두 돼만 맡고 왔쓰며 이재는 집배서 치로을 해도 돼지 않을까 생각도 더는데 의사 선생님은 오래 풀리게따고만 이야기을 하고 있쓰니 시시한 보들가치에 경비을 만이 내고 있꾸나.

이번 병원비 값이 8,000원

"장마가 다시 차저온 기분이 들 정도로 비가 쑈다저고 있쓰니 마음이 안타갑키 짝이 업다. 왜냐. 이재는 비는 필요가 한 군돼도 요구을 하는 돼가 업는돼도 만이 비가 오고 있쓰니 농민들은 비가 오는 만큼은 손에을 보고 있쓰니 마음이 답답할 정도다."

"오늘은 자신 아파서 담아내기 파종한 것에 가보지을 못해서 금일은 자신의 몸이 좀 나서 파종한 것을 볼 결 집사람은 채소밭 김매고 풀 떠더라고 경운기을 볼밭까지 몰고 갈쓰며 자신은 몸을 쓰며 오히려 옥을 볼까바 집사람 채소밭을 다 매두록 기다리고 있쓰니 땁답하기 짝이 업더라. 그리고 집사람이 밭을 다 매고 오는데 6시 10분이더라. 이 시간에 저녁을 바로 해서 먹어도 저녁이 너전 편인돼 집사람이 풀을 두 망태 떠더야 소을 내일 아침을 먹일 수가 있쓰니 안 떠고는 안댈 지경이니 집사람을 볼 수가 업쓰서 내일 돈을 더 쓰는 한이 있쓰도 풀을 떠더야 돼게따는 생각에 불편한 다리을 움직이며 풀을 집사람과 두리서 팔리 떠고 마라. 풀 다 떠고 나니 정말 내일 아침에 더하며 어떠게 하나 극정도 돼더라."

금일 지출에 … 병원비 8,000원
차비 360원 콩나물 400원
計 8,760원[160)]

〈1984년 9월 2일 일요일 낡씨 비〉

여름철 장마보다 요줌 비가 만이 오고 있쓰며 비가 필요 업는 것을 생각을 하니 비가 오는 것이 질리고 있다. 비가 와도 넘어나 만이 오고 있다.

"오늘은 병원예을 가면서 이번에는 치료하며 오지 말고 집배서 치료하라고 하면서 약만 줄 쭐 알라는데 그러치 않코 또 주사만 두 돼 주고 오라고 하더라. 의사 선생님의 말을 다 들어면 좋키야 좋지만 돈이 넘어나 만이 더는 것이 서민 축에서는 문재가 댄다. 의사 선생님의 말을 다 들어면 보들가 치료 십만 원 이상 잡는다면 질료 수입이 큰 문재가 있따고 생각을 하며 의료증이 업는 농민은 살기가 점점 어러어저만 간다고 생각을 한다. 그래서 오늘은 약방에서 치료 약품을 사서 집배서 치료을 할 작정이다."

"우리 혜진 때문에 문재다. 혜진 선격이 불투명한[불퉁거리는] 줄은 알지만 이러게 변회가는 줄은 몰라다. 오늘 집사람이 가시내가 말이 불투명하다고 꾸중 주고 하니까 엄마는 가시내 아닌가 하고 말을 하길에 그만 벌서부터 이래 두어따가는 큰 문제가 돼개따 하고 아주 다구지게 매을 돼어쓰며 앞푸로 한 번만 그따위 말을 하며 발바 죽일라고 혼을 냇다."

지출에 … 병원비 8,000 담아내기 약값
2,700원 혜진 비짜루 300원
내 약 2,700원

---

160) 이 내용은 지면 상단에 기록되어 있다.

計 13,700원

〈1984년 9월 3일 월요일 낡씨 비〉

금일은 병원에을 안 가고 약방에서 주사약을 싸와서 마을에 의무과 나온 사람에깨 치료을 밭는데 약방에서 병원에서 주사 맡는 약을 산다고 하며 1,500원만 하며 떡을 쳐개더라. 이것을 볼 때에 병원에서는 8,000원 밭고 있쓰니 자신은 너무하다고 생각을 한다. 아무리 의과대학 하는 데 돈은 만이 들어따고 하지만 수입이 어너 정도야지 자신이 생각을 해도 너무한다고 자신은 말을 하고 십다.

"올해는 어전지 순조렵게 대풍년을 만더는가 했든이 결국 이번 비로 숭년을 지우고 마는구나. 이번 비가 서울 지방만 물날리을 보이고 말 줄 알라든이 정국적으로 물배락을 씨우고 마는구나. 우리 마을에도 재방이 터저서 대신 1, 2, 3동이 냇물을 디집어 쓰고 있쓰니 그 큰 들이 숭년을 바야 한다는 것을 생각을 할 때에 정신이 아찔해저는구나. 금년 한 해을 공백으로 간다면 업는 사람의 생할에 을마나 큰 타격을 주는지 상상도 못할 지경이다. 정말 농민들 불쌍하다. 여름 내내 땀방울로 모욕을 하다시피 해서 농사을 짓어 논 것을 하로 만에 해치고 마니 정말 불상한 농민이다. 몿 배아서 짓발려 농사 짓어 버림 바더니 어뒤 가서 사리까."

지출에 … 약값 주사 알콜 3,500원
차비 360원
計 3,860원

〈1984년 9월 4일 화요일 낡씨 비〉

웃들이 아직 들판이 하야돼 그 물리 다 빠저며 아래뜰 큰 문재다. 왜냐하며 집사람과 둘리서 경운기을 가지고 들 복판으로 가보니 경운기가 자물실라고[잠기려고] 해서 겨우 가서 올 때는 발터길로 도라와다. 자신이 바서도 물리 이쳐름 채서 올라오는 것 처음 바서며 어른들도 처음이라고 말씀하고 있더라. 그리고 내일만 가면 우리 들도 하야게 돼고 말 껏을 생각을 하니 기가 찬다.

"요줌은 자신이 마음돼로 활동을 몿해서 그런지 집사람과가 무었을 할까 돼는지도 분관도 몿할 지경으로 바푸고 있쓰니 마음이 더 바푸고 있다."

"우리 운이 선생님이 1학기보다 좀 나따고 선생님예깨 친찬을 바다따고 운이가 이야기을 하길래 실찌는 어떠한지 몰라도 부모 마음은 할량업시 좋더라."

"지출에 … 아들 셋시가 채육선금[체육성금] 3,700원"

〈1984년 9월 5일 수요일 낡씨 맑음〉

이재는 가을 내 비가 안 올란가. 비에 질리다. 오늘은 맑은 하늘에 보닥빛[햇볕]이 언재 비 안나 하고 내리 째이고 있쓰며 밝은 빛을 보니 사람이 살 맡이 생긴다.

물 때문에 채소밭을 가보니 날리가 다른 것이 아니고 이것이 날라고[난리라고] 말을 하고 십다. 아무것도 성한 것이 업고 소금물래 진치서 나둔 것 모양 돼어 있쓰니 올해는 우리 마을 사람들은 좋은 배추로 김상을 할 수가 업쓸 뿐 아니라 밭 좋온 김장 밭다 바따고 생삭을 한다.

"그리고 자신은 내물[냇물]을 뒤저[뒤집어] 쓸 때는 이재는 안전이 숭년이구나 생각을 했는돼 오늘 보니 실패는 반아도 생각한 것처름 허무히지는 않을 껏 깉나."

"우리들로 바서 그만 하기을 천만다행이다."

자신이 양파을 해볼라고 돈을 더리서 하니 이번 물로 허사가 돼고 마는구나. 오늘 집 사람과 둘리서 가보니 씨는 잘 쓰서 그돼로 돼어쓴는돼 이번 비가 너무 몰질게 했따는 생각이 들 정{도}로 했따고 생각을 한다. 왜냐. 파씨가 짝 깔라서 새북[풀더미]으로 발라논 것{처}름 돼어 있쓰니 자신 피해가 재일 만아따고 본다. 왜냐. 씨값이 채소보다 만이 들어키 때문에 피해가 만아다.

〈1984년 9월 6일 목요일 낡씨 맑음〉

요줌은 풀 떠기가 실어서 소을 새 마리 몰고 다니며 먹이니까 사람이 한결 수라더라. 진작 이른 식으로 소을 먹이쓰며 경운기도 기름을 쓰지 않코 일구양득으로 득이 돼는 돼 잘못했따는 생각이 더는구나.

"오늘 재방 떠전 돼 보 화로 갇든이 물날리을 본 논은 모래가 싸이서 약 2마지기는 이미 밭이 돼고 마랐쓰며 벼 이삭은 맹기[진흙]가 안저서 한앙찰이[형편없이] 돼어 있쓰서 가을 수학에 을마나 지장이 이쓸찌는 몰라도 우선 보기가 그북하더라."

〈1984년 9월 7일 금요일 낡씨 맑음〉

"올해는 논에 비료거름 적게 할려고 작정을 했는데 금년에도 비료거름이 만은 편이라 문고병이 무정[무성]하더라. 이것을 볼 때에 비료 만이 해서 손에 병충이 만이 와서 손예 벼이삭이 죽어서 손에. 생각을 한다며 손에가 엄청나다. 이것을 매년 당하고 있쓰며서도 모 끄는[못 끊는] 것을 보며 비료 거름을 욕심을 내게 댄다."

"내년에는 어떠한 일이 있쓰도 비료거름을 욕심을 내지 않캐다. 비료거름 욕심 부리는 사람은 바보나 다름이 업다."

지출에 … 아빠 약 3,000 엄마 약 3,000
혜영이 감기약 1,000 집사람
장본 것 23,000원
計 30,000만 원

〈1984년 9월 8일 토요일 낡씨 맑음〉

"이번에 전두한 대통령이 일본 공식 방문 이박 삼일 일정을 마치고 무사이 도라왔쓰며 전 대통령이 일본 방문 때에 조금도 아부하는 맡이 조금도 업고 대담한 모섭이 한국인의 마음의 자세을 치해따고 자신은 말하고 십다. 여화든 일본은 우리 적이라는 것을 잠쉬라도 이저쓰는 안 댄다고 말을 하고 십다."

"요줌은 소 풀을 들떠고 소 셋 마리을 몰고 다니면서 먹이니까 사람이 한결 편하며 소들이 배부레게 먹고 있쓰니 자신의 마음이 깨운한 감이 든다. 자신이 소을 들고 미고[먹이고] 있쓰니 소을 더 불과서 남왜 농사을 하지 말고 소을 불가쓰며 하는 생각이 들며 마음의 여유가 생긴다."

〈1984년 9월 9일 일요일 낡씨 비〉

내일이 추석이다. 금년 추석은 년우[연휴]가 양일간이서 그른지 고향을 만이 차저와서 한결 추석 기운을 더 내고 있다. 그리고 아들에깨 추석이라고 옺 한 벌 사지 않코 신발 한 개식만 싸주고 마라쓰니 이세들에깨 미안타. 처음에는 이세들에깨 추석치래을 할려고 예정을 했는데 생각지도 안아뜬 일이 이빠[아빠]가 보들가치로 돈을 약 60,000만을 지출을 내서 아들에깨 영양이 가고 마랐다.

"그리고 오늘은 추석이라고 친구들이 와서 밤 너깨까지 술자석을 이라서며[이루었으며] 이야기로 시간 가는 줄 몰랐다."
지출에 … 큰집배 5,000 새집배 고기 5,000
우리 장본 것이 7,700원 치료값
5,000
計 22,700원

〈1984년 9월 10일 월요일 낡씨 맑음〉

금년 추석은 징예서[한가해서] 좋다. 왜냐 하며 추석에 보며 콩 타작 벼 비기가 추석에 맡설 때가 만은돼 금년 추석은 정말 한가한 추석이며 고향을 그진 다 차자와서 추석을 마지하고 있쓰니 길마가 비좁을 정도로 사람들이 만아다.

그리고 산소에 성묘을 하는돼 아버지 어머님 산소가 채고더라. 왜냐. 산소에 꽃 한 송이 업는 산소가 그의 다라고 이야기을 해도 무리는 아닌돼 아버지 어머님 산소에는 꽃나무들이 장관을 이루고 있쓰며 백일홍도 셋 가지가 만발하고 있쓰니 자식의 한 사람으로 기쁘기 할량 업더라.

"그리고 명절로 우리 형제는 꼭 어김업씨 참석을 하는돼 큰집배 새집배는 보통 보며 일부만 참석을 하고 있는 것을 볼 때에 선조의 감심도는 우리 형제보다 적다고 본다."

자신이 어재로서 마을 사람에깨 치료와 조사을 맡자는돼 오늘부터는 집사람이 치료만 하고 마이신약만 먹을 작정이며 주사을 더 미지며 좋찌만 지신이 미인에 미 바찔수가 업쓰서 그반 누자고 했쓰며 막상 집사람이 치료만 하고 약 보용으로 안치가 돼며 큰 다행인돼 재발 한다며 큰 손예가 오기 때문에 한편 극정 돼는구나.

〈1984년 9월 11일 화요일 낡씨 맑음〉

양파 파종한 것이 처음에는 씨가 잘 쓰던이 물이 힙쓸고 간 후는 씨가 줄든이 이재는 안전이 전멸하고 업더라. 자신은 처음 시작을 할 때에 큰마음 먹고 시작한 것이 공의 대까도 업시 물날리을 마저서 전멸이 돼어 쓰니 생각을 할수록 가슴 아푼 일이다.

오늘은 안전 가을 기분이 날 정도로 사늘한 바람에 물결치는 벼이삭이 장관을 이루며 소을 먹이면서도 황금빛으로 물더려 있는 들판 바라볼 때는 농민의 가슴은 부풀며 인생은 넓어저지 안어이라.

대신들에 재방이 터저서 냇물이 들어올 때 바서는 아래 웃들 다가 금년은 허사가 돼는 줄 알라든이 웃들은 재방이 터저면서 황토흙이 벼이삭에 뒤저버쓰서 피해가 있는 것 같고 아래들은 우선 바서는 피해가 눈에 들어나지을 안으며 아래들 바서는 천만다행이다. 특희 자신이 살라가는 돼 목적을 빨리 달성할 수가 있따고 본다.

〈1984년 9월 12일 수요일 낡씨 맑음〉

오늘은 늑들 전채 도랑에 풀 재그하는 돼 오전 내 부역을 하여쓰며 올해는 기계로 벼을 빌 수가 있는 논들이 더물지 않캐나 하는 생각이 들며 들 전채 쳐고도 물 빠전 논이 밑재리 돼지을 안 키 때문에 가을 하는데 힘 깨나 들 끄수로 보고 있다.

집사람은 담아내기 파종한 자리에다 삼동추[유채], 파씨을 다시 살라쓰며 배주 무우을 이리게 실패을 바다 해도 이쳐름 서운하지을 안캐다.

그리고 순석이가 운이 주라고 삼과, 닭을 가지고 와서 운이 폭 살마 먹이라고 과지고 와서 참 미안더라. 왜냐. 사람의 마음으로는 지기 지식을 해 먹일 욕심은 한정도 업쓸 껀돼 내 이세까지 돌라올 껏이 어뒤 있쓰며 기한 인삼까지 갇다주니 보통 마음먹고 갇다주게나 하고 생각을 할 때에 정말 고맙더라. 나 자신도 운이 보신 한번 시키야지 하는 생각은 수십 번 들고는 했찌만 실찌 행동을 온기지을 못했는돼 동생이 먼저 했쓰니 할 말이 업꾸나.

봉답 벼에 비료거름을 정말 적게 할 작정이다. 올해도 그런돼로 돼어찌만 거름만 좀 적으다며 이띠[이태] 농사을 짓을 수가 있쓰는돼 거름 만이 다라서 언수[원수]로다.

〈1984년 9월 13일 목요일 낡씨 맑음〉

집사람과 두리가 축사에 초벽 부칠라고 담구멍 막는돼 오전 내 했쓰며 찰흙이 경운기로 한 발이나 더 가더라. 자신은 두 발이로 안전이 초벽까지 계산을 했든이 어림도 업쓰며 다 할려면 다섯 발리 이상은 들어가게더라.

지출에 … 운동회 한다고 혜진, 혜영 2,400원 혜진 감기약 1,500원 아빠 마이신 1,000원
計 4,900원

〈1984년 9월 14일 금요일 낡씨 맑음〉

움마을[윗마을] 길 포장할려고 모래 4바리식 경운기로 말바{우}161) 냇까에서 실련돼 풀 한 망태 떠더노코 남과 같이 실련는돼 수고가 만아다. 그리고 동민 전원이 아주 열성이더라. 그전에는 보며 서로가 미루고 있는 실정인돼 이번에 그른 기색이 업고 무두 열성이다. 앞푸로 이래만 열성 포하다면[표한다면] 우리 마을에서는 어러운 일이 업따고 본다.

"집사람은 대신학교에 운동회 이번 합창부일 때문에 회위가 있따고 하면서 학교 축에서 오라고 열락이 와서 참석을 했는돼 운이 선생님 한번 차저보고 왔는냐고 무러니까 맨손으로 차저볼 수가 업쓰서 그냥 았따고 이야기을 해서 자신이 꾸중을 하여다. 맨손인따나 한번 보고 오지 우리 바서는 큰 놈들은 다 잘 하고 선생님들 속을 쎡이지 안치만 운이는 우리 바서는 큰일인돼 한번 보고 오지하고 꾸중은 했찌만 생각을 할수록 미안따."

〈1984년 9월 15일 토요일 낡씨 맑음〉

금일은 새마을 길 포장을 할려고 작정을 했는돼 갑짝이 초상이 나서 포장을 포기을 하고 운상길래 나서고 마랐다. 운상꾼이 생각보다 아주 만으며 한국 사람의 심리는 업는 사람 집배는 사람들이 적은 것은 사실린돼 오늘은 부자집보다 사람들이 만으며 운상꾼들이 마음을 먹고 했키 때문 그 만은 일을 다 했치아쓰며 정말 일 만이 했쓰며 모두 고맙더라. 그리고 자신도 평소 때는 부이도 하지 않는돼 동민들 보통 3,000원식을 하는돼 자신은 5,000원을 하였다.

지출에 … 부이 5,000원

〈1984년 9월 16일 일요일 낡씨 맑음〉

새마을 길 포장하는데 세 번째라서 그런지는 몰라도 이번에는 잘 돼어쓰며 우리가 다니는 길 세멘으로 포장을 하니 우선 보기 좋고 다니기 좋아서 좋찌만 정부에서도 돈이 쓰그빠진다고 생각을 한다. 왜냐. 정부에서 무선 돈이 만아서 농촌 길을 포장을

161) 김천시 아포읍 봉산1리의 지명으로, 저자의 누나가 시집간 시댁이 있는 곳이다.

하두록 돈이 도라가는지 알 수가 업다. 정국적으로 이 돈을 다 천다며 어마어마한 돈이라고 생각을 한다.

지출에 전기세 1,600원 집사람 장본 것이 19,000원
計 20,400원

〈1984년 9월 17일 월요일 낡씨 맑음〉

새마을 길 포장하는돼 과다학꾸[가다와꾸] 돼는 돼 오전 내가 글리쓰며 오후에는 공구리을 쳐쓰며 오후 6시까지 일하고 소 풀 때문에 가야 하게따고 좀 일적 마란 셈이 댄다. 새마을 길도 부역으로 시일이 만이 글리니 우리한때는 큰 타격을 주고 있다.

우리 운이가 공부하는 것이 좀 나전 것 같다. 요줌은 구구단 이희는 것을 보며 재법 잘 익히고 있는 것을 볼 때에 이빠 마음 무어라고 말할 수 업씨 좋더라. 운이가 좀 아니까 아빠가 힘이 생기서 운이 곳 갈치고 있다.

그리고 정부에서는 물가가 안정돼며 매일 하는 말리 한 자리 수자라고 말들 뉴스할 때마{다} 나발을 불지만 실지 그리하는[거래하는] 것은 다러며 요줌 돈을 보며 가버치가 업따고 본다. 왜냐하며 오백 은짜리는 기화며[귀하며] 오천짜리 만 원짜리가 이처름 허내가지고 앞푸로 이 문재을 어떠개 해결할련지 의문이 나는구나

〈1984년 9월 18일 화요일 낡씨 맑음〉

대신국민학교에 운동회 한다고 아침부터 우리 딸들 분주한 일과가 돼어다. 자신도 개핵은 품 세 망태 떠고 시간이 있쓰며 운동회 구경을 갈까 생각을 했는데 두 망태도 밀차 떠도 못하고 마음이 들떠 있는 기분이며 운동회 생각밖에 업쓰서 그만 경운기에 실고 집부로 오고 마랐다. 그리고 운동회 구경을 가니 우리 학교 다닐 때 바서 운동회 하는 것이 정말 시시해서 못 바주게다. 그전에는 보며 학생이 있쓰나 업쓰나 전 동민들 다들 나와서 구경을 하곤는 하는데 오줌은 학생 수야 줄어찌만 학부형이 업쓰서 운동회 실감이 나지을 안는구나.

그리고 우리 딸들 달리는 것을 볼 때에 잘 달리며 자식 키우는 기분이 나더라.

"지출에 … 운동회 하는 데 13,000원"

〈1984년 9월 19일 수요일 낡씨 맑음〉

9月 19日 시출에 경유 1말 휘발유 2돼 計 8,200원.[162)]

오늘로서 운마 새마을길 포장은 안전이 한 셈이며 포장하면서 정량돼로 안예서 새멘이 400포 량이 남아따니 너무나 부실공사가 돼고 마랐다. 면예 새마을 포장길 하는돼 책임자가 와서 이것이 무었신가 하고 욕은 하지만 이미 포장공사을 다 핸 뒤예 와서 이야기을 해바야 무선 소용이 있는가 생각을 해보며 이 사람들이 일을 할 때에 나와서 정량돼로 하라고 하며 촌사람이 아나고 이려치는 안을 껀돼 이번 일은 책임자가 문객올 비디야 힐 일이라고 생삭을 한다. 이것이 마시고 보머 정부가 무책임으로 정부 논만 낭비을 시킨는 결과밖에 업다.

〈1984년 9월 20일 목요일 낡씨 비〉

금일은 시산 여유가 있쓰서 보 도량에 고기

162) 이 내용은 지면 상단에 따로 기록되어 있다.

있쓰서 비가 오는돼 고기을 잡아쓰며 고기가 아주 잘더라. 고기 잡는 돼 여러시 가면 고기가 업쓸까바 극정이 돼지만 혼자 가면 한 마리을 잡아도 냇 끄니까 극정이 업다. 오늘도 우리는 한 번 먹을 수가 있깨 잡아쓰며 할 일을 다 해가면서 고기을 잡아서 가버치 있는 고기라고 생각을 한다.
그리고 집사람이 내일 생일이라서 그냥 있쓸 수가 업쓰서 대신 식육점에 가서 돼지고기을 두 근을 싸와쓰며 언재라도 집사람 생일하며 바픈돼 금년에는 아주 징한 생일을 마지하는구나.
지출에 돼지고기값 3,600원

〈1984년 9월 21일 금요일 낢씨 맑음〉

집사람과 둘리서 초벽을 부치는돼 힘이 만이 들더라. 작년에 축사을 짓고 나서 힘이 들더라도 작년에 발라쓰야 이짓푸는돼 이재사 발을라고 더니 새삼스렵어며 힘이 더 더는 것 같다. 두리서 오전 내 발라바야 4분 1 발라쓰며 금년에는 안쪽만 초벽을 무치고 말 작정이다.
"우리 딸래미 음악대회에 대신초등학교 합창부가 포항으로 가서 우열을 가리는돼 등에는 들지 못하고 경주로 한 밖이 돌라서 구경을 했따며 혜진이 좋아서 어쩔 줄 몰라 하더라. 대신국민학교가 김천 대표로 간 것만도 만족해야 한다고 생각을 한다. 그리고 혜진이 돈을 십 원도 안 쓰고 도로 가지고 았더라. 아빠도 구경 가면 돈을 안 쓰고는 했는데 혜진은 한 푼도 안 쓰고 가지고 온 것을 보니 너무 했따고 생각을 한다. 겨우 4학년이 세상 모러게 돈을 쓸라고 할 나이인돼 포항으로 경주로 도라오면서 한 푼도 안 쓰고 가지고 올 때에 사먹을까 말까 하는 심정이 수천 번 들어쓸 끄며 이것을 이기고 그냥 가지고 왔따는 것이 정말 놀라울 이리며 아빠가 너무나 미안더라. 그래서 가지고 온 돈을 주면서 상점에 가서 과자 사먹으라고 하니 혜진, 혜영이 돈 쓴다고 안 갈라 하는돼 운이가 과자 먹고 십프서 밤이 어더운돼 가서 과자 오백 은{어}치을 사오더라. 이것을 볼 때에 돈은 일적 아라야 하지만 돈을 넘어나 지나치게 알면 금물이다."
지출에 … 과자값 500원

〈1984년 9월 22일 토요일 낢씨 맑음〉

우리 배추가 몰라보게 자라더라. 우선 바서는 배추농사을 잘 짓어 나꾸나 하고 생각이 들더라. 집사람이 배추을 할 때마다 친정에는 나물이 요줌 비 때문에 아무것도 업따돼 하고 입을 다시든이 이번에는 오늘은 큰마음 먹고 토요일{이}지 하니까 아이들 돼리고 친정어머님도 볼 겸 한번 다니올라면서 준비를 하더라. 이번 추석에 집사람을 한번 친정을 다니오라고 했든이 가지 않더니 이재야 가면 자신이 미안차나 하고 허락을 했쓰며 아이들이 셋시나 달린 엄마가 친정에 간다고 그저 좋아서 어쩔 줄을 몰라하는 느킴이 더는구나.

〈1984년 9월 23일 일요일 낢씨 맑음〉

집사람이 친정에서 참깨을 한 돼 어더왔쓰며 처 어머님도 안녕하시다니 마음이 좋꾸나. 그리고 친청에을 가도 주는 것은 잘 모러는데 올해는 참깨을 준다니 정말 고맏더라.
인간이 초능력을 발리한다고[발휘한다고] (유리겔라){라}는 분이 한국에 와서 초능력을 발리하는돼 텔레비전에서 두 시간 생방송을 정국적으로 하는데 한편 그짓말 같고 마술에 비스한 종류의 한 가지가 아닌가 생각이 들며 한편으로는 이상하다. 왜냐. 고장난 시계가 가고 숫갈리 만치니까 구부며 심지어 부라저고 있쓰니 이상도 하다. 그리고 테래비을 통에서 부산에 있는 시청자가 해도 숫칼리 구버저고 있쓰니 신기하기 짝이 업더라. 가연 인간이 초능력이 발리할 수 있쓸까 하는 의문이 나고 있다.
지출에 … 집사람 친정 가는 데 2,000원

〈1984년 9월 24일 월요일 낡씨 맑음〉

집사람과 축사에 초벽을 부치쓰며 이재 나먼 것은 경운기로 한 발리 흙만 있쓰며 다발을 수 있는 량만 남아 있쓰며 이것도 남들은 벼을 비고 있쓰서 마음이 바빠서 더 시작도 몿하게쓰며 나머지는 내년으로 미루고 말라야 돼겟다.
축사을 초벽을 부치고 보니 아주 아담에 보이며 진작 발을 끈돼 하는 너킴이 드는구나.

〈1984년 9월 25일 화요일 낡씨 맑음〉

상강벼 했는 사람들은 한참 벼을 비고 있는되 연풍벼 했는 사람들은 아직 풀리서 비지을 몿하고 있쓰니 마음만 바빠저고 있꾸나. 그리고 앞푸로 날씨만 잘한다면 벼단은 순순하게 잘 거드더리라고 생각을 한다.
지출에 군민 체육대회 한다고 1,500원

〈1984년 9월 26일 수요일 낡씨 맑음〉

오늘부터 벼 비기 작업을 했쓰며 집사람과 두리서 오후 너캐 가서 두한내 논벼을 비는돼 생각보다 잘 되어더라. 처음에는 아빠 비료거름 만이 해서 농사 다 배리따고 항상 말을 하더니 오늘 실지로 벼을 비보니까 잘 댄 편이더라.

그리고 자신의 일기로 책을 만더려 볼 욕심으로 현대문학사로 편지을 오늘 보내 보았다. 편지을 부치 보내면서 간연 실용가치가 있쓸까 하고 두려운 감도 더는구나. 사람이 이 세상에 태어나서 살라따는 포을 난기고 살러저야 하는데 하고 욕심밖에 업꾸나. 만약에 출판사에서 아무 반응 업따면 오히려 업쎠뜬 것이 자신의 하로 생할을 기록하면서 이 세상을 살라가는돼 의이가 더 깊플 것이 아닌가 하고 생각도 든다.

지출에 { 매상 포대 100개 28,200 / 집사람 장본 것이 20,000만 원 / 재산세 5,510원 } 計 53,710원

〈1984년 9월 27일 목요일 낡씨 맑음〉

두리서 벼을 비는돼 얼마 비지을 몿하게쓰며 빕을 싸가시고 가서 벼을 비면 만이 비지만 소 때문에 들어와야 할 형편이라서 휴식시간이 만아서 더 몿 비는 결과가 돼는구나. 집사람과 두리 빈다면 기계로 7곱 마지기 비도 11마지기 손우로 비면 10일 정도 걸리지 안을까 하는 생각도 더는구나.

〈1984년 9월 28일 금요일 낡씨 흐림〉

중앙기상대서 내일 정국적으로 비 온다고 해서 집사람과 둘리서 오전까지 벼을 빈 것을 비 온다고 오후에 발가리을 세울 계핵을 했는되 날씨가 빛이 나니 비가 선연 오지 않을 찟 깉고 구름 찌면 비가 올 것 같다서 집사람과 둘리가 세우는 것이 잘하나 안 세우고 두는 것이 잘하나 하고 갈팡질팡 하다 오후 두 시가 돼서 세우기로 결정을 내라서 발가리을 세우는돼 시간이 생각한 것보다 만이 걸리며 해가 짓두록 세우고 마랐다.

〈1984년 9월 29일 토요일 낡씨 비〉

어재 집사람과 두리가 벼단을 세우는 것이 잘하나 하고 고심을 하다 너깨야 결단을 내라서 발가리을 세운 것이 아주 잘했쓰며 집사람과 밤을 자면서도 어재 일 정말 잘했따고 여러 번 말을 뒤뿌리하고 있쓰다. 어재 일은 백만 불짜리 일이라고 해도 무리는 아닌 것 같다.

그리고 비온 후라서 자신도 시간 여유가 있쓰서 남들과 같이 길가외서 휴식을 하고 있쓰니까 자내가 어째 징할 때가 있는가 하고 인사을 하길래 요세는 매일 이러깨 놀고 있따고 하면서 웃고 마랐다. 자신이 남들과 시간 여유을 가지어 자신도 마음이 캐알하구나.

〈1984년 9월 30일 일요일 낡씨 맑음〉

세울 정말 잘도 가는구나. 이 달도 다 가고 내일이며 수학의 달 10월. 정말 반가운 달이다. 세월이 자신한태는 정말 하살같이 빠루다고 생각을 하며 세월을 좀 잡아두어쓰며 하는 욕심이다.

그리고 자신은 경희네 되갈리 하는 논의 벼단을 비자고 하니까 집사람은 아직 푸린 것을 무엇할려고 빌라고 하느냐고 하면서 한사코 그절을 해서 큰집에 벼을 비며 그들어 줄라고 가니까 콤바위로 한다고 같만 돌린다고 해서 오트바이로 봉산 눈님은 탈곡을 어제 했따는돼 어떠게 하나 하고 궁금해서 가보니 벼을 비드라. 그러서 벼을 같이 비다 눈님의 말씀이 벼단은 두리 비도 돼니까 야가 있쓸 때 벼 탈곡을 하자면서 일머리을 돌리더라. 그래서 너캐야 한 단지 벼 탈곡을 하는돼 좀 너전 감이 돼더라. 고리고 일반이라서 수학이 통일 계통 벼보다는 약 8가마나 적게 수학이 돼더라. 이것을 볼 때에 통일 계통도 미질 좋은 것은 아주 좋은돼 왜 수학이 적은 일반을 할 필요가 무었인가 생각을 해바야 돼개쓰며 정부로 바서도 큰 손예가 돼고 있다.

그리고 봉산동은 그진 벼 탈곡이 다 돼어더라. 이것을 볼 때에 자신이 마음이 바빠지고 있더라. 자신도 내일이라도 벼을 비야지 하고 생각을 하고 있는돼 눈님이 경운기 가지고 와서 내일만 해달라고 부탁을 하는돼 그절을 할 수도 업고 대답을 했다.

〈1984년 10월 1일 월요일 낡씨 맑음〉

오늘은 집사람과 둘리서 경운기을 가지고 눈님 집배 벼단 탈곡하는돼 그들어 주어쓰며 벼 탈곡을 해보니까 이곳보다 만이 수학이 돼는 것 같더며 이곳은 땅 좋은 것 비아며 이번 물 친 영향이 이따고 생각을 한다.

그리고 눈님과 자형이 둘리가 있는돼 요줌은 싸음을 안 아는가 물어니까 이재는 싸울일 업따면서 웃고 마랐다.

이번 눈님 집배 어재 오늘 탈곡을 해보니 금년은 풍년인 것은 학실하다. 평균 한 단지 30개 이상은 매상을 할 수 있쓰리라고 생각을 한다. 금년 상강은 35가마나 돼지 이것을 매상을 할려며 단만 몟 가마라도 소수니 한정은 량이라고 생각을 한다. 그리고 연풍벼가 다 조지따고 생각한 것도 31가마나 나왔쓰니 가연 우섬이 나올 정도다.

〈1984년 10월 2일 화요일 낡씨 비〉

오전에는 가랑비을 마저면서 집사람과 둘리서 벼을 빈는되 오후에는 아주 굴건 비가 만이 내리서 휴식을 하고 마라쓰며 이번 비가 수학에 큰 지장을 줄 뿐 아니라 농민들을 제일 계롭게 만더는 비며 비 중에 제일 몿쓸 비라고 생각을 한다.
그리고 자신의 일기로 책자로 만들어 볼 욕심으로 출판사에 편지을 해보았는돼 답장이 아 나서 돼든 안 돼든 답장이라도 와바쓰며 하는 생각인돼 답장이 궁금해저는구나. 엔만하면 우포을 부치 보내서 해답이 올 줄 아는되 편지가 오지 않으니 기다리저는구나.

〈1984년 10월 3일 수요일 낢씨 맑음〉
오전에는 비 온 뒤라서 아무 일도 몿하고 들래 한 밖키 도라보는 것으로 일과을 보냇쓰며 들판에는 비가 너무 만이 와서 물천지을 만들어 놔서 농민의 가슴 아푼 일이다. 오후에는 자신은 날짜도 업는데 오늘 오후에 경회네 논 돼갈림 하는 한 단지을 오후에 일적 잘했다. 자신은 수학이 만이 돼리라고 생각을 했는돼 콤바위 푸대로 49개밖에 생산이 안돼서 매우 섭섭한 감을 검치 몿하겠다.

〈1984년 10월 4일 목요일 낢씨 맑음〉
세상은 하로가 다러게 변화고 있따는 것을 절시리 너켜지는구나. 왜냐하며 집사람과 벼을 비는돼 웃들에 전부 다 바도 손우로 벼단을 비는 사람이 업쓰니 정말 새상은 만이 변한 것은 사실이나. 이것들이 여유가 있쓰서 편하게 사는 것은 인정을 하지만 이것들이 여유도 업는돼 어찌로 편할라고 전부가 기계을 댄다면 정말 심각한 일드리라고 생각을 한다.
그리고 우리 운이가 아주 머리가 둔한 아이는 아니라는 것이 쓰서이 포기 니고 있다. 이것을 볼 때에 기분이 좋은 일더리다.

〈1984년 10월 5일 금요일 낢씨 맑음〉
집사람과 둘리서 봉답 벼을 비는돼 앞뚝으로는 벼가 쓰러저서 좀 신찬지만 뒤뚝으로는 아주 잘돼쓰며 자신이 농사짓고는 처음인 것 같더며 올해 거름을 조금식만 적개 했더라도 아주 대풍을 마지했쓸 건돼 거름 만이 하는 것이 원수로다.

〈1984년 10월 6일 토요일 낢씨 맑음〉
금일은 동장이 면 직원이 벼을 비준다고 이야기을 해서 면 직원 품은 을마 쳐야 하는가 물어보다 동장 하는 말리 직원들은 디올라고 약속을 했는돼 벼 빌 사람 업고 극정이 돼더니 잘 돼따고 하면서 비자고 탁 부터라. 자신원 안전이 빌 욕심은 업는돼 억찌로 면 직원을 마지하게 돼어쓰며 벼을 비는돼 잘 비는 사람은 잘 비고 있쓰며 마음에 차는돼 몿 비는 사람은 정말 눈에 걸리며 또 벼단을 발번 사람이 만이 있쓰며 반타작을 했더라. 이것을 볼 때에 좀 득을 볼라 하다 큰 손예을 본 것을 생각을 하니 가슴 아푸며 이제는 아무것도 했주지 않코 공자로 비준다고 해도 거절할 꺼시며 아푸론 자신도 살라가는 돼 득을 보게따는 욕심을 버릴 끄시며 정당한 돼까을 주고 해야 돼게따는 마음푼이다.
이번에 면 직원 20명을 밥 해대고 치닥끄리 하는돼 내신 민명이 임나가 어재 할머니 재사리고 와서 돌리기 해서 했되찌 혼자 했쓰며 갑짝이 닥친 일이라 집사람을 예을 먹이쓰며 약빠른 개가 밤눈 어덥따는 말이 틀림업따는 말리 틀림업따는 말리 멀리에 떠나지을 안는구나.

지출에 면 식원 성심 하는 돼 고기, 두부, 칼치, 술, 음료수 8,100원

혜진 1,000원
計 9,100원

〈1984년 10월 7일 일요일 낡씨 맑음〉

봉답 벼을 비는되 앞뚝으로 거름키 만은 되는 벼가 스러져서 형편이 업쓸 정도다. 이것을 빌 때에 사람이 힘이 업쓰서 몿 비계쓰며 금년 농사에 거름을 조금만 적개 했따며 을마나 좋아게나 하는 아쉬운 마음이 떠나지을 안는구나.
그리고 이재는 사람이 벼단을 비는 사람은 극소수며 정심식사을 들로 가지고 가는 사람도 업다. 그전에는 보며 정심 때만 돼며 밥 강주리가 줄을 이수는돼 이재는 그것을 몿 보게쓰며 이재는 가을 맡을 이저만 가는 것 같다.

〈1984년 10월 8일 월요일 낡씨 맑음〉

봉답 벼을 집사람과 둘리서 삼일 만에 안전이 빈 셈이며 벼가 쓰려저서 두리가 벼을 비는돼 정말 힘이 만이 들어다. 그리고 전두한 대통령은 채육을 너무나 폼[붐]을 이러키고 이따고 생각을 하며 월는 아마 운동선수와 오찬을 하며 초청을 하며 운동장에 참석을 하는 것을 볼 때에 대통령으로서 운동에 신경을 쓸 시간이 어뒤 있쓰며 사치성이 넘어나 만원 것 같더며 대통령어로서 너무나 가볍따고 생각을 한다.
그리고 운동선수에 신경을 쓰지 말고 두내가 좋은 사람들에깨 신경을 쓰서 나라가 부강하두록 했쓰며 하는 심정이며 우리가 잘 사는 길은 정치가가 정치을 해야 하고 두내을 살리는 길밖에 업다.
그리고 자신이 말하고 십픈 것은 정부에서 운동에 너무나 품을 이러키고 있따는 생각을 하며 이것들이 나라을 좀먹개 하는 것이나 다름이 업따고 생각을 한다. 왜냐하며 요즘 아들이 공부을 뒤전 쳐고 아주 운동만 할려고 하는 습성밖에 업쓰며 머리 좋은 아들이 빨리 정부에서 품을 이려키는 길로 빨리가는 것을 볼 때에 대통령이 잘 더려쓰고 몿 더려쓰고는 나라가 부강해저는 돼 10년 이상은 차이가 난다고 생각을 해볼 때에 이재는 우리나라도 총부리을 뒤돌리서 정근[정권]을 잡아서 이끄려 나가는 것 삼과해야 돼겟따고 생각밖에 업다.

〈1984년 10월 9일 화요일 낡씨 맑음〉

대신 순석이가 와서 벼 비는돼 그들어 주어서 오늘은 셋시가 벼을 비쓰며 오늘은 좀 수라게 일을 한 셈이다.
그리고 한참 잠들라고 하는돼 순석이 쳐가 와서 불어서 자신은 금세 같이 간 사람이 붙어서 오드바이 사로라도 낮는가 하고 캄짝 놀라다. 무었 때문에 카는지 물어니까 서로가 싸음을 했따고 이야기을 하면서 울고 있는 모섭을 보니 정말 가슴이 아푸더라. 그래서 자신이 지수을 돼리고 가서 이야기을 하는돼 성질을 부리고 있더라. 그래서 울 집배서 잘라고 하는 것을 되리고 와서 화을 이려키는 것이 아닌가 하고 극정이 돼더니 순석이와 둘리서 이야기을 하다 나사는 과정을 이야기하니까 성질이 죽어가는 것 같다서 집부로 오고 마랐다. 집배을 와서 잠을 잘라고 해도 잠이 오지을 안더라. 이것이들이 누구보다 따뜻하게 살라가는 줄만 알라떠니 그러치 안아서 그의 밤을 뜬 눈으로 보내고 마랐다.
※ 자신이 말하고 십픈 말은 동생들이 나보다 따뜻하게 살라 주어쓰며 하는 욕심밖

에 업꾸나.
지출에 … 1,100원

〈1984년 10월 10일 수요일 낡씨 맑음〉

어제 순석이 집배서 너깨 오면서 오드바이을 가지고 와서 아침을 먹고 들로 갈라 하다 어재 부부키리 싸온 뒤라 오기가 그북스려울까바 자신이 온 뒤에 싸와쓸까 밤새 극정도 되고 해서 아침을 먹고 오드바이도 갇다 줄 겸 순석이 집애을 갇든이 순석이는 차로 출발하고 민형이 엄마을 보니 어재 저녁에 싸음을 했는 것 갇더며 음성이 아주 가고 몸에 손을 댄 것 같다서 민형이 엄마을 바로 볼 수가 업두록 미안하며 순석이가 못쓸 행세을 하고 있는 것이 아주 원망스려우며 접촉을 안에야 돼개쓰며 개심한 마음이 들더라.

지출에 … 두부, 빵, 우유, 닭갈 4,200원 큰 집배 형수, 형 아들 결혼하는 돼 부주가 5,000원
計 9,200원

〈1984년 10월 11일 목요일 낡씨 맑음〉

어재로서 벼단을 다 비고 나니 마음의 여유가 좀 만아지는구나. 이재는 집사람도 좀 편하리라고 생각을 한다. 이재는 낡씨만 잘한다면 탈곡으로 살살 해더가면 재미가 있쓸 섯 같다.

그리고 올해 통터러 농사을 본나면 자신도 풍년이라고 생각을 한다.

〈1984년 10월 12일 금요일 낡씨 맑음〉

오늘부터 벼 탈곡에 들어갈라고 개핵을 새원 깃이 기싱대시 밤부터 비 온다고 해서 집사람과 발가리을 세우는돼 다섯 마지기 정도을 세우는돼 정말 힘이 들어쓰며 다 세우고 나니 7시 40분이 돼더라. 이러깨 힘이 들어서는 안 돼게쓰며 집사람을 바서도 힘이 이처름 더리서 돈 버는 것도 좀 생각을 해야 한다고 생각을 가지바다. 이재는 돈이 들어도 콤바위로 해야 돼게쓰며 앞푸론 집사람을 좀 만이 생각을 해야 됀다. 왜냐하며 자신한태 너무나 희생을 하고 있다. 아침으로 몸이 무그어서 부축을 해가면서 일어나면서도 아빠 일이 너무나 뒤다면서 자기 몸은 지치서 개로울 정도면서 아빠 일을 하나라도 더 할려고 하는 것을 볼 때에 자신은 세상에서 제일 복 만은 사람이라고 늙 생각을 한다.

지출에 … 500원

〈1984년 10월 13일 토요일 낡씨 맑음〉

새집배 돼갈림 농사는 자신 짓고는 처음 만이 생산했다. 해년 보며 한 집배 16개식 도라오고 했는돼 금년에 아주 만이 담아서 18개 돼니 작년보다 4개나 드 생산을 해쓰니 정말 잘 짓어따고 생각을 한다.

그리고 경희네 욷들은 생각보다 생산이 적더라. 이것보니 물배락을 본 것이 영향이 있따고 본다.

지출에 … 1,500원

어재 기상돼서 대구지방에 밤에 비 온다고 이야기을 해서 집사람과 둘리가 밤 너깨까시 발가리 세운나고 생예을 먹어는돼 이처름 맑은 하늘이 볼 수가 업쓸 정도로 맑으니 기상도 부주이로 농민이 우예 일하는 것을 좀 생각을 해바야 한다. 기상돼서 벌소리을 안예쓰며 발가리을 세우지 안코 차곡차곡 해더가면 사람이 흙신 수란돼 정부에서도 하자는 운동경기에만 신경을 쓰지 말

고 이른 돼 신경을 쓰며 국민이 살라가는 돼 을마나 편하게 돼는지 좀 생각을 해바쓰며 하는 생각이다.

〈1984년 10월 14일 일요일 낡씨 맑음〉

두한내 대갈림 하는 논을 오늘 탈곡을 하는데 생각보다 만이 생산이 돼며 매일 탈곡을 하며 벼 가만이가 집배 들어오며 집배는 벼 간만이가 싸이면서 불어가는 것을 보니 사람이 힘이 들어도 농촌 사람은 이것이 재미구나 하고 생각이 들며 있는 사람이 이 재미로 짓칠 줄 모러고 일을 하고 있따는 것 알갯다.

〈1984년 10월 15일 월요일 낡씨 맑음〉

오늘은 원태 봉답에 탈곡을 하는돼 초장기는 벼가 너무나 좋아서 장자나무 밑예서 시면서 올해 농사을 짓어나따고 친찬을 하든이 벼가 절시을 하고 나니 벼가 추집어 가며 요소가 만이 들어간 것이 포가 나며 벼 이삭이 한 개도 보이지 않코 자신이 볼 때도 남왜 농사을 하면서 소출이 업쓰며 어떠개 하나 하고 극정을 하는돼 거름이 너무나 만아서 올해 헛농사 짓어내 하고 일부 사람이 이야기을 할 때에 자신은 크게 극정을 했쓴는데 오늘 탈곡에 들어가면서도 한 가마니 받는돼 벼단이 지업두록 들어가며 탈곡을 하면서도 아주 허무할까바 똥이 쌔이더라. 중관 이상 하니까 윤각이 재피며 허무한 것을 벗쓰나며서는 마음을 안정을 시킬 수가 있깨쓰며 탈곡을 다 하고 나니까 15개가 조금 몾 돼더라. 주인이 만이 낯따면서 한 가마니을 더 주더라. 만이 생산이 돼어서 기분이 좋은돼다 한 가마니 더 주니 정말 기분이 좋더라.

〈1984년 10월 16일[163] 화요일 낡씨 맑음〉

집사람가 둘리서 봉답에 벼 탈곡을 할려고 할 때에 두리가 탈곡을 할 수가 있쓸까 하고 극정을 했쓰며 막상 해보니 을마든지 할 수가 있떠라. 만약에 놉이라도 했쓰며 우예 돈을 쓸 뿐해꾸나 하고 생각도 들며 둘리가 해도 엽패 논 셋시 하는 것보다 만이 했쓰며 하나도 지장 어씨 할 수가 있쓰며 집사람과 둘리가 봉답 서 마지기을 일적 했다. 그리고 봉답 농사 짓고는 재일 만이 생산한 것 같다. 작년에 18개 했는돼 올해는 26. 반을 했쓰니 정말 풍년은 풍년이라는 것 입정이 돼는구나.

지출에 … 경운 기름 1말 석유 1말 빵 12,350원

〈10월 18일 목요일 낡씨 맑음〉

복판논에 벼 탈곡할려고 눈님을 돼리고 와서 벼 탈곡을 잘 했쓰며 자신이 농사을 짓는 후에 금년이 재일 만이 생산을 하여쓰며 봉답 모재리가 다섯 마지기 모판이 있는돼도 수학을 만이 했쓰며 가마니로 31.5을 먹어쓰니 정말 만이 낯더라. 올해는 벼 탈곡도 마지막 했쓰며 정부에서 매상만 전량 바다 준다며 100개는 충분이 댈 껐으로 내다보고 있쓰니 정말 기쁘다.

지출에 … 1,650원

〈내지4〉

금릉군 아포면 대신 三구 권순덕[164]

163) 원문에서는 날짜가 10월 26일로 잘못 표기되어 있다.

〈내지5〉[165]

1982年 1月 22日

몸무게 실중량 68.900그람
맥밥수 1분에 75개
병원에서 혈압이 90십에서 170십

〈내지6〉[166]

1984年 10月 20日

1985年 7月 2日까지

(양심)

금릉군 아포면 대신 三동

권 순 덕

〈1984년 10월 20일 일요일 낡씨 맑음〉

오늘은 서로가 각각 남외 탈곡하는 데 그들어 주로 갈쓴는돼 오늘은 유난이 춥고 바람이 세차게 불어서 탈곡하는 돼 불편한 날이다. 그리고 자신은 춥다고 옻을 만이 가지고 와서 일을 하기 때문에 별로 불편을 들너키는데 집사람은 옻가지을 춥다고 만이 입고 가서 일을 하는지 궁금하기 짝이 업쓰며 여기 있쓰도 마음은 집사람이 뜰지나 않을까 하고 극정밖에 없쓴는돼 집사람이 너캐야 들어오는돼 처음 만난 사람 모양 반갑더라.

〈1984년 10월 21일 일요일 낡씨 맑음〉

금일은 집사람과 두리서 양파을 심는돼 춥버서 할 수가 업쓰서 오전도 채 뭇해서 집배 들어오고 마랐쓰며 오후에는 겨울옻을 다 입고 가서 양파을 심는돼 논바닥이 등어리가 만아서 심키가 불편하며 상당이 더뒤더라. 자신이 언잰가 있것을 만이 갈라 볼 작정을 했쓴는돼 금일 해보니 시번 일이 아니더라. 그리고 양파 재배을 할려면 땅의 선택을 잘 해야 심는 시간이 줄어들지 땅이 적값하지 않는다면 이른 돼서는 품이 업쓰서 재배하기가 힘 더는 작물이라고 생각을 한다.

〈1984년 10월 22일 월요일 낡씨 맑음〉

오늘로서 담아내기 이식을 안전이 하여쓰며 세집배 자네메[작은 어머니]가 양일간 그들어 주어서며 오늘 이식을 안전이 뭇할까바 민형이 엄마을 오라 해서 일적 담아내기 이식을 한 셈이다. 올해 담아내기 씨에 물 배락을 만나지만 안아따면 모종으로서 수입도 볼 뻔했다. 자신이 담아내기 이식을 하고 있쓰니까 모종 좀 팔라고 이야기하는 사람이 만아서 재미가 있쓸 뻔했는돼 그만 물날리을 보는 바람에 자신을 죽이고 마는 격이 돼고 마랐다.

그리고 인간이 살라가는 돼 남들도 이쳐름 일과가 바피 살라가는지을 알 수가 업쓰며 자신이 생각을 해보며 하로 일과가 엽 도라 볼 결도 업시 내일 빠푸니 가끔 짜정이 날 정도나.

〈1984년 10월 23일 화요일 낡씨 맑음〉

민방위교육이라서 대신학교에 9시까지 도

164) 지지는 10월 18일 자 일기를 일기장을 다 쓰고 지면이 부족하여 뒤표지에 기록해 두었다. 때문에 새 일기장을 샀을 때 적었을 것으로 보이는 본 내용이 이 해 일기의 중간에 삽입되게 되었다.

165) 일기장 뒤표지에 기록된 내용으로, 1982년 1월 22일 병원에서의 검진내역을 메모해둔 것으로 보인다.

166) 새로 바뀐 일기장 내지에 기록된 내용이다.

착을 해서 교육을 바다 보니 강사가 마음에 들지을 안으니까 잠밖에 오지을 안으니까 민방위교육을 할려면 실력 있는 강사을 초정을 해서 교육을 하여야 민방위 교육도 가치가 있찌 그러치 안코는 시간 채우는 민방위 교육이 대고 말개따는 생각이 앞쓰는구나. 이것을 금일 교육을 바더면서 너켜다. 외냐. 오늘 교육을 (비뒤오로) 대학교수가 강위을 하는돼 첯째 자신이 그처름 잠이 오는돼 강사가 바키고는 금새 언재 자신이 조라나 하고 생각을 할 정도로 잠이 날라가버리고 업쓰니 다 같든 교육을 해도 실력 있는 강사가 해야 박수도 바다가면서 교육이 돼지 그러치 않코는 교육이 시간 채우는 교육밖에 돼지을 안는다고 절시리 너켜다.
금일 오후에는 집사람과 두리서 보리 파종을 하는돼 바빠다.

〈1984년 10월 24일 수요일 낡씨 맑음〉
오늘로서 보리 파종을 안전이 맡차쓰며 이재는 아주 바푼 일은 그진 다 했다고 보니 시간 여유을 가질 수가 있따고 보니 안도의 숨을 실 수가 있따고 보고 있다.
그리고 올해 담아내기 파종만 업드라도 가을일이 망우리 단계에 들어 갈 끈돼 남보다 한 가지을 더 하니 육채적으로 고댄 일과을 보낸 것은 사실이며 집사람이 눈코 뜰 새가 업시 일을 하고 있는 것은 마음에 걸리고 있다.

〈1984년 10월 25일 목요일 낡씨 맑음〉
올해는 가을 낡씨 하나 정말 잘한다고 본다. 가을 낡씨가 좋찌 않아따면 아직 들판에 벼들이 만이들 있쓸 땐돼 우리 들로 바서는 벼 탈곡이 안전이 한 셈이 댄다. 그리고 우리도 오늘로서 벼을 매상을 바로 하두록 건조을 시키쓰며 이재는 벼을 말리서 사람이 들 바푸게지 하는 마음도 더는구나.
이재는 집만 거더더리면 가을일을 다 한 셈이다. 오늘 콤바위로 탈곡한 집을 집사람과 두리서 거더바야 을마 몿하게쓰며 집을 거더어면서 땅바탁에 순알곡이 땅에 한 불 깔리서 있는 벼 알곡을 보니 가슴 아푸더라.
이것을 볼 때에 콤바위로 탈곡한 사람은 돼다수가 잇겄쳐름 땅에 갈리 있는 순알곡이 전국적으로 따진다면 어마어마한 수자라고 보며 정부에쓰도 있겄도 정밀하게 몿해서 큰 문제다.

〈1984년 10월 26일 금요일 낡씨 맑음〉
중앙기상돼에서 비 온다고 왜고을 해서 집사람과 둘리서 집 거더 더린다고 분주한 하로 일과가 돼어다. 일을 두리가 눈만 떠며 일을 해도 끝이 업쓰니 곳 지칠 지경이다.
자신은 별로인돼 집사람은 잠을 자고 나도 몸이 풀리지을 안아서 아빠 도엄을 바더면서 일어나면서도 낯재는 아빠가 더 뒤지 하면서 죽을 줄 살 줄 모러고 일을 하는 집사람 보기에 미안에서 집사람보고 도시 사람에깨 시집을 같쓰며 이른 고생을 안아지 하며 집사람 하는 말이 여때것 시집을 잘몿왔따고 생각을 해본 적은 업따면서 열성이며 속마음은 후해는 하는지 몰라도 말하는 것을 보며 자신으로서는 정말 항상 고맡게 생각을 하고 있쓰며 여자라고 와키는 것이 아니라 진정한 사랑으로 집사람을 아키고 있다.
그리고 운이 선생님이 나이가 만은 사람이라서 그른지는 몰라도 선생님이 숙제는 매일 만은 량을 내면서 숙제검사을 하지 않으니까 우리 운이 숙제을 전원 안 알라 그러며 공부에 치미가 업는 놈이 더 공부을 안아고 있따. 부모가 시간 여유가 있따면 숙제검사을 해서 시키고 하면 좋찌만 부모는 들에 갈다 오면 방에 들오면 그진 9시가 돼니 그때서 운이 숙재했나 하며 안 예따고 이야기을 하는 것을 보며 매일이 이것을 매일 때릴 수도 업고 해서 그끔 사랑의 매로 때리곤 하지만 선생님의 엄망도 더러가는구나. 선생님이 숙제을 내면 숙제검사가 필요한돼 검사을 하지 안으니까 아이들이 벌서부터 이용하는 벗럿을 갈치고 있는 것이나 다름이 업다. 이것을 볼 때에 무었시든지 무능자 추리내고 열성자만 살개 하면 우리나라도 선진국이 벌서 뙤쓰리라고 생각을 한다.

〈1984년 10월 27일 토요일 낡씨 맑음〉

보리 파종한 돼 제초제 헌치는돼 조금 량이 적어서 지섬이 나지 않을까 하고 염려도 돼는구나.

그리고 집사람이 장에를 가니까 혼자 집도 실지 못하고 해서 소 풀을 조금 떠왔다.

그리고 서울 전 대학생이 학업을 거부하는 것을 보며 현 정치에 불만을 가지고 있는 것은 사실이다. 앞푸론 우리나라도 군정 가지고는 정치을 다 할 수가 업따고 본다. 우리가 살라 갈 길은 징치는 정치인에깨 군원 군의 의무만 맡고 삭사 분아별로 췍임을 질 수 있는 사람이 돼어야 하며 앞푸론 그짓 정치는 업세야 하며 가슴을 뷔나 볼 수 있는 정지을 해야 생명을 디 할 수가 있따고 보고 있다.

※ 국민이 원한다면 희생을 할 줄 아는 국민이 돼어야 우리가 할 수 있는 길이다.

지출에 … 장본 것 15,000원

〈1984년 10월 28일 일요일 낡씨 맑음〉

금일은 집 거더더린 것이 하로 일과다. 남들은 우리를 보고 일 자란다고 인사을 하고 있찌만 우리는 일을 못해서 일이 줄지 않는가 이런 너킴도 들고 있다.

그리고 올해도 장년가 같이 매상량이 할당돼어따고 동장이 이야기을 하더라. 이것을 들을 때에 성질이 나더라. 왜 장년에 우리가 아는 바로는 남면 우리 면 매상가만이로 실찌 매상량보다 강원도 지방으로 상인들이 가지고 같쓰며 상인들을 을마나 장사을 만이 시킨 줄 알면서도 할탕량이 작년가 같다면 정부 행정이 넘어나 엉망이다. 시간을 두고 행정이 바키도 살라가기가 힘이 들 판인돼 일 년이 넘어도 잘못 댄 행정을 잡아주지 못하고 그돼로 밀고 간다는 것은 용서할 수 업는 일이며 이래 정치을 할려면 하로 팔리 물어나야 국민을 이하는 길이다.

"정말 농민들 불상한 인생인들이다."

〈1984년 10월 29일 월요일 낡씨 맑음〉

정부에서 갑짝이 금년에는 보리 파종을 건장을 안에서 보리 소득약도 나오지을 안코 시중에도 업쓰서 보리 파종은 했나찌만 보리가 날 정도가 돼니 보리씨 소득을 안에서 보리농사을 짓어 바야 캄보기[깜부기] 농사가 댈까바 극정이 돼는구나.

정부에서 보리 파종하라고 농민들을 몿 살게 한 적이 붙과 이 년밖에 돼지을 안아는돼 올해 와서는 보리에 손예가 넘어 만아따면서 보리을 못 갈개 하는 정부 행정 쓴우숨이 나는구나. 농민들은 일 년 삼백육십오일 동안 일을 해도 못 살라서 자네를 대학을 못 시키고 고등학교 해서 공장에 보내는 학부형이 수도 업는돼 이재는 벼만 심고 일 모작만 탁[딱] 하며 할 껏이 업쓰니 농민들 할량에서[한량해서] 좋게쓰며 전 대통령 드려쓰니까[들어서니까] 농민들 편하게 하여서 대인키 업깨다[대인기 얻겠다].
자신이 볼 때에 한심한 노렸이다. 왜냐. 수입하며 국내에서 생산하는 것보다는 득은 돼개찌만 업는 나라에서 무었시든지 생산을 하두록 의욕을 가지게끔 하여 주는 것이 정부인돼 정부가 못하두록 만들고 있쓰니 어떠게 할 작정인 줄 꿈에도 모을 형편이 정부에서 국내 생산하는 것보다 수입하는 것이 다 싸계 치는돼 모든 물까을 수입만 해 정치을 해보지 눈에 보이지 않는 손예가 을마나 따리는가. 이래 정치하다가는 나라 팔라먹을 지경이다. 그리고 자신이 볼 때에 보리 건장도 3년 이내 건장을 꼭 할 끄로 보며 정부에쓰도 손에가 따리는 한이 있쓰도 우리 이세을 보고 10년, 20년, 30년 뒤을 보고 정치을 하여쓰며 하는 바람이다.

〈1984년 10월 30일 화요일 낡씨 맑음〉

정미함[167)]

오늘로서 경회네 일은 그진 다 끝이 난 셈이다. 그리고 정미소을 세로 사 오신 이 현미을 하는돼 자신이 순석이 셋 가{마}와 9가마을 정미를 하는돼 더 오래 정미을 하며 손님에깨 자래 줄라고 노력을 하고 있는 것은 보이지만 아직 실력이 업쓰서 두서가 업쓰며 어든 것을 할 줄 분관을 못하고 있쓰며 정미을 하다 고장이 나서 두 번이나 남왜 쌀을 프내서 다시 붓는 작업을 두 번식 하는 것을 볼 때에 성질이 나서 참니라고 생예을 먹어쓰며 우리 동내 살로 왔는돼 실수했따고 내 성실[성질]돼로 할 수 있나 하고 참는돼 힘이 만이 들어다.
(금일 정미한 것이 6가마니) 5,450
지출에 … 경유 1말 비료 복합 2포 8,200원
計 13,650원

〈1984년 11월 1일 목요일 낡씨 맑음〉

세월이 자신이 생각을 할 때에 총알같이 간다고 생각도 해본다. 간 10월 달은 정신업시 일을 했는 달이며 마지하자 본낸 달이 돼고 마랐다. 이재는 11月이 마지하니 우리 이세들 학교 길에 떨 것을 생각을 하니 가위 기분 좋은 달은 아닌 것은 사실이다. 그리고 논에 거름을 낼라고 작정을 했는돼 큰집배서 집 실어 더린다고 분주게 일을 하고 있쓰서 자신이 거름 내는 것은 내일로 미루고 형 집 실어 주는 것으로 하로 일과을 보내고 마랐다.

〈1984년 11월 2일 금요일 낡씨 맑음〉

이재는 정말 한가한 시간을 가지게쓰며 별로 할 일이 업쓰서 집배 있는 흙거름을 논으 내는 일만 하고 있쓰며 오늘은 마늘 거름 내는 것으로 하로 일과을 보내고 마랐다.
그리고 앞도로가 안전 학장이 돼고 포장이 망우리 단계 노여 있쓰며 안직 안전이 포장이 들 댄 편인돼도 벌서 차량 다니는 것을 보니 이험율이 비포장도로보다 훩씬 만을 것 같더며 우리 동내 농로길 때문에 이험율이 더 따리며 항상 좋심해야 돼게따는 너킴이 들며 정부에서도 조금 멀리 생각을 하지

167) 지면 상단에 따로 기록되어 있는 내용이다.

않코 코밑만 생각해서 무선 일을 하고 있는 것 같다. 왜냐하며 큰 차 두 돼 비키며 인도에 사람 설 자리도 비좁다. 이래가지고는 차량은 수도 업씨 다니고 있쓰며 아직 계통식도 하지 안아는돼 차량들이 벌서 줄을 쓰고 있는돼 아이들 학교 길이 항상 급이 나는구나.

〈1984년 11월 3일 토요일 낡씨 맑음〉

11月 3日 마늘 파종함(마늘 4접).[168]

오늘로서 마늘 파종하는데 제일 좋게 해서 파종을 했다고 생각을 한다. 왜냐하며 매년 마늘 놀을 때는 강이[괭이]로 골만 타서 흙거름으로 덥고 마는돼 금년에는 거름을 내서 경운기로 노타리을 부더려게 쳐서 마늘을 노니까 일도 업쓰며 마늘 노을 때을 잘 장만해서 마늘을 노니까 나중은 어떠튼간 우선 바서는 마음이 아주 좋더라.

"아푸론 마늘을 노을 때는 경운기로 노타리을 해서 갈라야 돼겟따는 생각이 더는구나."

〈1984년 11월 4일 일요일 낡씨 맑음〉

가을 낡씨 하나 넘어나 잘 했쓰며 보리 논 바서는 비가 한번 왔쓰며 하는 바람이다. 비가 와야 보리가 가물어서 못 나고 있는 것이 싹 올라오지 그러치 않으며 보리농사는 자년 모양 숭년을 맏보지 않캐나 하는 생각이 앞쓰는구나. 정부에서 보리농사을 근장을 하지 않는다고 보리가 안 댈란아 하고 극정이 되는구나. 정부에서 근장을 안예도 보리풍년이 들어서 보리 수학을 만이 했쓰며 하는 욕심밖에 업다.

오늘은 큰집배 매상할려고 풍구질한다고 해서 그들어 주는 것으로 하로 일과을 보내고 마랐다. 금년 상강벼는 풋돼 수돼로 하나도 벗쓰나지 않코 매상가마니 한 푸돼밖에 나지 않더라. 작년에는 보며 10가마니에 한 푸돼 이상은 버스나더니 올해는 풍년이라 하지만 지 푸돼 더러쓰는[169] 정도밖에 돼지을 안더라.

〈1984년 11월 5일 월요일 낡씨 맑음〉

오늘 모타 수리할려고 김천을 가는돼 아스팔터 칼고 처음 뻐스를 타보니 가연 좋더라. 뻐스를 타며 김천 가는돼 집업두룩[지겹도록] 가는돼 이재는 팔리도 가며 정말 살기는 좋은 새상이구나 하는 너킴이 먼저 더는구나.

그리{고} 모타 수리하는돼 팔리 돼는 물건이 아니라서 수리하는 돼 오전 내 기다리서 수리을 해서 가지고 와쓰며 모타 수리하는 돼 코일이 일부만 타서 돈이 적개 더러가치 다 타버리면 새 모타 사는 값이 들어가야 한다니 모타 수리비가 비싼 셈이다. 모타 코일 일부만 가는 돼 12,000원 주고 수리을 했았다.

그리고 오후에는 담아내기 모종한 것이 하야게 돼어 있쓰서 집사람과 두리서 고압 품무기로 눌을 주고 왔쓰며 물을 주면서도 금넌에는 담아내기 씨가 작년 벳 십 배 씨가 팔리따는 소리을 들을 때 가워 제미가 업다. 올해 적은나 제미가 있따면 메년 조금식은 할 의욕이다.

---

168) 이 내용은 지면 상단에 따로 기재하였다.

169) 벼를 담아온 포대에서 매상가마니로 옮기고 보니 양 차이가 거의 없더라는 의미이다.

지출에 … 오트바위 바때리 5,000원 부엌칼 2,000 매상 바늘 500원 합승비 200원 나사비 200원 야마내는 돼 500원 모타 수리비 12,000원 택시비 500원
計 21,900원

〈1984년 11월 6일 화요일 낡씨 맑음〉

오늘은 집사람과 매상 준비한다고 분주한 일과가 돼어다. 정부에서 농민들 땀 흙리서 농사 짓언 것을 다 바다주지 않으니까 농사 의욕이 떠려지는 맡이 있다. 정부에서 올해 5푸로 올린다고 법석을 부리바야 농민예깨는 한 개도 올리지 안아따고 생각을 한다. 정부에서 농민들예깨 이러게 대집을 한다면 농민은 심각한 문재가 뒤따란다. 왜냐. 농민들 자녀을 어떠게 학교을 시키나간단 말린야. 정말 너무하다고 생각을 한다.

"이재는 집사람 시간 여유가 생길 끝으로 본다. 매일 일 한다고 시간 여유가 업쓰서 하로 일과가 무었 할 줄 몰라 하더니 이재는 매상 준비도 반원 했고 하니 이재는 휴식을 해도 돼겠지 하는 마음이 든다. 여와튼 올 농사에 집사람 왜을 먹어따고 보며 정말 미안타."

〈1984년 11월 7일 수요일 낡씨 맑음〉

작년에 소똥 거름을 한 벌 논에 까니까 벼 생산돼는 것도 눈에 포 나두록 좋아서 오늘은 논에 거름 내는 것으로 하로 일가을 보낸 셈이다.

그리고 가뭄이 시메서 보리들이 고루잔게 올라와서 보리 수학에 극정돼는구나. 앞푸로 수일 내로 비가 한번 온다면 보리 수학도 기대해 보게는돼 그러치 않으며 보리 수학이 작년과 다름이 업시 숭년을 볼 꺼으로 내다보고 있다.

〈1984년 11월 8일 목요일 낡씨 맑음〉

정부에서 매상가격을 3푸로 올리주고 매상 등급 주는돼 여때까지 매상을 쭉 돼바찌만 금년 매상이 제일 까다렵따고 생각을 하며 여때까지 등위에 나는 것을 안 바는돼 금년에 우리 마을에서 여러 가마가 나와쓰며 (이등)짜리가 수두록하니 실찌 가격은 올린 것이 아니라 작년보다 아주 까가내린 것이나 다름이 업다. 나 역시 32개 가지고 가서 (1등) 4개 (이등이) 28개나 주니 작년에 매상량과 금년 매상을 견주 본다고 해도 정부에서 올린 갸격이 돼지을 안는다고 생각을 한다. 이것을 볼 때에 농민들 제일 불쌍한 사람이라고 생각을 한다.

"그리고 오늘 매상 돼서 조합 부체을 일부만 청산했는돼 오늘 매상 돈을 928,800원 바다서 약 550,000원 빛을 갑고 남어지 돈을 받아보니 허전하기 짝이 업다. 자신이 쓴 돈이지만 돈도 별로 지[쥐어] 보도 못하고 일 년 일한 것이 생각이 나며 여름 내내 땀 흙린 것이 절로 나며 정말 제미업더라. 업는 사람이 이래 사는구나 생각이 들며 매상 돈을 지고는 영 기분이 좋지 못하더라. 자신이 이처름 기분이 좋지 않은데 집사람도 다 같게찌 하는 마음이 들더라. 그래서 여름 내 땀 흙리고 예먹은 것이 요것밖에 아니다 돈인따나 만저바라 하고 집사람을 주니까 집사람이 우리도 소 돈을 올해 다 갑푸며 내년에 매상 돈을 전부 만질 수가 있따면서 자신을 이로하더라. 이로을 하지만 자신보다 보다 집사람 가슴은 더 피곤할 꺼으로 내다본다. 왜냐. 집사람이 여름에

땀을 만이 흙리키 때문에 자신보다 타격이 더 클 꺼으로 내다보고 있다. 이른 쓴맡을 다시는 안 바야 살매 바람을 가질 수가 있는돼 업는 사람의 가슴은 정말 아푸다."
수입에 (매상 돈) {()32게) 928,800원

〈1984년 11월 9일 금요일 낡씨 맑음〉
오전에는 흙거름을 경운기로 실어 너는 일을 하여쓰며 오후에는 몸이 피곤하여 좀 실라 하다 신통찌 안아서 산에 나무 한 짐 지는 것으로 하로 일과을 보내고 마랐다.
그리고 우리 운이 것짓말을 여관해도 아까바서 때리질을 안코 말로만 하고 마니까 여사로 생각을 하고 이쓰며 오늘은 공책 두 건을 살라고 돈을 달라고 해서 공책은 한 개도 사지 않코 과자을 다 사먹고 마랐더라. 그래서 속마음은 때일 마음이 업는돼 일부로 매을 대쓰며 잘못했따는 말은 저의 누이들보다 잘하며 급에 질리서 못 전지는 것을 보며 매을 댈 수가 업다. 왜냐하며 혹시나 놀래지나 안을까 하고 생각이 될 정도로 매을 이기지 못한다. 이것이 잘 자라야 하는돼 거짓말을 능천서럽게 씨키는 것이 큰 걱정이다.

〈1984년 11월 10일 토요일 낡씨 비〉
오늘은 우리 마을에 남편도 업씨 혼자 살라가는 마늘아 친구 집에 초가집붕 연개 돌리볼라고 사성을 해서 벌로 시산도 업는돼 어쩔 수 업쓰서 일해 주로 갇든이 정말 남자 업시 살라는 것이 단번에 포가 나더라. 지붕을 여러 해 이지을 안아서 지붕이 쌔쓰 형편이 업쓰며 지붕에 올라가보니 어떠게 할 줄을 몰개쓰며 지붕이 썩으서 잘 일라면 반 정도는 다 파내라야 재돼로 댈 껏 갇더라. 안전이 할려면 연개도 적고 해서 돼충 집단으로 밖아 너고 했쓰 연개을 한 번 돌리니까 비가 넘어나 만이 와서 일을 도저의 할 수가 업쓰서 일을 그만하고 말라쓰며 둘리가 하로 점두록 해야 마다[마저] 할 껏 같다.
"인간이 돈이 있든 업든 두리가 살라가는 것이 행복이다."
지출에 … 부식비 4,500원

〈1984년 11월 11일 일요일 낡씨 맑음〉
오늘은 마늘아 친구 딸라서 코롱 회사에 돈벌로 가보아든이 공장이 무진장 크며 하로 보았찌만 어뒤가 어된지 알 수가 업쓰며 무선 기계가 사람도 업씨 잘만 돌라가며 정말 한국도 머리들이 좋은 편이라는 것을 알 수가 있따는 너킴이 들더라. 그리고 오늘 일한 것이 남자 일당 치고 노임이 너머나 싸더라. 남자 일당이 6,500원이라니 정말 싸다고 생각을 하며 자신이 이때까지 일한 것으로 차저 볼래야 차저 볼 수도 업고 해서 그만 아무돼나 돈을 벌어보자 하고 들어온 것이 잘못한 것이 아닌가 후예가 댄다.
지출에 … 합승비 값 540원
지출에 … 혜진, 혜영이, 운이 총리 값이 3,800원 혜진 (멜로디) 12,000 세 15,800원[170)]

〈1984년 11월 12일 월요일 낡씨 맑음〉
공장이 일이 돈이 적으도 수라기는 한정도

170) 11월 10일부터 11일까지의 일기가 적혀 있는 지면 상단에 적힌 내용이다. 어느 날의 지출인지에 관한 정보는 없으나, 11일 자 지출내역을 기록하고 난 후 지면이 부족하여 지면 상단에 추가로 적은 것으로 보고 본 일자의 일기에 포함시켰다.

업씨 수라다고 생각을 한다. 자신이 볼 때에 정기공사 하는돼 기술자라고 하는 사람도 일하는 것을 보니 하로 일하는 금액을 쳐도 을마 안 됀다고 생각을 하는돼 전기공사에서 을마나 만원 돈을 하층을 바킬래 기술자가 일하는 것이 하로 따지도 멫 천 원 정도밖에 몿 한다고 생각을 하는데 하로 일당을 쳐며 상당이 만원돼 그래도 회전이 돼고 있쓰며 돈을 번다고 이야기을 할 때에 아직도 어더운 곳이 만이 있따는 것을 생각을 할 수가 있꾸나.
지출에 … 차비 570원

〈1984년 11월 13일 화요일 낡씨 맑음〉
이번에 비가 푹 오니 보리 성장하는 것이 아주 좋으며 금년에 추이만 좀 너캐 온다면 보리농사는 한번 질 꺼 같더라. 보리들 땅밖을 못 올라서 있쓸 때는 사람 간장을 태우더니 이재는 땅밖에 이파리들이 새파게 나 있는 모섭을 아침 일 가면서 한 박키 돌라보니 자신의 마음까지 말가저며 기분이 그리 좋더라.
오늘도 어제와 똑같은 일을 중복했따고 말을 하고 십펴며 공장에 일을 할 수록 웅장한 기계들이 사람도 업씨 작동을 해서 공장이 도라가는 모섭 신기하기 짝이 업더라.
지출에 … 차비 570원

〈1984년 11월 14일 수요일 낡씨 맑음〉
이세들은 정말 어떠한 일이 있쓰도 공부을 만이 시키야 돼겠따는 것을 공장에 일하면서 절시리 너켜다. 공부을 시키야만 인간 새상에 사라갈 수 있다는 것을 한 번 더 배운 섬이다.
그리고 자신이 일하로 다니까 집사람 가을 일 하고 몸이 곤할 건돼 쉬지도 몿하고 연속 고댄 일과 돼고 있는 것이 미안한 마음 감출 수 업다.
오늘 공{장}에서 일을 하면서 가슴 깊이 감동을 준 것을 실천하기 위에서는 내일 죽는 한이 이떠레도 이세 공부시키기 위에서는 노력을 해야 댄다는 것을 코롱공장에 일하면서 배우쓰며 자신으로 바서 일당이 적으서 마음 차지 않아든 일들이지만 가슴 깊이 배운 것들이 만아서 큰 소득을 했따고 생각을 한고 십다.
지출에 … 차비 570원

〈1984년 11월 15일 목요일 낡씨 비〉
비가 한번 오니 너무 만이 와서 탈리구나. 보리 도구에 전부가 물이라서 보리 습패에나 저지 않을까 염려가 돼는구나. 비가 와서 돈 벌로도 가지 않코 휴식을 하로 점두록 하니 몸이 더 곤하며 아무 일도 몿할 정도로 곤하더라. 돈 벌로 가면 별로 하는 일 업다고 생각을 하지만 돈 버는 일이 가연 수란 것이 아니라는 것을 휴식을 하면서 몸이 곤한 것을 보고 알라다.
지출에 … 부주 3,000 혜진, 혜영이, 운이
영화비 1,000
計 4,000

〈1984년 11월 16일 금요일 낡씨 흐림〉
오늘은 무우 수학하려고 돈 벌로을 안 가쓰며 올해 무우는 갈무리하기 꼭 알맡게 키운 것 가다. 그리고 무우가 만아서 처갓집배 무우가 여름비에 녹아서 아무껏도 업따고 해서 이왕 주면서 적개 주도 몿하고 해서 경운기로 엄치 주어쓰며 자신보다 처가 더 좋아하는 기색이더라. 내 형제간만 아니며 충분이 주어쓰며 하는 생각인돼 동생들도 좀 주어야지 하는 생각 때문에 충분이 못 주어서 좀 습습하구나.
그리고 먼저 여자 혼자 사는 집배 연개 이주로 가서 비가 넘어서 만이 와서 일도 매저주지 못해서 황상 극정이 돼더니 오늘 여자도 돈 벌로 가고 업는돼 먼저 일 시작 한 사람을 소리을 해서 안전이 메저주고 마랐다. 일을 매저주고 나니 내 마음이 더 캐운한 감이 더는구나. 그리고 과부는 돈 벌고 오면 극정하든 지붕이 맬콤이 단장이 돼어 있쓰서 고맏게 생각하게꾸나.

〈1984년 11월 17일 토요일 낡씨 맑음〉
우리 운이 공부 안알리 헤서 큰 극정이다. 죽어라 하고 하기 싫어하니 부모로서 제일 극정이 돼는구나. 딸들은 다들 잘하는 편인돼 아들 하나가 공부을 실어하고 있쓰니 아빠로서 큰 타격이 아닐 수가 업다. 한편으로는 공부을 안아들래도 건강하게 잘 자라주기만 바라지만 또 한편으로는 어떠게 돼든 말든 아들 하나 공부을 시킬 작정으로 아들 하나만 바는돼 아빠의 마음 반돼가 돼고 있쓰니 아빠로서는 어떠게 하여야 할까 하고 극정밖에 돼지을 안는구나.
"양일간 휴식을 하고 돈 벌로 가니 더 몸이 무거이지는 말이 있더라."
지출에 … 5,400원

〈1984년 11월 18일 일요일 낡씨 맑음〉
몸이 오늘은 피로가 심한 섯 같더며 감기 몸살기가 있는 짓 같디 오늘 하로가 무척 시투한 해가 돼고 마랐다.
지출에 … 540원

〈1984년 11월 19일 월요일 낡씨 비〉
오늘은 자고 이러나는돼 정말 일 못할 정도로 피로하며 비도 질질 오지 하고 해서 휴식을 할려다 일 가야지 하니까 오늘은 집사람이 몸이 피로한 것 같든돼 좀 쉬라고 몸을 잡는돼도 이른 날 벌고 좋은 날 휴식을 해서 집예 일을 하자 하면서 집을 나쓰찌만 자신도 오늘 종일 일을 못하지 하는 마음으로 출발을 해서 상점에 가서 까스명수을 해장에 사먹고 일을 해보니 힘은 들어도 종일 일은 하게따는 힘이 생기더라. 그리고 집배 오니 집사람이 우산을 가지고 나와서 오늘 아빠 오전만 하고 오지 하는 마음으로 대문을 자주 바따고 이야기하더라. 그래서 웃고 마랐다.
지출에 … 활명수 200원 차비 540원
計 740원

〈1984년 11월 20일 화요일 낡씨 맑음〉
살기는 좋은 새상인돼 업는 사람은 살기가 힘이 더는 새상이다. 왜냐. 자신이 잡부로 6,500원 번다고 하지만 차비로 600 들지 술, 담배 안아고 한 달 내 다니바야 18,000원[171] 대는돼 실찌 업는 사람 생할이 중노동이며 벌이가 적다고 보고 있다.
"공사판 돈이 제일 힘 더는 논이녀 너러운 돈이라고 생각을 한다."
지출에 … 차비 540원

〈1984년 11월 23일 금요일 낡씨 맑음〉
이재는 돈 벌로 다니도 별로 몸이 무거운

171) 180,000원의 오기로 보인다.

것을 들 너키개더라. 요줌은 일을 해도 몸이 깝분하니 마음까지 캐알하구나. 그리고 집사람이 매일 바푸다는 말을 들을 때에 오희러 자신이 돈 벌로 가는 것이 미안알 정도다.

지출 … 아빠 수붕 600원 약 3,000원 비누 1,000원 간장 500 콩나물 500원 양발 1,000원 신발 3,500원 사료 27,000원 약 340원 닭갈 1,800원 사랑에 선금[사랑의 성금] 600원
計 45,240원

〈1984년 11월 26일 일요일 낡씨 맑음〉

오늘까지 일해 본 뒤을 보니 소장이 야비하더라. 왜냐하며 실찌 일시키는 것도 그러코 일하는 사람이 좋다는 사람이 업쓰며 오늘 해식도 {새}참비로 했식을 식키면서 사람이 제일 적개 나온 날을 선택을 해서 했식을 하는 것을 볼 때에 정말 야비하기 짝이 업더라. 이 돈이 일하는 사람의 개인 돈인돼 사람 적을 때 했식을 하고 남어지는 아무 말 없시 수입을 보고 있쓰니 이거 더 야비할 수밖에 업쓰며 이것을 보고 아무 말도 못하는 것이 그 밑태서 돈을 벌고 있는 자신이 돌이[도리어] 정말 탁한 심정이다.

지출에 … 1,080원

〈1984년 11월 26일 월요일 낡씨 맑음〉

자신은 공장이라서 처음 들어올 때는 돈이 적으도 겨울 내 벌 수가 있따고 해서 들어왔든이 오늘 일하는 것을 볼 때에 그진 공사가 망우리가 돼고 있쓰며 우리 일들은 얼마 안 가서 끝날 것을 보니 자신의 생각 착오가 댄 셈이다. 왜냐하며 자신이 돈 벌로 올 때만 해도 일 적은 편이라서 엔마나마 일을 할 수 수가 있쓰는돼 이재 와서 일이 끝이 나며 오도 가도 뫃할 판이니 정말 개산 착오을 크게 한 셈이다.

지출에 … 540원

〈1984년 11월 27일 화요일 낡씨 맑음〉

기상돼는 내일부터 낡씨가 추버전다는 기상예보을 들을 때에 배추 수학을 하여야 잘 하는 것이 아닌가 하고 돈 벌로 가는 것을 치소하고 배추 수학을 할려 하다 들 추버서 돈을 좀 더벌자 하는 욕심으로 일을 했찌만 저녁에 배추가 만이 을지나 안을까 하고 극정이 돼는구나.

지출에 … 차비 540원 부식비 15,000원
計 15,540원

〈1984년 11월 28일 수요일 낡씨 맑음〉

배추 수확함.[172]

오늘은 집사람과 두리서 배추 수학을 하는돼 량이 만아서 힘이 만이 들어다. 경회내도 사람도 업는돼 배추 무을 다 봅아지 우리 끄 세집배 세집 배추을 다 봅아쓰니 정말 바푼 시간이더라. 실찌 별료 소득 업는 일이 집사람과 두리 늘 하는 셈이며 언잰가는 알짱 같든 일만 할련지 자신의 욕이 돼는구나.

우리 운이 적으나 할려고 마음만 먹고 한다면 남 뒤 가지는 안는 아이라고 생각을 하는돼 넘어나 부모들이 시간이 업쓰니 아이을 바보을 만들고 있따는 생각이 들 때 가슴 아푼 일이다.

172) 이 내용은 지면 상단에 따로 기록되어 있다.

〈1984년 11월 29일 목요일 낡씨 맑음〉

정부에서 농민들 생각을 어떠개 하는지 알 수가 업다. 농민 하며 거진 대다수가 남왜 빛수로 산다고 보는돼 촟 매상을 밭고는 짬하게 그냥 이쓰니 정말 한심한 노릇이다. 농민을 생각을 한다며 전량을 다 바다주며 11月 내에 80푸로 이상은 수매을 끝을 내야 한다고 자신은 보고 있다. 정부 무책임으로 농민을 손예을 을마나 비는 계산도 못할 액수라고 생각을 한다.

"학생들 불평하는 것이 너무 한다고 생각을 한다고 생각을 하는 사람이 있찌만 정부가 정치하는 것이 아주 결점이 있는 것은 사실이다."

지출에 … 차비 540원

〈1984년 11월 30일 금요일 낡씨 맑음〉

오늘로서 대전사 일당을 바다쓰며 이 돈을 벌개따고 가을일도 안전이 끝을 내지도 안코 이때것 돈 벌은 것이 을마 돼지도 안으며 날자 수로 바서는 넘어나 적다고 생각을 하고 있다. 그리고 돈을 너캐 주는 바람에 지출을 넘어나 만이 낸 셈이 댄다.

지출에 … 합승비 460원 택시비 1,000원
計 2,060원
아들 과자 600원

수입에 … 13日에 84,500원

〈1984년 12월 1일 토요일 낡씨 비〉

어재 봉급 받는돼 하로치가 더 아서 자신의 생각으로는 소장이 이른 식으로 수입을 만이 보는 것 같더라. 그래서 하루치 더 온 것을 소장 줄라고 생각을 하고 아포 아주마가 서기 비셧하게 일을 하고 있쓰서 하로치가 더 왔따고 이야기을 하면서 돌리줄라고 돈을 가지고 왔따고 이야기을 하니 가만이 이쓰라서 돌라 하그든 주고 그러치 안끄든 그만 두라고 이야기을 하면서 나픈 아니라 셋시가 하로치식 더 바다따고 이야기을 하면서 다리[다른 이]는 가만이 있는돼 아저씨만 줄라고 한다면서 한사코 주지 말라고 이야기을 하는 바람에 돈을 주지 않코 마랐다. 돈을 주지 않으니까 자신의 마음으로는 소장이 자신의 눈치만 보는 것 같다서 양심이 힘을 못 쓰는 너킴으로 하로 일과을 마치고 마랐다.

지출에 차비 600원

〈1984년 12월 2일 일요일 낡씨 맑음〉

오늘은 소장이 오전에는 출건을 안예서 마음이 푸건하더라. 나픈 아니라 일요일이지 사람도 적개 나왔지 소장도 출건을 안에찌 모두가 할량한 일을 하고 마랐다.

오후에는 소장이 너캐야 출건해서 우리 일하는돼 한 박키 돌고 있더라. 소장을 보니 어저[어제] 아주마 말리도 돈을 주어야 자신의 마음이 편한돼 그렷치 안에서 내 마음을마나 교통이 심화며 자신 생각을 해도 하로 일당 6,500원인돼 마음의 양심은 멧 십배 손에가 가고 있따는 너킴이 들며 자신이 큰 잘못했따는 절시리 너켜쓰며 앞푸론 이른 일이 한 번 더 있따면 깨끝하게 살리라.

지출에 … 600원

〈1984년 12월 3일 월요일 낡씨 맑음〉

대전사에 일하는 것 보고 손예 간다고 생각을 한 것이 봐로 마자따. 이재 와서 사장이 와서 소장보고 일쳐리 못 한다고 구박을 주며 소장을 바꾸며 날리가 나고 있는 것을 볼 때에 우리 소장이 사람 통솔 하는 것을 볼 때에 자신은 안 댄고 처음 아스[와서] 이야기도 했찌만 우리 소장은 아직 사람 다스리는 자격이 업쓰며 소장 능력이 업따고 보며 이재라도 소장을 바까서 남은 일을 쳐리해가야 손예을 들 본다는 생각이 앞쓰며 한편으로는 잘 하든 못 하든 소장과 같이 17日 동안 일을 같치 해나오다 밀리는 모섭을 보니 따까기 짝이 업쓰며 힘업씨 사모실에 있는 모섭 정말 안 대더라.

지출에 … 아주마 차비 230원 차비 540원
770원

〈1984년 12월 4일 화요일 낡씨 맑음〉

가을{일} 하고 한 픈이라도 벌라고 더니 집사람이 한정도 업씨 고댄 일과가 가을 들어쓰고 오늘날까지 계속 고댄 일과가 돼고 있쓰며 좀 쉬지 못하게 돼어서 마음속으로 황상 미안한 감으로 돼하고 있다.

그리고 올해는 날씨가 추벌 때가 벌서 지나는돼도 추이가 업쓰서 한 픈이라도 벌어먹는 사람은 좋다만 겨울이 대며 눈이 싸이야지 내년 농사가 풍년이 돼는돼 하고 아쉬운 감도 들고 있다.

지출에 … 540원 서울 처제, 시어머님 회갑 한다고 10,000원
計 10,540원

〈1984년 12월 5일 수요일 낡씨 맑음〉

금일은 순철이 이사한다고 해서 집배서 형이 안 가며 자신이 돈 벌로 안 가는 한이 있쓰도 이사하는 돼 갈려고 생각을 했는돼 형이 간다고 해서 자신은 돈 벌로 가고 집사람을 오후라도 이사하는 돼 가보라고 했쓰며 집사람이 이사한다고 같든이 이사는 생각도 모하고 어린내 놓는다고 야단이 낮쓰며 이사는 뒤전쳐고 순천황병원부터 가고 우리 식구들이 한참동안 날리가 낮따고 이야기을 할 때에 아직 아들이라는 너킴밖에 들지을 안는구나. 아무튼 산모가 아무 일 업쓰며 딸이라고 해서 마음에 썩 좋찌을 안는구나.

지출에 … 집사람 차비 2,600원

〈1984년 12월 6일 목요일 낡씨 맑음〉

요즘 일들이 끝이 돼가니 우리 바서는 일들이 좀 수란 편이더라. 요세는 일하는 것이 놀기나 다름이 업는돼 집배 와서 잠을 자게 돼며 떠 피로한 감이 더 더는 너킴이 있는돼 자신 생각은 해도 알 수가 업꾸나.

지출에 … 차비 600원 아들 과자 600원
計 1,200원

〈1984년 12월 7일 금요일 낡씨 맑음〉

구미 일 같다 오니 집사람이 아이들에깨 아빠 오신는돼 시험지을 보이라고 이야기을 하니까 운이는 시험지을 바찌 않아고 혜진, 혜영이 두리는 시험지을 바다 왔더라. 시험지을 보니까 혜영이가 산수시험을 너머나 못 바더라. 그래서 말로만 하고 말라 하다 자식을 사랑할수록 매을 돼야 사람이 댄다는 엣날 말과 같이 더 잘돼라고 매을 일부로 돼쓰며 매을 다 돼고 나서 아빠가 매을 댄 위우와 반성문을 단장 쓰라고 했든이 반성문을 보니까 반성문 글이 아빠을 허뭇하게 잘 쓰셔며[썼으며] 아빠 이 추번돼 일하는 것도 훌륭하게 키우기 위에서 일을 하고 있는돼 시험 볼 때만 공부을 했따면서 앞푸론 안 그라겠따고 이야기을 할 때에 아빠 마음이 노이는구나.

지출에 … 차비 600원

〈1984년 12월 8일 토요일 낡씨 맑음〉

공장에 일을 할수록 이세들은 공부을 갈치야 돼겟따는 욕심밖에 쓰지을 안는구나. 사람이 공부을 한 돼로 일을 하고 있쓰며 만이 배울수록 수라게 돈을 버는 것을 볼 때에 자신은 못 배아서 제일 나전 돼서 일을 하고 있찌만 내 이세만 어떠한 일이 있쓰도 높픈 대서 일을 할 수 있두록 만들고 말겟다.

지출에 … 570원 부식비값 12,500원
計 13,070원

〈1984년 12월 9일 일요일 낡씨 비〉

어재 지질[치질]이 나서 일을 했든이 지질이 승이 나서 거름 글기가 좀 불편해서 오늘은 휴식을 할려고 돈 버로도 가지 않아쓰니 집사람은 김장을 한다고 해서 휴식을 하면서 집사람 김장하는돼 좀 거들겸 겸사겸사 할려고 돈 벌로 안 같는돼 집사람 김장하는돼 한 개도 그들지 못하고 눈님 집배가서 소 먹일라고 콩깍두기[콩깍지]를 경운기로 실고 오는 것으로 하로 일과을 보내고 마랐다.

"집사람 김장하는돼 그들지는 못하고 보고만 있는 자신의 마음이 더 뒨 너킴이 들더라."

지출에 … 아들 과자 200원

〈1984년 12월 10일 월요일 낡씨 맑음〉

오늘로서 대진시 돈 버는 일이 안전이 끝이 낮쓰며 자신으로 바서는 12月 내 벌어쓰며 하는 욕심인돼 끝이 나니 서운한 감이 더는구니. 그리고 오늘은 잡부들 일이 끝이 낮따고 회식을 하는돼 잘 먹으쓰며 오늘 회식은 우리들 주재로 회식이 돼니 모두들 술은 건에서 사양을 해도 자신의 주량에 삼배는 먹어따고 생각을 한다. 술을 만이 먹어서 건강에 희가 있쓸까바 매우 극정을 했다.

그리고 혜영이 글쓰기 대희 한다고 해서 조금이라도 도음이 댈까하고 시집을 한 건 사주어떠니 좋아하더라.

지출에 … 혜영 1,500원 부식비 5,000원
차비 480원
計 6,980원

〈1984년 12월 11일 화요일 낡씨 맑음〉

돈 벌로 가지 않코 집배서 무이미하게 하로을 지내보니 돌 벌 때보다 몸이 무거어며 사람이 짝 까라저 아무 일도 못하게쓰며 몸살 날까바 극정이다.

그리고 집사람은 순철이 딸 하이리[첫이레]라고 구미 갈쓰며 딸이 우선 바서는 야물게 생기따고 이야기을 하더라. 이사할 때도 집사람만 보내서 미안터니 수일 내로 집을 한번 가야 댓겟다.

지출에 … 부식비, 아이 옷값 3,000원

〈1984년 12월 12일 수요일 낡씨 맑음〉

오늘은 몸치[몸살]가 나서 새집배 매상 부치로 같다 밥도 먹고 못하고 토해서 그른지 사람이 후들후들 하게더라. 그래서 일도 못하고 집사람을 보내고 마랐다. 자신이 집사람을 너머나 예을 먹이고 있따는 것을 잘 알며 자신이 한번 살라볼라고 노력을 하시만 집사람을 너무나 무리하세 일을 하게끔 해서 날이 갈수록 집사람에깨 미안꾸나.

그리고 자신은 하로 종일 방예서 딩굴고 나니까 몸이 좀 풀이더라.

지출에 약값 2,200원

〈1984년 12월 13일 목요일 낡씨 흐림〉

몸이 상캐하지을 안는돼 집사람과 두리서 매상 준비한다고 분주한 일과가 돼어쓰며 매상 활당량이 31가마을 우리가 하는돼 해가 절라고 할 정도로 시간이 돼어는돼 동장이 추가로 매상을 다 할 수가 있따고 해서 어더움이 짓떠지는돼 매상 전량을 부치는돼 정말 힘이 들어쓰며 자신의 몸 바서는 추과로 내려온 것은 다음 날짜에 돼쓰며 하는 욕심밖에 없더라. 매상 전량을 부치니 58개 돼더라. 이것을 부치기만 지발[간신히] 했는돼 비방울이 오고 있더라. 매상가 마니는 마당으로 하나 있는돼 비가 오고 있쓰니 자신은 허리가 아빠서 일을 마음돼{로} 뫃하고 있는돼 비가 오고 있쓰니 사람 한장할 정도다. 비가 좀 더 오니 허리 아픈 것이 업더라. 이번 매상 준비에 두리가 생예을 먹으다. 금년에는 상당이 만이 묵을 줄 알라든이 총 84개박에 안 돼더라.

〈1984년 12월 14일 금요일 낡씨 흐림〉

농민이 제일 좋아하는 날이 더뒤어 오늘로 왔꾸나. 오늘은 검사원이 좀 수라게 등급을 주고 있더라. 먼저는 등급이 오전 오후가 우리 눈을 보기에 다르더니 오늘은 평균하게 주며 오전, 오후가 포가 업쓰며 이번 공판은 등급을 잘 주어서 동민 전원이 상당한 수입을 본 셈이다.

지출이 … 체육비 3명 3,000원
수입 …… 매상 수입이 1,485,990원 이자 수입이 25,000원
計 1,510,990원
총 매상 수 … 오늘 매상 수가 51개
1등 42
2등 9 〉 51개

〈1984년 12월 15일 토요일 낡씨 맑음〉

풍구 살려고 해도 돈을 넘어나 만이 달라고 해서 마을에 탈맥기 헌 것을 10,000원 주고 싸와서 풍구로 재작을 할려니 거것도 힘이 더는구나. 재작을 하면서 우예돈을 쓰지 안을까 염려가 돼고 있다.

지출에 … 10,000원

〈1984년 12월 16일 일요일 낡씨 비〉

오늘은 눈님 딸 상선이 결혼식을 구미 목화 예식장에서 식을 올리는돼 정말 예식장 잘 짓어 낯더라. 김천에서는 그른 예식장을 구경을 할 수가 업다. 예식장에 돈은 번다고 하지만 들어간 밑천도 무진장 들어같다고 보며 건물값 들어간 것 비아며 예식비로 유지가 댈란지 의심셔렵다.

지출에 … 운이 훛[옷] 12,000원 집사람 훛 6,000원 부주가 20,000만 원
計 40,000만 원

〈1984년 12월 17일 월요일 낡씨 맑음〉

이모들이 눈님 집배 잔치에 왔따. 우들 집배 오니 정말 반갑더라. 아직 어머님도 살라계시며 연세도 만치 안은돼 하는 너킴도 들더라. 이모님을 잘해주지는 뫃하지만 밥 한 키 대집을 했쓰며 이모님은 저러깨 쟁쟁 하신돼 어머님만은 왜 일적 도라가신는가 하고 은망도 더는구나.

지출에 … 물 명태 1,500원
동사 낼 약값 지불이
황공[항공] 방제비 〉 95,100원

〈1984년 12월 18일 화요일 낡씨 맑음〉

조합을 상대해도 순석이가 있키 때문에 영수증이고 모러고 순석이을 마키나떠니 자

신이 돈 쓴 원장이 무었시 무었신지 다른 직원 알 수가 업쓸 정도로 지저분하게 돼어 있는 것 같더라. 돈을 갚풀라고 원장보다 순석이가 업끼 때문에 그냥 았다만 원장이 자신이 쓴 돈보다 음청나게 돼어 있쓰서 자신이 조합에 돈 거래을 하면서 동생 밑고 그냥 지나온 것이 잘못이라는 것을 절시리 너켜다.

앞푸론 돈 거래는 직접해야 대개쓰며 그래을 해도 명학해야 댄다는 것을 절시리 너켜다.

지출에 … 210원

〈1984년 12월 19일 수요일 낡씨 맑음〉

무이미한 일과을 보내고 있는 셈이다.

오늘 조합에 돈 갚푸로 갈라고 하다 잘못댄 점이 있쓰며 가불[가부]을 가린다면 직원들 만원돼 이상 눈으로 볼까바 그만 자신이 가지 않코 순석이 시키서 정리을 하라고 하고 마라따만 원칙은 자신이 가야 댈린돼 가지 안는 것이 잘못인지 알고 있쓰며 앞푸론 직접 상돼을 할 계핵이다.

지출에 … 선생님 돼집한다고 임원들만 3,000원식 그출해서 선생님들 대집한다고 법석을 부리는 것을 볼 때에 마음에 글리는구나.

지출에 … 3,000원

〈1984년 12월 20일 목요일 낡씨 밝음〉

금일은 구미 일한 것 돈 준다고 기별이 와서 돈 바더로 가니 열락이 잘 안돼서 돈이 안 댄다고 이야기을 하더라. 그래서 자신은 차비만 쓰고 마랐다.

그리고 현장 사모실을 가보니 이재는 공사가 끝이 돼가니 사모실도 쓸쓸한 너킴이 들더라.

오늘 순석이가 조합 돈 계산을 했따면서 이야기을 하는돼 아직 잔액이 500,000만 원 남아 있따고 이야기을 해서 깜짝 놀랐다. 자신원 돈 들어간 것이 그진 다 같다고 생각을 하고 있는돼 아직 남아따고 이야기을 할 때 정말 의위가 업다.

지출에 … 불우위웃 돕기에 600원
차비 260원
計 860원

〈1984년 12월 21일 금요일 낡씨 맑음〉

땔감 준비을 하여쓰며 산에서 나무을 셋 짐 저니까 힘이 들어서 더 할 수가 업더라. 그래서 휴식을 하고 마랐쓰며 산에 나무는 아직 상당이 만이 있는돼 저내릴 생각을 하니 꿈만 같다.

※ 앞푸론 돈을 벌로 갈 마음은 맨 업는돼 막상 돈 벌로 가면 소 때문에 나무가 꼭 필요하다. 나무가 한 개도 업쓰니 집사람이 나무을 할려고 하며 그 예도 보통이 아니다. 이것을 생각을 하니 모든 것이 힘이 더는구나.

지출에[173]

〈1984년 12월 22일 토요일 낡씨 밝음〉

어때까지 봄 널씨 깉이 따뜻하다 오늘 깁짝이 좀 추어니까 아무 일도 하기 실어저며 방에서 나오기 실어저며 무이미한 시간을 보내개쓰며 방에서 시간을 보내면서도 한 편으로는 이것을 춥다고 방에서만 시간을

173) 지출금액은 기록되어 있지 않다.

보낼 수가 이깨나 이 추번돼도 돈 벌라고 구미 가서 돈 번다고 야단을 쳐는 사람도 있는돼 하고 생각을 하니 오후에는 방에 있쓸 수가 업쓰서 나무 한 짐이라도 절라고 마음먹고 나오니 생각보다 춥찌을 안으며 일을 읃마든지 할 수가 있깨더라. 이것을 볼 때에 무선 일이든지 마음가짐이 중요하다는 너킴을 가짓다.

※ 우리 운이 공부을 하는돼 한글을 좀 아니까 상당이 좋아하더라. 운이도 글을 모러다 글 좀 아니까 힘이 막 솟는 너킴이 들더라. 그리고 운이보다 자신이 더 좋은 기쁨을 가짓다.

〈1984년 12월 23일 일요일 낡씨 맑음〉

한 해가 또 넘어가는돼 알찬 일은 못하고 무이미한 일들만 하고 있쓰니 이 해가 다 가는 것이 아쉽꾸나.

오늘도 나무 두 짐 하는 것으로 하로 일과을 보내고 있는 이 몸이 시간 가는 것이 아깝다.

〈1984년 12월 25일 화요일 낡씨 맑음〉

이번 크리스마스는 좀 간소한 너킴이 들며 아들도 연말 기분을 차지 않코 조용히 보내고 있는 것을 볼 때에 사람이 살라갈수록 절거움을 이저가면서 살라가는 너킴이 들고 있다.

그리고 이제는 눈이 한번 올 때도 돼어따고 생각을 하는돼 보리 바서도 함박눈이 왔서 보리풍년을 만들어 주어쓰며 하는 너킴밖에 업다.

지출에 … 전기세 1,260원

〈1984년 12월 26일 수요일 낡씨 눈〉

눈 나리는 것이 이재야 보리풍년을 만들 수 있는 눈이 오는구나 하고 무척 반값더니 조금만 내리고 마는구나. 이것을 볼 때에 낡씨가 마음 달래고 그냥 지나가고 마는 것이 아쉽키 짝이 업꾸나.

※ 무이미한 하로을 보내고 마랐다.

지출에 아들 과자값 800원

〈1984년 12월 27일 목요일 낡씨 맑음〉

구미에 일한 것이 연말은 다 돼고 해서 돈이 돼지 않을까 하고 구미에 가보았든이 다행이 돈이 적은 돈이나마 돈을 착 주서 고맡더라. 자신이 총액 돈은 읃마 안 돼지만 소장님 마지막인돼 한 잔 바다 줄라고 술집배 가자고 하니까 가자고 하면서 따라나쓰더라. 그래서 자신은 먼저 일당이 더 온 것 6,500원만 쓰며 안 돼게나 하고 개핵을 세우고 있는돼 막 뻐스가 오더라. 소장이 한싸코 버스을 따고 가자고 이야기을 해서 뻐스를 타고 마랐다. 뻐스를 따니 자신의 마음으로는 돈을 안 쓰게 돼어서 잘댄 일이라고 생각을 하는돼 그것이 아니다. 우리 마을에 혼자 살면서 대전사에 일당으로 벌어먹은 아주마 집배 놀로올라고 하더라. 그래서 아차 하더라. 소장을 돼리고 가면 자신돼리고 않따고[왔다고] 아주마 욕을 할 껏이 아닌가 하고 뻐스에 오면서 극정이 돼더라. 그래서 우리 집배 돼리고 와서 일단 점식사나 하고 계산을 하여야 돼것따 하고 점심식사을 다하고 나니 난돼없는 아주마가 차저오더라. 들어올 때도 보지도 않아는돼 여자가 우리 집배 오는 것을 보고 정말 인연이구나 하고 한바탕 웃고 마랐다.

그래서 셋시가 맥주로 오후을 보내고 마라쓰며 소장 나이가 적으도 55세 이상은 돼어따고 보는돼 여자 뒤만 따라다니는 것을 볼 때에 정말 이상한 마음이 들며 집사람은 다 늙은 것이 과부 살핀다면서 떠신 밥 했주어따고 불만을 가지고 원망으로 하로 일과을 보내고 마랐쓰며 집사람 보기에 중간에서 미안하게 돼고 마랐다.
지출에 … 술 값, 차비 2,750원

(12月 27日)
수입이 구미 84,500원[174]

〈1984년 12월 28일 금요일 낡씨 맑음〉

(엔진오일)[175]
우사에 스찌로푸[스티로폼] 돼어 줄라고 경운기을 가지고 집사람과 같이 김천장예을 같는돼 별로 한 것도 업는돼 지출만 만이 내고 마랐쓰며 집사람을 김천 대리고 가면 맡이 있는 음식을 사줄라고 생각을 해도 그것이 잘 안 돼는 구나. 오늘도 돈 여유분을 가지고 같는돼 할 껏을 다 못하고 해서 집사람 볼 일은 다음으로 미루고 마랐쓰며 집사람 점심식사도 우동으로 때우고 마랐다.
지출에 … 풍구낡이 4,000 솣이 15,000
철사가 1,800 삽이 1,700원
쓰찌로푸가 45,500원 세면
2,200 2돼 식용유 3,300원
엔진오일이 4,800원 경유가
5,500 비누 800원 차비 340원
計[176]

〈1984년 12월 29일 토요일 낡씨 맑음〉

우사에 스찌로푸을 집사람과 두리서 일을 해보니 힘이 들며 돈을 저개 더리는 방도로 하니까 사람은 더 힘이 들며 일당을 개산한다면 재로을 안전이 가차서 하는 것보다 힘은 더 들고 사람 공은 아주 만이 든다고 보고 있다. 집사람과 두리 해바야 스찌로 4장 돼는 것으로 오후 일과가 다 가고 마랐쓰니 그 일도 수란 일이 아니구나.

〈1984년 12월 30일 일요일 낡씨 맑음〉

집사람은 잔치 쳐는 돼 일 그들어 주로 가고 딸들과 우사에 스찌로푸을 돼는{데} 아빠 추어야 하며 발을 굴리는 모섭을 보니 그만 두고 말라고 해도 이래 {어}질어노코 말라고 하니 마음이 허락이 안 돼서 딸들을 달레가면서 일을 하는돼 힘이 만이 들어쓰며 오전 내 달들과 만이 한 셈이다. 오후에는 집사람이 시간 여유가 있쓰서 집사람과 하면 오늘 다 할 수 있쓸 껏으로 내다보고 있쓰는돼 오늘도 다 못하고 말라다.

〈1984년 12월 31일 월요일 낡씨 맑음〉

오늘이 84年 해 마지막 보내는 밤이구나. 이 밤이 새기 전에 이 해의 쳧 발부터 걸어온 뒤을 도라보니 자신이 무었을 했는 것이 업다고 생각이 들며 무었을 했쓸 것이다 하고 생각을 해 볼라고 해도 생각이 머리 떠오러지 않으며 이 해가 다 가는 것이 정말 아쉬어며 이 해가 다 가두록 몸이 상할 만큼 아키주고 사랑해주든 집사람에깨 선물 한 가지도 못 해주고 이 밤을 넌기려니 무

174) 지면이 부족하여 수입 내역은 26일 자 일기를 기록한 지면에 기록하였으나 내용상 함께 적는다.
175) 이 내용은 지면 상단에 따로 기록되어 있다.
176) 금액은 기록되어 있지 않다.

척이나 힘이 더는구나. 그리고 금년 한 해는 자식들이 건강하게 자라준 대 돼외서 감사한 마음을 가지며 우리 가정이 별일 업시 따뜻하게 이 해을 넘기게 돼어서 고마은 해라고 생각을 하며 이 해을 고개 숙이 넌기며 밤만 자고 나며 새해을 마지하게 돼는돼 새해는 우리 가정에 웃는 과정이 돼고 한가지 뜻을 이루어주어 주는 소망뿐이다.

"그리고 큰집배 정숙이 결혼식을 김천 고려 예식장에서 식을 올리는돼 참석을 했쓰며 정말 정숙이 장하더라. 부모들 다 일적 버리고 저의 오빠는 저들 살게따고 미국에 이민 가고 고아 아닌 고아가 순식간 돼고 마라쓰며 고아 댄 몸으로 저들이 벌어서 종말 오빠 대학 뒤바라지 하여주고 이재야 시집을 가는 모섭을 보니 정말 장하며 그 빛이 예식장을 발개 하며 하편으로는 눈쉬울 떠급더라."

지출이 … 재태 예식에 5,000원 정숙이
5,000원 차비 340원 아들
막년회 600원
計 10,940

▌1985년▐

〈1985년 1월 1일 월요일 낡씨 맑음〉

묵은회을 보내고 이재는 세해을 마지을 하니 한편으로 반갑고 한편으로는 서운한 감도 더는구나. 올 새해는 한 가지 뜻을 꼭 이루고 말 껏이{며} 85年도 꼭 떳이 남두록 할 계핵이며 올해도 우리 이세들 건강하게 잘 자라 주어쓰며 하는 마음 간절하며 부모보다 아들이 더 좋은 해가 돼기을 아빠는 진심으로 빌게노라.

※ 그리고 용만내 형수 황값[환갑] 준비한다고 분주한 일과을 보내쓰며 기온이 풀리서 음식 장만 하는 돼 큰 도움 주어다.

〈1985년 1월 2일 화요일 낡씨 맑음〉

큰집배 형수 황값하는돼 동민들에깨 돼집[대접]만 동사에서 하고 여자들만 집부로 초정을 해서 대집을 하는돼 그래 해도 분주한 하로 일과가 돼더라. 큰집배도 이왕 하는 짐에 돼지을 두 마리 더 잡아서 4마리만 하면 손님을 을마든지 볼 수가 있따고 보는돼 잘못했따고 생각을 한다.

지출 … 부주 5,000원

〈1985년 1월 3일 수요일 낡씨 맑음〉

우사 일은 스찌로푸 돼는 자업을 오늘로서 안전하게 끝을 내고 마랐다. 우사 일도 시간 나는 돼로 하니 상당이 시간이 글린 셈이다.

그리고 땔간 할려고 산에 가서 한 짐 저고 오는 것으로 하로 일과을 보내고 마랐다.

〈1985년 1월 4일 금요일 낡씨 맑음〉

오늘은 어머님 재사라 우영부영 하로 일과가 댄 샘이다.

올해는 우리 가정으로서는 기쁜 해다. 왜냐. 우리 식구가 태어낮쓰며 딸이지만 경사며 우리 육남매가 어머님 재사을 마지했쓰니 밝아든 해라고 생각이 더는구나.

지출에 … 큰집배 5,000원

〈1985년 1월 5일 토요일 낡씨 맑음〉

요줌 별로 하는 것도 업씨 일과가 바픈 것 같다. 실찌는 놀지는 않는돼 실찌 일한 것을 생각을 했본다면 특별이 한 것이 업씨 하로 해을 넌기고 말고는 한다.

"그리고 우리 딸들 보며 놀로는 안 가고 집배는 꼭 있쓰며 남들 비안다면 착실하다고 생각을 하며 공부을 조금만 더 하며 더 바라지을 않깨는돼 공부을 안 아는 편이다."

〈1985년 1월 6일 일요일 낡씨 맑음〉

요줌은 만이 저도 않코 하루 두 짐식 땔감 지고 오는 것이 자신의 일과다. 이것을 저고 오면서도 돈을 벌어야 하는돼 하고 생각이 머리에 떠나시을 인는구니. 농촌에도 겨울에 석은 돈이니미 벌 수 있는 여끈이 돼어야 아들 공부을 갈칠 수 있는돼 그러치 않으니 우리 아들 공부을 식킬 생각을 하니 숨 가푸며 돈을 벌어야 대는돼 하고 생각밖에 없다.

〈1985년 1월 7일 월요일 낡씨 맑음〉

큰집배 조카들도 공부을 잘한다고는 하지만 이번 예비고사 시험점수가 잘 나오지을 안아서 원서을 학교 가고 십픈 대을 내지 못하고 어디 가며 들어갈란가 하고 고심을 하는 것을 볼 때에 평소에 부모들이 간심이 들해서 이른 고통을 당안다고 생각을 한다. 영숙이는 220점이라서 그른돼로 갈 수가 있찌만 영한이는 180점이라서 막상 갈 때가 업쓰며 3年 재수한 놈이 그른니 형님과 형수다들 극정하는 모섭을 보니 정말 부모 마음을 자식들이 몰라주고 있쓰며 부모가 이른 고통을 당아지 안을라면 평소에 새심한 노력이 뒤따라야 하게따고 너켜지는구나.

〈1985년 1월 8일 화요일 낡씨 맑음〉

솣을 걸라고 하니 붓투막이 맡지을 안아서 겨울이라 흙(으)로 안 댈꺼 같고 해서 말바우 내까 가서 모래 실고 와서 새면으로 지어 붓는돼 잘 댈련지 의문이며 한 가지 극정은 만약에 마뒨[단단한] 나무을 때면 열을 맡게 돼며 사람한태 티어 나올까바 극정이 크다. 그려치 안으며 공구리을 양은 솣전 따라 공구리을 쳐서 다음 솣을 글 때는 사가지고 왔서 같다 노어며 들판이니 편하기는 편하게는돼 열을 바다도 개안을란지 알 수가 업다. 만약에 불을 때면 열을 바다 깨지며 집사람과 두리가 수고한 대까가 허사가 돼며 새면 들어 간 것이 아까울 정도다.

〈1985년 1월 9일 수요일 낡씨 맑음〉

조선솣[가마솥]을 살라고 하다 백솣[알루미늄 솥]을 싸서 집사람과 두리서 거는돼 힘이 들더라. 백솣을 걸어두니 우선 보기에는 좋은돼 실용가치가 있쓸란지 알 수가 업꾸나. 만약에 백솣이 조선솣과 비스한 정도만 돼다면 앞푸로 백솣이 판매가 더 댈 꺼으로 내다보고 있다.

〈1985년 1월 10일 목요일 낡씨 맑음〉

오늘은 서울 친구가 와서 하로 점두록 휴식을 하고 말라쓰며 서울에서도 살기가 힘이 더는 것 가더며 업는 사람은 어뒤서나 힘이 더는 것은 사실이다.

"금일 서울 친구가 담배가 업따고 해서 혜진을 시키서 자신의 돈으로 담배 한 각을 사주어다."

지출에 … 담배 500원

〈1985년 1월 11일 금요일 낡씨 맑음〉

(금년 총 매상 수가) 89계[177)]

우리 마을에서 공판이 업고 아포조합 창고에서 매상한다고 우리 마을에서 경운기로 모두 같쓰며 자신도 나머지 6가마 가지고 가서 등이 1등이 2개, 2등이 4계 마저쓰며 본동에서 매상하는 것보다 등이 잘 못 난셈이다. 그리고 금년에는 선거 바람에 공판을 백 푸로 돼서 농민들은 큰 득을 바따고 해도 무리는 아니다.

(금년 총 매상 수가) 89개

수입에 … (매상 6계) 170,140원

지출에 … 사료가 (5포) 22,750원 주부가 2,500원 수득세가 27,040원 지출계 52,290원

177) 1월 9일부터 11일까지 적혀 있는 일기장 지면의 상단에 적혀 있는 내용으로, 11일 자의 일기에서 같은 내용이 확인되므로 해당일자에 맞추어 내용을 입력하였다.

(금년 매상등급) 1차에 1등 4계, 2등 28계 〉 32개
2차에 1등 42계, 2등 9계
3차 1등 2계, 2등 4계

1등급 총수가 48계, 2등급 총수가 41계 〉 총수가 89계
금년 매상 총 수입금 2,551,810원

〈1985년 1월 12일 토요일 낡씨 눈〉
올 더려 처음 눈이 만이 온 셈이며 눈이 만이 와야 풍년이 댄단돼 올 더러 눈이 기한 셈이다.
"올해도 풍년을 마지하여야 하는데 극정이 압쓰는구나."

〈1985년 1월 13일 일요일 낡씨 맑음〉
우리 운이 공부을 좀 할 줄 알면서도 공부을 실어하는 것을 볼 때에 부모로서 정말 극정이다. 이재는 한글을 알면서도 안 알라고만 들며 거진말을 한다고 야단을 쳐는돼도 여전이 거진말은 역씨 마찬가지도 자신이 생각을 할 때는 저의 부모가 착실이 살라왔는돼 크면은 착실이 살라가계찌 하고 부모가 바주고 있다.

〈1985년 1월 14일 월요일 낡씨 맑음〉
전기내학에 지윈자을 보니 대학에 너도 나도 하는 것은 사실이다. 고등학교 해서 사회에 신출하며 견력이 오래 돼어도 봉급이 오리지 안으니까 전부가 대학으로 밀리는 것이 사실이다. 우리나라도 학벌을 무시해서 기술로 우대을 하여야 하며 업는 나라에서 대학교가 넘어나 만타. 대학을 줄라서 대학을 나오면 치직이 보장이 돼어야지 현재 대학을 해도 치직이 보장이 업씨쓰니 대학을 다니면서도 치직 극정을 먼저하고 있쓰며 마음을 부란깨 만들고 있는 것이 잘못 대어따고 보며 막상 대학을 나와서 치직을 못하고 있는 사람은 사회에 좀이 돼고 마니 이것이 제일 염려쓰렵다. 이재는 전 국민이 아들 학교 시킨다고 바둥바둥한 실정이다. 이것들만 해결이 잘 댄다면 우리나라도 정말 잘 살 수 있다고 본다.
지출에 혜진 150원

〈1985년 1월 15일 화요일 낡씨 맑음〉
민정당 이번 선거에 부정행이 업세라고 전국 경찰서에 지시한 것을 보며 이번 국회원 출마한 사람을 불란해서 유세도 만돼로 못할 지경이다. 그리고 남의 인심을 모라세우는 것 등등 하는 자는 당선이 돼도 무요[무효]며 무조건 잇끈[입건]할 방침이니 이재는 민주정치는 점점 살라저는 너킴이다.
그리고 집사람 어머님을 우리 어머님 살라계신다고 쳐고 처 어머님을 사랑해 볼라고 해도 거것이 잘 안 돼는 구나. 자신이 처 어머님을 한번 배오고 십번 마음은 가얼[가을일]을 다 하고 가바야지 하는 마음을 가진는돼 가보지 못하고 오늘까지 미루고만 있쓰니 자식으로 큰 불효을 지고 있다. 부모와 자식 간이라도 돈이 있쓰야 돼겟따는 생각이 앞쓰는가바.
앞푸로 수일 내루 처 어머님을 보고 가야 돼겟다. 그러치 안코는 매일 걸리는 맡이 있키 때문에 가서 인사라도 한번 하고 와야 내 마음이 상캐할 껏 같다.

〈1985년 1월 16일 수요일 낡씨 맑음〉
보리논에 눈 한번 싸이지 안코 노다지 강추

이가 계속 대어서 보리들이 다 죽어까바 극정이다. 겨울 하며 눈이 싸이서 추어야 하는돼 그러치 안아서 작년모양 보리숭년을 만더는 것이 아닐까 극정이다.
큰집 아들이 전기대학원 거의 가망이 업는 것 같다. 자신이 볼 때에 영숙이는 공부을 살[잘] 했는돼 점수가 잘 나오지 못한 것을 볼 때에 옛날사람들이 과거 운이 있쓰야 한다고 말을 하는 것을 볼 때에 정말 거른 것인가 하고 자신의 마음도 그만 따라가는 말이 든다. 자신이 볼 때는 영숙이는 김천여고에서 저 반에서 계속 5등 이상은 했는돼 대구교대 점수가 돼지 않으니 정말 대학이라는 곳이 힘은 더는가바. 영한이는 삼 년식이나 공부을 해서 가고 십픈 학교 지망을 못하고 작년 바서 제일 나전 학교에 지망을 했든이 올해는 거곳으로 처 밀리고 있쓰니 올해도 거이 가망이 업따고 보는돼 어떠게 될련지 알 수가 업다만 큰집 아들이 운이 업따고 자신원 보고 있다.
"오늘은 아무것도 하지 않코 딸들과 하로 점두록 휴식을 한 셈이며 하로 종일 아무것도 하지 않코 휴식을 한 날은 오늘이 처음이 아닌가 생각이 든다."
지출에 가루 4,850원 비누 1,500원
전기세 1,490원
계 7,840원

〈1985년 1월 17일 목요일 낡씨 맑음〉
개 돌부리 할 때가 업다고 서성돼고만 있쓰서 우리 집에서 돌부리을 했는돼 모두 소리을 하지 않아도 모두들 잘 차저 오드리[오더라]. 이것이 산 개라여따면 사람들이 그러깨 만이 오지는 않을 껀돼 죽은 개라서 그른지 사람들이 만더라. 개 말이 죽은 것이라서 그른지 말이 업쓰며 하나의 욕심으로 먹으다만 개 말이 업쓰며 돌부리 쳐고 흙캐 잘 먹으다.
요줌은 매일 휴식을 하며 요줌 휴식하는 이유는 나무 가지고 오는 길목이 초상이 낳서 나무 가지로 가지도 못하고 무이미한 하로 일과가을 보내고 있다.

〈1985년 1월 18일 금요일 낡씨 맑음〉
집사람은 초상집배 일 거들어 주로 가고 자신은 계속 휴식을 하니 이래서는 안 댄다는 너킴이 들면서도 특별이 할 일이 업쓰니 농민들의 문제다. 농민들의 겨울철의 부업이 업쓰서는 농민들이 잘 살수도 업쓸 뿐 아니라 교육도 햇결을 시키지도 못할 껏을 생각을 하니 가슴이 답답하구나.

〈1985년 1월 19일[178] 토요일 낡씨 눈〉
금일은 이웃지 어른 장래식에 참석을 했쓰며 장지가 아버지 산소와는 좀 멀어도 우리 아버지 산소 우예라서 참석만 했따만 기분이 좋지을 안아서 아무 일도 하지 아아쓰며 앞푸로도 윤가들이 만이 올 껏을 생각을 하니 기분이 좋지을 안구나.
오늘은 영한이 너깨 더러오는 것을 보고 좀 꾸지름을 주고는 했찌만 형이 아들에깨 쓸 때 업시 좋아해서 그른지 아들이 전부 다 인사성도 업고 영한이는 가만이 보면 형이 아버지 예미는[애먹이는] 것쳐름 영한이도

178) 원문에서는 19일 자와 20일 자를 각각 20일과 21일로 잘못 적고 있다. 21일 자 일기 이후 바르게 되어 있는 것으로 보아 이를 바로 잡아 순서대로 배치하였다.

형을 예미는 것을 볼 때 여사로 안 보이며 영한을 보내고 나서 형예깨 형이 아버지 예미는 것이 어재 같든돼 형도 임자 만나따며 웃고 마랐다.
지출에 (학귀 부주 3,000원

〈1985년 1월 20일 일요일 낡씨 맑음〉
눈 때문에 아무 일도 못하고 정미소에서 현미 하는 것으로 일과을 보내쓰며 정미한 것이 6포대 찰벼 1포대 총 7개을 정미을 하여쓰며 오늘 정미한 것은 생각보다 쌀이 적키 난 것 같다.
"올해 벼로 처음에 6포대, 이번에 7포대, 계 13포대을 정미을 하여쓰며"
올해 정미한 포대 수 1차 6포대 2차 7포대 〉 13포대[179]

〈1985년 1월 21일 월요일 낡씨 맑음〉
눈 때문에 아무 일도 못하고 무이미하게 일과을 보내고 있는 자신이 생각을 해도 아시운 감이 말할 수 없다.
"우리 운이가 조금식 행동이나 모든 것이 나아저는 감이 있쓰서 자신의 힘이 생기는구나."
지출에 … 아들 옷까지가 총 35,000원

〈1985년 1월 22일 화요일 낡씨 맑음〉
집사람은 처형 딸 치운다고 일 거들이 주로 갇쓰며 자신은 지루하게 시간늘 보내나 뗄감을 두 짐 저는 것으로 하로 일과을 보낸 셈이 돼며 그리고 근수 동생 결혼한다고 동내로 술을 주는돼 정말 살 주더라. 지신은 자주야 가지 않지난 세일 질 주는 너킨이 들더라.
지출에 … (근수내) 5,000원 차비 170원
計 5,710원

〈1985년 1월 23일 수요일 낡씨 맑음〉
김천 처형 딸 치운다고 집사람과 둘리 갈려고 하니 운이 혜영이가 따라갈라고 해서 대리고 같다. 예식에 참석을 하고 집부로 같든이 아무것도 안 아놘다고 말을 하든이 음식을 만이 장만하여쓰며 마음껏 먹어쓰며 집배서는 쳐형 집배 가면 쳐 어머님이 계실 줄 알라는돼 오시지 안아더라. 그래서 서운하더라. 그래서 쳐형 집배서 일적 출발할려고 하는 것이 손님들 자석에서 나올라니까 미안한 감이 있쓰서 좀 너꼬 마랐다. 해는 서산에 넊어가는돼 처 어머님을 배옵고 가야지 도리가 아니겠나 하고 어머님 배옵깨 다고 온 식구 집부로 같든이 어머님이 소죽을 끄릴라고 허리가 그전보다 아주 만이 꼬부라저서 일하기가 그북서려울 정도다. 그른 몸으로 소죽을 끄리게 둔 처남과 처남우댁이가 좀 원망서러울 정도며 어머님을 가을 했노코부터 한번 차저 바야지 하고 마음만 먹다 이러깨 오늘 차저 보니 마음이 가벼어저며 집사람이 더 좋아하는 모섭이더라. 쳐과집배서 어머님하고 잠이라도 하로 자쓰마 하는 마음은 들지만 지배 소 때문에 그러지도 못하고 그냥 들리따가 온 셈이니 집배 돌라오니 혜진이 부억에 불을 때고 있떠니 그만 화을 내면서 남만 빼노코 외갑집배 갈까고 야단을 치는돼 급이 날 정도다. 성질이 남자도 그래 내지을 못할 정도로 화을 내고 있는 것을 볼 때에 매을 한번 댈려

179) 이 내용은 지면 상단에 따로 기록되어 있다.

고 하다 외할머니댁에 못 가서 화을 부리는 돼 매을 대서 댓겠나 하고 참고 마랐다.

지출에 … 김천 쳐형 집배 부주 10,000만 원 외갓집배 소고기 1근 5,000원 과자 1,300원 차비 1,020원 計 17,320원

〈1985년 1월 24일 목요일 낡씨 맑음〉

오늘은 공부을 하지 않고 아들이 장난만 쳐고 해서 아들 전부 다 대리고 산에 가서 나무 둥치기을 한 개식 가지고 왔쓰며 아빠는 밥만 먹어며 이 높은 산에서 나무을 가지고 오곤 하는돼 너이들은 공부하는돼 아빠쳐름 힘이 더는냐고 무러니까 공부하는 돼는 힘이 안 든다고 이야기을 하면서 아빠처름 공부을 열심히 해야지 하는 말래 마음속으로 기쁘드라.

〈1985년 1월 25일 금요일[180] 낡씨 맑음〉

영한이도 이번 점수가 잘 나오지 않아쓰며 이번에 지원했는돼 사람이 처 밀리따는 소리을 듯고 올해도 어렵따는 생각은 했찌만 혹시나 하고 들지 않을까 하고 기대을 했보았찌만 실패했따고 이야기을 하길래 한편으로는 영한이만 왜을 먹이꾸나 하고 동정도 하지만 한편으로는 생각을 해본다면 개씸한 마음이 들더라. 왜냐. 저의 부모는 대학을 시키볼라고 3수까지 시키는돼 그 보답을 하지 못하고 있쓰니 마음만 상하구나. 그리고 형, 형수가 영한이보다 더 힘업는 모섭을 보니 더 마음이 안대꾸나. 올해는 큰집부로 바서는 (영한이) (영숙이) 전부 다가 대학에 실패을 밭쓰니 큰 불윤이라고 생각을 한다.

〈1985년 1월 26일 토요일 낡씨 맑음〉

(객토사업 함)[181]

복판 논에 객토사업으로 늑둘래 두 번이나 기회을 노치는돼 올해는 금일 객토을 해서 정말 기분이 상캐하다. 매년 객토을 해야 하는돼 하고 극{정}만 하다 올해 너쓰니 이재는 객토 극정을 하지 안아도 돼니 심리적으로 좀 편하리라고 생각을 한다. 올해 돈만 여유가 돌라간다면 푹 너며 좋은돼 그러치 못해서 마음의 한 구석에 글리키는 하고 있다.

복판 논에 객토사업 18차.

〈1985년 1월 27일 일요일 낡씨 맑음〉

요세는 날씨가 안전이 해동한 너킴을 가지게끔 따뜻하기 거지 업꾸나. 요돼로 날이 안전이 풀리게 대며 보리농사에는 극정을 하지 안아도 댈 끝 갇꾸나.

우리 자식들이 공부을 제법 하는 것 같다. 이것들이 요돼로 한다면 성적이 아주 나저리라고 생각을 하는돼 요것들이 을마나 꾸준이 해 가나가 문제다.

이번 국회원 선거가 대통령 선거나 다름이 업다고 자신은 생각을 하는돼 다른 사람들은 국회원 선거을 여사로 알고 있는 것을 볼 때에 예돌키 짝이 업다. 이번 선거에는 야당이 국회원의 수가 만이 당선이 돼어야 하는돼 국민들이 아직 수준들이 선진국가 비아며 미게인이나 다름이 업따고 자신은

180) 원문에서는 토요일로 잘못 기록되어 있다.

181) 이 내용은 지면 상단에 따로 기록되어 있다.

생각을 하고 있다.

〈1985년 1월 28일 월요일 낢씨 맑음〉

"요즘 날씨가 변득이 너무나 심하구나. 어재 그처름 봄 기분을 보이든이 오늘은 갑짝이 기온이 뚝 떠러저 사람이 얼신도 뫃하두록 만더니 옛날보다 더 사람이 상하게꾸나."

〈1985년 1월 29일 화요일 낢씨 맑음〉

어재 오늘 강추위로 논보리 다들 죽이는 것이 아닌가 극정이 돼며 여때까지는 보리농사에 피해가 돼지 안을 정도로 추어따고 생각을 하는돼 어재 오늘 보리농사에 큰 피해을 주어따고 생각을 한다.

우리 집 개 색키 놀 때는 다 돼어가는돼 밥을 잘 먹지을 안는다고 김천으로 맬치 돼가리을 좀 살려고 이 추운돼 갈라고 해서 추운돼 다음에 가라고 했든이 당장 먹일 끝이 업따면서 산다고 같쓰며 자신은 친구들이 놀로 와서 바둑으로 냇기을 하면서 집사람 장에 같다 오면서 춥다고 해도 내다도 보지 않코 바둑만 떠고 있쓰든이 집사람이 잠자리에 들어쓰면서 난생 처음 떠려쓰며 주막에서 엿 통을 들고 오는돼 울고 십두록 떠려따니 미안감이 들며 방문이라도 열어 보았떠라며 들 미안알 끈돼 이야기을 덧고 보니 아빠가 질못했다.

지출에 장본 것이 11,000원

〈1985년 1월 30일 수요일 낢씨 맑음〉

세월 넘어나 빠려다. 새해을 마시한 지가 어거제 같는돼 오늘이 30日. 정말 놀랄 정도로 빠르다는 니김을 가질 수가 있다. 자신이 늙 생각을 하는 일이지만 자신이 매일 나무 두 짐 저는 것으로 하로 일과을 보내고 있따는 것이 불만이다. 왜냐. 농촌에도 이 겨울철만 업다면 도시사람 모찌 않깨 잘 살 수가 있찌만 농한기 때문에 힘을 뫃 쓰게 돼어 있다.

〈1985년 1월 31일 목요일 낢씨 맑음〉

혜진, 혜영이는 큰집 아들 대학교에 다들 떨어지는 것을 보고는 우리 딸래미들에깨 전번에 아빠는 눈만 떠며 일을 열심히 하고 너이들은 눈만 떠며 공부을 하여야지 이 새상을 살라갈 수가 있따면서 한번 해보자고 이야기을 했든이 요즘 가만이 보며 계핵성 있게 공부을 잘 하고 있쓰며 아직은 변화지 않코 공부하는 모섭을 보니 기엽기 짝이 업꾸나.

"우리 운이는 문제는 문제다. 왜냐하며 저의 엄마가 잡아서 공부을 시키며 한대 아들 노는 것 짠애서 봄은[보면] 언재나 한돼 아들과 놀고 있쓰니 공부 갈친다고 엄마는 예을 쓰도 돼지을 안는 것을 볼 때에 매을 댈라고 들다가도 크면 하게지 하고 아깝아서 때리지을 뫃하고 있쓰니 운이가 이것을 벌서 이용하는 말이 있더라."

〈1985년 2월 1일 금요일 낢씨 맑음〉

정부가 잘 살고 뫃 살고 하는 중대한 하나의 갈림길에서 바른 길을 국민이 인도해야 하는돼 이번 국회원 선거을 대통령 선거라고 생각음 해야 하는돼 그러치 안아서 딥답하게 생각을 하는 바이다.

그리고 내일이 12대 국회원 선거 합동유세가 김천 중앙국민학교에서 유세를 한다니 한번 참석을 해바야 하게쓰며 합동유세을 아포에서 한번 가지두록 만들어 주야 하는돼 그러지 뫃하게 하는 것은 정당이 잘뫃이라고 생각을 하며 공명선거 한다고 매일 입은 열고 있찌만 정당들은 공무는 대가리을 시키서 인심을 쓰고 있는 것을 볼 때에 공명선거 말만 나와도 실을 정도다.

〈1985년 2월 2일 토요일 낡씨 맑음〉

오늘은 김천 국민학교에서 국회원 출마한 사람 (닷섯)이가 유세을 하는돼 유세장에 빈틈업시 사람이 철밀리[쳐 밀려] 있쓰며 국민들이 생각하는 각도 옛날과는 천지차이더라. 이것을 볼 때는 마음이 든든한 마음이 더나 술자석에 가보며 전부가 선거술이니 돈 업는 사람은 아직은 알라주지 않는 세상이{니} 피을 토화고 죽을 지경이다. 정치는 선이예[선의에] 쓰야 하는돼 폭력 암력으로 정치을 하는 사희은 사라남을 수가 업쓰야 민주사희가 이루어저 가는돼 정말 극정이다.

이번에 출마한 사람이 민한당에 (이기한)이라는 사람이 (영한) 외삼촌이라고 하는 말이 아니라 돈이 업쓰서 두 번 다 탈락대고 이번에 다시 세 번이라면서 유세을 하는돼 (닷섯) 중에 사람은 제일 똑똑하다고 생각이 들며 이번에는 (야당) 만이 돼어야 하며 돈 업는 사람이 돼어야 앞푸로 암력 폭력이 업쓰저는돼 정말 가슴 아푼 일이며 가슴은 타지만 힙이 업쓰니 두고 볼 수밖 업꾸나.

지출에 … 차비 170원 물명태 1,000원
아들 과자 400원
집사람 옺 6,000원
計 7,570원

〈1985년 2월 3일 일요일 낡씨 맑음〉

캑토한 논에 기계로 흙을 깔라고 들례 나가서 흙도 칼도 못하고 종일 헛거름만 하고 마랐쓰며 따뜻한 봄날과 다름이 업는 이 좋은 날래 허이로 보내고 마니 마음이 좋지 안는 하로 일과 돼고 마는구나.

〈1985년 2월 4일 월요일 낡씨 맑음〉

이번 서거[선거]을 상당히 감심을 가지는 것 같떠면서도 한편으로 어더먹을라고 가진 예을 쓰는 것을 보며 국민들이 어뒤로 갈라고 하는지을 알 수가 업쓰며 가슴만 타는구나.

우리 운이가 공부는 못해도 저의 부모 신기는[섬기는] 돼는 아주 일등이며 걸래 와서는 부모을 극히 더 신기며 저의 엄마 얼굴만 보고도 판가름을 하고 있쓰니 자신으로서는 고마키 짝이 업쓰며 공부을 갈치다가 몰라서 순통 막킬 때에 운이을 생각하는 곽도[각도]가 저의 부모 신기기 전보다 아주 더 늙버지고 있다.

“우리 운이 아직은 순통 막희두록 공부을 하고 있찌만 두내는 우리 딸들보다 자신은 좋다고 생각을 하고 있다.”

“집사람과 형수와 둘리서 쳐가집 동내로 선거운동 하로 가니 공공연하게 달라고 이야기하는 사람이 만아서 가진 것 업씨는 선거운동도 못하게따면서 운동도 하지도 못하고 쳐가집에만 가고 유세장만 들리서 왔따니 한심하기 짝 업는 실정이다.

〈1985년 2월 5일 화요일 낡씨 흐림〉

생각지도 안아는돼 친구들이 김천 중앙고등학교에서 유세한다고 가자고 해서 가보았든이 정말 한심한 생각이 들더라. 왜냐하며 절먼 아들은 싸서 판푸래이[팜플렛] 들고 난동을 지기고 있는 모섭 정말 급이 나며 힘 적은 사람은 얼굴도 못 내다볼 지경이며 오늘은 유독 더 하며 술집배는 누구 술이 그쳐름 만으며 술 고기로 터분을 시키는[많이 쓰는] 사람 공명선거 하면서 돈은 더 푸리며 우리로서는 고개가 내돌릴 정도다. 그리고 오늘 저녁에는 박정수 후보는 공공연하게 사람을 모집을 시키든이 층층이 돈을 주지 안나 돈 업는 사람은 아예 생각지도 못할 새상이 돼고 있쓰며 정부에서는 선진국과가 대어간다고 매일 나팔을 불고 있찌만 자신이 볼 때는 국민들의 마음 썩어가고 있는 실정이며 이 조시로 간다면 전 대통령이 남은 인기을 다 채울까 염려스렵다.

"그리고 우리는 영한이 외삼촌 있따고 사람을 살살 돌리면서 술사석을 이루고 있는 모섭을 볼 때에 비이가 상하고 있쓰며 내 지신은 어더먹으로 오라고 해도 안 갈 사람인돼 돌리고 있는 것을 볼 때에 사람들이 양심이라는 것은 와예 업따고 볼 때에 한심한 일들이다."

"그리고 형수, 형, 예쓰는 보람도 업씨 돈을 쓰지 않아서 또 실패을 하지 안을까 염려가 돼며 박정수 돈 푸리고 있는 것을 볼 때에 무소속 박정수는 또 대리라고 생각이 드는구나. 왜냐. 정부는 어둬로 가든 내 손에 돈이 들어오며 술 고기을 주고 하니 또 포[표]을 수는 국민의 늑 징말 피 토할 일이며 국민의 쓱원[씩은] 미음 바서는 월남 모양 패망이 눈예 선화고 있쓰니 가슴 아픈 일이나."

지출 … 차비 340원 친구들이 술 먹은 것을 자신이 부담 1,000원
計 1,340원

〈1985년 2월 6일 수요일 낡씨 맑음〉

선거 바람이 가열이 돼니 일도 손에 걸리지도 안는 너킴이 들며 본격적인 일이 될려면 선거을 치루야 일이 손에 잡피지 시푸다. 우리나라는 언재 돈 선거가 업쓸란지 모라도 조금한 나라가 살라갈 길이 극정이다.

"우리나라로 바서는 정말 성실한 정치인이 필요한 중요한 시점에 있따고 자신은 말하고 십프며 정권이 교차가 돼어야 우선 설량한 학생들이 자라가지 그러치 않코는 두내 좋고 성실하게 잘 자라고 있는 학생들만 다시 빛도 보지 못하고 그저 강 건내 볼 보다시 허망한 세월을 보내게 댈 껏을 생각을 하니 가슴 아푼 일더리며 막상 정치을 잘 한다고 해도 자신이 두내 좋고 머리 좋은 학생을 희생을 시키계 대며 스스로 옻을 벗고 나와 안절 줄 알라야 한다고 생각을 한다. 왜냐. 임시 생각 착오로 한다고 해도 두내 좋은 학생이 나라을 질며저야 하니 어떠한 일이 있쓰도 그 학생들은 보호하고 딸선, 하나에서 열까지을 정부에서 책임 저야 한다고 생각을 하고 십다."

지출에 … 어로보험지정키드[의료보험지정카드]라고 하면서 김천 도렵병원에서 실시한다고 가입자에 10,000원식 주고 가드[카드]을 발행을 했는돼 보험에 을마나 햇택을 바을 수가 있는가 염려도 댄다

지출에 … 10,000원

〈1985년 2월 7일 금요일[182] 낡씨 맑음〉

(주합 돈) 영농자금으로 200,000만 원 씀.[183]

182) '목요일'을 '금요일'로 오기하였다.

작과일나무 전지을 어떠게 해야 열매가 달린란지 극정이 돼는구나. 왜냐하며 여때것 과일이 오지을 안아서 전지하기가 급이 나는구나. 우선에는 나무마다 대충 큰 둥치기만 속아내는 일만 하고 마라쓰며 올해나 과일이 만이 왔쓰며 하는 생각이다.
지출에 … 화장품값 3,000원

〈1985년 2월 8일 금요일 낡씨 흐림〉
12대 국회원 후보 유세가 중앙국민학교에 유세을 하는돼 합동유세는 오늘로서 마지막이 안전 가열이 돼어서 돈 업는 사람은 국회원 생각도 몿 할 정도로 가열이 돼어 있쓰며 국민들을 불안게 만들고 있다. 왜냐. 후보자 운동하는 사람이 다들 캉패 두목 같더며 돈으로 사과지고 운동을 하고 있키 때문 서로가 건뒤리며 떠절 정도가 돼어 있쓰며 온순한 국민은 그내들 운동하는 돼 지나가기가 급이 나며 예전에 업는 운동을 하고 있는 것을 볼 때에 자신도 정부가 어떠개 돼어 갈려고 카는지을 알 수가 업다.
지출에 마을사람들 술 돼집 할려고 동태 2,500원

〈1985년 2월 9일 토요일 낡씨 비〉
여때까지 가뭄이 심해다고 생각을 했는데 오늘 비가 아주 잘 았쓰며 봄비로서는 아주 충분하게 왔따고 생각을 한다. 이번 비야말로 비료 한 번 했 것보다 더 보리에 소암[효험]이 만을 꺼으로 생각을 한다.
"집사람이 감기 몸살을 해서 김천 한독약국에 가서 약을 짓어면서 이번 국회원 후보중 누가 공기가 좋은가 물러보니 특별한 공기는 업고 김상구는 대통령의 동서가 댄다니 지역 발전을 시킬라면 돼어야 하지 않캐나 하고 그 나머지는 그저 그러터라. 이번 국회원 선거을 감심을 가지고 있는돼 시민들이 아직은 작정한 후보가 업씨 무하게 있는 것을 볼 때에 불만이구나."
지출에 … 집사람 감기약 3,000원 복권 1,000원 차비 340원
(보 돈) 17,000원
計 21,340원

〈1985년 2월 10일 일요일 낡씨 눈〉
정부가 정책을 하는 것을 볼 때에 정말 급이 나는구나. 왜냐. 전두한 대통령은 (태래비로) 매일 공명한 선거을 하여야 민주정치가 살라갈 수가 있따고 말들을 하는 것과는 영 반돼 일을 하고 있는 민정당 일하는 것을 볼 때에 자유당 때보다 다름이 업다는 말을 하고 십다. 왜냐하며 이재는 말단 공무원을 동원을 시키서 만약에 민정당 표가 적개 나오면 아라서 하라는 암력 때문에 불이 나게 뛰어야 한다는 말을 들을 때에 귀가 차고 심지어 이 지방에서 대도시에 공직에서 관부 축을 시키서 마을로 내리와서 정부 정책을 피하라이[피알(P. R.), 홍보] 좀 하며 멧 십만 원을 주면서 가는 것을 볼 때에 이 돈이 어뒤서 나오며 전두한 대통령은 공명 선거을 혼자 부려짓고 있쓰며 밑사람이 어떠게 정책을 쓰고 있는 것을 모러고 있따는 것이 정명이 돼며 이돼로 정책을 밀고 간다면 전두한 대통령은 자신의 임기만

183) 2월 7일, 8일 자 일기가 적힌 지면 상단에 따로 기록된 내용인데 날짜에 대한 정보가 없다. 양일간의 일기에도 이 사실을 확인할 수 있는 내용이 적혀 있지 않으므로 편의상 원문에서 보이는 그대로 7일 자 일기의 상단에 배치하였다.

하며 물러선다는 말리 의심이 가며 두내 좋은 대학생들 희생댈 껏을 생각을 하니 여사 일이 아니라고 생각을 한다.
지출에 아들 옻 11,000원

〈1985년 2월 11일 월요일 낡씨 맑음〉
"송아지 순산함"184)
그 전에 국회원 선거을 치라도 이번 모양 돈을 푸리지도 안아고 물건들을 푸리지 안아쓰며 이거야말로 돈 선거지 사람 선거가 아니라고 자신원 분명이 말하고 십다.
"우리 집부로 바서 행운의 날이다. 왜냐. 송아지 예정일 18일이라서 송아지 놓는다고 생각지도 안아는돼 오늘 셰벽에 3시에 송아지을 나놓고 어미 소가 소리을 해서 알리쓰며 소한태 무관심했따는 것이 절시리 더려나며 이제는 예정일 아주 앞푸터 신경을 쓰야 됀다는 것을 너켜다. 만약에 송아지가 불이한 사고라도 낯쓰며 사람의 음망[원망]으로 어뒤 가서 하소연도 못 하지만 다행이 혼자 무사이 잘 낯쓰니 천만다행이라고 생각을 한다. 앞푸론 이런 실수는 하지 않캐다."
지출에 아들 감기약 1,000

〈1985년 2월 12일 화요일 낡씨 맑음〉
이번 선거는 자신이 볼 때는 너무나 물란하다고 생각을 한다. 왜냐하며 정당은 봉투노렷을 했따고 말을 하는 것을 볼 때에 너무나 물란한 것을 보니 자신은 앞푸로는 투포에 참석을 하지 안으야 하게따는 생각이 들기도 하는구나.
"그리고 형, 형수 가진 예을 다 쓰는돼 예선 포도 업시[애쓴 표도 없이] 영한이 삼촌은 당선에는 괄로 박에[괄호 밖이라는] 생각을 하니 나 자신이 힘이 업는돼 형과 형수는 큰 실망을 할 껏을 생각을 하니 어쩌구니가 업꾸나."
지출에 … 사료값 (5포) 22,750원

〈1985년 2월 13일 수요일 낡씨 맑음〉
김천 금릉 사람들 얼굴에 똥칠해따고 생각을 한다. 왜냐하며 이번 12대 국회원 선출하는데 상주[경북 상주]로 둘 다 주어쓰니 어찌 바보라 소리을 안 들을 수 있깨나. 상주는 정국구 국회원을 천다며 상주는 4사람이며 김천 금릉은 한 사람도 업쓰니 이번에 큰 챙피을 당해도 싸다고 생각을 한다.
"그리고 영한이 삼촌은 이번에 돈을 선언 안 쓰서 성산은 업따고 바찌만 그야말로 창피스렵뚜록 표가 나와쓰니 이재는 이기한 이도 정치 생명은 다 같다고 생각을 한다."
"옛날에는 동정포도 주고는 했는돼 이재는 동정포는 전연 업쓰며 정이[정의]라는 존재는 이재는 말라죽어따고 해도 가연이 아니며 이번 국회원은 출마기간 동안에는 만이 배아쓰며 이웃, 친구, 사람들의 양심, 다들 돈에깨 전다고 생각을 해보았쓰며 이재는 인간들이 자신이 생각을 했볼 때에 나푸게 말을 한다며 인간은 악으로 살라간다고 생가을 한다."
지출에 … 7,140원 (장 시출에)

〈1985년 2월 14일 목요일 낡씨 맑음〉
동 사무소[마을회관]에 유세술이 업쓰니 동사가 조용하더라. 한참 유세들이 있쓸 때는

184) 이 내용은 지면 상단에 따로 기록되어 있다.

매일 동 사무소에 사람드리 만은이 돼며 좋아들 하든이 이재는 쓸쓸한 동사가 돼고 마랐다.

"그리고 박정수는 차점으로 낙선이 돼어는 돼도 각 지역으로 인사을 하로 다니는 것을 볼 때에 이번에는 차점으로 낙선이 돼어찌만 사 년 후에는 한번 미려달라고 하는 말이지만 유선 바서는 현명한 사람이라고 생각을 하고 십다."

지출에 … 떡값, 신발, 내위 12,000원
본동 잔치에 부주가 3,000원
計 15,000

〈1985년 2월 15일 금요일 낡씨 맑음〉

밤세 안녕이라든이 밤에 잠자리에 눈에 까시가 들어가서 밤잠도 한 심도 자지 못하고 눈물만 흙리고 마라쓰며 아침에 일어나며 까시을 빼어보고 안 대며 병원에라도 갈려고 마음을 먹고 있쓰는데 형수가 눈깝풀을 들시드니 큰 까지을 빼어내더라. 까시을 내니 살 껏 갈더라. 그래서 일을 할려고 하다 눈을 밤세두록 예을 먹인 것이라 눈에 충열도 있고 해서 오늘은 하로 점두록 휴식을 하는돼 정말 지루하게 하로 해을 보냈다.

지출에 … 부식비 5,000 감기약 1,000원
計 6,000원

〈1985년 2월 16일 토요일 낡씨 맑음〉

작과일 전지하는 것으로 하로 일과을 보내고 마랐다. 전지을 하면서도 올해도 과일이 만이 올 껏 같지을 안아서 전지을 하면서도 별로 자미을 너키지을 못하게다.

〈1985년 2월 17일 일요일 낡씨 맑음〉

우리 개가 한 달이나 쭉[죽]을 안 먹고 해서 먼저부터 동장이 개 파라고 해도 팔지을 안아는돼 오늘 와서 잡자고 해서 자신이 생각을 해볼 때 우리 개가 새키을 지어서 배 속에서 이상이 있쓰서 쭉을 안 먹고 있는 것이라고 생각을 해볼 때에 요때 못 팔며 이제는 설이지 보름 안에는 어찌 할 수도 업는 형편이라서 개을 가만이 죽이는 것이 아닌가 하고 허락을 했든이 우리 집배서 개을 잡는돼 아이들이 셋시 다 울고 날리가 낮쓰며 아이들이 우니 자신도 속으로는 아빠가 잘못했다. 얼마나 잘못했쓰며 아이들이 저쳐름 예석하게 생각을 하는 줄 알라더라면 우리 개가 죽어서 무더주는 한이 이더라도 우리 개을 잡지을 안아쓸 건돼 오늘 아이들 울린 것이 아빠의 마음이 더 아푸구나.

〈1985년 2월 18일 월요일 낡씨 눈〉

보리에 섭패가 돼두록 눈비가 만이 오는 편이다. 이재는 낡씨가 들어서 맑은 낡씨을 보이야 돼는돼 기온이 불규칙해서는 작물에 큰 피해을 주고는 하는데 이재는 좀 맑아저쓰며 한다.

"이번 12대 국회원 선거 치루는돼 공무원들이 너머나 만이 개입댄 것을 이재 알고 보니 이번 선거가 (군) (조합) (면)사모실이 선거 사무실이 돼어서 엄청난 돈을 뿌리고 했따니 정말 한심한 노릇이다."

지출에 … 큰집배 제사 장 보는 돼 5,000원
부식비 5,000원 객토비 값이 총 120,000원 용자[융자] 90,000원 받고 남어지 36,600원 현금으로 득국이 주고 마랐다.
計 136,000원

〈1985년 2월 19일 화요일 낡씨 비, 맑음〉

이재는 설 신다고 법석을 부리지 않코 모두들 관소하게 하는 너킴이 들더라. 왜냐하며 돼지을 잡아도 고기을 만이 가지고 가는 사람이 업쓰니 간소하게 하는 너킴이 절시리 나타나는 구나. 올해는 설이 공휴일인돼도 기분을 살리지을 않코 있는 것을 보니 앞푸론 설이 형식적인 설이나 대지을 안을까 하고 극정이 돼는구나.

지출에 … 이발비 1,500원 새집배 쇠고기 5,000 물바가지 700원 치약 400 전구담아 200원 두부 1,000원 기름값 1,650원
計 10,050원

〈1985년 2월 20일 수요일 낢씨 눈〉

이번 설은 정부에서 힐 말이 업쓰니까 설이라는 말은 한 마뒤도 하지 않코 민속의 날로 정해서 공휴일로 하로만이라도 노니까 이번 설은 객지에 있든 사람들이 고향을 만이 차저 왔쓰며 설 기분은 좀 더 난다만 사람이 야근 말이 절시리 나는 것 같다.

"요줌 날씨가 그북서렵다. 삼일 전부터 기온이 갑짝이 내려가며 거센 바람이 불고 하니 사람들이 추위을 더 타며 불만들의 표정이다."

"그리고 우리 마을로 바서 노름판이 가끔 했쓴는데 올헤는 노름판의 역사을 가진 놈이 노름 한번 하자고 돈을 가지고 벌리나도 하지 않늘 뿐 아니라 올해 들이서는 판이 전연 벌어저지을 안는 것을 보며 인간의 양심이 바로서스 사라전는시 인간들의 돈이 업쓰서인지 아직 알 수가 업꾸나."

〈1985년 2월 21일 목요일 낢씨 맑음〉

낢씨도 매섭고 해서 아무 일도 몿하고 집배서 놀고 마랐다. 낢씨만 좋아더라면 올해는 설 시기가 바푸게 들로 갈 꼈으로 내다밨는데 날씨가 사람들을 휴식을 시키고 있다.

"민형이가 저의 집배서는 놀 아들이 업고 하니 큰집배만 오며 운이 시야하고 논다면서 저의 집배 안 갈라고 더는 것을 보며 이상하다. 왜냐하며 우리 아들은 단 하로라도 남왜 집배서 잠을 몿 자고 있는돼 민형이는 얼마든지 있쓸라고 더는 것을 볼 때에 정말 이상한 아들이다."

"그리고 우리 혜진은 개집만 보며 눈물 난다고 하면서 개집 업쌔라고 하여서 구뭄날 김천장에 가볼라고 작정을 했는돼 오전 내 비가 오는 바람에 강아지장을 가보지 몿하고 마랐쓰며 아이들이 개소리만 하며 아빠가 잘몿했따는 생각밖에 업쓰며 김천 장날이 왜 팔리 오지 안나 하는 생각밖에 업다."

"집사람이 잠자리에 들어올라고 옺을 벗는 것을 보니 (사추[셔츠]) (내위들이) 다들 구멍이 낯쓰며 새 거라고는 업더라. 이것을 보고는 미안하기 짝이 업쓰며 언재라도 아빠가 입고 나머지만 입는 줄 알면서도 이번 설래 옺 한 번 몿 싸주고 미안한 감 검할 길 업쓰며 구멍 난 내위에 손가락을 너코 아빠 정말 너무했다 설을 시면서 집사람 옺을 싸주지 몿하고 남편 노렷 몿한다면서 집사람 좋은 사람 돈 만은 사람한태 갈더라면 떨어진 옺을 안 입을 껀돼 하고 우시게을 하면서도 한편 집사람에깨 넘어한다는 생삭은 머리에 떠나지을 안으면서 이세들의 앒날에 돈이 업쓰서 학교 몿 시킨다는 부모가 돼지 안을 생각밖에 업쓰니 집사람 사랑은 이세들의 사랑에 밀리고 있따는 생각이 더는구나."

〈1985년 2월 22일 금요일 낡씨 맑음〉
"무이미한 하로 일과을 보내쓰며 사람들의 말을 들어보며 전 대통령 정치을 아주 피팍[비판]을 만이들 하며 이번 선거을 치루고 난 뒤부터는 정치 감염[관념]이 아주 만으며 정치을 불평을 하는 것을 볼 때에 정치가 순탄하게 가지을 안을 너킴마저 더는구나."
"사람들을 가만이 보며 실찌 건강에 좋은 고기는 돈 들어간다고 적개 사는 너킴을 단번에 알 수 있두록 절약을 하면서 사는돼 모이며 술 먹자고 더는 것을 보며 이상할 정도다. 이재는 막걸리는 들 하며 (소주) 음료수을 막 다루는 것을 볼 때에 필요 업는 낭비을 만이 하고 있따고 생각을 한다."

〈1985년 2월 23일 토요일 낡씨 맑음〉
큰집 형 개[계] 하면서 노름판이 벌어저더니 오늘은 일원 사람이 먼저 차저오든이 나중에 딴 사람이 오니 벌리자고 약속이나 한 것쳐름 대들고 있는 것을 보니 생각을 할 문제라고 생각을 한다. 여때껏 종용하게 겨울철을 잘 지내왔는데 어제부터 탈이 나서 오늘은 모두들 바짝 달라서 돈에 한장한 사람 같더라. 그리고 자신도 오락을 절기{는} 놈이라 한번 해볼 생각이 더는돼 형도 있고 해서 구경만 하다 정심식사 하로 오고 마랐다만 노름판에 안 가며 놀 때가 업쓰서 그만 집배서 지루한 일과을 보내고 마랐다.
지출에 … 평값 1,500원

〈1985년 2월 24일 일요일 낡씨 맑음〉 다
우리 아들 새 학년 댄다고 전과와 수련장을 살려고 춘향단서점이 크다고 같든이 정말 서점은 크기는 크더라. 그러치만 종업원이 쓰비서가 다른 돼 보다는 흙신 몿하며 집사람은 서울서점에 가면 잘해 준다고 그기을 가라 하는돼 우리 동내 아들이 책 사로 간다면서 춘향단서점에 간다고 해서 따랐같든이 그만 바가지만 900원 쓰고 마랐다. 자신은 아가씨가 개산을 하면서 달라고 해서 다 주고 집배 와서 개산을 해보니 11,100원. 12,000원 달라고 해서 결과적으로 1,000원을 바가지을 쓰쓰며 당장 올라갈려고 해도 차비가 들어가지 같다 왔따 하는 힘이 들어서 손예을 보기로 결정하였다.
지출에 … 혜진 전과 3,700원 혜진 수련장
1,700원 혜영이 다달학습
1,000원 수련장 1,700원 혜진
다달학습 1,000원 운이
다달학습 1,000 차비 360원
전기코드 500원 물바가지 400원
민형이 감기약 1,000원
計 13,260원

"나 자신은 아들 공부 다 갈치두록 춘향단 서점에는 가지 않을 작정이다."

〈1985년 2월 25일 월요일 낡씨 맑음〉
금일은 소 발핀 거름을 논에 실어내다 오후에는 땅이 추지서 보밭에 내고 마랐쓰며 경운기로 6섯 바리 실어내니 집이 한아더라.
"그리고 오늘 저녁에 반상회 한다고 동 사무소로 나오라고 이야기을 하여서 가보았든이 복합영농단지 한다면서 과수 있는 사람들 그진 다 들어 있더라. 있{는} 사람들 송아지 두 마리와 모목대[묘목대]와 1,500,000만 원 정도식 돈을 준다고 이야기을 할 때에 무었신가 정책을 잘뫂 한다고 생각을 한다. 왜냐. 자신이 생각을 해볼 때에 이미 과수가 신기서[심겨서] 있는 돼는 해당이 안 대야 하는돼 이미 사과나무가 있쓰서 수입을 보고 있는 사람들은 동내 쳐고도 잘 사는 사람들이 돈이 지치을[주체를] 못할 사람도 있다. 여기다 송아지을 주지 모목돼 주지 이 사람들은 더 잘 사라고 보태주는지 알 수가 업다. 이것을 볼 때에 정말 정부하는 짓들이 기가 막희며 불피한 돈을 낭비을 시키는 것을 보니 외국에 돈 빌리 와서 빈틈 업씨 쓰도 살라갈 둥 말 둥 하는돼 낭비을 하고 있는 짓들 기가 막힌다."

지출에 사료값 (5표) 22,750원

〈1985년 2월 26일 화요일 낡씨 맑음〉

금일도 작과나무 선시을 하면서도 어떠게 하며 과일이 만이 달릴 썻인가 하고 생각밖에 업쓰며 전지을 해도 자신이 없이 전지을 하고 있쓰며 이번에 과일이 오지 안으며 기술자을 돼서 전지을 한번 해 볼 작정이다.

지출에 … 벼씨값 40kg 26,000원 식염이 50kg 4,800원
計 30,800원

〈1985년 2월 27일 수요일 낡씨 흐림〉

오늘로서 과수 전지을 다 했쓰며 올해는 전지하는 돼 시간이 제법 글리며 전지한 나무가 제일 나너리라고 생각을 한다. 옴해 과일 돈을 좀 헤바쓰며 하는 생각밖에 업다.

"우리 운이 공부하는 것이 이재 좀 치미가 붙는 것 같든 너킴이 들며 운이 공부을 하며 잘한 너킴이 들고 있다. 아빠는 운이가 공부만 잘하며 더 바랄 껏이 업디고 생가을 한다."

"이재는 내일 넘어가면 삼월. 이제는 본격적으로 일을 할 때가 왔꾸나. 한편으로는 절급꼬 한편으로는 여름철래 땀방울 흙릴 껏을 생각을 하니 절리는[질리는] 너킴이 들고 있다만 올 농사을 잘 짓어서 남들 모양 저축을 만이 하면서 살라 바쓰며 하는 생각을 가질 때는 빨리 여름이 왔쓰며 하는 생각밖에 업다."

〈1985년 2월 28일 목요일 낡씨 비〉

송아지 인공유 1포 519원[185)]

"봄비는 잘 온 셈이다. 이 비가 온 뒤에 추이가 업쓰며 보리농사에 풍년의 칯발이 댈 수가 있따고 보고 있는데 앞푸로의 낡씨가 말한다."

"이번에 정부에서 말하기을 대학교에 말성업씨 하는 대학원은 지원을 해주고 문제돼는 학교는 문책을 할려고 이야기을 하는 것을 볼 때에 대학생을 비위을 건뒤리따고 생각을 한다. 일개 대학생이 잘 해주고 못 해주고는 뒤전이라고 생각을 한다. 왜냐하면 학생들이 난동을 직이는 것은 민주정치을 바라고 있쓰며 학생들을 사탕 발린 소리을 하지 말고 정부도 실속 있는 민주정치을 할 껏으로 노력을 하며 정부는 학생의 아버지라고 생각을 하고 학생을 절 때 휘생을 시키서는 안 댄다고 생각을 하며 학생들과 대화로 해결을 하고 정부도 민주수의 성책을 하며 정당의 유리한 짓을 하시 말고 무었시든지 중립에 두고 일을 해가며 소리가 업쓸 껏으로 보고 있다."

지출에 … 인공유 1포에 5,200원 화차 800원
計 6,000원

---

185) 이 내용은 지면 상단에 따로 기재하였다.

〈1985년 3월 1일 금요일 낡씨 흐림〉

"과수 전지한 것을 온자[혼자] 주어며 이뜰은 주울 끈돼 오늘 오후는 온 식구 동원을 해서 주어니 십고 하로 만에 안전이 집배까지 가지고 올 수가 있뚜록 일을 하여쓰며 온 식구가 일을 그들어서 아빠일 영 수라게 일을 깨운하게 해치아다."

"우리 훈{이}가 공부하라고 하며 울화똥이 나는 모양이다. 공부만 저의 엄마가 갈치며 얼굴이 벌그게 달라오려며 이재는 목 아푸다면서 공부을 안 알라고 더니 이그 문제가 크가고 있다."

지출에 … 적십자비값 1,400원

〈1985년 3월 2일 토요일 낡씨 비〉

봄비가 너무나 만이 온다. 봄비가 만이 오며 일이 상당이 지연돼고 있다. 오늘은 계핵을 새우고 비오는 바람에 개핵돼로 못하고 휴식을 하고 마랐다.

비가 그치며 일할 욕심으로 비을 마저면서 과손에 기계류 사둘려고 김천을 같쓰며 기계류 값이 생각보다 좀 허런 감이 더는구나.

지출에 … 기계류 값 16,000원 풍사[붕사/비료의 한 종류] 5,000원 차비 340원
특별조치법으로 집 등기 넌구는돼 2근[건]에 16,000원[186]
計 21,340원
+16,000원
計 37,340

〈1985년 3월 3일 일요일 낡씨 맑음〉

과수나무 밑태 두엄을 안전이 너어쓰며 오후에는 기계류 약을 철라고 개핵을 세운 것이 새집배 오동나무 빈다고 해서 약 살포하는 것을 치소을 하고 오동나무 비는돼 종일 한 셈이며 그 큰 나무을 손우로 다 비는돼 힘이 상당이 들어쓰며 일을 안 아다 하니까 정말 몸이 고단하더라.

수입 …… 울콩, 밭, 6000원

지출에 … 가방, 끈하고 4,500원 공책 1,600원 전구담아 260 차비 340 연필 1,000 삽펜 지우게 300 혜진 약값 1,400원
計 8,000원
1,400원
計 9,400

〈1985년 3월 4일 월요일 낡씨 맑음〉

(3月 4日 기계류 약 살포함(살포량 19말)[187]

금일은 집사람과 둘리서 작과나무 기계류 약 살포을 했쓰며 기계류 약 살포을 (삼일전에) 약을 살포했쓰며 안전 적키라고 생각이 더는구나. 그래도 작년 비와며 3일 앞당긴 샘이다. 그리고 기계류 한 말을 물 두 섬 20말을 타서 살포을 19말 한 셈이다. 작년 비와며 엄청나게 만이 살표한 셈이다.

"그리고 세집배 기계류 약 살포하는 것으로 하로 일과을 보내고 마랐다."

(앙기집배서) (십만 원) (차용함)

〈1985년 3월 5일 화요일 낡씨 맑음〉

오전에는 송희 집배 서라비[슬라브] 천다고 일 그들어 주어쓰며 남의 일은 잘도 하는

186) 원문에서는 이 구절 전체를 선으로 둘러쳐 표시해 두었다.

187) 이 내용은 지면 상단에 따로 기록되어 있다.

것 같다.
"오후에는 논보리 거름하는 것으로 일과가 돼어쓰며 작년 비예서 보리들 좋찌만 올해는 지섬이 만아서 보리들 잘라는 돼 지장이 만을 꺼으로 내다본다."
지출에 … 두부 500원 생선 800원
計 1,300원
(논보리 거름 요소) (1포 함) 정자 밑 대갈림한 논에 비료거름 (반 포)

〈1985년 3월 6일 수요일 낡씨 맑음〉
오늘 정월 대보름이다. 정말 세상은 만이 달라졌다. 왜냐하며 우리들 자랄 때만도 보름달 보며 아들 노는다고 아주마 할 꺼 업씨 달 보게따고 동산으로 뒤산으로 다들 낯 쓰고 했는돼 이재는 한 사람도 업쓰니 변화여도 아주 딴 새상 모양 변한 것은 사실이다. 그리고 올해는 보름에 일하는 사람이 상당이 만이 보이며 앞푸로 얼마 안 가서 보름 따위도 업쓰저지 않을까 생각도 더는구나.
지출에 … 혜진 학교 비품값 250원, 감자 씨값 2,400원 計 2,650원
수입에 … 개값 · 원금이 45,000원 (세집배 고기값을 안 받고 돼집하여서 고기값 10,000만원)
실지 수입원 39,000원

〈1985년 3월 7일 목요일 낡씨 흐림〉
금일은 마을 청소한다고 동민 전원이 나와서 청소을 하여쓰며 마을 청소도 마을 자채에서 가끔 하지만 면소에서 개입이 안 대며 청소가 돼시을 않을 끄시며 동민들은 우선 기찬치만 마을 청소을 다 하고 나와 길거리을 글어가며 깨끝에서 마음이 아주 상캐한 맡 말할 수 업쓰며 한 달래 한 번식은 해야 대겟다는 생각도 더는구나.
"마을 청소을 11시에 끝을 내서 경운기로 상토 흙을 두 바리 파스며 오후에는 풀나무 한 짐 하는 것으로 하로 일과을 보내고 마랐다."
"우리 운이 공부 안 알라고 해서 큰 극정이다. 저의 어머니가 운이 공부 갈치는 돼 골치을 알코 있쓰며 이번 운이 선생님이 잘 더려왔따고 생각을 한다. 왜냐하며 숙제을 안 해오며 때린다는 말을 할 때에 이번 선생님은 잘 맡나따고 생각을 하며 매을 대서라도 좀 알두록 하여쓰며 하는 생각밖에 업다."
지출에 … 혜진 감기약 한약 하로분 값
5,000원

〈1985년 3월 8일 금요일 낡씨 비〉
봄비가 너머나 만이 와서 보리 피해가 만을 것으로 내다보고 있다. 비가 만이 오는 바람에 아무 일도 못하고 하로 일과을 무이미하게 보내고 마랐다.
오늘 휴식을 하면서 친구들과 화토노리을 하다 경비만 내고 마랐다.
지출에 … 오락비 값 5,000원 혜진 부회장이라서 학교 비품값 1,700 혜영이 감기약 1,000원
計 7,700원
수입에 장목반에서 … 4800원, 농업 (이익배당 금액()) 770원 計 5,570원

〈1985년 3월 9일 토요일 낡씨 맑음〉
오전에는 세집배 오동나무 끝따리 모두는 돼 그들어 주고 오후에는 담아내기 덥픈 것을 깔꾸리로 안전이 끄려내고 하로 일과을 보내고 마랐다.

"그래도 오늘까지는 낡씨가 차과어서 명절 기분을 내고 있는 사람이 만치만 내일부터는 농민들은 정말 바픈 일과가 시작이 돼어야 한다."

〈1985년 3월 10일 일요일 낡씨 맑음〉

담아내기 복합비료 (반 포)[188]

작과나무에 풍사[붕사][189]을 사온 것으로 한 포기에 풍사 셋 호끔[190]식을 하고 말라쓰며 약방에서는 (1kg)으로 5포기 정도 하라고 하는돼 자신은 좀 적개 한 셈이다. 풍사을 만이 하며 과일에 영향이 있따고 해서 풍사을 난구면서도 적개 한 셈이다.

"그리고 담아내기 비료거름을 하여쓰며 비료량은 가리와 복합을 합파면 한 포 좀 적개 한 셈인돼 비료을 담아내기에 처음 하니 량을 몰개꾸나."

"세집배 오동나무 실어로 와는돼 차가 적으서 삼분 일만 실고 가고 마랐쓰며 큰 차을 가지고 왔쓰며 사람이 있쓸 때에 다 실고 같쓰며 자신도 수란돼 재차 실을 것을 생각을 하니 극정돼는구나."

"지출에 … 화장품값 3,500원
고기값 1,000원
計 4,500원"

〈1985년 3월 11일 월요일 낡씨 눈〉

상토 흙을 논바닥에서 직접 쳐서 집배 가지고 올라고 경운기로 노타리을 해보니 좀 추지며 흙이 추지니까 아미에 나오지을 안아서 일을 할 수가 업더라. 그래서 일을 포기하고 마라다.

오후에는 논바닥에서 흙을 쳐두록 기다리며 상토 흙이 너저만 갈 끝 같다서 재복이와 두리서 재목이 논읅[논흙]을 세 바리을 파고 나니 달희가 차로 김천 간다고 해서 육모상자 온상할 꼣을 사로 따라가서 파이프와 비누루을 잘 사왔다.

지출에 … 파이프값이 6매다 (5개) 10,000원 온상 비누류 8매다 4,000원
집사람이 지출 낸 것이 운이 수련장 1,500원 혜영이 감기약 1,500원 우산 1,500원 전구담아 500원 차비 340원
計 18,840원

〈1985년 3월 12일 화요일 낡씨 맑음〉

(상토 흙 첨.) (용희, 육모 상자 220개 차용)[191]

세집배 과수비료 비료 띠 달라고 해서 대신 비료 띠로 가니 이재는 비료는 마로보시에서 취급을 하지 않코 조합에서 직접 취급을 하고 있쓰서 농민들은 전표을 가지고 차저 다니는 것이 업쓰서 좀 수라게 돼어다.

"그리고 오후에는 육모상자 흙을 집사람과 쳐는돼 흙이 추지서 생에을 먹어다. 앞푸로는 흙을 일적 파서 흙을 안전이 말라저서 하면 좀 수랄 수 있따고 하는돼 매년 배락치기로 하니 사람은 더 상화고 있다. 상토 흙을 370개 잡고 경운기로 5섯 바리을 타서 무구리[모래가 많이 섞인 흙]는 두 경운기 좀 뭇 돼게 남구고 다한 셈인돼 흙이 부

188) 이 내용은 지면 상단에 따로 기록되어 있다.
189) 비료의 한 종류이다.
190) 정도를 나타내는 말로, '손에 쥘 만큼 조금'이라는 뜻이다.
191) 이 내용은 지면 상단에 따로 기록되어 있다.

족이 될련지 극정이 돼면서 힘이 들어서 그만 취우고 마랐다."
지출에 … 복합비료 2표 9,660원

상토 흙을 경운기로 5섯 바리을 파서 무구리을 (한 바리 8부) 정도 남가쓰니 실찌 육모상자에 들어갈 흙은 (셋 바리 2부) 정도밖에 돼지 안는 셈인돼 부족댈까바 극정이다.

〈1985년 3월 13일 수요일 낢씨 맑음〉
작과나무에 복합비료 (한 포 반 함) (송아지 노엄)[192]
비료거름 순비가 밑치 돼지을 안아서 작과일나무에 밑차 못하고 오늘 오전에 안전이 하고 마랐쓰며 오후에는 소 점심을 줄라고 드니 작년에 제준내 소 사가지고 송아지을 실패을 바서 이번에 송아지을 잘 키야 손예을 들보는돼 하고 불안하기 짝이 업쓰며 이 소는 우리 소 두 마리는 송아지 놀 때에 별로 불안하게 하지도 않코 수라게 놓코 마는돼 이 소는 우선 보기에 사람을 불안하게 하며 송아지을 2시 40분경에 놓는돼 송아지는 다 나와는돼 송아지 배총[배꼽]이 달리서 한참 어떠게 하나 하고 불안해 했쓰며 소가 일어나지을 안아서 배총이 뜰어지며 실료 참매마[실로 잡아매면] 안 돼게나 하고 소 어미을 때리니까 소가 일어쓰녀 송아지을 빠는돼 희미하게 빠라서 작년{처럼} 송아지을 실패 밭는 것이 아닌가 하고 마음은 더 불인했저더라. 이 붉안감이 자신의 부족으로 초유을 빨아먹을 때 불안감이 좀 시라저더라
집사람과 둘리가 이번 송아지 놓는 돼는 유달이 신경이 더 쓰저며 오늘 오후에는 소한때 매달리서 하로 해가 넘어 같다.

지출에 …	호로마이 …… 600원	計 950원
	혜진 학교 비품 350원	

〈1985년 3월 14일 목요일 낢씨 맑음〉
객토 했는 논에 논을 한번 골라볼까 하고 경운기에 두엄을 한 발리 실고 가보니 아직 손도 돼지 못하게더라. 앞푸로 낢씨가 잘하며 몰라도 그러치 않으며 올해 객토했는 논들은 고루자면 예로가 만을 끝으로 내다보고 있다.
"그리고 제준내 소 산 것이 송아지가 캐알하지 않는 것 같다서 극정이 말할 수 업쓰며 송아지 간심 때문에 일이 만돼로 돼지을 안으며 송아지에깨 바짝 달리서 신경이 만이 쓰이고 있다."
"나무 한 짐 저는 것으로 하로 일과을 보내고 마랐다."

〈1985년 3월 15일 금요일 낢씨 맑음〉
마늘 비료거름 하고 마늘, 양파에 살충제 싸락약을 헌치고 오니 형이 육모상자 흙을 쳐면서 형수는 대구 가고 혼자 쳐고 있더라. 그래서 흙 쳐주는 돼 그들어 주어쓰며 흙이 추지서 생예을 먹어쓰며 흙이 일곱 바리을 무구리 한 바리 정도 남구고 다 쳐쓰니 흙이 추지서 힘이 만이 들어라.
"그리고 눈님 둘째 아들 상한이가 내일 군대 간다면서 큰집부로 왔더라. 그래서 돈을 만이 주며 좋찌만 10,000만 원 주고 마랐다."
"집사람은 순철이 딸 백날이라면서 구미을 가니까 달로 쳐며 오늘이고 달로 쳐며 어새

192) 이 내용은 지면 상단에 따로 기록되어 있다.

라면서 어재 했따고 이야기을 한다고 하면서 오늘이라도 안 가쓰면 좀 서원하지 안예쓸까 하고 오늘 잘 갇따고 이야기을 하더라."
(지출)
(상한이) 군대 가는 돼 10,000 순철이 딸 백날이라고 옺 4,000원
민진이 집배 (가자[과자]) (공잭[공책]) 2,000원 차비 420원
計 17,220원

〈1985년 3월 16일 토요일 낡씨 맑음〉
오늘은 땔감이 좀 적을 껏 같다서 산에 나무 한 것 저고 오면서 종일 한 것이 18단 했노았으며 겨울에 나무 한 짐식 저다 나루면서 오늘 식으로 했쓰며 이미 나무 극정은 하지 안아도 댈 끌 하는 후예감이 들며 생각을 밑차 못해서 오늘 나무 준비에 외로가 만아다.
지출에 … 혜영이 (다달학습) (자연학습) 2,000원 전기세 값 1,200원 차비 120원
計 3,320원

〈1985년 3월 17일 일요일 낡씨 비, 맑음〉
순철이 딸 백날이라고 집사람이 같다 오더니 오늘 민진이내 놉을 해서 나무 온긴다고 이야기을 해서 살라고 해사 다니면서 장미나무 접을 부치서 팔라고 노력을 하고 있는 돼 내 몸이 좀 뒤도 가서 그들어 주자 하는 마음으로 아침 일적 먹고 가보니 모목이 여려 가지가 상당이 만으며 놉을 한 사람 했고 회사 사람 나중에 둘 온다고 이야기는 하지만 밑들 수도 업고 해서 오늘 일은 안전이 할 수가 업깨끔 대어 있쓰서 오늘 일요일인돼 순석이가 집배 업깨나 하고 구미에서 전화을 해보니 마침 김천 갈라고 옺 가라입는 중이라고 이야기을 하더라. 그래서 나무 온기는 일이 좀 만타면서 아주 바푼 일이 아니며 와서 그들어라고 이야기을 했든이 점심 먹는 적시로 올라고 하더라. 오전에 셋시 해 바야 반 정도도 못했다. 오후에는 순석이, 형수, 영숙이 볼일 보로 왔서 왔따면서 조금식 그들어 주니까 일이 좀 빨리 돼며 오후에 좀 일적 마친 셈이 돼며 일을 안전이 했노니 자신의 마음이 더 캐운 하더라.
"순기가 학교 다닐 때부터 접목 키우는 일을 했왔찌만 회사 다니면서 일한 것을 보니 엄청나게 만이 했쓰며 몸만 아푸로 탈만 업쓰며 살기는 살게더라."
지출에 … 민진이 집배 가는 돼 · 과자 1,000원

〈1985년 3월 18일 월요일 낡씨 비〉
보리에 비료거름 한 것이 적은 감이 있쓰서 오늘 재벌 거름을 하여쓰며 말리 보리논에는 요소거름 1포 7부 정도 했쓰며 정자나무 논에는 요소 0.7부 정도 들어간 셈이다. 그리고 오후에는 집사람과 보밭에 가서 집사람은 파, 양파, 시금치, 삼동추 밭을 매고 자신은 우리 봇밭과 영희내 보밭을 가는돼 일적 갈 중 알라든이 생각보다 너떠라. 올해 웃들 보밭에는 경운기로 거름을 7급[일곱] 바리 실어내서 밭을 갈라 보니 전부가 거름 갇더며 내년에 한 번 더 이러깨 거름을 내서 곡석을 부친다면 안전 상답이 돼지 않을까 하고 내다보고 있다.
지출에 … 혜영이 차비 160원

〈1985년 3월 19일 화요일 낡씨 맑음〉

별로 할 일도 업고 해서 객토했 논에 흙이나 깔라 볼까 하고 경운기을 몰고 같든이 객토했 흙을 포크레이로 깔면 뒤에 일도 업고 수라다고 흙 한 차에 1,000원식 주고 깔라든이 응망으로 깔라서 경운기로 직접 못 돼서 사람이 삽부로 일부 고루고 경운기로 쓰리는돼 잘 안돼며 만이 흙을 너원 사람들은 예로가 만을 끝으로 내다보며 자신도 생각을 잘못 했다고 생각을 한다. 왜냐. 미리 삽부로 대충 고라쓰며 경운기 조작을 한 번 더 안에도 충분이 고을 수가 있따고 보는돼 생각 차고로 한 번 더 경운기 조작을 해야쓰며 육체적으로도 고대게 돼어있다.

"그리고 우리 마을에서 아무도 논을 고루는 사람이 업고 자신이 재일 일적 하기 때문에 마음 여유을 가지고 천천이 할려고 생각을 가진는돼 막상 일을 시작을 하고 보니 그러치 안더라. 오늘은 처음 시작을 하면서 너무 무리하게 일을 만이 했따고 생각을 하며 앞푸론 오늘 같은 무리는 하지 않캐다."

지출에 … 사료값 3포 13,650원

〈1985년 3월 20일 수요일 낡씨 맑음〉

객토한 것을 오전에 대충 화여쓰며 이제는 소로 깊푼 돼만 좀 실어 너어며 모내기을 할 수 있뚜록 만들어 노았쓰며 내일 구경만 안 가며 솜 더 고라쓰며 하는 마음은 있쓰니 내일 구경 간다고 오전반 하고 마랐디.

"그리고 이번 구경은 안 가고 5月 5日날 아이들 돼리고 구경 갈 작정을 했는돼 오늘 동장이 왔서 가자고 보채는 바람에 어째 할 수도 업고 해 돈을 주고 마랐쓰며 이번 구경은 생각지도 안는 구경을 하게 되었다."

지출에 … 부식비 6,000원

〈1985년 3월 21일 목요일 낡씨 맑음〉

(동민 41명이 관광함) (여수 오동도) (진도교) 목포 유달산 (건강땜) (전주 동물공원) (금산사 절) (대전 유성온천)193)

이번 일이 동장이 와서 보채고 있는 바람에 어쩔 수 업는 구경을 가게 돼어서 별로 상캐한 맡은 업씨 금오산 관광뻐스를 타게 돼어쓰며 여수 오동도까지 같쓰며 여수, 오동도는 개핵에 들지도 않아는돼 뻐스 완에서 어른들이 바꾸고 마라쓰며 (삼) 년 전에 오동도와 달라진 것은 삼과[상가]가 새 금물[건물]로 단장댄 것이 다러며 다른 것은 변한 것이 하나도 업더라.

여수 오동도을 출발을 해서 진도교을 가는돼 한참 가며 진도교는 남해대교 모댈이 비쑷하며 남해대교보다 보기는 좋은 것 같더며 기술이 {남해}대교보다 좋은 것을 너킬 수가 있더라. 자신이 생각을 할 때는 관광객을 유치을 못하는 일이 있쓰도 땜으로 안전이 막아쓰며 경비도 적개 더러갈 껏이 아닌가 생각을 해보와쓰며 그 안을 달리 사용 같치을 차저 보았쓰며 하는 생각이 들더라. 그리고 목포 유달산으로 가는돼 사람이 다들 지치서 구경에 헝미가 업는 것 같더라. 목포에 도착을 하니 오후 7시가 돼더라. 그래서 유달산은 가보지 못하고 목포 (보성장) 여관에서 여장을 풀개 돼어쓰며 여관에 들어쓰니 모두들 안전이 지치쓰며 넘어나 피료해서 좀 자 바쓰며 하는 생각이 더는돼 멧 사람위 하토 쳐면서 떠더는 사람 때문에 한 방의 20명이 밤새두록 눈도 부치 보지

193) 이 내용은 지면 상단에 따로 기록되어 있다.

못한 사람이 십 명 이상이며 눈을 한 시간 정도 부친 사람이 약 오 명, 그진 전부가 밤을 세운 샘이다. 밤을 세우면서도 돈을 딴 사람 멧원[몇은] 구경하고 돈을 따쓰니까 좋게찌만 그 반돼로 돈을 일은 사람은 구경이 아니라 돈을 일은 이후부터 지약이 돼고 말개찌. 이것을 생각을 안 알라고 해도 일은 사람의 무이식중 말이 지루하다면서 유성온천이고 {뭐고} 집부로 바로 가자고 하는 무이{식}중 말이 가슴 아푸다. 이 일을 돈을 따 먹을라고 더는 사람의 마음 자체가 크게 나푸지만 오락으로 주의 친구가 돈을 푸러서 만들고 있쓰니 여사로 보며 오락이라고 생각을 하지만 욕으로 본다면 아주 쓰도 못할 사람이라고 해도 무리는 아니다.
그리고 잠도 한 짐도 자도 못하고 6시 30분경 유달산 공원을 가서 구경을 하는돼 정말 목포 자랑은 유달산이구나 하는 생각이 들며 자연 바위가 그처름 웅장하고 큰 바위는 처음 밭다. 조금한 산이 안전이 돌등어리가 모여서 서로가 엉키어 있는 모섭이 정말 입이 버려저더라. 그리고 목포시민이 아침 조킹하는 돼 안성맞춤이며 목포시을 내리다보는 기분을 차저 볼 수 있는 돼가 유달산 공원이라고 말을 하고 십더라.
유달산을 구경을 하고 나서 여관으로 와서 아침밥을 먹고 김제 금산사 절 구경하로 가는돼 다들 잠자는 모섭밖에 업쓰며 운전수 안내양 둘리 말고 다들 졸고 있는 모섭을 볼 때에 관광을 너무 지나치게 한다는 생각이 앞쓰더라.
약 12시에 도착을 했쓰며 금산사을 자신이 볼 때에 절터가 정말 명산 터라고 말을 하고 십다. 왜냐하며 위취가 남향을 야산으로 편풍쳐름 돌려싸서 있는돼 그 택지가 늙고 골이 크서 물은 향상 내려오게코 정말 좋은 절이라고 생각을 하며 부쳐을 석고로 만들어 금칠만 일억 멧 천만 원이 들어갈따는 안내하는 사람의 말을 들을 때에 그대하다는 생각이 들어쓰며 이 절이 외적의 친입을 밭지 않코 지내왔따는 자랑을 하고 있더라. 이 절을 볼 때에 해인사보다 부쳐 모섭은 더 웅장한 모섭을 보이고 있쓰며 부쳐 있는 돼가 두 곳밖에 업쓰서 관광객을 유치는 만이 못하고 있찌만 앞푸로 이 절이 눈부시게 발절할 껏으로 내다보고 있다.
금산사에서 정심을 하고 나니 약 2시경이 돼더라. 정심을 먹고 휴식을 하지도 않코 바로 몸을 뻐스에 실어서 건강땜[금강댐]으로 가서 구경을 하니 정말 땜이 그대하더라. 건강땜은 박정희 대통령이 착공하{였으}며 그 땜에 뽀드[보트]라도 있쓰며 장사가 대개더라. 우리가 구경을 할 때에 전주여고 농구부 같든돼 여고 학생이 그 땜 높이 50매다는 댈 껏 같든돼 그 높피의 계단을 오러내리기을 시키는돼 아들에깨 너무 무리하게 시키며 아이들이 힘이 들어서 울고 있더라. 이것을 볼 때에 선생님을 욕을 하고 십프며 선생은 운동도 하지 않코 밑태서 지시만 하고 있쓰니 선생 자격이 업따고 보고 십프며 우리 아들, 딸은 운동을 한다고 하며 밥을 싸가지고 다니는 한이 있쓰도 말일 작정이다. 전주여고 아들 운동시키는 것을 보니 그 딸들 시집을 가며 저 다리가 온전하게 유지을 할 껏인가 하고 염려가 돼며 체육 선생님은 아이들 너무 무리하게 운동을 시키지 않는가 하고 상관들이 좀 보살피 주어쓰며 하는 생각이 들고 있다. 이른 방침 업씨 간다면 체육선생님의 생각 착오로 특희 평단하게 이 새상을 살고 있쓸 끈돼 그 반돼로 다리 골절로 부랭하게 사라간다고 생각을 해 볼 때에 시급하다고 생각이 들며 전주여고 체육선생인가 몰라도 체육선생이 배가 나와서 운동도 몿할 꺼 같든돼 딸들 교육시키는 것을 보니 보들보들하게 자라는 딸들 골절병을 만이 주어따고 생각을 하며 전국에 체육선생님 수도 업쓸 땐돼 아이들 무리가 너무나 만을까바 극정이다.

〈1985년 3월 22일 금요일 낡씨 맑음〉

전주 동물공원을 구경을 해보니 부지는 늙고 위치는 좋은 것 같더며 동물들이 좀 쉬쉬하며 입장로는 300원식나 바더면서 사육장에 들어가서 구경을 하는돼 악취 냄새가 나서 바로 들어갈다 바로 나와 버리다. 동물원에 깨끝해야 돼는 동물원이 갈리 부족으로 동물이 잘 자랄 수가 업개끔 돼어 있다고 보고 싶다.

"그리고 대전 유성온천이라고 하지만 전부가 온천수 아니고 모욕탕이 전부 보이라을 이용해서 사용을 하고 있더라. 그리고 구경을 다 간 사람이 전부가 하지 않코 절먼 사람은 모욕을 하지 않코 시내구경을 하고 마랐다."

"이번 구경원 이때까지 매년 다녀바찌만 이번쳐름 고댄 구경원 하지 않아쓰며 구경을 살 했따고는 생각을 하지 않으며 너무나 무리한 구경을 했따고 생각을 한다."

"이번 구경에 지출 금액 출물이 20,000원 아이들 · 선물 · 과자 2,000원 자신이 · 작비 2,000원 (용만 큰집) 선물이 2,000원 세집배 · 선물이 1,250원 시진값 1,200원"

(총지출금액) 20,250원
1,200원
28,450원

〈1985년 3월 23일 토요일 낡씨 맑음〉

오늘은 관광 갈다 온 사람들이 결산보고도 하고 속풀리을 돼지을 잡아서 했식[회식]을 하여쓰며 오늘 일은 복토 흙레 포로마인[포르말린] 약 처리을 하고 오늘 일은 휴식을 한 셈이다.

"그리고 어제 선생님 가정방문 오시따고 하는돼 자신은 구경을 가서 선생님을 보지 몿해쓰며 우리 운이 선생님은 한 {번} 바쓰며 하는 생각이 더는돼 구경 가는 바람에 보지 몿해서 좀 아십다."

지출에 선생님 과정방문에 4,000원

〈1985년 3월 24일 일요일 낡씨 맑음〉

(모재리 비누루, 1필림) (다찌가랭) (4봉 가지고 옴) (감자씨 노음)(3月 24日)[194]

집사람과 둘리서 감자씨을 파종을 하는돼 시기적으로 꼭 대어따고 보는돼 아직 사람들이 감자을 노치을 않코 있는돼 우리는 오늘 감자씨을 노코 마랐다.

그리고 세집배 감자밭을 갈고 일적에서 논을 갈라 보니 조금 추진 맡은 있는돼 그른돼로 논을 갈 수가 있게더라. 올해는 비가 자주 와서 들들이 돼다수 물이 있는 형편이라 경운기로 논 갈기가 매우 힘들지 않을까 생각을 하고 있다.

그리고 집사람이 혜진 안경을 갈라 달라고 해서 집사람이 혜진을 돼리고 가서 안경을

194) 3월 23일부터 24일까지 적혀 있는 일기장 지면 상단에 기록된 내용으로, 언급된 일자에 맞추어 본 일자에 배치하였다.

마차가지고 오면서 처형 아들 지문이한태 태래비을 헌것을 어더 왔서 우선 돈을 벌언 셈이다. 외냐하며 우리 (태래비가) 화면이 다 돼어서 화면이 완 나온 지가 오래다. 아이들은 이재는 공부할려고 태레비을 안 사도 개안다고 해서 미루고 있찌만 자신이 아이들보도 더 아쉬어서 태레비을 살려고 작정을 하고 있는돼 헛것이라도 올해만 볼 수만 있따면 극정이 업깨다. 이재는 소리만 나는 태레비 안 들어도 볼 수가 있쓰서 큰 다형다.
그리고 우리 운이 공부하라 하고 들레 가면 공부도 하지 않코 곳바로 놀로 간다고 하며 딸더리 아빠한태 일려 준다고 해도 만돼로 하라면서 그침업씨 놀로 간다면서 딸더리 안 때리니까 아빠 급을 안 낸다면서 딸더른 운이 좀 때리라고 이야기는 매일같이 하지만 어뒤 때일 때도 업고 혹 한 번 매을 돼며 다시 안 그랄라면서 그저 놀란 포정으로 울고 해서 매을 안 돼니까 급을 내지 안는 것은 사실이다. 오늘은 순석이 아들 민형이와 둘리서 달갈을 곤로에 후라이 해먹고 야단을 쳐서 아무도 업는돼 불이라도 내면 어떠게 하나 하고 극정을 했쓰며 민형을 너깨저의 집배 가고 업는돼 운이 그냥 두며 다음에 그랄 학률이 만을 꺼 같다서 다음에 왜방하기 위해서 매을 손바닥을 한 번 때리니까 다시는 안 그라게따면서 손바닥을 내밀지을 안 너며 잘못해따고 비는 모섭을 보며 아무도 더 때일 힘이 업쓰며 자신은 비는 모섭을 보며 웃섬이 나온다.
지출에 … 혜진 안경알 8,000원
파씨, 우엉씨 6,000원
計 14,000원

〈1985년 3월 25일 월요일 낡씨 비〉
무선 비가 종일 내리고 있다. 봄 쳐고 비가 만이 오며 자주 오고 있다. 비가 자주 오는 것을 보니 여름에 농사 짓을 때는 오지 않을라고 자주 오는 것이 아닌가 극정도 돼는구나. 비가 오후 5시 너어 돼니까 비가 그치길래 들레 한 밖이 돌라보니 몿 밑태는 보리가 될 꺼 같고 우리 논에 보리는 전부가 지섬이고 보리가 돼지 않을 꺼 같다서 마음이 상화더라.
그리고 우리 운이 좀 알 때는 잘 아는돼 어뜰 적에는 아무것도 모러는 이유을 알 수가 업더라.
지출에 … 우리 운이 과자값 200원
혜진 다달합습 1,000원

〈1985년 3월 26일 화요일 낡씨 맑음〉
고추밭을 갈라 볼라고 길도 안 더른 우리 소을 가지고 가 바든이 소가 만돼로 다니서 갈지을 몿하게쓰며 자신이 소을 몰고 집사람이 후치을 돼어도 안 대고 집사람이 소을 몰고 자신이 후치을 잡아도 밭을 몿 갈개쓰서 소 셋 마리가 다 이 모양이 큰일이며 한 마리라도 일소을 만더려야 하는돼 극정이다. 밭을 갈다갈다 몿 가리서 대충하고 갱이로 오늘 고추을 갈라 노았는돼 앞푸로 고추가 될련지 알 수가 업다.
"사람이 일을 몿한다. 연장이 일을 하지 사람이 일꾼이 댈려며 모던 것이 가추어져야 일꾼 소리을 덧는다."

〈1985년 3월 27일 수요일 낡씨 비〉
(경유 1말)[195]
순석이 수도 고장난 지가 오래라면서 암만 곤치도 안대며 세 준 선생님 보기에 미안타면서 와달라고 해서 가서 보니 고장은 어뒤가 난는지 알 수가 업쓰서 어떠게 해야 순서댈련지 알 수가 업더라. 그른돼로 둘리가 하면 몰게는돼 순석이는 조합에 가고 나니 내 것이 아니고 하니 손을 쉽게 쓸 수가 업쓰서 한참 생각을 했쓰며 일단 호수[호스]가 이상이 있나 하고 우물 건처을 관을 잘라쓰며 픈푸[펌프]을 돌리서 암력을 손으로 돼어 보니 별로 빠라더리는 힘이 적은 감이 들어서 이상하다 생각을 했쓰며 이 암력으로 물이 올로는가 하고 생각도 해 보았쓰며 이재는 땅을 혼자 더 팔 수도 업고 해서 새암에 들어간 호수가 이상이 있나 업나을 학인하기 위해서 우리 약돼 픈무기로 학인을 해보니 처음에는 확인돼세나 하고 의심을 했는돼 금세 물이 올로더라. 이것을 볼 때 픈퍼보다 암력이 쌔다는 것을 너켜다. 이재는 반춤은 확인이 다 돼어서 이재는 자신이 생기며 이재는 모다 이심에[이음매]을 한번 학인을 해서 호수을 정검을 할려고 픈프을 다 떠드 보았든이 바킹이 이상이 돼어 있쓰서 물이 안 올로고 있더라. 그래서 바킹을 다시 만들어 노았든이 물이 그전에야 잘 올로더라. 순석이가 픈프 고장이라고 두 번이나 수리점에 같다 왔쓰서 이상이 업따고 해서 여사로 생각을 하고 일을 했키 때문에 오늘 일은 헛수고을 한 셈이디.

지줄에 … 경우 1밀, 식유 1말 11,340원

〈1985년 3월 28일 목요일 낡씨 맑음〉

오늘은 용희내 대갈림하는 숫뜰 논에 거름 깔고 보뚝 손질하어쓰며 논에 나무[남의] 집이 있쓰서 논도 몾 갈고 물을 몾 잡아서 신경이 쓰이는구나. 그리고 오후에는 달희소 마구 짓는다고 물만 좀 바달라고 해서 일 좀 하고 하로 해을 보내고 마랐다.

"우리 운이가 저의 엄마가 공부을 갈치도 그전 모양 얼굴이 달라오러지을 들한 것 같더며 자신이 볼 때에 조금식 나저는 것 같더라."

"농민들 큰 문제다. 소큼이 아직 더 내리고 있는 것을 보니 농민들의 살 길이 점점 더 어더어지고 있는 것은 정말 한심한 노렸이다. 외냐하며 육체의 노동으로 벌어서 살라가는 농민들을 살개 하며크녕 정부에서 몾살게 만들고 있쓰니 한심하며 농민이 몾살며 정부에서 안만 지랄해 바야 경기가 풀리나가지을 안는다."

"앞푸로 정부에서 관광지을 태례{비}전에서 너무나 품[붐]을 이러키고 있는돼 이것을 규제 좀 해야 댄다고 생각을 한다. 왜냐하면 사람들이 수입은 별로 업는돼 생각 업씨 낭비을 만이 하고 있쓰며 농민들도 조합 돈을 내와서 구경을 가는 사람들이 60푸로 이상은 댄다고 보고 있는돼 업는 나라에서 이레께 살라간다면 결국은 나라가 극정이 돼는 날이 머지 안아따고 보고 있다."

지출에 … 주민세 값 920원
보리쌀 1포돼 운님이 60원
計 980원

〈1985년 3월 29일 금요일 낡씨 맑음〉

(소 수정함. 아포 축협) (보리쌀) (1포) 상토흙에 비료, 다찌가랭, 혼합함.[196]

195) 이 내용은 지면 상단에 따로 기록되어 있다.
196) 이 내용은 지면 상단에 따로 기록되어 있다.

오전에는 보을 했쓰며 도량 보가 아니고 로캉[콘크리트관] 박아 너는 일을 했쓰며 오후에는 상토 흙에 약과 비료할려고 오삽으로 돼 보니 복토 흙이 적을 껏 같다서 경운기 한 발리을 파서 흙 쳐는돼 매우 바파다.
상토 흙에 상자 400개 잡고 유안 2kg 용성인비 8kg 가리 2,400g 다찌가랭 4봉 함.
지출에 소 수정 (아수[소 품종]) 7,000원

〈1985년 3월 30일 토요일 낡씨 맑음〉

용희내 사과 과손에 노타리을 처쓰며 갈리부족으로 나무들은 조치을 안으며 밭의 위치가 아주 좋아서 적은나 일꾼이 있쓰서 노력만 한다며 아무것이라도 잘 댈 껏 같다.
오후에는 그냥 있쓸라다 들레 가서 먼저 논고루 둔 것을 사람이 골라 볼라고 함석으로 끄체을 만들어서 흙을 골라 보니 모진 바람이 부려서 춥기도 하고 들판에 나 혼자밖에 업쓰서 별로 일할 의욕도 업쓰며 조금 해 보니 힘도 들고 바람이 부러서 추벗서 못하게더라.

〈1985년 3월 31일 일요일 낡씨 맑음〉

(소득약 3봉, 물약 1병) (사료 3포) 벼씨 소득약 (4봉) 벤돼이 1봉 반납 물약 1병 가지고 옴.197)
이제는 정말 봄이라고 하는 사월 달 마지을 하게 돼며 사월이 돼며 농민들의 마음을 바뿌게 하는 계절을 마지하게 돼니 어뒤가 모러게 무얹신가 해야게다는 생각밖에 업꾸나.
오늘은 응수 모친 회갑이라 일 좀 그들어 주고 해쓰며 안들 한갑이라서 그런지 손님이 업쓰며 음식은 푸진하게 쓰셔며 엔날 말레[옛날 말에] 말난 잔치에는 먹을 껏이 업따고 하더니 오늘 속탁한 잔취라서 그런지 음식은 푸짐하게들 먹으따고 한다.
그리고 노름판을 구경을 하는돼 판돈이 한번 320,000만 원을 지고 노름을 하는돼 정말 급이 날 정도다. 노름하는 사람의 복장은 우리들과가는 다러다고 생각을 한다. 그러치 않코는 저 만원 돈을 노코도 여사이니 마음 자체가 다러다고 생각을 하며 노름을 하는 사람의 마음 자체도 말찌 못하다고 생각을 하며 오늘 노름 도중에 싸음이 돼어서 해산해서 다행이 그러치 안아쓰며 한두 사람은 신시[신세]을 조지구도 남는 판인돼 싸음이 말리쓰며 오늘의 싸음은 복싸음이라고 생각을 한다.
지출에 … 부위 4,000원
사료 (3포) 13,650원

(올해는 제목이 논흙을 파서 황값은 들어가지을 안아다.)
1차 흙을 쳐서 오삽으로 할량을 돼어서 나둘 껏.
2차 황을 썩끄서 나둘 껏.
3차 소득약 할 껏. 올해는 한 병으로 370개 상자 흙을 소득을 해서 약이 적을 껏으로 본다. 내년에 2병을 하여야 하게다. 200씨시
4차 비료 일절 혼합과 다찌가랭약 4봉을 혼합해서 두어는돼 약이 적은 감이 있다.
유안 상자당 5g, 용성인비 상자당 20g, 가리 6g, 약 5g

197) 이 내용은 지면 상단에 따로 기록되어 있다.

〈1985년 4월 1일 월요일 낡씨 맑음〉

(오신기 침종함)198)

세집배 작과나무 황 쳐는돼 황이 적으서 안전이는 쳐지 못했찌만 오전 내 약을 쳐쓰며 세집에도 4섬 5말을 살표해야 안전이 할 껏 같더라.

그리고 오후에는 오신기 침종을 하여쓰며 올해는 오신기는 전부가 기계모을 하기 때문에 좀 수라지을 하지 안나 하고 내다보고 있다.

올해는 벼씨 침종 낡짜가 작년보다 3일이 빨리 침종을 한 셈이다.

지출에 … 혜진 옻 6,000 혜진 책 1,000 김 마른 반찬 2,000원 멀미약 300원 고추장끄리 빠는 돼 500원 자비 340원
計 10,140원

〈1985년 4월 2일 화요일 낡씨 맑음〉

집사람 멀리[멀미] 한다고 구경을 안 가쓰며 하는돼 자신은 구경을 안 가도 개안치만 집사람은 남들에깨 빠주기는 정말 시른 사람이다. 오늘 관광뻐스을 내서 충무 한산도 구경을 보내고 나니 집사람은 김천장만 갈다 와도 개두[거동]을 몿하고 죽는 사람 같든돼 하로 점두록 차을 타야 하는돼 하고 생각을 히니 더 극정이 돼며 뻐스야 날 살리라 하고 왜을 먹고 있는 것이 아닌가 하고 극정을 만이 했쓰며 아이들은 저녁을 일적 해먹고 저의 엄마 마집 간다고 가고 업고 집배서 있쓰니까 아이들이 먼저 들어오는돼 너의 임마 개안더나 하고 무려쓰며 집사람이 말짱히게 구경을 하고 집배 오는 모섭 반갑더라. 그리고 형수와 둘리 다 같쓴는돼 돈 안 쓸라고 형, 형수 선물도 안 싸쓰며 이번에는 형수 먹는 것도 안 싸주어따고 이야기을 하길에 사람이 돈을 쓸 때는 쓰야지 하고 마랐쓰며 집사람이나 나나 돈을 안 쓰고 야물게 사라가는 것은 저울로 다라바도 눈 한 개도 뜰리지을 안는다고 자신은 말을 하고 십다.

그리고 오늘은 소가 송아지 놀 예정일이 다 돼어서 집을 만돼로 비어 노코 일을 할 수가 업다. 그래서 집배 개속 이쓸 수도 업고 아직은 송아지을 안 노을 껏 같다서 산에 가서 나무을 10단 하고 동굴목[동구목(洞口木)]을 한 짐 저고 있쓰며 오후에도 2시까지 기다리 바도 변함이 업쓰서 나무을 10단 하고 동굴목을 저고 올라고 개산을 했는돼 나무을 하면서 혹시나 새키을 노어며 아무도 업는돼 하고 생각을 하니 마음이 조급해서 나무을 더 몿하게더라. 그래서 8단을 하고 나무을 질머지고 오고 마라쓰며 나무을 지고 오면서 동내 어기[어귀]에 와서 시니까 소가 가음[고함]을 쳐더라. 아차 우리 소가 송아지을 노코 가음을 쳐는구나 하고 나무 짐을 두고 달리와 보니 우리 소가 아니더라. 그때사 온 몸에 땀이 줄줄 헐러내리더라. 그레서 한참 쉬어서 나무짐을 지고 오고 마랐다. 사람이 이처름 신경을 안 쓰도 돼는돼 우리 첯 소가 280일 이선에 송아지을 노왔쓰니 둘째 배도 일직부디 송아지을 기다리서 두리가 밤잠을 재돼로 몿 자는 편이다. 두리가 잠만 깨면 마구을 한 번식은 들리기 때문에 잠들이 나푼 셈이다. 둘째 송아지는 송아지을 노는 것을 바서 살

---

198) 이 내용은 지면 상단에 따로 기록되어 있다.

리찌 그러치 안아쓰며 실패 볼 송아지여따는 것을 격끄키 때문에 이번 송아지는 더 신경을 쓰고 있다.

지출에 … 차 싹이 13,000원 책, 과자,
미역 4,000원 닭갈 1,800원
計 18,800원

〈1985년 4월 3일 수요일 낡씨 비〉

때 아닌 비가 너무나 만이 내리서 올해 논들 갈라 먹자면 생외을 먹을 껏으로 내다보고 있쓰며 습한 논들은 경운기로 갈 생각을 말라야 돼며 아예 소로 갈라야 돼지 않나 하고 생각을 한다.

"대신국민학교에서 비품 사야 댄다고 아이들에 돈을 학년마다 그두곤 하든이 어머님회을 조직을 하든이 이제는 임원들이 돈을 내서 학교 카탠, 비품을 사주얻쓰며 하며 학교 측에서는 이것이 말성이 돼며 수섭하는 돈이 만이 들어갈 중도 모른다면서 임원이 했쓰며 하는돼 어머님 축에서 전교 학생 수돼로 풀어따고 하는돼 이 돈이 엄청나다. 학생 일명 3,000원 우리는 셋시라 7,000원 냇쓰며 셋시 있는 학생은 좀 적계 풀어찌만 이 돈이 엄청난 수자며 문교부에서 비품값이 나오는 줄 알고 있는돼 매년 학기때마다 돈을 지출하는 이유을 몰겠쓰며 자식들을 학교에 두고 말도 못하고 속은 아푸지만 아이들에깨 영향이 있쓸까 아무도 말도 못하고 달라면 주고 있는 형편이다. 그리고 학교에서 비들기는 멧 마리 먹이는 줄은 몰라도 우리 아들만도 비들기 모이라면서 편지봉투에 한 그석씩 자주 가지고 가며 학교 전고생이 그지고 갈 판이며 이 쌀만 쳐도 상당이 만을 껏으로 보며 학생들이 말을 하는 것을 보며 숙직실에 매일 술병이라며 쌀을 학교 소사 박 씨에 판다는 우리 아들이 이야기을 하는 것을 볼 때 요사이 선생님은 지능적으로 수입을 하고 있따는 것을 절시리 너킬 수가 있쓰며 정부에서도 입부로만 정취을 하지 말고 정부에서 쏙속이 살라가는 가정을 살피 주었쓰며 한다."

그리고 우리 소 셋 마리 전원이 다들 쌔키을 나와쓰며 이번 송아지가 제일 건강하다는 것을 너킬 수가 있다. 왜냐하며 송아지 태어나서 약 10분 있쓰니까 일어날라고 몸부림을 쳐든이 조금 부축을 하니까 일어나서 만돼로 다니며 초유을 먹더라. 아직 송아지을 길여 바도 이처름 초유을 팔리 먹는 것을 처음 바쓰며 송아지 태까지 바다내고 손질을 다 하고 나니까 밤 2시가 돼드라. 송아지 9시 15분에 놓고 태는 4시 반경 뒤여 노터라. 앞패 소는 정밀하게 간찰을 안에서 그른지 일적 노는 것 같다. 송아지 노코 계속 기다리든이 약 5시간 마구에서 기다리는{데} 정말 힘이 들더라. 이처름 힘이 안 들 끈돼 소들마다 두리가 일적부터 기다리서 저녁마다 마구을 순회을 하기 때문에 잠이 미수가 생기서 이번에 태 바랜다고 약 3시간 마구에서 힘이 만이 들어다.

지출에 … 학교 비품값 7,000원

〈1985년 4월 4일 목요일 낡씨 맑음〉

오늘은 도랑 보을 점두록 하여쓰며 이제는 보 임사[보 관리자]도 별로 일을 하게따는 의욕도 업쓰며 올해뿐 아니라 전에도 그저 형식적으로 하는 것이다 하고 일만 그저 하는 것 밖에 업쓰며 앞푸로가 문제다.

"그리고 오늘 송아지을 자세이 관찰을 해보니 송아지가 물똥 같더며 송아지가 캐알하지 않는 것 같다. 보 가면서 집사람에깨 송아지을 잘 보라고 하면서 보을 같쓰며 특희 올해는 송아지을 셋 마리 다 잘 키우야 하는돼 극정밖에 없쓰며 보같다 왔서 집사람에깨 송아지 일 무러니까 쫌 빨고 똥이 누구룸하게 눈다고 이야기을 할 때에 작년 송아지 물똥 싸는 생왜을 먹어서 자신의 신경이 곤두선다고 말을 해도 가연이 아니다. 그래서 어재 그처름 송아지가 건강한 것을 생각을 하니 어미 소가 촟이 넘어나 만이 불어있는 젖을 먹어서 그른 것이 아닌가 하고 창길이을 불어와서 어미 소 젖을 한 번 짜내고 송이 젖을 먹이 볼 생각으로 한 번 짜내고 마랐다. 이번 송아지을 잘 키우고 몿 키우고에 돼예서 자신이 빨리 해복이 돼는냐예는 문제가 천지차이가 생긴다고 해도 무리는 아니다. 이번에 송아시을 질 키우야지 자신의 살 길이 빨리 온다고 해도 무리 돼는 말은 아니다."

"이번 송아지예 집사람이나 자신이나 신경을 만이 쓰고 있는 것은 사실이며 극정이 만이 댄다."

〈1985년 4월 5일 금요일 낡씨 맑음〉

오전에는 용희네 4말 5돼지기에 객토한 논에 경운기로 고율[고를] 욕심으로 높픈 무드기을 삽부로 오전 내 고라쓰며 이번에 객토하면서 한 자 부너기에 고루는 데 1,000원식을 수고 고룬 것이 너무나 응망으로 고루고 돈만 바다 같따는 말밖에 몿하게다. 우리들만 응망으로 고룬 셈이더라. 다른 곳은 사람이 손을 안 돼어도 농사을 짓을 수가 있뚜록 했나뜬돼 우리 마을에는 앞쓰서 일헌 사람의 부주위 크디고 생각을 한다.

그리고 오후에는 집사람과 둘리서 우엉씨, 파씨을 갈라쓰며 무지파씨는 좀 일적하지 않나 하고 극정이 댄다. 파씨가 너무 일 적으며 씨을 가리지나 안을까 하고 극정을 하면서 갈고 마랐다.

〈1985년 4월 6일 토요일 낡씨 맑음〉

"중앙기상돼에서 내일 비 온다고 해서 비 오면 논 갈기가 힘이 들 껏 같다서 밭따래이는 오늘 안전이 갈랐다."

"집사람이 상동추가 너무나 만타면서 구미장에 빨로 가든이 상동추는 흙으서 빨지도 몿하게따면서 손매[소매]을 하며 돈은 좀 더 밭깨찌만 집배 가서 일하는 것이 오희려 득이 돼겟따고 도매로 넌구고 왔쓰며 도매 가격이 1단에 50원 바다따고 하드라. 농촌에 물건들은 모두가 그저니 정말 야단낳다. 이 상추는 실찌 거름값도 안 댄다."

"그리고 복합영농단지라면서 우리 마을에는 송아지 입식지금[입식자금]이 16섯 마리가 나왔는돼 실찌 송아지을 산 사람은 5명도 안 돼며 나머지 10바리는 정서[증서]만 떠고 마랐쓰니 실찌 행정이 응망이며 실찌 복합단지을 안에도[안 해도] 사과나무가 다 있쓰며 복합영농이라고 사과나무을 심은 사람은 한 사람밖에 안 돼며 그 나머지는 사과 과손을 가지고 있는 사람이며 또 사과 하며 돈 만은 사람들이 사과 과손을 가지고 잇는 자라고 생각을 하는돼 이 사람들을 과용[가용]에 보태 쓰라고 1,000,000만 원식이나 주고 있는 정책이 무었신시 알 수가 업다. 정부에서 무었하는 사람들인지 자신은 알 수가 업다. 그래도 정부 하는 말은 농민들 살라 보라고 복합영농단지에 돈 멫 억을 쓰따고 말을 할 수가 있는지 알 수가 업다. 사람의 인품을 보자면 한 가지만 바도 그 {사}람을 알 수가 있떠시 정부 하는 짓도 불란하기 짝이 업다."
수입에 … 상동추값 1,000원

〈1985년 4월 7일 일요일 낡씨 비, 맑음〉

복판이 추지서 노타리발을 징가서 논을 갈라 보니 도는 돼 힘이 들어서 갈지을 몿하게더라. 그래서 외만 먹고 정{미}소에 정미하는 것으로 오전 일과을 보내고 마랐다. 오후에는 집사람과 둘리가 상자 소득을 하는대 소득약 1명 원액으로 (물 둘 말을) 타니까 물이 적어서 상자 소득하기가 힘이 들더라. 내년에는 두 병을 싸서 소득을 하며 상자을 만이 당굴 수가 있쓰니 좀 수랄 껏으로 내다보고 있다.
그리고 시간이 일적에서 앞밭태 경운기로 노타리을 하다 가예까지 하다 대나무에 경운기 빵꾸을 내서 상당이 마음이 찐아며 다야을 만이 째서 마음이 아푸구나. 빵구을 대신 가서 때와서 노타리을 쳐는돼 오후 너깨까지 하였다.
지출에 … 호로마인 1병 원액 300원
경운기 빵구값 1,000 집사람
고무장갑 800원
計 2,100원

〈1985년 4월 8일 월요일 낡씨 맑음〉

오늘은 굼 도량을 쳐는돼 사람들이 더 나오지을 안는구나. 그전 같더며 사람들이 만이 나오는돼 요즘은 대작자도 한 사람, 소작자도 한 사람, 이제는 점점 질서가 업쓰저는 것을 보니 공동일이 잘 돼기가 힘이 들 껏 같더며 보 일만끔은 음격하게 해야 하는돼 갈수록 허술하니 문제가 돼고 있다.

〈1985년 4월 9일 화요일 낡씨 맑음〉

올 모제리 소로 갈라쓰며 물만 있쓰며 안전이 손질만 하며 돼두록 했두어쓰며 하는돼 물이 업쓰서 논만 갈라 노았다.
"그리고 오후에는 집사람과 둘리서 상자에 흙을 담는돼 시간이 글리며 374개을 담는돼 오후 내 글리더라."
"정부에서 축사을 해야 돈을 번다고 야단을 쳐노코 일 년도 안 돼어서 축산 농가는 안전이 망하게 하고 이제는 복합영농이라면서 사과 과손을 건장하는 것을 보니 사과도 이제는 망할 한개점이 왔따고 생각을 한다. 왜냐. 정부 하는 일이 책임을 질 줄 모러고 무조건 하며 됀다는 것밖에 모러고 있쓰며 사람으로 천다며 18살 먹은 아들 모양 우직끈 시작만 해보고 마는 무책임 정취라고 생각을 한다. 황상 이야기는 하는 말이지만 정부에서 소득을 올리라고 업는 사람들 송아지 융자 주어서 그 사람들 망하게 한 것 가슴 아푸다. 이것을 볼 때에 정부는 어른이 업고 난발적으로 정취을 하고 있는 것은 사실이다."
"이른 정취는 빨리 인기을 끝마춰서 빨리 새 정취가 들어서스 책임 정취을 할 줄 알며 한 가지 일을 해도 집적 학인 정취 정부을 머들 수 있는 정취을 할 수 있는 사람이 들어쓰서 실속 정취을 할 수 있는 인물이 나와쓰며 하는 바람이다."
지출에 … 체육선금 한 학생에 1,500원
셋시라서 4,500원
計 4,500원

〈1985년 4월 10일 수요일 낡씨 맑음〉

오늘은 보 물 넌는다고 양 동에 보꾼이 나와서 보을 했쓰며 매년 보을 하는돼 보아구지에 모래 때문에 생외을 먹어며 대대로 내리오면서 보아구지 모래 때문에 양 동에 보꾼이 땀을 흙리면서 보아구지에 별계 도량을 다시 만들어 노어며 일도 수라고 물리 필요하며 물꼬만 흙으나도 들어오고 할 끈돼 앞쓰서 일하는 사람도 그러꼬 짝자[작자]들도 한심스렵다. 보 돈은 있쓰며 어너 놈이 상키는지 업쓰저는돼 별료 돈도 들어가지 않코 짝자들이 매년 수라게 일을 추진할 수가 있다고 보는돼 앞쓰서 일하는 사람들이 희생을 하지 않코 그저 인기[임기]만 넌구고 있쓰니 아십키 짝이 업다. 자신이 생각을 해볼 때에 노동은 짝자가 부담을 하고 나머지는 보에서 한다고 해도 멧 푼 들어가지 않으며 아쉬운 돼로 한다면 로캉 한두 게만 있쓰도 할 수 있따고 본다.

〈1985년 4월 11일 목요일 낡씨 비〉

때 아닌 비가 넘어나 만이 와서 극정이 돼며 논도 못 갈 뿐 아니라 논 골루기가 힘이 들며 불피로한 비가 너무나 만이 와서 비가 필요할 때는 비가 적을 껏으로 생각을 하니 점두록 오는 비가 더 지루하기 짝이 업쓰며 맑은 낡씨가 돼어서 논갈리을 안전이 하그든 비가 아 주어쓰며 하는 바람이다.

"오늘 민방위교육은 하나도 도음을 주지 못했따고 생각을 하며 강사가 국가 암보에 강위를 했도 별로 강위가 귀에 남찌도 안으며 비뒤오로 강위하는 것을 늘을 때에 김이기 제미가 있고 좀 들을 만아다 하고 생각이 돼지만 통뜰어서 교육을 천다면 값어치가 업쓰따고 생각을 한다."

자신이 생각을 할 때에 민방위교육은 지역별로 교육과정이 달라야 하고 국방에 돼예서는 대충 이쓰야 하고 주로 지역에 따라서 농민은 어떠께 살라가야 소득을 더 할 수 있쓰며 무었을 해야 한다고 잘 살 수 있는 길을 열어 주야 교육위 가벗치가 있따고 보는돼 오늘 같은 교육은 국가로 치도 손예가 댄다고 생각을 하고 십다.

〈1985년 4월 12일 금요일 낡씨 맑음〉

(파종함)[199]

올해는 양철 집배 농사을 하기 때문에 기계조[200]에 들어가서 파종하는돼 국정이 업쓰며 오늘 우리 조에서 자신이 제일 일적 파종을 했쓰며 여룻이 하니까 일이 십버며 앞푸로 모내기 극정도 업쓰진다. 작년만 해도 이왕기로 모내기을 할려고 예을 쓴는돼 올해는 그런 예을 안 쓰도 될 껏 같다.

지출에 … 파종하는 돼 225원
혜진 학교 700원
計 2950원

① 상자 흙이 오삽부로 300개 하니까 상자에 안전이 담아보니까 380게 담고 30개 여유는 남어며
② 복토 흙은 오삽부로 150개 하니까 복토을 380개 쳐고 상당이 만이 남더라.

내년에는 상자 흙은 오삽부로 300개 하고 복토 흙은 120삽만 해도 충분하리라고 생각을 한다.

〈1985년 4월 13일 토요일 낡씨 맑음〉

---

199) 이 내용은 지면 상단에 따로 기록되어 있다.
200) 작목반 같은 기계 운용 동아리를 가리킨다.

모제리을 안전이 하여쓰며 모제리을 오전에 일적 할 줄 알라든이 물을 너어서 노타리을 쳐보니 한 군돼는 산이더라. 그래서 그채로 실어가면서 할려니 힘이 들며 정신 업씨 하여도 오전에 다 못하게더라. 그래서 정심을 먹고 다시 가서 다 하고 마라쓰며 오후에 파종한다고 상당이 바피 날뛰는돼 오후에 파종하다 촉이 잘 안 나서 미루고 마라따고 집사람이 나와서 이야기을 하길에 이을 줄 알라서면 천천히 하여쓰며 사람이 수라지 개니 서둘어쓰꾸나 하고 생각이 들며 오후에 너깨야 집사람과 둘리서 울콩 씨을 갈고 마랐다.
지출에 새[새참] 빵값 300원

〈1985년 4월 14일 일요일 낡씨 흐림〉
오전 내 광태내 기계모 파종을 하여쓰며 오후에는 형님 파종하는돼 집사람과 둘리서 그들어 주어쓰며 상자가 오백 계가 넘어니까 여럿이 하여도 지루한 감이 들더라.
그리고 작과나무가 꽃이 남들 모양 할짝 피는 맡이 업는 것을 보니 작과일 농사는 잡아는 것 같더며 아직도 한 번을 과일을 못따 바쓰니 자신의 능력이 부족해서 그른지 알 수가 업꾸나.

〈1985년 4월 15일 월요일 낡씨 맑음〉
오늘에는 모 상자 종이 부친 것이 좀 적어서 부치 보니 오전 내 부치 바야 약 한 판길이밖에 부치지 못했다. 처음 시작을 할 때 바서는 장간[잠깐] 부치리라고 생각을 한 것이 아주 더뒤더라.
오후에는 윤석이내 파종하는돼 집사람과 두리가 가서 하여쓰며 둘 다 온 식구가 우리밖에 업쓰며 자신이 일하로 안 가쓰며 윤석이 혼자 예을 먹을 껏이며 공동일에 마음은 일체가 안 돼는 것은 알지만 기우 바려고[경우 바르고] 양심적으로 일하는 사람은 속깨나 쓱어야 댈 껏 같다. 그리고 우리 조는 오늘로서 안전이 파종이 끝이 난 샘이다.
지출에 사료값 5포 22,750원
축협에서 사로레 새키 노원 집배 인공유 4포식 무상으로 준다고 세 포을 무상으로 가지고 왔다. 올해 바서는 세 바리 다 사료레만 사료 9포가 돼는돼 한후[한우] 수정한 것이 아쉽다.
수입 … 인공유 3포

〈1985년 4월 16일 화요일 낡씨 맑음〉
오전 내 성구내 모재리 비누류을 씨우쓰며 사람이 다 안 나와서 오전 내 하여다. 그리고 파종은 우리 뒤에 한 것이 방에서 키우니까 온상보다 좀 빨리 돼는돼 그 돼신 방에서는 실패 돼는 것이 있쓰며 성구내 실패댄 상자가 10개 이상은 돼리라고 생각을 한다.
그리고 오후에는 우리 것을 하는돼 사람들이 엿섯이 다 나와서 하니까 일도 업더라.
상자모 만칠 때는 여럿이 하여야 돼겄따.
올해는 일하기가 일도 업쓰리라고 생각을 한다.
지출에 … 새값 3,000원

〈1985년 4월 17일 수요일 낡씨 비〉
(상자모 냄)[201]
오전에는 두고내 모 상자 비누류을 씨우는

201) 이 내용은 지면 상단에 따로 기록되어 있다.

돼 바람이 일며 비가 오는돼 춥더라. 처음 모을 낼 때는 맑은 날씨을 보이더 갑짝이 흐리더니 비가 내리더라. 요줌 날씨 알 수가 업꾸나.

"오후에는 아무도 상자을 안 낼라고 해서 양철 집배 객토한 것을 고루로 갈니 물 업씨는 힘이 들더라. 대충 동쓰리질만 하여쓰며 논 바서는 물을 집어너서 논을 골라쓰며 하는돼 요줌 잘도 비가 오는 것이라 물을 너어다. 논이 밑차 마려지 않으며 논을 경운기로 못 갈까바 극정이 돼어서 물을 못 너개쓰며 논 고루기가 보통이 아니구나. 비가 조금 와서 동서리질만 시작한 것이라 다하고 올라고 비을 조금 오는돼도 하고 있쓰니 집사람이 오위[우의]을 가지고 나와더라. 자신은 비도 오도 안 아는돼 이 먼 돼을 무잇힐라고 나와는냐고 꾸중을 주고 집사람은 비을 마저며 일을 하고 있따고 꾸중을 주고 있쓰니 누구의 꾸중 오른지을 알 수가 업쓰며 이것이 부부의 정이구나 생각했다.

지출에 … 혜영 책 1,100원202)

〈1985년 4월 18일 목요일 낡씨 맑음〉

오전 내는 광태내 비누류을 씨우고 오후에는 영건내 비누류을 씨왔쓰며 앞푸론 한 집만 내면 모판 비누류는 끝이 나는 셈이다. 우리 유이 공부하는 것이 조금은 나서는 편이지만 공부하라면 영 풀이 죽는 것은 사실이다. 운이 산수을 시키며 어떤 날은 제법 알고 어떤 날은 벌소리만 하는 것을 볼 때에 하기 실어서 벌소리을 하는 것인지 도무지 알 수가 업다.

〈1985년 4월 19일 금요일 낡씨 비〉

비가 오기 때문에 아무 일도 못하고 휴식을 한 셈이며 오후에는 영농자금 200,000만 원을 융자을 바다 와쓰며.

농민들 불상하기 짝이 업다. 일 년 살기 위에 조합에서 빛 내오면 일 년내 땀 흙리서 농사 짓어 노어며 농업[농협]에 다 갇따 주고 일 년 살며 원점으로 도로 오고마니 자신이 생각을 해도 한심한 노렸이다. 그래도 정부에서 농민들 잘 산다고 야단을 쳐고 있는 것을 생각을 할 때에 욕이 절로 난다. 당장이라도 농민들 빚을 조사했 본다면 우리 마을에서도 10집은 돈이 남아돌라갈 끝이며 50집은 장[그저] 본전이 댈 껏이며 40집은 조금식 적짜 생할을 하고 있쓸 판인돼 이래도 농민들 잘 산다고 발갛을 부리고 있쓰니 정부 일 한심한 노렸이다.

〈1985년 4월 20일 토요일 낡씨 맑음〉

(곰팡이 약 375개 약량 15말 살포함.)203)

오전에는 윤석이가 마지막으로 비누류을 안전이 씨쓰며 우리 마을로 쳐서는 우리 조다들 일적 낸 샘이다.

오후에는 상자모에 종이을 벗키고 곰팡이 약 다콜닐, 다이센 45호을 쳤는데 극정이 댄다. 을래 다코닐은 사용하는 것인돼 다이센 45호는 처유 사용하는돼 어린모에 이상이 업쓸란지 펴 극정이돼 집사람은 하자고 해서 사용을 했는돼 모재리 농사가 반농사 된[반농사인데] 사용을 하고 나니 더 극정이 댄다. 그리고 곰팡이약이 하루 너전 셈이다. 왜나하며 좀 너전 갓개로 곰팡이 만

202) 지면이 부족하여 지출 내역은 지면 상단에 기록하였으나, 지출내역을 기록해온 이전의 방식에 따라 본문 아래 배치하였다.

203) 이 내용은 지면 상단에 따로 기록되어 있다.

이 생기더라. 앞푸론 사월만 돼며 공식적으로 종이를 벗키고 곰팡이약을 살포을 해야 됏겟따고 생각을 한다.

지출 … 라면 300원 혜영이 250원
計 450원

〈1985년 4월 21일 일요일 낡씨 맑음〉

담아내기을 수건한[습기가 많은] 돼가 날 껏 같다서 수건한 돼에 심어낳든이 땅이 핑핑 가리가 저서 담아내기 행세도 뫃할 껏 같든돼 가씀만 호마 들어 갈 때도 업시 지슴이 만이 있쓰서 집사람과 두리 매 보니 오전 내 매야 한 판식 밖에 뫃 매쓰며 이취을 잘뫃 잡아서 집사람만 욕을 보게 만들어 노앗따고 생각을 한다.

지출에 … 반찬 값 2,600원 떡값 1,400원 국수, 간장 3,200원 바게스, 난닝구 4,000원 공책, 운이 옻 4,600원 차비, 옻 2,900원

〈1985년 4월 22일 월요일 낡씨 맑음〉

양철 집배 사과나무에 약 살포했 줌. 앞푸로도 사과나무라서 만이 철 끈돼 그 일 다 했 줄라면 큰일이다. 대신에는 대갈림하며 일해 주는 것 업쓰도 갈림 이문 업다고 안 알라 하는돼 우리 마을에는 대갈림을 서로 할려고 더는 것을 보니 대신 사람보다 돈이 적은 것은 학실하다.

오후에는 논을 한 번 더 골을라고 가서 고라 보니 잘 골라저지도 않코 사람만 욕을 보겟더라. 그래서 모 심을 때 좀 더 골을 작정을 하고 그만 일을 중단하고 집부로 들어와서 나무 한 짐 저는 것으로 하로 일과을 보낸 셈이다.

"정부에서 너무 운동에 신경을 만이 쓰며 운동이라면 대통령이 더 신경을 쓰고 있는 것 같다. 업는 나라에서 운동에 신경을 쓸 여유가 어듸 있나. 운동은 돌대가리들이 운동을 하고 있는돼 있것들이 운동을 잘 한다고 축전을 대통이리[대통령이] 빠진업씨 축전을 하고 있쓰니 자신은 잘뫃이라고 말을 하고 십다. 왜냐하며 업는 나라에서 국민들이 어떠한 일이 있쓰도 낭비을 주리주고 외제을 모 쓰게 노력을 해주며 두내 좋은 사람은 정부에서 책임을 저고 나라 일꾼이 대개끔 노력을 다하며 과학자을 운동선수쳐름 대통령이 축전하며 대우을 하여 준다면 머지않아 나라의 발전이 있찌만 그려치 않코 운동, 관광, 국민들을 낭비을 하게끔 품을 이려키고 이는 것이 현 정부라고 말을 하고 십다."

〈1985년 4월 23일 화요일 낡씨 비〉

육모상자에 곰팡이가 있는 것 같다서 오늘 (다코닐) 4,600원 주고 집사람과 둘리서 약 살포을 했쓰며 어제 관찰할 때는 있는 것 같다서 오늘 안전이 비누류을 버키서 보니 곰팡이가 업는 것 같떠며 약 쳐기가 아쉬운 감이 있쓰도 약 살표해서 손에 가지을 않을 것 같다서 물 열닷 말 가지고 푹 쳐 주어쓰며 앞푸론 아무련 이상이 업씨 잘 자라야 하는돼 생각밖에 업다.

그리고 양철 집배 들까지논을 간신이 말라서 비 오면 뫃 간다고 비을 마저 가면서 다 갈라쓰며 그것을 다 갈고 나니 한 극정은 들은 셈이다.

지출에 세값 400원 운이 100원
(다코닐) 4,600원
計 5,000원

〈1985년 4월 24일 수요일 낡씨 맑음〉

달희 우사 짓는돼 바닥 공구리하는 돼 사람이 적으서 생외를 먹은 셈이다. 어재 논 간다고 예을 먹은 뒤라서 정말 희미 들더라.

〈1985년 4월 25일 목요일 낡씨 맑음〉

오전에 수도작 밑거름을 뛰어 왔쓰며 요소 10포, 복합 (21-)23포, 이삭 거름 4포. (計 37포)

오후에는 내일 비가 많이 온다고 해서 형 논 갈라 줄라고 갔든이 그진 다 갈고 큰 두마지기에 집을 거떠라. 그래서 형수와 영한이 세시가 경운기로 실려내 주고 형 논 가는 돼 그들어 주는 것으로 하로 일과 보내고 마랐다.

지출에 … 집사람 장본 것이 14,890원
비료값 15,000만 원 외상하고
현금 44,000원
計 58,890원

〈1985년 4월 26일 금요일 낡씨 맑음〉

기상대에서 비 만이 온다고 예보을 해서 극정을 했든이 비는 오지도 않코 바람만 때리불더라. 그래서 아무 일도 않코 소 풀 한 망태 떠는 것으로 하로 일과을 보내고 마랐다. 기상대 실수로 일예 개핵이 업쓰든 것이나 다름이 업다.

〈1985년 4월 28일 토요일 낡씨 밝음〉

집사람이 동범이 엄마 비누류 씨어 줄라고 하고 동범이 엄마을 우리 담아내기밭을 매는돼 하로 동안 돼리고 해서 오늘 모재리 한다고 했 달라고 집사람을 이야기을 하더라. 그래서 '오늘 논 갈라고' 개산을 했는돼 오후로 미루고 동범이내 모재리 비누루 씨어 주로 자신이 같든이, 모판 위에 물이 만이 있더라. 그래서 이러며 씨가 싹고 안 셔다면서 모판 좀 구차서[굳혀서] 해야 씨가 쓰지 안 댄다고 이야기을 했든이 일을 벌로 한다고 야단법석을 부리면서 싸우겟더라. 그러니 자신이 미안에서 죽게쓰며 씬 나락까지 안대겟더라. 모든 것이 구비조낀에 마찌을 안는돼도 나중에는 엔만하며 잘 댄다고 이야기을 했쓰며 모판만원 구차서 하라고 이야기을 했쓰며 창고장도 오후에 할까 하고 이야기을 하는돼 모판에 물을 보고 10시경에 한번 와볼 테니까 모판에 물을 빼라고 하고 자신은 풀을 떠더면서 우리 상자모을 가 보았든이 하로 반 동안 안 보고가 보았든이 깜짝 놀랄 정도로 자라더라. 기계모가 잘 자라지을 안는돼 올해는 아주 잘 자라는 너킴이 든다. 동범이내 비누류는 11시에 비누류을 씨우쓰며 그래도 모판에 물이 고여 있더라.

오후에는 양철 집배 수뜰에 논을 갈라쓰며 경운기로 못 갈 때만 소로 가는돼 빠저 힘이 들며 우리 소 길더릴 겸 두 마리을 가지고 가서 큰집 소 한참 하고 나며 우리 소로 집사람이 앞패서 끌고 하니까 올해는 제법 갈더라. 앞푸로 조금만 하며 논은 갈 수 있쓰리라고 생각을 한다.

지출에 … 새값 · 빵 200원 배지빌 250원
計 450원

〈1985년 4월 26일 일요일 낡씨 맑음〉

경유 1말에 6,000원.[204]

204) 이 내용은 지면 상단에 따로 기록되어 있다.

오늘은 농로 부역을 경운기로 봉산 냇까에서 모래을 실고 오는돼 힘이 들더라. 그리고 부역을 하는돼 경운기를 가지고 나오지을 안는 사람이 있쓰며 앞쓰서 일시키는 사람 정말 힘이 더는 줄 한 번 더 생각을 하며 오늘 점두록 경운기가 45돼가 동원이 돼어서 일을 한 셈이다.
(지출에) … 경유 1말에 6,000원

〈1985년 4월 29일 월요일 낡씨 맑음〉

오전에는 우리 마을마는 봇물을 너어쓰며 오전만 일을 했도 도량이 비잡두록 내리가니 마음이 허무하구나. 오후에는 봉답 모재리 손질을 하여쓰며 혼자 봉답 모재리을 갈라서 안전 모판을 하는돼 정말 힘이 더려다. 그리고 집사람은 쳐 어머님 생신이라서 친정에 같다 오는 것을 어머님은 안녕하시든아 하니까 어머님 말씀이 내년에 생일을 마지하두록 살갯나 한다고 말씀을 하더라고 이야기을 할 때에 자신도 모려게 눈에 눈물이 돌더라.
자신이 처 어머님에깨 아주 잘못했꾸나 하고 생각이 들며 어머님이 만이 새약했저꾸나 하고 생각할 때에 어머님이 보고 십프며 쳐과집을 당장 가서 어머님 얼굴을 바쓰며 하는 생각 간절한돼 문경 동서가 결혼 때 보고 한 번도 못 봐서 이번 어머님 생신이라고 와따고 이야기을 해서 겸사겸사 가볼라고 밤이 어더운돼 나설라고 하니 집사람이 내 몸이 곤해서 소을 돌볼 수가 업따고 해서 내일 해장에 갈라고 작정을 하고 오늘 참고 마랐다.
지출에 고기값 3斤 3,800원 과자 1,000원
윷노리 2,000원 혜영이 감기약 5,000원

〈1985년 4월 30일 화요일 낡씨 맑음〉

쳐 어머님이 다음 생일을 못 산다고 집사람에깨 한탄서러운 말을 한다고 말을 덧고 나니 이번에 생신 때 참석을 못한 것이 마음에 글리며 황상 마음마는 어머님을 생각을 하고 있찌만 실찌 몸으로 행동을 하지 안으니까 효과가 업쓰저는 너킴이 든다. 이번에 생신 때는 문경 동서, 쳐제 선둘, 동서, 쳐형, 김천 쳐형 다들 참석을 했따고 하며 서울 동서, 쳐제 전부, 다 왔쓰며 어머님을 보니 집사람 말과는 전연 다른 어머님이더라. 아직 자신이 볼 때는 극정을 안 예도 댈 껏 같더며 어머님이 캐알하게 웃고 있는 모섭 보니 어제 집사람 말 뜻고 잠 못 잔 것이 후예가 돼며 자신의 마음이 캐알하구나. 그리고 문경 동서는 약 9년 만에 이번에 처음 밭쓰며 정말 반갑더라.
지출에 배추 씨값, 콩기름 3,000원
사랑 선금 600원 다찌가랭 2,900원

〈1985년 5월 1일 수요일 낡씨 맑음〉

(작년보타 3日 뒤 함.) (봉답 모재리 함. 비누류 씨움.) (경유 드람우로 가지고 옴.)[205]
오늘 형이 봉답 모제리 비누류을 씨어 달라고 이야기을 해서 집사람과 두리 가서 씨어주고 나서 우리 기계모에 입고병이 발생을 해서 집사람과 두리서 약을 살포하고 일적에서 큰집에도 기계모 상자에 약 살포을 했주고 오후에는 김천 경유을 마을사람이 외상으로 했줄라고 해서 따랐같다. 이제는 경

205) 이 내용은 지면 상단에 따로 기록되어 있다.

유을 더람으로 같다 나서 이제는 경유 극정은 들은 셈이다.

지출에 소독약, 다찌가랭 6,820원 마을금고 1,000원 비누, 화이타이 2,100원 두람우캉[드럼통] 5,000원 지름 펌프 1,500원 술값 1,000원 낮 700원
計 18,120원 18,620원
500

〈1985년 5월 2일 목요일 낡씨 맑음〉

오전에는 봉답 모제리 비누루을 형수와 셋시가 일적 씨우쓰며 올해는 씬나락 촉도 안전 백푸로 낮쓰며 모판도 잘 구더따고 본다. 그리고 오후에는 수뜰 대갈림하는 논은 전부 다 갈란 셈이다. 앞푸론 소 간 때는 일직 길라야지 시람이 수라지 그러치 안코 막 빠지에 소로 가니 마음이 바푸구나.

〈1985년 5월 3일 금요일 낡씨 맑음〉

입고병 발생. (내년에는 입고병 약을 8그람 정도로 쓰야 하게다.)206)

복판 논에 캑토을 해서 논 고룬다고 물을 집어너서 소로 갈라야 됀다고 생각을 하고 극정이 돼더니 오늘 경운기로 갈리는 돼만 갈라 볼라고 갈라 보았든이 힘은 들어도 거진 다 갈라쓰며 양 머리만 추지서 뫃 갈고 나머지는 다 갈라다

그리고 오늘 오후에는 온 동민이 히초을 한나고 다들 나오라고 이야기을 해서 가보았든이 술, 고기 일체을 과일 장사하는 사람이 냇쓰며 개인 돈 업시 모두들 잘 먹어다. 올해는 상지모들이 입고병을 만이 하고 있더라. 작년만도 상자모는 내기만 하면 신경은 일체 업는돼 올해는 기온차가 만아서 그른지 다시 파종한 사람도 있쓰며 모두들 전부 벌거며 모판이 고루지 뫃한 사람이 만다. 그리고 자신도 입고병 약을 셋 번은 한 셈인돼 아직 별 효과을 나지 않는 너킴이 보이며 큰 극정이다.

지출에 … 소 예방 마리당 500원
셋 바리 1,500원

〈1985년 5월 4일 토요일 낡씨 맑음〉

5月 4日 상자모, 유안거름, 상자당 5g식 함. (유안 2kg을 물 8말 정도로 함.)207)

오전에는 상자모에 유안거름을 엽면{에} 살포을 했쓰며 오후에 기온이 내리갈 꺼 같다서 모판에 물이 올라가두록 물을 돼주고 했는돼 비료거름을 하고 물을 돼서 비료 소암이 아주 적계 나지 않을까 하고 신경이 쓰인다. 오후에는 목판에 두룸만 하고 하로 일과을 보낸 셈이다.

그리고 비료거름이 좀 너전 검이 있다. 내년에는 좀 빨리 했쓰마 하는 생각을 가지본다.

지출에 … 혜진 다달학습 1,000원

〈1985년 5월 5일 일요일 낡씨 비〉

아들 돼리고 금오산이라도 돼리고 갈려고 개사을 했는돼 오전부터 비가 내리고 있쓰서 금오산도 뫃 가고 마랐쓰며 자신으로 바서는 비가 왔서 아무 일도 뫃할 때에 어갈리 물을 잡아서 두룸을 안전이 해서 노타리까지 쳐 나쓰니 자신이 하로 종일은 줄아

206) 이 내용은 지면 상단에 따로 기록되어 있다.

207) 이 내용은 지면이 부족하여 다음 일자의 일기장 지면 상단에 기록해 두었다.

나쓰니 이번 비가 아주 잘 왔따고 생각을 한다.
인간이 한 곳이 좋으며 한 곳이 나픈 것 있는 것은 정말 사실이다. 우리 운이 오늘 아빠하고 난생 처음 어린니날이라고 구경 갈라고 하는돼 비가 말리고 있쓰니 서운해서 못 전지며 아들이 전부가 실련 편이며 아주 불만이더라.
지출에 운이, 혜진 감기약 6,000원 현[208] 옷 3,000원 도마도 모종 500 콩나물 300 오이 500 김 1,800 차비340원
計 12,940원

〈1985년 5월 6일 월요일 낡씨 비〉

오전에 비가 내리서 들래 모재리 한 밖이 돌라보는 것으로 시간을 보내고 오후에는 삼촌이 병원에 같다 오고는 한 번 가보지 못하고 오늘 놀로 같든이 회복이 심들 것으로 보인다. 외야하며 중풍 걸린 사람 모양 부색[붓기]이 만으며 좀 심들지 않나 하고 생각도 더는구나.

〈1985년 5월 7일 화요일 낡씨 맑음〉

송아지가 물똥을 어재부터 싸서 작년에 약을 먹이 보니 여전이 싸서 오늘 김천 동물약국에 가서 주사약을 사와서 마취[맞혀] 밭는돼 약밝이 들어야 할 끈돼 극정이 많으며 이재 보니 송아지가 셋 바리 다 물똥을 싸고 있떠라. 이것을 볼 때에 예방주사을 맡취서 그른 것이 아닌가 하고 예방주사 마친 것이 후예가 댄다. 앞푸론 송아지 있을 때는 예방주사을 안 마취야지 하는 생각밖에 업다. 송아지 셋 마리 다 물똥을 아주 만이 싸고 있쓰니 일손이 만대로 안 대고 있다.
지출에 … 송아지 주사약 2,500원 아들 소풍 가는 돼 반찬값 2,650원 차비 340원
計 5,490원

〈1985년 5월 8일 수요일 낡씨 맑음〉

송아지 물똥이 주사약을 주도 차도가 업고 질질 내노코 있쓰니 극정밖에 안 돼고 있쓰며 어제는 친구에깨 부탁을 해서 주사을 주어는돼 친구을 기다리도 오지을 안아서 자신이 소을 먹이며 주사 정도는 노았야 대기 때문에 오늘은 송아지 셋 마리을 처음 주사을 나와 바뜬이 잘못해서 송아지가 이상이 있쓸까바 극정이 만이 돼더라. 송아지가 내일정도는 차도가 있쓰야 돼는돼 송아지 극정을 시키고 있꾸나.
그리고 집사람이 죽자반[가죽에 찹쌀을 발라 말린 반찬] 할려고 대신 떡집배 빠울 껏을 가지고 가니 사람이 들례 가고 업쓰서 그냥 두고 왔쓰서 집사람이 바푸다면서 이제는 12시가 돼어서 들례 같다 왔쓸 끄라면서 아빠가 좀 같다 왔쓰며 하는돼 안 갈라고 해도 안 댈 것 같다. 왜냐하며 집사람이 바빠서 어든 것을 할 줄도 모러고 있는 것 알면서 거절할 수도 업고 집사람이 가면 대신까지 걸어서 가야 하니 시간도 더 글리고 집사람이 고대서 안 대개꾸나 하고 자신이 자전차로 가니 아직 들례서 오지을 않코 1시간 반을 기다리는돼 지루한 시간을 보내다 빠사 왔다.
지출에 … 삵[쌀] 바우는[빻는] 돼 200원 약 6,800원 쇠고기 4,200원 떡 하는

208) 딸 이름인 '혜진'나 '혜영'을 쓰려 했던 것으로 보인다.

돼 1,300원 오뎅, 오이 1,000원
콩나물 300원 지표 1,000원 아들 소풍 가는 돼 과자 2,000원 아들 돈 300원
計 18,500원 19,800원
1,300원
19,800원

〈1985년 5월 9일 목요일 낡씨 맑음〉
오늘은 아빠 생일 42회을 마지하는 아침이다. 평소의 아침보다 오늘 아침이 더 바푸며 어재 저녁 10시에 논에 물 너언 것 볼란에 더 바빠다. 아침 일손을 끝을 내고 식사을 하려 더려오니 딸더리 생신 축화함이다 하는돼 자신의 가슴이 뭉꿀하는 맡이 있쓰며 사람이 살라가는돼 한 번 더 살라가는 자미을 가진 너킴이 들며 이재는 자신도 아들 다 키아따는 기분이 들며 오늘 딸더리 아빠의 기분을 백푸로 크게 만들어주고 있쓰며 정말 보람 이는 생일을 마지했다.
그리고 자신은 집사람 생일을 있풀지 않코 돼지고기 사다 주는 정도인돼 집사람은 거개 아니라 하나하나 하는 것이 가진 열성을 다 하고 있쓰며 정성을 더리고 있는 모섭을 볼 때에 아빠는 아직 집사람보다 들 사랑을 주고 있따는 너킴을 가지 보았쓰며 앞푸로 더 아빠도 집사람을 더 열성을 가지고 살라가야 하게다.
"자신이 아키고 가꿈 사람은 단 집사람, 하나뿐이다."

〈1985년 5월 10일 금요일 낡씨 맑음〉
아직 날짜도 업는돼 밭따레이와 들까지는 안전 노타리을 쳐쓰며 들까지는 일부 장쓰리로 논도 골랐다. 남 안 알 때에 일을 하니까 마음예 여유는 만아저며 일을 수라게 할 수가 있꾸나.

〈1985년 5월 11일 토요일 낡씨 맑음〉
5月 11日 (모판에 상자당 10g을 조금 난구고 다 함)[209)]
오늘로서 안전이 노타리을 다 쳐쓰며 이제는 모 낼 낡짜만 잡아서 쓰레질만 하게 돼며 모을 심을 수가 있다.
요즘 우리 아들이 감기키로 그른지 힘이 업쓰 보이며 밥을 제돼로 안 먹는돼 신경이 쓰이며 아들이 힘이 업쓰셔 캐얄하게 놀지 못하고 있는 모섭을 보며 성질이 날 정도다.
그리고 모판에 상자 당 5g을 물례 따서 살포한 것을 오후에 기온 차바서 물을 모제리에 돼어 별료 효과가 업따고 오늘 상자 당 10g을 가지고 가거 손어로 헌치고 말라쓰며 거름이 넘어나 너전 감이 있쓰서 마음이 캐온하지 않꾸나. 상자 당 10g을 가지고 가서 조금 난구고 다한 셈이다.
지출 … 종한내 부주 3,000원

〈1985년 5월 12일 일요일 낡씨 맑음〉
집사람이 밭 맬 극정을 하길레 둘리서 경운기 타고 다니면서 봇밭 세 군돼을 안전이 다 매쓰며 오후에는 집사람은 세 집배 자두 석과해 주로 가고 자신은 무지피에 약 살표하고 소 풀 뜬든 것으로 하로 일과을 보내고 마랐다.
그리고 금년에는 작과일이 수도 업시 모두 아따고 하는돼 우리는 기계류을 살표해서

209) 이 내용은 지면 상단에 따로 기록되어 있다.

그른지 금년에도 한 개도 오지 안아쓰니 어떠개 돼어서 과일이 안 달리는지 알 수가 업다. 성질돼로 했쓰며 나무을 다 동치고 마라쓰며 하는 생각도 더는구나.

〈1985년 5월 13일 월요일 낡씨 비〉

(인공 수정함)210)

오늘은 비가 만이 와서 아무 일도 못하고 휴식을 한 셈이며 기계조에서 모여서 간단한 이양기 손을 보고 자신이 일적 심을 욕심으로 이양기 부속을 사료 김천을 갈라고 했든이 일적도 심지 못하고 부속 사로 가계 돼어꾸나.

지출에 … 이양기 부속이 4,600원 차비가 800원 인공 수정 사료례 9,000원
計 14,400원

〈1985년 5월 14일 화요일 낡씨 맑음〉

모내기 할 논에 쓰레질 할려고 두룸 손질하고 수뜰 영희 논에 수부 뒤에 세쓰량[쇠스랑]으로 모내기 할 수 있뚜록 만더는데 힘이 들어쓰며 앞푸론 아주 일적 세 쓰량으로 빠 뒤비나쓰며 몰라도 그러치 안으며 매년 마음이 바풀 논이다.

〈1985년 5월 15일 수요일 낡씨 맑음〉

아들이 제각기 다루구나. 왜냐하며 혜진은 부회장이라도 선생님 갇다 주는 것을 좋아하지 않는돼 혜영이는 3학년 때 부회장을 하고 부회장이 안 돼니까 앞푸로 부회장이라도 한 번 더 할려고 그런지는 몰라도 집배서 맡있는 것이라 하며 선생님 갇다 줄라고 챙기는 것을 보니 한 형제라도 다르다는 것 단번에 알 수가 있다.

그리고 19日날 모내기할 논들을 오늘 동서리질을 다 할려고 계산을 했든이 12두 마지기밖에 못하고 3마지기는 내일 장쓰리질 할 때에 시간 여유가 있쓸 껏 같다서 오늘 일은 이것으로 마치고 마랐다.

지출에 빵 320원 아들 스성에 날[스승의 날]이라고 선물에 2,000원 전기세 값 1,260원
計 2,320원
1,260원
計 3,580원

〈1985년 5월 16일 목요일 낡씨 맑음〉

오늘은 안전 쓰리질을 할려고 비료 헌칠 사람을 해서 일을 해보니 사람이 수라더라. 장쓰리 질만 할려고 들며 열두 마지기는 오전에 다 할 수 깨쓰며 놉을 해서 사람이 정말 수라며 앞푸론 징할 때에 남왜 일을 해서 품을 만더려야 돼게다.

그리고 집사람이 세집배 작과일 적과하로 삼 일 다니는돼 사람이 눈이 기더가며[기어들어가며] 사람이 안전이 축이 나더라. 이것을 보고 남의 끄며 당장 못 가계 해서 사람을 쉬계 했쓰며 좋게는돼 새집라서 그라지도 못하고 왜만 타는구나.

지출에 … 아들 영화비 900원 세값 2,000원
計 2,900원

〈1985년 5월 17일 금요일 낡씨 맑음〉

요즘 내 일 하는 돼 혼자 예을 먹어는돼 형이 감기로 논 장만하기가 급이 난다고 해서 오늘 그들어 주로 가서 내 논 장만한 것보

210) 이 내용은 지면 상단에 따로 기록되어 있다.

다 만이 장만했 주어쓰며 형이 나외깨 한 것 바서는 안 왜주도 돼는돼 그러지 몿하고 모심을 날짜는 다 돼어는돼 뫂 장만한다고 해서 오늘 수고가 만아다.

오늘 지출에 … 우리 소, 재수정하는 돼 1,000원

〈1985년 5월 18일 토요일 낡씨 비〉

오전 내는 성구내 굼매 이양기 모내기을 하고 우리 조로 바서는 오늘이 계시며 우리 동내로 바서는 15日날 쳦 계시을 한 셈이다. 그리고 오후에는 수뜰레 영희네 갈림하는 논을 심어쓰며 논이 수부가 만아서 그러치 물이 허내서 물 갈리는 극정을 안에도 됄 껏 같다.

지출에 … 빵 1,000원 사이다 750원(3병) 막걸리 1,000원 計 2,750원

〈1985년 5월 19일 일요일 낡씨 맑음〉

(이앙기 모내기 함.)[211]

오늘은 모내기을 하는돼 일요일이라서 그런지 일꾼이 만이 생기서 시간 여유가 만어며 마음이 든든하며 재각키 바푼돼 와서 순석이 순철이가 와서 거들어 주니 남 보기도 좋고 이앙기로 모내기지만 자신이 흙신 수라다.

〈1985년 5월 24일 금요일 낡씨 맑음〉

오늘까지 이앙기 모내는돼 우리 조에 따라 다니는돼 육체적인 일은 별로 안아는 것 같든돼 저녁에 잠 자부며 정신업시 고라떠려 저는 것을 볼 때에 손모보다 별로 수라지 않는가 올해 6섯 집 다 따라 다닐라고 더니 사람이 시간 여유가 업쓰며 앞푸론 셋 집씩 떠려저야 좀 수랎게더라.

거리고 모내기 더려서기 전에 작과일 적과 한다고 지친 몸이라 바로 모내기 더러가서 상당이 곤한 기색이라 자신 보기 미안하기 짝이 업다. 자신은 늙 촌어로 시집을 안아 쓰며 수라지 하고 말을 하며 시집을 잘뫂 왔따고는 손톱만큼도 생각을 안에따고 이야기는 하지만 늙 한가한 시간이 업고 황상 바푼 집사람을 볼 때마다 미안코 고맙다.

〈1985년 5월 25일 토요일 낡씨 맑음〉

용만이가 아파서 병원에 가서 아무도 모판 뛰다 갈다 놀 사람도 업고 해서 자신이 경운기로 모판을 다 뛰다 주어쓰며 오후에 용건하고 두리가 운반을 하고 했찌만 용만이가 혼자 농사 일 과손 일 너무나 벅찬 일들이다.

〈1985년 5월 26일 일요일 낡씨 맑음〉

용만이 모재리 장만할 사람이 업쓰서 자신이 오전 내 경운기로 노타리을 쳐서 안전이 쓰리질을 해서 모내기을 할 수 있두록 만들어 주어다.

대학생이 미문화원을 강제 친입을 해서 농성을 삼일 동안 부리다 이재 농성을 해제하고 마랐찌만 이재 난언[남은] 것은 학생들을 어떠게 훈방하나가 눈잰돼 성부에서는 강력한 처벌을 할려고 더는 것을 볼 때에 큰 극정이 댄다. 이 학생들이 재목으로 쓰지도 몿하고 땔감으로 변화야 돼니 가슴 아푼 일이다. 정부에서도 수사기간에 있는 형사 300명을 동원을 해서 수사을 할려고 더

211) 이 내용은 지면 상단에 따로 기록되어 있다.

는 것을 보니 여사 일이 아니다. 학생들 잘 잘뫁을 가리지 말고 이 학생들도 정부가 잘 해서 우리가 잘 사라보자고 하는 일은 뜰림이 업는 일이니 정부에서 간돼하게 처벌을 해서 매듭을 짓어야 하지 이것을 안전이 메듭을 짓짜고 들며 이것이 안전 불씨가 댈 줄도 모른 일이다. 만약에 학생들이 들고 있려쓰며 정근을 잡을라고 들고만 있쓰며 이 나라 제목이 다 업쓰저며 집을 짓을 수가 업개 돼는 것이나 다름이 업다. 이것을 생각을 해볼 때에 큰 문제다.

〈1985년 5월 27일 월요일 낡씨 맑음〉
논에 물 뻘라고 들다 중앙기상돼서 비 온다고 이야기을 해서 불 뻐는 작업을 뒤로 미루고 자두밭외 김매기을 하는돼 남들은 자두가 너무나 만이 달리서 속음질을 한다고 야단들인돼 우리는 기계류을 쳐서 그런지 과일이 전연 업쓰서 일왜 자미을 너킬 수가 업쓰며 과일밭에 가기가 실을 정도다.

〈1985년 5월 28일 화요일 낡씨 맑음〉
기상돼 말 드고 물 뻐는 것을 뒤로 미라든이 논이 밭삭 말라더라. 모내기을 한 논에 한 벌 푼기는돼 6시간 물을 양수기로 뻐도 만이 뻐지을 뫁했쓰며 지발 초벌 돌리고 마란 셈이다.
이번에 미문화원에 농성 학생 주동자 25명은 형사 입건하며 간첩으로 몰고 있쓰니 이 학생은 잘 사라보겟따고 16년이란 긴 시간을 배움으로 글러[걸어] 왔는돼 이것이 재가 돼고 마랐쓰니 생각 좀 해바야 돼지 않캐나 하는 생각이 들며 이것들이 따지고 보며 잘 사라 보자는 뜻이 정부가 생각 하는 길과 학생들이 글어 가고자 하는 길은 서로 가 다른 길이며 최종 마지막 길은 한 길인돼 넘어하지 않나 하는 생각이 들며 이 학생들에깨 한 번 더 희망의 길을 갈 수 있두록 만들어 주야 댄다고 생각을 한다.
(학생들의 주장은 광주 사근을 규명을 발키라고 주장)

〈1985년 5월 29일 수요일 낡씨 맑음〉
"남북적십자회담을 서울서 회담을 가진는돼 서울서 회담을 성공은 했따고 보지만 북한 적십자위원들은 회담을 할 때는 약속을 하고서는 저 만돼로 거부을 하는 사람들이라 두고 바야 한다고 생각을 한다."
"논에 물 돼는 것으로 하로 일과을 보낸 셈이다."

〈1985년 5월 30일 목요일 낡씨 맑음〉
오늘은 세 집배 작과나무에 약 쳐는 것으로 오전 일과을 보내쓰며 오후에는 영희네 과손에 약 살포하는 돼 시간을 다 보내쓰며 업는 사람이 몸수고는 해야 한다고 생각을 하지만 논 돼갈림 한다고 일 해달라 과손에 약 쳐달라 정말 예로가 만타. 이른 고통을 이세에깨는 업깨 할려고 헛돈 한 푼 안 쓰고 이을 악 물고 돈을 벌라고 노력은 해도 돈 벌기가 있쳐름 훠미 더는지 몰갯다.

〈1985년 5월 31일 금요일 낡씨 맑음〉
(비료 함) (수뜰례는 5月 30日 약 함)212)
운이 감기로 밥을 잘 안 먹고 학교에 갈라고 들어서 빵이라도 200원짜리 사먹고 가

212) 이 내용은 지면 상단에 따로 기록되어 있다.

라고 하고서는 경운기로 몰고 가니 혜진하고 운이하고 같이 학교을 가는돼 밥도 제돼로 안 먹고 발거름이나 제돼로 떠러저겠나 하고 생각을 하니 자신이 힘이 들며 학교에 갇다 오면 병원에 돼리고 가바야 하겟다 하고 경운기로 실어다 주었다.
그리고 기상돼서 2일날 비 온다고 일부로 물을 적개 잡아서 비료을 헌치 노니 또 비가 업따고 하니 안전 계산 착오다. 물 적어며 비료빨이 고루게 안 나타나고 얼육[얼룩]이 저는돼 상당이 잘뫃했다.
복판에 (1포 1돼 요소) 밭타례이 1포, 8kg 함. 요소)
들까지 (1포 12kg 함. 수뜰 1 마지기에 12kg 500백 수뜰례 3마지기에 모판이 있쓰서 20kg함)
올해 비료가 복판에 만아도 딴 곳은 다들 적은 편이다.
지출에 빵 혜진 300원[213]

〈1985년 6월 1일 토요일 낡씨 맑음〉

오전 내는 들레 한 {바}키 돌고서 풀 뜻는 것으로 오전을 보내고 오후에는 운이 대리고 병원에을 가볼라고 운이 병원에 가보자고 안만 이야기을 해도 병원에는 안 갈라고 해서 억찌로 돼리고 가서 주사을 주면 오히려 놀래까바 돼리고 가시 몾하고 한도야국에서 2일분 약난 짓어 왔다.
운이약 3,000원 운이 과{자} 300원 십사림 몸빼이 2,500원
칼치 1,000원 차비 340원
計 7,140원

〈1985년 6월 2일 일요일 낡씨 맑음〉

이제는 들판에 모내기 하는 돼 15일도 안 가니 엔날보다 약 15일나 땅기쓰며 그전에야 한 달 이상 걸리든 것이 반춤이나 빨리 끝을 내고 있쓰니 세상은 그만춤 살기 좋은 때라고 생각을 한다.
오늘 아들 돼리고 작과밭에 약 살표을 했쓰며 약을 살포하면서도 과일이 업쓰니 자미가 업쓰며 어떠게 해서 남들은 만이 오는돼 외 과일이 오지 않을까 하고 생각밖에 들지을 안는구나.
그리고 우리 운이 때문에 극정이다. 왜냐하면 병원에 돼리고 갈쓰며 하는돼 병원에는 안 길라고 히머 약만 사다 먹이니 별로 효과을 몰계쓰니 극정이 말을 할 수도 업쓰며 자신이 입맡이 업쓰저는 것 같다.
지출에 … 과손예 약 5,850원 아들 과자 400원 라면 200원 計 6,540원

〈1985년 6월 3일 월요일 낡씨 맑음〉

요줌 날씨가 너무나 가문 편이다. 밭곡석 밭작물에는 비가 하로가 급팔 정도며 수일내로 비가 한번 아야 됀다고 생각을 한다.
"윤석이 봉답에 모내기하는 돼 일 좀 도와주로 가보니 모판을 들어내서 경원기에 실어서 운반하는 곳이라 불편할 뿐 아니라 모춖이 본논에 가서는 전부가 모춤이 풀어젓따고 해도 가연이 아니다."
"운이가 이제 좀 나저는 너킴이 든다. 요앞패는 밥을 잘 안 먹고 해서 자신 속으로는 급도 나고 아치러어서 똑 죽께쓰며 먹고 십따면 무었시든지 다 해주고 십고 마음이

213) 원문에서는 지출 내역이 지면 상단에 기록되어 있다. 그러나 지면이 부족하여 이렇게 한 것으로 보이므로 이전까지의 방식에 따라 일기본문 아래에 배치하였다.

운이 생각밖에 업쓰며 우리 딸더리 운이 아푸며 해달라고 하는 것은 다 했준다고 딸더리 시기을 하며 불평을 하고 있더라. 이것을 볼 때에 딸보다 운이에깨 마음이 더 가는 것은 사실인가바. 오늘 운이가 노는 것이 캐알하게 노니까 자신의 마음이 먼저 편하더라."

〈1985년 6월 4일 화요일 낡씨 맑음〉

오늘 윤석이네 봉답 어갈리 논에 모내기하는돼 도와달라고 해서 경운기로 실어다 노는돼 모춤이 다 풀일 뿐 아니라 사람의 손수 냇 춤식 같다가 경운기 실련돼 여관 심이 안 들며 실고 부려는돼 모춤이 성화게 있는 것이 더물며 아무라도 모판이 지제리 있쓰야 사람이 수랄 뿐 아니라 모가 바로 살 수가 있다고 본다.

"오늘 일이 남자들이 만와서 따라했찌 그러치 안아떠라면 수고을 아주 몽땅 할 뿐예다."

〈1985년 6월 5일 수요일 낡씨 맑음〉

오늘 보물이 적개 내리와서 영희네 갈림하는 4, 5 돼지기에 하로 종일해도 못 돼서 밤 8시까지 돼쓰며 이제는 논들이 수로에서 직접 물이 더러까지 않코 오늘 모양 남왜 논을 두 자리 그쳐서 들어가는 논은 다들 피답이라고 해도 가연이 아니며 앞푸로 갈수록 더 피답이라고 해도 무리는 아니다.

〈1985년 6월 6일 목요일 낡씨 맑음〉

기상돼에서는 내일 비 온다고 말을 하지만 비가 올 껏 같지도 안을 뿐 오늘 오전에 대신과 합보을 하면서 냇까물이 거진 다 마러고 내일 비가 오지 않는다면 번새을 팔 지경이 돼어 있쓰며 기상대 말과 같이 내일 비가 온다면 문제는 업는돼 만약 내일도 비가 업따면 밭곡석은 하로가 급파게 조지저 간다고 해도 무리는 아니며 앞푸로 일주일만 비가 업따면 대석은 안전이 떨어전다고 보고 있다.

오늘 세집배 과손에 제초제을 쳐는돼 오후내 약 살포했쓰며 그전에는 한 군돼식만 약을 쳐달라고 하든이 이제는 나한태만 약을 쳐달라고 이야기을 하는 것을 볼 때에 좀 불만이다. 왜냐하면 부치기 수라고 물 돼기 좋고 하는 논 9말 5돼지기을 남을 주고 자신은 남왜 농사 힘들고 수부가 있쓰서 경운기, 소 아무것도 들어가지 못하고 갱이 좂아서 농사을 짓는 논을 부치면서도 밭태 일다 했주며 하는돼 화장[가장] 좋은 논을 주고도 별료 일 해달라고 말도 하지 않코 자신에깨 매일 극정을 하는 것을 보며 심리가 우리보다 다러다고 생각이 드는구나.

"세집배서는 억시기 생각을 해서 밭을 부치게 한다고 생각을 하지만 자신 생각은 별료 도움이 업따고 생각을 한다. 왜냐하면 밭태서 작년부터 수입이 조금 돼어따고 생각을 하지 앞전에는 보리, 콩 해도 별로 돼지을 안아서 별료 득이 업쓰며 자신이 일했 준 것 쳐며 안전 적자라고 자신은 생각을 하고 있다."

〈1985년 6월 7일 금요일 낡씨 비〉

운이가 약 먹고는 나은 것 같든이 오늘 학교 갈다 오는돼 힘이 업쓰 보이며 영 아이가 말을 안 예도 내가 볼 때에 신경을 쓰야 돼지 않캐나 하는 생각이 들며 자신이 밥맡이 떨어지는구나.

"그례서 훈 병원예을 가보자고 하니까 아빠가 약 사오라고 하더라. 그래서 한독약국에 가서 먼저 약을 먹을 때는 나은 것 같든이 약을 뛰니까 아이가 힘이 업쓰 보이더라고 하면서 감기약을 하로분을 주어다. 그래서 2일분 달라고 하여쓰며 이번에는 2,000원을 달라고 하더라."

혜진 엄마가 모내기하로만 안 가면 대신 한약을 보용식키 바쓰며 하는돼 집사람이 아침에 나가며 저녁에 들어오는 실정이라서 한약을 때리 먹일 수가 업스서 신약을 먹이니까 아이한때 더 예을 먹이는 것이 아닌가 생각이 더는구나.

지출에 감기약 2,000원 킬라 1,800원
물명태 1,000원 콩나물 200원
차비 430원
計 5,340원

〈1985년 6월 8일 토요일 낡씨 맑음〉

이번 비가 좀 만이 와쓰며 밭작물에 해갈을 면화두록 왔쓰며 수라지만 콩 씨 너키도 부족하게 비가 와서 큰 도움을 주지 몾했다고 생각을 한다. 그리고 큰집배 모내기하는 돼 그들어 주어쓰며 물이 만아서 모 심은 것이 자물씨서[잠겨] 있는돼 피해가 만을 꺼으로 보고 있다. 그리고 용회내 뜰까지 4, 5돼지기에 장입이 술술 안 나와서 복합비료을 두돼 난두고 다 헌치고 마랐다.

뜰까지 4.5데지기에 밑거름 21-18-5포,
웃기름 요소 1포 반
웃거름 복합 1포 계 2포 반[214)]

〈1985년 6월 9일 일요일 낡씨 맑음〉

작년에 원태 모사답[묘사답][215)] 대갈림 했는 논에 오늘로서 보리을 안전이 끈어냇쓰며 담아내기는 비료값도 몾하고 씨 값, 노력 다 따지며 손예가 만타. 담아내기을 하지 않코 보리을 다 갈라쓰며 잘 짓언 편인돼 담아내기 갈라가지고 집사람만 예을 먹인 셈이다.

지출에 빵 500원

〈1985년 6월 10일 월요일 낡씨 맑음〉

(우리 소 셋 번째 수정함) 6月 10日 지출에 수정비 7,000원[216)]

다들 보리농사을 잘 짓어는 것 같든돼 자신만 보리농사을 피롱한 셈이다. 올해 보리농사만 잘 짓어 낮따면 매상도 전액 다 바다준다고 이야기을 하지 안성맡춤인돼 보리농사을 잘몾 짓어서 습습한 편이다.

정부에서 일 년 개핵도 올캐 새우지 몾하고 정치을 하는 것을 볼 때 아주 불만이다. 보리 파종할 때는 매상 안 밭는다고 야단법석을 부리든이 이재 와서 전액을 다 바다준다고 매상량을 실입하라고 야단을 쳐고 있쓰니 한심하기 짝이 업다. 처음부터 보리 매상이 있따고 하며 우리 마을에서도 면적이 만을 끈돼 올해 와서 다 줄고 돼[대여섯] 집밖에 안 대고 있쓰니 정부 을마나 손예가 만은 줄도 모러고 전국에 다 쳐며 한정도 업는 수짜다. 앞푸로 이러깨 정취을 해간다면 논이 밭으로 변하고 말 끄시며 업는 나라예서 뒤을 생각을 하니 한심하기 짝이 업다.

"말리 보리을 혼자 비니까 줗지도 않코 지

---

214) 이 내용은 6월 7일부터 8일까지의 일기가 기록된 지면의 상단에 적어 두었다.

215) 문중에서 묘사를 지내기 위해 짓는 논으로, '묘사답 대갈림'은 종중 땅을 소작하는 것을 말한다.

216) 이 내용은 지면 상단에 따로 기록되어 있다.

루해서 몿 비게더라.”
지출에 빵 500원
운이 귀 아파서 병원에 8,000원

〈1985년 6월 11일 화요일 낡씨 맑음〉

오전에는 집사람과 둘리서 보리을 다 비고 보리을 경운기로 안전이 다 실어 냇쓰며. 오후에는 경운기로 논을 가는돼 찰땅[찰진 땅]이라서 한 등어리가 돼어서 경운기로 가는돼 힘이 만이 들어다. 사람이 오신기에 모내기하는 돼 잔득 지치서 있는돼 봉답에 보리 때문에 사람 다 잡는다고 해서 가연이 아니다.
지출에 … 빵 500원 운이 병원에 7,000원

〈1985년 6월 12일 수요일 낡씨 비〉

오늘은 물을 너어서 두룸을 하고 찬찬이 논 장만을 할려고 생각을 했는돼 형이 오전에 와서 위따리[위쪽 논]에 두룸하는돼 그들어 주어서 좀 수라게 한 셈이다.
오후에는 안전이 노타리을 한 셈이다.
지출에 … 빵, 배지밀, 사이다, 1,000원
운이 병원예 7,000원 혜진 머리 1,000 집사람 머리 카터[커트] 1,000 국수 1,200원 차비 340원 무우씨 500 면도날 700 운이 약 4,000원
計217)

〈1985년 6월 13일 목요일 낡씨 비〉

봉답에 복합비료 3포. (모내기 함)218)
오늘로서 말리 봉답 모내기을 하여쓰며 올해 모판이 좀 적은 것이 극정이 돼더니 모을 심어보니 조금 남더라. 그리고 생각지도 않아든 놉이 와서 생각보다 수라게 한 셈이다. 올해 봉답 모내기 작년보다 4일이나 앞당긴 셈이며 봉답을 심어노니 일할 키 업는 것 같다.
지출에 … 술값 2,500원 닭 2,300원 오뎅 1,000 지고기 1,900원 오이, 콩나물 500원 사탕, 굴피스 1,800원 운이 300원 고추 500원
計 10,800원

〈1985년 6월 16일 일요일 낡씨 맑음〉

집사람과 내일 보리타작을 할려고 작정을 했는돼 오늘 아들이 일요일이라서 한 게라도 거들어 주며 내일 두리 하는 것보다 좀 수랄 껏 같다서 오늘 시작을 해보니 보리가 들 말라서 탈곡이 돼지을 안아서 오전 내해 바야 1가마니밖에 몿 했쓰며 오후에는 좀 마러니까 잘 나오더라. 온 식구가 점두록 해바야 보리 매상 해바야 8가마니 정도밖에 안 돼는 것을 온 식구가 죽을 욕을 본 셈이다. 앞푸로 수입도 돼지 않코 보리을 안 가라야 돼겟따는 것을 너켜쓰며 실찌 비료거름 다 쳐고 경운기 기름 다 따지며 보리는 안전 적자라고 생각을 한다.
지출에 … 빵 1,000원

(현제로 비료량)
뜰까지 4.5돼 밑거름 복합 21-18-18, 5포
웃거름(1차) 요소 1포 반
(2차) 복합 21-18-18 1포 3차 요

---

217) 금액은 적혀 있지 않다.
218) 이 내용은 지면 상단에 따로 기록되어 있다.

소 8부 한 셈(현제로 바서는 비료가 적음)
(바따래이) 4마지기 복합 21~18-18, 5포 웃거름(1차) 요소 1포
2차 요소 7부 함. (7月 29日 이삭 거름용 2포 함) 현제로 적당함.

복판에 3 마지기에 복합 21-18-18-4포 1차 웃거름
요소 1포, 2차 요소 반 포 좀 더 함. 현제로 좀 부족함. 7月 22日 이삭 거름 요소 3돼 이삭 거름 3돼 과리 5돼 계 11돼

수뜰에 3 마지기에 복합 4포 요소 1포 반 포 함.
현제로 좋은 곳은 너무 가함.

방천 밑태 1 마지기에 복합 1포 요소 반 포 좀 못 함

말리 봉답 3 마지기에 복합 3포
내년에는 복판 논에 거름량 복합 4포 요소 1포 반 이삭 거름 2돼
내년에는 봉답에 목압 3포 요소 (반 포 좀 더 함)

〈1985년 6월 19일 수요일 낡씨 맑음〉

(소 수정함)[219)]
용희내 논을 부치기 때문에 올해 굼 삭사 도량 쳐로 갈쓰며 가서 일을 해 보니 모두 들 자기 일하는 것쳐름 일들을 열심이더라. 자신은 좀 일적 끝이 나며 소 풀도 떳고 할려고 소까지 몰고 갈든이 일끄리가 만아서 오후 내 한다고 하며 오후 세을 6시에 먹더라. 그래서 자신이 생각을 하니 소 풀도 한 개도 업고 소도 매나서 아무것도 먹찌도 몿할 것을 생각을 하니 계속 도량을 철 끝이 아니라 사람들이 욕을 하는 일이 있쓰도 소을 먹이야 돼겟따는 생각에 세만 먹고 소을 먹이니까 일하는 것을 보니 미안키 짝이 업더라. 잘몿을 알지만 이래 하지 안어며 밤중이라도 소 풀을 떠더야 할 형편이라서 할 수 업씨 하고 마랐다.
지출에 수정돼[수정대] · 사료례 7,000원

〈1985년 6월 20일 목요일 낡씨 맑음〉

송아지금이 업따고 말들을 만이 해서 계속 먹이 볼까 하는 마음이 갈팡질팡이라서 미루고 오다 오늘 장에 가서 송아지금이 어뜬가 하고 구경을 가 보았든이 소금이 넘어나 형편업씨 떨어지쓰며 송아지 자금을 정부에서 장래을 해서 조금이라도 수입 좀 보라고 근장을 했노코 그 사람들을 망하게 하여쓰며 그저 망하게만 한 것이 아니라 오늘 소금을 한번 보니 송아지 자금 어떠서 송아지 산 사람들 바가지 들두록 만들어 낯따고 헤도 무리는 아니더라.
지출에 … 차비 170원 송아지 꼬비 400원

〈1985년 6월 22일 토요일 낡씨 맑음〉

오늘은 상가[220)]집배 일하로 갈쓰며 사람이

219) 이 내용은 지면 상단에 따로 기록되어 있다.
220) 원문에는 '상가' 위에 '초상'이라고 부기되어 있다.

생각보다 만이 왔더라. 죽원[죽은] 고인이 절머서는 동내 길흉사에 발 벗고 일했쓰며 동내 사람 쳣노코 이 사람 손을 빌리지 안은 사람이 업따고 본다. 그레도 이 사람 손을 적개 빌리지 안은 사람이 동내 쳐고 몟은 보이지 안으며 이 사람은 양심도 업는 사람이며 자신이 일 점두록 바 주쓰며 하는돼 자신 소가 다들 매달려 있쓰서 오전만 그들고 오후에는 소 때문에 할 수 업씨 산에서 내리오고 마랐찌만 일끄리가 넘어나 만아서 미안점 말할 수 업더라. 그리고 자신이 소 먹일라고 들에 나오니까 상과집배 오지도 않코 들래서 논매고 있는 사람을 보니 너무들 한다고 생각을 하며 일하는 사람이 죽은 고인의 손을 만이 빌린 사람이 저따위 행세을 하고 있쓰니 정말 비위가 상화며 죽은 고인이 돈이 만타면 들 생각을 하겟는돼 심지어 때끄리가 업따고 해도 가연이 아닌돼 동정은 뒤에 가고 저따위 행세을 하고 있는돼 그레도 동내서 둘째가라면 서러울 부자가 돼니 하느님도 업따고 본다.
지출에 … 아이들 감염[간염] 예방 접종비 아이들 둘이가 14,200원

〈1985년 6월 23일 일요일 낡씨 비〉
중앙기상대서 장마라고 하든이 오늘부터 비가 오기 시작을 하고 있꾸나. 올해 장마는 작년 비예서 일적 와서 대석 자두 수확하는돼 큰 지장이 올 껏으로 내다보고 있다.
"비 온다고 해서 감자을 집사람과 캐는돼 비가 막 내리서 다 캐지을 뫃하고 집부로 오고 마랐쓰며 올해 감자는 가물이 더려서 감자 꿀찌을[굵지를] 뫃해서 작년보다 수학량이 아주 적은 편이다."

〈1985년 6월 24일 월요일 낡씨 비〉
6月 24日 자두 1개.[221)]
실찌 비 온 량은 얼마 안 돼는 셈인돼 모두들 비 온다고 물코을 파나서 물량이 상당이 만원 편이라서 영희내 수뜰 한 마지기 셋도량 뚝이 떠저서 둘이가 오후 내 했쓰며 벼예 씰려 무든 모래을 대충 재거하는 돼도 상당이 힘이 들어쓰며 정말 남외 농사 냄새가 나더라.
지출에 … 혜영 책값 1,000원

〈1985년 6월 25일 화요일 낡씨 맑음〉
6月 25日 자두 4개.
송아지을 힘이 들어도 1년만 먹이며 송아지금이 올라가지 십픈돼 힘이 들어서 먹일수가 업쓰서 그만 오늘 장에 팔고 마랐다. 410,000만 원 받고 마랐다. 앞푸로 소 먹이는 사람들 예만 먹고 수입도 보지 뫃하고 다들 뒤비저고 말 끝 갇다.
수입 …… 410,000만 원
지출에 … 경운기 부래 2,300원 송아지 운님 3,200원 차비 680원 운이 영양제 8,500원 13,500원

〈1985년 6월 26일 수요일 낡씨 맑음〉
올해는 작년보다 모내기도 수라게 했고 모든 것이 수라개 했따고 생각을 하는돼 올해는 집사람이나 자신이나 지시가 더 드는 너킴이 들며 조금도 시간 여유가 업는 것을

221) 23일부터 25일까지의 일기를 기록한 지면 상단에 적힌 내용으로, 이와 나란히 '6月 25日 자두 4개'라고도 적혀 있다. 기록한 날짜가 언제인지는 알 수 없지만 적혀 있는 날짜에 맞추어 각각 24일과 25일의 일기에 배치하였다.

볼 때에 무선 이유로 지시가 더는지을 알 수가 업꾸나.
오전 내는 혼자 논에 김매기을 하여쓰며 집사람은 자두을 따쓰며 오후에는 자신도 자두을 하로라도 빨리 따내야 수입이라는 것을 생각을 하고 자신도 집사람과 둘리서 자두을 따쓰며 오늘 딴 것이 10개밖에 따지 못했다.
10짝
수입 … 담아내기 1,000원 자두 (1개)
20,680원
計 21,680원

〈1985년 6월 27일 목요일 낡씨 비〉
어재 물건 가지고 간 것이 서울 비 오는 바람에 물 쓴다면서 서울서 전화로 과일 못 따게 한다고 전달이 와서 우리도 두 개짝만 따고 오후에는 비가 오는돼 집사람과 둘리서 논에 김매는 것으로 하로 일과을 보내고 마랐다.
(2짝)
지출에 … (사료 1포 5,200원)
담배 2,000원
計 16,180원

〈1985년 6월 28일 금요일 낡씨 맑음〉
두리가 과일을 섬두록 따도 과일이 전부 위에 날리 있쓰시 따는 돼 힘이 들 뿐 아니라 얼마 못 따서 일이 안 돼며 이제는 이왕 과일은 적개 오는돼 나무을 높이 들 필요가 업다고 생각을 하며 내년에는 나무을 눚지다 십피 해서 작업하기가 수라개 할 직정이다.
수입에 과일값 대석 4짝 37,460원
지출에 혜진 감염 예방값 7,150원

〈1985년 6월 29일 토요일 낡씨 맑음〉
오전에는 들래 일하고 오후에는 집사람과 과일을 따쓰며 집사람이 일 년을 쳐도 자신보다 더 일량이 만타고 생각을 하며 집사람은 하로 일이의 피료가 안전이 풀리지 않코 누적이 돼고 있쓰며 집사람의 건강에 제일 극정이 돼면서도 잘 해 먹이지 못하고 있는 심정 안타갑키 짝이 업꾸나.
수입에 … 대석 10짝에 66,960원
지출에 … (어름) 200원

〈1985년 6월 30일 일요일 낡씨 비〉
봉답 논에 살충제 싸락약을 살표을 했쓰며 올해는 어쩐지 바픈 일과라 날짜가 어떠게 가는 줄을 몰라서 약 살포하는 것이 좀 너전 간이 있쓰나 오늘 약을 살포하고 경운기로 풀 떳는 것으로 오전 일과을 보내고 오후에는 과일 따는 것으로 하로 일과을 보내고 마랐다.
그리고 우리 마을래서도 (하로) 대석이 6차 이상이 돼고 있쓰니 정말 급이 나두록 생산이 돼고 있쓰니 전국에 과일 생산돼는 것이 무진장할 텐돼 사람 먹는 것이 제일 크다고 생각을 한다.
(과일 대석 14짝 땀)
수입 …… 12개 75,200원
지출에 … 란면 400원 아이들 300원

〈1985년 7월 1일 월요일 낡씨 맑음〉
오늘로서 대석 자두는 전부 다 딴 셈이다.
중앙기상대서 장마가 25日부터 장마껀 들어선다고 예보을 해서 적게 달린 자두나마 장마 때뮤에 손예을 보지 않을까 하고 극정도 했는돼 다행이 비 한 번 맏키는 했찌만 그런돼로 가격도 가위 나푸지 않깨 잘 팔라따고 생각을 하며 앞푸론 자미가 업쓸 꼈으로 내다보고 있다.

수입에 … 자두 7개 27,900원

지출에 … 통닭 2,300원 콩나물 고추 300원 국수 2,400원 모기장 5,000원 혜진 옷 7,000 아빠 수봉 2,500원 런닝구, 양발 3,500원 킬라 550원 전구담아 950원 반찬 3,000원 짜장 200 차비 340원 반찬 1,000원 일기장 1,000 計 25,140원

〈1985년 7월 2일 화요일 낡씨 맑음〉

오늘은 집사람은 세집배 과일 따는 돼 일 해주로 같쓰며 세집배 영감, 활마씨와 그 만은 과일 딴다고 야단을 쳐는돼 안 거들어 줄 수도 업고 영감은 걸음도 지발 그러면서 자두 따는 돼 그든다고 하는 모섭을 보고 안 그들 수도 업고 해서 경운기로 상자을 같다 주어쓰며 다 따며 차예 실어 주야 하기 때문에 소 먹이다 시간을 마차서 와야 하니 마음 무척 쓰이며 자신 일이 만돼로 안 돼고 있다. 그리고 집사람이 우리 일예도 지치서 있는돼 아직 세집배는 그 만은 과일이 그돼로 있는돼 저 과일 다 따주야 할 판이니 집사람 몸 상할까바 극정돼고 있다.

수입에 … 자두 8짝에 19,660원

지출에 … 아이들 사랑에 선금 600원

〈1985년 7월 3일 수요일 낡씨 비〉

집사람과 둘리서 세집배 과일 따 주로 같쓰며 우리 과일 딸 때보다 만이 따니까 몸이 흙신 고대고 있다. 둘리 하는 것을 보고 일을 안 예 줄라고 해도 안 예 줄 수 업는 문제며 다 해줄라니 과일밭이 7마지기가 넘는돼 집사람이 자신이나 넘어나 몸이 지칠 꺼 같더며 우리 일도 두리가 한아람인돼 생각을 할수록 머리가 무거어진다.

(새집배 비을 맡저면서 딴 것이 39개짝 딴 셈이다

수입에 … 26개짝 110,369원

지출에 … 사료비 · 5,200원

〈내지4〉[222]

(1985年 7月 4日
1986年 1月 23日까지)

금릉군 아포면 대신 三동
권 순 덕

"인간은 양심이다"

〈1985년 7월 4일 목요일 낡씨 비〉

무지파 씨을 반 캉통을 해서 남 먼저 씨을 부어든이 너무나 좋아서 가을에 무지파 수학한 것쳐름 너무나 크서 모종하기는 좋지 안을란지 몰갯다. 집사람과 둘리서 점두록 한 셈이며 파가 배추보다 값씨 못 할련지는 몰라도 무지을 해 노니 마음이 그야말로 시은하더라.

"정부에서 복합영농을 해야 산다고 축산을 견장한 지가 쳐 일 년도 안 돼어서 예국[외국]에서 쇠고기을 을마나 만이 수입을 해서 일 년도 안 대어서 소금이 똥금이 돼고 말며 축산농가을 망하게 하는 정부정책 한심하며 이제 와서는 농촌에서 소을 만돼로 잡

222) 새로 바뀐 일기장 내지에 기록되어 있는 내용이다.

아먹어라고 허용을 하고 있쓰니 그야말로 한심하기 짝이 업다."
"이른 정책 세 살 난 아들도 이래는 하지 안어리라고 생각을 한다."

〈1985년 7월 5일 금요일 낡씨 비, 맑음〉
오전 내는 무지파 남은 것을 앞밭태다 자신은 하고 집사람은 자두을 안전이 이삭을 주어쓰며 다 타니까 자두가 4개짝 복숭이 2개짝 합이 6개짝 대더라. 올해는 대석은 마지막이며 자두을 다 따고 보니 서운한 마음 검할 수가 업꾸나.
그리고 집사람은 내 일도 너무나 만아서 몸이 지칠 정도댄 세집배 따달라고 해서 대석 자두을 따 주로 같쓰며 포[표] 실한 사람 같더며 나 죽는다고 말이 만을 땐돼 그러지도 안코 내일 죽어리 삼아도 포가 업쓰며 잠쉬 시간 여유가 업씨 일이 밀리고 있는 집사람 보기에 미안하며 엄살을 부리쓰라도 좀 쉬어쓰며 하는 마음뿐이다.

〈1985년 7월 6일 토요일 낡씨 비〉
자신은 소 풀 뜻고 집사람은 세집배 과일 따 주로 같쓰며 오후에는 좀 실라고 마음을 먹고 있는{데} 집사람이 과일 실어달라고 돼리로 와서 좀 시지도 안코 경운기로 과일 실고 오후에는 담아 살리 하는 것으로 하로 일과을 보내고 바렀다.
"우리 운이 부모들이 시간 여유가 업쓰서 요줌은 계속 저 하는 돼{로} 그냥 나두어는 돼 교과서을 대충이라도 따라하고 있쓰니 마음이 노인다. 자신의 생각으로 아무깃도 모러고 그냥 그냥 넘어가는 줄 알리떠니 대충 알고 있더라."

〈1985년 7월 7일 일요일 낡씨 비〉
오늘은 비도 오고 해서 아무 일도 못하고 해서 김천에을 가서 픈무기을 살까 하고 김천을 갈라고 하니 혜영이 운이 따라갈라고 해서 돼리고 같쓰며 마음에는 고기집배 가서 고기라도 사 먹이서 대리고 갈려고 해도 저축이 돼어야지 하는 마음이 앞쓰기 때문에 고기집은 눈에 선화지만 그러치 못하고 빵집배 가서 빵이나 사 먹일라고 들어가니까 아직 준비댄 것이 업따고 해서 사 먹지도 못하고 해서 아들을 못쳐름 대리고 왔는돼 아빠로서 미안해서 너이들 뭇엇이 제일 먹고 십나 하고 무러니까 아무겄도 먹고 십지 않따고 하면서 집배 가자고 할 때에 자신의 마음속으로 아빠보도 더 야물다는 생각이 들며 아이들에깨 미안개 돼어다.
수입에 … 담아내기 2관 2,000원 복숭 2, 자두 4　6짝에 23,800원
計 25,800원
지출에 … 분무기 17,500원 우비 7,500원 아들 양말 1,500원 운이 신발 3,500원 혜진 신발 4,000 혜영 신발 1,000 엄마 신발 900원 칼치 1,000원 치약, 고무줄 550원 노트 20근[권] 1,600원
計 39,480원

〈1985년 7월 8일 월요일 낡씨 비〉
오늘로서 안전이 감자 수학을 했쓰며 작년보다 감자 수학이 좀 적은 감이 있다. 집사림과 감자 수하을 다 하고 들판을 한 밖이 돌라보니 우리 나락이 다들 거름기운이 적은 것을 비료을 할려고 해도 급이 나고 해서 그냥 두어떠니 오늘 보니까 너무 기름기가 업더라. 그래서 당장 거름을 할려고 해

도 들판이 물천지라 거름을 할례야 할 수가 업쓰서 마음이 따는구나.
"집사람이 서무사 1짝 수학함."
"정부에서 밀도살 못하두록 해도 소금이 허러며 아맘이[암암리에] 잡아먹고는 하는돼 이제는 정부에서 잡아먹꾸로 하니 우리 마을에서 벌서 1마리 작동에서 벌서 두 바리을 잡아먹고 있쓰니 양돈하는 사람 타격을 주고 있쓰니 정부 돌라가는 것이 도돼{체} 알 수가 업다."
지출에 … 외상으로 경운기 기름 가지고 온 것 병태 엄마 줌.
60,000만 원

〈1985년 7월 9일 화요일 낡씨 맑음〉

오전에는 봉답 도구을 떠는 돼[뚫는 데] 시간을 보내쓰며 올해는 봉답 모가 좀 일적 심어서 그련지 몰라도 벼가 아주 좋은 기색이 보이더라.
오후에는 집사람과 형수, 셋시가 보리 매상할려고 풍구질 하는 것으로 하로 일과을 보냈쓰며 자신은 보리 매상을 9개는 충분이 돼리라고 생각을 했는돼 보리가 줄어서 8개밖에 안 대드라. 그리고 큰집배 2개 돼며 이제는 정부에서 적자가 돼지 않깨 보리값을 올리주면 몰라도 그러치 안어며 보리을 안 갈 작정이다.
"앞푸로 이러게 나간다면 봉답 논은 다들 밭으로 둥갑을 할 끄시며 농민들만 못 살개 하는 정치밖에 안 댄다. 왜냐. 1년을 앞을 보지 않코 정치을 하고 있는 돼 불만이며 농민들도 쌀농사 안 댄다고 봉답 땅이 우리 마을에도 밭으로 변화며 전부가 과일이나 포도밭으로 변화고 있쓰며 업는 나라에서 식량이 돼는 쪽으로 수입이 돼게 해서 농민들을 따라오게 해야 하는돼 정부에서 어떠개 댄 신판인지 국민을 낭비 쪽으로 끌고 가니 한심하기 짝이 업다. 앞푸로 언젠가는 성실한 정치인이 나오면 논이 밭으로 둥갑한 것을 쌀농사을 짓뚜록 할 판이니 이 손에을 누가 책임을 지나 하고 극정도 댄다."
수입에 … 집사람 과일 따는 돼 품값 20,000원
지출에 … 하드 600원

〈1985년 7월 10일 수요일 낡씨 가끔 비〉

오늘은 대신에서 화곡[하곡] 공판이라서 수분을 제어 보니 수분이 돼지을 안아서 공판을 못 댄다고 아예 가지을 안아든이 이번 검사원 대신에서는 수분을 안 보고 등급을 주고 있따고 해서 오후에는 봉산에서 한다고 해서 두 판 쳐고 봉산으로 정심을 먹고 매상을 돼기 위에서 갈든이 일부 수분검사을 하고 있쓰서 극정이 돼더니 실찌 하고 있는 검사은 아주 수란 사람이라서 농민들 심정을 아는 사람이라고 생각을 하고 십다.
"{()보리 매상 8가마 매상함.)"
수입에 … 보리 매상 8가마 2등 127,520원

〈1985년 7월 11일 목요일 낡씨 맑〉

올해는 자신이 과수 전지을 하니까 과수 전지을 잘몾 해서 과일이 오지 안는가 하고 의심이 대어서 오늘은 전쟁사[전정사]을 더리서 안전이 전쟁이 돼두록 잘라내고 마라다. 처음에는 나무을 너무 만이 잘라내는 것이 아닌가 극정이 돼더니 오후에 다시 한번 보니 {잘} 잘라냇따는 너킴이 들더라.
지출에 … 새값 2,850원
수입은 … 서모사 1짝 7,800원

〈1985년 7월 12일 금요일 낡씨 비〉

작년에는 비가 오나 눈이 오나 소 풀 떳는 돼 지루한 감이 업씨 재미로 풀로 떳더 주어는돼 올해는 그저 풀 떠더 돼기가 큰 고통이며 이재는 집마저 떨어젓쓰니 풀도 제돼로 몾 떠더 주며 자신이 생각을 해도 우리 소가 만이 굼고 있따는 것을 알면서도 풀이 만이 몾 떠더 주게쓰며 어쩐지 풀 떳기가 급이 나며 소금마저 형편업쓰니 소예 소중{한} 맡도 업고 저그 다 쳐바 멧 십만 원밖에 안 돼는데 하고 사람의 간만 키아 낯쓰며 소에 자미가 한 개도 업쓰며 사람마저 기라게[게을러지게] 만들고 있다.

수입에 … 서모사 ② 9.160원 ″ 모픔 값 62,000원 計 71,160원

지출에 … 우리 논 (봉답) 픔값 22,000원

〈1985년 7월 13일 토요일 낡씨 맑음〉

오후에는 우리 봉답과 수뜰 논에 문고병약과 살충제을 한 번 쳐고는 했찌만 자신은 우리 나락이 남들 비예서 노리기 때문에 요소거름을 한번 할려고 생각을 했는돼 장마 때문에 논물이 너무나 만아서 미라 오다 오늘까지 몾하고 마란 것이 자신에깨 큰 도음을 주어따고 생각을 한다. 왜냐. 복판에 우리 나락은 너무나 노래서 수학에 차질이 있쓸 껏으로 큰 극정을 했는 논에 요즘 부며 너무나 잘 돼어쓰며 앞푸루 날씨만 잘 했준다면 풍년을 할 수 있따고 본다.

지출에 … 혜영이 합창부 대회하는 돼 정심 600원 과자 200원 혜신 200원 운이 200원 진기세 1,280원 라먼 700원 구론산 200원
計 3,380원

〈1985년 7월 14일 일요일 낡씨 맑음〉

올해 장마는 우리 지역에 바서는 비 피{해}을 하나도 주지 않코 정말 곱게 온 셈이며 이제는 기상돼서 20日까지라고 하지만 오늘 바서는 비가 다 왔따고 생각을 하며 금년에는 정말 농민에깨 수란 해라고 생각을 한다. 그리고 우리는 오늘로서 약 살포을 아들 돼리고 늑뜰래 약을 한 번씩 쳤쓰며 마을로 바서는 한 번식 다들 천 사람은 자신밖에 업따고 생각을 한다.

수입에 서모사 1짝 복숭 1짝 5,940원

〈1985년 7월 15일 월요일 낡씨 맑음〉

작과나무 전지한 것을 오는 안전이 묶고 일부 정리까지 하여쓰며 매년 이때에 나무 전지을 해야 댄다는 생각이 들며 나무 전지을 했노코 보니 나무 밑까지 빛이 싹 드려오고 있는 것을 보니 나무 전지는 가을, 봄예 할 껏이 아니라 7월예 전지을 하는 것이 나무로 바서 제일 낮찌 안을까 하고 생각도 했본다.

〈1985년 7월 16일 화요일 낡씨 흐림〉

오늘은 소을 몰고 집사람과 고추밭을 매다 자신은 소 풀을 떠드랄고 가다 아버지 산소을 한번 들리서 풀을 떠들라고 생각을 하고 아버지, 어머님 산소을 가보니 자식들이 너무 했꾸나 하는 생각이 앞쓰는구나. 왜냐하머 산소에 잡초가 저려깨 무성하게 자라누록 나둔 것이 가슴 아푸며 형은 과일 따는 돼 비푸기아 하게찌만 매일 보는 산소 풀을 저러개 자라두록 나둔 것이 원망이 대며 한편 원망을 하면서도 자신도 봄에 와 보고 이재 와 보는 심정이라 형의 원망도 살라서는구나. 풀 뜻는 것을 포기하고 아버지 산

소에 싹 벌추을 하고 아까시와을 안전이 캐쓰며 잡초을 제거을 하고 나니 자신의 마음이 깨운하며 앞푸로 자추 차저바야겟따는 생각이 들며 어머님은 살라개실 때에 우리 순덕이 하는 것을 생각을 할 때 눈시울 떠거어진다.

〈1985년 7월 17일 수요일 낡씨 비〉
오전에는 비가 와서 휴식을 하고 오후에는 소 잡는다고 해서 집사람이 매일 곤하다고 해서 언재부터 소 돼가리을 사서 곰을 해줄라고 마음을 먹어도 잘 안대고 하든이 오늘은 소을 잡어니 바라코 있다 소머리을 가지고 왔쓰며 소머리 한 개을 다 하며 여름이라서 시서 몾 먹는다고 하며 세집배서 농짜고[나누자고] 해서 두리가 반식 노나서 하고 마랐다.
자신은 소머리을 노칠까바 기다리고 있다 가지고 오니 이미 집사람이 소 풀 먹이로 갈더라. 자신이 소 먹이로 미리 갈까바 비가 와 소을 몾 먹이며 나중에 와서 풀 떠와서 주며 돼니까 가지 마라고 했는돼 집배와 보니 소을 몰고 이미 가고 업떠라. 그래서 자신이 소머리을 끄실고 안전이 장만을 해서 나두고 풀 한 망태 떠고 집사람 소 먹이는 돼을 차저 간다고 가니까 혜영이 뒤에서 아빠 하는 소리가 나드라. 그래서 뒤을 보니까 혜영이와 집사람 두리서 소을 먹이는 모섭을 보니 한편 반갑고 한편 생각을 할 때 집사람이 오늘도 비가 오니 곤해서 좀 쉬쎠며 하는 사람 소을 먹이고 있는 것과 자기 몸이 푸서저두록 자신 일을 도어고 있는 것과 아빠 몸을 정말 하늘같이 생각하는 사람 자신이 업고 다니도 그 가법치을 다 하지 몾할 껏 같다.

〈1985년 7월 18일 목요일 낡씨 맑음〉
별로 할 일도 업고 해서 들판을 한 밖키 도라보니 거른 돼로 우선 바서는 농사을 잘 짓은 편인돼 세집배 밭따래이 거름이 너무 적은 것 같다서 농사가 극정이며 벌서 요소 거름을 할려고 작정을 했는돼 장마라서 물 조절이 안 돼어서 미루다 이태것 몾하고 이제는 이삭거름 할려고 생각을 하고 있는돼 남들이 보고 외 거름을 안 아고 둘까 하고 욕도 할련지 모련다. 자신은 매년 밭따래이는 거름이 만아서 수학이 뜰어지기 때문에 올해는 거름 적개 할려고 작정을 해서 거름이 모두 적은 편인돼 거름이 적으서 수학이 아주 떨어지며 어떠게 하나 극정도 크다.
지출에 … 넌링구 5,400원 비누 1,600원 설탕 1,900원 간장 950원 칫솔 250원 시계줄 2,000원 빨간무우 2,500원 신발 2,000 반찬 2,000 미수까루 1,200원 배지밀 200 석유 6,000원 엔진오일 4,000원 닭갈 1,800원
計 31,800원

〈1985년 7월 19일 금요일 낡씨 맑음〉
(엔진오일) 밭따래이 이삭 거름용 2포 용희내 4.5돼 2포 조금 몾 함.[223]
린징씨을 오늘 집사람과 갈라는돼 낡씨가 너무 더어서 씨가 잘 슬란지 극정이 돼며 앞푸론 린징씨을 장마철래 갈며 씨가 갈리지 않코 잘 스리라고 생각이 들며 이번에

223) 이 내용은 지면 상단에 따로 기록되어 있다.

씨가 잘 안 쓰며 내년에는 장마철래 갈라 바야 돼겟다.
그리고 세집배 밭따래이 (이삭거름용) 2포 함. 용희내 4말 5돼지기 이삭거름용 (2포 조금 못 함) 이 비료을 처음 쓰보는돼 거름 효과가 어뜰란지 궁금하구나.
지출에 … 12,250원(35개)

〈1985년 7월 20일 토요일 낡씨 맑음〉
"올해 아무 논 업씨 들판에 나가 보며 거름이 가하며 다들 나락들이 좋으며 앞푸로 낡씨만 잘 한다면 대풍년을 만들 것으로 생각을 한다."
"이번에는 동장이 소 잡부면 돈 거두기가 힘이 들어서 몿 잡는다고 이야기을 해서 소머리을 가지고 와서 집사람 곰 해줄 생각으로 이번에 소 잡는 것은 내가 돈을 그다 줄 태니까 잡부라고 이야기한 것이 말이 돼어서 동장이 계산을 빼어 와서 돈 바두라고 이야기을 하는돼 안 알 수도 업고 해서 두 번이나 다니쓰며 다 바들라면 돈이 700,000만 원이나 돼는돼 보통 예료가 아니다."
지출에 … 수박 1,000원

〈1985년 7월 21일 일요일 낡씨 맑음〉
용희내 수뜰 논에는 벼가 너무나 무성해서 먼저 문고병약과 살충제 한 번 칯는돼 아직 문고병이 성화는 것 같다시 오늘 아이들하고 한 번 더 약을 살포하여쓰며 이례 칯다가는 4번 이상 약을 칯지 않을까 하고 생각이 더는구나.
"그리고 작과일나무에 살충제을 한 번 때리쓰며 내년 농사을 잘 짓기 위에서 과일이 업는돼 약을 살표을 했쓰며 내년에는 정말 남과 같이 달리바쓰며 원이 업깨다."
지출에 … (콘) 300원

〈1985년 7월 22일 월요일 낡씨 맑음〉
복판에 비료 함. 요소 3돼 과리[가리(칼륨)] 5돼 이삭거름 3돼 計 11돼 정도 댐.[224]
소머리 곰을 오늘로서 안전이 먹어쓰며 돈 준 것이 아니며 여름철이라 변해서 버릴 껏인돼 돈 준 것이 하나도 버리지는 않코 오늘로서 안전이 먹은 셈이며 자신이 생각을 할 때에 그 돈을 더리서 살고기를 싸서 먹어며 더 효까 업쓸까 생각도 든다. 자{우}지간 소머리을 반쪽이지만 자신이 생각을 할 때 집사{람} 다 목 먹찌 하는 생각이 들더니 버리지 않코 다 치우니 자신의 마음이 캐운하더라.
"앞푸로 한 번 더 해 먹이쓰며 하는 생각이 더는구나."
복판에 거름을 올해는 그만 할려고 생각을 했는돼 남들은 벼가 캄은돼 거름을 마구 헌치고 있는 것을 보고 자신이 조금 더 한 셈이다.
지출에 … 고기 1,300원 화장품값 3,700원
운이 500원 혜진 1,000원 혜영이 1,000원
計 7,500원

〈1985년 7월 23일 화요일 낡씨 맑음〉
오전에는 새집배 채소밭을 매는돼 날씨가 너어시 정말 외을 먹어쓰며 집사람은 땀을 흙리면서 밭을 일적 매고 가자고 하면서 김을 매는돼 남의 채소밭 불칠라도 사람 죽깨

---

224) 이 내용은 지면 상단에 따로 기록되어 있다.

따고 하면서 집사람을 돼리고 가서 나무 거늘에 좀 쉬어서 밭을 매니까 11시가 돼더라. 11시에 집배 들어왔쓰며 별 문제돼 풀을 한 망태 떳니라고 힘이 드려쓰며 오늘은 정말 더어서 힘이 만이 들어다. 오후에는 굼 도량을 쳣쓰며 굼 작자도 여간 힘이 아니더라.

지출에 … 수박 500원 소머리 12,500원
計 13,000원

〈1985년 7월 24일 수요일 낡씨 맑음〉

큰골 못 작자들이 나와서 부역을 했쓰며 요줌은 아들이 불평을 더 하며 요세 아들 어른이 무선 소리을 하면 세대차라고 이야기을 하더시 조금이라도 불참을 하며 아들이 골돈[225]을 먼저 말들을 하며 한 치의 여유가 업는 것 같더라.

지출에 라면 4,200원 국수 1,400원 비누 1,500원 하장지 520
지출금액이 7,620원[226]

〈1985년 7월 25일 목요일 낡씨 맑음〉

정부 일하는 것이 눈 깜고 아옹하는 식이다. 복합영농을 해서 송아지 자금을 타서 소득을 만이 내라고 송아지 자금 내준 것을 한 마라도 싸지 않코 오늘 장에 가서 정서[증서]만 뛰와서 송아지 싸따고 이야기을 하니 정말 한심하며 이것이 송아지 입식하는 대만 영향이 있는 것이 아니라 김천 우시장에는 영향이 크다. 왜냐. 송아지 팔고 사지도 않코 허이로 정서만 왔따 갈따 하는 행정 정말 한심하며 이따위 정치을 하는돼 춤 쳐는 사람도 있따고 본다. 왜냐하며 허위정서 하는 돼 수입 보는 사람들 오늘 장만 해도 송아지 허이정서 뛴 사람이 다섯이대며 우리 마을에 그 만은 복합단지에 송아지 자금 바다서 송아지 산 사람이 두 사람 그 남어지니 허이니 기신이 곡할 노렸이다. 자신이 바서는 부정이 눈꼽만춤이라도 있는 놈은 모조리 잘라내야 한다고 생각을 하며 부정 있는 놈은 직각 잘라내야 나라가 발전을 할 수 있따고 본다.

"정말 무책임한 정취 마음에 들지 않는다."

〈1985년 7월 26일 금요일 낡씨 맑음〉

용희내 수뜰 4마지기 집사람과 둘리가 오전 내 김매기을 하여쓰며 남왜 논이라 조심이 만아서 대충 한 번 더 (피와) (올미대[잡초의 일종])을 대충 뽑는돼 시간이 만이 글리며 논들이 깨끝한 대가 업더라.

"이제는 벼들례 물이 꼭 필요할 때가 돼어서 물을 대어 주야 하는돼 웃뜰래서 물이 내리오지을 안아서 아래뜰 사람들은 왜가 따고 있는 실정이다. 이재는 비만 한 번 더 오면 농민들은 일을 다 한 셈이며 밭곡석 바서는 비가 왔야 해결을 할 수 있따고 본다."

지출에 … 아이들 책값이 5,500 무우·배추 씨값 6,000 소 꼬비 400원 락소[락스], 칠솔 850원
計[227]

〈1985년 7월 27일 토요일 낡씨 맑음〉

225) 부역에 나오지 않을 때 부과하는 벌금을 일컫는 말이다.
226) 지면이 부족하여 지출 내역은 지면 상단에 기록하였으나 내용상 본문 아래에 넣는다.
227) 금액은 적혀 있지 않다.

집사람은 무지파밭을 매로 가고 자신은 소풀을 떠더쓰며 경운기로 한 경운기을 풀 떠드도 파밭을 매로 간 사람이 오지을 안아서 낡씨도 더고 해서 갈치 갈려고 파밭을 가보니 매고 있더라. 그래서 내일 매기로 하고 더어서 사람 죽깨따고 하면서 집배 가자고 하니 이재는 조금 남아서 다 매고 가자고 하면서 아빠도 그들어서 팔리 하자고 해서 땀을 흙리면서 다 했찌고 마랐다. 자신은 매일 아침에 나갈 때는 매일 오전 10시만 돼면 모든 일 마취고 말 개핵을 잡아도 가서 일을 해보며 일량이 황상 만아서 오전 일이 입빠이 돼고는 만다. 그러니까 남들보다 몸이 더 상화는 줄 알고 있다.
지출에 … 송아지 인공유 (2포) 10,380원

〈1985년 7월 28일 일요일 낡씨 맑음〉

오전에는 집사람과 둘리서 봉답에 논을 마지막으로 김매기을 하여쓰며 올해는 봉답 논이 아주 깨끝한 논이 돼어쓰며 금년에는 피살리가 수란 편이였다.
오후에는 집사람은 소을 먹이고 자신은 도량에 풀베기 부역을 한다고 같쓰며 사람들이 마음을 먹고 쳤니 일적 쳤는 것을 너무 일적 시작을 해서 더울 때 일을 다 했쓰 사람들이 땀을 무진장 흙리쓰며 수고가 만이 한 센이며 이러깨 수고을 하니 앞푸로 물돼기가 좀 수알 끄수로 본다.

〈1985년 7월 29일 월요일 낡씨 맑음〉

동내 산에 나무 심은 곳에 잡풀 제기하는돼 부역을 했쓰며 심은 모목이 갈리 부족으로 나무들이 잘 자라지도 뫁하고 매년 비료는 나오지만 형식으로 했치고 하니 나무들이 잘 자라지도 뫁하고 살라있는 곳은 좋은 나무는 아주 좋으며 정부에서 적은나 신경을 쓰서 학인을 하고 비료을 나무에만 하두록 노력을 하고 강력하게 했쓰며 나무들이 아주 좋을 뿐했는돼 망우리가 아주 소홂해서 정부 예산에 낭비만 시키따고 해도 가연이 아니다. 정부에서 강력하게 밀고 갈 꺼은 지지분하고 안 밀고 갈 꺼은 밀고 가는 벗릇을 빨리 제거했쓰마 하는 바람이다.
지출에 … 혜영이 할명수 150원

〈1985년 8월 1일 목요일 낡씨 맑음〉

요즘 낡씨가 최고 더위을 낲타내면서 다른 곶은 다들 소낙비라도 오곤은 하는돼 이곶은 매일 37도로 오려내리고 있쓰니 아무 일도 뫁하고 사람만 가물 타게 만들고 있쓰며 재말 비가 와서 밭곡석 해갈을 시키며 채소 갈두록 비 좀 왔쓰며 하는 바람이다.
"린징씨 갈 때부터 낡씨가 더어서 씨가 쓸까 극정이 돼더니 린징씨는 차저 볼래야 볼수가 업게끔 안 나는 것을 처음 보았다."
"오늘은 인분 낼 때가 업쓰서 극정을 하다 작과나무에 같다 부고 마랐쓰며 작과나무에 인분을 주어서 작과나무가 죽을까 염려가 대는구나."
지출에 … 돼지고기값 1,300백 3,520원

〈1985년 8월 2일 금요일 낡씨 맑음〉

요줌 낡씨 사람 간질나게 만들고 있다. 왜냐 요 주위로 노숭을 쳐면서 소낙이가 오고 있는돼 이곶만 오지 않코 사람 마음을 태우고 있는 겄을 볼 때 딱한 마음 금할 길 업쓰며 다들 한 줄기만 해 주어쓰며 하는 바람이드라.
"이 비가 올 때 와야 하는돼 이 날씨가 사람의 속을 한 번 더 태울 작정이냐. 올 뜻 올

뜻 하면서 오지 않는 것이 벼가 출수할 때 비가 올라고 하지 하는 마음이 앞쓰는구나."

지출에 … 빛, 린징씨 2,150원 아들 하드값 500원 計 2,650원

〈1985년 8월 3일 토요일 낡씨 비〉

새집배 밭따래이 기상대에서 매일 비 온다고 말을 해서 물을 안 대고 기상대 기대고 있쓰뜬이 매일 비는 올 뜻 올 뜻 하면서 오지 않코 사람의 속만 태우고 있쓰서 오늘은 만사 일을 다 재치고 물부트 대고 무선 일을 해야 돼겟따고 생각을 하고 오늘은 일적 암치 물 돼고 있는{데} 오후 너캐야 소낙이로 비가 오는돼 그 비가 그처름 반가울 수가 업쓰며 만사가 해결을 시키쓰며 올해는 올해는 정말 농민의 해라고 생각을 한다.

지출에 … 돌부리값 1,000원

〈1985년 8월 4일 일요일 낡씨 맑음〉

웃뜰에는 채소을 갈라씀. 8. 4日[228]

오늘은 배추씨와 무우씨, 린징씨을 봇밭에는 다 갈라쓰며 아직 다들 무우, 배추가 일적다고 안 가는 사람이 만으며 자신은 작년에 8. 16日 날 배추씨을 갈라는돼 배추가 안전이 여물지을 못해서 올해는 일적 한 감은 있쓰나 다음에 비가 맡차서 오면 채소가 갈기가 알맡다고 생각을 하지만 헌이 비가 맡차서 오지을 안더라. 그래서 오늘 집사람과 둘리서 봇밭에는 체소을 갈고 말랐다. 그리고 오후에는 혜영, 운이을 돼리고 가서 소을 먹이게 하고 자신은 경운기에다 풀을 떠드쓰며 아이들이 잘라니까 자신이 수란돼가 만꾸나.

〈1985년 8월 5일 월요일 낡씨 맑음〉

(들판에 현제로서는 벼들이 고로 출수을 하는 것이 업씀.) (수뜰에) (일부 출수함.)[229]

요줌은 송아{지}금이 올라갈 수 있는 전망이 있는가 하고 송아{지}금도 한번 볼 겸 겸사 겸사로 김천 우시장에을 가 보았든이 송아지가 수도 업씨 나는 것을 보니 앞푸로 자신이 볼 때는 더 내리가지 않을까 하고 극정이 앞쓰는구나.

그리고 다들 무우 배추가 일적다고 안 갈고 있는돼 자신은 먼저 린징씨가 한 개도 안 나서 린징씨 갈면서 무우 배추을 다 갈라뜬이 오늘 낡씨가 불빛이 나는 것을 보니 린징, 무우, 배추 다들 씨값씨만 버리는구나 하고 예감이 시운치을 안는구나.

"오늘 들판을 한 밖이 돌라보니 들판에 벼들이 출수을 골로 하는 논들 한 개도 업쓰며 우리 벼도 출수을 하는돼 고로 하지도 않코 맡머리 출수을 하고 나머지는 이삭이 불룩하게 그냥 있는 것이 만아서 가을개 수학하는 돼 큰 차질이 있쓸 껏으로 보고 있다."

"그리고 벼들이 출수을 고로 하지 못한 것은 침종을 일적 해서 고루하지 못한 것이 아닌가 생각도 했본다."

지출에 … 차비 340원 집사람이 장 지출에 아빠 넝링구 750원 혜진, 혜영 2,300원 2000원 내이 900원 학용품 1,700원 장값 1,500원 설탕 2,000 오뎅 1,200 미수숫갈 1,000 차제 530원 약 1,300원

---

228) 이 내용은 지면 상단에 따로 기록되어 있다.

229) 이 내용은 지면 상단에 따로 기록되어 있다.

計 15,180원

〈1985년 8월 6일 화요일 낡씨 맑음〉
정부에서 장래품종 원풍벼가 처음에는 억식기 좋은 것 같든이 오늘 들래를 가서 탄품종 출수하는 것가 원풍벼 출수하는 것을 보니 원풍벼가 나중에는 반이 날란지 몰라도 우선 바서는 이삭 길리든지 모든 것을 보니 다 마음에 안 들며 콤바위로 탈곡하는 돼 지장이 있쓸 껏으로 내다본다. 왜냐하며 기장이 짤키 때문에 탈곡도 극정이 돼며 아무뜬 좋은 벼는 아니라고 생각을 한다.
"무우 배추 갈락 곳에 가보니 씨값씨만 버리따는 생각이 들며 물이라도 한번 주며 댈련지 몰라도 허사라고 생각을 한다."

〈1985년 8월 7일 수요일 낡씨 맑음〉
오늘은 늑뚤만 아들 대리고 마지막 약 살포을 했쓰며 앞푸로 약을 한 번 철란지는 몰라도 작년보다 약 쳐는 회수을 만이 쳐는 사람 비와며 2번식은 적개 약 살포을 한 셈이며 올해 벼는 보편적으로 벼들 깨끝한 셈이다.
"이제는 앞푸로 날씨에 달려 있찌만 금년 농사는 잘 돼리라고 생각을 한다."
지출에 … 화드 500원

〈1985년 8월 8일 목요일 낡씨 비〉
"오늘은 아들을 돼리고 봉답 논에 약 살포을 했쓰며 이제는 전부 약을 쳤쓰며 앞푸로 날씨만 잘 한다면 약을 안 쳐고 수학을 할 수가 있쓸란지 몰개꾸나."
"비가 와서 벼들이 출수을 하는 돼 손에가 만을 껏으로 내다보며 밭곡석은 바서는 비가 꼭 필요하지만 벼들 바서는 비가 오며 큰 손에을 볼 껏으로 내다보며 논들 바서는 비가 안 아야 풍년을 약속을 할 수가 있다고 본다."
지출에 … 하드 500원

〈1985년 8월 9일 금요일 낡씨 비〉
"운이하고 오전에는 물고기을 잡는돼 물은 을마 돼지는 않치만 고기가 너무 적으서 습습더라."
"낡씨가 비가 작꾸만 내리고 있는 것을 보니 벼 수학량이 뜰어질 껏으로 내다보고 앞푸로 계속 온다면 오늘날까지 잘 해온 날씨가 잘한 것이 다 허사가 돼고 만다."

〈1985년 8월 10일 토요일 낡씨 비〉
금일은 송아지장 갈려고 차 불여 낮는돼 비가 만이 내리서 장이 쓰지 않을 껏 같다서 거른지 차가 오지을 않아쓰며 이번 장이 돼지 않으며 다음 장에는 송아지가 너무나 만이 나와서 값씨가 내리지 않을까 하고 극정도 댄다.
"그리고 필요 업는 비가 만이 오며 이번 태풍은 남해로 도라가서 이곳은 필요 업는 비가 좀 만이 와서 벼에 피해을 좀 주어따고 생각을 하며 별 다른 피해가 업는돼 앞푸로 한 달만 낡씨을 잘 한다면 풍년 약속을 할 수가 있따고 보는돼 낡씨가 좋게 지나가지을 않은 껏 같다."

〈1985년 8월 11일 일요일 낡씨 맑음〉
어재 비가 만이 와서 소 풀을 뗏찌 몿해서 오전에는 집사람을 소을 먹이게 하고 자신은 소풀 뜻는 돼 시간을 보내고 마랐다. 작년에만도 비가 오나 우박이 오나 소 풀 석어서 적게 준 적은 없는돼 올해는 소금이 업쓰서 그런지는 몰라도 소 풀이 적어서 적게 줄 때가 만다.

〈1985년 8월 12일 월요일 낡씨 맑음〉

오늘은 나재 낮참 신다고 아이들하고 누어 있쓰니까 정숙이가 아빠가 이상해여 와보라고 해서 깜짝 놀라쓰며 요전 앞이 씨름했따더니 그 영향으로 머리에 이상이 있는 것이 아닐까 하고 놀라쓰며 정신업씨 내리가보니 사람은 안전이 의식을 일코 있쓰서 맥밥을 잡아 보니 맥밥이 업쓰서 한 번 더 놀랐다. 그러자 따는 사람이 바늘로 온 돼을 따니까 맥밥이 뛰더라. 있것을 볼 때에 잇재 대어따 하는 생각이 들며 허둥지둥 택시에 몸을 실어서 김천 이주원 내과을 가보니 별로 크게 쳇지도 않코 경키 종류라면서 주사을 주고 대구 큰 병원에 가서 (내외[뇌의]) 콤푸타 사진을 찍어보라고 이야기을 할 때에 머리에 이상이 있쓰서 찍어 보라고 이야기하는 것이 아닐까 하고 한 번 더 놀란 셈이다.

지출에 세집배 생신이라고 고기값 8,400원
옷이 5,000원 부식값 7,000원
計 20,400원

〈1985년 8월 13일 화요일 낡씨 맑음〉

오늘은 오전 일적 대구 큰 병원에을 가서 머리에 콤피트 사진을 찍키 위에서 순범이와 형수 냇시가 대구 대학병원에 가서 일반 절차을 발바서 진찰을 했가는돼 시간이 넘어 걸리며 급한 한자는 종합진단 밭다 죽는 사람도 직계을 안 내서 그러찌 집게을 낸다면 그 수짜 만을 껏으로 내다본다. 자신이 생각을 할 때는 절차을 좀 주라서 만원 사람을 진찰을 밭개끔 만들어쓰며 하며 그리고 근무시간을 좀 연장을 해서 한자 생명을 좀 더 건저주어쓰며 하는 바람이다. 오늘 실찌 의사 선생님의 검무시간은 아주 짤분 시간이라고 생각을 했보았다. 왜냐. 한자을 오전 10시 정도 돼어야 한자가 의사 진단을 바들 수가 있쓰며 정심시간이 12시 2시까지지 오후 3시 30분에 병원 내외 모든 의무는 마감이 돼니 실찌 의사 선생님의 건무시간은 너무나 짤번 시간이라고 생각을 한다. 이것을 건무을 더 시키서 돈을 더 주는 한이 있쓰도 한자을 한 사람이라도 더 보두록 만들어쓰며 하는 생각이며 우리도 오늘 시간을 본다면 하로 종일 1진단, 2진단으로 종일을 보내쓰며 있것을 볼 때에 종합병원에서 불필요한 시간을 넘어나 낭비을 만이 하고 있쓰며 이것을 볼 때에 한자도 필요 업는 낭비을 만이 해야 하며 병원 축도 한자을 적개 바서 손에 쌍방에 큰 손에을 보고 있는 것은 사실이다. 우리도 콤푸타 사진을 찍을라면 16日 날 한 번 더 가야 하니 불편한 점 말할 수 업다. 이래 돼며 병원에는 매일 사람만 처 밀리고 있찌만 실찌 수입은 좀 생각을 해 바야 댄다고 생각을 한다.

지출에 … 6,000원

〈1985년 8월 14일 수요일 낡씨 비〉

내일 소장에 갈 욕심으로 소 풀을 비을 마저 가면서 경운기에도 한 발리 떠뜨쓰며 소미는[먹이는] 돼는 비가 오며 안 먹일 수도 업고 비을 마저 가면서 해야 돼니 제일 거북스렵다. 그리고 오늘은 비가 온따나 내일은 비가 안 아쓰며 하는 마음이며 이번 장을 캐며 먼저 장에 비가 와서 장이 쓰지 안아쓰며 이번 장마저 캐면 다음 장에 송아지

들이 밀리서 팔키가 그북스렵찌 안을까 염려도 돼는구나.
지출에 … 골전 2,000원

〈1985년 8월 15일 목요일 낡씨 비〉
송아지장 갈라고 차 불어 논 것이 9시가 돼어도 오지을 안아서 남왜 경운기로 두 바리을 비을 마저면서 실고 가는돼 송아지가 몸부림을 쳐서 송아지 다칠까바 극정이 돼며 불란한 감 말할 수 업쓰며 앞푸론 남왜 경운기에다는 송아지을 실지 안아야 돼겟따고 생각을 하며 안전이 어장이 돼어 있쓰며 몰라도 돼충 만들어서 송아지 실고 가다{가}는 돈은 차 싹보다 만이 주고 사고율이 만아서 사람의 불안한 감 때문에 실지을 몾하게더라. 이무튼 오늘 장은 무사하게 본 것이 천만다행이며 암송{아}지 먹일라다 팔로 가서 공 버린 것이 마음에 아주 걸리고 있꾸나.
수입에 … 숯송아지 505,000 암송아지 280,000
計 785,000만 원
지출에 … 운님에 두 바리 6,000 말목세[우시장 자릿세] 200원 술값 2,000원
計 8,200원

〈1985년 8월 16일 금요일 낡씨 비〉
헝님 미리 콤푸트 사진 찰영하며 적석에서 알 수가 있따디니 그러치도 안꾸나. 내일 10시 가야 결과가 난다고 이야기을 하더라. 송합병원에는 어돼 업씨 같다고 보지만 종힙벙윈에는 급한 한자는 아외 치료을 할려고 생각을 마라야 하게다. 외냐, 진찰 한 번 하는 돼 4일이 걸리고 있는 것을 볼 때에 좀 생각을 할 문제다.
"올해 농사을 수라게 짓뚜록 날씨가 잘한다 하는 너킴이 들더니 이제 와서 농사을 망치고 있꾸나. 벼예 제일 중요한 이때에 참비가 내리고 있쓰며 이것도 하로가 아니고 매일 오고 있는 실정이니 벼들이 수정을 몾하고 있는 실정이니 벼집만 풍년이지 알맹이는 숭년이라고 해도 무리는 아닌 것 같다."
지출에 … 운이 영양제 5,000 새줄 1,600원 우산 1,100 식빵 450원 가지 200원 편지봉투, 사펜[샤프펜슬] 900원 차비 340원
計 9,590원

〈1985년 8월 17일 토요일 낡씨 비〉
"이번에 형의 콤푸터 사진 찍은 것이 아무 이상 업다고 열락이 왔따기에 큰 다형이다. 만약에 머리에 이상이 있따고 하며 돈이 들어갈 픈 아니라 안전 치로가 댄다고 보장도 몾하고 이번 일이 천만다행이다."
"그리고 낡씨가 너무한다. 왜냐하면 벼들이 한첨 절시을 할려고 들 땐돼 장마 비쳐름 줄줄 비가 오니 농민들의 가슴을 정말 아푸게 하는구나. 농민들은 일 년 내내 땀 흙리서 짓어 노은 농사을 4일 동안 계속 온 비로 망춰 노았으니 가슴만 아푸며 정부가 불안하기 짝이 업는돼 농사{인}들 잘 돼게쓰며 정부 하는 것 보며 숭년이 들어야 댄다고 본다."
지출에 … 봉답에 모내기한 물새[물세] 값 5,650원

〈1985년 8월 18일 일요일 낡씨 맑음〉
집사람과 둘리서 린징씨을 두 번 갈라서 이번에 아주 잘 낯더라. 린징밭을 두리가 김매기을 하면서 먼저 갈란 린징씨을 그돼로

두어쓰며 잘 날 껏을 개니 다시 갈라따면서 후예도 해다. 왜냐하며 훌 업쌔고 문태 버린 것이 더로 린징씨가 잘 낯쓰며 사람이 부진련해서 씨값씨 돈이 우예로 들어간 것이 아닌냐 생각도 해본다.

〈1985년 8월 19일 월요일 낡씨 맑음〉

황금들판을 도라보니 정말 기가 찬다. 왜냐하며 이제 다 짓어 논 곡석을 이래 망치며 들판 전역에 물천지가 돼고 있쓰며 벼들이 너무나 오래 장겨 있쓰서 수학도 할 수가 업찌 안을까 하는 생각이 들며 이제는 들래 가기가 실을 정도다.

"앞푸론 키가 큰 벼을 선택을 해야 수학을 조금이라도 더 한다고 보며 앞푸론 종자는 키가 큰 벼을 할 작정이다."

〈1985년 8월 20일 화요일 낡씨 맑음〉

새집배 채소을 갈라쓰며 작년보다는 채소가 좀 너전 감이 이쓰도 이재 채소을 가는 사람은 채소 씨값이 이중우로 들어가지 않코 적기라고 생각을 한다.

"이번에 물날리을 만나서 쌍구름[지명] 밭태는 배추 갈란 것과 무지파 씨 반 캉통 한 것이 안전이 물래 녹아서 마음이 상화구나. 앞푸론 뽗밭태는 값어치 있는 것은 절대 안 예냐 돼겟다."

그리고 원풍벼가 안전이 출수을 하니까 별로 나픈 줄을 몰개꾸나.

〈1985년 8월 22일 목요일 낡씨 맑음〉

우리 아들과 큰집배 아들과 5섯치가 구미 놀로 갈다 올라고 해서 허락을 했든이 구미 저 작은엄마만 예을 먹인 셈이구나. 민진이 엄마하고 구미 냇까에서 하로 놀다 왔따면서 저녁 너깨야 아들이 들어오면서 차멀리을 해서 힘을 뫃 쓰는 것을 보니 극정이 돼는구나. 저의 엄마가 김천만 같다 왔도 눈이 기어들어가는 형편이며 있것들도 저의 엄마처름 차을 뫃 타면 어짜나 하고 극정이 앞쓰는구나.

"그리고 허락을 안 예야 하는돼 놀다 오라는 허락을 해서 민진내만 부담을 시키꾸나. 앞푸론 생각을 해서 성낙을 해야 하겟다."

지출에 아들 1,000원

〈1985년 8월 23일 금요일 낡씨 맑음〉

들판에 한 밖이 돌라보니 숫들에 한잔한 곳은 벼 이삭이 하야게 말으고 있쓰며 넉뚤도 피해가 만으며 자신도 영희내 굼에 악치는 실패가 만을 껏으로 보고 있쓰며, 자신 생각을 만이 했더라면 실패가 업쓸 끈돼 생각부주로 실패을 보았다고 해도 가연이 아니다. 왜냐하면 아주 굼은 아니지만 그래도 굼이니까 올돼는 벼씨을 해야 하는돼 했필 넛돼는 신품종이라고 원풍을 해서 더 실패가 만아따고 생각을 한다.

그리고 원풍이 지도소에서 생산이 만타고 근장을 하길래 품종을 선택을 했든이 너무나 무렸돼고 벼이식[벼이삭]이 출수을 오래 하기 때문에 물 피해는 만타고 생각을 하며 벼 생산을 을마나 수학을 볼련지는 몰라도 건장할 벼는 아니라고 생각을 했본다.

지출에 세면 4포 8,600원

〈1985년 8월 24일 토요일 낡씨 맑음〉

새집배 과일 따는돼 할마씨가 혼자 과일 탄다고 정심식사을 가지고 가서 일을 하는 것을 보고 일을 안 해줄 수도 업고 집사람이 곤한 몸으로 과일 따 주로 가는 모섭을 볼 때에 자신의 뒤서 예과 타더니 오늘로서 세집배 일을 그만해도 과일이 조금 있쓰서 할 마씨 혼자 해도 한다고 집사람은 오지 마라는 말을 집사람한태 들을 때에 정말 반갑다. 집사람이 과일을 따주면 품은 다 쳐주지만 이 더위에 남왜 일 하러 가서 일 한다는 것이 정말 힘 더는 일이며 내 일도 만아서 몸이 지치는 형편인돼 남왜 일을 해주로 가는 모섭 정말 힘들더니 자신이 마음이 더 홀가분하구나. 세집배 일은 6일로 끝이 난 셈이며 집사람 낢씨가 더어서 내 일도 몾할 형편인돼 정말 수고가 만아다.
"그리고 근수 담 쌀려고 허물어서 경운기로 실어 내주고 지돼 파는 돼 거들어 줌."

〈1985년 8월 25일 일요일 낢씨 맑음〉
오늘은 집사람 둘리서 알방을 따는돼 구둘[구들]이 적어서 놓는돼 집사람과 둘리가 종일 일을 했쓰며 일하는 돼 여관 힘이 안 더려쓰며 아들까지 동원이 돼어서 안전이 끝을 냇는돼 이제는 불이 잘 더려가는지가 남어있다.
"그리고 정부는 무었을 하는지 알 수가 업다. 왜냐하면 인간이 제일 만이 먹고 있는 간장을 점부가 화학간장이며 간장이 한 개도 업씨 가짜라니 정말 한심한 노렸이다. 정부에서 불량품을 만들어서 돈을 벌게 만들어 두는 정부 무었을 올깨 히게나 하고 의심이 가며 사람이 먹는 식품을 가짜을 만들어 머이게 만드 사람이나 정부나 똑같다고 본다. 이번 일은 해당 책임자 목아지 다 잘라야 돼며 정부에서도 무능자는 다 잘라내고 노력하고 띠는 자만 살게 하에야 돼며 불량식품회사는 점부 엄중하게 다스리며 정부에서 크게 신경을 안 쓰도 불량품을 만더라도 해도 만들지 안는다고 본다."
지출에 … 콘이 1,000 라면 500원
달갈이 2,000
計 3,500원

〈1985년 8월 26일 월요일 낢씨 맑음〉
근수내 담 지대 붓는돼 일해 달라고 해서 일해 주로 같쓰며 자신의 몸 바서는 좀 쉬쓰며 하는돼 좀 쉬지도 몾하고 공구리 쳐는돼 일을 하였쓰며 사람이 만아서 일은 좀 수란 편이며 오전에 일을 끝을 냇고 마랐다.
오후에는 굼 도랑 부역한다고 가서 도량을 쳤쓰며 요세는 부역으로 나쓰셔며 맡치 맡겟다 하는 생각이 들며 자신이 부역으로 몸이 빠저나오면 집사람이 소을 돌바야 하기 때문에 집사람의 일이 그만춤 만아진다. 우리가 살라가는 과정은 시간 여유가 업키 때문에 한 사람이라도 우예 일을 하게 대며 그 돼까로 땀을 더 흙이야 댄다.

〈1985년 8월 27일 화요일 낢씨 맑음〉
오늘은 세마을 부역한다고 동내 전체 경운기 있는 사람은 경운기를 동원해서 봉산 냇까에 가서 모래 실어오는 부역을 했쓰며 길이 이제 포장이 돼어 있쓰니까 모두 모래 실련돼 잘들 실더라.
지출에 … 집사람 장본 것이 43,000원

〈1985년 8월 28일 수요일 낢씨 맑음〉
오전에는 집사람과 둘리서 웃들 채소밭을 매는돼 오전 내 매개쓰며 채소밭을 진작 매쓰며 지섬이 별로 업쓸 끈돼 세집배 과일 따준다고 밭을 무까서[못 가서] 김매기 여간 힘이 안 더려다.
그리고 오후에는 역뜰[역들] 전역에 도량

쳐는돼 사람이 별로 만이 나오지는 안는 것 같다. 그래서 도량을 알뜰하게 쳐지을 못하고 대충 쳐고 마란 셈이다.
그리고 절먼 사람을 보게 대며 체면 업는 것 같떠며 자기 입밖에 모러며 어른들은 먹든지 말든지 자기만 입만 체우고 있쓰며 요세 절먼 사람들 여사로 안 보이며 이래 나가다는 양심도 멀러저지 않을까 염려가 앞쓰는구나.

〈1985년 8월 29일 목요일 낡씨 맑음〉
집사람과 둘리가 세집에 채소밭을 오전 내 김매기을 하여쓰며 채소 씨을 아키지 안코 만이 붓는돼 충분한 씨가 쓰셔며 씨을 아킨대는 가꿀 씨도 안 댈 껏 같다.
그리고 먼저 방 따면서 구둘이 적어서 힘이 무척 들어서 요번에는 세면 구둘을 빼서 방을 딸라고 혜영이하고 구둘을 패쓰며 혜영이가 구들 패는 돼 혜영이가 아주 힘이 만이 들어쓰며 아들이 아빠 일을 거더니 아빠가 수란 맡이 안전이 포가 나는구나.
세멘 1포로 구둘피 10장 패니까 좋더라.
세멘 3포 조금 더 돼는 것으로 35장 패씀.
지출에 세멘 4포 8,600원

〈1985년 8월 30일 금요일 낡씨 흐림〉
채소 바서는 비가 한번 와야 하는돼 비가 오지 안으니까 채소는 가물이 들고 있쓰며 채소가 나가지고 말라죽는 것도 있다. 이것들을 바서도 비가 한번 왔쓰며 하는 바람이다.
"그리고 이번에 평양 방문단이 북한에 가서 평양 거리을 찰영한 것을 볼 때 평양에 사람이 전연 업는 것을 볼 때 정말 이상할 정도다. 왜 사람이 업쓰며 차량도 업더라. 이번 적십단원이 온다고 안전이 통제을 해서 그런지 알 수가 업쓰며 학실히 북한은 한국보다는 뒤떠려전 것은 사실이다."

〈1985년 8월 31일 토요일 낡씨 맑음〉
방 딴 곳에 방 말루기 위에서 불 때는 돼 오전 일과을 보내쓰며 방 딴 곳이 불이 잘 드려가니까 자신의 마음이 쉬운하더라.
그리고 숫뜰에는 오늘로서 안전이 물꾸을 파쓰며 물을 안전이 띤 셈이다.
우리 운이 학교 간다고 숙제 정리하라고 하며 일 업따면서 달랑거리는 것을 볼 때에 꾸중을 주야 하는돼 하면서도 꾸중을 주지 않코 외교로 바주고 있는돼 학교 가서 선생님예깨 마저며 어떠게 할려고 일 업내 하면서 저의 엄마한때 달랑거리는 것을 보며 웃섭키만 하구나.

〈1985년 9월 1일 일요일 낡씨 비〉
이번 비가 오기는 그야말로 잘 오며 사람이 만돼로 하는 것쳐름 낡씨는 잘하고 있쓰며 이번 비가 만이 온다면 득을 주는 것보다 손예을 주는 것이 만으니까 비고 급게[비가 곱게] 조금 아 주어쓰며 하는 바람이다.
"구월을 마지하니 드위가 싹 업쓰저는 너킴이며 사람을 못 살게 구는 여름 다 가고 이제는 정말 좋아하는 구월 수학하는 달 정말 조원 닭을 마지하고 있꾸나."
"오늘 세마을 부역을 오전만 한다고 해서 별로 소 풀도 준비을 안 예 낮는돼 오전에 반도 못하고 마라서 오후에도 해야 할 형편이라서 할 수 업씨 부역을 그진 다 하고 마지막 한 발리는 남외게 경운기 주면서 한 발리 실어라 하고 자신은 소 풀을 뜻고 마라쓰며 자신은 예고 업씨 일이 벌어지며 땀을 더 흙리야 돼며 자신의 육체적도 무리가 오게꿈 일을 해야 돼며 자신이 바푸니까 집 사람도 따라서 바파저는 것은 사실이다."
"우리 운이 이번 방학 동안에 저의 엄마를 시키서 떨어저는 가목을 딸라가게꿈 공부을 시킬라고 작정을 했는돼 부모가 너무나 바푼 간계로 실천을 몾하고 마라쓰며 남들은 자식이 크지 마음을 먹어쓰며 거글 몾해 할련지는 몰라도 정말 시간 여유가 업쓰따고 생각을 하며 이번 방학을 값있게 이용을 하지 몾하고 헛때게 보내게 돼어서 아빠로서는 정말 가슴 아푸구나. 우리 운이 남외깨 안 빠줄라면 부모 노력이 필요하다고 생각을 하는돼 엄마 일을 자신이 해서 시간을 낼라고 해도 그것도 안 대고 부모가 시간 여유가 업씨 살라가야 한다는 깃이 윈망스렵구나."

〈1985년 9월 2일 월요일 낡씨 비〉

비가 오기을 바라는돼 비가 너무나 만이 와서 사람의 간장 태우고 있쓰며 농민들 피땀으로 농사 짓어 논 곳을 쓰려저개 했쓰며 벼는 반 곡석도 나지 않으며 이번 비만 곱게 왔따면 이번 비에 쓰려저는 벼가 소출이 만이 날 벼인돼 다 쓰려저게 해서 소출도 업쓸 뿐 아니라 벼단이 안전이 업쓰절 때까지 농민의 마음을 아푸게 하고 있다.
"오늘은 비가 익수길이 쏘다지고 있쓰서 아무 일도 몾하고 집사람과 둘리서 벽지을 바려는돼 오전 내 발라쓰며 벽지을 안전이 발라노니 셋 맡이 나며 아이들이 좋아들 하고 있꾸나."
지출에 … 운이 우유 200원 혜진, 혜영 200원 혜진 책값 1,000 답값 2,000원
計 3,400원

〈1985년 9월 3일 화요일 낡씨 비〉

이번 비에 벼만 쓰려지고 우리 들력에만 해도 상당이 만이 쓰려젓쓰며 봇뜰보다 어갈리 봉답 축에가 만이 쓰려졌쓰며 자신도 벼가 복판에 조금 쓰려젓는 것을 집사람과 둘리서 이러켜 세우는돼 상당이 더뒤며 쓰려진 벼을 한해깨 세어 바도 곡석이 올깨 돼지을 안더라. 자신도 올 농사을 잘 짓어따고 생각을 했는돼 복판하고 수뜰래 조금식 쓰려진는돼 앞푸로 더만 안 시려저며 잘 짓어다고 생각을 하개는돼 앞푸로 더 시려진다면 올 농사는 실패라고 생각을 한다.
그리고 비가 올라고 더니 비가 너무나 만이 들 오고 있다. 비가 급게만 왔따면 정국적으로 벼 수학이 한정도 업쓸 땐돼 이번 비 피해가 먼저 번에 비 피해보다 벼 피해는 정국적으로 바도 더 만을란지도 모련다. 우리 마을로 바서는 이번 피해가 먼저 비 피해보다 이번 피해가 더 만타고 생각을 한다.
그리고 영한이가 공군을 지원을 해서 대전 집결이라고 가는 모섭을 보니 기분이 아주 좋지을 안으며 다들 가는돼 같다 왔야지 하는 마음으로 자신의 마음을 달래고 마랐쓰며 형은 아들 하나 군에 보내니 누구보다 가슴 아푸겟지. 그례도 공군이니까 타군보다는 조금 나찌 않깨나 하는 마음 앞쓰는구나.
지출에 … 영한이 군대가는 돼 10,000원

〈1985년 9월 4일 수요일 낡씨 비〉

수뜰 논에 벼 쓰려진 것을 집사람과 두리서 인전내 새아쓰며 벼 쓰려진 것을 세우는 작업이 상당이 힘이 들며 시간이 만이 글리며 성질이 나서 몾하게쓰며 내년에는 반 곡석을 먹는 한이 있쓰도 한 단지 반 포식 주라야 대겟따고 생각을 하며 내년에 비료거름

집중적으로 신경을 쓰야 대겟다.
"오후에는 근수내 담 지돼 가다학구 대는 작업과 변소 마다학구을 대는돼 오후내 돼쓰며 다 할려고 마음이 바파쓰며 날이 더어서 땀을 상당히 만이 흙이쓰며 남외 일은 정말 못하게꾸나."

〈1985년 9월 5일 목요일 낢씨 맑음〉

"벼 쓰려진 것이 자꾸만 더 쓰러지고 있쓰며 오늘 쓰러진 논을 한번 돌라보니 먼저 쓰러진 것보다 더 만이 쓰려저 큰 극정이며 오늘 혼자 세우는 시간도 지루할 뿐 아니라 짜증나서 못하게더라."

지출에 … 혜영이 신발 4,000 빤찬 3,900
콩나물 300원 무좀약 1,700원
공잭[공책] 1,700원 모기향 700
치약 400원 집사람 넌링구 700
혜진 부라자 1,800 달갉 2,000
차비 680원 빵 200원 사랑의
성금: 700원 참기름 1,000
計 22,080원

〈1985년 9월 6일 금요일 낢씨 비〉

"집사람과 둘리서 벼 쓰려진 것을 세우면서 집사람은 안전이 쓰러진 것만 세우자 하고 자신은 반 이상 쓰러진 것을 세우야 다시 안 쓰러진다면서 다 세우자 하고 서로가 의견이 차이가 있쓰서 어떠게 해야 손에가 적을까 하고 망쓰리게쓰며 일이 제돼로 안 돼서 길 가는 사람을 일부로 불어서 어너 것이 잘하는 것인가 무려니까 안전이 쓰려진 것만 세우고 나머지는 그냥 두는 것이 낮따고 해서 그냥 두고 마랐쓰며 오후에는 집사람은 소을 먹이로 가고 자신은 서양바실에 도량 처는 부역을 갈든이 소낙비가 무더서 막 올라고 차리는 모섭을 보니 저 비가 오면 복판 논에 벼는 안전이 쓰러지는 것이 아니냐 하고 급이 나며 제발 비 좀 안 아쓰며 하는 마음 간절하며 마음이 말할 수 업씨 따고 있는돼 드뒤어 천동을 쳐면서 소낙이가 오는돼 그 심정 말할 수가 업쓰며 재발 그만 왔쓰며 하는 마음을 가지고 있쓰니 비가 더 내리는 것 같더며 나중에는 비가 월마든지 와 바라 하는 감정이 생기며 사람이 더 악화저는 감이 더는구나."
"우리 운이가 공부하는 것이 조금 나저며 동내서 제일 못하든이 요줌은 산수는 제일 잘하는 것 같더며 국어책만 잘 일어며 남왜 깨 뒤쳐저지 않깨따는 생각을 가지니 자신의 마음이 더 좋꾸나."

〈1985년 9월 7일 토요일 낢씨 맑음〉

어재 저녁에 비 오는 소리에 벼 다 쓰러진다고 극정이 되어서 잠도 이루지 못하고 장때비 때문에 한 잠도 못 잤따고 해도 무리는 아닌 것 같다. 집사람은 자신보다 잠을 잘 자는 것을 보니 극정이 들 돼는 너킴이 더는구나. 자신은 오늘날까지 예쓰 지어 논벼을 단 하로만에 망치는구나 생각을 할 때 불필요한 비가 너무 만이 오는 것이 원망이 되는구나.
"집사람과 둘리서 밥을 일적 해먹고 어제 저녁 비에 온 논 다 쓰러젓찌 하고 경운기을 몰고 급하게 가보니 생각보다 아주 적개 쓰려저서 안도의 숨을 실 수가 있쓰서며 다 쓰러전 것이 1마지기 좀 못 되게 쓰러젓찌 안나 하고 생각을 해보며 요만 하고 마라서 천만다행이라고 생각을 한다."
그리고 오전 내 세어 바야 반 정도밖에 세우지을 못해서 오후에는 우리 딸들이 소을 먹이며 쓰러진 벼을 다 세울 껏 같다서 점심식사을 하니까 우리 딸더리 책 보따리을 매고 오는 것을 보니 오늘은 유난이 더 방갑더라. 오늘 너이들이 소을 먹이 주면 엄마 아빠가 벼 쓰러진 것을 다 세울 수가 있는돼 천상 너이들 그들어야 돼겟따고 이야기을 하니 대답을 해서 고맙따는 생각에 한 사람에 500원식 주게따고 하고서는 약속을 했다. 운이는 저의 누나 돈을 주며 언재라도 공 따라서 돈을 주곤은 했뜬이 요것은 아무 일도 하지 않코 돈을 타니 오늘은 놀기 좋아 소 먹이로 나오지도 않코 돈을 할러고 들어서 운이는 무었 했킬래 돈을 탈라고 더는냐 무러니까 나는 전기밭솟태 전기코드을 곱아서 밥을 했따고 돈을 달라고 히더라. 그래서 요것이 맹낭하구나 하고서는 자신의 생각에 일을 하지 않어며 돈을 탈 수가 업따는 것을 보여줄라고 운이는 (돈) 500원을 주지 않아든이 밥을 다시 하라고 부징부징 하더라. 그래서 뫃 더른치 하고 있쓰니까 성이 한 바가지 낮더라.

지출에 … 빵값 500원 운이 100
아이들 1,000 計 1,600원

〈1985년 9월 8일 일요일 낡씨 맑음〉

오전에는 원풍벼만 멸구약과 문고병약만 논에 살포을 했쓰며 혜신난 대리고 가서 약 살포을 했쓰며 혜영이는 집배서 빨래을 해서 실찌 혜진보다 혜영이가 오늘 일로 바서는 만이 했따고 생각을 한다. 그리고 약을 일적 다 쳐서 수뜰에 벼 쓰러진 것을 대충 오전 너깨까지 다 세우고 늘어왔나. 요번에 벼 쓰려저는 바람에 일이 빌러서 갇피을 잡을 수가 업쓰며 집사람은 권순덕 씨가 바푸니 윤심이도 바파서 어든 것을 해야 올른 일인지 분간을 할 수가 업따면서 말을 하곤 할 때에 자신은 웃고 미안타 하는 말밖에 할 수가 업다.

"오후에는 집사람은 낮참에 세집배 채소밭을 매고 소을 먹일라고 낮잠도 모러고 같쓰며 자신은 세마을 사업로 농로 철로 굴 양쪽으로 세멘 일을 했쓰며 힘은 더려도 일을 했 노니 보기도 좋을 뿐 아니라 이제는 불편 업씨 다닐 수가 있다고 본다."

〈1985년 9월 9일 월요일 낡씨 맑음〉

(남아내기 씨 푸림) (한 캉통)[230]

오늘은 민방위교육이라서 오전 일적 담아내기 씨 푸림을 하는돼 밑거름도 안 아고 토양 살충제만 사용을 해서 씨을 갈라쓰며 작년에 밑거름을 을마나 했는지을 기역을 뫃해서 올해는 그냥 했는돼 씨가 잘 쓸련지 신경이 쓰이는구나.

"오늘 민방위교육은 정부가 하고 있는 것이 잘하며 정책을 잘하고 있따는 해명하는 말밖에 업다."

"그리고 올해 채소을 일적 가라든이 배추는 물이 치서 업쓰저서 몰개꼬 무우는 너무 일적 가라는 것이 좋찌 안는 것 같다. 왜냐하며 무우가 잎이 깻끝하지을 않코 누른 잎이 만으며 좀 지지분한 것이 일적에노 질 인 뙤는 것을 너켜다."

〈1985년 9월 10일 화요일 낡씨 비〉

세집배 두지[뒤주]을 창고 한다고 경운기을 가지고 일을 하여쓰며 생각보다 일이 만으

---

230) 이 내용은 지면 상단에 따로 기록되어 있다.

며 지하실을 업세고 창고을 할려니 일이 더 만아지고 있다. 형과 두리가 오전 내 하여 쓰며 이제는 미장만 하며 다 하는 격이다. "정말 비 진절이 나게 오며 이재는 비 소리만 해도 캄짝 놀랄 지경이다. 이제 비 오는 것은 사람을 골탕 먹이는 비라고 생각을 할 수밖에 업다."
"근수내 일했 준 것을 하로 반 품을 가지고 왔서 줄라고 하는돼 밭찌 안아쓰며 자신이 품 바들라고 자신이 가서 일을 하고 집사람을 자신이 일을 하는 것을 일을 하게 하지는 안아쓰며 엔날 정으로 일해준 것밖에 업다."

〈1985년 9월 11일 수요일 낡씨 비〉

(봉답 거름과 물코 작업)231)

오늘은 아버지 제사 준비한다고 분주하며 오 형재, 오 동시 다들 와서 일을 하며 아이들이 잘랄수록 더 분주하게 너켜지며 오 형제에 딸린 것이 딸이 11명 아들이 4명 영한이는 군에 입대해서 참석을 몿하고 다들 참석을 하니 이것은 제사가 아니고 마을에 잔치하는 것쳐름 분주하고 이루어 말을 할 수가 업꾸나.
"매년 아버지 어머님 제사에는 하나도 파짐 업시 참석을 해서 아버지 살라 생전에 우리 오 형제을 잘 길여주신 사랑을 한 번 더 생각을 해보는 제사가 되어쓰며 하는 마음뿐이다."
"오늘로서 봉답 도구을 안전이 홀떠쓰며 봉답에는 올해도 비료거름이 좀 만은 것 같더며 봉답에는 비료거름을 매년 적게 할려고 무진장 외을 쓰는돼 올해도 만은니 사람을 죽이는 격이다. 내년에 앞뚝우로 전연 하지 않코 웃거름은 반 포 좀 더 하며 댈 껏 같다."
"정부보고 허다하게 운동을 너무 신경 쓴다고 자신은 황상 말하는 편이지만 정말 자신이 생각을 할 때에 너무들 하는 것 같다. 왜냐하면 정부에서는 외국에 빛전[빚진] 것이 국민 한 사람이 백만 원이 돼니까 국민 여러분이 스스로가 생각을 해서 절약을 해서 살라가자고 이야기을 하면서도 정부에서는 운동을 해야만 먹고 사는 것처름 운동을 육성하고 외국 선수들 초청하는 돼는 돈이 들어가지 안는가 몰라도 자신 생각을 할 때 심각한 문제라고 생각을 하며 유스을 할 때마다 운동하는 곳이 수도 업시 전국 곳곳이 개채을 하는 것을 볼 때 그 낭비 말도 몿하게 만을 껏으로 생각을 해본다."
지출에 … (아버지 제사) 5,000

〈1985년 9월 12일 목요일 낡씨 맑음〉

오늘은 원풍벼 물고을 안전이 빠 냇쓰며 채소에 비료거름 함.
그리고 용희내 4.5돼지기에 물친 곳이 이제 포가 나는구나. 올해 물만 안 치따면 올해 농사는 잘 짓어따고 생각을 하는돼 이제 와서 물 친 것 표가 나니 수학이 을마나 날련지 궁금하며 생각 위에 수학이 뜰어질까바 극정이다.

〈1985년 9월 13일 금요일 낡씨 맑음〉

오늘 세집배 창고 만더는 돼 일 해주로 갈려고 계산을 하고 있는되 오늘 오후부터 할려고 목수가 이야기을 한다고 해서 오후에는 별로 할 일도 업쓰며 창고 문만 짜면 돼지 않캐나 하고 자신은 그만 소 풀도 준비

231) 이 내용은 지면 상단에 따로 기록되어 있다.

도 안 돼어 있는 상태에서 집사람과 둘리서 큰방에 있는 농을 아래방으로 온기니까 열시가 넘더라. 다 온기고 방을 따는돼 힘이 들어쓰며 오후 너깨야 끝을 내고 날이 어더운 것을 보고 소 풀 떠덜라니 정말 기가 막희며 그만 한 때 굴미까 하는 생각도 들지만 불이야 불이야 해서 두 망태만 떠더 왔서 먹이고 마랐다.
지출에 … 300원

〈1985년 9월 14일 토요일 낡씨 비〉
오늘은 세집배 두지을 창고로 만더는돼 오늘로서 안전이 끝이 낮쓰며 몸은 세집배 일을 거들고 있찌만 마음은 이 비가 우리 나락 다 쓰러저게 하는구나 하고 마음이 솔바서 죽을 지경이다.
"비가 한 번 시작을 하며 진절이 나게 오고 마니 이제 비한태 질리고 마랐다."
지출에 … 100원

〈1985년 9월 15일 일요일 낡씨 비〉
비가 넘어나 만이 오니 비에 간심도 업쓸 뿐 아니라 이제는 월마든지 와바라 하는 욕썩인 말밖에 나오지을 안어며 정말 너무하고 있다."
오늘 비가 계속 오고 있쓰서 물고기 잡을라고 마음을 먹고 고기을 잡부로 가자고 이야기을 해도 앙수기로 삼부로 갈 사람이 업쓰서 포기상태에 있는돼 오봉저수지232)에 낙시 노로 가자고 해서 오봉저수지에 세우가 만타고 해서 자신은 세우을 잡부면 낼 꺼이라 생각을 하고 비을 바저면{시} 자신의 경운기로 낙시꾼 셋을 실고 오봉 곰짜이을 올라가니 길도 허마고 길도 생각보다 멀더라. 오봉저수지에 도착을 해보니 40분이 걸리며 오봉저수지도 대단하며 앞푸로 관광지로 개발을 하며 손님이 모여들 꺼수로 보고 있다.
그리고 비가 오고 해서 고기을 만이 잡필 줄 알라는돼 생각 위에 고기가 잡피지을 안어며 형과 근수, 성로 셋이가 잡은 것이 10마리밖에 뫃 잡아쓰며 자신은 세우을 약 한 그릇 잡아쓰며 세우 잡은 것이 알버리 한 셈이며 남의 말을 듯고 무선 일이든지 행동에 온기쓰는 별로 소득이 업따고 생각을 한다.
지출에 … 낮[낫] 2가락 1,600원 고기 2,000 전기세 1,730원 라면 400원
計 5,730원

〈1985년 9월 16일 월요일 낡씨 비〉
낡씨도 진절이 나며 이재는 낡씨가 급이 나며 이 날씨가 만이도 오지 않코 아주 적개도 오지 않코 중간 정도 해서 좀 쉬지도 않코 계속 삼일 동안 오고 있쓰며 이 날씨가 나락 쓰려떠일라고 작정을 하고 비가 오고 있따고 해도 가연이 아니다.
오늘 집사람과 두리서 벼가 을마나 쓰러젓나 하고 돌라보니 안전 반은 쓰러젓쓰며 올해 거름 세계 다루는 사람은 안전이 피을 받쓰며 벼 쓰러진 곳은 비료거름 세계 다루는 사람이라고 생각을 하며 뜰림이 입다.
"집사람이 자신에 일 도운다고 하로도 실세가 업는돼 자신의 실수로 벼가 다 쓰러저서 집사람이 곤한 몸을 무러쓰고 이 쓰러진 벼을 세워야 돼니 집사람 보기에 미안하기

232) 김천시 남면 오봉리에 있는 저수지 이름이다.

짝이 업쓰며 자신은 벼 쓰러저는 것이 재일 급이 난다고 해도 무리는 아니다."

집사람이 채소밭을 셋 군돼 대는돼 사람이 곤하게 보이곤 해서 글어다니며 피곤하다고 경운기에 꼭 실어서 다니곤은 하는돼 이 날씨가 우리 집사람 예 먹일라고 다 세우며 또 쓰러저고 하니 사람 한장할 노렷이다.

지출에 … 채육복 9,000 운이 잠바 5,500
혜영이 실래아[실내화] 1,000
마른 반찬 3,000 간장 900원
콩나물 200 차비 340원 간{장}
통 1,000
計 20,940원

〈1985년 9월 17일 화요일 낡씨 비〉

오전에 벼 쓰러진 것을 비을 마저 가면서 집사람과 두리서 세아쓰며 거 늘은 벌판에 비을 마저 가면서 벼 쓰러진 것을 세우는 사람은 우리 부부밖에 업쓰며 올해 상강벼 했는 사람은 대다수 다 쓰러젓따고 생각을 하며 원기는 상강벼 9마지기 다 안전이 쓰러젓따고 이야기을 하는 것을 볼 때에 올해 풍작이 못 댈 껏으로 내다보고 있다.

오후에는 자신의 몸이 곤해서 오후에 비가 만이 오는돼 둘리 다 좀 휴식을 하자고 하니 아빠는 몸살하며 안 댄다면서 푹 시라고 하면 혼자 세우고 올라면서 집사람은 들로 가고 몸이 곤해서 자리을 피고 좀 쉬어볼라고 자리에 들어가니 집사람은 이 비을 다 마저면서 벼 세우고 있는돼 방에서 좀 실라고 해서 마음적으로 휴식이 안 돼며 오희려 더 몸이 무거어저는 너킴이다. 그래서 자리에서 일어서니 몸이 말을 잘 안 뜻떠라. 그래서 몸에서 큰 이상이 오지 않아나 하고 극정이 만이 돼며 죽는 한이 이떠라도 일을 해야 한다 하고 경운기에 소 셋 마리을 달고 소을 먹이로 같쓰며 내일 쓰러진 벼을 세울라면 소 풀을 만이 떳뜨나야 벼을 세울수가 있쓰서 풀을 한참 떳고 나니 몸이 무게운 것이 다 살러저고 업떠라.

지출에 … 라면 400원

〈1985년 9월 18일 수요일 낡씨 비〉

오늘은 하로 종일 집사람과 두리서 세와쓰며 오늘로서 복판 논에는 대충 세와쓰며 비가 더 안 온다면 더 쓰러저지을 안깨는되 계속 비가 내리고 있쓰니 더 쓰러저는 것은 사실이며 날씨가 계속 비가 오고 있는 것 바서는 한 단지 안전이 쓰러터리고 다 세우자 벼 빌 때 돼자 사람이 몸살 시키고 말 끝 같다.

그리고 동민들 이제는 조금 있따 비고 말지 하는 사람이 만은돼 잘못 생각을 한다고 생각을 한다. 왜냐하며 벼가 먼저 쓰러진 것은 이미 싹이 나며 물래 들어있는 것은 시간이 바푸다고 생각을 한다. 쓰러진 벼을 힘든다고 세우지 안코 있는 사람은 세심하게 보지 않는 사람이라고 생각을 한다.

지출 … 혜진 지우게 100원 혜영이 200원
운이 100원
計 400원

〈1985년 9월 19일 목요일 낡씨 비〉

비가 오다오다 신찬아서 우박이 오고 있쓰니 정말 한심한 일이다. 비가 너무나 만이 오니 우리 마구 담이 조금 내리안자서 비가 쏘다지는돼 불이야 불이야 경운기로 찰흙을 파와서 집사람과 담을 오전 내 싸쓰며 자신은 왜 이래 바픈지 정말 몰겟다. 잠시 떰이 업씨 바푸니요세는 성질이 나며 만사

일이 댈 때로 대라 하는 식이다.
그리고 올 더러 비가 이번 비가 채고로 만이 왔쓰며 오늘은 논에 가보지도 안아다. 벼가 쓰러질라면 다 쓰러저라 하고 한 해 못 먹는다고 굴머 죽키야 하게나 하는 오기의 마음밖에 업쓰며 사람이 살라가는돼 개핵돼로 대충이라{도} 마저 가야지 살라가는 맡이 있찌 자신은 살라가는 돼 넘어나 차이점이 만어며 악착같이 살라가는 욕망을 일어가는 심정이다.

〈1985년 9월 20일 금요일 낡씨 개임〉
봉답 벼가 쓰러저서 두리가 세우는되 종일 해도 반 정도밖에 못했쓰며 벼 쓰러진 것 때문에 아무 일도 못하고 딴 일이 처 밀리서 있쓰며 집사람이 채소빝에 기서 거름도 하고 나물 업따고 극정을 해서 정심식사을 하고 곳바로 채소에 비료거{름}을 하고 둘리가 풀을 떠더서 경운기에 실어오는되 1시간 반 걸리쓰며 이 과정을 볼 때에 벌이 역사하는 것보다 더 바푼 생활을 하고 있쓰며 쓰러진 벼 때문에 죽을 지경이다.
"요줌 집사람 거름 갈리 못해서 윤심이 몸살 한다고 이야기을 할 때에 순덕이 이쳐름 벌로 하는가 하고 내년에 팔리 왔쓰며 하는 마음푼이다."
시출에 고기값 2,380원

〈1985년 9월 21일 토요일 낡씨 맑음〉
(특별 참조)233)
봉답에 벼 쓰러진 것을 세우면서 자신이 넘어나 벌로 농사을 짓어따는 생각이 뼈가 아푸며 매년 거름이 만아서 실패을 밭쓰면서도 그래도 적개 못하고 또 만이 해서 금년 농사가 제일 못하지 안을까 하고 극정이 돼며 여때것 농사을 짓어 왔쓰면서도 거긋도 올캐 조정을 못하는 것을 보며 한심한 마음이 앞쓰는구나. 내년에 비료거름을 만이 해서 실패가 따러며 앞푸로 농사을 짓찌 않는다.
"그리고 내년에는 봉답 논에는 밑거름 3포 웃거름 반 포 채고 해야 요 정도 해야 한다고 결심을 한다."
"복판 농[논]에는 밑거름 4포 웃거름 1포 이상은 하지 않는다."

〈1985년 9월 22일 일요일 낡씨 맑음〉
오늘 오전에 봉답 벼 쓰러진 것을 집사람과 둘리서 안전이 세와쓰며 자신은 금년 농사가 그진 숭년이나 다름이 업다고 보며 업는 사람일수록 풍년농사을 짓어야 살라가기가 수란돼 매년 속고 마니 살라가기가 수라지 않는가바.
오늘은 집사람과 두리서 바람이 부는 돼로 사라 가자 암만 살라고 발부등을 쳐 바야 모든 것이 따라오지을 안코 있쓰며 이대로 살라가도 서로가 건강만 상아지 않코 살라간다면 아무것도 불찌[부럽지] 않으리.
지출에 … 혜영이 옺 7,000 운이 운동아 4,000 반찬 3,000 아들 과자 530원 콩나물 200 공기름 2,000 머리삔234) 양빌 900 쑤세미, 아들 양발 2,000 차비 520원 19,970원
計 19,970원

233) 이 내용은 지면 상단에 따로 기록되어 있다.
234) 원문에는 머리핀 가격으로 '500'이라고 적었다가 지운 흔적이 있다.

〈1985년 9월 23일 월요일 낡씨 비〉

이재 소 풀도 업고 해서 집사람과 두리서 소 먹일 집 준비한다고 복판에 쓰러진 것을 비 보니 아주 허무하더라. 올해는 비가 너무나 만이 와서 오늘 비는되 물이 장단지까지 채는되 벼을 비니까 벼단이 한 심식 돼며 소 먹일라고 준비는 하지만 소도 잘 안 먹지 하는 생각이 들며 만약에 소가 물친 집이라고 안 먹어며 두리가 비서 들어내는 돼 종일이 걸리쓰며 사람만 욕을 보게 하는 것이 아닐까 하고 극정이 돼는구나.

〈1985년 9월 24일 화요일 낡씨 비〉

오전에는 집사람과 둘리서 수뜰래 벼 쓰러진 것을 세와쓰며 동내 사람들도 대다수가 세우고 있찌만 일부 사람은 엄두가 안 나서 세우지을 안는가 몰라도 그냥 두고 있는 사람도 있찌만 쓰러진 것을 그냥 둘라고 해도 비가 계속 오는 것을 보고 세울라니 기가 차고 그냥 둘라니 마음이 솔바서 아무 일도 제돼로 돼지을 안는 것 같다.

"그리고 오후에는 세우는 것도 엄두도 안 나서 일도 못하게쓰며 나락이 썩는 한이 있쓰도 큰방에 벅지을 바루고 하자면서 불이야 불이야 해서 안장 벅지 다 발라쓰며 이제는 양 방 다 벅지을 안전이 끝을 냇쓰며 방 극정은 들은 셈이다."

지출에 닭갈값 2,200원

〈1985년 9월 25일 수요일 낡씨 맑음〉

"{()벼 베기에 들어갈쓰며)"235)

오늘로서 수뜰 논 벼 베기에 들어갈쓰며 오늘은 자신 혼자 벼을 비쓰며 벼가 쓰러져 가슴 아푼돼 새마저 왔쓰 벼알 다 따먹고 줄기만 남아있는 것을 보니 정말 에가 따서 못 보게쓰며 참세가 한도막[한동안] 멸종되다시피 참새가 기화더니 이제 와서는 참세가 때을 지어서 농민들을 속을 서키고 있쓰니 농민 속을 알라주는 위는 한 사람도 업꾸나.

"오늘까지 낡씨가 좋아든들 벼을 수학한 사람이 만을 끈돼 비가 계속 오는 바람에 만이 연장댄 것은 사실이다."

지출에 … 책 2,000 학용품 70원 추링[추리닝] 1,000 농약 3,000 콩나물, 소겟트 640원 좀약 600 차비 340원 (카셋트) 80,000만 원 計 87,660

〈1985년 9월 26일 목요일 낡씨 흐림〉

오늘은 집사람과 두리가 벼을 비는돼 힘이 들며 집사람은 자신보다 더 곤할 끈돼 별로 내색을 하지 않코 있쓰며 자신은 을마든지 할 껏 같든돼 집사람은 힘이 들까바 자신이 신경이 쓰이서 이번에는 놉을 해서 하로만 수뜰 3마지기만 품을 돼어서 빌라고 더니 집사람이 아직은 벼을 비는 사람이 적으니까 두리 비자고 해서 두리 비는돼 집사람 몸살이나 하지 안을까 하고 극정이 댄다.

〈1985년 9월 27일 금요일 낡씨 맑음〉

기상대에서 내일 비 온다고 예고을 해서 추진 벼단을 말루지 못하고 집사람과 둘리서 발가리을 세우는돼 힘이 들 뿐 아니라 벼단이 너무나 추지고 논이 빠저서 사람의 힘으로 하지 못할 껏 같다서 소을 동원을 해서

---

235) 이 내용은 지면 상단에 따로 기록되어 있다.

소로 끄체[끌채]을 이용을 하니까 사람이 좀 수라더라. 둘리가 발가리을 오후 내 세운 것이 두룸 한 개박에 세우지 못했다.
지출에 … 꽁치[꽁치] 1,000 빵 500

〈1985년 9월 28일 토요일 낡씨 비〉
오늘 기상대에서 비 온다고 해서 어제 집사람과 둘리서 마루지 않는 벼단을 발가리 세우는돼 여간 힘이 안 드러쓰며 죽어라죽어라 하고 발가리을 세운 것이 비가 갈방비가 오고 마는 것을 개니 비가 만이 올까바 미리 급을 먹고 일한 것이 우에 일만 하고 마란 것이 생각이 절로 나는구나.
오늘은 소 먹일라고 치린한[치련한] 것을 오늘로서 탈곡을 했쓰며 추진 것을 탈곡을 하니 풍구질을 해도 나가지을 안아서 힘이 상당이 만이 들어가더라.
지출에 … 쇠고기값 8,720원 큰집배
5,000 관수매[통조림] 1,000
計 14,720원

〈1985년 9월 29일 일요일 낡씨 맑음〉
"오늘은 추석이다. 매년 추석에 고향을 차저오는 사람이 살림이 윤택해저는지는 몰라도 동내에 자가용차가 매년 만아저고 있는 것을 볼 때에 농촌보다 살기가 수란 것은 사실인가바."
"올해는 조상의 성모에 용현이가 자기내 산소에는 성모을 다 했따고 해서 생각지도 안는 성모을 갈라서 하고 마랐다."

〈1985년 9월 30일 월요일 낡씨 맑음〉
"오늘은 대신국민학교에 운동회 한다고 집사람은 운동회 하는 되 가고 자신도 자식을 바서 운동회 가야 하는되 우리 할 일이 넘어나 만이 밀리 있쓰서 운동회는 가지 않코 자신은 채소에 비료거름을 일절 하고 약도 한 번 살포을 했쓰며 채소밭 셋 군돼을 돌라보고 약 살포, 비료거름, 삼동추 씨 푸림, 시금치 씨 푸림, 파씨 씨 푸림 이것을 다 하고 나니 오후 1시가 돼더라. 오후에는 자신 혼자 벼을 비쓰며 혼자 하니까 줄지을 안아서 혼자 일은 못 하게더라."
지출에 … 운동회 찬조 5,000 아들 경비
3,000원 닭갈값 2,100
計 10,100원

〈1985년 10월 1일 화요일 낡씨 맑음〉
수뜰에 벼을 두리가 비쓰며 시간 나는 돼로 벼을 비서 날짜 수로는 상당이 여러 날 걸리며 오늘도 콤바이로 벼을 빌까 하고 들래나가 보니 아직은 밀리 있쓰며 자신은 콤바이을 따라 다닐 수가 업쓰서 자꾸 밀리는 감이 있쓰며 아직은 자신이 손우로 벼을 빌 때가 만아서 실찌 한다고 해도 손이 바푼 지경이라서 밀리는 감이 있쓰도 말도 하지 않코 그냥 넘어갈다.

〈1985년 10월 2일 수요일 낡씨 맑음〉
(벼 탈곡을 첯 개시) 10月 2日[236]
오늘은 세집배 (밭따리와) 영희내 들까지논에 콤바이로 벼 탈곡을 했쓰며 양쪽에서 두 대로 벼 탈곡을 하니 자신이 정신업시 바빠서며 남들이 신품종 원풍벼는 수학이 적키난다고 해서 우리 논도 아니고 해서 너머나 적개 나와서 주인들 보게 미안할 정도가 되

236) 이 내용은 지면 상단에 따로 기록되어 있다.

며 어떠개 하나 극정이 돼더니 영희내 아주 만이 생산이 됀 셈이고 세집배는 작년가 비쓰하게 나와서 채면을 유지할 수가 있쓰서 천만당행이다.
세집배 태모 콤바이로 총 수 63개

세집배 32푸대
자신이 31푸대 } 63푸대 수확

영희네 들까지 4.5돼 상원이 콤바이
총 수 79푸돼
영희 38푸대 자신이 38푸대
지출에 세값 3,000원

〈1985년 10월 3일 목요일 낡씨 맑음〉

자신은 일을 해도 잠만 자고 나며 피료가 싹 풀리는돼 집사람은 잠자리에서 강새이[강아지] 알는 소리을 하는 것을 들을 때에 정말 미안하며 복판 논에는 쓰러저도 엔만하며 집사람 자면서 콩콩 알는 소리을 뜻고는 더 예을 먹이쓰는 안대겟따 하고 작정을 했쓰며 복판에 콤바이 돼며 한 가마니 더 손예을 보겟나 하고 집사람 알는 소리 뗏고는 도저이 몿 비게따고 하니깨 집사람 하는 말이 아빠가 뛰까바[될까봐, 힘들까봐] 걱정이지 나는 개안따고 하며 벼가 적으나며 콤바이로 내쓰며 좋게는되 넘어나 만이 쓰러져 안 댈 껏 같다고 하면서 손우로 비자고 해서 또 할 수 업씨 손우로 시작을 했쓰며 그 너른 들판에 손우로 비는 사람은 5집 밖에 업쓰며 그중에 우리 집사람도 한 사람이라는 것을 생각을 하니 자신이 넘어나 일을 만이 시키고 있는 것이 미안하며 사람이 살라갈수록 부부 간에 정이 더 깁고 요줌은 자신의 몸이 무리가 갈 정도로 집사람을 생각을 하고 있다.
그리고 오늘 공휴일이라 집배서 그 만은 나락을 아들이 손질을 했는 것을 보며 저의 엄마 일한 것쳐름 했 나는 것을 보니 정말 고맡더라.
지출에 … 득석[덕석] · 대형 · 두 게[개] 10,000원 콩나물 500원 경운기 엔진오일 5,000 꽁치 관수매 5개 3,500원 차비 340원
計 19,340원

〈1985년 10월 4일 금요일 낡씨 흐림〉

칯 개시 〈사료 6포 27,300원〉[237]
오전에는 수뜰레 발가리를 안전이 세와쓰며 벼을 빌라다 오후부터 비 온다고 기상대에서 외보을 해서 일을 바꾸어 한 셈이며 오후에는 복판에 벼을 비는 것으로 하로 일과을 보내고 마랐다.
지출에 … 과자 200원 라면 200원 사료 6포 27,300원
計 27,700원

〈1985년 10월 5일 토요일 낡씨 비〉

금년은 비가 에 이래 비가 만은지 몰겟다. 오늘도 비 때문에 우예 일을 만이 했쓰며 가을개 비가 오며 월마나 오겟나 하고 벼단을 세울라다 만은 비가 오지 않을 끄라고 세우지는 안코 집사람과 두리서 벼을 빈 것이 아주 잘몿 했따는 생각이 든다. 외냐하며 집배 와서 일기예보을 들어보니 태풍이 오기 때문에 경상북도에는 만이 온다는 기상대 말을 들을 때 어재 일한 것이 아주 잘몿 했따는 생각이 들며 집사람이 세우고 비

---

237) 이 내용은 지면 상단에 따로 기록되어 있다.

자고 말을 할 때 세와쓰며 하는 아쉬운 감이 머리에 떠나지을 안는다. 오늘 비가 만이 내리서 추진 벼단을 두리서 세우는돼 오전 내 세와쓰며 심술구전 비 때문에 질리겟다. 먼저 비에는 벼단을 세우지 안는 것이 잘 했는돼 세우고 오늘은 세우야 잘 하는되 세우지 안아서 일끄리을 만들어쓰며 외 이래 개산이 맡지 않코 꼬이는되 힘이 들어 죽을 지경이다.

〈1985년 10월 6일 일요일 낡씨 비〉

금년 비는 설 때 업는 비가 만아서 쓸 때 업는 일을 을마나 만이 하는 줄 모러며 안 에도 댈 일을 비 때문에 하게 되며 일할 의욕이 나지을 안는다.

오늘은 비가 와서 아무 일도 못하고 해서 들을 한 밖키 돌라보고 물고기을 잡아서며 우리 먹을 꺼은 잡아쓰며 고기을 잡울 때는 힘이 더러서 고기 먹는 것보다 자신 살이 더 줄겟다 하고 잡을 때마다 이제는 고기을 혼자는 잡부로 오지을 안아야지 하는 마음은 늙 생각을 하면서도 시간만 있쓰며 잡부로 나오니 이것이 문제다.

〈1985년 10월 7일 월요일 낡씨 맑음〉

올해는 봉답 벼가 먼저 망하는 이유을 몰겟다. 넉뚤은 비 온 뒤라서 논에 물이 있고 해서 오늘은 집사람과 둘리시 봉답 벼을 비는되 벼가 벌서 꼬시라서 벼 비기가 상낭이 힘이 들더라.

그리고 올해 모두 벼가 수학이 적개 난다고 이야기을 하며 정부에서는 풍년이라고 이야기을하지만 올해 비가 너무나 민이서 벼 피해가 만어서며 생산마저 떨어저서 풍년은 못 땐다고 생각을 한다.

지출 … 빵, 베지밀 550원 아이들 빵 400원
計 950원

〈1985년 10월 8일 화요일 낡씨 맑음〉

복판 논에는에 오늘로서 벼을 다 비쓰며 복판 벼는 두리가 씨름을 하다시피 해서 벼을 빈 샘이다. 앞푸론 벼을 쓰러저지 안는 농사을 짓어야 되겟따는 생각을 절시리 너키다. 그리고 우리 딸더리 정말 일을 만이 하며 빨래, 벼 말루는 것 도맡다 다들 하고 있는 것을 보며 아빠로서는 정말 고맙다. 이것들이 마양 놀기만 할 놈들이 엄마 아빠을 크게 도우고 있는 것을 보며 한 번식 안아주고 십픈 마음뿐이다.

지출에 … 혜영이 악대부 모자 800원 세값 1,000원
計 1,800원

〈1985년 10월 9일 수요일 낡씨 맑음〉

오늘은 곤하게 자고 있는돼 형수가 와서 말바우 눈님이 와서 자형을 경운기에 바을 매다 떠러저서 팔을 풀라다면서[부러뜨렸다면서] 콩을 실어주며 타작을 하겟다고 해서 햇장[해장]에 실어주며 좋겟따고 해서 형과 두리서 한 발리식 실어주고 올라고 생각을 해 보아도 콩이 만아서 눈님 혼자는 엄두도 못 낼 정도라 자신은 바빠서 콩이 티지만 이 만은 콩을 두고 갈 수가 업쓰서 형은 한 발리 실어주고 갈찌만 자신은 올 수가 업쓰서며 그 만은 콩을 타작을 다 할려고 눈님과 두리서 계속 탈곡을 해도 오전에 다 못하고 한 짐 조금 더 돼두록 난기고 오전만 하여주고 집부로 돌아와쓰며 자신이 적언아 바푸지 안따며 콩 타삭을 다 했수고 왔쓰며 마음 캐운할 땐돼 그러지 못하고 내가

바파서 오전만 했주고 와서 마음은 캐운찌 안코 있다.
그리고 집사람 둘리서 먼저 번에 비을 마저 가면서 발가리을 세운 것을 오늘 다시 뒤돌 리는돼 벼가 이미 색 간 것이 드로[더러] 있 쓰며 앞푸로 날씨가 잘 한다면 벼에 별 탈 은 업깨지만 앞푸로 비가 한 번 더 온다면 큰 문제가 생기리라고 생각을 하며 제발 비 좀 안 아쓰며 하는 마음 간절할 뿐이다.
지출에 … 친구 집에 모친 한갑 5,000원 집 사람 생일 고기값 4,400 두부 1,000 라면 500원
計 15,400원

〈1985년 10월 10일 목요일 낡씨 비〉

이제는 비 오는 되 거저 질리쓰며 쓸 때 업 는 비 오는 바람에 사람이 우예일 때문에 몸살 할 지경이며 비가 자주 오니 손우로 벼을 비는 사람은 일이 추어내지을 꽃하고 자꾸만 지연되고 있쓰며 벼집뿐 아니라 벼 이삭마저 썩꾸개쓰니 이거 야단낳다.
오전에 집사람과 복판에 남은 벼단을 세우 고 오후에는 휴식을 하고 마랐다.
지출에 혜진 500원 혜영이 500원 개알 2,200 운이 향명수 200원 스겟치 북 200 과자 100
計 3,700원

〈1985년 10월 11일 금요일 낡씨 비〉

가을비가 이쳐름 만이 오는지 알 수가 업쓰 며 사람이 일 년에 내 짓어 논 것을 이재 와 서 다 썩고 말개쓰며 다들 극정을 하는 것 을 들을 때에 정말 의이업고 한심스렵다.
자신이 알기론 가을비로 일 년 농사을 망친 다는 말은 들어보지 몿 해쓰며 해도 해도 넘어한다는 말밖에 몿하게다.
"비 때문에 아무 일도 몿하고 휴식을 하고 마라다. 사람들은 마음 휴식을 하면서 얼굴 에는 극정이 떠나지을 안는 실정이다."
지출 1 과자 100원

〈1985년 10월 12일 토요일 낡씨 비〉

오전에 벼을 빌라고 봉답 논에 갈쓴는되 비 가 곳 올 뜻해서 도구만 챛고 그만 집사람 과 채소밭에 가서 나물 해오는 것으로 오전 을 보내고 오후에는 비가 내리다 그치고 내 리다 그치고 해서 집사람과 비을 마저면서 봉답 벼을 비니까 비가 오다 그만 우리한태 저고 말더라. 우리는 우박이 와도 벼을 빌 작정을 했쓰며 이재는 벼가 다 썩는 한이 있쓰도 벼을 다 비고 볼 작정으로 두리가 비을 마저가면서 벼을 비니까 비가 만이 와 도 요것들이 집배 들어가지 않는구나 하면 서 비가 더 쌔개 내리곤 하든이 그래도 들 어가지 않으니까 하늘에서 너이들에깨 젗 따고 하더시 나중에는에 비가 그치며 낡씨 가 개이더라. 이제는 비가 다 왔쓰며 하는 마음뿐이다.

〈1985년 10월 13일 일요일 낡씨 비〉

어제 저녁에 소낙비가 내리는 것 볼 때는 온 들판에 벼들이 떠나지나 안을까 하고 극 정을 했쓰며 극정을 했는 것보다는 들판에 잔제리로[간종그리러] 가 보니 생각보다는 적은 것 같다.
"그리고 오늘로서 봉답 벼을 오늘로서 안전 이 비쓰며 이제는 수뜰에 한 마지기만 벼을 비며 금년 벼는 다 비는 셈인되 오늘 수뜰 래 서 마지기에 발가리 세운 곳을 다시 돌 리 세우는되 추진 벼단은 이미 싹이 나서

자라고 있는 것을 볼 때에 기가 찬다. 벼가 싹이 만이 나고 있는돼 낡씨는 맑은 날씨을 보이지는 안코 비만 올라고 더니 정말 기가 찬다."
지출에238)

〈1985년 10월 14일 월요일 낡씨 맑음〉
오늘로서 안전이 벼는 다 비쓰며 두리서 낡씨 고루잔아서 두불 일도 수도 업씨 만이 했쓰며 벼 비는되 안 죽을만춤 했쓰며 정말 집사람 예 만이 먹어다. 이제는 비만 오지 안는다면 둘리가 해도 수라게 할 수 있따고 보는되 낡씨가 원망스렵다.
지출에 … 세값 450원

〈1985년 10월 15일 화요일 낡씨 맑음〉
"오늘은 불필요한 비가 만이 온 간계로 하로 종일 하지 안아도 댈 일을 둘리가 봉답은 마른대로 돌리고 복판 논은 발가리을 돌리는되 싹푼 아니라 다 썩어가고 있는 것을 볼 때에 사람 성질돼로 했쓰며 거름짜리에다 쳐너쓰며 하는 마음 간절하구나."
요줌 정부에서 외체 문제을 두고 극정을 만이 하고 있는돼 이것이 진작 국민 여르분이 외체 극정을 해야 돼며 정부에서는 무족근 낭비는 억제하는 식으로 해야 댄다고 생각을 하며 앞푸로 정부에서 외체 극정을 어느 정노로 생각을 해서 밀고 갈련시는 몰라도 우리 국민은 외체에 해어나지을 못할 썻 같나. 그리고 정부에서 외체는 입부로만 극정을 하고 세부적으로는 극정을 하지 안코 있따고 본다. 왜냐하며 국민학생들에깨 우유기 남아돌라 긴다고 의방 학생민 우유 지급을 한다고 하지만 업는 사람의 아들은 있는 사람의 아들 우유 먹는 입만 쳐다보고 있쓰야 하는 어린니을 생각을 해볼 때에 기가 차며 어른이 거래도 뼈가 아풀 끈돼 띠 업는 아이까지 타격을 주야 하는지 물고 십프며 외체을 정부에서 극정을 한다면 이 돈으로 저축을 시키야 바른 일이라고 생각을 해본다.
지출 …(활명수) 150원, 전기세값 1,840원 〉 計 1,990원

〈1985년 10월 16일 수요일 낡씨 비〉
한참 잠을 자고 있는돼 비 오는 소리가 나서 벌떡 일어나 보니 세벽 3시 반이더라. 비가 와도 세벅이라서 벼에 비은 한 번 더 마저며 문제가 있따는 것을 알면서 집사람이 곤하게 자고 있는돼 단번에 가자고 하지을 못하게더라. 그레서 집사람에깨 비가 오고 있는돼 어떠게 하면 좋깨나 하고 물어니까 집사람 벌떡 일어나며 요줌 비는 온다고 하며 만이 온다고 하면서 가자고 하길에 비누루 세 것과 모자리 비누루 전부을 가지고 세벽이라서 경운기을 가지고 가기가 미안치만 할 수 업씨 경운기로 동내 갈 때는 소리가 들 나게 살살 같쓰며 그래도 곤하게 잠자고 있는 사람을 자신이 다 깨우지 안아는가 하고 미안한 마음이 앞쓰더라. 둘리가 비을 마저면서 발가리 4말 5돼지기을 덥프쓰며 남들이 채 일어나지을 안아서 집배 와서 우리 이웃에는 자신의 경운기라고 알시만 다리[달희(인명)]는 우리 경운기가 세벽에 소리을 냇따고는 것을 아무도 모러니까 동민 보기에 들 미안한 감이 들더라.
그리고 오전에는 비가 살살 오고 해서 집사

238) 지출내역은 기록되어 있지 않다.

람을 돼리고 좀 쉬야 한다고 생각을 했다. 대리고 쉬지 않으며 집사람은 쉬지 못하고 무선 일을 해도 하니까 그만 집사람을 꼭 끄러안고 쉬개 했쓰며 둘리가 오전에는 폭 잠잔 샘이 되며 잠을 자고 일어나 밭같이 헌하게 개어쓰며 낢씨가 화창해저서 정심을 먹고 수뜰래 한 마지기 벼을 소로 끄체을 해서 실어내서 방천으로 올라는돼 여간 힘이 안 들며 남왜 농사을 맡타도 힘 더는 것 맡타꾸나 하고 후예가 막심하구나.

"그리고 대신학교에서 우유을 희망 학생만 급식을 했준다고 학부형에깨 쪽찌에 도장을 찍어 오라고 하는 것을 운이만 허락을 하고 혜진, 혜영이는 뼈가 아푸지만 허락을 하지 않코 말라따. 왜냐하면 한 푼이라도 모아서 공부을 좀 더 시키야 댄다고 생각을 했쓰며 아빠는 나중을 생각을 해서 혜진, 혜영이는 허락을 하지 않아쓰며 혜진은 운이가 먼돼 허락을 하고 나는 허락을 안 해 준다고 야단을 쳐더라. 그래서 아빠로서는 정말 미안떠라. 남들 먹이는 것을 몾 먹이는 것을 어떠깨 부모가 아무치도 안을쏘냐. 너이들은 쌀이 만어니까 허락을 하지 안아치 너도 운이 모양 쌀[살]이 업쓰며 아빠가 어찌 먹일라고 들지을 안캐나 하고 혜진을 달래고 말라쓰며 혜영이 생각하는 것이 정말 어른이더라. 우리가 셋시가 다 먹어며 돈이 너무 만이 들어간다고 하면서 예당초 자기는 안 먹을라고 생각을 하고 있는 것을 보니 우선은 수라지만 마음의 한 구석은 혜영이가 혜진보다 생각을 깊피 하고 있쓰니까 혜영이 이미 가슴에 돈을 만이 벌지 몾해서 상쳐가 왔따고 생각을 할 때에 아빠로서 고개 숙이저며 정말 미안타.

〈1985년 10월 17일 목요일 낢씨 맑음〉

오늘은 한가한 시간을 보내쓰며 오전에는 복판 논에 물 도구을 쳤쓰며 오후에는 봉답 벼단을 한 불 뒤비쓰며 경운기로 두 발리 실어 내는 것으로 하로 일과을 보내고 마랐다.

지출에 큰집 오뎅, 밤 2,000 김 1,200 오뎅 1,000 쏘세지 750 마른 반찬 2,000 오이 닥강 700 과자 1,080 환타 660원 참기름 1,000 콩나물 200 차비 340원
計 10,930

〈1985년 10월 18일 금요일 낢씨 맑음〉

봉답에 별 탈곡함 위 따래이 9개 아래 따래이 15개 가마니 풋대로 24개[239]

오늘은 봉답 벼을 체 마루지도 안코 오늘 탈곡을 할려고 모다 노치도 안은 상태에서 탈곡을 할려고 집사람과 둘리가 가 보니 이슬이 넘어나 만이 와서 탈곡기을 다 준비을 하고 오전이 그진 다 가두록 이슬이 마루지을 안아서 탈곡이 잘 안대고 해서 생외를 먹어쓰며 오전은 그진 보낸 셈이돼 오후에는 탈곡이 이슬이 업쓰니까 잘 돼어서 내일 오전까지 하는 돼로 할려고 작정을 가지고 집사람과 시작을 했는돼 생각보다 일이 수라게 돼어서 마음먹고 하며 오늘 다 할 수 있따는 것을 생각을 하고서는 오전, 오후 휴식을 한 번도 하지 않코 일을 했쓰며 오후 저녁 오늘이 지고 있쓸 때 우리 딸 두리가 소풍을 갔다 와서 아빠 엄마 일 도와줄라고 헐헐 뛰어서 오는 모섭 나비 두 마리

239) 이 내용은 지면 상단에 따로 기록되어 있다.

가 헐헐 날라오는 것 갈더며 아빠의 마음이 무엇보다 허무해서 우숨이 나더라.
그리고 금년 농사을 벌로 지어따는 생각이 봉답 벼을 탈곡을 해보니 절시리 너켜지며 뼈가 아푸구나.
지출에 … 운이 소풍 가서 1,000 혜진 100원 혜영이 700원 영한이 휴가와 5,000
計 6,800

〈1985년 10월 19일 토요일 낡씨 맑음〉
오늘은 밭가리을 너려 보니 벼씨는 일부가 색이 가고 집은 안전이 썩은 것이 아주 만으며 낡씨가 비가 오는 지방이 있쓰서 비가 한 번 더 올까바 급이 나는구나. 비에 질리서 내일 탈곡을 할려고 집사람과 너러 보니 썩어가는 집단을 보니 기가 차며 불필요한 비가 와서 우리들이 우예일을 하너리라고 생예을 먹고 있는 것을 생각을 하니 뼈가 아푸구나.

〈1985년 10월 20일 일요일 낡씨 맑음〉
복판에 | 복판에 푸대에 담기는 34개
가마니 풋대로 33개[240]

오늘은 복판 논에 벼 탈곡을 우리 딸을 대리고 벼단이 추진 벼 탈곡을 했쓰며 자신은 둘리가 헤도 반은 할 수 있따고 생각을 했는돼 오늘 일을 해보니 소도 논이 빠지니까 일을 안 알라고 해서 일도 지연이 되고 벼단이 추지니까 자신도 3단만 들어도 한 짐이 돼고 있쓰니까 일이 안 돼고 있다. 그래서 우리 딸들 아[인] 기들어쓰며 3분지 일도 못 할 뿐 에쓰며 우리 딸이 신찬은 품꾼보다는 흙신 낮따고 생각을 하며 정말 딸들 예 먹어다.
지출에 … 세값 950원

〈1985년 10월 21일 월요일 낡씨 맑음〉
복판 논에 별 탈곡을 하다 남원 것을 혜진, 운이, 집사람과 오전 내 했쓰며 혜영이 학교 가고 혜영이 대신 운이을 대리고 일을 하니까 혜영이 일꾼 목세[몫]을 했따는 것이 절시리 표가 나고 있꾸나. 운이는 조금 하니까 힘 든다고 안 알라고 해서 일시키는 돼 힘이 만이 들어쓰며 이번에 우리 딸더리 가정칠섭[가정실습]을 하지 안아따며 집사람과 둘리는 생각지도 몿할 뿐했쓰며 제일 힘 더는 일은 우리 딸들 대리고 했내쓰니 이제는 4마지기 남아있찌만 급이 나지을 않코 있쓰며 오늘 오전으로 복판에 탈곡은 끝을 냇쓰며 생산도 작년보다 2가마니을 더 생산이 돼어서 마음이 협쪽하더라. 오후에는 추진 벼단을 일부 치우고 했쓰며 벼단을 치우는 것도 벼 탈곡하는 힘이나 들개더라.
지출에 세값 2,000

〈1985년 10월 22일 화요일 낡씨 맑음〉
수뜰래 1마지기 풋대 가마니 (8개 5부)[241]
영희내 수뜰에 한 마지기 탈곡을 했쓰며 벼는 잘 돼어따고 생각을 하는돼 실찌 탈곡을 해 보니 생각보다 수학이 적은 것 갈다며 그런돼로 탈곡은 수라게 한 셈인돼 가마니을 녹는돼[놓는데] 마음을 상화게 하며 나이도 엄마 먹지 안는 놈이 만이 단긴 것만

240) 이 내용은 지면 상단에 따로 기록되어 있다.
241) 이 내용은 지면 상단에 따로 기록되어 있다.

골라서 가지고 간 셈이며, 실찌 만이 단긴 것을 가지고 가라고 해도 자신이 가지고 오찌 안을 사람에깨 신경을 건딜고 있따고 생각을 한다.
실찌 농사짓기가 수란 대을 주어쓰며 별료 마음이 상화지을 안캐는돼 논들은 한 군대도 오른 대가 업는 논을 주고 이려깨 마음을 상화게 만들고 있는 것을 볼 때에 마음은 상화지만 업는 사람이 당화야 돼는가 하고 생각을 해보았쓰며 엔만하며 남왜 농사을 안 지어야 돼겟따고 생각을 할 뿐이다.
지출에 … 세값 1,000원

〈1985년 10월 23일 수요일 낡씨 맑음〉
오전에는 내일 탈곡을 해볼라고 수뜰에 논벼을 모다 보니 복판 논 벼단보다 더 추지며 탈곡이나 올캐 대겟나 하고 의심도 가며 지계로 혼자 모다쓰며 오후에는 집사람과 둘리서 일부 먼 대 끝만 모두고 마라쓰며 땅이 추지서 을마 모두도 못하게쓰며 기계만 차리 놓고 하로 일과을 보낸 샘이다.
그리고 오늘은 다른 날보다 좀 일적 들어온 셈이다. 집배 들어오니 혜진이 혼자 벼을 풋대에 막 담을라고 하면서 성이 한 박아지 나서 우리 혜진이 성이 한 박아지 낮는냐고 무러니까 난 아무것 안 예여[해요] 하며 울면서 매일 하라고 한다면서 방우로 들어가는 것을 혜진 밥을 안 먹어며 아무것도 안 씨킨다고 하니까 안 먹고 아 안다고 하면서 방우로 들어가는 것을 볼 때에 미안점도 있다. 왜냐하며 가을 들어쓰고 밥하지 빨래하지 벼 말라 노어며 다 담찌 저 또래 쳐고는 우리 딸들보다 만이 하는 아들도 업다고 보는돼 오늘 안 먹고 아 안다고 해서 아무것도 시키지 안아쓰며 자신이 혜영이와 두리서 나락을 다 담고 혜진이 어떠개 생각을 하나 하고 일부러 저녁을 안 먹고 아 알라했쓰니까 혜진은 밥을 안 먹어야지 하니까 뒤자리에 물러쓰 있더라. 깊은 생각을 해보라고 저녁을 굴미다. 이것이 잘하는 짓인지 그러치 안어며 아이들 성질을 강화게 하는지 자신도 몰개쓰며 자신은 밥이 을마나 중하다는 것을 알개끔 할려고 일부로 실천에 온기 바쓰며 자신의 속마음은 나비 같든 딸이 밥을 안 먹고 있는돼 자신의 마음 조어리가 있쓰리. 이 결과을 보고 앞푸론 생각을 만이 해서 행동을 하여야겟다.

〈1985년 10월 24일 목요일 낡씨 맑음〉
(마지막 탈곡을 함. 영희내 수뜰 서 마지기) 가마니 제발[재벌] 묵끄쓰며 총 가마니 수 27개242)
숫뜰에 영희내 대갈림하는 논을 오늘 탈곡을 시작을 했쓰며 오늘 벼 탈곡을 할려고 놉을 하나 했는돼 형이 그들어 줄라고 해서 놉은 치소을 시키고 형과 논 주인 우리 둘이 냇시서 벼 탈곡을 하는돼 집단이 다 썩어서 벼 탈곡이 힘이 들고 매칼리 이삭을 낮수로 끈어야 탈곡이 돼기 때문에 냇시가 하는돼 힘이 상당이 만이 들어다.
그리고 오늘로서 금년 농사 탈곡을 끝을 내니 속이 셔나구나. 금년 노사 짓는돼 일기 불순이 만아서 집사람이 무었보다 힘이 제일 만이 들은 해라고 생각을 한다.
지출에 … 3,500원

242) 이 내용은 지면 상단에 따로 기록되어 있다.

〈1985년 10월 25일 금요일 낡씨 맑음〉
오늘은 큰집배 찬나락[차나락, 찰벼]을 기계 고장이 나서 몾하고 내 탈곡기로 찬나락을 탈수을 했쓰며 오후에는 몸이 곤해서 오후 내 휴식을 했쓰며 휴식을 너무 오래해서 벼 말류기 위에서 24개 너러노윈 것을 내일 비 온다는 말래 가마니에 담는돼 저물두록 담아쓰며 자신이 너무 오래 시는 바람에 결과적어로 오래 휴식을 한 것이 오희러 쉬지 않코 일을 했쓰며 바푼 일 치루지 안아쓸 끈돼 오희려 몸이 더 곤하두록 한 셈이다.
그리고 정부에서 외채 만키로 세계서 3위 리고 이야기을 하면서 자신이 생각을 해 볼 때에 외체 만은 나라래서 국제경기을 너무나 만이 하며 업는 나라에서 스포스을 너무나 뜨들며 정부에서 운동만 하며 살라가는 줄 아는가 너무 운동에 신경을 쓰고 있는 것을 볼 때에 우리나라가 극정이 돼는구나.

〈1985년 10월 26일 토요일 낡씨 맑음〉
오전부터 눈님 집배 벼 탈곡을 해주로 갈려고 생각을 했는데 소 먹이가 업쓰서 오전에는 벼집을 한 발리 실어오는 것으로 오전을 보내고 오후에는 봉산 눈님 집배 가니 벼 탈곡은 다 하고 한 단지 남아따고 하며 내일 거들어 돌라고 하며 오늘은 땅콩을 캐며 쌋을 뽑아시 그들어 주는 것으로 인과을 보내게 되어쓰며 미주공[메주콩]을 한 말 정도 주어서 가지고 왔쓰며 미주공 극정을 안 예도 댈 끝 같다.
"그리고 담아내기 모종이 올해는 벼 쓰러진 것 때문에 놀보시 을아시 모정이 땅에 부터서 자라시을 몾하고 있는 것을 알면서도 여태것 몾하고 오늘 물거름을 했쓰며 조류에 유안 한 홉콤을 물래 타서 주어는되 량이 어떠한지 알 수가 업꾸나."

〈1985년 10월 27일 일요일 낡씨 맑음〉
오늘은 봉산 눈님 집에 벼 탈곡을 그들어 주로 같쓰며 벼 탈곡을 하는되 사람이 만아서 한 단지 일적 한 셈이며 양식을 할려고 일반벼을 했는되 수학이 21가마 정도밖에 안 되며 자신이 생각을 할 때에 물론 밥맡이 일반품종이 좋다고는 하지만 요세는 통일계통에도 밥맡이 좋은 것이 있는돼 일반하는 사람은 생각을 하여야 한다고 생각을 해본다. 외냐하며 통일계통을 하며 매상가마니로 10가마 정도는 매상을 드 댈 수가 있따고 보는돼 수입면도 훍신 낮따고 생각을 하며 10가마 돈우로 고기을 사 먹도 일반벼 양식하는 것보다 계산으로 바도 촟제득이 있쓰야 한다고 생각을 한다.
"봉산 사람들이 우리 마을 사람보다 농사기술이나 모든 면이 뒤쳐저고 있따고 생각을 해본다. 봉산은 아직 손우로 대다수가 비고 있는 것을 볼 때에 멀리 뒤따라오고 있다고 본다."

〈1985년 10월 28일 월요일 낡씨 맑음〉
내일 비 온다고 해서 봉답 벼단을 세우쓰며 올해 비 때문에 농민들에 안 예도 댈 일을 삼분지 일은 더 한 셈이라고 자신은 생각을 한다 기상대 말과 같이 비가 온다면 벼집은 소 먹이가 더 적을 꺼으로 생삭을 하니 올해 벼집은 상당한 가격을 주어도 몾 살 꺼으로 보고 있다.

〈1985년 10월 29일 화요일 낡씨 비〉
오늘은 비가 가끔 내리서 아무 일도 몾하고 휴식을 한 셈이며 자신이 할 일이 한정도 업씨 만은되 하기 실어 휴식을 하고 있다. 그리고 비도 오고 해서 돼지라도 한 마리 잡아쓰며 하는돼 돼지을 일적 잡찌을 안아서 마실을 자주 나가 보았쓰며 오후 너깨야 대신서 돼지을 가지고 왔따면서 고기을 잡는되 잔치에 일부 쓰고 돌부리만 활 고기밖에 업따고 하길에 집사람을 고기을 좀 먹이야 하는되 팔 고기가 업따고 해서 아쉬운 마음 검할 길 업는 차에 목띠[목덩이]는 가지고 가도 땐다고 해서 그 만은 사람 중 자신이 제일 먼저 이야기을 했쓰며 실찌 고기는 목띠 고기가 좋은 것은 아니다. 그래도 고기가 업쓰니 집사람을 생각을 해서 가지고 온 셈이다. 목띠 반에 (3斤).

〈1985년 10월 30일 수요일 낡씨 맑음〉

오전은 휴식을 하여쓰며 사람이 가을일을 하고 나니 몸이 더 나련하며 몸이 무거어서 아무것도 하기가 실어저며 자신이 휴식을 해도 몸이 캐운하지도 않코 몸이 더 무거지는 너킴이라 이라다가는 아들 고생을 시키개다 하고 일떠에 나가쓰며 집사람과 삼동추을 갈라쓰며 담아내기에 물거름을 주어쓰며 물거름량은 한 조류[조리] 물에 유안 거름 한 주먹을 하여쓰며.

"우리 운이 공부하는 것이 공부을 갈치 보며 일적 알고 일적 이저버린 것을 보며 머리가 좋아서 그른지 머리가 나빠서 그른지 알 수가 업쓰며 자신이 볼 때에 공부을 할려고 들며 공부을 할 수 있따고 보는데 쵳째 공부을 안 알라고 하니 이것이 문제다."

〈1985년 10월 31일 목요일 낡씨 비〉

올해는 비가 이쳐름 허나게 비가 오는 해는 더물며 금년 한 해는 농민들을 쓸 때 업는 일로 골탕을 먹인 해라고 해도 가연이 아니다.

오늘은 휴식을 하다 휴식을 해도 마음이 쉬운치 안아서 경운기로 거름을 내면서 땀을 흙리두록 일을 했쓰며 사람은 일을 해야 마음이 편화다는 것을 생각을 해보았쓰며 인간은 일을 해야 건강의 양식이 댄다고 본다.

지출에 돼지고기값 4,250원 석유값 5,820원 혜영이 90원

計 10,970원

〈1985년 11월 1일 금요일 낡씨 맑음〉

인간 세상에서 무엇이 제일 빠루다 해도 제일 빠른 것은 세월이 제일 빠루다 생각을 하고 십다. 한 달 넘어가는 것이 머뭇그리다 보며 달력이 한 달이 넘어가고 있쓰니 세월 넘어가는 것이 자신으로서는 제일 아십다고 생각을 한다.

오늘은 축사에 보은[보온] 좀 할려고 각 문에 비누루을 돼어쓰며 오후에는 체소을 해오는 것으로 하로 일과을 보내고 마랐다.

"그리고 요세에 혜영이가 시험을 보며 그진 백 점을 마저 오고 있는 것을 볼 때에 자신으로서는 제일 기쁘다고 해도 무리는 아닌돼 그래서 요줌 혜영이을 만이 생각을 하고 있쓰니 혜진이 혜영이만 좋아한다고 그저 심술이 나서 아빠한대 대들고 있는 것을 볼 때에 자식도 고루 좋아했야 됀다고 생각을 해본다."

〈1985년 11월 2일 토요일 낡씨 맑음〉

오늘은 세집배 매상 달 량을 탈맥기로 계조을 했는 것으로 풍구질을 하니까 사람이 징예서[한가로워서] 좋으며 사람이 상당이 편한 셈인돼 풍구보다 결점은 쭉쟁이가 불루가

안 돼어서 등급에 문제가 있찌 안나 내다보고 있쓰며 세집배 54개 부치고 일적에서 우리 껏을 36개 부치니까 조금 저물더라.
지출에 세값 1,000 죠게 500
計 1,500원

〈1985년 11월 3일 일요일 낡씨 맑음〉
큰집배 매상 댈라고 풍구질 하는돼 집사람과 둘리서 그들어쓰며 큰집배는 딸더리 일을 만이 그들어서 조금 수라며 큰집배는 딸더리 만이 거들어서 영한이 있쓸 때보다 만이들 일을 하고 있다. 큰집배는 오늘 매상 준비한 것이 72개이며 매상도 만이 돼는 사람은 돈이 대리라고 생각을 한다.

〈1985년 11월 4일 월요일 낡씨 맑음〉
오늘은 쳐과집배 벼 탈곡한다고 집사람이 하로 그들고 집 한 바리 어더 올라고 하면서 이제부터 이야기을 하며 자신도 생각을 해보니 집사람 혼자 가서 그들며 몸이 상당이 고댈 껏이 아니냐 둘리 가서 그들며 집사람이 조금 더 편할 껏이 아니냐 생각도 들고 쳐 어머님도 사실 보고 십고 해서 경운기에 배추, 무, 당근, 파을 조금식 해서 실고 탈곡하로 같쓰며 가보니 쳐남 내외, 쳐 어머님 하고 셋시가 탈곡을 하고 있는돼 쳐남이 님이힌디고 생가이 들며 저 살자고 72세 댄 노인을 내리고 탈곡을 하고 있는 것을 볼 때에 자신노 쳐남 위치에 있쓰며 저 노인을 돼리고 벼 탈곡을 하로 다닐 껏인가 생각을 해볼 대에 부모을 너무나 친돼하며 역씨 반내가 돼이시 벼 탈곡을 한다면 부모는 업고 내 탈곡을 할 끄라고 확신을 한다. 자신은 우리 부모님이 일적 도라가시어서 그런지 부모님의 사랑을 받고 십프며 남외 부모라도 그닐어 보았쓰며 하는 생각이 들며 부모을 우섭게 생각하는 절머니들 볼 때마다 가슴 아푼 일들이라고 생각을 한다. 오늘도 우리가 안 가쓰며 어머님이 상당이 고댈 껏이 아닌가 생각을 할 때에 참 잘 갈다고 생각을 한다.
오늘 탈곡한 것이 일반 30개 함. 그리고 집배 오면서 집 한 바리 실고 앞씀.
지출에 쳐과집배 돼지고{기} 2斤 4,400
구론산 200원 과자 300원
計 4,900원

〈1985년 11월 5일 화요일 낡씨 맑음〉
오늘은 공판이 시작이 돼어쓰며 금년 농사가 오늘에 수입을 더 보나 들 보나 검사원에 달리 쓰며 오늘 검사원이 자신이 볼 때에 만이 돼어도 28세 정도밖에 안 대어따고 보며 검사원이 너무나 절머니까 어된가 모러게 든든한 맡이 업쓰며 올해 검사원의 담당을 잘못 댄 것이 아닌가 생각도 들더라. 그리고 올해는 사람이 벼을 빈 것은 아예 일등을 볼 수도 업쓸 뿐 아니라 손우로 빈 벼는 전부가 2등이라고 생각을 해도 무리는 아니며 자신이 생각을 할 때에 흙이 조금 무더도 벼알을 보고 검사을 해서 일등을 좀 주어야 한다고 생각을 하는돼 검사원이 흙만 안 뭇고 색깔만 노라면 무족건 일등을 주고 있쓰니 업는 사람은 점섬 못 실게 하는 것밖에 안 대며 왜냐하니 입는 사람이 기계 싹을 한 단지 35,000원식 주고 편하게 가을을 할려고 더는 사람이 가연 멧 명이 대게쓰며 자신이 생각을 할 때에 한 사람도 업따고 보며 이려고 볼 때에 업는 사람은 쭉뚜룩 예을 먹고 등이 업쓰서 손에을 볼 때에 이 사람들을 점점 삶매 의욕이

떠려저지 안을까 오늘 공판장에 생각을 해 보았다.
그리고 자신도 좋은 벼을 손우로 비서 36 가마 가지고 가서 일등이 ⑦ 이등이 (29개) 이것을 볼 때에 공판을 하고 나니 힘이 쭉 빠저고 만다. 이 반돼로 일등을 전부 맡자 따면 오히려 힘이 생길 끝이 아닌가 생각을 할 때에 이 차이점은 너무나 만다고 생각을 한다.

(11月 5日 공판)
일등이 7개 215,810
이등이 29개 854,050 〉計 1,069,860 일등 가격30,830 이등이 29,370원
計 36개

〈1985년 11월 6일 수요일 낡씨 비〉

금년에는 비가 왜 이래 만은지 알 수가 업쓰며 소 먹일 집 조금 남은 것을 마저 다 쓱이고 말련지 비가 오고 있쓰니 기가 찬다.
"일기가 고루지 뫃해서 무이미한 하로 해을 보내고 마랐다."
그리고 췇 매상 돼어바야 조합 돈 갑고 나니 나머지가 237,000원 남더라. 이것도 싹 갑지 않코 남아 있쓰니 업는 사람이 남외 살림을 하기 때문 뫃 사는 것은 사실이다.
지출에 … 매상가마니 풋돼 100개 26,500원 사료값 5포 19,000원 아이들 책 3,000 회충약 3,000 멀미약 300 전구담아 500 김, 마른 반찬 4,100 닥캉 쑈세지 1,100 과자, 환타 1,880원 고춧가루 빠음 300원 퐁퐁 600원 밤 750원 차비 340원 타울 100원
計 61,470원

〈1985년 11월 7일 목요일 낡씨 맑음〉

오늘은 마늘 거름을 경운기로 냇쓰며 비가 자주 왔쓰 마늘 가는 것도 너저만 가는구나.
그리고 우리 혜진 수학여행을 부산, 경주로 출발했쓰며 우리 딸은 차멀리을 해서 극정이 돼며 차멀미 때문에 구경도 하지 않코 멀미 때문에 겨러어하고 있찌나 안을까 하고 극정이 크다.
지출에 … 혜진 6,000원
굼논에 걸전[골전] 2,000
計 8,000

〈1985년 11월 8일 금요일 낡씨 맑음〉

집배서는 혜진이 차멀미을 해서 구경도 뫃하고 허득이고 있는 것이 아닐까 하고 극정을 했는돼 그 반돼로 혜진이 수학여행을 웃는 얼굴로 아빠 잘 다녀왔씀이다 하는 말래 아빠로서는 정말 반갑더라. 아빠는 집배 올 때까지도 차멀미을 해서 만사가 실은 것이 아닌가 하고 생각을 하고 있쓴는돼 혜진이 밝은 얼굴로 들어오는 모섭을 보니 정말 반갑더라.
"오늘은 거름짜리을 안전이 업쌔고 화단으로 만더는 돼 하로 일과을 보낸 셈이다."
지출에 … 혜진 수봉 5,000 잠바 6,000 아빠 잠바 9,000 운이 수봉 7,000 (집사람 부라우스) 7,000
計 34,000원

〈1985년 11월 9일 토요일 낡씨 비〉

오늘은 마늘 거름을 안전이 내서 경운기로 노타리을 안전이 해쓰며 이제는 마늘씨만 노어며 끝이 나는 셈이며 올해는 마늘이 작년 비예서 조금 너전 감이 있꾸나.
"올해는 정말 비가 끝까지 사람을 예을 먹이고 있꾸나. 이 비가 내년에는 가뭄이 따라오지 않을까 하고 급도 나는구나."

지출에 … 라면 500원 운이 200원
計 700원

〈1985년 11월 10일 일요일 낡씨 비〉

오늘은 봉답 논에 마늘을 파종을 하여쓰며 순석이 부부가 마늘을 같이 노을라면서 같이 마늘 파종을 하여쓰며 마늘 파종한 것이 우리가 5섭접 순종이가 3접 모두 8접을 노은 셈이며 비을 마저며 마늘을 노아쓰며 비가 만이 오니 일하기가 그북하든이 일을 하고 나니 일을 참 잘 했따고 생각을 한다. 그리고 오후에는 비을 마전 뒤라 몸이 곤한 뒤라 점심을 먹고 나니 잠이 와서 자다 보니 오후 3시더라. 일어나 보니 집사람도 엽패서 자고 있더라. 그래서 둘리가 잠을 푹 자쓰며 십사람은 김천 갈리고 예정한 것이 허사가 돼고 자신은 아무 일도 못할 지경이 돼어쓰며 그래서 방송을 들어보니 내일은 기온이 내일은 더 춥다고 해서 큰집배 사과 일이 어찌 되어나 하고 가보니 순석이 부부가 그들고 있쓰며 바파서 하고 있는 것을 보고 잘 았따고 생각을 한다.

〈1985년 11월 11일 월요일 낡씨 비〉

비가 이쳐름 비가 만이 오고 있쓰니 사람이 할 일이 만아도 비 때문 아무 일도 못하고 억찌 휴식을 하고 있쓰며 사람이 억찌 휴식을 하며 마음이 편화지을 못하며 사람이 무었보다 마음이 편하여야 하는돼 요세는 마음이 편화지을 안코 마음이 고통이 더 오는 너킴이 오고 있쓰며 요줌 불규칙한 낡씨기 마음이 상화고 있다.

"때 아닌 비 때문에 무이미한 휴식을 하고 마랐다."

지출에 … 혜진, 혜영 200원 혜영이 영어 태프값 1,500원
計 1,700원

〈1985년 11월 12일 화요일 낡씨 눈, 비〉

올해 같어며 어뒤 농사을 짓을라고 생각이나 해보겟나. 일기가 고루잔아 아무 일도 못하고 일을 개핵을 잡을 수가 업게 돼며 오늘은 가랑비을 마저면서 집단을 너려 낯다. 집단도 말은 낡씨가 돼며 집단을 만칠라고 생각을 했는돼 비가 계속 오고 있쓰니 집단을 모다 노은 채로 고돼로 썩어가고 있쓰니 정말 기가 차며 소가 업따면 집단이 다 썩어도 극정이 안 댓겟는돼 집단이 썩어버리며 당장 소 먹일 집을 싸야 하니 기가 차며 정부에서 복합영농 건장하는 바람에 자신은 계산도 못하게 손예가 가고 있쓰며 이제는 이러도 저러도 못하고 손예만 가고 있쓰며 이것이 계속 댄다면 정국에 농민 업쓰서 좀 벌어 보겟따고 밝부둥 천 사람들 다시는 희망도 업게 만든 것이 정부라고 생각을 한다.

(11月 12日)

수입에 … 울콩 5,060원
지출에 … 참기름 2,000 간장 900 회충약 2,000 집사람 허리 약 2,000 고무장갑 600원 장갑 1,050 양발 1,000 팬티 1,000 기름, 콩나물 1,400 엿 1,700 녹음기 테프 2,700 오뎅 1,000 소금 400 신발 3,800 안티푸{라}민 600 고무줄 100 생강 200 차비 340
計 23,790

〈1985년 11월 13일 수요일 낡씨 맑음〉

오전에는 집사람과 둘리서 집을 말루기 위

에서 만치쓰며 집을 일적 손을 돼어쓰며 집을 썩꾸지 않코 소을 먹일 수 있쓰따고 생각을 하며 두리가 일적 손을 몿 댄 것이 후예가 막심하다고 생각을 한다.
오후에는 낡씨가 너무나 차그어서 무우 수학을 했쓰며 올해는 무우를 적개 갈라서 무우 수학하기도 간편하다. 작년만 에도 무우를 경운기로 두 바리 이상은 해야 하는돼 올해는 경운기로 반 바리박에 안 대며 올해는 무우가 적으서 하로 만에 무우 저장까지 안전이 끝을 냇다.
"우리 운이 시험지에 도장 찍인 것을 발견이 돼어서 운이에깨 이 시험지가 어찌 돼언 것인가 운이예깨 무러니까 자기가 찍어따고 말을 하는 것을 들을 때에 의이가 업꾸나. 이것이 벌써부터 아빠을 속일라고 더는 것이 마음에 들지는 안치만 매을 한번 댈까하다 앞푸로 이른 일 있쓰며 매을 마저야 한다고 말만 하고 마라찌만 속마음은 걸리고 있다. 왜냐하며 저의 누이들은 아빠 도장을 몰래 찍어가는 것을 몿 바는돼 요것은 벌서 낮뻔 행동을 하고 있는 것을 볼 때에 마음에 걸리는구나."
"앞푸론 이른 일이 있쓰며 혼을 낼 작정이다."

〈1985년 11월 14일 목요일 낡씨 비〉
집사람과 둘리서 콤바위로 탈곡한 벼단은 안전이 손질을 다 한 셈이며 이 날씨가 처음부터 끝까지 사람을 예을 먹일 작정이며 오후에는 복판 벼단을 전부 실어내서 방천으로 말률라고 다들 늙어 나쓰며 비가 오지 안는다면 논바닥에서 벼단을 안전이 말라서 거드 더리며 사람이 얼마나 수라며 이 비가 고만 와도 벼단을 말라 보게는돼 비가 조금식 계속 온다고 해도 가연이 아니니 정말 마음 상하두록 오고 있꾸나.
지출에 … 고기값 1,000원
쇠고기값 4,000 計 5,000

〈1985년 11월 15일 금요일 낡씨 맑음〉
오전에는 우리 마을에서 장기을 제일 잘 뜬다고 하는 사람과 장기을 떠보니 자신이 조금 딸리지만 3~2위로 졎찌만 조금만 더 띄며 안전 맡수라고 생각을 하고 있쓰며 우연이 장기로 오전 일과을 보내고 집배 오니 집사람이 소 점심을 주고 있쓰면서 아빠 이쳐름 맑은 날씨에 어뒤 노는 사람이 이떠냐고 물고 있쓰서 한 돼 가니 노는 사람이 한정도 업따고 말을 했쓰며 염감이 노는 것이 배 아푸나 하고 웃고 마랐다. 오후에는 봉답 벼단을 내일 비 온다고 해서 봉답 집을 대충 개는 것으로 하로 일과을 보내고 마랐다.
지출에 … 술값 500원

〈1985년 11월 16일 토요일 낡씨 비〉
기온이 내리간다고 해서 세집배 무 뽑아주고 오후에는 비 온다고 해서 집사람과 집을 거두로 가서 경운기로 반 바리 거드니까 비가 쏘다저드라. 그래서 일을 중단하고 경운기에 반 바리만 실고 왔쓰며 낡씨 정말 예먹이고 있다. 낡씨가 비가 한 번 오며 멧칠이라도 맑은 날씨을 보이따가 비가 오콘 하는돼 이것은 매일 비가 오다십피 오니 사람 한장할 노렷이다.

〈비예 질린 우리 (부부)〉
"비야 비야 오지 마라 우리 부부 예 먹는다
비에 질린 우리 님 자리에 누일까 아빠 간장 다 탄다

비야 비야 오지 마라 내 심정 메이두록 부탁하노라"

〈1985년 11월 17일 일요일 낡씨 비〉
비 때문에 오전에는 아무 일도 못하고 오후에는 린징을 수학을 했쓰며 린징씨을 두 번째 갈란 것이라 린징이 좋찌을 안으며 상품 가치가 업쓰서 별로 돈을 못하게쓰며 품질이 좋으며 몰라도 무지파보다 못하게더라. 왜냐하며 무지파는 상품이 좀 떨러저도 팔로가 별로 지장이 업찌만 린징은 팔로 문제가 차이점이 만타고 생각을 하며 돈을 할려고 들며 무지파가 낮따고 생각을 했본다.
"린징과 무지파 수학함."
지출에 … 운이 과자 300원

〈1985년 11월 18일 월요일 낡씨 맑음〉
어제 자형이 우리 집배 와서 일 좀 해달라고 왔더라. 자신의 일끄리가 밀리서 있는 것 바서는 못 한다고 해야 하게찌만 밤에 차저 와서 일을 해달라고 하는 것을 그절도 못하게꼬 우물래 세멘 일 한다니 오전만 하며 다 할 수가 있쓸 껏 같다서 집사람왜깨 어떠한 일이 있쓰도 오전만 해주고 오후에는 담아내{기}가 바푸니까 꼭 올 태니까 준비을 해 노라고 하고서 눈님 집배을 가니 눈님은 사람은 오라고 하고서는 경운기 타고 김천 간다고 가고 있쓰서 마음속으로 마음이 상화더라. 자신은 일을 어떤 것을 해야 할찌 좋은지 하고 밀리 있는돼 사람 오라고 하고서는 김천을 가고 있는 것을 보니 기뷴이 들 좋으며 거른돼로 집배 도착을 해보니 아무 준비도 하지 않코 있쓰며 경운기로 아포 세멘 사라 간 사람이 오지 않코 있따고 이야기을 하는 자형의 말래 정말 성질이 나더라. 남을 일을 시킬라고 하는 사람이 준비도 안꼬 일시킬라고 하는 사람 처음 받쓰며 자형한태 한 소리 했다. 준비한다고 그진 10시가 다 돼고 남을 대리고 일 준비도 하지 않코 지날 할려고 더는 자형을 보니 정말 성질이 날 정도며 모든 것이 마음에 들지을 안으며 일을 해 주도 재미을 못 느킨 기분이며 오전만 해주고 꼭 올려고 작정을 했는돼 도저이 올 수가 업더라. 왜냐하며 자신이 오며 일을 할 수가 업쓸 정도며 자형이 조금이라도 그들 수가 업쓰며 남이 하는돼 자신이 빠저 올 수가 업더라. 그래서 집사람은 꼭 온다고 해서 눈이 빠지두록 기다리고 있깨찌만 할 수 업는 입장이라 종일 일을 했쓰며 일끄리가 까다라우며 부억어로 수도을 너는돼 시간이 만이 걸리쓰며 안전이 했노코 돌라보니 잘 돼어 있따고 생각을 했보니 마음이 상캐한 맡이 들더라.

〈1985년 11월 19일 화요일 낡씨 맑음〉
담아내기 파종할려고 작정을 했는돼 기온이 네리가서 땅이 얼어서 오전에 담아내기을 파종을 할려고 했는 것이 못 하고 오전에는 그만 경운기로 거름을 내고 마라쓰며 오후에는 담아내기을 파종할려고 봉답 논에 노타리을 해서 안전이 장만했 낯는돼 땅이 얼어서 담아내기 모가 약했서 논 땅에는 응끌응끌에서 연약안 노는 심어 바아 얼등에 실패가 만을 찟 같디시 갑짝이 자리을 변경해서 볼밭에 배추을 수학을 하고 갑짝이 갈라서 담아내기 파종을 하니라 마음이 잔득 바빠다. 담아내기 파종하는돼 형수와 민진이 엄마와 우리 둘리서 넷시가 하니까 좀 수란 편이다. 올해는 담아내기 석시는 알맏다고 생각을 하는돼 담아내기 모가 약

해서 얼동에 얼어 죽지 않을까 하고 염려도 댄다.
그리고 이번 대학생 농성자 전원을 처벌을 할려고 이번 정부 방침을 세운 것을 보니 이번 학생이 199명을 쳐벌을 할려고 더는 것을 볼 때 정말 극정이 댄다. 이번 학생이 성적이 상위로 본다면 어마어마한 제목이 볼[불] 따 버린다고 생각을 할 때에 우리나라의 장래 문제라고 생각을 했본다면 정부에서 이 제목을 제생을 할 수 있깨끔 하여야 하는돼 정부도 문제가 있따고 생각을 해야 한다고 생각을 한다.
"이번 정권을 잡는 돼 넘어나 큰 제목들이 다친다고 생각을 하며 넘어 만원 수짜가 빛을 못 보고 쭉어가는 것이 우리나라로 본다면 큰 불행이라고 생각을 한다."
"앞푸로 군정이 정권을 쥐는 불행은 업쓰야 하는돼 우리나라가 걸어가는 모섭을 보니 앞날이 염려돼며 국민이 정말 극정이 돼며 이제는 우리가 살라남짜면 양심자 돼어야 한다고 생각을 해본다."

〈1985년 11월 20일 수요일 낢씨 맑음〉

오늘로서 담아내기 파종을 안전이 한 셈이며 담아내기 모가 너무 어리서 좀 더 심을라다 작업하기가 힘이 더려서 그만 달라고 하는 사람들 노나주고 마랐다.
"정부 일하는 것이 사업을 잘 벌리노코는 망우리 작업을 못하는 것을 볼 때에 경험이 업는 자라고 말을 하고 십프며 우리나라에서는 무었보다 마우리을 직접 학인하고 망우리을 실천하지 안는 자는 꼭 쳐벌을 주는 계통이 쓰야 부강한 나라을 만들 수가 있따고 생각을 한다."

〈1985년 11월 21일 목요일 낢씨 맑음〉

오전에는 정미소 정미하는 것으로 시간을 보내쓰며 오후에는 소 먹일라고 봉답 논에 녹비을 갈고 내일 비 온다고 해서 집 한 발리 그더오는 것으로 하로 일과을 보내고 마랐다.
"봉답 논에 녹비 가는 것도 넘어나 너저서 씨나 날련지 궁금하구나."
"우리 혜영이가 농소로 영어대회 간다고 하는돼 선생님이 얼마나 노력이 들어갈는지는 몰라도 도시 아들예깨 뛰떠려저는 것이 아닌가 극정이 돼며 내일 시험을 잘 마자야지 하는 생각이 앞쓰는구나."
지출에 복합 3포 15,000원

〈1985년 11월 22일[243] 금요일 낢씨 비〉

비가 오기 때문 아무 일도 못하고 휴식을 하여쓰며 휴식을 해도 마음 편치을 않코 있다. 왜냐하며 이번 비가 여름 모양 만이 왔서 벼집은 그야말로 이제는 거름으로 더러가는 것이 아닌가 생각을 할 때에 마음은 급패저는구나.

지출에 … 혜진 여행 사진값 450원
혜영이 800원 計 1,250원

〈1985년 11월 23일 토요일 낢씨 맑음〉

오늘은 정성윤 씨 회갑한다고 무이미한 일과가 돼어 버리찌만 요세는 회갑을 조용한 부니기로 지나간다고 본다. 왜냐하며 그전

243) 원문에서는 22일과 23일이 각각 23, 24일로 잘못 표기되어 있다. 24일 자 일기가 뒤에 이어지므로 거기 맞추어 날짜를 바로 잡았다.

에는 잔상치라고 하며 노름 윷까지로 남왜 돈 먹얼라고 하는 사람이 대다수라고 해도 가연이 아닌돼 오늘 현장에서 지키어 보았찌만 절먼 사람은 아예 놀라고 들지을 않코 자리에서 일어나며 집부로 가고 마는돼 나이 만은 사람들이 모여서 일부 윷까치을 가지고 돈 먹키을 하고 있찌 그 나머지는 조용하게 보내고 있쓰며 그전보다 착실이 가고 있는 것이 매년 달라저고 있는 것이 눈에 보이두록 표가 나는 실정이다.

"그리고 우리 마을에서 전화기가 불가 5대 정도밖에 돼지을 안아는돼 금년 들어와 자동으로 박키면서 54대라는 수짜가 늘어낮쓰며 카스랜스도 2대 정도밖에 안 대어는돼 이제는 상당한 수짜로 너러낮쓰며 이것들이 아직 일적으며 나라로 바{서}는 더 일적다고 생각을 해본다. 나라왜서는 크게 외채가 넘어나 만아서 골치을 알꼬 있는돼 물밀터시 농촌 도시 할 껏 업씨 문화 수준만 상위로 올라가고 있쓰니 이것을 나라왜서 잡아주야 한다고 생각을 하는돼 정부에서 무방비 상태라고 생각을 해 볼 때에 이 나라가 극정이 돼고 있다."

지출에 … 환갑집에 부주 4,000

〈1985년 11월 24일 일요일 낢씨 맑음〉

오전에는 벼집을 두리서 집 매까리을 안전이 풀러서 다시 늚어쓰며 벼단으로 두니까 집단이 생전에 말루도 못하게꼬 오히러 벼단이 쓱어가고 있쓰서 이제는 할 수 업시 집단을 풀어서 늚어 나쓰니까 이제는 비가 와도 쓱찌는 않캐지 하는 생각이 더는구나.

"그리고 오후에는 경운기로 철로과외에[철로가의] 일본 아까시와을 15닷 단을 하는 것으로 하로 일과을 보내고 마란 셈이다."

"그리고 우리 아들 딸에깨 아빠는 죽는 한이 있쓰도 열심히 열심히 일을 하고 너위들은 눈만 떠며 공부 하고 우리 한번 해보자고 약속까지 하곤 했쓰며 이 아빠는 할 수 있따고 보는돼 우리 딸들이 해낼 수가 있쓸까 하고 자신의 마음 한 구석에는 의문이 가곤 하는구나."

수입에 … 콩나물 콩값 4,800원

지출에 … 혜진 수봉, 혜영이 내위 10,000
혜진 감기약, 이장약[위장약] 2,000
양발 900 생강, 젖 500 설탕, 치약 1,100 샤프심 지우게 500 지고기 900 떡값 600원 (빤쓰) 500
신발 3,000 차비 340
計 20,340원

〈1985년 11월 25일 월요일 낢씨 맑음〉

오늘은 동내 방목을 하여쓰며 거전에는 방목을 하로만 하며 다들 하곤 하는돼 올해는 하로 만에 다 하지 못하고 내일 해도 다 할 수가 업쓸 정도로 만아젗쓰며 매년 방목하는 것도 큰 문제다.

"그리고 오늘 점심시간을 이용하여서 면사모사에 가서 근저당 설정과 대출용 두 게을 띄어 왔쓰며 정부 돈 쓰기가 힘이 들더라."

지출에 … 수입인지값 600원 차비 240원
計 840원

〈1985년 11월 26일 화요일 낢씨 맑음〉

벼집 거두로 같다가 아직도 말우지 안아서 두리가 허사 일이 돼고 마랐다. 금년 비 때문에 둘불 일이 넘어 만어며 일이 계핵대로 안 대어서 사람이 성질이 날 지경이다.

그리고 오후에는 뺄감 할려고 작년에 해둔 나무을 두 짐을 지고 오는 것으로 하로 일과을 보내고 마랐다.
"정부에서 외체 극정을 하면서도 정부 자체가 실천을 하지 못하고 있따고 생각을 한다. 외냐하며 정당 국회원이지만 미국 전 대통령을 만나서 회담을 하곤 하는 이른 낭비는 개인 돈을 쓰가면서는 하지 안을 꼈을 생각을 하니 정말 가슴 답답하며 대통령 동서라 하지만 국회원이라 하지만 병아리라고 생각을 하는돼 외국을 만대로 다니는 것을 볼 때에 마음이 상환다. 이것을 생각을 해볼 때에 정부의 낭비라고 생각을 하며 그리고 불필요한 국제경기을 하는 것을 억제하고 억제하는 것이 아니라 업쓰저야 외체을 조금이라도 갑파가지 그러치 않코는 외체에 목이 졸리서 숨을 쉬지 못하고 사멸하고 만다고 해도 가연이 아니다. 우리가 살 길은 외체을 갑풀 동안 강제을 쓰는 한이 있쓰도 외제을 일체 검지하고 관광을 억제하고 운동은 안전 폐쇠하다쉬피 하며 이것들을 억제하는 대신 연구기간을 백푸로 살리서 인제을 살리야지 우리가 살라갈 수가 있따고 생각을 한다."

〈1985년 11월 27일 수요일 낡씨 비〉

오전에는 나무 한 짐 지고 오는 것으로 오전을 보내고 오후에는 집사람과 비가 곳 쏘다질 꼈 갈다서 집 거두로 갈든이 벼집이 추지서 그더오지 않코 그만 그냥 오고 마랐쓰며 그래서 일끄리가 말당치 않고 해서 과손에 경운기로 갈라서 낙엽을 끌어서 거름하는 것으로 하로 일과을 보내고 마랐다.
"정말 비 때문에 아무것 못하고 있쓰며 이번 비는 정말 여름 모양 그침 업시 쏘다지고 있는 것이 이상할 정도다."
지출에 … 멸치젖 (캉통에) 3,300원

〈1985년 11월 28일 목요일 낡씨 맑음〉

어제 비온 것이 넘어나 만이 와서 들래 물 천지가 돼어 있더라. 이것을 보고는 저 벼 집을 다시 말라서 가연 소을 먹일 수가 있깨나 하는 의심이 가며 이제는 땔깜도 못하지 하는 너킴이 앞쓰는구나.

지출에 … 고기값 (칼치) 1,000원 / (아이들 과자) 400원 計 1,400

〈1985년 11월 29일 금요일 낡씨 맑음〉

(배추 수학함)244)
오전에는 친구들과 휴식을 하여쓰며 친구들과 휴식을 하면서 요것을 춥다고 휴식을 하면서도 일부 사람들이 들로 가는 것을 볼 때에 자신이 휴식을 하면은 안 대는돼 하고 생각을 하니 휴식을 하면서도 마음은 불안한 편이다.
그리고 오후에는 집사람과 세집배 채소밭 갈림으로 배추 가란 것을 두 집배 나눈는돼 금년 배추 쳐고 잘 짓언 편이며 한 집배 경운기로 잔뜩 한 발리식 도라오더라.

〈1985년 11월 30일 토요일 낡씨 눈〉

과수밭태 낙엽을 안전이 끄러 너서며 눈이 막 쏘다저서 눈이 온 뒤에 땅이 얼어서 낙엽을 뭇찌 못할까바 상당이 마음이 바파서며 안전이 끄러 너어 안전이 무더쓰며 과수 거름은 끝이 낮따고 해도 가연이 아니다.

---

244) 11월 28일부터 30일까지의 일기가 기록된 지면 상단에 적혀 있는 내용이다. 날짜가 언제인지에 대해서는 언급되어 있지 않으나 29일에 수확한 배추를 나누었다는 내용이 있는 것으로 보아 당일 수확한 것으로 보고 29일 자 일기에 포함시키기로 한다.

그리고 좀 일적에서 앞산에서 갈비[마른 솔잎]을 끄러왔쓰며 경운기로 두 바리 대며 눈비을 마저면서 갈비을 해오니 남이 볼 때는 저녁 땔감도 업쓰서 저래 해오는 것이 아닐까 하고 생각도 하지 않을까 하고 생각도 해보니 눈을 마저면서 나무을 해오는 것이 좀 어색한 감이 더는구나.

〈1985년 12월 1일 일요일 낡씨 맑음〉

오늘은 운이가 이달학습과 다다달학습을 사달라고 저의 엄마 배추 따듬고 있는돼 오늘 책 사달라고 꽃 전지기 해서 엽패서 볼 때에 운이가 공부을 일체 하기가 실어하는 놈이 지나간 11월 달까지 사달라고 야단을 부리는 것을 볼 때 엽패서 보는 아빠의 마음이 흐무해서 아빠의 오후 일을 취소하고 운이 그름 아빠하고 당장 사로 가자고 하니 운이 좋아하더라. 그래서 운이을 일부러 대리고 서점을 차저 가서 책을 싸쓰며 책을 사고 나와서 운이 무없이 먹고 십나 하니까 호빵을 먹고 십다고 해서 먹고 십은 대로 먹어라고 하니까 돈 들어가니까 호빵 1개을 지고 말며 그래서 풀빵을 먹고 십는야고 또 무려니 먹고 십다고 해서 역시 먹고 십은 대로 먹어 보라고 하니 100원치 달라고 하는 것을 볼 때에 운이도 집배서 돈이 생기며 상점으로 급이 가는 것을 보며 운이 낭비가 좀 시나시 않캐나 하고 아빠는 생각도 했찌민 오늘 운이을 볼 때에 아빠가 극정을 하지 않아도 댈 끝 같다.

지출에 이달합습 1,000 다달합습 1,000
차비 480원 빵값 200원 귤값
1,000 화차값 700
計 4,380원

〈1985년 12월 2일 월요일 낡씨 맑음〉

(일기불순으로 휴식을 한 셈이다.)

오늘은 집사람과 배추 정리하고 배추 씨례기 역끄 달고 김장화라고 순석이 배추 갈다 주는 것으로 하로 일과가 끝이 난 셈이며 배추을 순석이 집배 갈다 주고 나오니 민형이 엄마가 고기 사줄라면서 고기집부로 달리가는 것을 가지 말라고 하면서 경운기을 더 세계 달리서 민형 엄마을 따라내서 그만 오고 마랐다.

"이번 배추을 알리 다 차쓰며 동생 셋시 다 주어쓰며 마음에 걸리지을 않는돼 이번 배추을 실찌 순석이보다 순기가 돈이 급한 편인돼 순석이 주지 말고 순기을 줄라 하다 순석이는 촌에서 배추을 살라고 하며 힘이 만이 든다고 그만 순석이을 주고 마라는돼 배추을 다 나누어 먹어쓰며 좋을 땐돼 그러지 꽃해서 마음이 안타값다. 내년에 배추농사을 잘 짓어서 나누어 볼 작정이다."

지출에 … 체육선금 3,000원

〈1985년 12월 3일 화요일 낡씨 맑음〉

오늘은 정부에서 축산업 소을 먹이서 손예을 본 대까로 쌀 80kg 준다고 면사모소에 오라고 하는돼 자신은 구미에 동생들 쌀을 경운기로 갈다 주로 갈쓰며 이번에 형이 쌀 셋 가마을 주면서 순기 2가마 순철이 1가마을 주라고 해서 배추도 길나 주어쓰며 순철이 이번에 이시 갈 때 농촌에 비풀 때리 가보지 꽃하고 이번에 한 번 가보니 집은 좋으나 마루에서 문이 업쓰서 부엌 연탄까스가 방문으로 들어오게 대어 있쓰서 그것을 방지을 하기 위에서 안전이 문짝을 달라서 안전이 자단을 하고 마랐다. 그 일을 안전이 하고 집배 오니 저물더라.

"그리고 정부시책이 불만이 말할 수 업다. 왜냐하며 정부시책으로 업는 사람들 개리서 한번 살라보라고 복합영농 축산자금을 주어서 일 년도 몿 대어 외국에 소, 쇠고기을 무진장 수입을 해서 안전이 고개도 몿 들두록 망하게 했놓고 이제 와서 미안하니까 1500평 미만자만 가구당 쌀 80kg을 주는 것이 가슴을 한 번 더 아푸게 하지만 이것도 안 주며 어떠게 하겠나 하고 생각을 할 때에 이것도 반갑꾸나."

"순기에깨 장미나무 5포기 벗꽃나무 2포기을 가지고 옴."

지출에 … 순기 집배 과자 1,000 순철이 집 과자 1,000원
計 2,000

〈1985년 12월 4일 수요일 낡씨 맑음〉

오늘은 일기불순으로 오전에는 휴식을 할까 하고 마실을 나가 보니 마을 앞에 엠푸각을 세울라고 부역 빠진 사람들이 나와서 일을 하고 있쓰서 딴 일도 하기가 어중간하고 해서 종각을 세울 자리 일 거들어 주고 오전 일가을 보내고 마라다.

"오후에는 땔감을 할려고 경운기를 가지고 당산에 나무을 하로 가서 솧갑[마른 솔잎가지]을 20단을 해서 가지고 오고 마랐다."

"우리 혜진이 요즘 와서 공부을 열심히 하고 있쓰며 공부을 하라 해도 하지 안을 때는 극정이 만이 대더니 이제 와서 너무 공부을 하니 건강이 상활까봐 극정이 돼는구나."

지출에 … 쇠고기값 5,500 개고기 3,000 세집배 1,000원
計 22,500원

〈1985년 12월 5일 목요일 낡씨 맑음〉

오전에 경운기로 땔감 나무을 하여쓰며 오후에는 방천에 너러 논 벼집을 한 번 더 뒤비쓰며 이 집들이 앞푸로 사날[사나흘]만 날씨가 잘한다면 안전이 말라서 집배 들어올 수가 있따고 보는돼 날씨가 살도로 비가 오니 정말 외돌바서 몿 살 지경이다.

"그리고 오늘 순철 딸 미리내 돌이라고 집사람은 가고 오 동시만 모여도 돌잔취가 아니라 동시잔취가 돼고 말개꾸나."

〈1985년 12월 6일 금요일 낡씨 흐림〉

오늘은 순석이가 자동펌프가 물이 올라오지 않는다면서 펌프는 아무 이상이 업따고 기술자가 이야기을 하는돼 물이 나오지 안으니까 곤치 달라고 해서 형과 두리 가서 일을 해 보니 아무리 해도 물이 나지을 않으며 나중에는 자동펌프을 우물 가카워 가서 제조립을 해서 물을 올리 보니 역시 만찬가지라 땅 위에 물을 놓코 자동펌프을 실험을 해 보니 역씨 물을 땅기지을 몿하더라. 이것을 보고 기술짜가 이상이 업따는 말만 듯고 장정 셋시가 하로 점두록 헛수고을 했쓰며 양수기가 문제 있는 것을 수도간만 절딴을 했쓰며 생재비[생잽이, 즉 엉뚱한] 세면을 캐어내서 우에 돈을 들게 했쓰며 수도간만 해도 오늘 4,000원 들어같쓰며 기술자 신찬아서 사람은 수고는 별또 처고 돈 들어간 것 아쉽꾸나.

"자신이 생각을 해도 나는 바늘구멍 뜸도 업따고 생각을 한다. 왜냐하며 자신은 할 일이 깍 밀리 있는돼 했 달라는 사람이 마느며 내 일 바서는 몿 한다고 해야 하는돼 참아 그러지도 몿하고 해 주어야 하니 자신이 육체적인 고통이 너무 심하다고 생각을 한다. 오늘도 순석이 펌프도 고치도 몿하고

너캐 와서 집사람 집 거더 노은 것을 한 발이 실어오니 너무 저물더라. 이것을 생각을 할 때에 나의 일을 두고 해 주는 줄을 알며 자신의 피료가 들할 껏 같은돼 이것들은 거래 생각을 하지 않을 껏 갈다서 마음위 상캐하지을 않는구나."

〈1985년 12월 7일 토요일 낡씨 맑음〉
오늘은 집사람과 둘리서 복판 집을 안전 거두어 올라고 계핵을 했는돼 그만 집사람은 학교에 소비자 절약운동 하는 돼 학교 가고 자신이 혼자 할려니 일이 안 댈 껏 같다서 오전에는 담아내기 파종한 것에 공각[왕겨]으로 덥프 주는 것으로 오전 일과을 보내쓰며 오후에는 흐리서 눈이나 비나 온다고 해서 자신 혼자 불이야 불이야 집 마른 것만 그더 온 것으로 금일 일과을 보내고 바랐다.
"집사람이 학교에 소비자 절약운동을 하게 따고 약속을 하고 도장을 개개인 찍어따고 하며 여기저기 사진을 찍어 중앙으로 보내야 댄다면서 사진만 찍고 와따고 하더라. 이것을 볼 때에 낭비 절약이 아니라 정부가 정국적으로 이른 식으로 학부형 오라고 해서 낭동을 부릴 껏 아니가 생각을 할 때에 오히려 낭비을 더 하고 있따고 생각을 할 때에 가슴 아푼 일이다."

〈1985년 12월 8일 일요일 낡씨 맑음〉
여자 혼자 사는 돼 집 연개 위 돌라고 하는 돼 인에 줄 수도 업너라. 왜냐하며 집사람과 친구지 하니까 혼자 아들 돼리고 사는 것이 정말 동성이 가기 때문에 내 일을 제치 노코 오늘 동네 힌 사람과 두리서 집을 위 주어쓰며 사람은 부부간에 같이 살라야지 거것이 참 복이다.
"우리가 살라갈려면 지휘청에서 남원 어떠게 살라가든지 나 혼자 살자는 욕망을 버리야 우리나라가 선진국으로 갈수 있따고 자신은 말을 하고 십다."

〈1985년 12월 9일 월요일 낡씨 맑음〉
올 더러 오늘이 제일 추버며 사람이 값짝이 추버니까 움추리며 일을 하지 않으며 오늘 종대 세우는돼 일부 사람만 일을 하고 나머지는 구경하는 식이며 종대 세우는돼 사람이 약 50십 명이 세우쓰며 오늘 종대 세우는돼 바가 떨어저서 큰 사고을 낼 뿐예다. 다행이 아무 사고 업씨 잘 세우쓰며 이재는 엠푸가 잘 들린련지 궁금하구나.
"앞푸로 이세들을 전부가 대학을 갈치야지 출세을 한다고 인식을 하고 있쓰며 부모들이 나중에 굴머죽는 한이 있쓰도 자식을 갈칠라고 생각을 하고 있쓰며 국민 전원이 이른 사고방식을 가지고 자녀을 키우고 있쓰니 이 문제도 과정을 두고 본다면 아무 일도 아니라고 생각을 할 수 있따고 생각을 할련지는 몰라도 정부로 본다면 이 문제가 시급이 해결이 돼어야 우리가 빨리 선진국으로 갈 수가 있따고 보고 있다."
"우리 자식을 남들보다 잘 키울 욕심은 하늘 같찌만 자신이 가진 것이 적으서 늙 부부가 극정을 하고 있쓰며 앞푸로 우리 부부기 뼈가 푸시{지}는 한이 있쓰노 노력을 하며 자신은 열메기 꼭 오리라고 결심을 하고 있다."
"그리고 부모는 아들 딸 구별을 하지 말라고 하지만 아들과 딸은 하늘과 땅 차이라고 생삭을 해본다. 왜냐하며 자신은 딸은 뒤전져고 운이반 공부을 살 했쓰며 하는 욕심밲에 업따고 해도 가연이 아니다. 한편 똑같이 길여야 댄다고 생각을 해보지만 거것은 잠쉬밖{에} 돼지을 안으며 전 신경이 운이 한태 밖에 업다고 생각을 하고 있는 것이 사실이다."

〈1985년 12월 10일 화요일 낡씨 맑음〉

낡씨가 갑짝이 추버서 아무 일도 하지 몿하고 휴식을 하여쓰며 촌에서 겨울 한 철을 보고 산다고 하지만 농민들은 겨울철만 업따면 농민들이 도시 사람보다 잘 살 수 있따고 보는돼 이 겨울철이 원수로다.

정부에서 너무한다. 외냐하면 농민들은 다들 나무 돈으로 산다고 해도 무리는 아니라고 생각을 하는돼 정부에서 매상을 조금 주고 한 달이 넘두록 매상을 주지 않으니 남외 빚을 무었으로 갑푸라고 하며 농민은 조금식을 주며 아무것도 하지 몿하고 낭비만 하고 마는 실정이며 정부에서 조합 이자라든지 모든 것을 이자 늙두록 고이로 만든다고 해도 무리는 아니다. 왜냐. 매상은 조금 주고 농협 부체 수득세 정부에서 하는 부체는 일체 징수을 다 하고 있쓰니 불쌍한 농민은 이중 삼중으로 고통을 당하고 있는 것을 생각을 할 때에 이가 갈린다고 해도 무리는 아니다.

"이제는 정부마저 농민을 버림을 주고 있쓰니 이 농민 누구을 보고 살며 농민 갈 곳 업쓰니 어이하리까."

〈1985년 12월 11일 수요일 낡씨 맑음〉

이제는 맑은 날씨을 보이서 썩은 벼집을 거두어드릴 수가 있쓰서 마음이 상캐하다고 해도 무리한 말은 아니다. 자신은 벼집을 거두어드릴 수가 업따고 생각을 한 것이 벼집을 집부로 가지고 올 수 있캐한 날씨가 고맏다고 말을 하고 십다.

"정부에서는 말로만 소갑[소값]을 안정을 한다고 법석을 부리더니 이제는 소갑 문제가 시급한가 이제는 소갑 안정을 위하여 적극 힘을 쓰고 있는 것이 영늑소리[역력하게] 표가 나는구나. 이러깨 적극적으로 밀고 간다면 내년 4월 안에 소갑이 안정돼리라고 생각을 한다."

"정부에서 소갑을 종전가 같이 갑을 올리주어도 정부에서 소 입식자금을 주어서 살라 보라고 한 것이 정책 잘몿으로 이 사람을 망하게 했따고 보는돼 이재야 소갑을 안정을 하여 주어도 이 사람은 이미 해여나지을 몿한다고 생각을 한다. 왜냐하며 내년 4월에 안정이 댄다고 해도 삼 년 동안 손예을 해복을 할려며 상당이 해수가 넘어가야 공벽을 매꾸어가는돼 공백 기간이 길어서 저축 업시 세월을 살라와 이세들이 저학년에서 고학년으로 대어 지출이 만이 돼어 이 사람은 평생 정책 잘몿으로 오점으로 남어 있따고 해도 무리는 아니라고 생각을 하고 십다."

〈1985년 12월 12일 목요일 낡씨 맑음〉

"집사람은 김장 준비한다고 자신 혼자만 집을 거더서 경운기에 실련는돼 얼마 실찌을 몿해서 일이 제돼로 돼지을 않코 있다. 혼자 일을 해야 일이 줄어들지을 안아서 무선 일을 해도 둘리 해야 돼겟따는 생각도 했보았다."

수입 …… 울콩, 질긍콩 9,000원
지출에 … 혜진 수봉 6,000 쬬키 4,000원
혜진 혜영이 장값 2,500원 필통 1,000 비누 1,000 반찬 2,000 생강 1,000

〈1985년 12월 13일 금요일 낡씨 눈〉

"이번에 집사람 김장 준비만 아니떠라면 썩은 집이나만 대충 가지고 올 수 있따고 보는돼 이번에 집사람 김장 때문에 또 벼집배 눈이 와서 다들 마자서 이것들을 다시 말라서 집배 올라면 또 멧칠이 지나야 그들 수가 있따는 생각을 할 때에 가슴 아푼 일이다." 집사람 김장 극정을 하든이 오늘로서 김장 일은 다 했쓰니 이제는 집사람은 겨울일을 다 했따고 생각을 해도 무리는 아니라고 생각을 해본다.

식빵 450 세우젖 1,000 고추 빠우는 돼 600 차비 360원 물명태 1,000

計 20,910원

〈1985년 12월 14일 토요일 낡씨 맑음〉

이 날씨가 중앙기상대에서는 벌서부터 기온이 풀린다고 이야기을 했는돼 기상대에 말과 다르게 일주일도 넘어 강추이가 대고 있쓰니 사람이 추버서 일을 만돼로 할 수가 업개끔 만들고 있쓰며 오늘 추비을 무렵쓰고 집을 거두로 같든이 너무나 바람이 불어서 문지가 눈우로 들어가서 일이 만돼로 돼지을 안으며 들판에 사람이 업써서 더 일하기가 힘이 안 나며 4시까지만 하고 경운기에 벼단을 실련는돼 바람이 너무 세계 부러서 벼집이 날라가서 실을 수가 업쓰며 벼단과 집사람이 한꺼번에 날라갈 껐 갇다 그만 조금 실고 오고 마랐다.

〈1985년 12월 15일 일요일 낡씨 맑음〉

오늘은 대신 시촌 동시 딸 결혼식을 여주에서 한다고 대절뻐스가 대신 출발이 아침 7시라 해서 아침 일적 시간을 마차서 대신을 같든이 제시간에 출발을 하지 않코 8시 반경에 출발을 하면서 사람을 일적 예을 먹이고 있꾸나 하고 생각이 들며, 한국 사람은 정말 시간 약속이 넘어나 억망이라고 한 번 더 생각을 할 수가 있쓰다. 여기서 여주까지 3시간 30분에 도착을 시키며 예식이 1시 30분이라서 1시간 30분 동안 축화곅을 기다리계 해쓰며 그간 낭비을 한 셈이다. 1시 30분 예식을 했쓰며 여주 거리는 읍 처고 상당이 깨끝한 거리든돼 예식장을 보니 아주 촌 맡이 나더라. 그리고 딸 가진 사람이 남자 쪽예서 예식을 하기 위에서 뻐쓰로 대절을 해서 간단는 것이 자신이 볼 때에 어색한 마음 검할 길 업더라.

〈1985년 12월 16일 월요일 낡씨 맑음〉

내일이 우리 마을에 매상이라서 오늘 집사람과 형, 형수 냇시가 매상을 묵끄 내는돼 오전에 활당댄 25개을 묵고 하로 일과을 보내고 마랐다. 요줌은 낡씨가 추버서 일을 할 수가 업쓸 정도다.

지출에 … 부주 10,000원
(아들 영화 갈람) 900원 計 10,000

〈1985년 12월 17일 화요일 낡씨 맑음〉

12月 17日 매상 량 25개 1등 6개
2등 19게 〉25개[245]

본동에 내상이라 매상 댄다고 아무 일도 못하고 마랐다. 정부에서 너무 농민 실정을 모러고 있는 것이 가슴 아푸다. 왜냐하면 매상 활당량을 조금식 주니까 빚도 갑도 못하고 매상 조금 놰어 바야 조합 이자 뛰고

245) 이 내용은 지면 상단에 따로 기록되어 있다.

하며 가용에 맡치 마절 정도로 주고 있쓰니 주위의 어른들 빛 못 갑파서 일부 사람은 빚을 오히려 내와서 조합 빚을 갑고 있는 것을 볼 때에 정부에서 신경을 조금 더 쓰준다면 안전이 해결이 돼리라고 생각을 하는돼 그러지 못해서 답답다.

"정부에서 원제든지 중앙에서는 모든 일을 체계적으로 잘 한다고 보는돼 중앙에서 지시을 하며 올캐 해서 중앙로 올라가면 우리나라도 잘 사라갈 길이 빨리 올 수가 있따고 보는돼 중앙에서 지시을 하며 밑태서는 저 만돼로 저 목섬만 살라고 유리하게만 해서 뒤로 올라가고 있는 실정이 우리 정부라 해도 절때 무리는 아니다. 자신이 생각을 할 때에 중앙에서 한 가지 지쉬을 했쓰며 반더시 학인을 하는 정취을 하로 빨리 했쓰며 하는 마음 뿐이다."

지출에 … 콤바위로 벼 볘기 한 (한 마지기)
(8말 5돼지기 12,000)
計 102,000

〈1985년 12월 18일 수요일 낡씨 맑음〉

이번 매상을 돼고 보니 사람이 허전하기 짝이 업다. 왜냐하면 자신이나 집사람이나 동내에 야물기로 둘째가라면 서려울 사람인데 일 년 농사을 짓어도 백만 원도 저축도 못하고 있쓰니 정말 서렵꾸나. 집사람은 내위 하나 사 입찌 않코 살림을 해가며 자신은 마을에 잔취을 쳐도 아주 가까운 사람만 참석을 하며 낭비라고는 한 푼도 안 쓰도 돈이 몰리지 않코 있쓰니 마음이 흔들리고 있다.

오늘은 오전에는 큰집배 전기가 합선이 돼어서 고치는돼 오전 내 글리쓰며 오후에는 집사람과 용희내 집을 거두어서 두 발리 실어주고 마랐다.

"우리 운이가 조금식 크가는 모섭이나 행동이나 다들 표가 나는 것을 볼 때 이내 모섭이 반갑키 이루어 말을 할 수가 업꾸나."

지출에 … 농약값 91,080
보리쌀값 24,660 計 115,740

〈1985년 12월 19일 목요일 낡씨 맑음〉

"늑뚤레는 벼집을 전부 거두어 온 셈이다. 벼집이 쓱어서 소가 잘 먹지을 안을 껏 같찌만 우선 다 뒤리고 보니 마음에 여유가 있다."

"땔감 준비을 하여쓰며 땔감 준비을 하면서 앞푸로 소을 먹이며 계속 이러깨 힘이 들어가야 돼니 맨 년 뒤가 문제가 돼리라고 생각을 한다."

지출에 … 병문안 1,500 장갑 2,000 꼬삐 500 키드 100 혜진 잭[책] 1,000 구리새링 200 차비 360원 우유갑 3,000원 아빠 술빵치기 400원 아들 과자 400원
計 9,460원

〈1985년 12월 20일 금요일 낡씨 맑음〉

오전 땔감 준비을 하여쓰며 오후에는 봉답 벼집을 가지고 오는 일과을 했쓰며 금년 벼집은 오늘로 안전이 들어온 셈이 댄다. 오늘로서 가을일이 끝이 난 셈이며 이제는 내일부터 내년 농사에 들어간다고 해도 무리는 아니다.

"오늘 이웃돕기로 쌀 한 돼을 줌."

지출에 … 장장 수궁[246], 동 서기 수궁 합패서 19,400원

〈1985년 12월 21일 토요일 낡씨 맑음〉

"대신 사촌 동서 딸 치우는 날 동서기 소을 먹일 수 있깨끄든 같다 먹이라고 해서 내일 눈이나 비나 온다고 해서 금일 집사람과 집을 가지고 올라고 가 보니 집이 다 썩어서 소가 먹을란지 의문이 가서 좀 난은 것만 한 발이 조금 더 가지고 오고 마랐다."
"그리고 오늘부터 우리 딸들이 방학에 들어 같쓰며 이번 방학에는 우리 운이 뒤떨어저는 과목은 안전이 따라하두록 할 작정이다."
오늘 두 딸더리 우리 동내서 아빠, 엄마가 제일 부지련하다고 말을 할 때에 정말 고맡다. 왜냐. 아직 딸더리 어리서 벌로만 자라는 줄 알란 딸더리 엄마 아빠을 생각을 하면서 자라고 있따는 것이 나로서는 더 고마울 일이 업쓰며 우리 아들 딸더리 요러깨만 자라준다면 아빠는 행복한 아빠라고 생각을 하고 십다.
지출에 … 혜진 책끄리 300원

〈1985년 12월 22일 일요일 낡씨 눈〉
눈 때문에 아무 일도 뫃하고 집배서 하로 일과을 보내고 매주을 뒤띠는 돼 조금 그들어 주는 것으로 하로 일과을 보내고 마라다. 그리고 눈이 약 8cm 정도가 내리쓰며 금년 들어 눈이 만이 오니 한결 마음이 깨껏한 기분이다.
"농민들도 벼농사만 가지고는 잘 살 수 업따고 해도 무리는 아니라고 생각을 하는돼 비누류 농사을 해야 하는돼 이것을 실천을 해볼라도 해도 제정 밖박한 살림이라 자짓해서 손예을 보며 이것을 했쳐가기가 힘이 들기 때문에 실천을 하기가 정말 힘이 든다."

〈1985년 12월 23일 월요일 낡씨 맑음〉
정부 불황 문제로 실업자가 수도 업시 늙어난다고 보며 요줌은 대학생이 고졸로 취업을 하고 있쓰니 우리나라가 기가 막힐 일이다. 외냐하며 농촌에서는 그야말로 대학을 시킬 볼 작정으로 먹는 거 입는 거 다들 거지생할을 하며 전 생명을 대학에 걸고 자식들 대학을 시키노니 더러갈 때가 업쓰서 빈둥빈둥 노는 학생이 수도 업쓰며 심지어 고등학교 졸업장으로 치직을 해서 겨우 염명만 이어간다고 해도 무리는 아니라고 생각을 하며 부모는 전 생명을 다해 대학을 시키노니 들어갈 때가 업쓰서 빈둥대고 있는 자식을 볼 때에 하늘이 무너저서 생명을 다 했쓰며 하는 생각까지 더는 사람도 업찌는 아너리라고 생각을 할 때에 숨 막희는 일이다.
"오늘 종일 휴식을 하녀 무이미한 일과가 돼어다."

〈1985년 12월 24일 화요일 낡씨 맑음〉
오늘은 큰집배 전화기가 들어오는 날이며 이제는 전화요금만 내니까 전화가 바로 들어오는 것을 보니 시대는 정말 조은 세월이며 전화을 너어서 전화 계통이 돼서 친척에 전화을 글어보니 감도 좋으며 정말 돈이 좋은 것을 한 번 더 너껴 보았다.
"눈이 싸인 산허리에 눈이 녹찌 않아는돼 낡씨는 화창하게 맏은 날씨기 종일 휴식을 하기가 미안아 신에 나무 해둔 것을 힌 짐 저로 기니 신에는 눈이 하나도 녹지 안아서 산길에 나무 짐을 지고 오지 뫃할 껏 같다서 집부로 뒤도라 올라고 조금 가다 생각을

246) '수궁'은 이장이나 수임 등에게 수고비 조로 주는 돈을 말한다. 따라서 여기서의 '장장 수궁', '동 서기 수궁'은 각각 이장과 동 서기에게 지급한 수고비를 말한다.

해보곤 하면서 이앙 낯섯쓰니까 한 짐을 지고 오는돼 여간 힘이 안 들어쓰며 한 번 쳐밖찌 않코 온 것이 큰 다행이라고 생각을 했다."
지출에 크리스마스 이뮤라고 아들 800원[247]

〈1985년 12월 25일 수요일 낡씨 맑음〉
(어머님 제사 준비함)[248]
"오늘은 어머님 제사 준비하는 돼 분산한 하로가 돼어다. 우리 오 형제와 그에 따린 자식들 오 동시 집부로 하나 돼며 불참하는 사람 업시 다들 참석을 하니 나로서는 정말 반가운 날이며 순기는 회사 근무인돼 근무을 바꾸어가면서 참석을 하고 있따니 정말 고맙다. 그리고 순철이 딸이 이제 겨우 한 발 한 발 뛰어노코 있는 것을 보니 자식을 하나 더 나서 키어바쓰며 하는 생각이 더는 구나."
지출에 … 어머님 제사 5,000원

〈1985년 12월 26일 목요일 낡씨 맑음〉
어제 저녁에 어머님 제사이며 어머님 제사가 15年 대는 회며 한 사람도 {빠짐}업씨 참석을 해준 돼 대에서 정말 고맙다. 그리고 자신은 어머님 제사라 이우지 사람은 전원 와서 음식라도 노나 먹어니 어머님이 한 번 더 생각이 더는구나.
지출이 사료 5포. 1포 가격이 4,260원
　　計 21,300원 술빵치기 1,000
　　計 22,300원

〈1985년 12월 27일 금요일 낡씨 맑음〉
오전에는 땔감나무 한 짐 하는 것으로 일과을 보내고 오후에는 순석이 자동펌쁘가 물이 안 나온다고 해서 형과 둘리 가서 어른 땅을 파서 관을 학인을 해보니 발부[밸브] 밑치 뿌러저 있떠라. 그래서 김천을 가서 제로[재료]을 싸와서 안전이 곤친 셈이며 생각보다 수라게 한 셈이다.
지출에 … 차비 200원

〈1985년 12월 28일 토요일 낡씨 맑음〉
오전에는 순범이가 일본서 박사과정을 발부면서 방학이라고 고향에 다니로 와서 오전 내 사촌동생과 이야기을 하면서 오전을 보내쓰며 일본 사람은 아이들부터 키우는 가정이 한국 사람보다 다르다는 것을 알라쓰며 일본 사람은 아이들부터 자기 일은 자기가 책임을 지두로 하고 있따니 일본 사람이 한국 사람보다는 학실이 독종이라는 것을 한 번 더 너켜 보았다.
"오후에는 땔감 하는 것으로 하로 일과을 보내고 마랐다."
지출에 … 아빠 치아 약 11,500 책 1,400
　　시계약 2,000 집사람 머리 끈는 돼 1,000 바겟스 1,000 미역 600원 태프 1,200 공책 200 치약 400 차비 360
　　計 19,660

〈1985년 12월 29일 일요일 낡씨 비〉
금년 한 해도 이제는 다 저물고 있따는 것이 아쉬어지며 땀 흙리서 일 년을 지나온 대까도 업시 또 한 해을 마지하게 돼 이내

247) 지면이 부족하여 지출 내역을 지면 상단에 기록하였으나 내용에 맞추어 본문 아래에 배치하였다.
248) 지면 위쪽에 '(어머님 제사 준비함)'이라고 기록되어 있다.

심정이 지나가는 해가 아쉬어지는구나.

"오늘은 땔감을 준비을 했쓰며 오후에는 가랑비을 마저 가면서 나무을 했쓰며 업는 사람이 있는 사람보다 업는 사람이 일을 만이 한다고 생각을 하며 업는 사람은 있는 사람보다 소득이 업는 일은 아주 만이 하고 있키 때문에 건강이 아주 일적 상하게 돼는 것이 사실이다."

〈1985년 12월 30일 월요일 낡씨 비〉

금년 한 해는 우리나라 사계절이 또렸하게 나타나는돼 올해는 사계절을 전은 차저보지 못하두록 일기들이 불순이다. 오늘도 때 아닌 비가 내리고 얼음이 녹어내리는 것을 보니 해동하는 봄비을 영상하는 계절이 돼고 마랐다. 12月 30日일 비 오는 해는 아주 디물 꼇으로 생각을 했본다.

"오늘은 하로 종일 휴식을 하는 것으로 하로 일과을 보내게 돼어쓰며 휴식을 하게 대며 낭비을 하게 댄다. 오늘도 친구들과 술빵치기로 셋시가 술을 한 잔도 못하는 사람이 과자 한타을 한 아람 지고 있쓰니 사람들이 셋시가 똑같다는 말을 들어쓰며 사람이 지 짝이 있{다}떠니 노는 것도 어울리는 사람이 따로 있따고 생각을 한다."

지출에 … 술빵치기 1,000

〈1985년 12월 31일 화요일 낡씨 맑음〉

오늘로서 금년이 넘어가는 해가 돼는구나. 금년은 우리 부부을 예을 먹인 해라고 해도 무리는 아니다. 금년은 우리 집사람은 이해을 잘 있저저지 않는 해라고 하지만 우리 가정을 아무련 사고 업씨 무사이 86年을 마지해준 돼 돼에서 정말 감사을 더리는 바이다.

"85年 해란 세월라. 아주 할 말이 업쓰며 묵묵희 손만 헌들어 줄 뿐이다."

"오늘은 땔감나무 하는 것으로 하로 일과을 보내고 마랐다."

지출에 … 잡채 1,000

저자

이정덕　전북대학교 인문대학 고고문화인류학과 교수
소순열　전북대학교 농업생명과학대학 농업경제학과 교수
남춘호　전북대학교 사회과학대학 사회학과 교수
문만용　KAIST 한국과학문명사연구소 연구교수
안승택　서울대학교 규장각연구소 HK연구교수
이성호　전북대학교 SSK개인기록연구팀 전임연구원
김희숙　전북대학교 고고문화인류학과 박사 수료
김민영　전북대학교 국어국문학과 석사 수료

농민 권순덕의 삶과 기록 『아포일기』 2

지 은 이 이정덕 · 소순열 · 남춘호 · 문만용 · 안승택 · 이성호 · 김희숙 · 김민영
펴 낸 이 서거석
펴 낸 곳 전북대학교 출판문화원

초판 1쇄 인쇄 | 2014년 6월 27일
초판 1쇄 발행 | 2014년 6월 30일

등록번호 제465-2012-000021호
주　　소 전라북도 전주시 완산구 어진길 32(풍남동2가)
전　　화 (063) 219-5321~2
팩　　스 (063) 219-5323

ISBN 978-89-98534-23-3　　**값** 35,000원
ISBN 978-89-98534-21-9(세트)　94810

이 도서의 국립중앙도서관 출판예정도서목록(CIP)은 서지정보유통지원시스템 홈페이지(http://seoji.nl.go.kr)와 국가자료공동목록시스템(http://www.nl.go.kr/kolisnet)에서 이용하실 수 있습니다.(CIP제어번호: CIP2014019090)